田端到・加藤栄の

種牡馬事典

しゅぼばじてん
2023-2024

oo-parts publishing

はじめに

『田端到・加藤栄の種牡馬事典2023-2024』が完成しました。今年は4年ぶりに、北海道の種牡馬スタリオンの現地取材が実現しました。

4年ぶりという単語を何度も目にした今年ですが、競走馬の世界の4年は長い。4年前の7月、取材した社台スタリオンにはディープインパクトがいました。ちょうど「来週、手術を受けるところです」というタイミングだったのを覚えています。

トップを走っていた種牡馬がいなくなり、4年も経つと、種牡馬の勢力図は大きく変わります。ポスト・ディープはエピファネイアだ! と言われたかと思えば、いやドゥラメンテだった! に変わり、かと思えば、真打ちはキタサンブラックだった! という声に変わっている。誰も1年先でさえ正確に見通せない。群雄割拠の戦国時代です。

そんななか、ディープインパクトが最後に遺したサプライズもありました。数少ないラストクロップから、イギリスダービーを楽勝したオーギュストロダンが出たのです。

4年前の取材では「今、ディープインパクトはたくさん付けられないから、今年は海外からのお客様を優先して種付けしました」と聞いていました。そのなかにオーギュストロダンの母がいたのかと思うと、ああ、ぎりぎり間に合って良かったという気持ちと、もっと早くから欧米のホースマンが日本の種牡馬の価値に気付いてくれていたら、どんな物語があったのか、ディープだけじゃなくてステイゴールドを欧州の一流牝馬に付けていたらどうなっていたのか……と惜しむ気持ちが、こみ上げてきます。

オーギュストロダンは近い将来、クールモア・スタッドで種牡馬になるだろうし、産駒のなかには日本へ輸入される馬もいるかも知れません。2018年のフランスダービーを勝ったスタディオブマン（父ディープインパクト）は、既に産駒が今年デビューして、彼の国で好調な出足を見せています。いずれ世界の競馬に「ディープインパクト系」が築かれる未来も、夢の話ではなくなってきました。

コントレイル産駒vsオーギュストロダン産駒の対決が、日本ダービーで実現! なんてことが起こるのでしょうか。そして、そんなときも「オーギュストロダンはサドラーが入っているから、産駒に東京の馬場は軽すぎる」、「いやいや、コントレイルこそティズナウが入って、本質は中距離血統だから2400メートルは長すぎる」などと理屈をこねながら、血統好きの競馬ファンは馬券を買うのでしょう。どんな未来が待っているのか、楽しみです。

田端 到

夏競馬が終了し、秋競馬が始まっています。例年通りロードカナロア、ドゥラメンテ、ディープインパクト、キズナ、ハーツクライらの常連が上位を占めるサイアー・ランキングですが、22年の新種牡馬らも気を吐いています。ダービー馬タスティエーラの父サトノクラウンをはじめ、サトノダイヤモンド、リアルスティールが重賞勝ち馬を輩出し、デクラレーションオブウォーの産駒が重賞戦線を賑わしています。さらに地方、海外まで範囲を広げますと、マインドユアビスケッツが川崎・全日本2歳優駿とUAEダービーを制したデルマソトガケ、シャンハイボビーは地方所属ですが、サンタアニタ・ダービー2着のマンダリンヒーローを出しています。

サトノクラウン、デクラレーションオブウォー、マインドユアビスケッツ、シャンハイボビーらは非サンデーサイレンス系、非キングカメハメハ系です。

大きな視点で捉えるマクロ的にはサンデーサイレンス系、キングカメハメハ系が他の父系を圧倒していますが、細かく見るミクロ的には上記の父系一色ではありません。今後もこの傾向が続くと予想します。これは競馬ファンにとって血統を知る楽しみがより深まったともいえます。心ゆくまで本書を活用して下さい。

加藤 栄

本書の読み方

進化の完成形

本書は、2017年版以降、大幅なグレードアップを行っており、2020年版からはさらに実践的な内容とした。2023年版もそれを踏襲しつつさらにバージョンアップ。馬券に直結する各種データを多く盛り込んでいる。

● **大好評、ヒット連発の"特注馬"**

1ページ以上で掲載している種牡馬については、その種牡馬の現役産駒のなかでも筆者特薦の"特注馬"を紹介している。これまでもヒット＆ホームラン連発の大好評企画、ぜひマークされることをお勧めする。

● **産駒距離別芝／ダート別勝ち鞍グラフ**

読者の方々のリクエストにより復活。産駒の芝／ダート適性、距離適性、早熟度がひと目で把握できる。

用語解説

● **用語の説明**

馬名の前の＊印は、本邦輸入馬をあらわす。なお、本文およびデータ解説中の＊は省略した。

レース名のステークスはS、カップ（一部チャレンジ、チャンピオン）はC、トロフィーはT、ハンデはHと略記してある。また、BCはブリーダーズ・カップを表す。

距離の、メートルはM、ファロン（ハロン）はFと略記してある。イギリスやアメリカはファロン制。フランスはメートル制。1Fは約200メートル、8Fで1マイル（約1609メートル）。日本では1F＝200メートルで定着している。

インブリード、クロスとは近親交配のことで、同じ意味で使っている。父系とラインも同じ意味で使っている。なお、1/2P以上で紹介している種牡馬の血統表の下に、5代までの血統表にあらわれるクロスを表記した。たとえば"Mahmoud 5・4×4"は、Mahmoudが父方の5代前と4代前に、母方の4代前にあらわれることを意味する。

また「母系」と「牝系」の使い分けについて。「母系」と言った場合は、母馬の血統全体を指し、母の父も含む。「牝系」と言った場合は、母→祖母→三代母とさかのぼるファミリーラインを指す。ただし、厳密な定義には基づいていない。

産駒完全データ

● **データ／対象・集計期間**

産駒のデータは「**中央競馬の平地レース**」を対象としている。種牡馬ランキングも平地レースのもので、障害レースは含んでいない。

データ集計期間は**2018年1月1日より2023年6月末**まで。産駒の傾向はその種牡馬の年齢とともに変化するので、古いデータは採用していない。

また、新種牡馬の産駒のデータに関しては、2023年8月末までを集計している。

産駒データの着度数は、「○-○-○／○」は「1着数-2着数-3着数／総出走数」を表す。また、「○-○-○-○」は「1着数-2着数-3着数-4着以下数」を表す。"／"と"-"で異なるのでご注意を。

● **データ解説**

主だったデータ、グラフにはコメントを付した。データ、グラフの解読、理解の一助になると同時に、【勝利へのポイント】と併せ読むことで、レース検討の具体的な指標となる。

● **コース特徴別勝ち鞍グラフ**

芝勝利の多い種牡馬は芝の勝ち鞍、ダート勝利の多い種牡馬はダートの勝ち鞍の内訳をグラフ化。芝の「**直線長い**」は東京・京都外・阪神外・中京・新潟外の合計勝利数、「**急坂**」＝中山・阪神・中京の合計勝利数、「**直線平坦**」＝京都・福島・新潟・小倉・函館・札幌の合計勝利数、「**内・小回り**」＝中山・阪神内・京都内・新潟内・福島・小倉・函館の合計勝利数、「**外・大回り**」＝東京・阪神外・京都外・札幌の合計勝利数、「**洋芝**」＝札幌・函館の合計勝利数、「**1600m以下**」＝全場1600m以下の勝利数をそれぞれ表している。

ダートの「**直線長い**」は東京・中京の合計勝利数、「**急坂**」＝中山・阪神・中京の合計勝利数、「**直線平坦**」＝京都・福島・新潟・小倉・函館・札幌の合計勝利数、「**直線短い**」＝札幌・函館・福島・小倉の合計勝利数、「**重不良**」＝重・不良馬場での合計勝利数、「**1700m以上**」＝全場1700m以上、「**1600m以下**」＝全場1600m以下の勝利数を表している。

「**条件別・勝利割合**」の「**穴率**」とは「5番人気以下の勝利数」の全勝利数に対する割合、芝・ダそれぞれの「**道悪率**」は「稍重・重・不良馬場での勝利数」の全勝利数に対する割合、「**平坦芝率**」は「京都＋福島＋新潟＋小倉＋函館＋札幌の芝の勝利数」の全芝勝利数に対する割合、「**晩成率**」は「3歳9月以降の勝利数」の全勝利数に対する割合、「**芝広いコース率**」は「京都・阪神・新潟の外回り＋東京＋中京の芝の勝利数」の全芝勝利数に対する割合を表す。

● **競馬場別成績**

競馬場別成績の棒グラフは産駒による1着数、連対数、3着内数を表す。芝は緑、ダートは茶で、それぞれ最も濃い色が1着数。その1着数に2着数を足した連対数がその次に色の濃い部分。さらにその連対数に3着数を足したものが最も薄い色となる。

種付け料／ファミリー・ナンバー

2023年度種付け料の後の記号は、FR／不受胎、流産、死産の場合、翌年も同じ種牡馬に種付けできる権利付き、受／受胎確認後支払い、生／産駒誕生後支払い、不受返／不受胎時返還、不生返／死産、流産等の場合返還（全て単位は万円）。なお、各種牡馬の種付け料にはいくつかのバリエーションがあるケースも多く、詳しくはその種牡馬の繋養スタリオン、JBISのHP等をご確認いただきたい。

なお1ページ以上で掲載する種牡馬の血統表には、生産に携わる方々、牝系に注目している読者のみなさまから要望の多かった、種牡馬自身およびその父のファミリー・ナンバーを血統表に掲載している。

大好評!! 巻末データ

中央4場の、芝・ダート別の種牡馬成績ベスト10を「～1600」と「1700～」に分けて掲載しており、コース形態による種牡馬の傾向が顕著にうかがえる。勝利数のみならず、連対率や重賞勝ち数にも注意して活用いただきたい。

また、ランク50位までの種牡馬については、巻末に短・マイル率、芝率、平坦芝率などのほか、芝広いコース率などのユニークなランクを掲載している。さまざまな活用法が可能な強力データと自負している。

● **1ページに6頭紹介している項の"能力適性表"の表記**

距離／短＝～1200M向き　　マ＝1400～1600M向き
　　　　中＝1700～2000M向き　　長＝2100M～向き

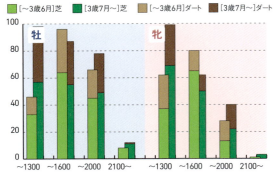

▲ロードカナロア産駒
距離別芝／ダート別勝利数グラフ

以上のような4段階と、産駒がどちらかのタイプに出るという意味で、"短マ"、"マ中"、あるいは"中長"とに分けている。"短中"は、芝1600Mの勝ち鞍は少ないが、短距離と中距離の勝ち鞍が多いタイプ。もちろんこれは目安で、距離適性のみならず、以下の項目においても母系によってそれぞれの適性が大きく左右されることは言うまでもない。

馬場／芝芝＝ダートは明らかに不向き。芝＝どちらかと言えば芝向き。万＝どちらが得意とは特に言いにくい、あるいは、どちらもこなす。ダ＝どちらかと言えばダート向き。ダダ＝芝は明らかに不向き。

性格／堅＝成績にムラが少なく、堅実に走るという意味と、レース上手の賢い馬が多いという意味の両方。普＝平均的。狂＝気性が悪く、人気薄で突っ込む穴タイプが多い狂気の血統。

成長力／早＝どちらかと言えば早熟タイプで、2歳戦から3歳戦前半が稼ぎどき。普＝ごく普通。強＝デビュー時から活躍するが、古馬になってまた一段と成長するタイプ。晩＝晩成型。3歳時よりも、古馬になってからのほうがいいタイプ。

海外のレース体系について

〈イギリス〉

3歳クラシックは、2000ギニー（芝8F）、ダービー（芝12F）、セントレジャー（芝14.5F）。2000ギニーは皐月賞に相当するが、マイルとあって、日本ほどダービーとのつながりは少ない。菊花賞に相当するセントレジャーは、凱旋門賞を目標とする3歳馬にとって余計な一戦と揶揄された時期もあったが、最古のクラシックとしての重きは保っている。牝馬は1000ギニー（芝8F）とオークス（芝12F）。

短距離路線はキングズスタンドS（芝5F）、クイーンエリザベス2世ジュビリーS（旧プラチナorゴールデンジュビリーS。芝6F）、3歳限定のコモンウェルスC（芝6F）のロイヤルアスコット開催3レースと初夏のジュライC（芝6F）が主要。

マイル路線は、ロイヤルアスコット開催の3歳戦セントジェームズパレスS（芝8F）、古馬のクイーンアンS（芝8F）を経て、夏のサセックスS（芝8F）で3歳、古馬の一流マイラーが激突する。

中距離路線の最高峰は7月末のキングジョージ6世＆クインエリザベスS（芝12F）。欧州各国の強豪が参戦する。本書では"キングジョージ"と略記している。7月初旬のエクリプスS（芝10F）は3歳馬と古馬の一流どころが初対決。夏のインターナショナルS（芝10.5F）にはマイルや12F路線からの参戦もある。

長距離はロイヤルアスコット開催のゴールドC（芝20F）から17年にGI格上げのグッドウッドC（芝16F）が主要路線。

シーズン終盤のチャンピオンズデー開催ではチャンピオンS（芝10F）、クイーンエリザベス2世S（芝8F）、チャンピオンズスプリントS（芝6F）、牝馬限定のチャンピオンズフィリーズ＆メアズS（芝12F）のGIが組まれ、それぞれの各路線を締めくくる。

2歳はデューハーストS（芝7F）とフューチュリティT（旧レーシングポストT。芝8F）がクラシックに直結。牝馬はフィリーズマイル（芝8F）。

なお、イギリスの距離表記は、計測方法を変えての再計測により、コースによって若干の変更が生じたため、本書全てにおいておおよそとする。

〈アイルランド〉

3歳クラシックは愛2000ギニー（芝8F）、愛ダービー（芝12F）。愛セントレジャー（芝14F）は古馬にも開放され、豪メルボルンCのステップ戦の位置づけ。牝馬は愛1000ギニー（芝8F）、愛オークス（芝12F）。

中距離路線は秋の愛チャンピオンS（芝10F）に注目。強豪が揃い、凱旋門賞の重要ステップ戦でもある。

2歳は牡馬がナショナルS（芝7F）、牝馬がモイグレアスタッドS（芝7F）。ここで好走すると、英、仏のGIに挑む。

〈フランス〉

3歳クラシックは、仏2000ギニー（牡馬限定。芝1600M）。仏ダービー（芝2100M）は回を重ねるごとに中距離部門での重要度が増している。パリ大賞（芝2400M）は3歳馬の凱旋門賞へ向けての重要レース。3歳牝馬は仏1000ギニー（芝1600M）、仏オークス（芝2100M）。

スプリント路線はアベイユドロンシャン賞（芝1000M）、マイル路線はムーランドロンシャン賞（芝1600M）がシーズン最後のGI。

中距離路線は、ガネー賞（芝2100M）、サンクルー大賞（芝2400M）を経て、欧州競馬の総決算、凱旋門賞（芝2400M）で締めくくる。

2歳馬は凱旋門賞当日のジャンリュックラガルデール賞（芝1400M）、牝馬のマルセルブーサック賞（牝、芝1600M）が重要。

〈ドイツ〉

3歳クラシックは独ダービー（芝2400M）と独オークス（芝2200M）がGI格付け。混合GIは秋のバーデン大賞（芝2400M）が最重要。凱旋門賞のステップ戦ともなる。

〈アメリカ〉

3歳クラシックは、ケンタッキー・ダービー（ダート10F）、プリークネスS（ダート9.5F）、ベルモントS（ダート12F）。5月上旬から6月上旬にかけて行われる。サンタアニタ・ダービーをはじめ、4月上旬までの○○ダービーは各地区の代表決定戦で、弥生賞などに該当する。三冠後は"真夏のダービー"トラヴァーズS（ダート10F）を目指す。

3歳牝馬の最初の目標はケンタッキー・オークス（ダート9F）。その後は、東西に分かれる。アラバマS（ダート10F）はトラヴァーズSの牝馬版。

84年にブリーダーズC（以下BC）が創設されると、BCの結果が年度代表馬を含む各部門の最優秀馬の行方を左右するようになった。開催時期は10月下旬から11月上旬。BCはクラシック（3歳上、ダート10F）をメインに、ターフ（3歳上、芝12F）、マイル（3歳上、芝8F）、スプリント（3歳上、ダート6F）、ディスタフ（3歳上牝、ダート9F）、フィリー＆メアターフ（3歳上牝、芝9〜11F）、ジュヴェナイル（2歳牡、ダート8.5F）、ジュヴェナイルフィリーズ（2歳牝、ダート8.5F）の従来の8レースに加え、07年以降に加わったダートマイル（3歳上、ダート8F）、フィリー＆メアスプリント（3歳上牝、ダート7F）、ジュヴェナイルターフ（2歳牡、芝8F）、ターフスプリント（3歳上、5.5F）、ジュヴェナイルフィリーズターフ（2歳牝、芝8F）、ジュヴェナイルターフスプリント（2歳、芝5〜5.5F）の14競走がGI格付け。根幹距離以外は開催競馬場によって多少の距離変更がある。

〈カナダ〉

カナダ三冠はカナダ産限定。ダービーに相当するキングズプレート（旧クイーンズプレート。オールウェザー10F）から始まり、プリンスオブウェールズS（ダート9.5F）、ブリーダーズS（芝12F）と続く。秋のカナダ国際S（芝10F）は欧州からの遠征馬も多い。

〈ドバイ〉

ドバイワールドCデーは各レースに世界各国からの参戦があり、競馬のオリンピックといった趣。10年に新設のメイダン競馬場に舞台を移し、これまでのダートがオールウェザーで行われるようになったが、15年からは再びダートへ回帰。GIはドバイワールドC（ダート2000M）、ドバイシーマクラシック（芝2410M）、ドバイターフ（芝1800M）、ドバイゴールデンシャヒーン（ダート1200M）、アルクオーツスプリント（芝直線1200M）。GIIはゴドルフィンマイル（ダート1600M）、UAEダービー（ダート1900M）、ドバイゴールドC（芝3200M）。

〈香港〉

春のクイーンエリザベス2世C（芝2000M）、チャンピオンズマイル（芝1600M）、チェアマンズスプリントプライズ（芝1200M）と12月の香港C（芝2000M）、香港マイル（芝1600M）、香港ヴァーズ（芝2400M）、香港スプリント（芝1200M）は国際競走として定着している。

〈オーストラリア〉

11月のメルボルンC（芝3200M）が最大のレース。ただ、ハンデ戦のため、専門家筋は10月末のコックスプレート（芝2040M）を重視する。ダービーは各地で行われている。ゴールデンスリッパーS（芝1200M）は世界最高賞金の2歳戦。14年からシーズン終盤の4月にザ・チャンピオンシップス開催として2週にわたってドンカスターマイル（芝1600M）、クイーンエリザベスS（芝2000M）などのGIが多数組まれている。

初心者のための父系入門 2023年版

種牡馬を理解するには、おおまかな「父系」の知識が必要です。
現代の日本競馬において重要な7つの父系のポイントをまとめておきます。

サンデーサイレンス系

主な種牡馬／ディープインパクト、キズナ、ハーツクライ、オルフェーヴル、ダイワメジャー、キンシャサノキセキ、ジャスタウェイ、ゴールドシップ、ステイゴールド

サンデーサイレンスはアメリカの名馬で、日本競馬を変えた革命的な種牡馬でした。産駒は1994年に2歳デビュー。スローペースから鋭い瞬発力を繰り出す競馬を得意として、主に芝1600mから芝2400mのGIを勝ちまくりました。その代表産駒や、そのまた代表産駒が種牡馬になり、サンデーサイレンス系という一大父系を築いています。サンデー系は総じて「末脚の切れ味」、特に「上がり3ハロン」の速さが他の血統よりも優れています。

現在では後継種牡馬の特徴も多岐に渡り、父系をひとまとめにするのは大雑把すぎますが、それでも「アイビスSDはサンデー系が勝てない」など、父系全般の傾向も健在です。末脚をためて瞬発力を使う能力が高い一方、直線1000mの短距離を突っ走るようなスプリント戦は得意ではないのです。

クラシック型サンデー系

2023年現在、芝1600mから芝2400mのGIを争うサンデー系の種牡馬は、ディープインパクト、キズナ、ハーツクライ、オルフェーヴル、ジャスタウェイ、ゴールドシップなど。新しい種牡馬では、キタサンブラック、シルバーステートもこのグループです。

マイル型サンデー系

マイル戦を中心に芝1200mから芝1800mを得意とするグループ。ミッキーアイル、ダイワメジャー、カレンブラックヒル、キンシャサノキセキ、リアルインパクトなど。以前はフジキセキが中心的な存在でした。サンデー系はしなやかな馬体を持つ馬が多いのですが、このグループには筋肉質な短距離馬も珍しくありません。

これらマイラー型は2歳時の早熟性を持ち、軽快なスピードが武器。末脚をためずにスピードを持続させる能力が高く、内枠からの先行差しが得意という傾向もあります。

ダート型サンデー系

サンデー系には少数派の、ダートを得意とする種牡馬もいます。ゴールドアリュール（その仔スマートファルコン、エスポワールシチー）、ネオユニヴァース（その仔ヴィクトワールピサ）、カネヒキリなど。

これらダート向きの種牡馬は、「タイムの遅い良馬場のダートに強い馬」と、「タイムの速い稍重や重のダートに強い馬」を見分けるのが、馬券のポイントになります。

キングマンボ系

主な種牡馬／ロードカナロア、キングカメハメハ、ルーラーシップ、ドゥラメンテ、リオンディーズ、エイシンフラッシュ、ホッコータルマエ、ビーチパトロール

現在、サンデー系に次ぐ勢力となっているのが、キングカメハメハ産駒を中心とするキングマンボ系です。

キングマンボは欧州の名種牡馬で、日本における代表産駒がキングカメハメハ（ダービー、NHKマイルC）と、エルコンドルパサー（ジャパンC、NHKマイルC）です。この2頭はどちらも現役時代に芝1600mと芝2400mのGIを両方勝った共通点があります。自在性や学習能力があり、距離適性が広く、代表産駒も短距離馬から長距離馬、ダートの鬼までバラエティに富むのがキングマンボ系の特徴です。

とは言え、後継になった各種牡馬は、現役時代の成績がそのまま産駒に反映される例が目立ちます。マイル前後の得意なスピード馬が多いロードカナロア、中長距離の得意な不器用な産駒が多いルーラーシップ、道悪の鬼のエイシンフラッシュ、ダートの得意なベルシャザール、ホッコータルマエなど。

好位から差す優等生のレースができるのも長所で、最強牝馬アーモンドアイ（父ロードカナロア）もこの父系です。サンデー系やロベルト系のような派手な勝ち方が多くない分、強さに気付かれないまま、勝ち星を重ねていく例（アパパネやラブリーデイが代表馬）も見かけます。レースが上手なのです。

キングカメハメハ産駒にはダートの名馬も多く、小回りの地方競馬では一段と安定感が際立ちます。デビュー当初は芝で走っても、やがてダートで新境地を見せるなど、芝ダート兼用の万能性を持っています。

ロベルト系

主な種牡馬／エピファネイア、モーリス、スクリーンヒーロー、ストロングリターン、シンボリクリスエス

ロベルト系が最初に日本でGIを勝ちまくったのは1990年代です。ブライアンズタイム、リアルシャダイ、グラスワンダーなどの種牡馬が、三冠馬ナリタブライアン（父ブライアンズタイム）や、悲運のステイヤー・ライスシャワー（父リアルシャダイ）など、多数の名馬を輩出しました。

特に菊花賞、有馬記念、春の天皇賞などの長距離戦における強さが抜群で、スタミナは豊富。ダートや道悪にも強さを発揮しました。牝馬でダービーを制したウオッカ（父タニノギムレット）も、ロベルト系です。安定して能力を出すサンデー系に対して、ロベルト系は「目一杯に仕上げられた時」や「流れが向いた時」に繰り出される能力の振り幅が大きいのも特徴です。

一時期はサンデー系に押され、父系の勢力が弱まっていましたが、近年、シンボリクリスエスの代表産駒エピファネイアや、スクリーンヒーローの代表産駒モーリスが種牡馬としても成功し、再び勢力を強めています。

以前ほど長距離抜群というイメージはありませんが、逆にマイル戦に強いスピード馬も多く、モーリス産駒のピクシーナイトは、ロベルト系で初めて芝1200mのGIを制しました。

エピファネイア産駒の三冠牝馬デアリングタクトや、エフフォーリアのような超大物が出るのも魅力で、サンデー系はA級の繁殖牝馬から一流馬を出すのに対して、ロベルト系は無名の繁殖牝馬から一流馬を出すという面白い違いもあります。

かつてのロベルト系を支えたブライアンズタイムの血をひく種牡馬は、現在ではダートの中長距離を主戦場にする馬が多く、フリオーソや、エスポワールシチー（母父ブライアンズタイム）が当てはまります。

トニービンを持つ種牡馬

主な種牡馬／ハーツクライ、ルーラーシップ、ドゥラメンテ、ジャングルポケット、ラブリーデイ

トニービンは凱旋門賞などヨーロッパの大レースを勝ったイタリアの名馬で、産駒は1992年に2歳デビュー。距離が延びてから台頭するスタミナ豊富な馬が多く、直線の長い東京コースの芝1800mから芝2400mを得意としました。

これは末脚を長く持続的に使える長所を持つためで、反面、トップスピードに乗るのに時間がかかる分、馬群の内が苦手だったり、スローからの上がり勝負は得意ではありませんでした。ペー

スの緩急や、レース展開に左右されるため、穴が多いという特徴もあります。「能力を出し切れるレース」と「能力を出し切れないレース」が、分かれやすいのです。

現在、トニービン直系の種牡馬はジャングルポケットくらいになってしまいましたが、母の父や祖母の父にトニービンを持つ種牡馬は多く、これらの産駒にはトニービンの長所や短所が出ます。

ハーツクライ（父サンデー×母父トニービン）はサンデー系であると同時に、トニービンの特徴を色濃く持ち、スタミナが豊富。古馬になって覚醒し、良い脚を長く使う反面、一瞬の反応は遅め。産駒によっては、中山などの小回りコースが苦手で、東京などの広いコースが得意だったり、展開によって強い競馬ともろい競馬が分かれたり。これらトニービンの特徴が出ているかいないかを見極めるのが大事です。

ルーラーシップ（父キンカメ×母父トニービン）もキンカメ系であると同時に、トニービンの特徴を受け継ぐ種牡馬です。ドゥラメンテや、ラブリーデイも、血統構成は近い。21年にドゥラメンテの初年度産駒タイトルホルダーが菊花賞を勝ちましたが、ルーラーシップの初年度産駒キセキも菊花賞を勝ちました。

ミスタープロスペクター系（キングマンボ系以外）

主な種牡馬／アイルハヴアナザー、サウスヴィグラス、マクフィ、アドマイヤムーン、ファインニードル、ダンカーク、スパイツタウン、アメリカンファラオ

キングマンボ系もミスタープロスペクター系の一部ですが、個人的には「キングマンボ系」と「その他のミスタープロスペクター系」を分類して、考えることにしています。

また、もう一代さかのぼって、ネイティヴダンサー系という区切りにする場合もあります。例えばオグリキャップは「ミスタープロスペクター系ではないネイティヴダンサー系」なので、この名馬を含めるにはネイティヴダンサー系の区切りが適切です。が、「ミスプロ系」の呼称が定着したため、この分け方を主に使っています。

ミスプロ系は、アメリカのダート競馬で繁栄して、80年代から90年代にフォーティナイナー、アフリート、ジェイドロバリーなど多数の種牡馬が輸入されました。もともとはダートの1000mから2000mが得意で、小回りコースの多い地方競馬にも強い父系です。

現在は、ダートの短距離が主戦場のサウスヴィグラス、ダートの中距離が主戦場のアイルハヴアナザー、芝の短距離馬が多いアドマイヤムーン、芝ダート兼用の中距離型ダンカークなど。ヨーロッパで成功を収めているドバウィの系統のモンテロッソやマクフィも、芝ダート兼用のマイラー型（ややダート寄り）です。

芝もダートも走る血統は、芝ならちょっと時計のかかる芝を、ダートならちょっと時計の速いダートを得意にするという傾向があります。各馬ごとに、このような特徴を見つけることが馬券のポイントです。

鋭い切れ味には欠ける分、高速タイムや、速い上がりを求められる芝の重賞では勝ち切れないという弱点もあります。ただし、直線重賞のアイビスサマーダッシュには強さを見せます。

サドラーズウェルズ系

主な種牡馬／フランケル、メイショウサムソン、ローエングリン、ロゴタイプ、ケープブランコ

かつて世界の競馬を席巻したのがノーザンダンサー系。その中でも特にイギリスやフランスなど、欧州の芝2400mに圧倒的な実績を残し、現在もガリレオを中心に繁栄する「スタミナ父系」がサドラー系です。

オルフェーヴルやエルコンドルパサーが凱旋門賞にあと一歩と迫った時も、最後に立ちはだかったのはサドラー系の欧州ホースでした。今はこの「日本キラー血統」がタイトルホルダーやパンサラッサなど海外GIに挑む馬たちの母系に入っているのも、面白い巡り合わせです。

サドラー系が強さを発揮するのは、コースに起伏があり、タイムも遅めの競馬です。平坦に近いコースで、タイムの速い日本には本質的に向かないのですが、そんな中、たまにテイエムオペラオーやメイショウサムソンのような中長距離のスーパーホースが出る。

現在、日本に多数の産駒がいる直系の種牡馬は、ケープブランコ、メイショウサムソン、ローエングリンなど。

母系にサドラーを持つ馬にも特徴があり、例えば「ディープインパクト産駒で母系にサドラーを持つ馬」は大物っぽく見えて、人気を背負いやすいが、高速馬場の切れ味比べでは勝負どころの反応が鈍く、不発も多い。「キングマンボ系で母系にサドラーを持つ馬」は、タイトルホルダーやパンサラッサのように、ハイペースで先行してもバテない耐久力がある、などの特徴があります。全般にサドラーが入ると、厳しい流れや、タフな馬場の持久戦に向くようになります。

ダンチヒ系（ダンジグ系）とストームキャット系

主なダンチヒ系の種牡馬／ハービンジャー、アメリカンペイトリオット、デクラレーションオブウォー、ザファクター

主なストームキャット系の種牡馬／ヘニーヒューズ、ドレフォン、ディスクリートキャット、エスケンデレヤ、ヨハネスブルグ、シャンハイボビー

こちらもノーザンダンサー系の中の系統です。当初はどちらも「スピード」の代名詞で、産駒もスプリンターやマイラー中心でしたが、代を経て距離をこなす一流馬も多数出るようになりました。それでも基本イメージは「スピードの源泉ダンチヒとストームキャット」です。

これも直系の種牡馬だけでなく、母系に入った場合の影響力に注意したい。例えば「母系にダンチヒやストームキャットを持つディープインパクト産駒やハーツクライ産駒」は、勝負どころの加速が速くなり、GIホースが多数出ています。

ディープ×ダンチヒ系の代表馬に、サトノダイヤモンド、ロジャーバローズ、ジェンティルドンナなど。ディープ×ストームキャット系の代表馬に、キズナ、エイシンヒカリ、ラキシスなど。

現在、ダンチヒ系の直系種牡馬にはハービンジャーなどがいますが、注目すべきは母系のダンチヒとデインヒル。この血が入ると高速タイムに強い馬が生まれたり、大跳びのディープ産駒やハーツ産駒が軽いピッチ走法になります。

一方、ストームキャット系は2歳戦とダートのスピード競馬に強く、ダート1200mではワンツーの独占がたびたび見られます。ダートの短距離に強い種牡馬と、中距離に強い種牡馬がいます。

芝の2歳チャンピオンや、短距離王者がときどき出るのもストームキャット系の特徴です。高松宮記念を勝ったミスターメロディ、朝日杯FSを勝ったアジアエクスプレスなども種牡馬になりました。

母系にストームキャットを持つ種牡馬の代表は、ロードカナロアとキズナです。ロードカナロアの産駒が短距離に強いのは、母の父ストームキャットの影響が大きい。また、キズナの産駒がディープインパクトよりマイラーが多く、ダートも走るのはやはり、母の父ストームキャットの影響と思われます。

エーピーインディ系

主な種牡馬／シニスターミニスター、パイロ、マジェスティックウォリアー、タピット、ラニ、クリエイターⅡ、カジノドライヴ、ベストウォーリア、インカンテーション

現在、ダート戦の主流になりつつあるのがエーピーインディ系です。もう少し父系をさかのぼって「シアトルスルー系」、さらにのぼって「ボールドルーラー系」と呼ぶ場合もあります。

最大の特徴は、ほぼダートしか走らないこと。ダートの1400mから2100mあたりを得意にします。アメリカで発展した父系のため、時計の速いダートに強いとか、左回りに強いとか、基本のイメージはありますが、現在は右回りも、時計の遅いダートに強い馬もたくさんいます。

プルピットを経由すると、気性のうるさい馬が多くなる特徴もあり、パイロやラニがこれに当てはまります。

目　　次

▶馬名のあとの青色の数字とアルファベットは、折り込みの種牡馬系統表での、その馬の位置の目安です。地図の要領でお探しください。なお、馬によっては系統表に掲載できなかったため、その馬の父、あるいは父系の位置を示している場合もあります。

▶種牡馬の掲載順は、**2023年に産駒をデビューさせる新種牡馬**、以下、**トップ種牡馬25頭**、**注目の有力種牡馬**、**海外の種牡馬**の順になっております。

ア

馬名	位置
アーネストリー	2C・218
アイファーソング	4B・218
*アイルハヴァナザー	3B・142
アグニシャイン	3E・218
アグネスタキオン	4C・219
*アグネスデジタル	2B・201
アクラメーション	3D・242
*アジアエクスプレス	5E・148
アスカクリチャン	2B・218
アッミラーレ	4C・201
アドマイヤコジーン	1C・218
アドマイヤマックス	5C・201
アドマイヤムーン	3B・166
アドミラブル	5C・30
アドラーフルーク	3E・230
*アニマルキングダム	3C・22
*アフリート	2B・219
*アポロキングダム	4B・201
*アポロソニック	2E・201
アメリカンファラオ	1B・164
*アメリカンペイトリオット	2E・147
アルアイン	5C・24
*アルデバランⅡ	4B・201
アルマンゾル	2B・242
アレスバローズ	5C・32
アロゲート	1B・230
アロマカフェ	5C・218
アンクルモー	1C・231
アンライバルド	5C・202
イクシードアンドエクセル	3E・242
イスラボニータ	4C・139
イフラージ	2B・242
インヴィンシブルスピリット	3E・242
インカンテーション	2C・202
イングリッシュチャンネル	4B・242
イントゥミスチーフ	4E・187
ヴァーミリアン	3B・202
ヴァイオレンス	3E・243
ヴァンセンヌ	4C・202
ヴィクトワールピサ	5C・143
*ヴィットリオドーロ	3E・202
*ウィルテイクチャージ	1B・243
ウインバリアシオン	3C・202
*ウォーエンブレム	4B・219
ウォーフロント	2E・243
エアフォースブルー	2E・243
エイシンサンディ	4C・218
エイシンヒカリ	5C・165
エイシンフラッシュ	4B・136
エーシンシャラク	4C・218
*エーシントップ	5E・203
*エーシンフォワード	5E・218
エキストラエンド	4C・203
*エスケンデレヤ	5E・203
エスポワールシチー	5C・149
エピカリス	5C・30
エピファネイア	2C・66
*エルコンドルパサー	3B・219
*エンドスウィープ	2B・219
*エンパイアメーカー	1B・220
オウケンブルースリ	1C・218
オーシャンブルー	3C・203
オーストラリア	4E・243
オーディブル	4E・243
*オールステイ	2E・203
オスカーパフォーマンス	3E・244
*オペラハウス	3E・220
オマハビーチ	2E・244
オルフェーヴル	3C・70

カ

馬名	位置
カーリン	4B・244
カイロス	2B・32
*カジノドライヴ	2C・203
カネヒキリ	4C・204
*カラヴァッジオ	5E・244
*カリフォルニアクローム	1C・16
カルストンライトオ	1E・204
ガルボ	4C・218
ガリレオ	3E・231
カレンブラックヒル	5C・156
カンパニー	1C・204
ガンランナー	1B・232
キーンアイス	4B・244
キズナ	4C・50
キタサンブラック	4C・82
キトゥンズジョイ	3E・232
キャプテントゥーレ	4C・204
キャメロット	3E・233
キャンディライド	1B・244
キングカメハメハ	4B・54
*キングズベスト	4B・204
キングヘイロー	2D・220
キングマン	3E・186
キングリオ	5B・32
ギンザグリングラス	5A・218
*キンシャサノキセキ	4C・98
グァンチャーレ	2C・32
クオリティロード	2B・245
クラウンレガーロ	2C・218
クラシックエンパイア	1B・245
*グラスワンダー	2C・220
グランシルク	4C・218
グランデッツァ	4C・204
グランプリボス	2C・205
グレンイーグルス	4E・245
グッドマジック	4B・233
クラックスマン	4E・234
クリーンエコロジー	4B・218
*クリエイターⅡ	1C・205
グレーターロンドン	5C・190
クロスオブスターズ	2E・245
*クロフネ	1E・144
*ケイムホーム	2B・205
*ケープブランコ	4E・205
ゴーストザッパー	1E・245
ゴールデンホーン	2E・245
ゴールデンマンデラ	2E・32
ゴールドアクター	2C・199
ゴールドアリュール	5C・146
ゴールドシップ	3C・118
ゴールドヘイロー	4C・205
*ゴスホークケン	5E・205
コパノリチャード	5C・206
コパノリッキー	5C・161
*コマンダーインチーフ	2D・220
コメート	4C・218
コンスティチューション	1C・246

サ

馬名	位置
*サウスヴィグラス	2B・152
サウンドスカイ	4C・218
*サウンドボルケーノ	5E・206
サクソンウォリアー	5C・234
サクラオリオン	3B・206
サクラゼウス	2C・218
サクラバクシンオー	2C・220
ザサンデーフサイチ	4C・206
サッカーボーイ	1A・221
サトノアラジン	5C・154
*サトノクラウン	3D・185
サトノダイヤモンド	5C・183

サドンストーム	3B	·218
*ザファクター	2E	·150
サムライハート	4C	·206
サンカルロ	2C	·206
*サンダースノー	3E	· 18
*サンデーサイレンス	4C	·221
シーザムーン	2E	·246
シーザスターズ	2E	·235
シゲルカガ	1C	·218
シティオブライト	2B	·246
*シニスターミニスター	2C	·114
シビルウォー	4B	·207
ジャスタウェイ	3C	·110
ジャスティファイ	5E	·235
シャマーダル	5E	·246
ジャングルポケット	1C	·207
*シャンハイボビー	5E	·184
シュヴァルグラン	3C	· 25
シューニ	1E	·236
ジュンツバサ	4C	·218
ショウナンカンプ	2C	·207
ショウナンバッハ	3C	· 32
ジョーカプチーノ	4C	·169
ショーケーシング	3E	·246
シルバーステート	5C	·130
シルポート	2D	·207
シングンオペラ	3E	·218
*シンボリクリスエス	2C	·221
スウィフトカレント	5C	·207
*スウェプトオーヴァーボード	2B	·207
ズースター	5D	·246
スクリーンヒーロー	2C	· 86
*スクワートルスクワート	2B	·208
スズカコーズウェイ	5E	·208
スタースパングルドバナー	3E	·247
スターリングローズ	2B	·208
スタディオブマン	5C	·236
ステイゴールド	3C	·221
*ストーミングホーム	3B	·208
*ストリートセンス	3B	·247
ストロングリターン	2C	·170
スノードラゴン	1C	·218
スパイツタウン	2B	·237
スピリッツミノル	4C	· 32
スピルバーグ	4C	·208
スペシャルウィーク	4C	·221
スマートファルコン	5C	·208
スワーヴリチャード	3C	· 20
スワイネス	5C	·247
セレスハント	3B	·218
セントパトリックスデー	1B	·247
ゼンノロブロイ	5C	·209
ソーユーシンク	4E	·247

タ

ダークエンジェル	3D	·237
*タートルボウル	4D	·163
*タイキシャトル	4C	·221
タイセイレジェンド	4B	·209
タイムパラドックス	3C	·209
ダイワメジャー	5C	· 74
タツゴウゲキ	4C	· 32
タニノギムレット	3C	·209
ダノンシャーク	4C	·209
ダノンシャンティ	4C	·209
ダノンバラード	4C	·175
*ダノンレジェンド	1A	·162
タピット	1C	·238
ダブルスター	2C	·218
*タリスマニック	3E	·196
*ダンカーク	1B	·159
*ダンシングブレーヴ	2D	·222
ダンスインザダーク	4C	·222
ダンスディレクター	4B	·218
チャーチル	4E	·238
ディープインパクト	4C	· 34
ディープスカイ	4C	·210
ディープブリランテ	4C	·158
ディーマジェスティ	5C	·181
テイエムオペラオー	3E	·222
テイエムジンソク	1E	·218
*ディスクリートキャット	5E	·138
ディストーテッドユーモア	3B	·247
*デインヒル	2E	·222
テオフィロ	4E	·248
*デクラレーションオブウォー	2E	·168
トウカイテイオー	5A	·222
トウケイヘイロー	4C	·210
トゥザグローリー	4B	·160
トゥザワールド	5B	·210
ドゥラメンテ	5B	· 42
トーセンジョーダン	1C	·210
トーセンファントム	5C	·210
トーセンブライト	3C	·210
トーセンホマレボシ	4C	·211
トーセンラー	4C	·211
トーセンレーヴ	4C	·211
トーナリスト	1C	·248
トーホウジャッカル	4C	·211
*トニービン	1C	·222
*トビーズコーナー	2E	·211
トランセンド	5C	·211
ドリームジャーニー	3C	·167
ドリームバレンチノ	4C	·212
*ドレフォン	5E	· 94
ドバウィ	3B	·239

ナ

ナイキスト	1C	·248
ナイトオブサンダー	3B	·248
ナカヤマフェスタ	3C	·212
ナサニエル	4E	·239
ナムラタイタン	2B	·218
ニシケンモノノフ	4C	·212
ニホンピロアワーズ	2D	·218
ニューアプローチ	4E	·248
*ニューイヤーズデイ	3B	· 26
ニューベイ	3B	·248
ネロ	5E	·195
*ノヴェリスト	3A	·151
*ノーザンテースト	3D	·223
ノーネイネヴァー	5E	·240
*ノボジャック	1E	·212

ハ

ハーツクライ	3C	· 46
*ハードスパン	2E	·249
*ハービンジャー	3E	· 90
ハイアーゲーム	3C	·218
パイオニアオブザナイル	1B	·249
*パイロ	1C	·122
ハヴァナグレイ	4E	·249
ハヴァナゴールド	4E	·249
ハギノハイブリッド	3C	·218
*バゴ	3C	·179
ハットトリック	3C	·249
パドトロワ	2B	·212
*バトルプラン	1B	·213
パレスマリス	4B	·249
バンドワゴン	2D	·218
バンブーエール	2B	·213
*ビーチパトロール	4B	·193
ビッグアーサー	2C	·141
ヒルノダムール	5C	·213
ファインニードル	3B	·191
ファストネットロック	4E	·250
*ファルブラヴ	5D	·223
フェノーメノ	3C	·213
*フォーティナイナー	2B	·223
フサイチセブン	4B	·213
フジキセキ	4C	·223
*ブライアンズタイム	3C	·223
プラクティカルジョーク	4E	·250
ブラックタイド	4C	·145
フランケル	4E	·178
フリオーソ	3C	·213
*プリサイスエンド	2B	·214
*ブリックスアンドモルタル	5E	· 14
*ブレイヴェストローマン	1D	·223
プレティオラス	5E	·214

*フレンチデピュティ	1E・224	
フロステッド	1C・250	
*ベーカバド	2E・214	
*ベストウォーリア	2C・198	
*ヘニーハウンド	5E・214	
*ヘニーヒューズ	5E・78	
ペルーサ	5C・214	
ベルシャザール	4B・214	
ヘンリーバローズ	5C・31	
ボアゾンブラック	3B・215	
ポイントオブエントリー	3C・250	
ポエッツワード	3B・250	
*ホークビル	3E・27	
ホッコータルマエ	4B・137	
ボルトドーロ	3E・250	
*ホワイトマズル	2D・215	

マ

*マイネルヴ	3B・224
*マインドユアビスケッツ	1E・176
*マクフィ	3B・140
*マクマホン	3D・215
マクリーンズミュージック	3B・251
*マジェスティックウォリアー	2C・126
*マスクゾロ	4B・215
マツリダゴッホ	5C・171
マリブムーン	2C・251
マルゼンスキー	1D・224
マルターズアポジー	5E・32
マンハッタンカフェ	4C・215
ミッキーアイル	5C・102
ミッキーグローリー	5C・31

ミッキーロケット	5B・194
ミュゼスルタン	5B・215
*ミルジョージ	1D・224
メイクビリーヴ	3B・251
メイショウサムソン	3E・173
メイショウボーラー	4C・172
メジロダイボサツ	4C・218
メジロマックイーン	5A・224
メダーリアドロ	3E・240
メンデルスゾーン	5E・241
モアザンレディ	3C・251
*モーニン	5E・28
モーリス	2C・58
モティヴェーター	3E・251
*モンテロッソ	3B・174

ヤ

ヤマカツエース	5B・197
ヤングマンパワー	3E・32
ユアーズトゥルーリ	4B・32
ユーエスネイヴィーフラッグ	2E・251
ユニオンラグス	4D・252
ヨシダ	3C・241
*ヨハネスブルグ	5E・216

ラ

*ラニ	1C・182
ラブイズブーシェ	5C・216
ラブリーデイ	4B・155
リアルインパクト	4C・157
*リアルシャダイ	2C・224
リアルスティール	5C・180
リー	5E・252

リーチ・ザ・クラウン	4C・177
リオンディーズ	5B・106
リヤンドファミュ	3C・216
ルースリンド	3B・218
ルーラーシップ	4B・62
ルッキンアットラッキー	4B・252
*ルックスザットキル	5E・216
レイヴンズパス	2B・252
レイデオロ	5B・12
レインボーライン	4C・216
レーヴミストラル	5B・216
レガーロ	2C・218
レッドスパーダ	4C・217
レッドファルクス	2B・192
レモンドロップキッド	4B・252
ローエングリン	2E・217
*ロージズインメイ	4C・188
ローズキングダム	4B・217
*ロードアルティマ	3B・218
ロードカナロア	4B・38
ローレルゲレイロ	2D・217
ロゴタイプ	2E・189
ロジャーバローズ	5C・29
ロジユニヴァース	5C・217
ロペデヴェガ	5E・252
ロンギングダンサー	2C・32

ワ

*ワークフォース	4B・217
ワールドエース	4C・153
ワイルドワンダー	3C・218
ワンダーアキュート	4D・218

特別収録 種牡馬系統表

はじめに	3
本書の読み方	4
初心者のための父系入門	6
2023年産駒デビューの新種牡馬	11
トップ種牡馬25頭	33
注目の有力種牡馬	135
海外の種牡馬	225
海外馬券について	226
欧米リーディング・サイアー2022	253
2022年度 中央平地競走サイアー・ランキング	254
2022年度 地方競馬サイアー・ランキング	256

必見DATA 条件別・マルチ種牡馬ランキング

主要4場種牡馬ランク・ベスト10	258
短距離マイル率ランキング／芝率ランキング／穴率ランキング／晩成率ランキング	262
芝道悪率ランキング／ダート道悪率ランキング	
平坦芝率ランキング／芝広いコース率ランキング	263

●ランクおよびその資料／（社）日本軽種馬協会 JBIS Search 提供
表紙画／ドゥラメンテ by 小畠直子

2023年
産駒デビューの
新種牡馬

レイデオロ
REY DE ORO

名伯楽にダービートレーナーの称号をもたらした大器

2014年生　鹿毛　初年度登録産駒129頭　2023年種付け料▷受胎確認後700万円(FR)

現役時代

　中央15戦7勝、UAE2戦0勝。主な勝ち鞍、日本ダービー、天皇賞・秋、ホープフルS、神戸新聞杯、オールカマー。ジャパンC2着、有馬記念2着。

　リーディングを12度獲得した藤沢和雄調教師も、ダービーには縁がなかった。シンボリクリスエス2着、ゼンノロブロイ2着と、あと一歩まで迫りながら届かない。そこに登場したのが「藤沢血統」のレイデオロだった。母ラドラーダも、祖母レディブロンドも藤沢が手掛けた馬で、母父シンボリクリスエスもそうだ。

　2歳の東京芝2000でデビューしたレイデオロはホープフルS（当時GⅡ）まで3連勝。ノーザンファーム天栄で英気を養うと、皐月賞にぶっつけのローテを選択し。鞍上ルメールの5番人気で臨むもスタートで後手を踏み、5着敗退。ローテの是非が問われたが、それを論じるのはダービーの後でいい。

　2017年、日本ダービー。マイスタイルが逃げる前半1000m63秒2の超スローペースのなか、向こう正面でレイデオロが動いた。通過順13-14-2-2という大まくりを打ち、後方から2番手までポジションを上げたのだ。ルメールの的確な判断力と、大舞台で実行に移す技量と度胸、そしてそれに応えて折り合いを欠くことなく、加速と減速をして2番手に収まったレイデオロ。

　あとは直線で前をとらえるだけ。後ろからきたスワーヴリチャードとアドミラブルを封じて1着。藤沢和調教師にとって開業30年目のダービー優勝だった。

　秋は菊花賞に向かわず、神戸新聞杯1着からジャパンC2着。4歳春はドバイシーマクラシックに遠征したが、発馬機内で暴れて4着。4歳秋は天皇賞・秋を1分56秒8で制してGⅠの2勝目をあげ、サングレーザーやキセキを下した。続く有馬記念は2着。5歳で再びドバイSCへ遠征するも折り合いを欠き、6着だった。

POINT	キンカメ後継のダービー馬
	芝2000以上の長い距離向き
	ディープ母のクロスの成否は?

血統背景

父キングカメハメハは同馬の項を参照。

母ラドラーダは中央4勝のマイラー。祖母レディブロンドは芝1200を5勝し、03年スプリンターズS4着。全弟レイエンダはエプソムC1着、富士S2着など。

3代母ウインドインハーヘアの仔にディープインパクト、近親ゴルトブリッツ(帝王賞)。

ダービーで負かしたスワーヴリチャードやアドミラブル、4歳のドバイSCで負かされたホークビルとは同じ年の産駒デビューになる。

代表産駒

ラケダイモーン、マテンロウゴールド。

23年8月までに中央競馬で2頭が勝ち上がり。いずれも芝2000mを勝利。

関係者コメント

「キングカメハメハ×シンボリクリスエスという配合からくる重量感のイメージよりは、軽さのある馬です。母ラドラーダは小柄なほうの馬ですし、ディープインパクトと同じ母系ですから、キンカメのような労働者タイプではなく、ちょっと繊細なところがある。

2歳戦が始まった頃はなかなか勝ち馬が出ませんでしたが、ある程度は距離が必要です。秋競馬の1800mや2000mを勝って重賞に出てくる馬や、3歳になってから身が入る馬もいるでしょう。取引額の高い馬が多いので、あわてず、ガツガツは使っていません。

ひとつ気になるのは、ディープインパクトの繁殖牝馬に付けて、ウインドインハーヘアのクロスを持つ馬が多いこと。15%くらいいる。偉大な母のクロスですが、小さい馬ですし、それが成功するかどうか。注目しています」(社台スタリオン、23年7月)

特注馬

マテンロウゴールド／母の全姉ミッキークイーンはオークスと秋華賞に優勝。一瞬の脚は速くない。

ラケダイモーン／半兄ステルヴィオはマイルCS優勝。兄姉は早熟傾向で2歳と3歳の成績がいい牝系。

コルレオニス／半姉ハープスターは桜花賞1着、オークス2着。トニービン持ちで長い直線向きか。

キングカメハメハ 鹿 2001	キングマンボ Kingmambo	Mr. Prospector
		Miesque
	*マンファス Manfath	*ラストタイクーン
		Pilot Bird (22-d)
ラドラーダ 青鹿 2006	*シンボリクリスエス Symboli Kris S	Kris S.
		Tee Kay
	*レディブロンド Lady Blond	Seeking the Gold
		ウインドインハーヘア(2-f)

Mr. Prospector 3×4、Northern Dancer:5·5(父方)

種付け年度	種付け頭数	血統登録頭数	種付け料
2022年	174頭	—	700／受・FR
2021年	170頭	111頭	600／受・FR
2020年	196頭	129頭	600／受・FR

レイデオロ産駒完全データ

●最適コース
牡馬／中京芝2000、東京芝2400
牝馬／阪神芝2000、中山芝1800

●クラス別成績
	牡馬	牝馬
新馬	牡馬:1-3-1／17	牝馬:0-0-0／6
未勝利	牡馬:1-0-1／4	牝馬:0-0-0／1
OPEN	牡馬:0-0-0／0	牝馬:0-0-0／0

●距離別成績
	牡馬	牝馬
～芝1200	牡馬:0-0-0／0	牝馬:0-0-0／4
芝1400	牡馬:0-0-0／1	牝馬:0-0-0／0
～芝1600	牡馬:0-0-0／2	牝馬:0-0-0／2
芝1800～	牡馬:2-3-2／17	牝馬:0-0-0／1
ダート	牡馬:0-0-0／0	牝馬:0-0-0／0

●人気別回収率
1人気	単87%・複82%	2-1-0／4
2～4人気	単0%・複48%	0-2-1／7
5人気～	単0%・複14%	0-0-1／17

●枠順別連対数
1～3枠／3回	4～6枠／1回	7,8枠／1回

勝利へのポイント

芝1600以下【0-0-0-9】

8月までに新潟芝2000と中京芝2000で、牡馬2頭が勝ち上がり。他に芝1800の3着以内が4回あり、「馬券絡みはすべて距離1800以上」という明確な傾向が出ている。1600以下は掲示板もない。

良血馬がズラリと揃っているから、今後はスピード馬も出てくるだろうが、勝ち上がった馬も素早く加速して切れ味を発揮するタイプではなく、じわじわ伸びながらエンジンのかかるタイプのようで、トップスピードに乗るまでの時間に注目したい。馬群を割れるのか、外から伸びるのか。距離延長や、使われてからの上昇をマークしよう。

東京芝2400で走れる血統かどうかは、東スポ杯で上位に来る馬が出るかが試金石になる。現時点では中京芝2000【1-1-0-0】がいい。

ダートはまだ1回しか走っていないが、将来はダート馬もかなり出そうな可能性を感じさせる。

レイデオロ REY DE ORO

ブリックスアンドモルタル
BRICKS AND MORTAR

末脚一閃！5歳時にGⅠ5勝したアメリカ芝王者

2014年生　黒鹿毛　アメリカ産　初年度登録産駒107頭　2023年種付け料▷受胎確認後600万円（FR）

現役時代

　北米で13戦11勝。主な勝ち鞍、BCターフ（GⅠ・12F）、アーリントンミリオン（GⅠ・10F）、ペガサスワールドCターフ招待S（GⅠ・9.5F）、ターフクラシックS（GⅠ・9F）、マンハッタンS（GⅠ・10F）、競馬博物館名誉の殿堂S（GⅡ・8.5F）、ムニスメモリアルH（GⅡ・9F）。

　3歳2月のデビューから芝路線を歩み、競馬博物館名誉の殿堂Sまで4連勝。GⅢを2戦続けて3着に敗れた後に歩様の矯正を目的とした外科手術が施され、長期休養を余儀なくされた。

　復帰したのは4歳12月末の一般戦。ここで復活の狼煙を上げると5歳時は無敵の快進撃。日本からアエロリットが参戦したペガサスワールドCターフ招待Sを直線一閃の差し脚を決めてGⅠ初制覇を果たした。続くムニスメモリアルHを制し、チャーチルダウンズ競馬場のターフクラシックS、ベルモント競馬場のマンハッタンSも直線で突き抜け、その末脚には一層と磨きがかかった。アーリントンミリオンも難なく突破。中団の内目追走からあっさり抜け出し、王者の貫禄を見せつけた。アーリントンミリオンの直前には社台ファームが種付け権利を購入。BCターフを最後に現役を引退。日本に導入されることが報じられている。

　アーリントンミリオンからぶっつけで臨んだBCターフは、距離に対して多少の懸念を抱いていた陣営の不安を一掃。中団馬群のなか追走から直線で外に持ち出すと末脚炸裂。最低人気馬ユナイテッドをねじ伏せて優勝した。着差はアタマ差ながら、改めて底力を知らしめた一戦だった。3着はさらに1馬身1/4差で英ダービー馬アンソニーヴァンダイク。勝ち時計は2分24秒73。

　5歳時はGⅠ5勝を含め6戦全勝。2019年エクリプス賞年度代表馬と最優秀芝牡馬に選出された。

POINT	ジャイアンツコーズウェイ系の大駒 産駒は鋭い脚を駆使 マイル、中距離が主戦場

血統背景

父ジャイアンツコーズウェイ。3歳時にサセックスS、エクリプスSなどマイル、中距離GⅠ5勝。種牡馬としてはシャマーダル（仏ダービーGⅠ）、エイシンアポロン（マイルチャンピオンシップ）など、欧州、北米、南米、オセアニアでGⅠ馬を輩出。2018年死亡。

母ビヨンドザウェイヴズは仏準重賞勝ち馬。本馬の半姉にエメラルドビーチ（グレンズフォールズGⅢ）。近親にボードナロ（エンシャントタイトルBCSGⅠ）。母の父オーシャンクレストはデルマー・ダービー招待HGⅡの勝ち馬。

代表産駒

テラメリタが新馬勝ち馬第1号として名乗りをあげ、翌週にはゴンバデカーブースが続いて新馬勝ち。8月末現在、21頭が出走、中央芝で4頭、データ集計後にダートで1頭がそれぞれ勝ち上がった。

関係者コメント

「2歳の6月に早々と2頭が新馬を勝ち上がり、期待通りの結果になってくれました。ディープインパクト牝馬に何を付けるんだ論争はずっとあるので、1頭がディープの肌だったのも良かったですね。

ゲートから積極的に行く馬が多いようです。多少かっーとするところはあるけど、スタートも速く、前向きなレースをする。芝2400mのBCターフも勝っていますが、マイルから2000mくらいで力を出しそうです。クラシックだけでなく、NHKマイルCの路線にも出てくれるんじゃないかと期待しています。

1年目もいいけど、2年目の1歳世代は壮観です。生まれた子供を見て、こういう母馬が合うんじゃないかとわかって付けられますし、GⅠを勝った母がズラリといます。バランスの良い馬体で、産駒もお父さんに似た仔が多いですね」（社台スタリオン、23年7月）

特注馬

テラメリタ／クローバー賞はコースと馬場状態が敗因とみた。良馬場のワンターンで巻き返すのは必定。
マイネルブリックス／新潟芝1800で未勝利を脱したが、母がマイネカンナなら京成杯での一発期待。

ジャイアンツコーズウェイ Giant's Causeway 栗　1997	ストームキャット Storm Cat	Storm Bird
		Terlingua
	マリアーズストーム Mariah's Storm	Rahy
		*イメンス　　　　(11)
ビヨンドザウェイヴズ Beyond the Waves 黒鹿　1997	オーシャンクレスト Ocean Crest	Storm Bird
		S.S.Aroma
	エクセデント Excedent	Exceller
		Broadway Lullaby(21-a)

Storm Bird 3×3、Prince John 5・5（母方）

種付け年度	種付け頭数	血統登録頭数	種付け料
2022年	127頭	—	600／受・FR
2021年	180頭	129頭	600／受・FR
2020年	178頭	107頭	600／受・FR

ブリックスアンドモルタル産駒完全データ

●最適コース
牡馬／東京芝1600、新潟芝1600
牝馬／札幌芝1500、阪神芝1600

●クラス別成績

新馬	牡馬:1-1-2／10	牝馬:1-0-0／10
未勝利	牡馬:1-0-0／4	牝馬:1-0-0／3
OPEN	牡馬:0-0-0／0	牝馬:0-0-0／1

●距離別成績

～芝1200	牡馬:0-0-0／2	牝馬:0-0-0／3
芝1400	牡馬:0-0-0／0	牝馬:0-0-0／1
～芝1600	牡馬:1-1-1／7	牝馬:2-0-0／5
芝1800～	牡馬:1-0-0／1	牝馬:0-0-0／4
ダート	牡馬:0-0-1／2	牝馬:0-0-0／1

●人気別回収率

1人気	単55%・複62%	1-0-1／4
2～4人気	単160%・複92%	3-1-1／12
5人気～	単0%・複0%	0-0-0／12

●枠順別連対数

1～3枠／3回	4～6枠／2回	7、8枠／0回

勝利へのポイント

芝1600【2-1-1／8】

新馬戦の連勝で好スタート切った後は鳴りを潜めていたものの、8月2勝、9月にも勝ち鞍を積み重ね、勢いを盛り返している。

データ集計期間中4勝のうち、3勝はワンターンの芝1600&1800コース。1勝は札幌の芝1500。さらに3勝が出走馬中最速上がりでの勝利。早い時期での勝利、勝ちコース、レース内容、加えて社台グループの良血牝馬産駒を多数擁し、前途有望といえる。

マイルから中距離を主戦場とし、実績通りに鋭い差し駆使。全体的に速い時計勝負にも強いだろう。新馬戦6着から巻き返しての未勝利戦勝利があり学習能力も高そうだ。

コーナー4つの中距離も問題ないとみた。中山→東京、道悪→良馬場での大駆けは注意したいが。ダートは様子見。

カリフォルニアクローム
CALIFORNIA CHROME

産駒が北米・南米で重賞勝ち！米二冠の人気者

2011年生　栗毛　アメリカ産　初年度登録産駒98頭　2023年種付け料▷受胎確認後400万円（FR）

現役時代

　北米、UAEで通算27戦16勝。主な勝ち鞍、米二冠、ドバイワールドC（GⅠ・2000M）、パシフィッククラシック（GⅠ・10F）、オーサムアゲインS（GⅠ・9F）、サンタアニタ・ダービー（GⅠ・9F）、ハリウッド・ダービー（GⅠ・9F）、他GⅡ3勝。

　2歳時は条件級だったが、3歳になると素質開花。サンフェリペS、サンタアニタ・ダービーを連勝し、ケンタッキー・ダービー、プリークネスSとも3番手から抜け出して二冠達成。三冠確実の下馬評だったが、ベルモントSはスタート直後に他馬に脚を踏まれるアクシデントもあり4着に敗れた。勝ったのはトーナリスト。同レースの外傷により秋まで休養。復帰戦6着、BCクラシックも3着に敗れたが、芝初挑戦のハリウッド・ダービーを制し、復権に成功。4歳時はUAEに遠征。ドバイワールドCは2着。その後に英国ロイヤルアスコット開催のプリンスオブウェールズSを目標としたが、脚部不安を発症。残りのシーズンを棒に振った。しかしこのままでは終わらず、5歳になると3歳春を彷彿させる快進撃。

　米国で2連勝とし、UAEへ遠征。ドバイワールドCは先行策から直線で先頭に立つと、一気に後続を突き放して完勝、前年2着の雪辱を果たした。米国へ戻っても勢いは止まらず、夏のパシフィック、秋のオーサムアゲインSを制して迎えた大一番BCクラシック。先手を取ってそのまま押しきるかと思えた刹那、急上昇の3歳馬アロゲートの猛追に合い、半馬身交わされての2着に惜敗した。この後、条件戦を制してシーズンを終え、引退レースとなった翌年のペガサスワールドCはアロゲートの9着。引退の際に1歳下の三冠馬アメリカンファラオとの直接対決が実現しなかったことを惜しむ多くのファンがいたという。

POINT	米二冠にドバイWC制覇
	北米、南米で重賞勝ち馬輩出
	本格化は3歳春以降か

血統背景

　父ラッキープルピット。ダートGⅡ2着。種牡馬としては産駒初の重賞勝ち馬が二冠馬という離れ業で驚かせた。その他にワードンジェリー（サンルイレイSGⅢ・12F）。17年に心臓発作で死亡。

　母ラヴザチェイスは6戦1勝。ラトロワンヌ系の名牝ナンバーアカウント3×3のクロスを持つ。近親に目立った活躍馬はいない。

　母の父ノットフォーラヴは本邦輸入種牡馬リズムの全弟。オーロラテソーロ（クラスターC）、メタマックスの母の父。

代表産駒

　クロミウム（チリ2000ギニーGⅠ・1600M）、シラ（プライオレスSGⅡ・6F）、ワンモアビッド（サンタアニタマティスマイルGⅡ・8F）。

　日本での初年度産駒は8月末現在、21頭が出走、地方で3頭が勝ち上がる。

関係者コメント

「今年、米競馬殿堂入りを果たしました。現地には熱狂的なファンが多く、アメリカから贈り物や手紙がたくさん届きます。改めてすごい馬を扱わせて頂いていることを実感しています。

　アメリカで重賞勝ち馬が出ているほか、チリではクラシックホースも出しましたし、アルゼンチンでもダートの重賞を連勝して来年のドバイを狙う馬が出ています。ダート向きかなという気もしますが、アメリカでは2頭の芝重賞勝ち馬を出しており、日本のサンデー系の牝馬との相性も楽しみにしています。

　重賞勝ち馬の母や、自身が重賞勝ち馬など素晴らしい繁殖牝馬に配合頂いていますので、3歳ダート三冠競走など大舞台で活躍する産駒の登場を期待しています」（アロースタッド、23年7月）

特注馬

スプリングノヴァ／近親に交流重賞の暴れ娘テリオスベル。今後も楽しみ。

ワイドラトゥール／栗東・藤原厩舎。近親にデルマソトガケ、ワイドファラオ。やるしかない。

ラッキープルピット Lucky Pulpit 栗　2001	プルピット Pulpit	A.P. Indy
		Preach
	ラッキーソフ Lucky Soph	Cozzene
		Lucky Spell（4-m）
ラヴザチェイス Love the Chase 栗　2006	ノットフォーラヴ Not For Love	Mr. Prospector
		Dance Number
	チェイスイットダウン Chase It Down	Polish Numbers
		Chase the Dream（A4）

Mr. Prospector 4×3、Northern Dancer 4·5（母方）
Numbered Account 4·4（母方）

種付け年度	種付け頭数	血統登録頭数	種付け料
2022年	148頭	—	400／受·FR
2021年	154頭	110頭	400／受·FR
2020年	143頭	98頭	400／受·FR

カリフォルニアクローム産駒完全データ

●最適コース
牡馬／中山ダ1800、東京ダ1300
牝馬／札幌芝1500、札幌ダ1700

●クラス別成績

新馬	牡馬:0-1-1／12	牝馬:0-0-0／10
未勝利	牡馬:2-6-2／21	牝馬:0-0-1／13
OPEN	牡馬:0-0-0／0	牝馬:0-0-0／0

●距離別成績

～芝1200	牡馬:0-0-0／5	牝馬:0-0-0／6
芝1400	牡馬:0-0-0／1	牝馬:0-0-0／3
～芝1600	牡馬:0-0-0／3	牝馬:0-0-0／1
芝1800～	牡馬:0-0-0／3	牝馬:0-0-0／3
ダート	牡馬:2-7-3／26	牝馬:0-0-1／10

●人気別回収率

1人気	単0%·複78%	0-4-1／8
2～4人気	単119%·複133%	2-3-1／16
5人気～	単0%·複42%	0-0-2／37

●枠順別連対数

1～3枠／1回	4～6枠／4回	7、8枠／4回

勝利へのポイント

ダート1700&1800【1－7－2／26】

　データ集計後に札幌芝1500の新馬戦をスプリングノヴァが快勝。日本での初年度産駒もダート血統と予想していただけに、初勝利が芝とは意外だった。もっとも、北米で芝の重賞勝ち馬を出し、同父系のパイロも時たま芝馬を出す。単騎逃げでの勝利もパイロ産駒に多々ある。それでも本領を発揮する仕事場はダートでこそだろう。供用以前の産駒もダートで2勝。

　これまでの結果だと勝ち味の遅さは否めず、実際に使われながら調子を上げる産駒が多そうだ。マイルから中距離を持ち場とし、1900以上も守備範囲とする。牝馬は短距離も可とする。

　パイロ産駒同様に気性的に危なさがあるかは、今後の確認事項だ。ダート体系の整備は追い風。産駒の初重賞勝ちは東京ダービーか。

サンダースノー
THUNDER SNOW

ドバイWC連覇、米仏GI勝利! 芝・ダ不問の活躍馬

2014年生　鹿毛　アイルランド産　初年度登録産駒92頭　2023年種付け料▷産駒誕生後250万円

©Darley

現役時代

　イギリス、フランス、UAE、アイルランド、北米で通算24戦8勝。主な勝ち鞍、ドバイワールドC（GⅠ・2000M）2回、ジャンプラ賞（GⅠ・1600M）、クリテリウムアンテルナシオナル（GⅠ・1400M）、UAEダービー（GⅡ・1900M）、アルマクトゥームチャレンジR2（GⅡ・1900M）。

　2歳シーズン最後のクリテリウムアンテルナシオナルで重賞初制覇を飾り、3歳春はUAEと米国を転戦。UAEダービーは日本馬エピカリスとの一騎打ち。これを短頭差制して優勝。ケンタッキー・ダービーはスタート直後に跳ね上がり無念の競走中止となった。欧州に戻るとマイルGⅠ路線に向かい、愛2000ギニー2着、セントジェームズパレスS3着後にジャンプラ賞を制してGⅠ2勝目とした。同路線を締めくくるクイーンエリザベス2世Sは最下位の15着。

　4歳春もUAEに遠征。アルマクトゥームチャレンジR1、R2、R3を2着、1着、2着と経てのドバイワールドC。ゴドルフィン所有馬としてはタリスマニックの二番手的存在だったが、2分01秒38のレコードで逃げきって優勝。この後はBCクラシックを最大目標にイギリスで一戦した後に米国へ遠征。ステップ戦のジョッキークラブゴールドC招待S2着と叩いてのBCクラシックだが、直線を向くと一瞬は先頭に立つもひと粘りを欠いての3着だった。

　5歳春もUAEに遠征。ドバイワールドCは逃げ込みを図るグロンコウスキーをゴール寸前にハナ差交わして優勝、史上初の同レース連覇を達成した。この後は米国へ転戦。メトロポリタンH3着。出走を予定していたホイットニーSを取り消したため、結果的にはメトロポリタンHが現役最後のレースとなった。UAEでは8戦5勝。他にUAE2000ギニーGⅢを制している。

POINT
ドバイWC連覇
重厚な血統を内包
中距離で本領発揮とみた

ヘルメット Helmet 栗 2008	エクシードアンドエクセル Exceed And Excel	*デインヒル Patrona
	アクセサリーズ Accessories	Singspiel Anna Matrushka(7-f)
イースタンジョイ Eastern Joy 鹿 2006	ドバイデスティネイション Dubai Destination	Kingmambo Mysterial
	レッドスリッパーズ Red Slippers	Nureyev Morning Devotion(4-k)

Nureyev 5・3(母方)、Northern Dancer 5・5×4

種付け年度	種付け頭数	血統登録頭数	種付け料
2022年	124頭	―	250／生
2021年	160頭	109頭	250／生
2020年	152頭	92頭	250／生

血統背景

父ヘルメットはオーストラリア産。現役時はコーフィールドギニー（GⅠ・1600M）などGⅠ3勝を含め豪重賞4勝。産駒にカントコラーレ（ミラノ大賞GⅡ・2000M）、アンダムチャチョ（ローマ賞GⅡ・2000M）、ラテーヌ（VRCサイアーズプロデュースSGⅡ・1400M）。

母イースタンジョイは仏1勝。繁殖牝馬としては優秀で、他にイフティマル（メイヒルSGⅡ）、ファーストヴィクトリー（オーソーシャープSGⅢ）、イースタンワールド（マハブアルシマールSGⅢ）などを産んでいる。

前出ファーストヴィクトリーの仔にコロイボス（英2000ギニーGⅠ）。近親にウエストウインド（仏オークスGⅠ）。

母の父ドバイデスティネイションはクイーンアンS（GⅠ）の勝ち馬。ゴールデンホーン（英ダービーGⅠ）、ポストポンド（"キングジョージ"GⅠ）の母の父。

代表産駒

8月末現在、28頭が出走、地方で1頭が勝ち上がる。

関係者コメント

「7月末の時点で、地方の勝ち上がりが1頭います。中央はまだデビューした産駒が少ないので、これからですね。

芝とダート両方のGⅠを勝った馬で、ドバイでも、フランスでも、アメリカでも結果を出しました。特にダートはドバイワールドCを連覇して、BCクラシックも3着ですから、世界でも指折りの成績と言えますが、これぞダート馬という体形はしていません。きれいな体形で、しなやかな、やわらかい動きをする。

産駒は芝も走るだろうと思っていますし、その分、芝とダート、どちらに適性があるのかを関係者は判断しなくてはいけない。競馬ファンも母系の系統を見ながら、それを判断して馬券を買うのが面白いと思います」（ダーレー・ジャパン、23年7月）

特注馬

モズイージス／栗東・松下厩舎。母はモズカッチャン。キングマンボ、デインヒルの各4×4クロス。

サンダースノー産駒完全データ

●最適コース
牡馬　小倉ダ1000、新潟芝2000
牝馬　東京芝1600

●クラス別成績
新馬　　　牡馬：0-0-0／7　　牝馬：0-1-0／9
未勝利　　牡馬：0-1-1／4　　牝馬：0-0-0／8
OPEN　　　牡馬：0-0-0／1　　牝馬：0-0-0／0

●距離別成績
〜芝1200　牡馬：0-0-0／3　　牝馬：0-0-0／7
芝1400　　牡馬：0-0-0／0　　牝馬：0-0-0／0
〜芝1600　牡馬：0-0-0／0　　牝馬：0-1-0／3
芝1800〜　牡馬：0-0-1／6　　牝馬：0-0-0／4
ダート　　牡馬：0-1-0／4　　牝馬：0-0-0／3

●人気別回収率
1人気　　　単0%・複0%　　　　0-0-0／0
2〜4人気　　単0%・複23%　　　0-1-0／6
5人気〜　　単0%・複39%　　　0-1-1／23

●枠順別連対数
1〜3枠／0回　　4〜6枠／1回　　7、8枠／1回

勝利へのポイント

小倉ダ1000、東京芝1600の各コースで2着1回

中央では16頭が出走、2頭の2着、1頭の3着が各1回ある。出遅れ感こそ否めないが、産駒は個々によって特徴が分かれそうだ。ドンアポロンは芝1200の5着からダ1000に替わって2着。タガノエクレールは東京芝1600の新馬2着だが、次走以降の小回りコースで苦戦。「芝とダート、どちらに適性があるのかを関係者は判断しなくてはいけない」の関係者コメントに納得。上記2頭とも母父はSS系で、母系の吟味も必須項目。

それでもOP級は芝、ダートとも中距離馬と予想する。父系こそ仕上がりの早いイクシードアンドエクセルを経たデインヒル系だが、ドイツ血統や重厚なリボー系アレッジドを内包。中距離どころか長距離をこなす産駒が出てもおかしくない。瞬発力勝負よりは上がりを要する競馬が合いそう。芝で着を繰り返した馬のダート替わりに注意。

スワーヴリチャード
SUAVE RICHARD

3世代のダービー馬を一蹴！ハーツクライの父系はオレが継ぐ！

2014年生　栗毛　初年度登録産駒82頭　2023年種付け料▷受胎確認後200万円（FR）

現役時代

　中央18戦6勝、UAE1戦0勝。主な勝ち鞍、ジャパンC、大阪杯、共同通信杯、アルゼンチン共和国杯、金鯱賞。日本ダービー2着、宝塚記念3着など。

　2014年の当歳セレクトセールで1億5500万円。この年のダービーをワンアンドオンリー、オークスをヌーヴォレコルトが制した父ハーツクライの勢いもあり、ハーツ産駒の史上最高価格で取り引きされた。

　3戦目で東スポ杯2歳Sを2着、4戦目で共同通信杯1着。右回りではコーナーがぎこちなく、手前も替えないのに対して、左回りではスムーズな走りをする個性が早くから話題になる。主戦ジョッキーは四位洋文。

　皐月賞もこの弱点が出てしまう。2番人気に支持されたが、1枠も仇になり、道中でポジションを下げながらの追走。4角では大外に持ち出して追い込んだが、アルアインなど内を通った馬が上位を独占した。

　東京芝2400のダービーなら、今度こそ条件は合う。超スローペースの中団につけて、上がり33秒5の末脚を繰り出したが、前にレイデオロがいた。2着惜敗。

　ミルコ・デムーロに代わり、3歳秋はAR共和国杯を楽勝して有馬記念へ向かうも、外を回る競馬で4着まで。どうしても右回りはスムーズさを欠く。そんな弱点が知れ渡った4歳の大阪杯。中距離のスピードレースに対応できるのかという懸念を吹き飛ばし、最後方から一気にまくって3角先頭の破天荒な競馬。絶対能力の差を天下に示して、GⅠ初勝利を決めた。

　続く安田記念はさすがにマイルが忙しすぎたか、3着。秋はジャパンCでアーモンドアイの3着。

　5歳でハーツ産駒らしくピークを迎える。ドバイSC3着、宝塚記念3着ときて、重馬場のジャパンCをマーフィー騎手で完勝。ワグネリアン、マカヒキ、レイデオロという3世代のダービー馬を負かした。

POINT	2歳の夏から勝ち馬続出! **ハーツクライ＋軽いスピード** 高い操縦性で人気馬が安定

ハーツクライ 鹿　2001	*サンデーサイレンス Sunday Silence	Halo
		Wishing Well
	アイリッシュダンス	*トニービン
		*ビューパーダンス(6-a)
*ピラミマ Pirramimma 黒鹿　2005	アンブライドルズソング Unbridled's Song	Unbridled
		Trolley Song
	*キャリアコレクション Career Collection	General Meeting
		River of Stars (1-a)

種付け年度	種付け頭数	血統登録頭数	種付け料
2022年	81頭	—	200／受・FR
2021年	94頭	66頭	200／受・FR
2020年	123頭	82頭	200／受・FR

血統背景

　父ハーツクライは同馬の項を参照。後継種牡馬にはまだ大成功といえる馬がいないため、本馬とシュヴァルグランに父系の存続が懸かってくる。

　母ピラミマはアメリカ産で中央2戦0勝。半兄バンドワゴン（きさらぎ賞2着）も種牡馬になっている。

　祖母キャリアコレクションは米国のダート短距離重賞2勝のほか、BCジュヴェナイルフィリーズ2着。

　母の父アンブライドルズソングは、コントレイルやジャックドール、ノットゥルノの母の父でもある。

代表産駒

　パワーホール（札幌2歳S2着）、コラソンビート（ダリア賞）。23年8月までに中央競馬で10頭が勝ち上がっている。

関係者コメント

　「7月までに6頭が勝ち上がりました。勝てなかった中にも惜しい競馬をした馬が多く、まだまだ勝ち上がりそうです。ハーツクライの仔がたくさんいるなかで、早く名前を売らないと生き残れないですからね（笑）。

　産駒は健康で、勝手に仕上がってくれる感じです。アンブライドルズソングのスピードのある母系の影響もあるんでしょう。仕上がりの早さは体質だと思います。産駒が子供の頃から形を変えずに大きくなる種牡馬と、形を変えながら大きくなる種牡馬がいるんですが、スワーヴリチャードは形を変えないタイプ。形が変わらないから順調に訓練ができて、早く仕上がる。

　現役時代にオーナーが『長距離の実績だけではいろいろな牝馬に種付けしてもらえない』と、安田記念を使い、マイルのGIも取ろうとしましたが、そのポテンシャルが証明されているようです」（社台スタリオン、23年7月）

特注馬

パワーホール／父と同じNICKSの持ち馬。昆厩舎は22年ホープフルSでトップナイフ2着だから本馬も？

コラソンビート／祖母の半妹にウインマリリン。新馬戦はハイレベルで、アルテミスSなら有力。

レガレイラ／ディープインパクト牝系、半兄ドゥラドーレス。重賞級の実力ならフローラS合う。

スワーヴリチャード産駒完全データ

●**最適コース**
牡馬　札幌芝1800、東京芝1800
牝馬　新潟芝1800、阪神芝1600

●**クラス別成績**

	牡馬	牝馬
新馬	3-2-1／15	2-3-4／17
未勝利	2-3-1／7	3-0-0／4
OPEN	0-0-0／0	1-0-0／1

●**距離別成績**

	牡馬	牝馬
～芝1200	1-1-0／2	1-2-1／6
芝1400	0-0-1／3	1-0-1／3
～芝1600	0-0-0／0	1-0-2／5
芝1800～	3-4-1／12	3-1-0／7
ダート	1-0-0／4	0-0-0／1

●**人気別回収率**

1人気	単104%・複113%	7-3-2／13
2～4人気	単76%・複93%	2-3-4／16
5人気～	単220%・複132%	2-2-0／15

●**枠順別連対数**

1～3枠／4回	4～6枠／10回	7,8枠／5回

勝利へのポイント

新馬2着から4着馬の次走【4-2-0-0】

　産駒が勝ちまくり、2歳ランキングの首位を争う快進撃。パワーホールは札幌2歳Sで2着した。

　芝1800で6勝、芝1200で2勝。芝1600、芝1400、ダ1150で各1勝。牡馬も牝馬も芝1800で3勝ずつ記録しており、牝馬が2歳からこれだけ距離をこなすなら、2400タイプもたくさん出るはず。朝日杯FSよりホープフルSに向きそう。

　ハーツクライ産駒との違いは、軽快な先行馬の多さと、操縦性の高さ。すっと好位を取って折り合い、ロスのないコース取りで伸びてくる。そのため安定感が高く、新馬で上位に来た馬はすぐ未勝利戦を勝ち上がる。前走の着順が良い馬を素直に買うべき血統だ。唯一、福島コースは不振だが函館や札幌の好成績はむしろ小回り向きの馬も多くなりそうな気配を感じさせる。レース上手。

　ダートもハーツ産駒と同程度には走るだろう。

アニマルキングダム
ANIMAL KINGDOM

ダート未経験でケンタッキー・ダービーを制覇の個性派

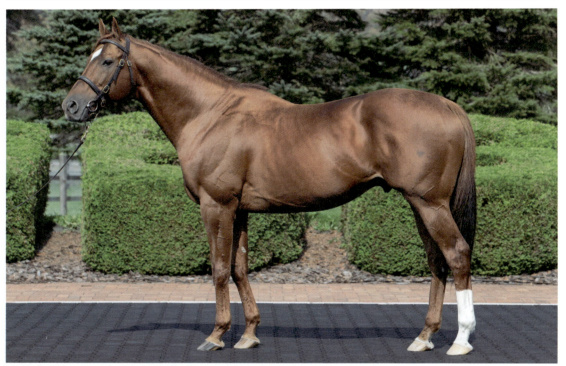

2008年生　栗毛　アメリカ産　初年度登録産駒75頭　2023年種付け料▷受胎確認後120万円（不生返）

現役時代

　北米、UAE、イギリスで通算12戦5勝。主な勝ち鞍は、ケンタッキー・ダービー（GⅠ・10F）、ドバイワールドC（GⅠ・2000M）、スパイラルS（GⅢ・9F）。

　デビュー2戦はオールウェザー（以下AW）で2着、1着。3歳初戦は芝を使って2着。続くAWのスパイラルSで重賞初制覇を果たしてケンタッキー・ダービーへ出走。単勝21.9倍の伏兵だったが、中団追走から直線で抜け出して優勝。鞍上のJ・ヴェラスケス騎手は、騎乗が予定されていたR・アルバラード騎手の負傷と、自身が騎乗予定だったアンクルモーの出走取り消しにより、今回の手綱を託されてのものだった。二冠目のプリークネスSはシャックルフォードの2着。ベルモントSは6着に敗れ、その後に骨折が判明。残りの3歳シーズンは全休を余儀なくされた。

　4歳時は初戦の一般戦（芝）を制するとドバイワールドCに狙いを定めるも再び骨折。復帰戦となったBCマイルは2着。5歳時も目標をドバイワールドCに置き、ガルフストリームパークターフHGⅠ2着を経て遠征。レースは2番手追走から直線を向くと独走。2着レッドカドーに2馬身差をつけての快勝だった。海外遠征はこれで終わらず、英国ロイヤルアスコット開催のクイーンアンSに参戦。しかし、調子が万全でなかったのか折り合いを欠き、デクラレーションオブウォーの11着に終わった。この後に引退が決まり、同年からオーストラリアで種牡馬生活に入ることが発表された。

　12戦5勝2着5回。着外はベルモントSとクイーンアンSの2回。芝5走、オールウェザー4走、ダート3走。ケンタッキー・ダービーを史上初めてダート未経験で制覇するとともに、ケンタッキー・ダービーとAWのドバイワールドC優勝も史上初。記録にも記憶にも残る個性派だったといえる。

POINT	ダート未経験でK・ダービー制覇 海外で芝GI馬を輩出 3歳以降に本領発揮

ルロワドサニモー Leroidesanimaux 栗　2000	キャンディストライプス Candy Stripes	Blushing Groom
		*バブルカンパニー
	ディセンブル Dissemble	Ahonoora
		Kerali　　　(11)
*ダリシア Dalicia 鹿　2001	アカテナンゴ Acatenango	Surumu
		Aggravate
	ダイナミス Dynamis	*ダンシングブレーヴ
		Diasprina　(1-h)

Lyphard 4×4

種付け年度	種付け頭数	血統登録頭数	種付け料
2022年	46頭	―	120／受・不生返
2021年	81頭	51頭	120／受・不生返
2020年	117頭	75頭	120／不受返・不生返

血統背景

　父ルロワドサニモーはブラジル産。ブラジルから北米へ移籍後、サイテーションHなどGI3勝を含め北米重賞6勝。主な産駒にザーキ（アンダーウッドSGI）。祖父キャンディストライプスはバブルガムフェロー（天皇賞・秋）の半兄。

　母ダリシアはドイツ産。現役時、フィナンツグルッベ賞（GIII・2000M）など3勝。日本に輸入され、サトノダムゼル（福島牝馬S3着）、ディープキング（ラジオNIKKEI賞3着。現役）、サトノキングダム（JRA5勝）、デコラシオン（現役）などを産んだ。3代母ディアシュプリナは独2歳牝馬チャンピオン。

　母の父アカテナンゴは独名種牡馬。ハイセイコーやモンテプリンスと同じくベイロナルドの流れを汲む父系。産駒にランド（ジャパンC）。ワールドプレミア（天皇賞・春）、ワールドエース（皐月賞2着）兄弟の母の父。

　祖母の父こそダンシングブレーヴだが、大半が異系色の濃い血統で構成されている。

代表産駒

　エンジェルオブトゥルース（オーストラリアン・ダービーGI・2400M）、リーガルグローリー（メイトリアークSGI・8F）、デュオポリー（アメリカン・オークスGI・10F）、オレクサンドラ（ジャイプールSGI・6F）。日本での初産駒は8月末現在、21頭が出走、地方で4頭が勝ち上がった。

関係者コメント

　「ゆったりした雄大な馬体で、うちのなかでは一番大きい馬です。産駒も大型馬が多いので、2歳の夏からというタイプではないだろうし、海外の産駒も3歳になってから成績が出ています。

　中央より地方へ入る馬が多くなるかも知れませんが、忙しい競馬よりはマイル以上で、芝のほうがいいのかなと思います。

　気性的には扱いやすいですよ。バゴが高齢になり、ブラッシンググルーム系を探して、本馬を導入しました。以前、軽種馬協会で供用していたダンシングブレーヴも祖母の父に入っていますので、うちに縁がある血統でもあります」（日本軽種馬協会、23年7月）

アニマルキングダム産駒完全データ

●**最適コース**
牡馬／中山ダ1800、東京ダ1600
牝馬／新潟芝1200、東京芝1400

●**クラス別成績**

	牡馬	牝馬
新馬	牡馬:0-0-0／8	牝馬:0-0-0／2
未勝利	牡馬:2-1-0／18	牝馬:1-0-1／5
OPEN	牡馬:0-0-0／1	牝馬:0-0-0／0

●**距離別成績**

	牡馬	牝馬
～芝1200	牡馬:0-0-0／2	牝馬:1-0-2／9
芝1400	牡馬:0-0-0／1	牝馬:0-0-1／3
～芝1600	牡馬:0-0-0／2	牝馬:0-0-0／1
芝1800～	牡馬:0-0-0／5	牝馬:0-0-0／0
ダート	牡馬:4-3-0／30	牝馬:0-0-0／3

●**人気別回収率**

1人気	単0%・複40%	0-1-0／4
2～4人気	単131%・複81%	4-0-2／18
5人気～	単22%・複47%	1-2-1／34

●**枠順別連対数**

1～3枠／0回	4～6枠／5回	7,8枠／3回

勝利へのポイント

地方新種牡馬順位4位

　8月現在、中央では6頭が出走、4着1回が最高着順。日本供用以前の外国産馬は5頭が出走3頭が勝ち上がり、そのうちのイッツリットが2勝Cを突破。地方の新種牡馬では4位に健闘。決して先行きを悲観することはない。関係者も述べているように、3歳以降のマイル以上で勝ち上がってくる産駒が複数出るに違いない。

　海外の種牡馬実績から芝向きだが、外国産の大半がダートでの勝利だったことから、ダートもこなすはず。

　父がブラジル産、母がドイツ産と異系色が濃く、配合牝馬によって個性は分かれそうだ。

　当初はジリっぽくも本格化して速い脚が使えるようになればしめたもの。強くなると大物に育つのがブラッシンググルーム系。馬券を買うほうもじっくり構えることが肝要。

アニマルキングダム　ANIMAL KINGDOM

Newcomer #07

アルアイン

AL AIN

気性の強さが吉と出るか!?
芝2000mGI2勝の中距離馬

POINT	皐月賞と大阪杯制覇の中距離馬
	函館芝1200mで勝ち馬第1号
	気性の激しさあり、折り合い注目

ディープインパクト 鹿 2002	*サンデーサイレンス Sunday Silence	Halo
		Wishing Well
	*ウインドインハーヘア Wind in Her Hair	Alzao
		Burghclere (2-f)
*ドバイマジェスティ Dubai Majesty 黒鹿 2005	エッセンスオブドバイ Essence of Dubai	Pulpit
		Epitome
	グレイトマジェスティ Great Majesty	Great Above
		Mistic Majesty (2-S)

2014年生　鹿毛　初年度登録産駒66頭
2023年種付け料▷受胎確認後150万円(FR)／産駒誕生後200万円

アルアイン産駒完全データ

●最適コース
牡馬　阪神芝2000、中山芝1600
牝馬　函館芝1200、東京芝1400

●クラス別成績
新馬	牡馬:0-0-0/3	牝馬:1-0-0/5
未勝利	牡馬:0-0-0/2	牝馬:0-0-0/0
OPEN	牡馬:0-0-0/0	牝馬:0-0-0/0

●距離別成績
～芝1200	牡馬:0-0-0/3	牝馬:1-0-0/4
芝1400	牡馬:0-0-0/0	牝馬:0-0-0/1
～芝1600	牡馬:0-0-0/1	牝馬:0-0-0/1
芝1800～	牡馬:0-0-0/1	牝馬:0-0-0/0
ダート	牡馬:0-0-0/0	牝馬:0-0-0/0

●人気別回収率
1人気	単0%・複0%	0-0-0/0
2～4人気	単260%・複130%	1-0-0/1
5人気～	単0%・複0%	0-0-0/10

●枠順別連対数
1～3枠／1回　　4～6枠／0回　　7,8枠／0回

勝利へのポイント

1勝は函館芝1200の新馬

　勝ち馬1号のクールベイビーは函館2歳Sに駒を進め、先行バテの12着だった。これは負けすぎなので、すぐに巻き返しそうな気配もあり、着順の揺れが大きくなりそうな血統だ。新馬は好スタートから3番手に折り合い、センスある走りだった。他の産駒はまだ掲示板に載った馬がいない。
　アルアイン自身は現役時代から気性の激しさが聞こえ、ムチを入れると怒ってしまうため、大阪杯はムチなしで追いまくって勝ったエピソードがある。関係者が「猛獣」と呼ぶのも聞いた。その激しさがあるから、狭い馬群を突き抜けてGIを2勝できたのだろう。母系のプルピットの血か。
　産駒も気分良く走れるかどうかが鍵を握り、枠順替わりや、外から被された時の反応に注意。距離は芝1600から芝2000を中心に、牝馬は短距離も走る。エーピーインディ持ちでダートも走る。

現役時代

　中央19戦5勝、香港1戦0勝。主な勝ち鞍、皐月賞、大阪杯、毎日杯。マイルCS3着。
　アメリカのGI馬ドバイマジェスティを母に持ち、サンデーレーシングでの募集価格は総額1億円。デビュー4戦目の毎日杯から松山弘平に乗り替わると、これを2番手から抜け出して制し、皐月賞へ向かう。
　牝馬のファンディーナが1番人気を背負う混戦のなか、9番人気のアルアインは先行集団に付け、最後の直線は狭いところを他馬と接触しながら抜け出す。最内を抜けたペルシアンナイトとの一騎打ちになり、1分57秒8の皐月賞レコードで優勝した。デビュー9年目の松山弘平は中央GIの初勝利。左拳を何度も突き上げ、インタビューでは涙ながらに競馬を教えてくれた亡き祖父への感謝を語った。3連単は100万馬券。
　ダービーは5着。セントライト記念2着の後、菊花賞は7着。4歳になるとマイル中距離路線へ向かったが、大阪杯3着、マイルCS3着と勝ちきれない。
　しかし、5歳の大阪杯、鞍上は14年目の北村友一。好位の内でじっと折り合って脚をため、2年ぶりの1着ゴールイン。ガッツポーズもなく、噛みしめるようなGI初勝利のジョッキー・インタビューだった。

血統背景

　父ディープインパクトは同馬の項を参照。
　母ドバイマジェスティは2010年のBCフィリー＆メアスプリント（GI・ダ7F）など、重賞4勝。
　全弟シャフリヤールは21年日本ダービー、22年ドバイシーマクラシック優勝。全弟ダノンマジェスティ。

代表産駒

　クールベイビーが函館芝1200の新馬勝ち。「評判馬が多く、クラブ馬の中には一番申し込みの多かったアルアイン産駒がいると聞いています。気性の激しさはありますが、スピードはありそうです」（ブリーダーズ・スタリオン、23年7月）

シュヴァルグラン
CHEVAL GRAND

**ハーツ産駒らしく5歳で本格化
スタミナ武器の中長距離砲**

POINT
- 5歳でジャパンC制覇の晩成型
- あふれるスタミナが武器
- 姉も妹もGI馬のハルーワー族

ハーツクライ 鹿　2001	*サンデーサイレンス Sunday Silence	Halo
		Wishing Well
	アイリッシュダンス	*トニービン
		*ビューパーダンス(6-a)
ハルーワスウィート 栗　2001	マキアヴェリアン Machiavellian	Mr. Prospector
		Coup de Folie
	*ハルーワソング Halwa Song	Nureyev
		Morn of Song (12-c)

Halo 3×4・5、Northern Dancer 5×4、Natalma 5・5(母方)

2012年生　栗毛　初年度登録産駒89頭
2023年種付け料▷受胎確認後100万円(FR)　/　産駒誕生後150万円

シュヴァルグラン産駒完全データ

●最適コース
牡馬／阪神芝2000、中山ダ1800
牝馬／東京芝1800、中京芝1600

●クラス別成績
新馬	牡馬:0-0-2/6	牝馬:0-2-0/7
未勝利	牡馬:0-0-1/3	牝馬:1-1-1/6
OPEN	牡馬:0-0-0/0	牝馬:0-0-0/0

●距離別成績
～芝1200	牡馬:0-0-0/1	牝馬:1-2-0/6
芝1400	牡馬:0-0-0/0	牝馬:0-0-0/0
～芝1600	牡馬:0-0-0/0	牝馬:0-1-1/5
芝1800～	牡馬:0-0-3/7	牝馬:0-0-0/1
ダート	牡馬:0-0-1/1	牝馬:0-0-0/1

●人気別回収率
1人気	単0%・複120%	0-0-1/1
2～4人気	単51%・複84%	1-1-1/7
5人気～	単0%・複112%	0-2-2/14

●枠順別連対数
1～3枠／2回　4～6枠／1回　7、8枠／1回

現役時代

中央30戦7勝、UAEと英国で3戦0勝。主な勝ち鞍、ジャパンC、阪神大賞典、アルゼンチン共和国杯。天皇賞・春2着(2回)、ドバイシーマクラシック2着。

母ハルーワスウィートに〝ヴ〟の付く馬名とくれば、オーナーは大魔神の佐々木主浩氏、友道厩舎。「ハルーワスウィートは父の特徴を出した仔を産む」と言われる通り、父ハーツクライ似の晩成型だった。

京都2歳Sで3着するも、三冠レースには縁がなく、身が入ったのは3歳秋から。条件戦を3連勝してオープン入りすると、4歳の日経新春杯2着から阪神大賞典1着。一躍トップステイヤーの仲間入りを果たし、天皇賞・春もキタサンブラックの3着。得意の東京コースでAR共和国杯を差しきり、ジャパンCも3着。

5歳になり、阪神大賞典2着、天皇賞・春2着と勝てない競馬が続いたが、秋のジャパンC、豪州のボウマンを鞍上に迎えるといつもより前の位置で脚をため、直線は逃げるキタサンブラックをとらえて完勝した。

その後も有馬記念の3着が2回あるほか、7歳で海外遠征。ドバイシーマクラシック2着、英国のキングジョージ6世＆QESでエネイブルの6着がある。

血統背景

父ハーツクライは同馬の項を参照。
母ハルーワスウィートは中央5勝。半姉ヴィルシーナは13年と14年のヴィクトリアマイル連覇、半妹ヴィブロスは16年秋華賞、17年ドバイターフ優勝。近親ブラヴァス(新潟記念)、マーティンボロ(中日新聞杯)など。

代表産駒

23年8月までに中央で1頭、地方で2頭が勝ち上がり。
「短距離中心の夏の2歳戦では勝ち星が伸びませんが、長い目で見てほしいですね。もうちょっと距離がいるのかなと思います。育成場の話では、丈夫そうな仔が多いと聞いています」(ブリーダーズ・スタリオン、23年7月)

勝利へのポイント

芝1600以下の3着以内はすべて牝馬

同じハーツクライ後継のスワーヴリチャードほどではないにしても、晩成型と思われたこちらも出走数が少ない割に、早い時期から走っている。8月の小倉芝1200でアートフォーム(母父サクラバクシンオー)が、勝ち名乗りを挙げた。

他にも阪神芝1600の新馬2着のダイメイチョウ、福島芝1800の新馬3着のアルヴィアなど、デビュー戦で穴をあけた馬の多さが特徴。距離面では、牝馬は芝1600以下で4連対、牡馬は芝1800以上で3着が3回。忙しい距離に対応する牝馬に対し、牡馬は最初から中距離で3着を連発というデータに笑みがこぼれる。あわよくば芝2000のオープンで、3着に食い込む馬が出ても不思議はない。

詰めの甘い馬が多くなるかもしれないが、このタイプは相手が強化されても上位に来るような怖さがある。ダートも中距離を中心にこなせる。

Newcomer
#09

ニューイヤーズデイ NEW YEAR'S DAY

早い時期から動ける産駒多数
良血繁殖を味方につけるダート界の新星

POINT
- キャリア2戦でBCJ制覇
- 北米でGI馬を輩出
- 大目標はダート三冠

2011年生　鹿毛　アメリカ産　初年度登録産駒102頭
2023年種付け料▷受胎確認後250万円(FR)

ストリートクライ Street Cry 黒鹿　1998	マキアヴェリアン Machiavellian	Mr. Prospector
		Coup de Folie
	ヘレンストリート Helen Street	Troy
		Waterway　(1-l)
ジャストホイッスルディキシー Justwhistledixie 黒鹿　2006	ディキシーユニオン Dixie Union	Dixieland Band
		She's Tops
	ジェネラルジーン General Jeanne	Honour and Glory
		Ahpo Hel　(8-c)

Mr. Prospector 3×5、Hail to Reason 5×5、Natalma 5×5

ニューイヤーズデイ産駒完全データ

●**最適コース**
牡馬／新潟芝1600、札幌芝1600
牝馬／新潟芝1600、阪神芝1200

●**クラス別成績**
新馬	牡馬：1-2-4／11	牝馬：0-2-0／9
未勝利	牡馬：0-0-1／4	牝馬：0-1-1／3
OPEN	牡馬：0-0-0／0	牝馬：0-0-0／0

●**距離別成績**
〜芝1200	牡馬：0-0-0／0	牝馬：0-1-1／2
芝1400	牡馬：0-0-0／0	牝馬：0-0-0／2
〜芝1600	牡馬：1-1-2／5	牝馬：0-1-0／6
芝1800〜	牡馬：0-0-0／3	牝馬：0-0-0／1
ダート	牡馬：0-1-3／7	牝馬：0-1-0／1

●**人気別回収率**
1人気	単0%・複145%	0-1-1／2
2〜4人気	単0%・複103%	0-2-4／10
5人気〜	単334%・複176%	1-2-1／15

●**枠順別連対数**
1〜3枠／2回　　4〜6枠／3回　　7、8枠／1回

勝利へのポイント

新潟芝1600【1-1-1／4】

　8月末現在、中央競馬では20頭が出走。勝ち上がったのはベストオブユーの1頭ながら、2着5回、3着4回と新馬戦での惜しい競馬が多々ある。詰めが甘いともいえ、実際に先行してそのままや追い込んで届かない競馬がみられる。それでも社台供用とあって良血馬が揃っており、秋の深まりとともに勝ち名乗りを上げる馬が続々と出てくることを待つとする。連対距離は芝1600が2回に、芝1200、芝1400、芝1500、ダ1700が各1回。ダートも問題ないはずで、地方ではデビュー2連勝馬がいる。むしろ血統背景から重賞級はダート馬と予想する。新馬芝5着のアンジュグルーヴはデータ集計後にダート1700で未勝利を脱した。「ダートの短い距離のシェアを取りに行きたいですね」の関係者コメントのように短距離はもちろん、中距離も守備範囲。ダート三冠が視野に入ればしめたもの。

現役時代

　北米で3戦2勝。主な勝ち鞍、BCジュヴェナイル（GⅠ・8.5F）。
　B・バファート調教師が管理。2歳8月のデビュー戦こそ3着に敗れたが、2戦目に未勝利を脱すると、強気にBCジュヴェナイル挑戦。単勝11.5倍での伏兵扱いだったが、13頭立ての8番手追走から直線を向くとぽっかり空いた内を突いて伸び、先に抜け出した本命馬ハヴァナを1馬身1/4差差しきって優勝した。しかし、この後に骨折が判明。2歳時の3戦で現役を引退、翌年から種牡馬入りすることが決まった。

血統背景

　父ストリートクライ。現役時はドバイワールドCなどGⅠ2勝。産駒に米女傑ゼニヤッタ、豪女傑ウインクスやケンタッキー・ダービー馬ストリートセンス。2014年死亡。
　母ジャストホイッスルディキシーはボニーミスSなど北米GⅡ2勝。父タピットとする本馬の半弟にモハイメン（ファウンテンオブユースSなど北米GⅡ4勝）、キングリー（米国GⅢ1勝）、エンフォーサブル（北米GⅢ1勝）。母の父ディキシーユニオンの産駒にベルモントS馬ユニオンラグス。

代表産駒

　2014年から2017年まで米、2018年から2019年までブラジルで供用。2年目の産駒にマキシマムセキュリティ（北米GⅠ4勝、サウジC。ケンタッキー・ダービー1位入線→失格）、ファイティングマッド（クレメントLハーシュSGⅠ・8.5F）。
　日本での産駒はJRA、地方を併せて26頭が出走。JRAで1頭、地方で2頭が勝ち上がった。JRAの勝ち馬ベストオブユーは近親にマテンロウハピネスがいる良血。地方の勝ち馬スピニングガールは大井所属でデビューから2連勝。

関係者コメント

　「芝でもダートでも堅実に上位に来ています。後ろ脚が長く、芝も走れそうなので『芝もいける』と言ってきたのですが、やっぱりダートのほうが優位かも知れません。ダートの短い距離のシェアを取りに行きたいですね」（社台スタリオン）

Newcomer #10

ホークビル

HAWKBILL

ドバイシーマクラシックで強敵相手に勝利
北米で成功を収める父系が日本上陸!

POINT
- キトゥンズジョイの代表産駒
- ドバイシーマクラシック優勝
- 3歳春まで待て

©Darley

2013年生　栗毛　アメリカ産　初年度登録産駒63頭
2023年種付け料▷産駒誕生後100万円

キトゥンズジョイ Kitten's Joy 栗 2001	エルプラド El Prado	Sadler's Wells
		Lady Capulet
	キトゥンズファースト Kitten's First	Lear Fan
		That's My Hon (2-d)
トレンサ Trensa 栗 2004	ジャイアンツコーズウェイ Giant's Causeway	Storm Cat
		Mariah's Storm
	セラーピ Serape	Fappiano
		Mochila (4-m)

Northern Dancer 4×5、Roberto 4×5、Prince John 5×5

ホークビル産駒完全データ

●最適コース
牡馬／集計期間内では判断できず
牝馬／集計期間内では判断できず

●クラス別成績
新馬	牡馬：0-0-0／6	牝馬：0-0-0／3
未勝利	牡馬：0-0-0／1	牝馬：0-0-0／2
OPEN	牡馬：0-0-0／0	牝馬：0-0-0／1

●距離別成績
〜芝1200	牡馬：0-0-0／1	牝馬：0-0-0／4
芝1400	牡馬：0-0-0／0	牝馬：0-0-0／1
〜芝1600	牡馬：0-0-0／1	牝馬：0-0-0／0
芝1800〜	牡馬：0-0-0／5	牝馬：0-0-0／1
ダート	牡馬：0-0-0／0	牝馬：0-0-0／0

●人気別回収率
1人気	単0%・複0%	0-0-0／0
2〜4人気	単0%・複0%	0-0-0／1
5人気〜	単0%・複0%	0-0-0／12

●枠順別連対数
1〜3枠／0回　4〜6枠／0回　7、8枠／0回

現役時代

　イギリス、アイルランド、ドイツ、フランス、UAE、カナダで通算24戦10勝。主な勝ち鞍、エクリプスS（GⅠ・10F）、ドバイシーマクラシック（GⅠ・2410M）、プリンセスオブウェールズS（GⅡ・12F）、ドバイシティオブゴールド（GⅡ・2410M）、ターセンテナリーS（GⅢ・10F）、アストンパークS（GⅢ・12F）。
　クラシックこそ不出走だが、3歳6月のターセンテナリーSで重賞初制覇を果たし、続くエクリプスSでは大本命の仏2000ギニー馬ザグルカを半馬身退けて優勝。その後は勝ちきれない競馬が続いたが、4歳時はプリンセスオブウェールズSなど重賞2勝の結果を残した。5歳になるとゴドルフィン所有馬らしくUAEへ遠征。初戦のドバイシティオブゴールドを制し、返す刀でドバイシーマクラシックも優勝。この年の"キングジョージ"の勝ち馬となるポエッツワードに3馬身差をつける逃げきりの完勝だった。4着に日本から遠征のレイデオロ。欧州へ戻ってのGⅠ3連戦はプリンスオブウェールズS3着が最高。その後にカナダへ遠征してのノーザンダンサーターフS8着を最後に現役を退いた。

血統背景

　父キトゥンズジョイは同馬の項参照。
　母トレンサは北米GⅢ2着。本馬の半妹にフリードロップビリー（ブリーダーズフュチュリティGⅠ）。祖母セラーピは北米GⅠ勝ち馬。一族にオークス馬ローブデコルテなどを送り出した名種牡馬コジーン。母の父ジャイアンツコーズウェイの産駒にブリックスアンドモルタル。フェブラリーSのレモンポップの母の父。

代表産駒

　1シーズンイギリスへ供用された後に日本へ輸入。
　8月末現在、18頭が出走。地方で2頭が勝ち上がり、川崎のホークマンが特別戦2勝。

勝利へのポイント

地方新種牡馬6位（8月末現在）

　中央競馬では9頭が出走。4着、5着が各2回の成績。北米の芝で成功しているキトゥンズジョイ系であり、日本の芝にも対応できるはずなのだが。しかし、そこはサドラーズウェルズ系。2歳の早い時期に結果を求めるのは酷というもの。長い目で見たい。3歳春以降に中長距離での勝利やズブ目の産駒がダートに活路を求めての勝ち上がりは十分にあるはず。
　地方も9頭が出走、2頭が計3勝。
　「ザ・芝馬という体形なのに、産駒はさっそくダートで走ってくれています。サドラー系でスタミナがあり、母系もアメリカ色が強いからだと思いますが、うれしい誤算です。気性は常に前向きで、あまり立ち止まることを知らない。意外性のある種牡馬かも知れません」（ダーレー・ジャパン、23年7月）

Newcomer #11

モーニン
MOANIN

**ヘニーヒューズの後継筆頭株
産駒がスピードを活かして続々勝ち上がり！**

2012年生　栗毛　アメリカ産　初年度登録産駒118頭
2023年種付け料▷受胎確認後100万円 (FR)

POINT
- 地方競馬で勝ち馬ラッシュ！
- ヘニーヒューズの後継候補
- 2歳短距離なら芝も走れる

*ヘニーヒューズ Henny Hughes 栗　2003	*ヘネシー Hennessy	Storm Cat
		Island Kitty
	メドウフライヤー Meadow Flyer	Meadowlake
		Shortley　(25)
ギグリー Giggly 黒鹿　2005	*ディストーティドヒューマー Distorted Humor	*フォーティナイナー
		Danzig's Beauty
	チェイスト Chaste	Cozzene
		Purity　(22-b)

Mr. Prospector 4・5(母方)、Northern Dancer 5×5
Raise a Native 5×5

モーニン産駒完全データ

●最適コース
牡馬／東京ダ1400、中山ダ1200
牝馬／京都ダ1200、阪神芝1200

●クラス別成績
	牡馬	牝馬
新馬	0-2-0/6	0-0-0/1
未勝利	0-0-0/3	0-0-0/1
OPEN	0-0-0/0	0-0-0/0

●距離別成績
	牡馬	牝馬
〜芝1200	0-0-0/1	0-0-0/1
芝1400	0-0-0/0	0-0-0/0
〜芝1600	0-1-0/4	0-0-0/0
芝1800〜	0-0-0/2	0-0-0/0
ダート	0-1-0/4	0-0-0/1

●人気別回収率
1人気	単0%・複0%	0-0-0/0
2〜4人気	単0%・複85%	0-1-0/2
5人気〜	単0%・複65%	0-1-0/9

●枠順別連対数
1〜3枠／1回　4〜6枠／1回　7、8枠／0回

現役時代

中央と地方交流で27戦7勝、韓国1戦1勝。主な勝ち鞍、フェブラリーS、根岸S、コリアスプリント。

人気種牡馬ヘニーヒューズが日本で供用開始されたのは2014年のこと。それまでは外国産の同産駒がちょくちょく輸入され、高い勝率を誇っていた。なかでもアジアエクスプレスは、芝の朝日杯FSとダートのレパードSの両重賞を制覇。このアジアエクスプレスの1年後、同じOBSのマーチセールで落札され、同じ馬場オーナーの所有として走ったのがモーニンだ。

ヴァーミリアンなど数々の名馬を育てた石坂正調教師の下、3歳5月の遅いデビューから、ダ1400とダ1600を4連勝。続く武蔵野Sはノンコノユメの3着。

短期休養を経て、4歳の始動戦・根岸Sを完勝すると、フェブラリーSはデムーロを鞍上に2番人気。脚抜きのいい重馬場で、前半1000m58秒4のハイペースの4番手に付けると、直線は危なげなく抜け出す。1番人気ノンコノユメの追撃を抑えて、1分34秒0のレースレコードで優勝した。ここまで7戦6勝の快進撃。

その後はかしわ記念3着など勝ちきれない時期が続くも、6歳で韓国のコリアスプリント（ダ1200、韓国GI、国際格付けはリステッド）を制した。

血統背景

父ヘニーヒューズは同馬の項を参照。

後継のアジアエクスプレス、ヘニーハウンド、サウンドボルケーノらが種牡馬になり、父の父ヘネシーは米国を中心に父系を築いている。

5代母Belle de Nuitは、ロンドンブリッジ（グレーターロンドンの母）の3代母と姉妹にあたる。

代表産駒

23年8月末までに中央競馬は勝ち馬なし、新馬2着が2頭。
地方競馬はすでに21頭が勝ち上がり。佐賀で3戦3勝のムーンオブザサマーもいる。

勝利へのポイント
23年8月31日現在、地方競馬2歳ランク1位

ヘニーヒューズの後継筆頭はモーニンかも知れない。地方競馬ではデビューした馬の4割以上が勝ち上がり、中央でも芝1600の新馬2着のランドマックスと、ダ1200の新馬2着のアイズが出た。芝でも軽快なスピードを見せて、マイルをこなしている意味は大きい。種付け料も1年目の50万円から、23年は100万円にアップした。

「7月までの時点で、地方競馬では12頭が勝ち上がっています。デビューした馬の半数近い数字ですから上々の滑り出しかと思います。父のヘニーヒューズに似てスピードがあり、ダート馬が主体かと思います」（優駿スタリオン、23年7月）

その後、8月までの時点では勝ち馬が21頭に増加。門別ダ1200の重賞勝ち馬も出て、NARの2歳リーディングを独走している。すごい。ダ1200はもちろん、東京ダ1400やダ1600も合う。

Newcomer #12

ロジャーバローズ ROGER BAROWS

大波乱のダービー馬
名牝ジェンティルドンナと7/8同血

POINT
- 単勝9310円でダービー制覇!
- ジェンティルドンナの近親
- 産駒は短距離も走れそう

2016年生　鹿毛　初年度登録産駒61頭
2023年種付け料▷受胎確認後120万円 (FR)

ディープインパクト 鹿 2002	*サンデーサイレンス Sunday Silence	Halo
		Wishing Well
	*ウインドインハーヘア Wind in Her Hair	Alzao
		Burghclere　(2-f)
*リトルブック Little Book 鹿 2008	リブレッティスト Librettist	Danzig
		Mysterial
	カルノーマズレイディ Cal Norma's Lady	*リファーズスペシャル
		June Darling　(16-f)

Lyphard 4×4、Northern Dancer 5×4.5

現役時代

中央6戦3勝。主な勝ち鞍、日本ダービー。

当歳セレクトセールの落札価格は8424万円。母リトルブックはジェンティルドンナの母の妹で、血統表の8分の7がジェンティルドンナと同じという近親。

2歳時は新潟芝2000の新馬を中団から差しきるなど、2戦1勝。角居調教師の調教停止期間だったため、中竹厩舎からのデビューだった。3歳になり、福寿草特別1着から皐月賞をめざすが、スプリングSは7着敗退。同じ角居厩舎のサートゥルナーリアが皐月賞を制するなか、ロジャーバローズは無理をさせず、浜中俊に乗り替わった京都新聞杯は逃げてレッドジェニアルの2着。ダービーの出走権利を獲得した。

迎えた2019年日本ダービー。ステイブルメイトのサートゥルナーリアが単勝1.6倍、1枠1番のこちらは単勝93.1倍の12番人気。ハイペースで逃げたリオンリオンの離れた2番手に付けると、直線でも脚色が衰えることなく、猛追するダノンキングリーとの競り合い。最後は浜中のステッキ連打に応えて、クビ差しのぎ優勝。大波乱のダービー馬が誕生した。

次走は凱旋門賞遠征が発表されるも、夏に浅屈腱炎を発症。父ディープ死亡の直後でもあり、引退した。

血統背景

父ディープインパクトは同号の項を参照。
母リトルブックは英国産。
母の半姉ドナブリーニはジェンティルドンナ(牝馬三冠)やドナウブルー(京都牝馬S)の母で、ロジャーバローズとジェンティルドンナは血統構成が近い。
近親にジェラルディーナ(エリザベス女王杯)、ドナアトラエンテ、ドナウデルタなど。

代表産駒

オーキッドロマンスが福島芝1200の未勝利戦を逃げきり。南関東公営にダ1200の新馬を勝ったワセダノオトコがいる。

ロジャーバローズ産駒完全データ

●最適コース
牡馬／福島芝1800、東京芝1600
牝馬／中山芝1600、阪神芝1400

●クラス別成績
	牡馬	牝馬
新馬	0-0-1／7	0-0-0／0
未勝利	1-0-0／3	0-0-0／0
OPEN	0-0-0／0	0-0-0／0

●距離別成績
	牡馬	牝馬
～芝1200	1-0-0／1	0-0-0／0
芝1400	0-0-0／1	0-0-0／0
～芝1600	0-0-1／2	0-0-0／0
芝1800～	0-0-0／2	0-0-0／0
ダート	0-0-0／4	0-0-0／0

●人気別回収率
1人気	単0%・複0%	0-0-0／0
2～4人気	単140%・複280%	1-0-1／3
5人気～	単0%・複0%	0-0-0／7

●枠順別連対数
1～3枠／0回　4～6枠／1回　7、8枠／0回

勝利へのポイント

1勝は福島芝1200の逃げきり

勝ち馬1号のオーキッドロマンスは、ジュニパーベリー(父ゴールドシップなのにスプリンター)の半弟で、早い話、どんな父を付けても短距離馬を生む母の仔。そこは考慮して見よう。セリで3410万円の高値がついた馬もいて(馬名エッジオブジアース)評判はなかなか高い。

勝ち鞍は芝1200。他に掲示板に載ったのは、芝1600、芝1800、ダ1800。ダンジグのクロスを持つ配合馬が目につき、これが成功するかどうかが注目点。ロジャーバローズ自身、2000M以上の距離で粘り強いスタミナを発揮した馬だから、スピードを注入したい意図と思われる。やや切れ味の甘いディープ後継というイメージだろうか。大井では新馬を7馬身差で逃げきった馬も出た。

やや行きたがる気性で、現役時の父より短い距離に活躍が多くなりそう。小回り1800は合う。

エピカリス
EPICHARIS

UAEダービーでサンダースノーと接戦
ゴールドアリュール後期の傑作

2014年生　黒鹿毛　初年度登録産駒60頭
2023年種付料▷受胎確認後30万円(FR)／産駒誕生後50万円

ゴールドアリュール 栗 1999	*サンデーサイレンス Sunday Silence	Halo
		Wishing Well
	*ニキーヤ Nikiya	Nureyev
		Reluctant Guest (9-h)
スターペスミツコ 鹿 2002	*カーネギー Carnegie	Sadler's Wells
		Detroit
	マーチンミユキ	マルゼンスキー
		ミユキカマダ (9-e)

Northern Dancer 4×4·5、Special 4×5、Nijinsky 5×4

現役時代

　国内11戦4勝、UAE1戦0勝。北海道2歳優駿。
　ダートGIを4勝したゴールドアリュールを父に持ち、デビューからダートを使われると、新馬を6馬身差、プラタナス賞を7馬身差、交流GⅢの北海道2歳優駿（門別ダ1800）を大差で制し、無傷の3連勝。鞍上はルメール、萩原清舎預。
　3歳になり、ヒヤシンスSも勝って4連勝に伸ばすと、ドバイのUAEダービーに参戦。しかし、サンダースノーにアタマ差で敗れて2着。サンダースノーとは奇しくも日本で同年の種牡馬デビューとなる。
　次走は米国三冠の最終戦ベルモントSの予定だったが、調教後に歩様の違和感が出て、レース当日に跛行のため出走取消。ほぼ出走できる状態だったが、主催者からのストップがかかったとされる。JRAでも馬券発売され、エピカリス絡みの馬券は返還に。
　帰国初戦のレパードSは、単勝1.5倍の断然人気で伸びきれずに3着。その後も調子が戻らず、勝ち星は最初の4連勝の4つだけで終わった。

血統背景

　父ゴールドアリュールは同馬の項を参照。エスポワールシチー、スマートファルコンらが後継になっている。
　母スターペスミツコは中央1勝。半兄メイショウナルト（七夕賞）、近親リトルアマポーラ（08エリザベス女王杯）、ファストフォース（23高松宮記念）。コランディアの牝系。
　母の父カーネギーは1994年の凱旋門賞馬。

代表産駒

　8月15日の時点で中央競馬の勝ち馬なし、地方競馬の勝ち馬3頭。サントノーレが門別ダ1700の重賞で3着。

POINT
- **ダート王者ゴールドアリュールの後継**
- **UAEダービーでサンダースノーと接戦**
- **ベルモントSは無念の当日出走取消!**

アドミラブル
ADMIRABLE

圧巻の青葉賞制覇!
未完での引退惜しまれた逸材

2014年生　鹿毛　初年度登録産駒34頭
2023年種付料▷受胎確認後30万円(FR)／産駒誕生後50万円

ディープインパクト 鹿 2002	*サンデーサイレンス Sunday Silence	Halo
		Wishing Well
	*ウインドインハーヘア Wind in Her Hair	Alzao
		Burghclere (2-f)
スカーレット 鹿 2005	*シンボリクリスエス Symboli Kris S	Kris S.
		Tee Kay
	グレースアドマイヤ	*トニービン
		*バレークイーン (1-l)

Hail to Reason 4×5、Northern Dancer 5×5

現役時代

　中央5戦3勝。主な勝ち鞍、青葉賞。ダービー3着。
　2歳の新馬戦はいいところなく敗れ、ノド鳴りの手術をして再出発。3歳3月の阪神芝1800を楽勝すると、阪神芝2400のアザレア賞も楽勝。青葉賞へ向かう。
　青葉賞は圧巻だった。前半は縦長の展開の最後方を追走していたが、残り1200mから追撃開始。残り800mあたりから馬群の外を一気に上がっていくと、たちまち先行集団に取り付き、直線に出るとあっというまに先頭に立つ。同じく後方から来たベストアプローチに差を詰められる場面もあったが、また突き放して、2分23秒6の青葉賞レコード。強い勝ち方でダービーに名乗りを上げた。鞍上はミルコ・デムーロ。
　キャリア3戦目でダービーを勝ったフサイチコンコルドの近親にあたるため、同馬の再来とも言われ、ダービーは皐月賞上位馬を差し置いて1番人気。
　しかし、レースは超スローペースで流れ、後方から上がり最速の33秒3で追い込んだが、レイデオロに及ばず3着まで。これが最後のレースになった。

血統背景

　父ディープインパクト。
　母スカーレットは不出走。半妹エスポワールはターコイズS2着。3代母バレークイーンの一族にフサイチコンコルド（96ダービー）、アンライバルド（09皐月賞）、ヴィクトリー（07皐月賞）、リンカーン（04阪神大賞典）、アリストテレス（21アメリカJCC）など。母系のスタミナは豊富。

代表産駒

　8月15日の時点で中央競馬・地方競馬ともに勝ち馬なし。福島芝1800の新馬で逃げたミカサに見どころあり。

POINT
- **青葉賞レコード、ダービー3着!**
- **ディープ×名門バレークイーン一族**
- **種付け料30万円からの下剋上狙う**

ミッキーグローリー   MIKKI GLORY

ルメール騎乗で末脚開花
堅実な晩成マイラー

2013年生　青鹿毛　初年度登録産駒29頭
2023年種付け料▷受胎確認後30万円(FR)／産駒誕生後50万円

ディープインパクト 鹿 2002	*サンデーサイレンス Sunday Silence	Halo
		Wishing Well
	*ウインドインハーヘア Wind in Her Hair	Alzao
		Burghclere (2-f)
メリッサ 鹿 2004	*ホワイトマズル White Muzzle	*ダンシングブレーヴ
		Fair of the Furze
	ストーミーラン	*トニービン
		ウインドオブサマー(3-l)

Lyphard 4×4、Northern Dancer 5×5・5

現役時代

中央13戦7勝。主な勝ち鞍、京成杯AH、関屋記念。

快速牝馬だったメリッサを母に持ち、当歳セレクトセールの落札価格は7140万円。ミッキーの冠でおなじみ、野田みづきオーナーの服色で走った。国枝厩舎。

当初は雄大な馬格を持て余し気味で、出世には時間がかかった。1年以上の長期休養を挟みつつ、3勝目をあげたのは4歳秋の新潟裏開催の芝1800。

ここから軌道に乗り、5歳の夏に福島芝1800を勝ってオープン入りすると、重賞初出走だった18年の京成杯AHを1番人気で差し切り。それまで先行策が多かったのに、乗り替わりのルメールが巧みに中団で折り合い、鋭い末脚を繰り出した。ちなみにこの京成杯AH勝利の5ヶ月前には、2つ年下の全弟カツジが同じ中山芝1600の重賞ニュージーランドTを制していた。

勢いに乗って向かった18年マイルCSは、戸崎を鞍上に後方から大外を回って鋭く伸びたものの、ステルヴィオの5着。カツジは4着。9ヶ月の休養後、6歳夏の関屋記念を制して重賞2勝目をあげた。

血統背景

父ディープインパクト。

母メリッサは2010年の北九州記念優勝、セントウルS3着。全弟にカツジ(スワンS、ニュージーランドT)。

牝系の祖はフローリスカップにさかのぼる小岩井牝系で、5代母の全姉は有馬記念を勝ったガーネット。4代母の半姉はマイネルでおなじみのヒンドバース。

代表産駒

8月15日の時点で中央競馬の勝ち馬なし、地方競馬では笠松のワラシベチョウジャがデビューから2連勝。

POINT
- マイル重賞2勝のディープ堅実派!
- 550キロを超えた雄大な馬格
- フローリスカップの小岩井牝系

ヘンリーバローズ   HENRY BAROWS

全兄シルバーステート、半兄北米GI馬
良血を武器に現役時代の鬱憤を晴らす!

2015年生　鹿毛　初年度登録産駒22頭
2023年種付け料▷受胎確認後30万円(FR)／産駒誕生後50万円

ディープインパクト 鹿 2002	*サンデーサイレンス Sunday Silence	Halo
		Wishing Well
	*ウインドインハーヘア Wind in Her Hair	Alzao
		Burghclere (2-f)
*シルヴァースカヤ Silverskaya 黒鹿 2001	シルヴァーホーク Silver Hawk	Roberto
		Gris Vitesse
	ブブスカイア Boubskaia	Niniski
		Frenetique (16-g)

Hail to Reason 4×4、Northern Dancer 5×5

現役時代

中央2戦1勝。

当歳セレクトセールの落札価格は1億2960万円。全兄にシルバーステート、半兄にアメリカGIホースのセヴィルという良血で注目された。角居厩舎。

2歳の7月に中京芝2000の新馬でデビューして、川田を鞍上にハナ差の2着。上がり32秒8の鋭い末脚を使い、マッチレースを繰り広げたがわずかに及ばず。勝ち馬の名前はワグネリアン、のちのダービー馬だった。1番人気はヘンリーバローズの1.7倍、ワグネリアンは2番人気の4.0倍だった。

2戦目は阪神芝1800の未勝利戦を、単勝1.1倍で楽々と逃げ切りを決めるも、そこから長期休養に入る。4歳まで復帰をめざしたが、かなわなかった。

全兄シルバーステートも、ヘンリーバローズが新馬デビューした1ヶ月後に、突然の引退。未完の大器と呼ばれたが、弟はもっと未完の大器のままだった。

血統背景

父ディープインパクト。

母シルヴァースカヤはフランスのミネルヴ賞とロワイヨモン賞(どちらもGIII)を勝利。全兄にシルバーステート(種牡馬)、半兄にセヴィル(ザ・メトロポリタン1着、愛ダービー2着)、半姉の仔にヴィクティファルス(スプリングS)。母の半姉デインスカヤの仔にシックスセンス(皐月賞2着、ダービー3着)。

兄の大活躍で3年目の種付け頭数が69頭に増加。ロジャーバローズと2年ごとにスタリオンを入れ替わる形で供用。

代表産駒

8月15日時点で中央競馬の出走なし。地方競馬はホッカイドウで2頭デビューして2頭勝ち上がり。短距離を中心に、6頭の勝ち馬が出ている。

POINT
- シルバーステートの全弟!
- ワグネリアンと新馬でハナ差の勝負
- 上がり32秒台の末脚を伝えるか

新種牡馬
Newcomer

*アポロケンタッキー　APOLLO KENTUCKY

2012年生／米●ダンジグ系　2022年死亡

```
┌ Langfuhr          ┌ Gone West
└ Dixiana Delight   └ Lake Lady
```

37戦9勝／16東京大賞典、17日本TV盃
初年度登録産駒47頭

ダートの中長距離で走った大型馬。4歳秋のみやこSで初重賞勝ちを飾ると、東京大賞典も単勝1倍台に支持されたアウォーディーを好位から競り落として快勝。17年ドバイワールドCはアロゲートの9着だった。種牡馬としては3シーズンの供用で死亡。産駒は100頭以上いる。父は米国のダート7Fと8FのGⅠを3勝。ダートなら短い距離も走れる。

距離	短中	馬場	ダダ	性格	普	成長力	普

サトノアレス　SATONO ARES

2014年生●ディープインパクト系

```
┌ ディープインパクト  ┌ デインヒル
└ サトノアマゾネス    └ Prawn Cocktail
```

16戦4勝／16朝日杯FS
初年度登録産駒18頭

3戦目の未勝利戦を勝ち上がり、そこから3連勝で朝日杯FSを制した珍しい戦歴。同世代にサートゥルナーリアがいて、ホープフルSのほうがレベルが高かった幸運もあった。その後は巴賞を勝ち、4歳の東京新聞杯2着、安田記念4着など。3代母クリムゾンセイントの一族にストームキャット、ロイヤルアカデミーがいる名種牡馬の牝系。血統は超一流だ。

距離	マ中	馬場	芝	性格	堅	成長力	普

キタサンミカヅキ　KITASAN MIKAZUKI

2010年生●リファール系

```
┌ キングヘイロー      ┌ サクラバクシンオー
└ キタサンジュエリー  └ キタサンコール
```

60戦13勝／17、18東京盃、19東京スプリント
初年度登録産駒12頭

ダート短距離で13勝をあげたキングヘイロー産駒の差し馬。中央競馬では6歳の京葉Sが初オープン勝利。その後、南関東に移籍して東京盃を連覇。常に上位に伸びてくる安定感を持ち、8歳のJBCスプリントは森泰斗を鞍上に3着に追い込んだ。近親にキタサンヒボタン（ファンタジーS）、キタサンチャンネル（NZT）など、2歳から走るファミリー。

距離	短中	馬場	万	性格	普	成長力	早

*ゴールデンバローズ　GOLDEN BAROWS

2012年生／米●エーピーインディ系

```
┌ Tapit        ┌ Mayakovsky
└ マザーロシア  └ Still Secret
```

26戦6勝／ヒヤシンスS
初年度登録産駒9頭

タピット産駒の米国産馬。東京ダート1600を3連勝し、ヒヤシンスSは単勝140円の圧倒的な人気に応えた。しかし、UAEダービーに遠征して3着した後は気性の難しさもあり、本気で走ったのか、走らなかったのか。父も母父もシアトルスルー系。産駒デビュー1号のフジユージンが、水沢の新馬を大差勝ちした。1年目産駒は9頭、2、3年目は産駒なし。

距離	マ中	馬場	ダ	性格	狂	成長力	早

その他の種牡馬

グァンチャーレ（父スクリーンヒーロー）	15年シンザン記念1着、ダービー8着。芝1600のオープンで多数連対した。父の2年目産駒。
ゴールデンマンデラ（父ゴールデンホーン）	競走成績なし。父はイギリスダービーと凱旋門賞の勝ち馬。母の半弟ワールドプレミア。
アレスバローズ（父ディープインパクト）	18年のCBC賞と北九州記念を連覇したディープ産駒の短距離の差し馬。熊本で繋養。
ヤングマンパワー（父スニッツェル）	16年の関屋記念、富士Sなどマイル重賞を3勝。父は豪州の名種牡馬でデインヒル系。
ショウナンバッハ（父ステイゴールド）	キタサンブラックの1つ上の兄。キャリア56戦を重ね、AJCC3着、中日新聞杯2着。
ロンギングダンサー（父シンボリクリスエス）	母はダンスパートナー、半兄フェデラリスト。死亡のため、産駒は1年目の4頭のみ。
スピリッツミノル（父ディープスカイ）	父はダービーとNHKマイルC優勝で後継は希少。ミノルのオーナーの自家生産種牡馬。
カイロス（父サウスヴィグラス）	廃止された福山競馬の最後のダービー馬。福山で無敵を誇り、高知、園田の重賞勝ちも。
マルターズアポジー（父ゴスホークケン）	父は朝日杯FSを逃げ切り、母マルターズヒートも2歳重賞を勝った、快速早熟配合。
タツゴウゲキ（父マーベラスサンデー）	5歳でオープン入り、小倉記念と新潟記念を連勝した晩成型。父は97年の宝塚記念優勝。
キングリオ（父キングカメハメハ）	母はアメリカのGI馬で、セレクトセールの落札価格1億500万円。東京ダ2100で1勝。
ユアーズトゥルーリ（父ロードカナロア）	母アイムユアーズはフィリーズレビューなど重賞4勝、桜花賞3着。1年目産駒は15頭いる。

トップ種牡馬
25頭

2022 RANK 1

ディープインパクト
DEEP IMPACT

種牡馬ランク　2022年度／第1位　2021年度／第1位　2020年度／第1位

世界のディープ。日英愛のオークス・ダービー馬の父に

2002年生　鹿毛　2019年死亡

現役時代

　中央、仏で14戦12勝。重賞勝ちは順に、弥生賞、皐月賞、ダービー、神戸新聞杯、菊花賞、阪神大賞典、天皇賞・春、宝塚記念、ジャパンC、有馬記念。

　新馬は4馬身、若駒Sは5馬身。武豊が軽く手綱を動かすと、ぐっと馬体を沈み込ませ、4コーナー手前から馬群の外を流れるように進出。またたく間に他馬を置いてけぼりにしてしまう。のちに「空を飛んでいるみたい」と形容された、そのバネの利いた軽やかな走りと身のこなしは、たちまち耳目を集めた。

　皐月賞はスタートで体勢を崩しながらひとまくり、シックスセンスに2馬身半。ダービーは後方15番手から上がり33秒4で、インティライミに5馬身。ゴール後はスタンド前ですましてポーズをとってみせた。無事に夏を越した菊花賞も、上がり33秒3でアドマイヤジャパンに2馬身。前に馬を置いて我慢させる菊花賞前の調教など、陣営の労は逐一伝えられたが、まるでハラハラしない無敗の三冠達成。三冠の単勝配当は順に、130円、110円、100円。菊花賞の元返しは大事件だ。

　古馬相手の有馬記念も軽く突破すると見られたが、先行策に出たハーツクライをとらえることができず、2着敗退。小回りの中山はギア全開が難しいのか。

　4歳になると一段と安定感を増し、春の天皇賞はリンカーンに3馬身半、宝塚記念はナリタセンチュリーに4馬身。そして渡仏、06年凱旋門賞に挑む。日本から多数のツアーが組まれ、大応援団が駆けつけるなか、ディープインパクトと武豊はいつもと違う先行策に出る。欧州の馬場を意識したと思われる積極勝負だったが、ゴール前で伸びず、レイルリンクの3着入線。後日、禁止薬物が検出され、失格処分となった。大騒動になるも、真相はうやむやのまま。帰国後、ジャパンカップと有馬記念を危なげなく連勝。霧は晴れたか。

POINT

- 欧州でも名馬登場、世界を圧する瞬発力!
- 「前走1着」は大舞台でも波乱の目に
- 7歳以降は重賞勝ちが急減する

血統背景

父サンデーサイレンス。ディープインパクトの誕生日は父と同じ3月25日。ディープ誕生の02年に急逝したという、神秘的な巡り合わせもある。

母ウインドインハーヘアは英オークス2着の後、妊娠した状態でアラルポカル(独GI・芝2400M)に優勝。全兄ブラックタイド(スプリングS)、近親レイデオロ(ダービー)、ゴルトブリッツ(帝王賞)。

祖母バーグクレアの孫にウインクリューガー(NHKマイルC)。3代母ハイクレアはエリザベス女王の持ち馬で英1000ギニー、仏オークス優勝。一族にナシュワン、ネイエフ、ミルフォードなど名馬多数。母父アルザオは主に英・愛のGIホースを多数輩出。

代表産駒

コントレイル(20三冠)、キズナ(13ダービー)、シャフリヤール(22ドバイSC)など日本ダービー馬7頭。ジェンティルドンナ(12・13ジャパンC)、ラヴズオンリーユー(21BCF&Mターフ)など日オークス馬4頭。グランアレグリア(20安田記念)、スノーフォール(21英・愛オークス)、オーギュストロダン(23英・愛ダービー)。

産駒解説

母系がヨーロッパのスタミナ型だと、一瞬の反応に弱点があって大レースを勝ちきれず、母系がスピード型だと、回転の速いフットワークを得て、大舞台に強さを発揮する馬が生まれる。

グランアレグリアやシャフリヤールは母父ボールドルーラー系。ジェンティルドンナ、サトノダイヤモンド、ミッキーアイルは母父ダンジグ系。キズナ、リアルスティールは母父ストームキャットだ。

関係者コメント

「最終世代のオーギュストロダンが、英ダービー、愛ダービーを勝ってくれました。ディープが最初からヨーロッパにいたら、すごいことになっていたんじゃないか。日本ではサドラー系などの欧州系の母に付けると、軽い馬場ではちょっとスピードが足りない感じになるのに、ヨーロッパではぴったりですからね。

*サンデーサイレンス Sunday Silence 青鹿 1986	ヘイロー Halo	Hail to Reason
		Cosmah
	ウィッシングウェル Wishing Well	Understanding
		Mountain Flower (3-e)
*ウインドインハーヘア Wind in Her Hair 鹿 1991	アルザオ Alzao	Lyphard
		Lady Rebecca
	バーグクレア Burghclere	Busted
		Highclere (2-f)

種付け年度	種付け頭数	血統登録頭数	種付け料
2022年	―	―	―
2021年	―	―	―
2020年	―	―	―

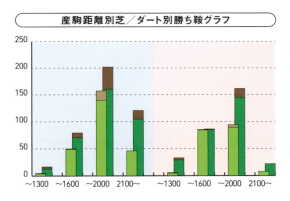

産駒距離別芝／ダート別勝ち鞍グラフ

オーギュストロダンを生産したクールモアは、さすがプロの集団です。ディープに狙いを定め、すごい牝馬を持ってきてくれた。お腹に子供の入ってない馬だったから、先にディープを付けることができた巡り合わせもありました」(社台スタリオン、23年7月)

特注馬

ジャスティンパレス／東京と中山はあまり合うように思えないから、春の天皇賞まで気長に待とう。
サリエラ／サラキアやサリオスの妹。右回り経験なしは気になるが、エリザベス女王杯はぴったり。
トゥデイズザデイ／池江厩舎、母父サドラー系の晩成型。阪神か中山の芝2000前後なら重賞でも圏内。

ディープインパクト産駒完全データ

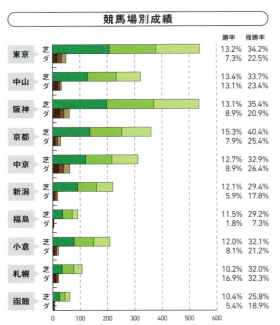

競馬場別成績

競馬場	勝率	複勝率
東京 芝	13.2%	34.2%
東京 ダ	7.3%	22.5%
中山 芝	13.4%	33.7%
中山 ダ	13.1%	23.4%
阪神 芝	13.1%	35.4%
阪神 ダ	8.9%	20.9%
京都 芝	15.3%	40.4%
京都 ダ	7.9%	25.4%
中京 芝	12.7%	32.9%
中京 ダ	8.9%	26.4%
新潟 芝	12.1%	29.4%
新潟 ダ	5.9%	17.8%
福島 芝	11.5%	29.2%
福島 ダ	1.8%	7.3%
小倉 芝	12.0%	32.1%
小倉 ダ	8.1%	21.2%
札幌 芝	10.2%	32.0%
札幌 ダ	16.9%	32.3%
函館 芝	10.4%	25.8%
函館 ダ	5.4%	18.9%

🐎 改装前と変わらず京都芝は高値安定

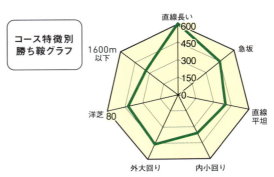

コース特徴別勝ち鞍グラフ

🐎 瞬発力を活かせる舞台で安定

得意重賞

天皇賞(春)	4-1-1／19
金鯱賞	3-3-2／23
京成杯AH	2-4-0／12

不得意重賞

アルゼンチン共和国杯	0-0-0／15
中山金杯	0-0-0／9
福島記念	0-0-0／9

🐎 七夕賞も0-0-0／7と不振

勝利数上位コース

	コース	着度数	勝率	複勝率
1位	阪神芝1800	62-45-38／338	18.3%	42.9%
2位	東京芝1800	61-43-43／401	15.2%	36.7%
3位	東京芝1600	60-36-36／404	14.9%	32.7%
4位	中京芝2000	47-41-33／315	14.9%	38.4%
5位	阪神芝1600	45-45-46／406	11.1%	33.5%

🐎 ワンターン&直線長いコースがトップ3

馬場状態別成績

		着度数	勝率	複勝率
芝	良	851-709-638／6358	13.4%	34.6%
芝	稍重	127-134-112／1199	10.6%	31.1%
芝	重	63-43-48／475	13.3%	32.4%
芝	不良	13-12-8／136	9.6%	24.3%
ダ	良	76-47-52／843	9.0%	20.8%
ダ	稍重	20-24-15／260	7.7%	22.7%
ダ	重	15-9-17／166	9.0%	24.7%
ダ	不良	7-12-10／84	8.3%	34.5%

🐎 芝は不良でダウンも重馬場は好成績

距離別成績

		着度数	勝率	複勝率
芝	～1200	51-48-48／622	8.2%	23.6%
芝	1400	58-52-62／586	9.9%	29.4%
芝	～1600	230-178-168／1747	13.2%	33.0%
芝	～1800	289-214-188／1796	16.1%	38.5%
芝	2000	245-237-196／1913	12.8%	35.4%
芝	～2400	139-124-103／1050	13.2%	34.9%
芝	2500～	42-45-41／454	9.3%	28.2%
ダ	～1300	10-9-8／134	7.5%	20.1%
ダ	～1600	12-18-24／279	4.3%	19.4%
ダ	～1900	76-42-53／761	10.0%	22.5%
ダ	2000～	20-23-9／179	11.2%	29.1%

🐎 昨年より軒並み↓も、芝・ダの長距離は↑

1番人気距離別成績

		着度数	勝率	複勝率
芝	～1200	17-8-5／61	27.9%	49.2%
芝	1400	23-13-13／80	28.8%	61.3%
芝	～1600	112-47-37／297	37.7%	66.0%
芝	～1800	137-76-46／376	36.4%	68.9%
芝	2000	115-78-54／371	31.0%	66.6%
芝	～2400	62-31-16／172	36.0%	63.4%
芝	2500～	17-12-7／56	30.4%	64.3%
ダ	～1300	0-0-0／2	0%	0%
ダ	～1600	6-2-5／24	25.0%	54.2%
ダ	～1900	21-10-3／58	36.2%	58.6%
ダ	2000～	5-6-0／20	25.0%	55.0%

🐎 芝の短距離の1番人気は危険

DEEP IMPACT

騎手ベスト5（3番人気以内）

	騎手	着度数	勝率	複勝率
1位	川田将雅	133-59-46／371	35.8%	64.2%
2位	C.ルメール	120-80-55／422	28.4%	60.4%
3位	福永祐一	73-46-44／264	27.7%	61.7%
4位	M.デムーロ	53-34-23／212	25.0%	51.9%
5位	武豊	47-37-22／191	24.6%	55.5%

🐎 阪神の川田は勝率50％！

騎手ベスト5（4番人気以下）

	騎手	着度数	勝率	複勝率
1位	吉田隼人	14-3-10／122	11.5%	22.1%
2位	浜中俊	13-8-14／122	10.7%	28.7%
3位	福永祐一	10-13-17／162	6.2%	24.7%
4位	岩田望来	9-18-15／205	4.4%	20.5%
5位	北村友一	9-17-19／132	6.8%	34.1%

🐎 伏兵の北村友を3連馬券のおトモに

クラス別成績

	芝 着度数	勝率	ダ 着度数	勝率
新馬	119-57-58／443	26.9%	1-0-2／7	14.3%
未勝利	215-182-124／1368	15.7%	32-14-18／245	13.1%
1勝	297-245-235／2281	13.0%	50-51-42／560	8.9%
2勝	165-174-163／1468	11.20%	23-21-26／344	6.7%
3勝	92-78-67／817	11.3%	10-3-4／112	8.9%
OPEN	45-48-54／489	9.2%	1-3-2／71	1.4%
GⅢ	47-50-47／539	8.7%	0-0-0／9	0%
GⅡ	43-36-31／386	11.1%	0-0-0／2	0%
GⅠ	31-28-27／377	8.2%	1-0-0／3	33.3%

🐎 芝は1勝C上昇、2勝C下降。活力↓か？

条件別勝利割合

穴率	15.4%	平坦芝率	38.0%
芝道悪率	19.3%	晩成率	53.8%
ダ道悪率	35.6%	芝広いコース率	57.5%

🐎 昨年版よりも穴率が上昇

年齢・季節別勝ち鞍グラフ

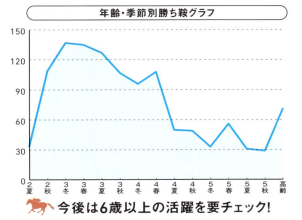

🐎 今後は6歳以上の活躍を要チェック！

※「春」＝3、4、5月。「夏」＝6、7、8月。
「秋」＝9、10、11月。「冬」＝12、1、2月。高齢＝5歳12月以降。

勝利へのポイント

重賞、前走4着か5着の単勝回収率／255％
重賞、7歳以上の牡馬／2勝、6歳以上の牝馬／1勝

22年菊花賞を制したアスクビクターモアが3歳クラシック最後の勝ち馬になるかと思われたが、ラストクロップから英ダービー馬オーギュストロダン（母父ガリレオ）が出た。これで世界にディープの血が広がる未来が来るのか、そこまで楽しめる。

▶前走4着か5着の馬がおいしい！
18年以降の重賞データ。やけに成績が良いのは、前走4着か5着の馬。勝率も複勝率も高く、単勝回収率は驚きの255％（計169頭）。大阪杯を人気薄で勝ったアルアインとポタジェはどっちもこれ。
年齢面では、牡馬は7歳以上、牝馬は6歳以上で、がくっと重賞成績が下がる。ひとつの目安に。

▶母父で得意コースを見抜け
母系によっても適性は判断できる。母父ダンジグ系の牝馬はマイルに抜群の適性を示し、母父ストームキャット系は東京重賞に強い。母父エーピーインディ系とデピュティミニスター系は急坂の阪神と中山に向き、母父サドラー系は上がりの速いレースで不振の一方、道悪や欧州の芝に強い。
母系がスピードタイプなら一瞬の加速が速く、内枠や短い直線も平気。母系がスタミナタイプなら加速に助走が必要で、差し馬は外枠が好成績。

▶ゆったりローテの好調馬を狙え
好調馬を買うのがセオリー。不振の実績馬より、近走着順の良い馬を評価すること。ローテも重要。間隔をゆったり取るノーザンファーム流のローテに向き、間隔を詰めるローテは反動が出やすい。

▶4歳春に再充実の傾向あり
4歳春に勝ち鞍が増える現象があり、冬に休んでいた牝馬の休み明けか、叩き2戦目が良い。休養後は初戦か2戦目に走らなければ、しばらく様子見。

▶ダートの人気馬なら条件戦の1800
ダートで人気馬が安定しているのは、中山、新潟、中京のダ1800。1、2番人気の勝率が2割に満たないのは福島と東京のダート。ダ1200も不安定。

2022 RANK 2

ロードカナロア
LORD KANALOA

種牡馬ランク　2022年度／第2位　2021年度／第2位　2020年度／第2位

香港スプリントを2年連続で圧勝！ キンカメ産駒の最強スプリンター

2008年生　鹿毛　2023年種付け料 ▷ 受胎確認後1200万円（FR）

現役時代

国内17戦11勝、香港2戦2勝。主な勝ち鞍、スプリンターズS（2回）、高松宮記念、安田記念、香港スプリント（2回）、阪急杯、京阪杯、シルクロードS。

数多くの名スプリンターを育てた安田隆行調教師の下で、早くから芝1200に絞って使われた。3歳から明け4歳まで、京阪杯、シルクロードSなど5連勝。高松宮記念は同厩舎のカレンチャンの3着に敗れて連勝ストップするも、夏に立て直しをはかり、鞍上も福永祐一から岩田康誠に乗り替わり。

12年スプリンターズSは大外枠を引き、いつもより後ろの位置からのレースを強いられたが、カレンチャンを差して1分6秒7のレコード。岩田のトントン乗りが決まり、短距離界のトップに立つ。

次のターゲットは香港スプリント、沙田競馬場の芝1200。海を司る神にちなんだ馬名から、地元新聞に「龍王」と表記されたロードカナロアは楽々と抜け出し、並み居る香港の強豪を制圧した。

5歳になると完成期を迎え、もはや敵なし。高松宮記念は単勝1.3倍でレコード勝ち。マイル挑戦の安田記念も、中団の外から差し切って二階級制覇。直線で外にヨレて、2着ショウナンマイティが不利を受ける結果に批判もあったが、再び5連勝。

セントウルS2着をはさみ、スプリンターズSを単勝1.3倍で勝利。ハクサンムーンを捕まえ、サクラバクシンオー以来の連覇を飾る。

さらに圧巻だったのが、ラストランの香港スプリント。危なげなく抜け出すと、直線は差が開くばかり。ストライドごとに他馬が置いていかれ、ゴールでは5馬身の差が付いていた。このとき本馬にちぎられた馬たちが、翌年、世界各国の短距離GⅠを次々に制覇したというオマケも記しておこう。

POINT

- 2歳から勝ちまくる優等生マイラー！
- 高速馬場は大歓迎のレコード血統
- 内枠、軽ハンデ、休養明けの大駆け！

血統背景

父キングカメハメハは04年の日本ダービー馬。後継種牡馬に本馬のほか、ルーラーシップ、ベルシャザール、ドゥラメンテ、リオンディーズなど多数。

母レディブラッサムは中央5勝（芝3勝、ダ2勝）。半兄ロードバリオスは六甲Sの勝ち馬。

祖母サラトガデューはベルダムS（米GⅠ・ダ9F）、ガゼルH（米GⅠ・ダ9F）の勝ち馬。

6代母サムシングロイヤルはセクレタリアトやサーゲイロードの母。本馬の母はセクレタリアト＝シリアンシーの全きょうだいクロス3×4を持つ。

代表産駒

アーモンドアイ（18・20ジャパンC、19・20天皇賞・秋、19ドバイターフ、18牝馬三冠）、ステルヴィオ（18マイルCS）、サートゥルナーリア（19皐月賞）、ダノンスマッシュ（20香港スプリント、21高松宮記念）、ダノンスコーピオン（22NHKマイルC）、パンサラッサ（22ドバイターフ、23サウジC）、ファストフォース（23高松宮記念）、ダイアトニック（19・22スワンS）。

産駒解説

母父サドラー系との配合で活躍馬が増えた。パンサラッサ、ダノンスコーピオン、キングオブコージなど。この配合はハイペースへの耐久力が高まる。

19年までのGⅠ勝ちの3頭は、母系3代目にヌレイエフ、フェアリーキング、サドラーズウェルズと、スペシャル牝系の種牡馬を持つのが共通点。また、獲得賞金上位で母系にサンデーを持たない馬を探すと、ダノンスマッシュほか芝1200の得意な馬が並ぶ。

関係者コメント

「去年は惜しくもチャンピオン・サイヤーが獲れませんでした。ずっと2位が続いているのでそろそろと期待していますが、今年はドゥラメンテとの争いになりそうで、それも複雑な気持ちです。

アーモンドアイの活躍を受けて以降は、クラシックの長い距離を意識した配合も見られ、守備範囲を広げましたが、やはり得意なのは短距離ですね。そっちへ

キングカメハメハ 鹿 2001	キングマンボ Kingmambo	Mr. Prospector	
		Miesque	
	*マンファス Manfath	*ラストタイクーン	
		Pilot Bird	(22-d)
レディブラッサム 鹿 1996	ストームキャット Storm Cat	Storm Bird	
		Terlingua	
	*サラトガデュー Saratoga Dew	Cormorant	
		Super Luna	(2-s)

Northern Dancer 5・5×4

種付け年度	種付け頭数	血統登録頭数	種付け料
2022年	136頭	—	1500／受・FR
2021年	157頭	110頭	1500／受・FR
2020年	181頭	120頭	2000／受・FR

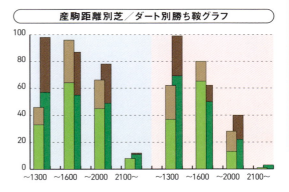

産駒距離別芝／ダート別勝ち鞍グラフ

戻りつつあります。年々、ボスザルというか王様みたいになってきて、馬房から他の馬が見えるだけで不機嫌になったりします。キズナにも似たようなところがあるので、ストームキャットの影響なのかと思います」（社台スタリオン、23年7月）

特注馬

ベラジオオペラ／適性距離は芝1600から2000Mだろう。マイル未経験だが走れる。ゆったりローテ向き。

レッドモンレーヴ／祖母エアグルーヴの成長力ある牝系。距離短縮は3戦3勝で、芝1400重賞を推奨。

ロッシュローブ／道悪ダート【3-2-1-0】（4歳以降）で、良のダート【1-1-0-7】とは走力が違う。

ロードカナロア産駒完全データ

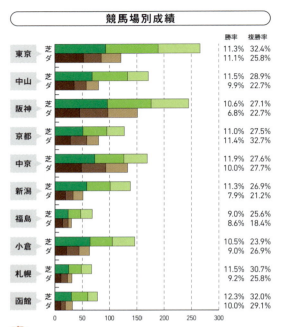

競馬場別成績

	勝率	複勝率
東京 芝	11.3%	32.4%
東京 ダ	11.1%	25.8%
中山 芝	11.5%	28.9%
中山 ダ	9.9%	22.7%
阪神 芝	10.6%	27.1%
阪神 ダ	6.8%	22.7%
京都 芝	11.0%	27.5%
京都 ダ	11.4%	32.7%
中京 芝	11.9%	27.6%
中京 ダ	10.0%	27.7%
新潟 芝	11.3%	26.9%
新潟 ダ	7.9%	21.2%
福島 芝	9.0%	25.6%
福島 ダ	8.6%	18.4%
小倉 芝	10.5%	23.9%
小倉 ダ	9.0%	26.9%
札幌 芝	11.5%	30.7%
札幌 ダ	9.2%	25.8%
函館 芝	12.3%	32.0%
函館 ダ	10.0%	29.1%

芝の勝利数と複勝率は東京トップ

勝利数上位コース

	コース	着度数	勝率	複勝率
1位	小倉芝1200	50-32-25／424	11.8%	25.2%
2位	東京芝1400	36-28-21／248	14.5%	34.3%
3位	中京芝1600	28-14-21／191	14.7%	33.0%
4位	東京芝1600	27-34-25／294	9.2%	29.3%
5位	中山芝1600	25-32-15／242	10.3%	29.8%

東京芝1400の数字が突出

距離別成績

		着度数	勝率	複勝率
芝	～1200	196-153-117／1619	12.1%	28.8%
	1400	94-66-59／807	11.6%	27.1%
	～1600	140-133-111／1327	10.6%	28.9%
	～1800	75-67-51／752	10.0%	25.7%
	2000	54-57-42／546	9.9%	28.0%
	～2400	18-19-11／147	12.2%	32.7%
	2500～	5-3-4／45	11.1%	26.7%
ダ	～1300	109-98-90／1077	10.1%	27.6%
	～1600	91-73-73／902	10.1%	26.3%
	～1900	83-76-71／1039	8.0%	22.1%
	2000～	1-2-5／61	1.6%	13.1%

2000以上でも数字は落ちず。軽視禁物

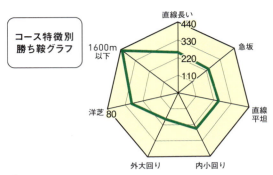

コース特徴別勝ち鞍グラフ

マイル以下なら条件問わず

得意重賞	
京王杯SC	2-1-3／12
函館スプリントS	2-3-0／13
スワンS	2-1-1／9

不得意重賞	
ターコイズS	0-0-0／8
日本ダービー	0-0-0／6
共同通信杯	0-0-0／4

ローカル短距離重賞は概ね得意

馬場状態別成績

		着度数	勝率	複勝率
芝	良	446-382-313／4006	11.1%	28.5%
	稍重	101-80-57／818	12.3%	29.1%
	重	29-32-23／345	8.4%	24.3%
	不良	6-4-2／74	8.1%	16.2%
ダ	良	167-137-143／1774	9.4%	25.2%
	稍重	51-63-47／639	8.0%	25.2%
	重	43-36-33／410	10.5%	27.3%
	不良	23-13-16／256	9.0%	20.3%

スピードを活かせる馬場で成績上昇

1番人気距離別成績

		着度数	勝率	複勝率
芝	～1200	68-42-28／229	29.7%	60.3%
	1400	35-14-12／106	33.0%	57.5%
	～1600	53-34-28／193	27.5%	59.6%
	～1800	31-24-11／97	32.0%	68.0%
	2000	23-12-5／64	35.9%	62.5%
	～2400	11-7-3／28	39.3%	75.0%
	2500～	1-0-1／4	25.0%	50.0%
ダ	～1300	33-28-16／108	30.6%	71.3%
	～1600	24-20-15／97	24.7%	60.8%
	～1900	31-16-12／91	34.1%	64.8%
	2000～	1-0-1／6	16.7%	33.3%

2400までは距離が延びても信頼度高い

LORD KANALOA

騎手ベスト5（3番人気以内）

	騎手	着度数	勝率	複勝率
1位	C.ルメール	69-46-26／221	31.2%	63.8%
2位	川田将雅	43-39-19／173	24.9%	58.4%
3位	北村友一	34-18-22／116	29.3%	63.8%
4位	松山弘平	26-16-7／112	23.2%	43.8%
5位	坂井瑠星	26-11-10／75	34.7%	62.7%

🐎 1人気はルメール54勝、川田31勝

騎手ベスト5（4番人気以下）

	騎手	着度数	勝率	複勝率
1位	鮫島克駿	12-6-6／134	9.0%	17.9%
2位	岩田康誠	11-9-12／142	7.7%	22.5%
3位	池添謙一	11-1-5／82	13.4%	20.7%
4位	藤岡康太	10-8-16／133	7.5%	25.6%
5位	斎藤新	9-5-5／105	8.6%	18.1%

🐎 池添、9勝を挙げた3歳夏までが勝負

クラス別成績

	芝 着度数	勝率	ダ 着度数	勝率
新馬	71-63-41／585	12.1%	12-8-8／100	12.0%
未勝利	149-142-113／1494	10.0%	114-108-108／1250	9.1%
1勝	147-116-96／1311	11.2%	91-71-75／985	9.2%
2勝	85-73-65／616	13.8%	36-34-29／400	9.0%
3勝	42-37-32／448	9.4%	19-12-7／178	10.7%
OPEN	29-29-18／280	10.4%	11-13-11／137	8.0%
GⅢ	28-17-12／257	10.9%	1-2-1／23	4.3%
GⅡ	17-14-13／141	12.1%	0-0-0／1	0%
GⅠ	14-7-5／111	12.6%	0-1-0／5	0%

🐎 芝はクラスが上がっても勝率落ちず

条件別勝利割合

穴率	19.4%	平坦芝率	43.3%
芝道悪率	23.4%	晩成率	46.9%
ダ道悪率	41.2%	芝広いコース率	45.7%

🐎 スピード馬場のダート得意

年齢・季節別勝ち鞍グラフ

🐎 春夏より秋冬に上昇する馬が多い

※「春」＝3、4、5月。「夏」＝6、7、8月。
「秋」＝9、10、11月。「冬」＝12、1、2月。高齢＝5歳12月以降。

勝利へのポイント

2、3歳の重賞24勝中、前走2着以内／19勝
4歳以降の重賞36勝中、前走2着以内／16勝

　23年高松宮記念は12番人気の7歳ファストフォースが快勝。芝1200重賞は無双に近く、内が有利な馬場なら内枠の逃げ先行馬が穴をあけ、外が有利な馬場なら外枠の差し馬が穴をあける。終わったレースも、内と外、前と後ろ、どっちが有利だったかを確認して、枠順替わりによるプラスマイナスを次走以降に活かそう。この把握が大穴的中につながる。

▶**若い馬はレース間隔が大事！**
　3歳までと4歳以降に分けると、重賞傾向がかなり変わる。3歳までは「前走2着以内」で「レース間隔5週以上」の馬が勝利の大部分を占める。4歳以降は前走着順問わず、レース間隔が詰まっても走れる。

▶**芝1200は内枠、芝1600は距離短縮が特注**
　ダッシュの速さ、機敏に馬群をさばく操縦性を持ち、逃げ先行の安定感が武器。芝1200から1600に複数の産駒が出走すると「どれかが来る感」は強力だ。単純に足が速い。複数から選択するヒントは、芝1200なら枠順重視。芝1600なら距離短縮馬を優先。
　重賞の1、2番人気馬、すべての単勝を買ってもプラス計算という稀有な血統。レースが上手なため、多頭数の混戦に向き、迷った時の本命にありがたい。
　人気薄の大駆けを狙うなら、短期リフレッシュ後の休み明け、軽ハンデの一変、内枠替わりなど。

▶**高速タイム歓迎、連勝多数**
　タイムの速い勝負は歓迎。連勝が多く「接戦で勝ち上がったから、昇級戦は苦しいかも」と思われた馬が、タイムも内容もアップグレードしながらクラスの壁を突破する。夏のローカル連勝に乗りたい。
　牝馬は芝1800以上になると、2、3着が増加。直線平坦コースで成績アップし、距離短縮は狙い目。

▶**ダートは東京と中京の1400**
　ダートもレッドルゼルの重賞勝ちがあり、優秀なのは東京ダ1400、中京ダ1400など。各馬の適性距離は狭く、1400得意なら1400で、1700得意なら1700で狙うこと。軽いダートで着順を上げる馬も多い。

ロードカナロア LORD KANALOA

ドゥラメンテ
DURAMENTE

種牡馬ランク　2022年度／第3位　2021年度／第11位　2020年度／第41位

早逝惜しまれる名血重ねたチャンピオン血統

2012年生　鹿毛　2021年死亡

現役時代

中央8戦5勝、UAE1戦0勝。主な勝ち鞍、日本ダービー、皐月賞、中山記念。ドバイシーマクラシック2着(唖GⅠ・芝2410)、宝塚記念2着。

母アドマイヤグルーヴは本馬を出産した年に急逝。名牝の忘れ形見としても注目を集め、サンデーレーシングの募集価格は総額1億円。堀宣行厩舎。

新馬は出遅れて2着に敗れたが、2戦目はムーアにしごかれて東京芝1800を6馬身差の圧勝。3歳になると、石橋脩でセントポーリア賞を5馬身差1着、共同通信杯は断然人気でリアルスティールの2着。折り合いを欠き、最後の伸びが鈍った。

2ヶ月の休み明けぶっつけの皐月賞はデムーロに乗り替わり、サトノクラウン、リアルスティールに続く3番人気。後方に控えて徐々に進出し、4角では馬群の内へ外へ進路を取ろうとする……が、そこで外へ吹っ飛ぶように大きく斜行。立て直して、先に抜け出したリアルスティールを捉えると、ゴール前はミルコが左の拳を握る余裕のゴールインだった。鞍上は4日間の騎乗停止。ドゥラメンテは母、祖母、3代母に続く母子4代のGⅠ制覇を達成した。

単勝1.9倍のダービーは中団から差し切る危なげない勝利。皐月賞と同じ上がり33秒9の切れ味で、他馬を圧した。二冠制覇にも堀調教師は「完成はまだまだ先」と将来を見据えたが、秋は骨折で休養。

4歳。復帰戦の中山記念を制して向かったドバイシーマクラシック。末脚をためて最後はよく伸びたが、ポストポンドに及ばず2着。帰国後の宝塚記念も稍重の中、直線は鋭く伸びたが、マリアライトに届かず2着。ゴール後にデムーロが下馬して、これが最後のレースになった。カミソリの切れ味はあったが、タフな馬場になると欧州血統が上だった。

POINT
- 古馬の長距離王と二冠牝馬が登場!
- 中長距離で安定、短距離は不振
- 急坂や洋芝コースを早め仕掛けで

血統背景

父キングカメハメハは同馬の項を参照。

母アドマイヤグルーヴは03、04年のエリザベス女王杯を連覇。ローズS、マーメイドSと重賞4勝。桜花賞3着、秋華賞2着、天皇賞・秋3着。

祖母エアグルーヴはオークス、天皇賞・秋の勝ち馬で、その仔にルーラーシップ (種牡馬)、フォゲッタブル (ダイヤモンドS) のいる日本を代表する名牝系。近親にグルーヴィット (中京記念) など。

3代母ダイナカールは1983年のオークス馬。

代表産駒

タイトルホルダー (21菊花賞、22天皇賞・春、22宝塚記念)、スターズオンアース (22桜花賞、22オークス)、リバティアイランド (22阪神JF、23桜花賞、23オークス)、シャンパンカラー (23NHKマイルC)、ドゥラエレーデ (22ホープフルS)、サウンドビバーチェ (23阪神牝馬S)、シングザットソング (23フィリーズR)、ドゥーラ (22札幌2歳S)。22年の2歳種牡馬ランキングは1位。

産駒解説

タイトルホルダーとキングストンボーイは、それぞれ祖母の父がシャーリーハイツとシェイディハイツのネヴァーベンド系。アスコルターレやバーデンヴァイラーも母系にリヴァーマンを持ち、二冠牝馬スターズオンアースも、母系の奥にダッシングブレードを通じてシャーリーハイツを持つから似ている。つまり、ネヴァーベンドの血と相性が良い。

フォーティナイナーやアンブライドルドを持つ牝馬とも相性が良く、ミスタープロスペクターやレイズアネイティヴのクロスを持つ活躍馬は多い。

関係者コメント

「スターズオンアースに続き、リバティアイランドという大物牝馬が出てくれました。ドゥラメンテ自身はサンデーやトニービンを持ち、気性もきつかったので、種付け相手が制限される心配もあったんですけど、関係なかったですね。牡馬もタイトルホルダーがいますが、社台グループからも後継馬が出てほしい。残され

キングカメハメハ 鹿 2001	キングマンボ Kingmambo	Mr. Prospector
		Miesque
	*マンファス Manfath	*ラストタイクーン
		Pilot Bird (22-d)
アドマイヤグルーヴ 鹿 2000	*サンデーサイレンス Sunday Silence	Halo
		Wishing Well
	エアグルーヴ	*トニービン
		ダイナカール (8-f)

Northern Dancer 5·5×5

種付け年度	種付け頭数	血統登録頭数	種付け料
2022年	—	—	—
2021年	131頭	95頭	1000/受・FR
2020年	178頭	118頭	700/受・FR

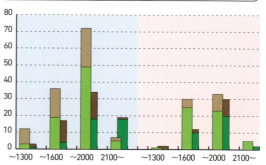
産駒距離別芝／ダート別勝ち鞍グラフ

た産駒のさらなる活躍を信じています。

骨格の良さが遺伝した産駒たちは、見た目から大人びた印象があり、この母系共通とも言えるやんちゃな性格も、2歳の早い時期からの産駒の活躍につながった印象を受けます」(社台スタリオン、23年7月)

特注馬

スターズオンアース／天皇賞・秋はベストに思える。超一流の牡馬が相手でも勝負になるのでは。

シャンパンカラー／母系にダンジグとストームキャット両方を持ち、ハマるか否か不安定。穴で狙う。

ドゥラエレーデ／母父オルフェーヴルで意外性あり。芝なら札幌と中山が得意。AJCCに合いそう。

ドゥラメンテ産駒完全データ

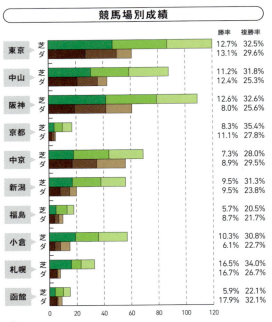

阪神・中山の内回り好走率高い

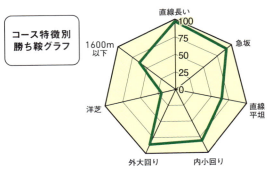

「急坂」と「平坦」の差に注目

得意重賞

オークス	2-0-1／5
アルテミスS	0-2-0／2
大阪杯	0-1-1／2

不得意重賞

ファルコンS	0-0-0／4
ニュージーランドT	0-0-1／5
青葉賞	0-1-0／7

直線の長い2、3歳マイル重賞は得意

勝利数上位コース

	コース	着度数	勝率	複勝率
1位	中山ダ1800	16-10-6／120	13.3%	26.7%
2位	東京ダ1600	15-11-9／104	14.4%	33.7%
3位	東京芝1600	14-13-10／109	12.8%	33.9%
4位	阪神芝2000	13-12-8／83	15.7%	39.8%
5位	中山1800	13-6-6／69	18.8%	36.2%

ダートコースがトップ2

馬場状態別成績

		着度数	勝率	複勝率
芝	良	154-144-142／1427	10.8%	30.8%
芝	稍重	35-33-30／317	11.0%	30.9%
芝	重	10-16-9／116	8.6%	30.2%
芝	不良	4-3-2／31	12.9%	29.0%
ダ	良	72-52-52／640	11.3%	27.5%
ダ	稍重	17-29-8／224	7.6%	24.1%
ダ	重	10-10-9／125	8.0%	23.2%
ダ	不良	13-6-10／87	14.9%	33.3%

パワーのある馬が多い傾向

距離別成績

		着度数	勝率	複勝率
芝	～1200	5-11-7／135	3.7%	17.0%
芝	1400	16-13-10／152	10.5%	25.7%
芝	～1600	42-41-31／404	10.4%	28.2%
芝	～1800	58-55-57／463	12.5%	36.7%
芝	2000	52-50-51／511	10.2%	29.9%
芝	～2400	19-22-21／163	11.7%	38.0%
芝	2500～	11-4-6／63	17.5%	33.3%
ダ	～1300	13-16-9／208	6.3%	18.3%
ダ	～1600	37-23-14／279	13.3%	26.5%
ダ	～1900	58-53-49／539	10.8%	29.7%
ダ	2000～	4-5-7／50	8.0%	32.0%

芝・ダともに1800mの好走が多い

1番人気距離別成績

		着度数	勝率	複勝率
芝	～1200	2-1-1／8	25.0%	50.0%
芝	1400	6-3-3／22	27.3%	54.5%
芝	～1600	22-14-7／58	37.9%	74.1%
芝	～1800	25-13-12／69	36.2%	72.5%
芝	2000	20-6-7／57	35.1%	57.9%
芝	～2400	10-5-7／27	37.0%	81.5%
芝	2500～	3-0-1／6	50.0%	66.7%
ダ	～1300	5-0-0／9	55.6%	55.6%
ダ	～1600	10-3-2／30	33.3%	50.0%
ダ	～1900	33-17-11／89	37.1%	68.5%
ダ	2000～	3-1-1／6	50.0%	83.3%

1600以上で信頼度アップ

DURAMENTE

騎手ベスト5（3番人気以内）

	騎手	着度数	勝率	複勝率
1位	C.ルメール	23-16-12／93	24.7%	54.8%
2位	川田将雅	16-6-7／49	32.7%	59.2%
3位	戸崎圭太	14-7-5／46	30.4%	56.5%
4位	福永祐一	13-14-11／54	24.1%	70.4%
5位	横山武史	11-13-4／45	24.4%	62.2%

🐎 戸崎の単回収率100％

騎手ベスト5（4番人気以下）

	騎手	着度数	勝率	複勝率
1位	鮫島克駿	4-2-2／39	10.3%	20.5%
2位	内田博幸	3-6-3／47	6.4%	25.5%
3位	菅原明良	3-4-1／40	7.5%	20.0%
4位	横山武史	3-4-1／35	8.6%	22.9%
5位	岩田望来	3-3-4／47	6.4%	21.3%

🐎 鮫島の好走はすべて別馬

クラス別成績

	芝 着度数	勝率	ダ 着度数	勝率
新馬	37-33-24／296	12.5%	7-10-9／63	11.1%
未勝利	67-57-64／723	9.3%	60-52-39／557	10.8%
1勝	45-54-53／450	10.0%	29-27-25／335	8.7%
2勝	26-27-19／161	16.1%	12-4-4／80	15.0%
3勝	7-6-8／67	10.4%	3-4-2／32	9.4%
OPEN	3-7-6／52	5.8%	1-0-0／4	25.0%
GⅢ	3-9-4／55	5.5%	0-0-0／4	0%
GⅡ	5-1-1／40	12.5%	0-0-0／0	—
GⅠ	10-2-4／47	21.3%	0-0-0／1	0%

🐎 GⅢの壁を越えれば大仕事も

条件別勝利割合

穴率	15.9%	平坦芝率	32.0%
芝道悪率	24.1%	晩成率	28.9%
ダ道悪率	35.7%	芝広いコース率	47.8%

🐎 穴率は低いので人気馬を中心に

🐎 2、3歳の高値安定ぶりに注目

※「春」＝3、4、5月。「夏」＝6、7、8月。
「秋」＝9、10、11月。「冬」＝12、1、2月。高齢＝5歳12月以降。

勝利へのポイント

東京芝1800と2000の牡馬1番人気【7-2-4-2】
東京芝1600と1800の牝馬1番人気【6-2-2-0】

気性の強さ・激しさが、大舞台での強さにつながっている。タイトルホルダーは無類のスタミナを武器にGⅠを3勝。スターズオンアースの牝馬二冠に続き、23年もリバティアイランドが牝馬二冠を制圧。おまけに人気薄のシャンパンカラーがNHKマイルCを制覇。おまけ扱いしちゃいけない。ドゥラエレーデはドバイのダート重賞でも2着した。

▶**春の重賞で荒稼ぎ！**
3歳以降の重賞15勝のうち、14勝が2月から6月に集中しているのは特記事項か、たまたまか。秋の高速馬場より、春の馬場が合いそうなのはタイトルホルダーを見てもわかるが、スターズオンアースは秋の高速芝も走るだろうし、頭の隅に置く程度で。

▶**距離延びて台頭する馬に乗れ**
産駒はマイラーからステイヤーまで多様も、牡馬は距離が延びるほど勝率が上がり、夏のローカルの芝2500や2600を勝って菊花賞へ向かう馬も出る。牝馬は忙しい距離も走るが、それでも芝1200以下は3勝のみ。オークス連覇を持ち出すまでもなく、スタミナは豊富だ。牡牝ともにダート中距離の勝ち鞍が多いのも見逃せず、砂のオープン馬が出る。

▶**急坂や洋芝コースが得意**
芝の勝率が高いのは、札幌、阪神、東京、中山。東京以外は洋芝か、急坂コースだ。速い上がりを使えるタイプかどうかに注目して、得意コースで狙おう。上記距離の東京の1番人気成績がすごい。道悪は巧者と、苦手がはっきり分かれるから慎重に。

成長力を持ち、2歳より3歳、3歳より4歳と強くなる馬が目立つ。スイッチが入れば連勝して上昇するから、軌道に乗った馬は続けて買える。

▶**480キロ以上はダート効率良し**
ダートの勝率も多く、芝で勝ちきれなかった馬が新境地を開く例あり。馬体重480キロ以上の勝率や回収率が高いから、ダート替わりは馬体重も確認しよう。阪神と中山のダ1800の1番人気が堅実。

ハーツクライ
HEART'S CRY

種牡馬ランク　2022年度／第4位　2021年度／第4位　2020年度／第3位

有馬&ドバイSC優勝。ディープに土をつけた唯一の日本調教馬

2001年生　鹿毛　2023年死亡

現役時代

　国内17戦4勝、海外2戦1勝。主な勝ち鞍、有馬記念、ドバイシーマクラシック（GⅠ・2400M）、京都新聞杯。ダービー2着、宝塚記念2着、JC2着。

　新馬、若葉Sを勝ち、皐月賞14着の後、京都新聞杯を差し切り。ダービーは後方17番手から外を鋭く伸びたが、前にはキングカメハメハがいた。後方一気しかできないため、自分でレースをつくれない弱点が付きまとう。菊花賞では1番人気に祭り上げられるも7着。その後も追い込んで届かずを繰り返し、宝塚記念でスイープトウショウの2着などが精一杯だった。

　05年秋、ルメールと新コンビを組み、新境地を切り開く。ジャパンCでは内を突き、ラスト100Mでウィジャボードを弾き飛ばしながら、隙間をこじ開けて猛追。アルカセットと並んでゴール。ハナ差の2着で大魚は逸するも、タイムはレコードを上回る2分22秒1。

　続く有馬記念はディープインパクト一色のムード。脚質から中山不向きと見なされ、単勝17.1倍の伏兵扱いも、スタート後、多くの者が評価の不当に気付く。3番手をすいすいと先行する新生ハーツクライがそこにいた。直線でコスモバルクを捕まえ、先頭に立つ。ディープも大外から伸びるが、いつもの迫力はない。無敗馬の勝利を信じて疑わぬファンに、現実の厳しさを教えるかのように完勝。中山にため息が満ちた。

　5歳になると海外へ。ドバイシーマCでは意表を突く逃げの手に出てスローに持ち込み、軽く追っただけの楽勝。同じ橋口厩舎のユートピアもゴドルフィンマイルを制して、ドバイはジャパン・デーに。さらに英国の最強馬決定戦キングジョージ6世&QESでも、凱旋門賞馬ハリケーンラン、ドバイワールドC馬エレクトロキューショニストと、壮絶な名勝負を演じて3着。世界クラスの実力を示した。

POINT
- マイルで鍛えて中長距離で覚醒！
- 広い東京や阪神の持久戦で本領発揮
- 近年は小回りの人気馬も安定感あり

血統背景

父サンデーサイレンス×母父トニービン。

母アイリッシュダンスは95年の新潟記念、新潟大賞典の勝ち馬。全兄アグネスシラヌイ（6勝）。半妹の仔にオメガハートランド（フラワーC）、オメガハートロック（フェアリーS）。

3代母マイブッパーズの一族にノンコノユメ（フェブラリーS）、ミッキーアイル（マイルCS。種牡馬）、ラッキーライラック（阪神JF）、アエロリット（NHKマイルC）、ダイヤモンドビコー（ローズS）、ステラマドリッド（エイコーンS）など。

*サンデーサイレンス Sunday Silence 青鹿 1986	ヘイロー Halo	Hail to Reason
		Cosmah
	ウィッシングウェル Wishing Well	Understanding
		Mountain Flower (3-e)
アイリッシュダンス 鹿 1990	*トニービン Tony Bin	*カンパラ
		Severn Bridge
	*ビューパーダンス Buper Dance	Lyphard
		My Bupers (6-a)

代表産駒

ジャスタウェイ（14ドバイDF）、リスグラシュー（19コックスプレート、19宝塚記念、19有馬記念）、スワーヴリチャード（18大阪杯、19ジャパンC）、シュヴァルグラン（17ジャパンC）、ワンアンドオンリー（14ダービー）、ヌーヴォレコルト（14オークス）、タイムフライヤー（17ホープフルS）、サリオス（19朝日杯FS）、アドマイヤラクティ（14コーフィールドC）、ドウデュース（22ダービー）、コンティニュアス（23英セントレジャー）。

種付け年度	種付け頭数	血統登録頭数	種付け料
2022年	—	—	—
2021年	—	—	—
2020年	71頭	35頭	1000／受・FR

産駒解説

ドウデュースは「母系にシアトルスルー」という点で、スワーヴリチャードやカレンミロティックと同じ。

サリオスの祖母の父は99年ジャパンCにも出走したタイガーヒル。「祖母の父ダンジグ系」は、ワンアンドオンリー、ヌーヴォレコルト、マイスタイル、ロジクライとも共通する成功パターンだ。

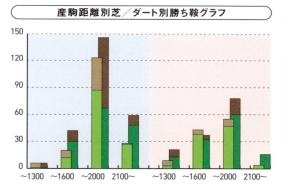

産駒距離別芝／ダート別勝ち鞍グラフ

関係者コメント

「23年の3月9日に亡くなりました。20年が最後の種付けで、今年の2歳世代が最後の産駒になります。感慨深いですね。それでも現4歳世代から、芝のダービー馬ドウデュースだけでなく、ダートでもJDダービー馬ノットゥルノを送り出すなど、役者の違うところを見せているのはさすがです。

距離適性が長めなので、当初は良くなるまで時間のかかる産駒が多かった。徐々に仕上がりの早いマイラータイプの母に付けて、クラシックに間に合う馬が増えていきました。ハーツの仔は脚長で、背中も長めに出る傾向がありますが、体形的にコロっとした牝馬に付けると、背中が伸びすぎない子供が生まれるんです」（社台スタリオン、23年7月）

特注馬

ドウデュース／過去の産駒に倣えば、天皇賞・秋は△、ジャパンCは◯、有馬記念は▲。道悪は割引き。

ダノンベルーガ／右回りはぎこちない説が広まりすぎたところで、手頃な頭数の中山記念に合いそう。

レッドファーロ／ダートの新星。ただし右回りの小回りは未知数で、ダ1800の多頭数は危ないかも。

ハーツクライ産駒完全データ

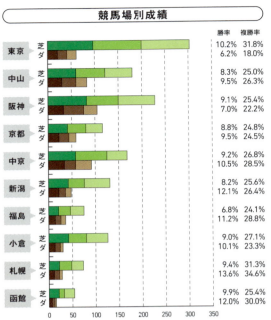

競馬場別成績

	勝率	複勝率
東京 芝	10.2%	31.8%
東京 ダ	6.2%	18.0%
中山 芝	8.3%	25.0%
中山 ダ	9.5%	26.3%
阪神 芝	9.1%	25.4%
阪神 ダ	7.0%	22.2%
京都 芝	8.8%	24.8%
京都 ダ	9.5%	24.5%
中京 芝	9.2%	26.8%
中京 ダ	10.5%	28.5%
新潟 芝	8.2%	25.6%
新潟 ダ	12.1%	26.4%
福島 芝	6.8%	24.1%
福島 ダ	11.2%	28.8%
小倉 芝	9.0%	27.1%
小倉 ダ	10.1%	23.3%
札幌 芝	9.4%	31.3%
札幌 ダ	13.6%	34.6%
函館 芝	9.9%	25.4%
函館 ダ	12.0%	30.0%

🐎 **ダートの勝率は東京ワースト**

勝利数上位コース

	コース	着度数	勝率	複勝率
1位	中京芝2000	29-28-13／260	11.2%	26.9%
2位	東京芝1800	25-28-23／230	10.9%	33.0%
3位	中山芝2000	25-24-17／224	11.2%	29.5%
4位	阪神芝2000	23-21-18／222	10.4%	27.9%
5位	小倉芝2000	23-20-22／206	11.2%	31.6%

🐎 **上位には早め仕掛けの2000mずらり**

距離別成績

		着度数	勝率	複勝率
芝	～1200	18-26-32／346	5.2%	22.0%
	1400	27-33-35／345	7.8%	27.5%
	～1600	85-75-94／908	9.4%	28.0%
	～1800	97-103-102／1097	8.8%	27.5%
	2000	164-148-131／1618	10.1%	27.4%
	～2400	67-60-62／718	9.3%	26.3%
	2500～	28-28-39／367	7.6%	25.9%
ダ	～1300	24-19-23／262	9.2%	25.2%
	～1600	30-33-26／438	6.8%	20.3%
	～1900	135-119-95／1311	10.3%	26.6%
	2000～	18-21-14／248	7.3%	21.4%

🐎 **1600m以上はまんべんなく好走**

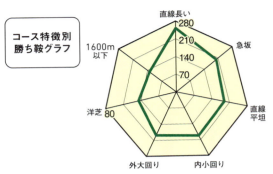

コース特徴別勝ち鞍グラフ

🐎 **トニービン特性で直線長いコース得意**

得意重賞		不得意重賞	
東京新聞杯	2-2-1／8	愛知杯	0-0-0／10
府中牝馬S	1-2-0／6	エプソムC	0-0-0／7
宝塚記念	1-1-1／5	目黒記念	0-0-1／12

🐎 **通算ではダイヤモンドSと中山記念4勝**

馬場状態別成績

		着度数	勝率	複勝率
芝	良	369-385-376／4164	8.9%	27.1%
	稍重	86-62-86／846	10.2%	27.7%
	重	26-21-28／309	8.4%	24.3%
	不良	5-5-5／80	6.3%	18.8%
ダ	良	121-123-94／1345	9.0%	25.1%
	稍重	48-38-36／493	9.7%	24.7%
	重	27-20-14／248	10.9%	24.6%
	不良	11-11-14／173	6.4%	20.8%

🐎 **高速よりもやや力を要する馬場向き**

1番人気距離別成績

		着度数	勝率	複勝率
芝	～1200	7-6-5／25	28.0%	72.0%
	1400	7-5-3／21	33.3%	71.4%
	～1600	29-11-15／95	30.5%	57.9%
	～1800	41-30-13／129	31.8%	65.1%
	2000	61-38-22／184	33.2%	65.8%
	～2400	22-10-5／63	34.9%	58.7%
	2500～	7-4-6／26	26.9%	65.4%
ダ	～1300	5-4-4／19	26.3%	68.4%
	～1600	5-6-7／33	15.2%	54.5%
	～1900	55-27-13／138	39.9%	68.8%
	2000～	5-6-1／23	21.7%	52.2%

🐎 **どの距離も平均点レベル**

HEART'S CRY

騎手ベスト5（3番人気以内）			
順位	騎手	着度数	勝率	複勝率
1位	C.ルメール	55-35-31／214	25.7%	56.5%
2位	川田将雅	41-21-20／140	29.3%	58.6%
3位	武豊	29-26-13／120	24.2%	56.7%
4位	松山弘平	21-8-5／77	27.3%	44.2%
5位	M.デムーロ	19-12-12／74	25.7%	58.1%

🐎 武豊は京都・阪神で高率

騎手ベスト5（4番人気以下）			
順位	騎手	着度数	勝率	複勝率
1位	松若風馬	8-3-12／133	6.0%	17.3%
2位	田辺裕信	7-9-7／95	7.4%	24.2%
3位	松山弘平	7-7-8／120	5.8%	18.3%
4位	鮫島克駿	6-10-6／129	4.7%	17.1%
5位	西村淳也	6-4-8／103	5.8%	17.5%

🐎 田辺の内容充実。単回収率も100％超え

クラス別成績

	芝 着度数	勝率	ダ 着度数	勝率
新馬	52-56-46／428	12.1%	5-5-5／47	10.6%
未勝利	138-114-132／1389	9.9%	75-74-61／780	9.6%
1勝	133-141-141／1400	9.5%	70-63-44／732	9.6%
2勝	76-72-76／880	8.6%	32-30-34／399	8.0%
3勝	35-32-43／521	6.7%	12-13-5／163	7.4%
OPEN	18-13-23／228	7.9%	8-6-8／91	8.8%
GⅢ	15-18-14／221	6.8%	4-1-1／38	10.5%
GⅡ	11-21-9／196	5.6%	1-0-0／2	50.0%
GⅠ	8-6-11／136	5.9%	0-0-0／7	0%

🐎 芝・ダートともに3勝Cが壁傾向

条件別勝利割合

穴率	19.9%	平坦芝率	38.9%
芝道悪率	24.1%	晩成率	50.9%
ダ道悪率	41.5%	芝広いコース率	52.1%

🐎 昨年版よりも穴率上昇

年齢・季節別勝ち鞍グラフ

🐎 春に上昇くっきり

※「春」＝3、4、5月。「夏」＝6、7、8月。
「秋」＝9、10、11月。「冬」＝12、1、2月。高齢＝5歳12月以降。

勝利へのポイント

1番人気の高連対率コース／新潟芝1600、中京ダ1900、阪神芝2400、中京芝2000、京都ダ1800

　23年春はハーパーがオークス2着、ハーツコンチェルトがダービー3着。東京芝2400の重賞は（産駒デビュー以降の集計で）ダービー2勝、ジャパンC2勝、青葉賞2勝と得意中の得意。左回りと長い直線が合う。23年の2歳世代が最後の産駒になる。

▶古馬が覚醒する成長力

　以前は晩成のスタミナ血統だったが、今や2歳から勝ちまくるマイル中距離血統の目で見たほうが、間違えない。そのなかから芝2400の一流馬を出し、リスグラシューやジャスタウェイの覚醒に代表されるように、古馬になって急激に強くなる馬も出る。5歳で本格化の例が多く、GⅠ成績は5歳馬が良い。

▶外伸び馬場向きか、小回りもOKか

　一瞬の反応が遅い不器用なタイプかどうかの見極めが最も大事。トニービンの特徴「広いコース向き。加速に時間がかかり、馬群を割れない。右回り割引き」を受け継いだ馬は、そこが弱点になり、内伸び馬場より外伸び馬場、右回りより左回り、小回りより大回りコース向き。母系がスタミナ型だと、勝負どころでもたついたり、内枠が苦手だったりする。

　母系にダンジグやストームキャットのスピード血統を持ち、これらの弱点がない馬は気にしなくてもいいが、このタイプは距離が延びるより、芝1600から芝2000の得意な馬が多い。脚を余さずに乗るのが難しいため、外国人騎手が乗った時しか好走できない馬もよくいる。ジョッキーとの相性に注目。

▶ローカルダートは大型の先行馬

　ダート勝利の7割はダ1800とダ1700。小回りは差し馬がアテにならず、大型の先行型が好調だ。芝の重不良は大型馬が不振。道悪巧者は小型・中型馬。

▶長距離重賞で真価を発揮

　東京芝2400以外の得意重賞はダイヤモンドS、春の天皇賞、阪神大賞典、アル共和国杯、中山記念。菊花賞は不振も、古馬の長距離重賞は好走多数。
牝馬の重賞勝ちは近年、芝1600が中心だ。

2022 RANK
5
キズナ
KIZUNA

種牡馬ランク　2022年度／第5位　2021年度／第3位　2020年度／第8位

武豊を背に直線一気でダービー制覇。ディープ×ストームキャットの成功配合

2010年生　青鹿毛　2023年種付け料▷受胎確認後1200万円（FR）

現役時代

　中央12戦6勝、フランス2戦1勝。主な勝ち鞍、日本ダービー、ニエル賞（仏GⅡ・芝2400M）、毎日杯、京都新聞杯、大阪杯。

　1998年の桜花賞や秋華賞を勝ったファレノプシス。その15歳下の半弟で、母の最後の仔となったのがキズナだった。馬名は2011年の大震災で広まった言葉「絆」にちなみ、震災直後のドバイワールドCで2着したトランセンド（同じノースヒルズ系の生産所有馬）の経験も、由来になっているという。

　佐藤哲三の手綱で新馬、黄菊賞を連勝。しかし佐藤の大怪我により、鞍上は当時不振を極めていた武豊にスイッチされた。弥生賞で敗れると、中2週で毎日杯へ向かって1着。皐月賞には出走せず、京都新聞杯を勝って、ダービーへの態勢を整える。

　13年ダービーは、皐月賞馬ロゴタイプを上回る1番人気。復興に重なる馬名や、復活を期す武豊の話題もあり、人気の高さを示すオッズとなった。レースは後方15番手に控える待機策。ここから直線一気のゴボウ抜きを決め、逃げたアポロソニックや、ライバルのエピファネイアを差し切った。

　秋はフランスへ遠征。前哨戦のGⅡニエル賞を勝ち、凱旋門賞への期待が高まるも、本番は圧勝したトレヴや、2着オルフェーヴルに離された4着まで。道悪でタフな争いになったのが不運だった。佐々木晶三調教師にとってはタップダンスシチーに続く二度目の凱旋門賞挑戦だったが、かなわなかった。

　4歳春は大阪杯を豪快に差しきって天皇賞で断然人気になるも、後方から届かずフェノーメノの4着。その後は故障と闘いながら、翌5歳も春の天皇賞で1番人気になったが、ゴールドシップの7着。芝2000～2400向きで、ステイヤーではなかった。

POINT
- ダービー優勝のディープインパクト後継!
- 産駒も待望のGⅠ勝利と海外GⅡ奪取
- 芝もダートも雨の日はお得な血統

血統背景

父ディープインパクトは同馬の項を参照。

母キャットクイルは英国2戦0勝。半姉ファレノプシス（桜花賞、秋華賞、エリザベス女王杯）、半兄サンデーブレイク（ピーターパンS。米国と仏国で種牡馬供用され、フランスのGⅠ馬を出した）。

祖母パシフィックプリンセスの一族に、ビワハヤヒデ（菊花賞など）、ナリタブライアン（三冠、有馬記念）、ラストインパクト（京都大賞典）。

ディープ×ストームキャットの組み合わせは、ほかにアユサン（桜花賞）、ラキシス（エリザベス女王杯）、サトノアラジン（安田記念）など、ニックス。

ディープインパクト 鹿 2002	*サンデーサイレンス Sunday Silence	Halo	
		Wishing Well	
	*ウインドインハーヘア Wind in Her Hair	Alzao	
		Burghclere	(2-f)
*キャットクイル Catequil 鹿 1990	ストームキャット Storm Cat	Storm Bird	
		Terlingua	
	パシフィックプリンセス Pacific Princess	Damascus	
		Fiji	(13-a)

Northern Dancer 5×4

種付け年度	種付け頭数	血統登録頭数	種付け料
2022年	170頭	―	1200／受・FR
2021年	195頭	136頭	1000／受・FR
2020年	242頭	168頭	600／受・FR

代表産駒

アカイイト（21エリザベス女王杯）、ソングライン（22・23安田記念、23ヴィクトリアM）、マルターズディオサ（20チューリップ賞、20紫苑S）、ディープボンド（20京都新聞杯、21・22阪神大賞典）、ビアンフェ（21函館スプリントS）、クリスタルブラック（20京成杯）、ファインルージュ（21紫苑S）、バスラットレオン（22ゴドルフィンM）、アスクワイルドモア（22京都新聞杯）。

産駒解説

GⅠを制したアカイイトとソングラインは、どちらも母父シンボリクリスエス。重賞勝ち馬は母系にニジンスキーを持つ馬も多く、マルターズディオサはジェネラス、ディープボンドはマルゼンスキー、クリスタルブラックとアブレイズはタイキシャトルを通じてカーリアン。母系にゴーンウエストを持つ馬も、マルターズディオサやスマートリアンなど好成績。

関係者コメント

「今年の2歳はキズナの最強世代です。ディープインパクトが亡くなったこともあり、いい牝馬がキズナに集まりました。種付け料も250万から始まり、今は1200万円。繁殖牝馬の質がすごく上がりました。

ソングラインが安田記念を連覇、ディープボンドも元気。短い距離から長い距離まで多彩な活躍を見せ、牝馬がよく走ります。自身のエネルギッシュさや馬格

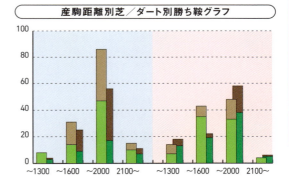

産駒距離別芝／ダート別勝ち鞍グラフ

は、母父のストームキャットから伝えられているのでしょうか。産駒には筋肉質の馬体と、皮膚の薄さ、運動神経の良さを伝えています。蹄もしっかりしているので、ダートの力のいる馬場でも地面をとらえる走りができています」（社台スタリオン、23年7月）

特注馬

グランベルナデット／ファインルージュに近い配合で能力高い。秋華賞は不明も中山牝馬Sでどうか。

ダディーズビビッド／叩き2戦目、芝1400、良馬場がプラス要素。芝1600も走れそうな気はするが……。

ホウオウルバン／冬と春の中山ダ1800でパフォーマンスが上がる。ブリンカー着用馬で、外枠がいい。

キズナ産駒完全データ

競馬場別成績

競馬場	勝率	複勝率
東京 芝	9.4%	31.5%
東京 ダ	7.6%	22.7%
中山 芝	7.6%	25.5%
中山 ダ	11.0%	24.2%
阪神 芝	10.3%	29.3%
阪神 ダ	11.9%	33.0%
京都 芝	14.4%	31.6%
京都 ダ	7.1%	29.2%
中京 芝	9.3%	27.2%
中京 ダ	10.4%	27.9%
新潟 芝	7.9%	25.7%
新潟 ダ	10.9%	24.0%
福島 芝	9.1%	26.5%
福島 ダ	6.0%	16.0%
小倉 芝	8.2%	23.5%
小倉 ダ	10.3%	24.1%
札幌 芝	14.8%	27.0%
札幌 ダ	14.3%	21.4%
函館 芝	12.9%	30.7%
函館 ダ	11.1%	24.4%

🏇 芝もダートも「阪神のキズナ」

勝利数上位コース

	コース	着度数	勝率	複勝率
1位	阪神ダ1800	29-37-24／242	12.0%	37.2%
2位	阪神ダ1400	20-7-8／122	16.4%	28.7%
3位	中京ダ1800	19-12-14／148	12.8%	30.4%
4位	中山ダ1800	17-6-9／126	13.5%	25.4%
5位	阪神芝2000	14-13-12／115	12.2%	33.9%

🏇 急坂ダートが上位を占める

距離別成績

	距離	着度数	勝率	複勝率
芝	～1200	31-32-40／448	6.9%	23.0%
芝	1400	28-22-36／293	9.6%	29.4%
芝	～1600	49-50-40／549	8.9%	25.3%
芝	～1800	63-55-46／516	12.2%	31.8%
芝	2000	72-56-57／634	11.4%	29.2%
芝	～2400	20-19-21／206	9.7%	29.1%
芝	2500～	6-12-6／84	7.1%	28.6%
ダ	～1300	13-15-13／273	4.8%	16.8%
ダ	～1600	44-29-23／392	11.2%	24.5%
ダ	～1900	110-94-85／962	11.4%	30.1%
ダ	2000～	13-11-19／127	10.2%	33.9%

🏇 牡馬は1800m～、牝馬は～2000m

コース特徴別勝ち鞍グラフ

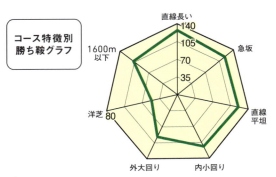

🏇 切れよりしぶとさが活きるコース向き

得意重賞／不得意重賞

得意重賞		不得意重賞	
京都新聞杯	2-0-1／4	ターコイズS	0-0-0／5
紫苑S	2-0-0／5	菊花賞	0-0-0／4
エリザベス女王杯	1-1-0／4	京成杯AH	0-0-0／3

🏇 芝2200重賞は【3-1-2／19】、勝率15.8%

馬場状態別成績

	馬場	着度数	勝率	複勝率
芝	良	198-181-185／1985	10.0%	28.4%
芝	稍重	44-50-39／501	8.8%	26.5%
芝	重	17-11-17／172	9.9%	26.2%
芝	不良	10-4-5／72	13.9%	26.4%
ダ	良	111-78-102／1068	10.4%	27.2%
ダ	稍重	27-37-25／331	8.2%	26.9%
ダ	重	22-27-12／212	10.4%	28.8%
ダ	不良	20-7-7／143	14.0%	23.8%

🏇 芝・ダートともに不良で勝率アップ

1番人気距離別成績

	距離	着度数	勝率	複勝率
芝	～1200	11-7-4／34	32.4%	64.7%
芝	1400	15-3-6／32	46.9%	75.0%
芝	～1600	13-7-3／37	35.1%	62.2%
芝	～1800	19-8-4／45	42.2%	68.9%
芝	2000	21-8-7／55	38.2%	65.5%
芝	～2400	4-2-2／12	33.3%	66.7%
芝	2500～	2-4-0／9	22.2%	66.7%
ダ	～1300	2-2-2／16	12.5%	37.5%
ダ	～1600	12-3-3／37	32.4%	48.6%
ダ	～1900	45-25-13／112	40.2%	74.1%
ダ	2000～	6-6-2／19	31.6%	73.7%

🏇 ダート1700、1800mの信頼度抜群

KIZUNA

騎手ベスト5（3番人気以内）

	騎手	着度数	勝率	複勝率
1位	C.ルメール	21-8-8／54	38.9%	68.5%
2位	鮫島克駿	18-12-8／56	32.1%	67.9%
3位	川田将雅	18-11-6／51	35.3%	68.6%
4位	武豊	16-14-7／70	22.9%	52.9%
5位	池添謙一	15-8-6／42	35.7%	69.0%

🐎 ルメール×関西馬は4頭に3頭が好走

騎手ベスト5（4番人気以下）

	騎手	着度数	勝率	複勝率
1位	和田竜二	10-5-9／87	11.5%	27.6%
2位	藤岡佑介	7-7-5／67	10.4%	28.4%
3位	田辺裕信	6-4-4／51	11.8%	27.5%
4位	鮫島克駿	6-3-10／100	6.0%	19.0%
5位	岩田望来	6-3-4／64	9.4%	20.3%

🐎 芝・ダートともに和田竜がトップ

クラス別成績

	芝 着度数	勝率	ダ 着度数	勝率
新馬	31-34-27／338	9.2%	10-6-4／63	15.9%
未勝利	92-63-62／906	10.2%	74-60-49／688	10.8%
1勝	68-69-75／676	10.1%	59-56-60／629	9.4%
2勝	35-26-24／245	14.3%	25-15-23／226	11.1%
3勝	11-20-24／188	5.9%	7-6-5／97	7.2%
OPEN	11-18-10／102	10.8%	5-2-1／30	16.7%
GⅢ	10-5-12／125	8.0%	0-3-3／19	0%
GⅡ	7-2-10／75	9.3%	0-1-0／1	0%
GⅠ	4-9-2／75	5.3%	0-0-1／1	0%

🐎 芝・ダートともに3勝Cの落ち込み急

条件別勝利割合

穴率	25.2%	平坦芝率	44.6%
芝道悪率	26.4%	晩成率	37.4%
ダ道悪率	38.3%	芝広いコース率	47.2%

🐎 古馬の好走馬も増え、晩成率が上昇

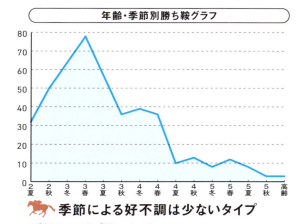

年齢・季節別勝ち鞍グラフ

🐎 季節による好不調は少ないタイプ

※「春」＝3、4、5月。「夏」＝6、7、8月。
「秋」＝9、10、11月。「冬」＝12、1、2月。高齢＝5歳12月以降。

勝利へのポイント

重賞21勝のうち、前走6着以下／8勝
阪神重賞、内回り／10連対、外回り／2連対

23年の2歳馬は「キズナ産駒の黄金世代」と評判だ。一流の繁殖牝馬に付けた馬が並んでいる。

▶前走大敗馬の巻き返し！

どのデータを拾っても、回収率が高い。馬券的にお得な種牡馬で、不当な人気になりやすい馬が多いのは、着順の揺れが大きいため。ソングラインでさえ、二桁着順の次走に馬券になったことが3回あるなど、前走大敗馬が得意条件に戻って穴をあける。

前走着順より、該当コースの過去成績を重視。

▶短い直線向きの馬を見極めよ

ディープインパクト産駒と比べると、一瞬の脚が速い分、急坂で直線の短い中山や阪神内回りを得意にする。その分、末脚を長く使う持続力は落ち、東京や阪神外回りの重賞は割引き……という傾向だったが、ソングラインが東京芝1600のGⅠを計3勝。配合によっては長い直線を伸びて勝ち切るから（GⅠ勝利はすべて母父シンボリクリスエス）、全体として短い直線向きの馬が多め、くらいの認識でいい。

新装京都は、春天2着のディープボンドと京都新聞杯3着のリビアングラスが馬券になり、合いそう。中京の芝重賞【1-0-5-38】も紹介しておこう。

▶ダート馬は「砂」のコメントに注意

牡馬はダ1800、芝2000、芝1800。牝馬は芝2000、芝1600、芝1800が勝利数の多い距離。男馬は中距離とダート、女馬はマイラーを基準に考えたい。

ディープ産駒よりダート得意な馬が多いのも特徴で、バスラットレオンはドバイのダート重賞を制した。3歳ハピのチャンピオンズC3着も価値が高い。

ダートは砂をかぶるのを嫌がる馬がよくいて、このタイプは外枠替わりがいいし、気にしない先行馬なら2枠と3枠がいい。ダ1800とダ1400が得意。

▶水分を含んだダ1800は特注！

ダート1800に限定して馬場状態別の成績を出してみたら、良→稍重→重と悪化するほど、連対率が10％ずつ上がっていく。これはすごい。狙い目だ。

キズナ KIZUNA

2022 RANK
6
キングカメハメハ
KING KAMEHAMEHA

種牡馬ランク　2022年度／第6位　2021年度／第6位　2020年度／第5位

変則二冠を連続レコードで制覇。現代競馬の申し子

2001年生　鹿毛　2019年死亡

現役時代

　中央8戦7勝。主な勝ち鞍、日本ダービー、NHKマイルC、神戸新聞杯、毎日杯。

　"マツクニ・ローテ"と呼ばれる変則ローテーションがある。NHKマイルCからダービーへ。「頂点に立つ馬は2400Mでも1600Mでも結果を残さなければならない」という信念のもと、01年にはクロフネが、02年にはタニノギムレットがこの難関に挑んだ。しかし、どちらも両GIをぶっこ抜くまではいかず、松田国英調教師の描いた理想の絵図は未完のままだった。

　ギムレットの2年後、キングカメハメハが現れる。新馬、エリカ賞を連勝するも、京成杯ではズブさを出して3着。この敗戦が松田国師に決断をさせる。「中山は合わない。皐月賞は回避する」。重馬場のすみれSと毎日杯を先行策で連勝。1戦ごとに反応速度が速くなり、馬が変わっていく。牙を研ぎ、時を待った。

　2004年NHKマイルC。強かった。強すぎた。小雨混じりのなか、安藤勝己が安全策で外を回ったにもかかわらず、1分32秒5の超絶レース・レコード。2歳王者コスモサンビームに5馬身差をつける圧勝だった。

　反動が心配された中2週のダービーも独壇場となる。地方競馬の期待を一身に背負うコスモバルクや、皐月賞馬ダイワメジャーがハイペースを掛かり気味に追いかけるなか、中団で待機し、4角で早くも前をつかまえに行く。最後方から強襲したハーツクライを封じて、2分23秒3のダービー・レコード。危なげなく変則二冠を達成し、松田国師の悲願成就。カメハメハ大王の玉座着任により、ついに理想の絵図は完成を見た。

　秋は天皇賞へ進む予定が発表されたが、神戸新聞杯を制した後に屈腱炎が判明。3歳秋の頓挫はクロフネやタニノギムレットと同じ道であり、革命に伴う代償までは克服できなかった。

POINT
操縦性の良さでGⅠ奪取！　叩き2戦目特注
内枠を利して上がり2ハロン勝負を制す！
ダート王や短距離王など母系の良さを引き出す

血統背景

父キングマンボは名牝ミエスクの仔で、仏2000ギニーなど英仏のマイルGⅠを3勝。代表産駒にエルコンドルパサー（ジャパンC、NHKマイルC）、アルカセット（ジャパンC）、キングズベスト（英2000ギニー。エイシンフラッシュとワークフォースの父）、スターキングマン（東京大賞典）、レモンドロップキッド（ベルモントS）など。

母マンファスは英国0勝。半兄ザデピュティ（サンタアニタ・ダービー）、半妹レースパイロット（フローラS2着）。5代母Aimeeはアグネスデジタルの4代母で、ブラッシンググルームの祖母。母系にはブレイクニーやミルリーフなど重厚なスタミナの血を持つ。

代表産駒

ドゥラメンテ（15ダービー）、レイデオロ（17ダービー）、ロードカナロア（13香港スプリント）、ローズキングダム（10ジャパンC）、ラブリーデイ（15天皇賞・秋）、アパパネ（10牝馬三冠）、レッツゴードンキ（桜花賞）、チュウワウィザード（20チャンピオンズC）、ホッコータルマエ（13・14東京大賞典）、リオンディーズ（15朝日杯FS）、スタニングローズ（22秋華賞）。

産駒解説

近年は母の父としてGⅠを制圧する。ワグネリアン、ブラストワンピース、インディチャンプ、そしてデアリングタクトにソダシ。父ディープインパクトや父エピファネイアと、キンカメ牝馬の相性が良い。

父としても、牝馬三冠のアパパネ、牡馬二冠のドゥラメンテのほか、各部門のチャンピオンを輩出。短距離王者のロードカナロア、中距離王者のラブリーデイ、ダート王者のホッコータルマエ、2歳王者のローズキングダムなど、母系の良さを引き出す名種牡馬だ。

関係者コメント

「現4歳世代がラストクロップになります。寂しい限りですが、孫の代も種牡馬入りするなど、確実に父系を伸ばしています。最近ではブルードメアサイアーでも首位の座を守り続け、23年はウシュバテソーロがド

	ミスタープロスペクター Mr. Prospector	Raise a Native
キングマンボ Kingmambo 鹿　1990		Gold Digger
	ミエスク Miesque	Nureyev
		Pasadoble　(20)
*マンファス Manfath 黒鹿　1991	*ラストタイクーン Last Tycoon	*トライマイベスト
		Mill Princess
	パイロットバード Pilot Bird	Blakeney
		The Dancer　(22-d)

Northern Dancer 4×4

種付け年度	種付け頭数	血統登録頭数	種付け料
2022年	—	—	—
2021年	—	—	—
2020年	—	—	—

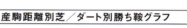
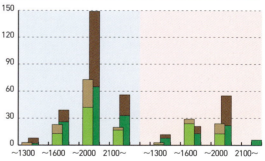

バイワールドCを制しました。繁殖牝馬によって長距離をこなしたり、短距離馬に出たり、ダート馬に出たり、万能性ではディープインパクトもかなわない。

ディープインパクトと同じように、場内にお墓を建立しました」（社台スタリオン、23年7月）

特注馬

ボッケリーニ／休み明けのGⅡかGⅢなら堅実。上がりの遅い競馬向きで、アル共和国杯は不向きかも。
ヒートオンビート／こちらは母父ディープで上がりの速い競馬に合う。チャレンジCで2着付けを狙う。
グロリアムンディ／22年チャンピオンズC敗因はスタートの失敗。中枠でスタートまともならGⅠでも。

キングカメハメハ産駒完全データ

競馬場別成績

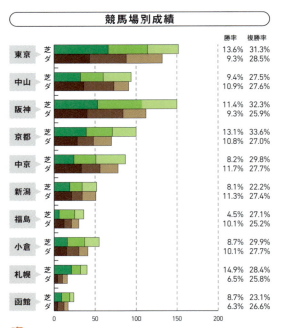

競馬場		勝率	複勝率
東京	芝	13.6%	31.3%
	ダ	9.3%	28.5%
中山	芝	9.4%	27.5%
	ダ	10.9%	27.6%
阪神	芝	11.4%	32.3%
	ダ	9.3%	25.9%
京都	芝	13.1%	33.6%
	ダ	10.8%	27.0%
中京	芝	8.2%	29.8%
	ダ	11.7%	27.7%
新潟	芝	8.1%	22.2%
	ダ	11.3%	27.4%
福島	芝	4.5%	27.1%
	ダ	10.1%	25.2%
小倉	芝	8.7%	29.9%
	ダ	10.1%	27.7%
札幌	芝	14.9%	28.4%
	ダ	6.5%	25.8%
函館	芝	8.7%	23.1%
	ダ	6.3%	26.6%

🐎 得意の京都再開で勝利数を伸ばす

勝利数上位コース

	コース	着度数	勝率	複勝率
1位	中山ダ1800	29-31-15／241	12.0%	31.1%
2位	阪神ダ1800	22-25-16／216	10.2%	29.2%
3位	阪神芝2000	19-15-8／113	16.8%	37.2%
4位	京都ダ1800	19-13-13／142	13.4%	31.7%
5位	東京ダ2100	19-11-15／149	12.8%	30.2%

🐎 ダートの中長距離が上位

距離別成績

		着度数	勝率	複勝率
芝	〜1200	11-22-9／201	5.5%	20.9%
	1400	14-11-16／164	8.5%	25.0%
	〜1600	62-55-47／523	11.9%	31.4%
	〜1800	56-54-57／542	10.3%	30.8%
	2000	86-77-73／723	11.9%	32.6%
	〜2400	42-28-24／342	12.3%	27.5%
	2500〜	14-18-14／184	7.6%	25.0%
ダ	〜1300	15-18-10／245	6.1%	17.6%
	〜1600	36-51-39／517	7.0%	24.4%
	〜1900	149-128-106／1299	11.5%	29.5%
	2000〜	36-23-27／284	12.7%	30.3%

🐎 牡芝1800〜2200m、牝芝1600〜1800m

コース特徴別勝ち鞍グラフ

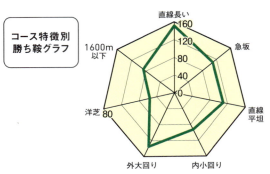

🐎 内小回りよりも外大回り

得意重賞

新潟記念	2-1-0／6
チャンピオンズC	2-1-0／8
チャレンジC	1-3-0／6

不得意重賞

札幌記念	0-0-0／9
中山牝馬S	0-0-0／6
クイーンS	0-0-0／5

🐎 牝馬限定重賞は近年やや低調

馬場状態別成績

		着度数	勝率	複勝率
芝	良	225-198-182／2049	11.0%	29.5%
	稍重	39-45-43／426	9.2%	29.8%
	重	13-16-13／157	8.3%	26.8%
	不良	8-6-2／47	17.0%	34.0%
ダ	良	130-135-112／1400	9.3%	26.9%
	稍重	56-56-40／532	10.5%	28.6%
	重	29-24-20／259	11.2%	28.2%
	不良	21-5-10／154	13.6%	23.4%

🐎 ダ馬場が悪化するごとに勝率上昇

1番人気距離別成績

		着度数	勝率	複勝率
芝	〜1200	4-3-2／19	21.1%	47.4%
	1400	7-4-3／22	31.8%	63.6%
	〜1600	34-13-9／88	38.6%	63.6%
	〜1800	23-15-10／73	31.5%	65.8%
	2000	34-19-18／103	33.0%	68.9%
	〜2400	17-6-3／42	40.5%	61.9%
	2500〜	3-3-1／14	21.4%	50.0%
ダ	〜1300	5-2-1／15	33.3%	53.3%
	〜1600	10-11-2／41	24.4%	56.1%
	〜1900	61-31-26／171	35.7%	69.0%
	2000〜	13-5-1／30	43.3%	63.3%

🐎 ダート2000m以上の勝ちきり方に注目

KING KAMEHAMEHA

騎手ベスト5（3番人気以内）

	騎手	着度数	勝率	複勝率
1位	C.ルメール	61-39-16／185	33.0%	62.7%
2位	川田将雅	38-26-17／126	30.2%	64.3%
3位	福永祐一	22-15-15／90	24.4%	57.8%
4位	M.デムーロ	20-13-16／84	23.8%	58.3%
5位	戸崎圭太	13-12-6／55	23.6%	56.4%

🐎 **ルメールが量・質ともに圧倒**

騎手ベスト5（4番人気以下）

	騎手	着度数	勝率	複勝率
1位	田辺裕信	7-2-6／66	10.6%	22.7%
2位	大野拓弥	6-8-7／74	8.1%	28.4%
3位	浜中俊	5-7-4／82	6.1%	19.5%
4位	藤岡佑介	5-6-7／74	6.8%	24.3%
5位	戸崎圭太	5-2-3／43	11.6%	23.3%

🐎 **川田の重賞5-3-1／11は圧巻**

クラス別成績

	芝 着度数	勝率	ダ 着度数	勝率
新馬	20-21-23／197	10.2%	7-3-5／55	12.7%
未勝利	73-36-49／573	12.7%	61-53-47／519	11.8%
1勝	69-78-58／593	11.6%	76-85-57／758	10.0%
2勝	47-45-37／403	11.7%	44-32-34／437	10.1%
3勝	30-32-30／315	9.5%	24-19-23／295	8.1%
OPEN	18-17-8／163	11.0%	16-20-11／202	7.9%
GⅢ	17-21-16／193	8.8%	6-5-4／54	11.1%
GⅡ	8-12-15／146	5.5%	0-1-0／10	0%
GⅠ	3-3-4／96	3.1%	2-2-1／15	13.3%

🐎 **ダート重賞ではまだ注意が必要**

条件別勝利割合

穴率	18.2%	平坦芝率	38.6%
芝道悪率	21.1%	晩成率	57.8%
ダ道悪率	44.9%	芝広いコース率	53.0%

🐎 **穴率低めも牡ダの2桁人気激走あり**

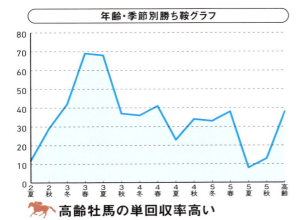

🐎 **高齢牡馬の単回収率高い**

※「春」=3、4、5月。「夏」=6、7、8月。
「秋」=9、10、11月。「冬」=12、1、2月。高齢=5歳12月以降。

勝利へのポイント

**20年以降の重賞21勝中、1800以上／19勝
古馬6番人気以下の3着内／東京ダート31回**

23年の4歳が最後の世代。それでも22年後半はスタニングローズの秋華賞、ジュンライトボルトのチャンピオンズCとGⅠを2勝。23年前半も平安S、目黒記念、鳴尾記念と、重賞勝ちを積み重ねる。以前より中長距離重賞に良績が集まっている。

▶**GⅡ戻りで実力発揮の古豪たち**

ボッケリーニやヒートオンビートのような、GⅠでは足りないけど、GⅡで相手が落ればきっちり馬券に絡むタイプを拾っていけば中穴は獲れる。ダートならグロリアムンディもこの仲間だ。

内枠からロスなく立ち回るレースができるため、重賞は1枠と2枠が好成績。ミッキーロケットの宝塚記念や、ハヤヤッコの函館記念も内枠だった。

▶**自在性があるから展開に恵まれる**

レイデオロのダービーに象徴される操縦性の良さ、自在性が武器。ラブリーデイやアパパネなど、派手な強さを感じさせないまま、連勝を続ける馬が多いのもこの能力ゆえ。「展開や相手に恵まれた勝利だろう」と甘く見ると、何度も同じことをやられる。展開に恵まれるのは、レースが上手だからだ。

▶**GⅠは休み明け2戦目勝負**

短距離王から中距離王、ダート王まで、各カテゴリーの王者を輩出。学習能力が高く、使われる条件に合った走りを身につけていく。2歳から完成度が高く、新馬→特別を連勝する馬が多数いた。

GⅠは通算25勝。このうち前走6着以下は0勝。トライアル惜敗→2戦目に上昇するパターンあり。

▶**大穴ならダート牡馬の距離変化**

4歳以上に限定してデータを取ると、穴が多いのは断然、牡馬のダートだ。後方一気の差し馬に展開が向いてズドンとか、距離変化で変わり身を見せた例も多い。絞るなら、東京ダ2100への距離延長と、東京ダ1600への距離短縮が大穴のツボ。これに限らず、近走着順が悪くてもコンスタントに末脚を使っている馬を、ノーマークにしないこと。

モーリス
MAURICE

種牡馬ランク　2022年度／第7位　2021年度／第12位　2020年度／第43位

1600〜2000Mで日本と香港を制圧したメジロ血統の遺宝

2011年生　鹿毛　2023年種付け料▷受胎確認後800万円（FR）

現役時代

　中央15戦8勝、香港3戦3勝。主な勝ち鞍、安田記念、マイルCS、天皇賞・秋、香港マイル（香GⅠ・芝1600）、チャンピオンズマイル（香GⅠ・芝1600）、香港C（香GⅠ・芝2000）、ダービー卿CT。

　1歳のサマーセールにて150万円で大作ステーブルに購入され、2歳のセールでは破格のタイムを出してノーザンファームに1000万円で転売された。

　2歳の新馬をレコード勝ち、3歳のスプリングSで4着など素質を見せるが、まだ開花の手前。栗東から美浦の堀宣行厩舎へ転厩すると馬が変わった。

　4歳からマイルを中心に使われ、3連勝でダービー卿CTを勝利。中山で上がり33秒0の後方一気という、めったにお目にかかれない勝ち方でドギモを抜く。続く安田記念は3番手から抜け出す横綱相撲、休養後のマイルCSもぶち抜いて、5連勝と古馬マイル二冠を達成。もはや国内に敵はいなかった。

　初の海外遠征となった12月の香港マイルは、地元スターのエイブルフレンドに次ぐ2番人気に甘んじたが、直線でライバルを競り落として優勝。ムーアとモレイラの叩き合いも見応えがあった。

　5歳の始動戦も香港のチャンピオンズマイル。コンテントメントを2馬身突き放して、これで7連勝、GⅠを4連勝。続く安田記念はロゴタイプの逃げ切りを許して2着に敗れるも、陣営は次なる照準を中距離の2000Mに合わせる。

　札幌記念2着を叩いて向かった16年の天皇賞・秋。先行策から難なく抜け出して1着。リアルスティールを寄せ付けなかった。引退レースは3度めの香港遠征となる芝2000の香港C。逃げ馬エイシンヒカリとの対決も注目されたが、スタートの出遅れから、直線は内の狭いところを抜けて3馬身突き放した。

POINT

- 緩急のある流れよりワンペース向き!
- 重賞は人気馬より伏兵が激走傾向
- レコード決着に強い持続スピード

血統背景

父スクリーンヒーローは08年のジャパンC、アルゼンチン共和国杯に勝ち、09年天皇賞・秋2着。

母メジロフランシスは0勝。全弟ルーカス（東スポ杯2歳S2着）。祖母メジロモントレーはアルゼンチン共和国杯、AJCC、中山金杯、クイーンSの勝ち馬。メジロボサツの牝系で、近親にメジロドーベル（オークス、秋華賞、エリザベス女王杯）。

母の父カーネギーは1994年の凱旋門賞を優勝。

スクリーンヒーロー 栗 2004	*グラスワンダー	Silver Hawk
		Ameriflora
	ランニングヒロイン	*サンデーサイレンス
		ダイナアクトレス（1-s）
メジロフランシス 鹿 2001	*カーネギー Carnegie	Sadler's Wells
		Detroit
	メジロモントレー	*モガミ
		メジロクインシー（10-d）

Northern Dancer 5・5×4・5、Hail to Reason 5・5（父方）

代表産駒

ピクシーナイト（21スプリンターズS）、ジェラルディーナ（22エリザベス女王杯）、ジャックドール（23大阪杯）、シゲルピンクルビー（21フィリーズレビュー）、カフジオクタゴン（22レパードS）、ルークスネスト（21ファルコンS）、ノースブリッジ（23AJCC）、ノッキングポイント（23新潟記念）、ルペルカーリア（21京都新聞杯2着）、インフィナイト（20サウジアラビアRC2着）、ストゥーティ（21チューリップ賞3着）。

種付け年度	種付け頭数	血統登録頭数	種付け料
2022年	133頭	—	700／受・FR
2021年	146頭	96頭	800／受・FR
2020年	165頭	105頭	400／受・FR

産駒距離別芝／ダート別勝ち鞍グラフ

産駒解説

同じロベルト系のエピファネイア産駒はサンデーサイレンスのクロスが成功しているのに対し、モーリス産駒はサンデーを持たない牝馬との配合に"大成功"が出ている。ピクシーナイト、ジャックドール、シゲルピンクルビーなどだ。これらの代表産駒は、いずれもサンデーなしの母から生まれている。

母系にサドラーズウェルズを持ち、サドラーのクロスのあるシゲルピンクルビー、ストゥーティ、ルペルカーリアが、マイラーに出ているのは面白い。

関係者コメント

「4年目にあたる今年の2歳世代が好調です。安定期に入ったと言えるんじゃないでしょうか。脚をためて切れるタイプでもないので、ジャックドールのように、ためずに行ったほうがいいこともわかってきました。

母系はメジロ血統ですが、8代母のデヴオーニアは先代の吉田善哉社長の父が100年近く前に輸入した在来母系という縁があります。長い年月を日本の環境に慣れ親しんできた適応力と生命力の強さを感じます。

今年もオーストラリアへシャトルに出ました。向こうでも、Hitotsu、Mazuと複数のGⅠホースを出して、種付け料800万円くらいの人気種牡馬です」（社台スタリオン、23年7月）

特注馬

ディヴィーナ／中京以外は不安定だった良血馬が、本格化の兆し。今なら東京や京都の重賞も走れる。

ノースブリッジ／良績は冬の中山と、道悪の東京に多い。秋の高速馬場で負けた後、冬重賞で狙う。

ハコダテブショウ／ダートでテン32秒2の超絶ラップはもっと話題になるべき。休み明け2戦目に走る。

モーリス産駒完全データ

競馬場別成績

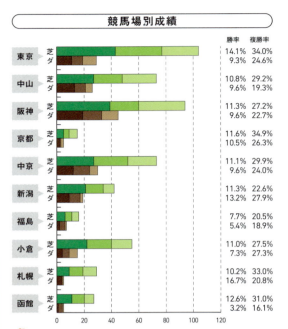

	勝率	複勝率
東京 芝	14.1%	34.0%
東京 ダ	9.3%	24.6%
中山 芝	10.8%	29.2%
中山 ダ	9.6%	19.3%
阪神 芝	11.3%	27.2%
阪神 ダ	9.6%	22.7%
京都 芝	11.6%	34.9%
京都 ダ	10.5%	26.3%
中京 芝	11.1%	29.9%
中京 ダ	9.6%	24.0%
新潟 芝	11.3%	22.6%
新潟 ダ	13.2%	27.9%
福島 芝	7.7%	20.5%
福島 ダ	5.4%	18.9%
小倉 芝	11.0%	27.5%
小倉 ダ	7.3%	27.3%
札幌 芝	10.2%	33.0%
札幌 ダ	16.7%	20.8%
函館 芝	12.6%	31.0%
函館 ダ	3.2%	16.1%

🐎 東京芝、新潟ダートの勝率良好

勝利数上位コース

	コース	着度数	勝率	複勝率
1位	東京芝1600	12-12-9／118	10.2%	28.0%
2位	東京芝2000	11-8-4／47	23.4%	48.9%
3位	東京芝1800	11-7-7／58	19.0%	43.1%
4位	阪神芝1600	10-8-13／113	8.8%	27.4%
5位	中山ダ1200	10-3-4／66	15.2%	25.8%

🐎 上位は東京芝。1800、2000は率も良し

距離別成績

		着度数	勝率	複勝率
芝	～1200	31-26-17／317	9.8%	23.3%
	1400	22-17-15／210	10.5%	25.7%
	～1600	47-42-46／503	9.3%	26.8%
	～1800	48-37-30／340	14.1%	33.8%
	2000	47-32-38／339	13.9%	34.5%
	～2400	14-6-9／103	13.6%	28.2%
	2500～	1-0-3／16	6.3%	25.0%
ダ	～1300	27-16-14／247	10.9%	23.1%
	～1600	26-12-13／225	11.6%	22.7%
	～1900	21-33-17／305	6.9%	23.3%
	2000～	3-2-2／33	9.1%	21.2%

🐎 芝1800～2200m高率も芝1200GIあり

コース特徴別勝ち鞍グラフ

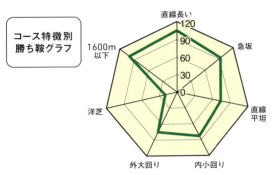

🐎 急坂コースで持続スピードを活かす

得意重賞

シンザン記念	1-2-0／5
フィリーズレビュー	1-1-0／4
エプソムC	1-0-1／2

不得意重賞

阪神JF	0-0-0／5
セントライト記念	0-0-0／5
スプリングS	0-0-0／4

🐎 距離別では芝2000重賞で5勝

馬場状態別成績

		着度数	勝率	複勝率
芝	良	171-116-116／1375	12.4%	29.3%
	稍重	28-29-29／311	9.0%	27.7%
	重	8-10-10／102	7.8%	27.5%
	不良	3-5-3／40	7.5%	27.5%
ダ	良	41-34-24／482	8.5%	20.5%
	稍重	17-17-14／157	10.8%	30.6%
	重	10-6-4／94	10.6%	21.3%
	不良	9-6-4／77	11.7%	24.7%

🐎 スピードが活きる馬場で勝率上昇

1番人気距離別成績

		着度数	勝率	複勝率
芝	～1200	11-5-5／33	33.3%	63.6%
	1400	7-1-5／23	30.4%	56.5%
	～1600	20-12-3／55	36.4%	63.6%
	～1800	17-7-3／40	42.5%	67.5%
	2000	19-9-11／56	33.9%	69.6%
	～2400	4-2-3／13	30.8%	69.2%
	2500～	1-0-0／1	100%	100%
ダ	～1300	7-2-3／23	30.4%	52.2%
	～1600	4-0-2／16	25.0%	37.5%
	～1900	6-8-1／26	23.1%	57.7%
	2000～	1-1-2／6	16.7%	66.7%

🐎 牝馬は芝1200から1800で安定

モーリス MAURICE

MAURICE

騎手ベスト5（3番人気以内）

	騎手	着度数	勝率	複勝率
1位	C.ルメール	16-10-9／64	25.0%	54.7%
2位	福永祐一	13-5-6／45	28.9%	53.3%
3位	横山武史	10-4-6／33	30.3%	60.6%
4位	戸崎圭太	10-4-2／30	33.3%	53.3%
5位	川田将雅	8-4-7／36	22.2%	52.8%

🐎 横山武・戸崎は単回収率100％超え

騎手ベスト5（4番人気以下）

	騎手	着度数	勝率	複勝率
1位	吉田隼人	5-2-2／42	11.9%	21.4%
2位	岩田康誠	5-1-2／41	12.2%	19.5%
3位	福永祐一	4-3-4／26	15.4%	42.3%
4位	坂井瑠星	4-3-0／30	13.3%	23.3%
5位	石橋脩	3-3-1／34	8.8%	20.6%

🐎 坂井が単複ともに回収率100％超え

クラス別成績

	芝 着度数	勝率	ダ 着度数	勝率
新馬	37-30-27／311	11.9%	0-4-1／45	0%
未勝利	71-65-56／740	9.6%	46-35-30／458	10.0%
1勝	47-33-38／371	12.7%	18-19-11／215	8.4%
2勝	27-10-13／131	20.6%	6-1-0／47	12.8%
3勝	11-5-11／92	12.0%	3-1-1／18	16.7%
OPEN	5-6-4／48	10.4%	3-3-3／19	15.8%
GⅢ	4-7-4／58	6.9%	1-0-0／8	12.5%
GⅡ	5-4-2／44	11.4%	0-0-0／0	—
GⅠ	3-0-3／33	9.1%	0-0-0／0	—

🐎 2勝C突破でさらなる活躍も

条件別勝利割合

穴率	20.6%	平坦芝率	35.2%
芝道悪率	18.6%	晩成率	31.4%
ダ道悪率	46.8%	芝広いコース率	50.0%

🐎 晩成率が着々上昇

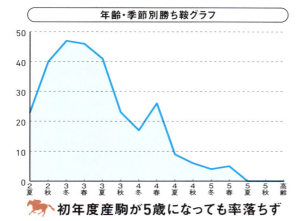

年齢・季節別勝ち鞍グラフ

🐎 初年度産駒が5歳になっても率落ちず

※「春」=3、4、5月。「夏」=6、7、8月。
「秋」=9、10、11月。「冬」=12、1、2月。高齢=5歳12月以降。

勝利へのポイント

3歳以下の重賞5勝中、1600以下／4勝
4歳以上の重賞8勝中、1600以下／0勝

23年前半は、ジャックドールが大阪杯優勝。ラーグルフの中山金杯、ノースブリッジのAJCCと、古馬の中距離重賞での活躍が目立った。ジャックドールに代表されるスピードの持続力を、どう活かすか、活かせるように気性が成長するか。

▶3歳重賞は1800以下、4歳重賞は1800以上

　重賞勝利の中身は年齢によって大きく違う。3歳までの芝重賞勝ちは全部1600以下。ダ1800がひとつあり、芝2000以上は【0-1-2-17】と不振だ。
　これが4歳以上になると重賞勝ちは全部1800以上。芝1600以下は【0-0-0-16】という大不振。さすがに両極端すぎて、今後は均衡していくだろうが（集計期間後の関屋記念で5歳馬が2着）、若馬は1800以下、古馬は1800以上の〝現象〟は知っておくべきだ。

▶緩みのないラップで激走！

　締まった流れに強い。スローや、緩急のある流れでは能力を出しきれないのが特徴。ピクシーナイトは激流のスプリンターズSを快勝し、シゲルピンクルビーは母系がスタミナ型なのに、距離短縮で流れが速くなると好走する。ジャックドールは緩みのないペースで逃げるとバカ強く、脚をためると良くない。締まった流れ→上がり35秒台がツボだ。
　スローでキレを活かす馬もいるが、それぞれ合うペースや得意なラップがあり、ハマると穴になる。

▶中京マイルのモーリス

　シンザン記念を2勝するなど中京コースが得意。芝の1番人気の複勝率が高いのも、中京、小倉、札幌だ。ダートの人気馬は、芝より全体的に低調。

▶芝の道悪割引、ダートは歓迎

　芝の良馬場勝率12.4％に対して、良以外は8.6％とダウン。道悪は割り引きの馬が多め。脚抜きの良いダートは歓迎材料で、稍重は特に良い。
　ダートは1400と1600の回収率が優秀。これも締まった流れになりやすい距離だからだろう。ダ1200からの延長や、ダ1800からの短縮も走る。

モーリス MAURICE

ルーラーシップ
RULERSHIP

種牡馬ランク　2022年度／第8位　2021年度／第7位　2020年度／第6位

ディープ牝馬と好相性。エアグルーヴ一族の兄貴分

2007年生　鹿毛　2023年種付け料▷受胎確認後350万円（FR）

現役時代

　中央18戦7勝、UAEと香港で2戦1勝。主な勝ち鞍、クイーンエリザベス2世C（香GⅠ・芝2000M）、日経新春杯、金鯱賞、AJCC、鳴尾記念。宝塚記念2着、天皇賞・秋3着、ジャパンC3着、有馬記念3着。

　サンデーレーシングでの募集価格は総額1億8000万円。生まれ落ちた時から注目された超良血馬は角居厩舎に入厩し、ヴィクトワールピサと同厩だった。

　しかし、若い時期はエアグルーヴの仔に共通の体質の弱さがあり、1番人気の毎日杯は出遅れて敗退。春はプリンシパルS1着、ダービーは四位の騎乗でエイシンフラッシュの5着にとどまる。楽な手応えで進みながら勝負どころの一瞬の反応が鈍く、進路を失って脚を余すような負け方が目立った。

　復帰戦の鳴尾記念で重賞勝ちを飾り、4歳で日経新春杯も勝利。ドバイのシーマクラシックはスミヨン騎手との折り合いを欠いて6着に敗れる。帰国初戦の金鯱賞は雨の不良馬場を最後方からひとまくりして、力の違いを見せつける。

　ハイライトは5歳。AJCCを3馬身差で楽勝すると、4月の香港へ向かい、リスポリ騎手を鞍上にクイーンエリザベス2世Cに出走。オブライエン厩舎のトレジャービーチらを相手に、これまでの出遅れ癖や、どん詰まりが嘘のようにスムーズな競馬で世界の強豪を一蹴。3馬身以上の差をつけてGⅠ馬に。

　その後は国内の王道路線を歩み、惜敗の繰り返し。出遅れ癖や反応の遅さは解消されず、宝塚記念2着の後は、秋の天皇賞もジャパンCも有馬記念も、レースが終わる頃にすっ飛んできて3着だった。ジャパンCは上がり32秒7の末脚を使っただけに、スタートがまともならジェンティルドンナとオルフェーヴルの激アツ勝負に割り込めたのでは、と惜しまれる。

POINT
- いい脚を長く使えるロングスパート型!
- 3歳夏秋に上昇する魅惑の成長力!
- 一瞬の切れ味弱点で惜敗大将の一面も

血統背景

父キングカメハメハは2004年の日本ダービー馬。

母エアグルーヴは1996年のオークスのほか、天皇賞・秋、札幌記念、チューリップ賞など重賞7勝。97年ジャパンCでピルサドスキーの2着もある。

半姉にアドマイヤグルーヴ（エリザベス女王杯）、半兄にフォゲッタブル（菊花賞2着）、サムライハート（種牡馬）。近親にドゥラメンテ（皐月賞、ダービー）、オレハマッテルゼ（高松宮記念）、アイムユアーズ（フィリーズレビュー）など。祖母ダイナカールは1983年のオークス優勝、桜花賞3着。

キンカメ×トニービンの配合の重賞勝ち馬は意外なことに本馬のみ。祖母の父トニービンがいい。

代表産駒

キセキ（17菊花賞）、メールドグラース（19コーフィールドC）、ドルチェモア（22朝日杯FS）、ダンビュライト（19京都記念）、ムイトオブリガード（19アルゼンチン共和国杯）、ワンダフルタウン（21青葉賞）、ソウルラッシュ（22マイラーズC）。

産駒解説

サンデーサイレンス牝馬に本馬を交配すると、ドゥラメンテに似た血統構成の馬ができあがる。

獲得賞金上位10頭中、母父サンデー系が8頭。21年以降に重賞を勝った産駒は、ワンダフルタウンやエヒトなど、母父ディープインパクトとの配合が目立つ。一方、ディアンドルやホウオウイクセルなど、母父スペシャルウィークとの配合は牝馬の活躍が多い。

関係者コメント

「ディープインパクト牝馬に何を付ければいいか論争で、ひとつ答えが出ました。ルーラーシップです。キセキのほか、22年2歳世代からドルチェモア、フリームファクシ、ドゥアイズなどが出ました。キングカメハメハ産駒のなかでは気性が穏やかで、ロングボディという特徴があります。馬体も大きく出るので、これがディープインパクトに合うのでしょう。

産駒は伸びやかな馬体で、跳びの大きな馬が多い。

キングカメハメハ 鹿 2001	キングマンボ Kingmambo	Mr. Prospector
		Miesque
	*マンファス Manfath	*ラストタイクーン
		Pilot Bird (22-d)
エアグルーヴ 鹿 1993	*トニービン Tony Bin	*カンパラ
		Severn Bridge
	ダイナカール	*ノーザンテースト
		シャダイフェザー (8-f)

Northern Dancer 5·5×4

種付け年度	種付け頭数	血統登録頭数	種付け料
2022年	97頭	—	300／受・FR
2021年	133頭	83頭	400／受・FR
2020年	134頭	88頭	600／受・FR

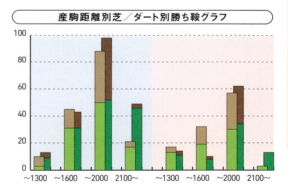

産駒距離別芝／ダート別勝ち鞍グラフ

中長距離だけでなく、前向きな性格が強く表れた馬は、マイル戦でも活躍しています。ロードカナロアの産駒はシャープな馬体でピッチ走法。ルーラーシップ産駒は肩の傾斜にトニービンが出て、ストライドは大きいという違いがあります」（社台スタリオン、23年7月）

特注馬

フリームファクシ／ディアドラの半弟で成長力ある牝系。京都の芝2200や芝2400に合いそうな予感。

ビッグリボン／秋は大きいところを狙うのか。GIはさておき、中京芝2000の重賞に出てきたら強そう。

サトノラムセス／毎年冬に走る。冬しか走らない。12月から3月の阪神か中京の頭数少なめのレースで。

ルーラーシップ RULERSHIP

ルーラーシップ産駒完全データ

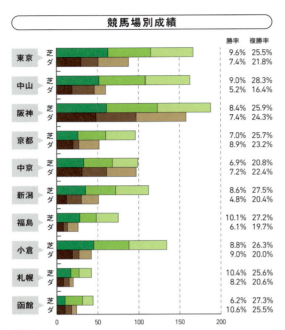

🐎 直線短い競馬場の好走率が高め

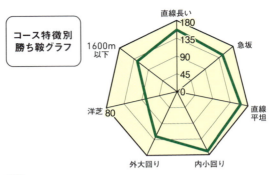

🐎 直線平坦の小回りで切れ不足をカバー

得意重賞 / 不得意重賞

得意重賞			不得意重賞	
福島牝馬S	2-1-0／8		目黒記念	0-0-0／7
青葉賞	2-0-1／6		阪神大賞典	0-0-0／6
中山牝馬S	1-1-1／5		ダイヤモンドS	1-0-0／7

🐎 芝2500以上の重賞は信頼できず

馬場状態別成績

		着度数	勝率	複勝率
芝	良	275-281-296／3294	8.3%	25.9%
	稍重	71-59-45／671	10.6%	26.1%
	重	20-23-32／276	7.2%	27.2%
	不良	4-7-7／82	4.9%	22.0%
ダ	良	129-101-132／1678	7.7%	21.6%
	稍重	33-44-55／635	5.2%	20.8%
	重	22-18-26／325	6.8%	20.3%
	不良	21-17-20／221	9.5%	26.2%

🐎 芝・ダートとも速い馬場は不向きな傾向

勝利数上位コース

	コース	着度数	勝率	複勝率
1位	阪神ダ1800	31-30-35／372	8.3%	25.8%
2位	東京芝1600	19-13-10／169	11.2%	24.9%
3位	小倉芝2000	18-16-11／168	10.7%	26.8%
4位	小倉ダ1700	18-8-14／188	9.6%	21.3%
5位	中山ダ1800	16-19-11／270	5.9%	17.0%

🐎 昨年版よりダートコース増える

距離別成績

		着度数	勝率	複勝率
芝	～1200	36-34-34／391	9.2%	26.6%
	1400	24-25-24／318	7.5%	23.0%
	～1600	65-62-49／758	8.6%	23.2%
	～1800	70-91-105／928	7.5%	28.7%
	2000	96-86-105／1143	8.4%	25.1%
	～2400	61-53-47／544	11.2%	29.6%
	2500～	18-19-16／241	7.5%	22.0%
ダ	～1300	18-19-23／281	6.4%	21.4%
	～1600	41-39-64／599	6.8%	24.0%
	～1900	129-111-125／1730	7.5%	21.1%
	2000～	17-11-21／249	6.8%	19.7%

🐎 芝2200～2400m、ダ2000mで良績

1番人気距離別成績

		着度数	勝率	複勝率
芝	～1200	14-9-4／42	33.3%	64.3%
	1400	9-4-2／29	31.0%	51.7%
	～1600	25-12-8／70	35.7%	64.3%
	～1800	31-18-20／92	33.7%	75.0%
	2000	37-21-16／117	31.6%	63.2%
	～2400	19-9-7／48	39.6%	72.9%
	2500～	6-2-2／17	35.3%	58.8%
ダ	～1300	5-6-2／21	23.8%	61.9%
	～1600	15-7-4／39	38.5%	66.7%
	～1900	44-19-19／140	31.4%	58.6%
	2000～	7-2-1／15	46.7%	66.7%

🐎 ダート2000mの勝率70%超え

RULERSHIP

騎手ベスト5（3番人気以内）			
	騎手	着度数	勝率	複勝率
1位	C.ルメール	34-20-15／114	29.8%	60.5%
2位	川田将雅	27-25-17／109	24.8%	63.3%
3位	武豊	20-10-8／62	32.3%	61.3%
4位	戸崎圭太	18-14-10／69	26.1%	60.9%
5位	岩田望来	15-7-8／51	29.4%	58.8%

🐎 武豊、戸崎、岩田望は単回収率100%超え

騎手ベスト5（4番人気以下）			
	騎手	着度数	勝率	複勝率
1位	丸山元気	8-5-6／93	8.6%	20.4%
2位	吉田隼人	6-8-7／94	6.4%	22.3%
3位	団野大成	5-8-8／85	5.9%	24.7%
4位	藤岡佑介	5-7-9／84	6.0%	25.0%
5位	田辺裕信	5-6-5／67	7.5%	23.9%

🐎 勝率10%超えの横山典にも注目

クラス別成績	芝		ダ	
	着度数	勝率	着度数	勝率
新馬	30-33-45／450	6.7%	6-11-9／126	4.8%
未勝利	115-118-101／1427	8.1%	99-84-110／1233	8.0%
1勝	104-108-126／1226	8.5%	69-58-88／1017	6.8%
2勝	59-47-50／471	12.5%	21-15-12／310	6.8%
3勝	23-29-22／299	7.7%	8-11-8／111	7.2%
OPEN	15-9-11／121	12.4%	2-1-5／46	4.3%
GⅢ	16-12-9／149	10.7%	0-0-1／15	0%
GⅡ	7-8-11／103	6.8%	0-0-0／1	0%
GⅠ	1-6-5／77	1.3%	0-0-0／0	―

🐎 ダートは低調。芝OP特別・GⅢは買い

条件別勝利割合			
穴率	24.0%	平坦芝率	43.5%
芝道悪率	25.7%	晩成率	43.8%
ダ道悪率	37.1%	芝広いコース率	42.7%

🐎 芝広いコース率はトップ10種牡馬で最低

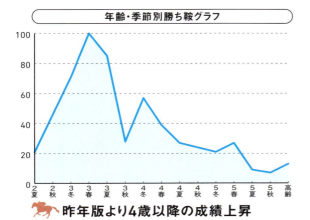

🐎 昨年版より4歳以降の成績上昇

※「春」＝3、4、5月。「夏」＝6、7、8月。
「秋」＝9、10、11月。「冬」＝12、1、2月。高齢＝5歳12月以降。

勝利へのポイント

重賞24勝のうち、前走1着馬／13勝
阪神ダ2000／10勝、1番人気【5-1-0-1】

22年から23年はルーラー×ディープの配合馬が大活躍。朝日杯FS優勝のドルチェモアを筆頭に、ドゥアイズ、キングズレイン、エヒト、ビッグリボン。22年は重賞の複勝率が50％を超えたほど。ディープが入ると、弱点の詰めの甘さが補われる。

▶得意な重賞の伏兵をマーク
青葉賞2勝、福島牝馬S2勝、紫苑S3連対など、得意重賞がハッキリしている。中山牝馬S、サウジアラビアRC、七夕賞、京都大賞典も、3着以内が3回ずつ。産駒実績のある重賞に網を張ろう。集計期間後にもエヒトが小倉記念を制覇。このレースは19年にメールドグラースが勝っている。

牡馬は芝2000から3400のスタミナ戦、牝馬は芝1600から2000の牝馬戦が得意。ただし近年はマイルで走る牡馬も増えつつあり、これはハーツクライ同様に配合が工夫された結果と思われる。

▶ロングスパートと剛腕騎手で買い！
豊富なスタミナと、いい脚を長く使えるのが長所。緩みないラップやロングスパート戦に強い反面、一瞬の脚の勝負は苦手。「相手が強くても弱くても3着」のジリ脚ホース大将はどのクラスにも見かける。上がり勝負で不発の差し馬は、展開が向けば巻き返す。和田や川田など、剛腕型の騎手に向く。

▶2勝クラスや重賞での「連勝」多数
芝の2勝クラス59勝のうち、半数近い26勝が前走からの連勝。出世の遅れていた馬が1勝クラスから連勝するパターンは狙いやすい。普通このクラスの連勝は3歳馬に多いが、ルーラー産駒の場合は4歳馬も多いのが特徴。身が入り、一気に軌道に乗る。

▶ダートの特注コースは阪神
ダートのJRA重賞は【0-0-1-15】も、オープン勝ちは2つある。阪神ダ2000は勝率や回収率が抜けて高いから、特注コースにしよう。ダ1800から200M延びるだけで大きくプラスだ。芝の道悪はキセキの菊花賞があるが、得意とは言えない。

2022 RANK
9
エピファネイア
EPIPHANEIA

種牡馬ランク　2022年度／第9位　2021年度／第5位　2020年度／第9位

菊花賞、ジャパンCを圧勝！ 名牝シーザリオから生まれた最初のGI馬

2010年生　鹿毛　2023年種付け料▷受胎確認後1800万円（FR）

現役時代

　中央12戦6勝、香港とドバイ2戦0勝。主な勝ち鞍、菊花賞、ジャパンC、神戸新聞杯、ラジオNIKKEI杯2歳S。皐月賞2着、ダービー2着。

　新馬、京都2歳S、ラジオNIKKEI杯と、好位抜け出しの3連勝。行きたがる気性を見せつつも、一戦ごとにダービー候補の声が高まっていく。主戦は福永祐一。ラジオNIKKEI杯ではキズナも負かした。

　3歳初戦の弥生賞はビュイックの手綱に折り合いを欠き、ゴール手前で失速して4着。続く皐月賞は4角先頭から抜け出すも、直線でロゴタイプに競り負けて2着惜敗。今度こそのダービーも、3角でつまずいてバランスを崩し、直線で猛然と追い込むも、外から強襲したキズナに屈して2着どまり。福永は「エピファネイアのありあまる闘志をコントロールできなかった」と悔しさを吐露した。

　神戸新聞杯を楽勝して、次走は菊花賞。キズナもロゴタイプもいない中、もう負けるわけにはいかない。単勝1.6倍の断然人気に応え、2着サトノノブレスをノーステッキで5馬身突き放す独り舞台。この夏に結婚したばかりの鞍上は「初めてうまく乗れた」と、満面の笑みで正直すぎる言葉を発した。

　しかし古馬になってからも、道中に力んでしまい、鞍上が制御できない走りは続く。4歳4月に遠征した香港のクイーンエリザベス2世Cは4着。秋の天皇賞は6着。手応えは抜群なのに、直線で弾けない。

　たまったストレスを晴らすかのような快走を見せたのは、4歳秋のジャパンC。乗り替わったスミヨンは速めのペースに抑えることなく3番手を追走。直線は気持ち良さそうに独走して、ジャスタウェイに4馬身差。本気の能力を解放したのは、菊花賞と、このジャパンCの2戦だけだったように思う。

POINT

- 3世代連続でGIホースが誕生！
- 2歳戦に強く、菊花賞にも強い
- 根幹距離の芝1600と2000で勝利量産！

血統背景

父シンボリクリスエスは同馬の項を参照。

母シーザリオは6戦5勝。フラワーC1着、桜花賞2着、オークス1着、アメリカンオークス1着（米GⅠ・芝10F）。半弟リオンディーズ（朝日杯FS）、半弟サートゥルナーリア（皐月賞、ホープフルS）。祖母キロフプリミエールは米GⅢラトガーズH勝ち。

シーザリオが制した05年アメリカンオークスは、3角から持ったままで先頭に立ち、4馬身差の楽勝。イスラボニータの母イスラコジーンが逃げ、シンハライトの母シンハリーズ（3着）も出走していた。

代表産駒

デアリングタクト（20牝馬三冠）、エフフォーリア（21皐月賞、21天皇賞・秋、21有馬記念）、サークルオブライフ（21阪神JF）、アリストテレス（21アメリカJCC、20菊花賞2着）、イズジョーノキセキ（22府中牝馬S）、モリアーナ（23紫苑S）、セルバーグ（23中京記念）、ジャスティンカフェ（23エプソムC）、オーソクレース（21菊花賞2着）、ムジカ（20ローズS2着）。

牝馬三冠を制したデアリングタクトは小さな牧場の生まれ、1200万円の価格も話題になった。

産駒解説

デアリングタクトは母父キングカメハメハ。この組み合わせは相性抜群で、スカイグルーヴ、イズジョーノキセキ、クラヴェルと、牝馬に活躍が多い。

母父ディープインパクトとも相性が良く、アリストテレス、オーソクレース、ムジカなど。サンデーサイレンスの4×3が成功し、エフフォーリアもこれ。

関係者コメント

「産駒の早熟説を唱えた人たちは、何を見ているのでしょうか。三冠牝馬やGⅠの3勝馬があれだけ高いレベルで何戦も激走した後に、勝てなくなったことを"早熟"って。エフフォーリアはうちに入りましたが、上がってきたときは背腰のダメージがかなりありました。古馬の成績が落ちる傾向があるとしたら、馬体が立派になりすぎてしまうせいかも知れません。

	クリスエス Kris S.	Roberto
*シンボリクリスエス Symboli Kris S 黒鹿　1999		Sharp Queen
	ティーケイ Tee Kay	Gold Meridian
		Tri Argo　(8-h)
シーザリオ 青　2002	スペシャルウィーク	*サンデーサイレンス
		キャンペンガール
	*キロフプリミエール Kirov Premiere	Sadler's Wells
		Querida　(16-a)

Hail to Reason 4×5

種付け年度	種付け頭数	血統登録頭数	種付け料
2022年	163頭	—	1800／受・FR
2021年	218頭	150頭	1000／受・FR
2020年	240頭	160頭	500／受・FR

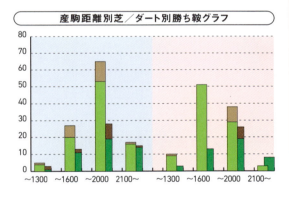
産駒距離別芝／ダート別勝ち鞍グラフ

父シンボリクリスエスと母父スペシャルウィークは、首が太くて伸びのある馬体という共通点があり、それが産駒にも遺伝しています。普段のエピファネイアは扱いやすい馬ですが、スイッチが入ると激しさを出すことがあります」（社台スタリオン、23年7月）

特注馬

ジャスティンカフェ／毎日王冠は好勝負だろう。その後は芝1600より芝2000へ行ってほしい。来年も。

ブローザホーン／稍重の札幌芝2600を圧勝したステイヤー。ステイヤーズSに合うはず。道悪は鬼。

ルージュエクレール／戦歴や配合がイズジョーノキセキを思わせる。東京芝1800ベスト。軽ハンデで注目。

エピファネイア産駒完全データ

競馬場別成績

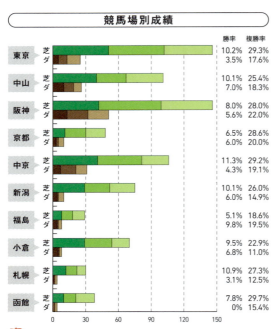

競馬場		勝率	複勝率
東京	芝	10.2%	29.3%
	ダ	3.5%	17.6%
中山	芝	10.1%	25.4%
	ダ	7.0%	18.3%
阪神	芝	8.0%	28.0%
	ダ	5.6%	22.0%
京都	芝	6.5%	28.6%
	ダ	6.0%	20.0%
中京	芝	11.3%	29.2%
	ダ	4.3%	19.1%
新潟	芝	10.1%	26.0%
	ダ	6.0%	14.9%
福島	芝	5.1%	18.6%
	ダ	9.8%	19.5%
小倉	芝	9.5%	22.9%
	ダ	6.8%	11.0%
札幌	芝	10.9%	27.3%
	ダ	3.1%	12.5%
函館	芝	7.8%	29.7%
	ダ	0%	15.4%

🐎 中京芝がベストコース

勝利数上位コース

	コース	着度数	勝率	複勝率
1位	阪神芝1600	17-14-15／159	10.7%	28.9%
2位	中京芝1600	16-14-8／116	13.8%	32.8%
3位	東京芝1600	16-11-11／141	11.3%	27.0%
4位	中京芝2000	13-15-11／128	10.2%	30.5%
5位	東京芝1800	13-11-9／124	10.5%	26.6%

🐎 トップ3は直線の長いマイル

距離別成績

		着度数	勝率	複勝率
芝	〜1200	17-21-13／332	5.1%	16.9%
	1400	20-33-19／290	6.9%	24.8%
	〜1600	75-62-57／693	10.8%	28.0%
	〜1800	54-58-60／640	8.4%	26.9%
	2000	66-69-62／670	9.9%	29.4%
	〜2400	28-23-24／238	11.8%	31.5%
	2500〜	13-7-3／73	17.8%	31.5%
ダ	〜1300	4-5-7／161	2.5%	9.9%
	〜1600	9-14-16／224	4.0%	17.4%
	〜1900	35-31-37／521	6.7%	19.8%
	2000〜	4-8-7／61	6.6%	31.1%

🐎 芝2200m以上で成績伸びる

コース特徴別勝ち鞍グラフ

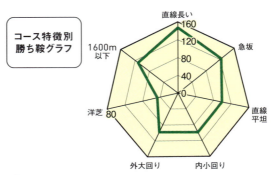

🐎 内小回り、外大回り5分の成績

得意重賞		不得意重賞	
アルテミスS	1-0-2／7	神戸新聞杯	0-0-0／5
菊花賞	0-2-1／5	青葉賞	0-0-0／4
金鯱賞	0-1-0／1	フェアリーS	0-0-1／8

🐎 牡馬の芝マイル重賞は未勝利

馬場状態別成績

		着度数	勝率	複勝率
芝	良	212-209-175／2189	9.7%	27.2%
	稍重	46-42-49／479	9.6%	28.6%
	重	10-17-14／203	4.9%	20.2%
	不良	5-5-5／65	7.7%	23.1%
ダ	良	31-36-36／590	5.3%	17.5%
	稍重	6-12-12／185	3.2%	16.2%
	重	9-5-13／110	8.2%	24.5%
	不良	6-5-6／82	7.3%	20.7%

🐎 基本ダートは不向き、軽い芝でこそ

1番人気距離別成績

		着度数	勝率	複勝率
芝	〜1200	3-3-2／23	13.0%	34.8%
	1400	9-5-2／24	37.5%	66.7%
	〜1600	30-9-4／62	48.4%	69.4%
	〜1800	26-9-6／64	40.6%	64.1%
	2000	22-13-7／63	34.9%	66.7%
	〜2400	11-4-2／27	40.7%	63.0%
	2500〜	9-3-1／16	56.3%	81.3%
ダ	〜1300	0-1-1／2	0%	100%
	〜1600	2-3-2／14	14.3%	50.0%
	〜1900	8-7-3／27	29.6%	66.7%
	2000〜	3-2-2／12	25.0%	58.3%

🐎 勝率はやや低め。あえて2、3着狙いの手

エピファネイア EPIPHANEIA

EPIPHANEIA

騎手ベスト5（3番人気以内）

	騎手	着度数	勝率	複勝率
1位	C.ルメール	26-18-10／90	28.9%	60.0%
2位	福永祐一	20-7-13／56	35.7%	71.4%
3位	戸崎圭太	15-3-6／47	31.9%	51.1%
4位	川田将雅	12-10-4／38	31.6%	68.4%
5位	横山武史	12-3-1／42	28.6%	38.1%

🐎 **福永元騎手の腕に改めて感心**

騎手ベスト5（4番人気以下）

	騎手	着度数	勝率	複勝率
1位	鮫島克駿	6-3-5／63	9.5%	22.2%
2位	幸英明	5-9-8／75	6.7%	29.3%
3位	和田竜二	5-4-9／80	6.3%	22.5%
4位	M.デムーロ	4-0-5／30	13.3%	30.0%
5位	松若風馬	3-8-3／69	4.3%	20.3%

🐎 **穴狙いの勝負はデムーロから**

クラス別成績

	芝 着度数	勝率	ダ 着度数	勝率
新馬	55-43-48／412	13.3%	0-1-2／46	0%
未勝利	110-101-93／1174	9.4%	32-33-48／577	5.5%
1勝	58-66-47／727	8.0%	16-21-13／245	6.5%
2勝	24-19-17／210	11.4%	4-1-1／56	7.1%
3勝	9-14-5／105	8.6%	0-1-3／39	0%
OPEN	5-11-12／83	6.0%	0-0-0／3	0%
GⅢ	3-7-11／91	3.3%	0-1-0／1	0%
GⅡ	2-8-6／78	2.6%	0-0-0／0	—
GⅠ	7-4-4／56	12.5%	0-0-0／0	—

🐎 **GⅡやGⅢより、GⅠで強いタイプ**

条件別勝利割合

穴率	21.2%	平坦芝率	36.3%
芝道悪率	22.3%	晩成率	23.1%
ダ道悪率	40.4%	芝広いコース率	53.8%

🐎 **ダートの道悪率が上昇**

年齢・季節別勝ち鞍グラフ

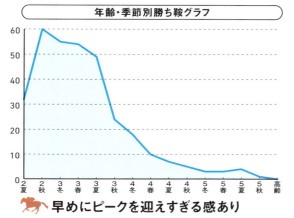

🐎 **早めにピークを迎えすぎる感あり**

※「春」=3、4、5月。「夏」=6、7、8月。
「秋」=9、10、11月。「冬」=12、1、2月。高齢=5歳12月以降。

勝利へのポイント

GⅠ・7勝の内訳、3歳／6勝、2歳／1勝
芝2200から2600／41勝、単勝回収率108%

デアリングタクトとエフフォーリアの衝撃が大きすぎて、しばらくGⅠ馬が出ないと不振に見えてしまう。が、5歳で重賞初制覇したイズジョーノキセキやジャスティンカフェなど晩成型の古馬や、不振だったダートでもサンライズジークが出た。

▶**早熟説は本当なのか**
古馬になって成績の落ちた馬がいたため「早熟説」が流れた。年齢データを検証すると、
2歳/勝率11.9%、3歳/7.9%、
4歳/6.5%、5歳/3.5%、6歳/0.0%。
これが23年6月までの年齢別の勝率だ。早熟とは思わないが傾向は知っておこう。2歳戦に強い。

▶**素速い反応で大舞台に強い**
重賞12勝のうち、GⅠが7勝。キレキレの瞬発力と、馬群を苦にしない反応の速さで大舞台の主役になる。三冠牝馬、皐月賞＆有馬記念馬、2歳女王のほか、菊花賞は2年連続で2着馬を出した。
重賞3着以内の53回中、前走3着以内の馬が41頭。前走着順のいい馬を狙うべき"順張り血統"だ。

▶**中京芝1600から芝2200を狙え**
中京の芝1600、芝2000、芝2200は、どれも抜群の適性を示し、ローズSや京都新聞杯（中京開催）で穴をあけた。もともとロベルト系に向くコースで、母父シンボリクリスエスも強いから一緒に注目。

▶**男馬も女馬もステイヤーが出る**
2歳から走るマイラーも多いが、菊花賞【0-2-1-2】が示すように、牡馬も牝馬も（ここ大事）、芝2200以上の勝率が高い。長距離戦にうまみあり。
近走不振の馬の変わり身を狙うなら、距離変化や、叩き良化、ハンデ戦の斤量減がいい。

▶**道悪いまいち、稍重なら走る**
ダートは不振。ユニコーンSの2着馬は出たが、勝ち鞍は2勝クラスまで。ダ1800の勝ち鞍が中心。ダ1400以下の忙しい距離は、2、3着が多い。
芝の重・不良も得意と言えず、良と稍重が良い。

69

2022 RANK
10
オルフェーヴル
ORFEVRE

種牡馬ランク　2022年度／第10位　2021年度／第8位　2020年度／第4位

凱旋門賞制覇にあと一歩と迫ったステイ×マックイーンの三冠馬

2008年生　栗毛　2023年種付け料▷受胎確認後350万円（FR）

現役時代

国内17戦10勝、フランスで4戦2勝。主な勝ち鞍、皐月賞、ダービー、菊花賞、有馬記念（2回）、宝塚記念、スプリングS、神戸新聞杯、大阪杯、フォワ賞（2回）。凱旋門賞2着（2回）、ジャパンC2着。

新馬勝ちの後、池添謙一を振り落とす気の悪さを見せ、京王杯2歳Sも鞍上とケンカして大敗。しばらく折り合い優先の時期が続き、スプリングSで2勝目をあげる。2011年3月の東日本大震災の影響で、皐月賞は東京開催。後方一気の型を磨いてきたオルフェーヴルにとって、長い直線は追い風となる。狭い隙間を突き抜けて1着。馬体を沈み込ませながら加速する迫力は、名馬誕生を予感させた。

ダービーは不良馬場のなか、他馬と接触する場面もあったが、ウインバリアシオンを突き放して優勝。夏を越えると操縦性が高まり、菊花賞を圧勝して三冠達成。有馬記念でも古馬を一蹴して6連勝。

ところが、4歳の阪神大賞典でやらかす。逸走して一旦止まりかけ、再びレースに復帰するも2着。天皇賞・春もリズムに乗れないまま11着に惨敗。

フォワ賞1着をステップに向かった12年凱旋門賞。直線、またたく間に外から先頭に立つ。ほぼ優勝を手にしたかと思われたが、内へ斜行し、スミヨン騎手が追いづらくなったところへ地元の牝馬ソレミアが強襲。栄冠寸前でクビ差の負けをくらう。

翌年もフォワ賞1着から同じローテを組んだが、重い馬場に伸びが見られず、トレヴに離された2着。池江師は「去年は凱旋門賞の扉を寸前で閉められたが、今年は扉に手をかけることもできなかった」と完敗を認めた。引退戦の5歳有馬記念は、2着に8馬身差の独走劇場。大震災の年の三冠馬は、波乱万丈の競走生活を、盤石の安心感で締めくくった。

POINT
- 長距離ベストも1400以下の活躍見逃せず
- 繊細なメンタル。若駒の1番人気は不安定
- 気性成長の古馬はためて差して大仕事!

血統背景

父ステイゴールドは同馬の項を参照。

母オリエンタルアートは中央3勝。全兄ドリームジャーニー（宝塚記念、有馬記念、朝日杯FS）、全弟リヤンドファミユ（若駒S）。ノーザンテースト4×3のクロスを持つ。

母父メジロマックイーンは91年、92年の天皇賞・春連覇、90年菊花賞優勝の名ステイヤー。

本馬の誕生にあたっては、当初は母にディープインパクトが交配されるも不受胎が続き、ステイゴールドに変更されたというエピソードがある。

代表産駒

エポカドーロ（18皐月賞）、ラッキーライラック（20大阪杯、19・20エリザベス女王杯）、マルシュロレーヌ（21BCディスタフ）、ウシュバテソーロ（22東京大賞典、23ドバイWC）、オーソリティ（20・21AR共和国杯）、オセアグレイト（20ステイヤーズS）、シルヴァーソニック（22ステイヤーズS）、ショウナンナデシコ（22かしわ記念）。

産駒解説

エポカドーロ、ラッキーライラック、バイオスパークと、母父フォーティナイナー系が共通。エポカドーロとサラスは、母系にシアトルスルーを持つのが共通。ウシュバテソーロも祖母シアトルスルー系だ。

母父シンボリクリスエスとの配合では、オーソリティやエスポワールら持久力のあるタイプが出る。

関係者コメント

「ブリーダーズCディスタフの優勝も大偉業でしたが、今度はウシュバテソーロがドバイワールドCを勝ってしまった。計り知れない不思議な力がありますよね。

海外に強いのは精神面と、"初めての競馬"に強いという長所があるようです。経験したことのない環境で周りを観察して集中し、その興奮状態をいい方向へ出す。逆に2回目や3回目はなめてかかったり、一度苦しい思いをすると、ここはもう早く終わりたいってやる気を出さなかったりもする。

種付け料は350万円のままです。上げると良血馬し

		サンデーサイレンス Sunday Silence	Halo
ステイゴールド 黒鹿　1994			Wishing Well
	ゴールデンサッシュ	ディクタス
		ダイナサッシュ　（1-t）
オリエンタルアート 栗　1997	メジロマックイーン	メジロティターン
		メジロオーロラ
	エレクトロアート	*ノーザンテースト
		*グランマスティーヴンス（8-c）

ノーザンテースト 4×3

種付け年度	種付け頭数	血統登録頭数	種付け料
2022年	129頭	—	350／受・FR
2021年	157頭	92頭	350／受・FR
2020年	165頭	107頭	300／受・FR

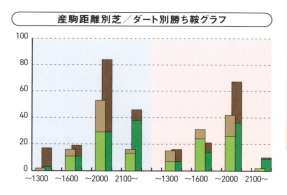

産駒距離別芝／ダート別勝ち鞍グラフ

か来なくなり、また元に戻ってしまうかも知れない。骨格がほしいので、大型馬に出るような配合がいいと思います。ストームキャットやフレンチデピュティとのニックスもわかってきて、父の良さがより反映されるようになりました」（社台スタリオン、23年7月）

特注馬

ソーヴァリアント／4歳までの大物感は薄れたかに見えるが、乗り替わりの刺激あれば宝塚記念で狙う。
ライラック／ツボが狭く、たまにしかハマらないが、秋冬の持久戦は得意。エリザベス女王杯でヒモ注意。
イクスプロージョン／左回り得意、道悪得意。新潟大賞典の大穴はこれが出た。次は中京の重賞で。

オルフェーヴル産駒完全データ

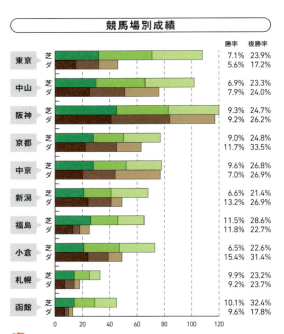

競馬場別成績

競馬場	勝率(芝)	複勝率(芝)	勝率(ダ)	複勝率(ダ)
東京	7.1%	23.9%	5.6%	17.2%
中山	6.9%	23.3%	7.9%	24.0%
阪神	9.3%	24.7%	9.2%	26.2%
京都	9.0%	24.8%	11.7%	33.5%
中京	9.6%	26.8%	7.0%	26.9%
新潟	6.6%	21.4%	13.2%	26.9%
福島	11.5%	28.6%	11.8%	22.7%
小倉	6.5%	22.6%	15.4%	31.4%
札幌	9.9%	23.2%	9.2%	23.7%
函館	10.1%	32.4%	9.6%	17.8%

🐎 ベスト勝率は小倉ダート

勝利数上位コース

順位	コース	着度数	勝率	複勝率
1位	阪神ダ1800	25-32-14／227	11.0%	31.3%
2位	新潟ダ1800	18-14-7／131	13.7%	29.8%
3位	小倉ダ1700	17-11-8／117	14.5%	30.8%
4位	中山ダ1800	15-17-20／207	7.2%	25.1%
5位	阪神芝2000	11-8-11／116	9.5%	25.9%

🐎 ランク外も中京芝1400mの勝率25%

距離別成績

	距離	着度数	勝率	複勝率
芝	～1200	17-20-25／339	5.0%	18.3%
	1400	24-19-14／238	10.1%	23.9%
	～1600	36-39-42／550	6.5%	21.3%
	～1800	54-54-45／630	8.6%	24.4%
	2000	66-75-77／838	7.9%	26.0%
	～2400	35-27-29／313	11.2%	29.1%
	2500～	27-17-25／216	12.5%	32.4%
ダ	～1300	33-24-23／362	9.1%	23.5%
	～1600	27-23-21／388	7.0%	18.3%
	～1900	120-116-93／1174	10.2%	28.0%
	2000～	18-17-13／178	10.1%	27.0%

🐎 芝2600mの勝率14.4%、単回収率125%

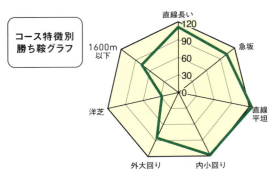

コース特徴別勝ち鞍グラフ

🐎 条件よりも各馬の適性を見極める

得意重賞		不得意重賞	
ステイヤーズS	2-2-1／9	京都大賞典	0-0-0／7
ダイヤモンドS	1-2-1／7	秋華賞	0-0-0／6
ターコイズS	0-3-1／7	天皇賞(春)	0-0-1／12

🐎 長距離砲多数も天皇賞(春)は不振

馬場状態別成績

		着度数	勝率	複勝率
芝	良	194-171-197／2354	8.2%	23.9%
	稍重	38-45-41／496	7.7%	25.0%
	重	19-28-15／202	9.4%	30.7%
	不良	8-7-6／72	11.1%	29.2%
ダ	良	109-117-86／1229	8.9%	25.4%
	稍重	55-38-32／458	12.0%	27.3%
	重	19-11-21／255	7.5%	20.0%
	不良	15-14-16／160	9.4%	28.1%

🐎 芝は重と不良で勝率・複勝率アップ

1番人気距離別成績

	距離	着度数	勝率	複勝率
芝	～1200	3-2-2／14	21.4%	50.0%
	1400	8-1-3／21	38.1%	57.1%
	～1600	15-8-8／52	28.8%	59.6%
	～1800	25-13-5／60	41.7%	71.7%
	2000	25-16-12／74	33.8%	71.6%
	～2400	17-8-3／37	45.9%	75.7%
	2500～	10-3-3／23	43.5%	69.6%
ダ	～1300	7-3-4／24	29.2%	58.3%
	～1600	10-9-0／33	30.3%	57.6%
	～1900	43-29-16／141	30.5%	62.4%
	2000～	6-3-3／19	31.6%	63.2%

🐎 芝2200m以上は単回収率100％オーバー

ORFEVRE

騎手ベスト5（3番人気以内）			
	騎手	着度数	勝率	複勝率
1位	C.ルメール	22-18-8／85	25.9%	56.5%
2位	川田将雅	21-13-13／77	27.3%	61.0%
3位	福永祐一	14-9-7／49	28.6%	61.2%
4位	M.デムーロ	14-8-8／49	28.6%	61.2%
5位	横山武史	14-4-3／39	35.9%	53.8%

🐎 **横山武は札幌・函館で7勝、勝率46.7%**

騎手ベスト5（4番人気以下）			
	騎手	着度数	勝率	複勝率
1位	岩田望来	7-6-5／60	11.7%	30.0%
2位	鮫島克駿	5-5-8／71	7.0%	25.4%
3位	斎藤新	5-3-5／68	7.4%	19.1%
4位	丸田恭介	5-2-1／50	10.0%	16.0%
5位	国分恭介	5-1-4／38	13.2%	26.3%

🐎 **丸田、国分は単回収率200%超え**

クラス別成績

	芝 着度数	勝率	ダ 着度数	勝率
新馬	23-21-35／356	6.5%	3-4-6／71	4.2%
未勝利	81-92-94／1224	6.6%	80-76-59／802	10.0%
1勝	68-61-54／679	10.0%	62-46-47／697	8.9%
2勝	40-34-39／360	11.1%	27-33-26／309	8.7%
3勝	17-7-15／131	13.0%	11-13-9／128	8.6%
OPEN	9-6-4／86	10.5%	13-6-6／71	18.3%
GⅢ	10-15-10／126	7.9%	2-2-2／20	10.0%
GⅡ	7-11-5／97	7.2%	0-0-0／1	0%
GⅠ	4-4-3／65	6.2%	0-0-0／3	0%

🐎 **ダートのOP特別が非常に高率**

条件別勝利割合

穴率	25.2%	平坦芝率	47.9%
芝道悪率	25.1%	晩成率	48.1%
ダ道悪率	44.9%	芝広いコース率	42.9%

🐎 **晩成率が上昇**

🐎 **3歳夏に急成長、成長力豊富**

※「春」＝3、4、5月。「夏」＝6、7、8月。
「秋」＝9、10、11月。「冬」＝12、1、2月。高齢＝5歳12月以降。

勝利へのポイント

重賞23勝中、前走と同距離／4勝
6番人気以下の高回収率／ダ1700、芝2600

ウシュバテソーロがドバイワールドCを制覇。マルシュロレーヌのブリーダーズCに続き、世界のダート頂点のGⅠを制した。海外遠征に強いステイゴールドの血の威力と、オルフェーヴルの振り幅の大きさ。19年に52頭まで減った種付け数も、23年は172頭に増加。予測不能なびっくり箱種牡馬だ。

▶**乗り替わりと距離変化で激走！**
　国内の重賞ではダイヤモンドSのワンツーや、ステイヤーズSの勝利を追加。アル共和国杯や阪神大賞典を含めて、長距離重賞に無類の強さを発揮するのがA面。ダートの武蔵野SやカペラSなど、砂のスピードレースでも走るのがB面。折り合いに課題がなければ抜群のスタミナを誇る一方、制御が難しく、短距離を突っ走って能力を活かす馬もいる。
　重賞の好走は、距離延長・距離短縮、騎手の乗り替わり……など、前走から変化があったほうが走る。飽きっぽい性格なのか、同じ距離や同じ騎手が続くと芳しくない。馬の気持ちになって考えよう。重賞23勝中、前走6着以下からの巻き返しが8勝ある。

▶**人気馬を買うなら小回りの芝**
　芝で1番人気の複勝率が高いのは、函館、福島、中山。小回りコースの共通点がある。ダートは阪神、中京が高い。ダートは1番人気の勝利割合が低いので、人気薄の狙いがおすすめ。1700に穴が多い。
　揉まれると走る気をなくす馬は外枠に向き、馬群を壁にしたほうが折り合う馬は内枠に向く。外しか回せない差し馬は少頭数に向く。
　芝の重不良は得意な部類。馬券率が上がる。

▶**成長すると適性が広がる！**
　繊細な気性ゆえ、新馬の1番人気があっけなく沈む例も多く、評判馬に2歳から飛びつくのは危険だが、気分を損ねず走れるなら潜在能力は高い。ラッキーライラックが古馬になって適性距離を拡げたように、気性の成長した馬は安定感が上がり、人気に応える。苦手だったコースや距離や枠をこなす。

2022 RANK
11
ダイワメジャー
DAIWA MAJOR

種牡馬ランク　2022年度／第11位　2021年度／第10位　2020年度／第7位

SS系の短・マイル部門を牽引するスカーレット一族の真打ち

2001年生　栗毛　2023年種付け料▷PRIVATE

現役時代

　中央27戦9勝、UAE1戦0勝。主な勝ち鞍、皐月賞、天皇賞・秋、マイルチャンピオンシップ（2回）、安田記念、毎日王冠、読売マイラーズC、ダービー卿CT。ドバイデューティフリー3着、有馬記念3着。

　新馬戦の馬体重は546キロ。お腹が痛くなったらしく、パドックで座りこんでしまうアクシデントもあったが、筋肉質の逞しい馬体が目を引いた。2戦目のダート1800をぶっちぎり、スプリングSで3着すると、皐月賞の手綱はミルコ・デムーロに委ねられた。芝0勝の戦績から10番人気の低評価も、2番手につけるとコスモバルクの追撃を封じて1分58秒6で優勝。単勝3220円の波乱のクラシック・ホースが誕生した。

　ダービーはハイペースを追いかけて失速。その後、ノド鳴りで不振に陥る。手術を経て復帰した中山のダービー卿CTは完勝するが、マイルCSはハットトリックにハナ差の惜敗。5歳になってもマイラーズC1着、安田記念4着と、じれったい結果が続いた。

　スピードの持続勝負には強いが、切れ味の勝負では足りない——そんな評価を覆したのが新コンビの安藤勝己だった。老練な名手は前をつつく巧みな競馬でペースをコントロールし、上がりだけの勝負に持ち込ませない。毎日王冠、天皇賞・秋、マイルCSと怒涛の3連勝。GIタイトルを2つ追加し、有馬記念も3着に善戦した。この5歳秋の強さは圧巻だった。

　6歳初戦は海外遠征のドバイデューティフリー。ここはアドマイヤムーンの差し脚に屈して3着どまりも、帰国後、安田記念を快勝して4つ目のGI制覇。秋の天皇賞は道悪もあって敗れたが、マイルCSはスーパーホーネットを抑えて連覇達成。ラストの有馬記念は安藤勝が妹ダイワスカーレットに騎乗したため、デムーロに乗り替わって3着。妹に一歩及ばなかった。

POINT

- 2歳から3歳前半のマイル路線おまかせ！
- 隙間オープンのリステッド競走で存在感！
- 芝の道悪の逃げ馬、ダート道悪の牝馬特注

血統背景

父サンデーサイレンス。母父ノーザンテーストとの配合馬はマイラーが多い。

母スカーレットブーケは京都牝馬S、中山牝馬Sなど重賞4勝。1991年の桜花賞4着、オークス5着。

半妹ダイワスカーレット（桜花賞、秋華賞、エリザベス女王杯、有馬記念）、全姉ダイワルージュ（新潟3歳S）、全兄スリリングサンデー（種牡馬）。近親にヴァーミリアン（ジャパンCダート）、キングスエンブレム（シリウスS）、サカラート（東海S）、ダイワファルコン（福島記念）など。

祖母はドミノ系×テディ系という異系の血統。

代表産駒

レーヌミノル（17桜花賞）、コパノリチャード（14高松宮記念）、カレンブラックヒル（12NHKマイルC）、メジャーエンブレム（16NHKマイルC）、アドマイヤマーズ（19NHKマイルC、19香港マイル）、レシステンシア（19阪神JF）、セリフォス（22マイルCS）、ブルドッグボス（19JBCスプリント）、ノーヴァレンダ（18全日本2歳優駿）、モントライゼ（20京王杯2歳S）。

産駒解説

サドラーズウェルズを持つ牝馬と抜群の相性で知られる。メジャーエンブレムは母父オペラハウス。アドマイヤマーズは母母父シングスピール。アマルフィコーストとシゲルピンクダイヤは母父ハイシャパラル。デュープロセスは母父ニューアプローチ。レシステンシアも母母父はサドラー系のポリグロートだ。

セリフォスやマテンロウオリオンは母系の奥にレッドゴッドやブラッシンググルームを持ち、これはメジャーエンブレム、コパノリチャードと共通。

関係者コメント

「さすがに受胎率は落ちてきて、後継のアドマイヤマーズが入ってきたので、これという馬以外には付けていません。たまに出勤する重役のような、悠々自適の生活です。母父のノーザンテーストの遺伝もあるのでしょう。充分な筋肉量を有した背腰は強靱で、それが

	ヘイロー Halo	Hail to Reason
*サンデーサイレンス Sunday Silence 青鹿　1986		Cosmah
	ウィッシングウェル Wishing Well	Understanding
		Mountain Flower (3-e)
スカーレットブーケ 栗　1988	*ノーザンテースト Northern Taste	Northern Dancer
		Lady Victoria
	*スカーレットインク Scarlet Ink	Crimson Satan
		Consentida　(4-d)

Almahmoud 4×5, Lady Angela 5・4(母方)、Royal Charger 5×5

種付け年度	種付け頭数	血統登録頭数	種付け料
2022年	34頭	—	Private
2021年	51頭	35頭	Private
2020年	112頭	69頭	600／受・FR

産駒距離別芝／ダート別勝ち鞍グラフ

息の長い種牡馬生活につながっています。

ダイワメジャーの凄さは2歳デビューする数の多さに表れています。トレセンに入厩さえすれば順調に時計を出し、最速でデビューできる。性格も従順です」（社台スタリオン、23年7月）

特注馬

ドンフランキー／久々に登場したダートの重賞ウイナー。根岸Sで買い、フェブラリーSは軽視か。

レシプロケイト／良馬場のダートは0勝。湿ったダートで全5勝。ハイペースになる中山ダ1200合う。

アスクコンナモンダ／時計の速い芝は危なっかしさがあり、時計かかる芝向き。オープン特別向き。

ダイワメジャー　DAIWA MAJOR

ダイワメジャー産駒完全データ

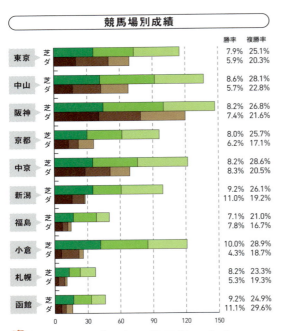

競馬場別成績

	勝率	複勝率
東京 芝	7.9%	25.1%
東京 ダ	5.9%	20.3%
中山 芝	8.6%	28.1%
中山 ダ	5.7%	22.8%
阪神 芝	8.2%	26.8%
阪神 ダ	7.4%	21.6%
京都 芝	8.0%	25.7%
京都 ダ	6.2%	17.1%
中京 芝	8.2%	28.6%
中京 ダ	8.3%	20.5%
新潟 芝	9.2%	26.1%
新潟 ダ	11.0%	19.2%
福島 芝	7.1%	21.0%
福島 ダ	7.8%	16.7%
小倉 芝	10.0%	28.9%
小倉 ダ	4.3%	18.7%
札幌 芝	8.2%	23.3%
札幌 ダ	5.3%	19.3%
函館 芝	9.2%	24.9%
函館 ダ	11.1%	29.6%

🐎 **前傾ラップが多い競馬場が高率**

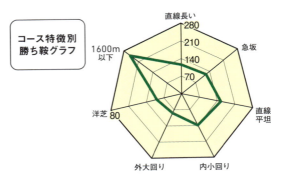

コース特徴別勝ち鞍グラフ

🐎 **内小回りのマイル以下**

得意重賞		不得意重賞	
デイリー杯2歳S	2-1-1／4	京阪杯	0-0-0／8
NHKマイルC	1-2-0／6	北九州記念	0-0-0／6
阪神牝馬S	1-1-0／5	シルクロードS	0-0-0／6

🐎 **牡馬の芝1200重賞は【0-1-1／43】と大不振**

勝利数上位コース

	コース	着度数	勝率	複勝率
1位	小倉芝1200	35-29-28／286	12.2%	32.2%
2位	中山芝1600	18-18-23／215	8.4%	27.4%
3位	阪神ダ1400	15-17-14／199	7.5%	23.1%
4位	東京芝1600	15-8-11／149	10.1%	22.8%
5位	東京芝1400	14-17-21／194	7.2%	26.8%

🐎 **1位は小回り・平坦・前傾ラップ**

馬場状態別成績

		着度数	勝率	複勝率
芝	良	238-251-246／2804	8.5%	26.2%
	稍重	48-56-55／577	8.3%	27.6%
	重	23-22-21／226	10.2%	29.2%
	不良	3-2-5／68	4.4%	14.7%
ダ	良	95-107-78／1335	7.1%	21.0%
	稍重	37-36-39／491	7.5%	22.8%
	重	16-17-9／250	6.4%	16.8%
	不良	9-8-7／150	6.0%	16.0%

🐎 **芝不良、ダート重・不良で落ち込む**

距離別成績

		着度数	勝率	複勝率
芝	～1200	113-118-105／1222	9.2%	27.5%
	1400	58-68-65／696	8.3%	27.6%
	～1600	79-70-83／875	9.0%	27.1%
	～1800	31-50-34／480	6.5%	24.0%
	2000	25-20-23／288	8.7%	23.6%
	～2400	6-4-9／74	8.1%	25.7%
	2500～	0-1-2／40	0%	7.5%
ダ	～1300	48-48-39／700	6.9%	19.3%
	～1600	46-46-33／653	7.0%	19.9%
	～1900	58-70-51／801	7.2%	22.3%
	2000～	5-4-5／72	6.9%	19.4%

🐎 **新潟芝1000mは牝馬7勝、牡馬2勝**

1番人気距離別成績

		着度数	勝率	複勝率
芝	～1200	38-29-20／135	28.1%	64.4%
	1400	21-12-12／81	25.9%	55.6%
	～1600	28-20-13／81	34.6%	75.3%
	～1800	11-7-3／34	32.4%	61.8%
	2000	6-2-1／18	33.3%	50.0%
	～2400	2-1-1／6	33.3%	66.7%
	2500～	0-0-0／1	0%	0%
ダ	～1300	13-8-9／56	23.2%	53.6%
	～1600	15-4-6／44	34.1%	56.8%
	～1900	24-20-8／80	30.0%	65.0%
	2000～	2-2-1／9	22.2%	55.6%

🐎 **中距離も人気ならある程度信用できる**

DAIWA MAJOR

騎手ベスト5（3番人気以内）

	騎手	着度数	勝率	複勝率
1位	C.ルメール	21-15-13／93	22.6%	52.7%
2位	川田将雅	17-20-11／74	23.0%	64.9%
3位	池添謙一	17-13-5／56	30.4%	62.5%
4位	福永祐一	14-12-12／54	25.9%	70.4%
5位	M.デムーロ	14-10-4／63	22.2%	44.4%

🐎 **池添の連対率54.7%**

騎手ベスト5（4番人気以下）

	騎手	着度数	勝率	複勝率
1位	松山弘平	12-6-5／93	12.9%	24.7%
2位	北村友一	7-3-3／55	12.7%	23.6%
3位	和田竜二	6-10-12／117	5.1%	23.9%
4位	津村明秀	6-4-8／60	10.0%	30.0%
5位	横山典弘	6-4-5／59	10.2%	25.4%

🐎 **松山の単回収率270%オーバー**

クラス別成績

	芝 着度数	勝率	ダ 着度数	勝率
新馬	34-31-40／315	10.8%	4-5-5／70	5.7%
未勝利	84-74-70／817	10.3%	62-62-42／808	7.7%
1勝	89-83-89／964	9.2%	60-58-47／728	8.2%
2勝	42-73-45／662	6.3%	21-27-27／384	5.5%
3勝	25-25-31／326	7.7%	5-10-5／134	3.7%
OPEN	21-22-25／261	8.0%	5-5-6／81	6.2%
GⅢ	7-9-14／184	3.8%	0-1-1／18	0%
GⅡ	6-6-9／83	7.2%	0-0-0／0	—
GⅠ	4-8-4／63	6.3%	0-0-0／3	0%

🐎 **ダートは全体的に低調**

条件別勝利割合

穴率	24.3%	平坦芝率	49.4%
芝道悪率	23.7%	晩成率	50.1%
ダ道悪率	39.5%	芝広いコース率	40.1%

🐎 **平坦芝で安定感**

年齢・季節別勝ち鞍グラフ

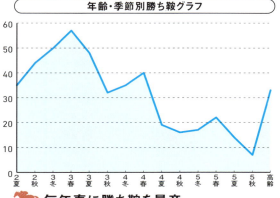

🐎 **毎年春に勝ち鞍を量産**

※「春」＝3、4、5月。「夏」＝6、7、8月。
「秋」＝9、10、11月。「冬」＝12、1、2月。高齢＝5歳12月以降。

勝利へのポイント

重賞17勝のうち、6番人気以下／2勝
牡馬の芝1600の1番人気／複勝率80.4%

セリフォスが22年のマイルCSを制してGⅠ勝利を追加。まだまだ芝1600の重賞では、人気馬が堅実に上位に入って能力を示す。牝馬はレシステンシアのように最初はマイル路線を歩んだ馬が、3歳夏以降に短距離路線へ転じて成功する例も目につく。

▶**万馬券狙いは3着付けで！**
　穴を狙うより、人気馬を連軸にする買い方が合う血統。18年以降の重賞勝ちも、ほとんど5番人気以内の馬によるものだ。ただし、人気薄が走らないという意味ではなく、重賞の穴は断然3着に多い。「重賞のダイワメジャー産駒、軸にするなら上位人気を、穴を狙うなら3着のヒモに」が基本だ。

▶**マイル以下の2歳、3歳重賞得意**
　集計期間前も含めると、5回以上3着以内に入った重賞は、NHKマイルC、新潟2歳S、阪急杯、デイリー杯、ダービー卿CT、京王杯2歳S、小倉2歳S。
　好位につけてインで折り合う競馬ができるため、内枠を活かせる。条件級の先行馬は枠順に注目。

▶**芝1600の人気馬を連軸に**
　マイルの1番人気は堅実で、阪神芝1600、京都芝1600、中京芝1600、どこも連軸向き。スピードを持続する能力が高く、急坂や短い直線をグイっと出る「阪神・中山型」と、長い直線を伸びる「京都・東京型」を見分けたい。前者は芝1200のGⅠでも穴をあけるが、直線が長いと2着や3着が増える。

▶**小回りと道悪の逃げ馬は特注**
　力感のある馬体で2歳から速さを見せ、牡馬は芝1400から2000、牝馬は芝1200から1800を中心に活躍。トップスピードに乗るまでが速く、小回りの先行押し切りや、内差しが得意。道悪の逃げ馬も良い。

▶**牡馬のダートのオープンも**
　ダートのオープン級で走れるのは、牡馬のダ1200からダ1600。重賞より、オープン向きの馬が多い。
　牝馬は稍重や重の湿ったダートで浮上する馬や、ローカルの滞在競馬で持ち味を出す夏馬に注目。

2022 RANK

12

ヘニーヒューズ
HENNY HUGHES

種牡馬ランク 2022年度／第12位 2021年度／第9位 2020年度／第10位

世界でブレイクするヘネシー系。日本の競馬も席巻中！

2003年生 栗毛 アメリカ産 2023年種付け料▷受胎確認後500万円（FR）

現役時代

北米で通算10戦6勝。主な勝ち鞍、キングズビショップS（GⅠ・7F）、ヴォスバーグS（GⅠ・6F）、サラトガスペシャルS（GⅡ・6F）、ジャージーショアBCS（GⅢ・6F）。BCジュヴェナイル（GⅠ・8.5F）2着、シャンペンS（GⅠ・8F）2着。

2歳6月にデビュー。ここを6馬身差で制し、続くステークスを15馬身差で圧勝。サラトガスペシャルSは逃げきってここまで3連勝。しかし、夏の2歳王者決定戦ホープフルS、東海岸代表決定戦シャンペンSの2戦とも先に抜け出したファーストサムライを捉えられずの2着。2歳王者決定戦BCジュヴェナイルは早めに先頭に立ち、ファーストサムライに先着するもののスティーヴィーワンダーボーイの強襲に屈し、GⅠ3連戦はすべて2着に敗れた。

3歳になって春は調整不足で全休を余儀なくされ、初夏の短距離路線から始動。手始めのジャージーショアBCSは早めに先手を奪うと他馬を離す一方。最後は10馬身の差をつけていた。トラヴァーズSの短距離版キングズビショップSも早めに抜け出しての5馬身1/4差勝ち。古馬相手のヴォスバーグSでも定石通りの戦法を用い、2着ウォーフロントに2馬身3/4差をつけ、そのまま押しきった。

最大目標のBCスプリントは単勝2.6倍の圧倒的人気もスタートで後手を踏む予想外の展開。先手を取れずに後方のまま最下位14着に敗れ、生涯で唯一の連対を外した。ベルモント競馬場、サラトガ競馬場、モンマス競馬場と東海岸での経験しかなく、BCスプリントの行われたチャーチルダウンズ競馬場の砂が合わなかったのか、あるいは遠征疲れか。10戦6勝、2着3回。最長勝ち距離は7F。2着につけた着差の合計は42馬身3/4。先行力に秀でたスプリンターだった。

POINT

 筋肉質な馬体でダートを押し切るスピード
 2歳から全開。芝ダート両重賞制覇も
内枠成績ダウンの気性と一本調子が弱点

血統背景

父ヘネシー。産駒のヨハネスブルグを経たスキャットダディが後継種牡馬ノーネイネヴァーや米三冠馬ジャスティファイを輩出。ハーランズホリデー系、ジャイアンツコーズウェイ系と共にストームキャット系の主流を担う。

母系は、祖母ショートレイは米GⅢ勝ち馬。母の父メドウレイクはリアルインパクトの母の父。

*ヘネシー Hennessy 栗 1993	ストームキャット Storm Cat	Storm Bird
		Terlingua
	アイランドキティ Island Kitty	Hawaii
		T.C.Kitten (8-c)
メドウフライヤー Meadow Flyer 鹿 1989	メドウレイク Meadowlake	Hold Your Peace
		Suspicious Native
	ショートレイ Shortley	Hagley
		Short Winded (25)

代表産駒

モーニン（16フェブラリーS）、アジアエクスプレス（13朝日杯FS）、ワイドファラオ（20かしわ記念）、アランバローズ（20全日本2歳優駿）、ウェルドーン（21関東オークス）、ペリエール（23ユニコーンS）、ゼルトザーム（23函館2歳S）、セキフウ（23エルムS）。

種付け年度	種付け頭数	血統登録頭数	種付け料
2022年	98頭	—	500／受・FR
2021年	117頭	73頭	500／受・FR
2020年	132頭	83頭	400／受・FR

産駒解説

芝の勝ち鞍は5％に過ぎないのだが、そのなかから4頭の重賞勝ち馬を輩出。輸入前の産駒も含めて23年8月末現在の重賞通算は芝【4-1-0／38、勝率／10.5％、連率／13.2％】、ダート【9-3-8／83、勝率／10.8％、連率／14.5％】。勝率、連率においてダートと遜色はない。4勝の年齢別内訳は2歳2勝、3歳春2勝。距離は1200と1600で各2勝。ダートは9勝のすべてが3歳春以降。勝ち距離は1400／1勝、1600／3勝、1700〜／5勝。以上のことから重賞における産駒の傾向がみえ、3歳春までなら隠れ芝短マイル血統として扱えそうだ。

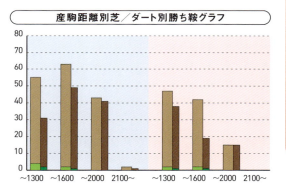

産駒距離別芝／ダート別勝ち鞍グラフ

関係者コメント

「3年連続で中央のダート・リーディングになり、今年もトップを走っています。芝でも函館2歳Sの勝ち馬が出ました。"ダートと言えばヘニーヒューズ"が定着したと思います。産駒は馬格があって、みんな筋肉質ですね。まだ気が早いですが白毛で話題のアマンテビアンコも活躍を広げ、種牡馬になったら盛り上がると思います。

ダート路線の充実は楽しみですけど20歳になりましたので、もう少し早ければと惜しく思います。

後継のモーニンとアジアエクスプレスもうちにいて、人気を集めています。モーニンは初年度産駒がたくさん勝ち上がってますし、馬体的にヘニーヒューズにより似ているのはモーニンのほうでしょうか。アジアエクスプレスも安定的に成績を出して、ダート中距離で走る産駒が多いのも特徴です」（優駿スタリオン、23年7月）

特注馬

ペリエール／セリ価格1100万円なのにGⅠ級。ただしダ1800は距離長いかも。スキーパラダイスの牝系。
サンライズウルス／貴重な母父チチカステナンゴ。上がりのかかる良馬場向き。冬のダ1800がベスト。
タガノビューティー／東京ダ1400得意も、芝スタートの中京ダ1400や東京ダ1600はテンに置かれて割引き。

ヘニーヒューズ産駒完全データ

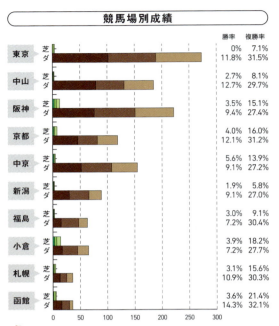

競馬場別成績

		勝率	複勝率
東京	芝	0%	7.1%
	ダ	11.8%	31.5%
中山	芝	2.7%	8.1%
	ダ	12.7%	29.7%
阪神	芝	3.5%	15.1%
	ダ	9.4%	27.4%
京都	芝	4.0%	16.0%
	ダ	12.1%	31.2%
中京	芝	5.6%	13.9%
	ダ	9.1%	27.2%
新潟	芝	1.9%	5.8%
	ダ	9.1%	27.0%
福島	芝	3.0%	9.1%
	ダ	7.2%	30.4%
小倉	芝	3.9%	18.2%
	ダ	7.2%	27.7%
札幌	芝	3.1%	15.6%
	ダ	10.9%	30.3%
函館	芝	3.6%	21.4%
	ダ	14.3%	32.1%

🐎 **福島、小倉以外は高いレベルで安定**

勝利数上位コース

	コース	着度数	勝率	複勝率
1位	中山ダ1200	56-24-30／384	14.6%	28.6%
2位	東京ダ1600	45-42-42／366	12.3%	35.2%
3位	東京ダ1400	43-35-33／379	11.3%	29.3%
4位	阪神ダ1400	33-24-24／345	9.6%	23.5%
5位	阪神ダ1200	26-29-24／245	10.6%	32.2%

🐎 **中山ダ1200mでアタマ狙い**

距離別成績

		着度数	勝率	複勝率
芝	～1200	9-9-16／231	3.9%	14.7%
	1400	3-6-9／100	3.0%	18.0%
	～1600	3-5-1／90	3.3%	10.0%
	～1800	0-1-1／40	0%	5.0%
	2000	0-0-1／16	0%	6.3%
	～2400	0-0-0／7	0%	0%
	2500～	0-0-0／3	0%	0%
ダ	～1300	162-147-122／1448	11.2%	29.8%
	～1600	167-134-125／1476	11.3%	28.9%
	～1900	112-145-121／1270	8.8%	29.8%
	2000～	5-2-1／61	8.2%	13.1%

🐎 **1600mより長いと勝ちきり減**

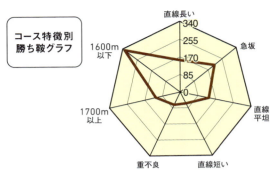

コース特徴別勝ち鞍グラフ

🐎 **直線の長いダート短距離に実績**

得意重賞		不得意重賞	
ユニコーンS	2-1-1／12	武蔵野S	0-0-0／9
エルムS	1-1-0／3	みやこS	0-0-0／3
マーチS	1-0-1／3	プロキオンS	0-0-0／3

🐎 **同コースのユニコーンSと武蔵野Sで明暗**

馬場状態別成績

		着度数	勝率	複勝率
芝	良	10-17-22／364	2.7%	13.5%
	稍重	4-3-4／82	4.9%	13.4%
	重	1-1-2／35	2.9%	11.4%
	不良	0-0-0／6	0%	0%
ダ	良	281-255-230／2540	11.1%	30.2%
	稍重	97-101-75／901	10.8%	30.3%
	重	48-52-37／533	9.0%	25.7%
	不良	20-20-27／281	7.1%	23.8%

🐎 **馬場が悪化するほど勝率もダウン**

1番人気距離別成績

		着度数	勝率	複勝率
芝	～1200	2-0-1／7	28.6%	42.9%
	1400	1-1-0／2	50.0%	100%
	～1600	1-0-0／1	100%	100%
	～1800	0-0-0／0	―	―
	2000	0-0-0／0	―	―
	～2400	0-0-0／0	―	―
	2500～	0-0-0／0	―	―
ダ	～1300	66-25-23／165	40.0%	69.1%
	～1600	66-34-21／181	36.5%	66.9%
	～1900	48-35-27／169	28.4%	65.1%
	2000～	3-1-0／4	75.0%	100%

🐎 **1300m以下は信頼度アップ**

HENNY HUGHES

騎手ベスト5（3番人気以内）

	騎手	着度数	勝率	複勝率
1位	C.ルメール	22-12-7／71	31.0%	57.7%
2位	横山武史	17-5-5／50	34.0%	54.0%
3位	川田将雅	14-11-4／48	29.2%	60.4%
4位	松山弘平	13-10-8／54	24.1%	57.4%
5位	福永祐一	13-10-6／48	27.1%	60.4%

🐎 ルメール×手塚・加藤征弐舎で計9勝

騎手ベスト5（4番人気以下）

	騎手	着度数	勝率	複勝率
1位	石橋脩	7-6-7／60	11.7%	33.3%
2位	岩田望来	5-5-7／49	10.2%	34.7%
3位	岩田康誠	5-4-2／44	11.4%	25.0%
4位	内田博幸	4-8-6／89	4.5%	20.2%
5位	松山弘平	4-7-3／57	7.0%	24.6%

🐎 石橋・岩田望は単複回収率130%超え

クラス別成績

	芝 着度数	勝率	ダ 着度数	勝率
新馬	2-2-5／72	2.8%	45-35-35／312	14.4%
未勝利	4-10-7／154	2.6%	162-152-127／1350	12.0%
1勝	6-4-4／106	5.7%	122-126-111／1366	8.9%
2勝	2-4-6／87	2.3%	62-64-49／643	9.6%
3勝	0-0-3／34	0%	30-25-22／291	10.3%
OPEN	0-1-3／16	0%	21-24-20／230	9.1%
GⅢ	0-0-0／10	0%	4-2-5／52	7.7%
GⅡ	1-0-0／4	25.0%	0-0-0／2	0%
GⅠ	0-0-0／4	0%	0-0-0／9	0%

🐎 高値安定もGⅠでは不振

条件別勝利割合

穴率	17.4%	平坦芝率	60.0%
芝道悪率	33.3%	晩成率	36.0%
ダ道悪率	37.0%	芝広いコース率	26.7%

🐎 穴率は低め。上位人気を信頼

年齢・季節別勝ち鞍グラフ

🐎 仕上がり早で4歳春以降は要注意

※「春」＝3、4、5月。「夏」＝6、7、8月。
「秋」＝9、10、11月。「冬」＝12、1、2月。高齢＝5歳12月以降。

勝利へのポイント

ダート平場の1番人気、複勝率／71%
ダート特別の1番人気、複勝率／54%

23年の重の函館2歳Sを10番人気のゼルトザームが快勝して、あっと言わせた。2歳から3歳春までは芝でも走る馬が出て、アジアエクスプレスとワイドファラオは芝とダートの両方の重賞を制した。

▶ストームキャットの日に乗れ！
筋肉質の馬体がトレードマーク。馬券のコツは、ひたすらダ1200とダ1400で買うことか。特に平場戦ではワンツーもたびたび。「今日はストームキャット系がよく来てる」という日は効率が上がる。
注意事項として、ダート1番人気の信頼度が平場戦と特別戦ではだいぶ違うこと。下級条件は人気の先行馬が安定して走る一方、クラスが上がると先行馬の信頼度が下がり、差しを覚えた馬がダ1600やダ1800で穴をあけることも増えるので要注意。

▶揉まれない外枠の人気馬を軸に
枠順にも注目。気の強さを前面に出した走りは揉まれた時のもろさもあり、1番人気の勝率は、1、2枠が約30%に対し、7、8枠は約50%。外枠の人気馬がいい。イレコミのきつい馬はパドックでわかる。

▶2歳ダートは高い回収率
2歳から走れる完成の早さが武器で、2歳のダート戦は高い回収率を誇る。速めのペースで先行して粘る長所を持つ反面、末脚をためて切れ味を使うタイプではないから、前で勝負する騎手に合う。

▶冬は馬体重の変動に注目
好調期と不調期が分かれる。連勝が多い一方、調子を崩すと立ち直りが難しく、早熟で終わってしまう例も多々あり。旬の時期に買い、勢いがなくなったら深追いは禁物だ。馬体が立派すぎて絞れない弱点も見られ、冬は馬体重の変動に注目しよう。

▶ダートの距離短縮で変わり身！
得意レースを紹介。東京ダ1400のオキザリス賞、東京ダ1600のユニコーンSとヒヤシンスS、阪神ダ1200の妙見山S、阪神ダ1400のなでしこ賞など。1800→1600、1600→1400の距離短縮がツボだ。

2022 RANK
13
キタサンブラック
KITASAN BLACK

種牡馬ランク　2022年度／第13位　2021年度／第82位

他馬のスタミナを削る競馬で王者に君臨

2012年生　鹿毛　2023年種付け料▷受胎確認後1000万円（FR）

現役時代

　中央20戦12勝。主な勝ち鞍、菊花賞、天皇賞・春（2回）、ジャパンC、大阪杯、天皇賞・秋、有馬記念。

　新馬から3連勝でスプリングSを勝ち、皐月賞はドゥラメンテの3着、ダービーはハイペースを追いかけて14着。主戦は北村宏司、血統も地味なためか人気になりにくく、セントライト記念を4角先頭の強い内容で勝ってもなお「母父サクラバクシンオーでは3000Mは厳しい」との声が多く、菊花賞は5番人気に。

　菊花賞。キタサンブラックの通過順は5-5-10-8。動いているように見えるが、違う。好位の内でじっと我慢し続けた結果、他馬がめまぐるしく動き、キタサンの通過順が変わっただけだ。直線では最内を突き、猛追するリアルスティールを抑えてクビ差1着。最初のGⅠトロフィーを手に入れた。表彰式では馬主の北島三郎が、公約通りに『まつり』のサビを熱唱した。

　北村宏負傷のため、以降は乗り替わり、有馬記念3着の後、翌年の大阪杯から武豊が主戦ジョッキーに。

　16年天皇賞・春。1枠からハナを切ると先頭を譲らず、カレンミロティックとのせめぎあいを制し、芝3200を逃げきり。この4歳時は「逃げのキタサンブラック」として、宝塚記念3着、ジャパンC1着、有馬記念2着。逃げて他馬のスタミナをそぎ落とし、持久戦に持ち込む王者の競馬で新境地を開いていく。

　5歳を迎え、完成形を示したのが17年天皇賞・春。ハイペースの2番手から押し切り、3分12秒5のレコード。ディープインパクトの記録を1秒近く更新した。天皇賞・秋は不良馬場を、後方から差して辛勝。一騎打ちの相手は、誕生日が同じサトノクラウンだった。

　ラストランの有馬記念は6度めの白い帽子で逃げきり。GⅠトロフィーは7つになり、暮れの中山にフルコーラスの『まつり』が響いた。

POINT
- 2年連続の皐月賞とダービー連対
- 大物感あふれる振り幅の魅力
- 雨は芝もダートもプラス材料

血統背景
　父ブラックタイドは2004年のスプリングS1着、きさらぎ賞2着、07年の中山金杯3着。ディープインパクトの全兄として有名。
　母シュガーハートは不出走。祖母オトメゴコロは中央4勝。半兄にショウナンバッハ（中日新聞杯2着、AJCC3着）、近親にアドマイヤフライト（日経新春杯2着）、オトメノイノリ（フェアリーS3着）。

代表産駒
　イクイノックス（22天皇賞・秋、22有馬記念、23ドバイシーマC、23宝塚記念）、ソールオリエンス（23皐月賞）、ガイアフォース（22セントライト記念）、スキルヴィング（23青葉賞）、ラヴェル（22アルテミスS）、コナコースト（23桜花賞2着）。

産駒解説
　1年目産駒からイクイノックスを、2年目産駒からソールオリエンスを出して、人気沸騰。23年のセレクトセールでは、9頭が1億円を超える価格で取り引きされ、3億円超えも3頭出た。
　獲得賞金上位10頭（23年7月まで）のなかに、母系にフレンチデピュティを持つ馬が4頭いる。ガイアフォース（母父クロフネ）、コナコースト（祖母の父フレンチデピュティ）などだ。
　他では祖母ブラッシンググルーム系が、ソールオリエンス、ジャスティンスカイ、オディロン。

関係者コメント
「今年は種付け料を1000万円に上げましたが、それでも忙しく、200頭を超える種付けをしました。イクイノックスやソールオリエンスが出て、セレクトセールでもキタサンブラック産駒が主役でしたね。
　パート1の国で、王道の中長距離GIを勝った賞金王が種牡馬としてまたトップになるのは、なかなかないことです。歩きがきれいで、まっすぐ歩くから、疲れにくい体質をしている。レースに使えば使うほど身になって、鍛えられていく体質を持っている。
　ディープインパクトはヨーロッパ系の牝馬に付ける

ブラックタイド 黒鹿 2001	*サンデーサイレンス Sunday Silence	Halo
		Wishing Well
	*ウインドインハーヘア Wind in Her Hair	Alzao
		Burghclere (2-f)
シュガーハート 鹿 2005	サクラバクシンオー	サクラユタカオー
		サクラハゴロモ
	オトメゴコロ	*ジャッジアンジェルーチ
		*ティズリー (9-g)

Lyphard 4×4、Northern Dancer 5×5・5

種付け年度	種付け頭数	血統登録頭数	種付け料
2022年	178頭	―	500／受・FR
2021年	102頭	70頭	300／受・FR
2020年	92頭	54頭	400／受・FR

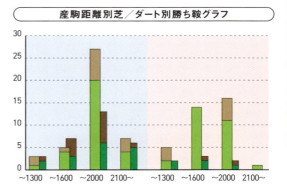

産駒距離別芝／ダート別勝ち鞍グラフ

とちょっと重くなるけど、キタサンブラックはあらゆる牝馬にマッチする。これはサンデーサイレンスと同じです。たぶんサクラバクシンオーがすごく生きていて、健康と、スピードを伝えているんだと思います」（社台スタリオン、23年7月）

特注馬
ソールオリエンス／順調なら菊花賞は1番人気だろうが、母父サドラー系で有馬記念も適性十分。
ラヴェル／能力高いが、出遅れ癖があり、外を回るしかないケースもしばしば。京都なら外回り向きか。
ダノンソフィア／休み明け3回はすべて人気で凡走。叩き2戦目、ローテは中2週か中3週がいい。

キタサンブラック産駒完全データ

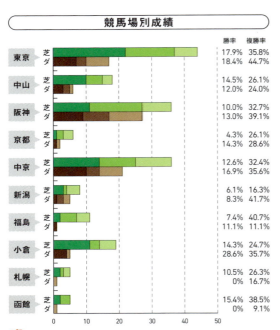

東京芝・ダートともに好成績

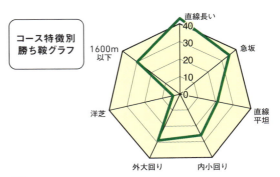

大型馬は小回り不器用な例も

得意重賞

皐月賞	1-1-0／2	
日本ダービー	0-2-0／3	
東スポ杯2歳S	1-0-0／1	

不得意重賞

今のところなし

今後は瞬発力型と持続力型で得意重賞に違い

勝利数上位コース

	コース	着度数	勝率	複勝率
1位	小倉芝1800	8-2-1／25	32.0%	44.0%
2位	東京芝1600	7-6-2／40	17.5%	37.5%
3位	東京芝1800	7-1-2／27	25.9%	37.0%
4位	阪神ダ1800	6-5-5／31	19.4%	51.6%
5位	中京芝2000	5-7-6／53	9.4%	34.0%

小倉芝1800mは新馬・未勝利

馬場状態別成績

		着度数	勝率	複勝率
芝	良	50-52-35／470	10.6%	29.1%
芝	稍重	18-7-7／94	19.1%	34.0%
芝	重	9-2-6／48	18.8%	35.4%
芝	不良	1-1-0／9	11.1%	22.2%
ダ	良	20-13-15／138	14.5%	34.8%
ダ	稍重	8-2-7／62	12.9%	27.4%
ダ	重	4-2-6／28	14.3%	42.9%
ダ	不良	4-2-3／22	18.2%	40.9%

芝稍重・重、ダート不良が高率

距離別成績

		着度数	勝率	複勝率
芝	～1200	7-13-5／71	9.9%	35.2%
芝	1400	7-4-2／45	15.6%	28.9%
芝	～1600	16-16-9／131	12.2%	31.3%
芝	～1800	21-7-9／118	17.8%	31.4%
芝	2000	17-20-15／185	9.2%	28.1%
芝	～2400	7-2-7／62	11.3%	25.8%
芝	2500～	3-0-1／9	33.3%	44.4%
ダ	～1300	6-2-2／39	15.4%	25.6%
ダ	～1600	6-4-8／54	11.1%	33.3%
ダ	～1900	20-11-17／134	14.9%	35.8%
ダ	2000～	4-2-4／23	17.4%	43.5%

牝馬は43勝中41勝が1800m以下

1番人気距離別成績

		着度数	勝率	複勝率
芝	～1200	2-4-1／15	13.3%	46.7%
芝	1400	3-0-0／3	100%	100%
芝	～1600	6-3-1／18	33.3%	55.6%
芝	～1800	9-0-2／15	60.0%	73.3%
芝	2000	10-4-3／26	38.5%	65.4%
芝	～2400	4-1-1／8	50.0%	75.0%
芝	2500～	2-0-0／3	66.7%	66.7%
ダ	～1300	2-0-1／4	50.0%	75.0%
ダ	～1600	3-1-0／6	50.0%	66.7%
ダ	～1900	9-1-3／22	40.9%	59.1%
ダ	2000～	1-0-0／2	50.0%	50.0%

芝1800mでの信頼度は非常に高い

KITASAN BLACK

騎手ベスト5（3番人気以内）

	騎手	着度数	勝率	複勝率
1位	C.ルメール	15-10-1／42	35.7%	61.9%
2位	横山武史	9-2-1／18	50.0%	66.7%
3位	戸崎圭太	6-4-2／23	26.1%	52.2%
4位	松山弘平	6-4-1／19	31.6%	57.9%
5位	福永祐一	4-1-2／10	40.0%	70.0%

横山武は2番人気で5勝

騎手ベスト5（4番人気以下）

	騎手	着度数	勝率	複勝率
1位	秋山真一郎	3-1-0／21	14.3%	19.0%
2位	幸英明	3-0-0／14	21.4%	21.4%
3位	松山弘平	2-0-1／17	11.8%	17.6%
4位	池添謙一	2-0-1／6	33.3%	50.0%
5位	戸崎圭太	2-0-0／9	22.2%	22.2%

幸は1桁人気なら要マーク

クラス別成績

	芝 着度数	勝率	ダ 着度数	勝率
新馬	15-15-9／105	14.3%	1-0-3／11	9.1%
未勝利	31-24-24／276	11.2%	18-11-19／141	12.8%
1勝	14-13-10／141	9.9%	9-4-6／64	14.1%
2勝	7-1-3／27	25.9%	5-4-2／16	31.3%
3勝	1-0-0／12	8.3%	3-0-1／9	33.3%
OPEN	1-2-0／11	9.1%	0-0-0／7	0%
GⅢ	2-1-2／13	15.4%	0-0-0／2	0%
GⅡ	3-2-0／18	16.7%	0-0-0／0	—
GⅠ	4-4-0／18	22.2%	0-0-0／0	—

重賞成績は驚異的。5頭で9勝

条件別勝利割合

穴率	14.9%	平坦芝率	26.9%
芝道悪率	35.9%	晩成率	26.3%
ダ道悪率	44.4%	芝広いコース率	55.1%

芝広いコース率は高い

クラシックに向けた勝利数曲線

※「春」＝3、4、5月。「夏」＝6、7、8月。
「秋」＝9、10、11月。「冬」＝12、1、2月。高齢＝5歳12月以降。

勝利へのポイント

重賞9勝中、前走2着以内／9勝
東京芝の1番人気【11-5-2-4】

1年目産駒から世界最強イクイノックス、2年目産駒から皐月賞馬ソールオリエンスが出て話題沸騰。23年セレクトセールでは産駒の億超えが続出した。

▶**広いコース向きか、小回りOKか**
基本傾向から押さえていこう。勝利数上位の距離、牡馬は芝2000、ダ1800、芝1800、牝馬は芝1600、芝1800、芝1400がトップ3。有馬記念勝ちがあるように、長距離も走り、ダ2100やダ2400の勝利もある。
競馬場成績は、一時期「東京、中京が得意で、中山不振」も取り沙汰されたが、現在は中山重賞4勝など、偏りは小さくなっている。ただし、脚の長い体形でフットワークが大跳びの馬もいるため、小回りより大回りに合う馬が多いのは確か。イクイノックスやソールオリエンスを思い浮かべればいい。中山で走るのは外伸びが多く、差し馬は東京が狙いやすい。芝の勝率は、東京、函館、中山が上位。

▶**人気薄を狙うなら中京**
1番人気の信頼度は、芝もダートも標準級。距離別では芝1200の1番人気が振るわず、芝1800以上が高め。ダートは小倉の人気馬が安定している。
5番人気以下を調べると、芝もダートも中京が上に来るのは面白い。中京は展開や馬場で前有利と後ろ有利がひっくり返りやすく、そこで穴になる。
スタミナ豊富だから、つい距離延長を狙いたくなるが、ガイアフォースが菊花賞を1番人気で敗れ、その後、マイラーズCで馬券になったような距離短縮の好走も多い。スローに慣れるとエンジンがかかりにくくなる印象で、適度に気合いを注入される距離やローテのほうが怠けずに走る。推測込み。

▶**冬のダート1800の大型馬**
ダートは交流重賞を制したウィルソンテソーロなど、オープン馬が現状3頭いる。ダ1800以上を得意とし、3歳から4歳にかけての冬のダート成績がいい。大型馬が多いせいか、1枠は不振の傾向もある。
芝の道悪は得意。ソールの皐月賞も重だった。

スクリーンヒーロー
SCREEN HERO

2022 RANK 14

種牡馬ランク　2022年度／第14位　2021年度／第13位　2020年度／第14位

グラスワンダー初のGIホース。スーパー・ホースが続出

2004年生　栗毛　2023年種付け料▷PRIVATE

現役時代

　中央23戦5勝。主な勝ち鞍、ジャパンC、アルゼンチン共和国杯。天皇賞・秋2着。

　初勝利はダ1800、2勝目もダ1800と、最初は出世コースから外れていた。3歳夏のラジオNIKKEI賞で2着、セントライト記念で3着するものの、菊花賞を前に不安発生。定年間近の矢野進調教師にとっては最後のクラシックのチャンス、無理すれば出走も可能だったが、モデルスポート一族の成長力を知る師は将来を見越して自重。引き継ぐ鹿戸雄一調教師にスクリーンヒーローの未来を託した。

　1年近い休養を経て4歳夏にカムバック。札幌日経オープン2着で長距離適性を示し、格上挑戦のアルゼンチン共和国杯をハンデ53キロで快勝する。

　続くジャパンCは単勝41倍の伏兵扱い。ダービー馬ディープスカイ、女傑ウオッカ、凱旋門賞帰りのメイショウサムソンらが顔を揃える豪華キャストを相手に、堂々の立ち回りを演じる。道中は5番手で折り合い、直線は先に抜け出したマツリダゴッホとウオッカを追い詰め、外からかわす。その外からディープスカイが迫るが、凌ぎ切って1着のゴールイン。主演映画が完成した。ひと月半前に準オープンで負けていた馬が、一足飛びにGIホースへ。ある者は「デムーロ恐るべし！」と騎手の腕に舌を巻き、父グラスワンダーを愛した者は、栗毛の馬体に父の果たせなかった勝利を重ね、血統好きのオヤジは、祖母ダイナアクトレスが世界の強豪を追い詰めた87年ジャパンCを思い起こした。

　翌5歳は阪神大賞典で59キロを背負って重馬場の消耗戦を走った反動が大きく、不振が続く。しかし人気が落ちた天皇賞・秋で、1分57秒台の高速決着に対応して7番人気2着と好走。カンパニーには敗れたが、ジャパンCの一発屋でなかったことを証明した。

POINT
- 大舞台で底力発揮するGI血統！
- 切れるマイラーか、芝2000〜2500型か
- 成長力抜群、古馬の上昇に乗れ！

血統背景

父グラスワンダーは98年、99年の有馬記念を連覇。ほかに宝塚記念、朝日杯3歳SとGIを4勝。代表産駒にアーネストリー（宝塚記念）、セイウンワンダー（朝日杯FS）、サクラメガワンダー（金鯱賞）など。

母ランニングヒロインは2戦0勝。

祖母ダイナアクトレスは毎日王冠など重賞5勝、ジャパンC3着、安田記念2着。その子孫にステージチャンプ（日経賞）、プライムステージ（札幌3歳S）、アブソリュート（東京新聞杯）、マルカラスカル（中山大障害）。3代母モデルスポートは牝馬東京タイムズ杯など1978年の最優秀4歳牝馬。

代表産駒

モーリス（15香港マイル）、ゴールドアクター（15有馬記念）、ウインマリリン（22香港ヴァーズ）、グァンチャーレ（15シンザン記念）、ミュゼエイリアン（15毎日杯）、ジェネラーレウーノ（18セントライト記念）、トラスト（16札幌2歳S）、クールキャット（20フローラS）、ウインカーネリアン（22関屋記念）、アートハウス（22ローズS）、クリノガウディー（18朝日杯FS2着）。

産駒解説

獲得賞金上位に、母父ディアブロのクリノガウディーとグァンチャーレが入り、母父ロージズインメイのマイネルウィルトスとマイネルジェロディもいる。どれもデヴィルズバッグ系との配合で、ニックスと思われる。グラスワンダーの4代母とデヴィルズバッグの3代母が同じなので、この効果だろう。

他も代表産駒の母父はキョウワアリシバ（ゴールドアクター）、フサイチペガサス（ウインマリリン）、エイシンサンディ（ウインオスカー）など、壮観。

関係者コメント

「後継種牡馬のモーリスとゴールドアクターも活躍してくれていますが、スクリーンヒーロー自身もまだまだ現役。年齢を考慮して繁殖牝馬の数を調整していますが、それでも22年は74頭に種付けしています。体調面に問題なく、元気に過ごしていますよ。22年の夏

*グラスワンダー 栗 1995	シルヴァーホーク Silver Hawk	Roberto
		Gris Vitesse
	アメリフローラ Ameriflora	Danzig
		Graceful Touch (12-c)
ランニングヒロイン 鹿 1993	*サンデーサイレンス Sunday Silence	Halo
		Wishing Well
	ダイナアクトレス	*ノーザンテースト
		モデルスポート (1-s)

Hail to Reason 4×4, Northern Dancer 4×4

種付け年度	種付け頭数	血統登録頭数	種付け料
2022年	74頭	—	Private
2021年	99頭	23頭	Private
2020年	121頭	39頭	600／受・FR

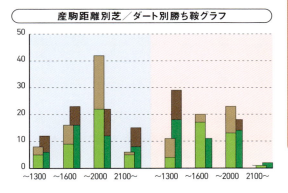

産駒距離別芝／ダート別勝ち鞍グラフ

もウインカーネリアンが関屋記念1着、マイネルウィルトスが函館記念2着、ウインマリリンが札幌記念3着と古馬重賞戦線で活躍しているように成長力もありますから、この先も期待は大きいです」（レックススタッド、22年9月）

特注馬

ボルドグフーシュ／京都の長距離は合わない可能性があり、阪神大賞典で狙いたい。内枠プラス。

シルトホルン／ダンジグ4×3、ロベルト4×4のクロスあり、揉まれず先行できるかが大事。道悪良くない。

フライライクバード／一桁馬番は【4-4-2-2】。馬群を割るのに手間取るので頭数少なめのオープンで。

スクリーンヒーロー産駒完全データ

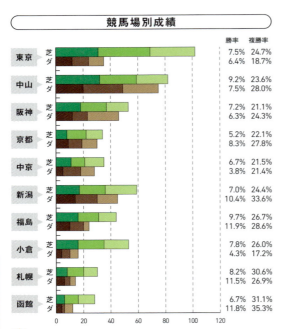

競馬場別成績

競馬場		勝率	複勝率
東京	芝	7.5%	24.7%
東京	ダ	6.4%	18.7%
中山	芝	9.2%	23.6%
中山	ダ	7.5%	28.0%
阪神	芝	7.2%	21.1%
阪神	ダ	6.3%	24.3%
京都	芝	5.2%	22.1%
京都	ダ	8.3%	27.8%
中京	芝	6.7%	21.5%
中京	ダ	3.8%	21.4%
新潟	芝	7.0%	24.4%
新潟	ダ	10.4%	33.6%
福島	芝	9.7%	26.7%
福島	ダ	11.9%	28.6%
小倉	芝	7.8%	26.0%
小倉	ダ	4.3%	17.2%
札幌	芝	8.2%	30.6%
札幌	ダ	11.5%	26.9%
函館	芝	6.7%	31.1%
函館	ダ	11.8%	35.3%

🐎 中山ダートの2着、3着の多さに注目

勝利数上位コース

	コース	着度数	勝率	複勝率
1位	中山ダ1800	14-16-19／158	8.9%	31.0%
2位	東京芝1400	11-7-5／104	10.6%	22.1%
3位	東京芝1600	10-18-17／137	7.3%	32.8%
4位	中山芝1600	9-12-10／129	7.0%	24.0%
5位	小倉1200	9-10-8／96	9.4%	28.1%

🐎 末脚の持続力を活かせるコースが上位

距離別成績

		着度数	勝率	複勝率
芝	～1200	33-26-33／397	8.3%	23.2%
芝	1400	20-18-22／267	7.5%	22.5%
芝	～1600	33-60-36／461	7.2%	28.0%
芝	～1800	24-28-40／385	6.2%	23.9%
芝	2000	37-35-31／437	8.5%	23.6%
芝	～2400	12-8-9／132	9.1%	22.0%
芝	2500～	4-8-3／49	8.2%	30.6%
ダ	～1300	27-39-28／398	6.8%	23.6%
ダ	～1600	17-24-30／286	5.9%	24.8%
ダ	～1900	43-47-50／532	8.1%	26.3%
ダ	2000～	9-3-8／64	14.1%	31.3%

🐎 重賞11勝のうち5勝は芝2000m

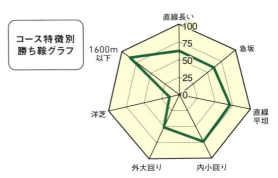

コース特徴別勝ち鞍グラフ

🐎 内小回りでしぶとさを活かす

得意重賞			不得意重賞		
フローラS	2-0-0／5		マイルCS	0-0-0／5
東京新聞杯	1-0-1／4		スプリングS	0-0-0／4
アルゼンチン共和国杯	0-1-1／3		京成杯AH	0-0-0／3

🐎 芝2000～2500mの重賞は勝率10％超え

馬場状態別成績

		着度数	勝率	複勝率
芝	良	118-140-132／1619	7.3%	24.1%
芝	稍重	27-31-27／338	8.0%	25.1%
芝	重	11-11-14／139	7.9%	25.9%
芝	不良	7-1-1／32	21.9%	28.1%
ダ	良	57-63-72／766	7.4%	25.1%
ダ	稍重	20-28-25／273	7.3%	26.7%
ダ	重	10-13-12／150	6.7%	23.3%
ダ	不良	9-9-7／91	9.9%	27.5%

🐎 芝不良は絶対買いレベル

1番人気距離別成績

		着度数	勝率	複勝率
芝	～1200	10-8-8／41	24.4%	63.4%
芝	1400	7-2-3／16	43.8%	75.0%
芝	～1600	7-9-5／29	24.1%	72.4%
芝	～1800	5-4-2／25	20.0%	44.0%
芝	2000	14-7-3／33	42.4%	72.7%
芝	～2400	5-2-0／9	55.6%	77.8%
芝	2500～	1-2-0／5	20.0%	60.0%
ダ	～1300	12-7-5／42	28.6%	57.1%
ダ	～1600	6-6-5／27	22.2%	63.0%
ダ	～1900	10-3-8／32	31.3%	65.6%
ダ	2000～	4-1-1／11	36.4%	54.5%

🐎 勝ち味に遅い感を拭えず

SCREEN HERO

騎手ベスト5（3番人気以内）			
	騎手	着度数	勝率	複勝率
1位	三浦皇成	11-7-5／36	30.6%	63.9%
2位	丹内祐次	9-13-8／48	18.8%	62.5%
3位	横山武史	8-6-4／39	20.5%	46.2%
4位	西村淳也	8-5-0／22	36.4%	59.1%
5位	川田将雅	7-10-6／39	17.9%	59.0%

🐎 三浦の未勝利は4勝、勝率57.1%

騎手ベスト5（4番人気以下）			
	騎手	着度数	勝率	複勝率
1位	丹内祐次	10-9-14／169	5.9%	19.5%
2位	石川裕紀人	5-6-5／62	8.1%	25.8%
3位	横山武史	5-2-4／43	11.6%	25.6%
4位	柴田大知	4-7-7／142	2.8%	12.7%
5位	和田竜二	4-3-1／52	7.7%	15.4%

🐎 石川は2桁人気で2勝をマーク

クラス別成績	芝		ダ	
	着度数	勝率	着度数	勝率
新馬	18-15-14／221	8.1%	2-5-6／51	3.9%
未勝利	45-73-61／747	6.0%	51-39-43／516	9.9%
1勝	45-42-46／478	9.4%	31-45-50／451	6.9%
2勝	21-16-17／253	8.3%	7-12-12／172	4.1%
3勝	8-16-13／160	5.0%	3-10-3／50	6.0%
OPEN	14-6-13／93	15.1%	2-2-2／39	5.1%
GⅢ	6-5-1／68	8.8%	0-0-0／1	0%
GⅡ	6-5-8／63	9.5%	0-0-0／0	—
GⅠ	0-5-1／45	0%	0-0-0／0	—

🐎 芝のOP特別で勝負を賭ける

条件別勝利割合			
穴率	27.8%	平坦芝率	43.6%
芝道悪率	27.6%	晩成率	42.1%
ダ道悪率	40.6%	芝広いコース率	39.9%

🐎 内小回り向きが顕著

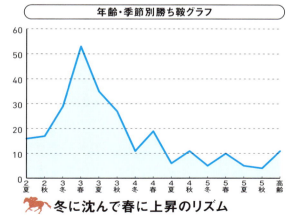

🐎 冬に沈んで春に上昇のリズム

※「春」＝3、4、5月。「夏」＝6、7、8月。
「秋」＝9、10、11月。「冬」＝12、1、2月。高齢＝5歳12月以降。

勝利へのポイント

1番人気好成績、新潟芝1600【4-3-1-1】
中京芝2200【3-1-0-0】、中山芝2000【2-3-0-0】

　神戸新聞杯3着だったボルドグフーシュが、相手強化された菊花賞や有馬記念で2着にきたのは、かつてのゴールドアクターを思わせ、ウインマリリンが5歳になってエリ女王杯2着、香港ヴァーズ1着と、時計のかかる馬場で強さと成長力を見せたのも、ロベルト系らしさ。ウインカーネリアンがマイルで連勝して上昇したのはモーリスを思い起こさせた。

▶持続力勝負向き、大舞台激走あり
　複数の産駒が勝っているのは、オールカマー、日経賞、毎日杯、フローラS。そのほか、有馬記念、セントライト記念、札幌記念も複数実績重賞だ。瞬発力の勝負よりは、持続力の勝負で持ち味を発揮し、東京芝2400より中山芝2200や芝2500に向く。
　短距離は得意と言えないが、クリノガウディーの高松宮記念1位入線あり。ハマれば大舞台で暴れる。

▶牝馬は輸送注目？
　牝馬は走らないと言われた時期もあったが、最近はウインの馬が好調。牝馬は気性が繊細すぎて長距離輸送に弱いようで、牝馬の重賞好走は地元競馬に多い。アートハウスもこれか。
　気性の勝ったマイラー型は速い流れで能力を引き出され、穴も多い。直線平坦と急坂、どちらが得意かを確認。中長距離型は上がりに限界のある馬もいて、中山や洋芝が得意。上がり35秒台の脚しか使えない馬は、そのタイムで間に合うコースや馬場で買おう。勝率が高いのは中山と阪神と札幌の芝だ。
　ゆったりローテに向き、休み明けはよく走る。

▶ダートはローカル小回り狙い
　ダートは穴の割合が高く、距離延長・距離短縮がよく効く。新潟、福島、函館のダートは他のコースに比べて勝率も複勝率も優秀なので覚えておこう。これも輸送のあるなしなのか。上級クラスの穴なら東京のダートに目立つ。3勝クラスの古馬に注目。
　芝の道悪は不良馬場だけやけに成績が良い。稍重や重は変わらないが、ドロドロ馬場は注意しよう。

2022 RANK 15
ハービンジャー
HARBINGER

種牡馬ランク　2022年度／第15位　2021年度／第15位　2020年度／第13位

"キングジョージ"をレコードで圧勝！ 欧州を席巻するデインヒル系

2006年生　鹿毛　イギリス産　2023年種付け料▷受胎確認後350万円（FR）

現役時代

　イギリスで通算9戦6勝。主な勝ち鞍、キングジョージ6世＆クインエリザベスS（GⅠ・12F）、ハードウィックS（GⅡ・12F）、ゴードンS（GⅢ・12F）、オーモンドS（GⅢ・13F）、ジョンポーターS（GⅢ・12F）。

　3歳4月のデビューとあってクラシックは不出走。3戦目となる3歳7月のゴードンSで重賞初制覇を果たすも、続くGⅡ、GⅢを連敗。その後に軟口蓋の手術を受け、そのまま休養に入った。これが功を奏したのか、半年ぶりの出走となった4歳4月のジョンポーターSで重賞2勝目。返す刀でオーモンドSも制し、続くロイヤルアスコット開催のハードウィックSもフォワ賞でナカヤマフェスタを破るダンカンに3馬身半差をつけ、重賞3連勝とした。

　これにより"キングジョージ"の有力候補に浮上。この年は6頭立てながら、英ダービーをレコードで圧勝した僚馬ワークフォース、愛ダービー馬ケープブランコの3歳2強が出走。これらを相手に4番手追走から残り2Fを過ぎると一気に加速。他馬をぐんぐんと突き放し、ゴールでは2着ケープブランコに11馬身差を付けていた。しかもコース・レコードの2分26秒78。ワークフォースは5着。2頭を管理するM・スタウト調教師はワークフォースの敗戦にこそ渋い顔をみせたが、ハービンジャーを絶賛。また、鞍上は主戦のR・ムーアがワークフォースに騎乗したため、フランスのO・ペリエに替わっていた。

　しかし好事魔多し。凱旋門賞の前哨戦、インターナショナルSへ向けての調教後に骨折が判明。そのまま電撃引退、社台ファームで種牡馬入りが決まった。金看板は"キングジョージ"の1勝ながら、その勝ち方が衝撃的で、2010年代を代表する名馬の一頭といえる。

POINT

- 芝2000メートル重賞、内回りがツボ！
- 牝馬は高速タイムも洋芝もおまかせ
- 外しか回れない差し馬が波乱を呼ぶ！

血統背景

父ダンシリ。産駒にレイルリンク（凱旋門賞GⅠ）、フリントシャー（香港ヴァーズGⅠ）、ダンク（BCフィリー&メアターフGⅠ）。デインヒル系にとって鬼門の北米でもGⅠ勝ち馬を送り出した。

母ペナンパールは重賞未勝利。母系は近親にカインドオブハッシュ（プリンスオブウェールズSGⅡ）、ミスイロンデル（兵庫ジュニアグランプリ）、フロンタルアタック（神戸新聞杯2着）。同牝系にクリンチャー。母の父ベーリングは仏ダービー馬。1960年代の名馬シーバードを経たネイティヴダンサー系。

ダンシリ Dansili 黒鹿　1996	*デインヒル Danehill	Danzig
		Razyana
	ハシリ Hasili	Kahyasi
		Kerali (11)
ペナンパール Penang Pearl 鹿　1996	ベーリング Bering	Arctic Tern
		Beaune
	グアパ Guapa	Shareef Dancer
		Sauceboat (1-k)

Northern Dancer 4×5・4, Natalma 5・5×5

代表産駒

ブラストワンピース（18有馬記念）、ディアドラ（19ナッソーS）、ペルシアンナイト（17マイルCS）、モズカッチャン（17エリザベス女王杯）、ノームコア（19ヴィクトリアマイル）、ナミュール（22チューリップ賞）、ファントムシーフ（23共同通信杯）。

産駒解説

重賞勝ち馬の多くが、自身5代アウトクロスか、ノーザンダンサーやその産駒リファール、ダンジグの薄いクロスを持つ馬だった。ところが新たに現れたのがファントムシーフだ。同馬の曽祖母アライヴはハービンジャーの父ダンシリの母と全姉妹。よってファントムシーフはダンシリ、祖母プロミシングリードの2×2の強烈な同血クロスを持つ馬といえる。サドラーズウェルズ系、サンデーサイレンス系の強いクロスを持つ馬が目立っている昨今、ファントムシーフがハービンジャー産駒の新たな配合モデルとなるか注目だ。

種付け年度	種付け頭数	血統登録頭数	種付け料
2022年	86頭	―	400／受・FR
2021年	81頭	48頭	400／受・FR
2020年	119頭	66頭	600／受・FR

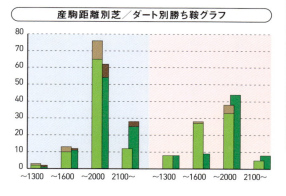

産駒はバネがあって、柔らかさもある。コーナーで加速できるから、小回りもいいですね。母父としてもメイケイエールなどを出して、穏やかな性格と骨格の良さ、芝向きの軽い動きは、母を通しても産駒に伝えられていくはずです」（社台スタリオン、23年7月）

関係者コメント

「ローシャムパークが今年の函館記念を勝ちました。ああいうちょっと時計のかかる馬場や、札幌、函館といった洋芝は本当に合いますね。ハービンジャー自身、お尻は小さいし、華奢に見えるのですが、やはり欧州の血が強く出ていると思われます。ただ、それだけ得意な条件がはっきりしていて、ダートは走らないし、日本競馬のバラエティさに合わない面もあります。

特注馬

ローシャムパーク／成長力あるエアグルーヴ一族。東京の速いタイムにも良績あるが、中山金杯どうだ。
カレンルシェルブル／前半に置かれるため、扱いが難しい。休み明け、14頭以下なら好走確率アップ。
ファントムシーフ／ハービンジャー産駒の菊花賞は【0-0-0-9】で最高4着。チャレンジCに合いそう。

ハービンジャー産駒完全データ

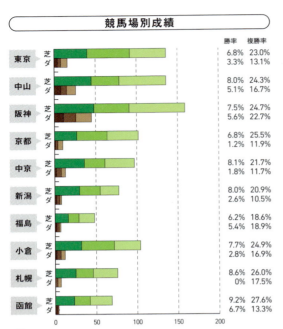

競馬場別成績

	勝率	複勝率
東京 芝	6.8%	23.0%
東京 ダ	3.3%	13.1%
中山 芝	8.0%	24.3%
中山 ダ	5.1%	16.7%
阪神 芝	7.5%	24.7%
阪神 ダ	5.6%	22.7%
京都 芝	6.8%	25.5%
京都 ダ	1.2%	11.9%
中京 芝	8.1%	21.7%
中京 ダ	1.8%	11.7%
新潟 芝	8.0%	20.9%
新潟 ダ	2.6%	10.5%
福島 芝	6.2%	18.6%
福島 ダ	5.4%	18.9%
小倉 芝	7.7%	24.9%
小倉 ダ	2.8%	16.9%
札幌 芝	8.6%	26.0%
札幌 ダ	0%	17.5%
函館 芝	9.2%	27.6%
函館 ダ	6.7%	13.3%

🐎 洋芝の函館、札幌が勝率トップ2

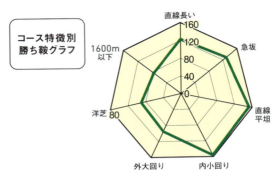

コース特徴別勝ち鞍グラフ

🐎 内小回り巧者ぶり顕著

得意重賞

札幌記念	2-1-2／10
フラワーC	1-0-1／4
愛知杯	0-2-1／7

不得意重賞

函館記念	0-0-0／8
中山記念	0-0-0／6
ラジオNIKKEI賞	0-0-0／6

🐎 集計期間外に函館記念勝利。巻き返せるか

勝利数上位コース

	コース	着度数	勝率	複勝率
1位	中京芝2000	21-16-18／199	10.6%	27.6%
2位	中山芝2000	19-13-21／199	9.5%	26.6%
3位	阪神芝2000	15-12-27／171	8.8%	31.6%
4位	小倉芝2000	14-18-16／169	8.3%	28.4%
5位	京都芝2000	14-12-16／105	13.3%	40.0%

🐎 内小回りの芝2000mが独占

馬場状態別成績

		着度数	勝率	複勝率
芝	良	228-230-288／3177	7.2%	23.5%
芝	稍重	69-61-58／737	9.4%	25.5%
芝	重	23-16-23／266	8.6%	23.3%
芝	不良	2-2-5／53	3.8%	17.0%
ダ	良	27-26-45／560	4.8%	17.5%
ダ	稍重	1-15-7／194	0.5%	11.9%
ダ	重	6-7-6／107	5.6%	17.8%
ダ	不良	0-4-4／64	0%	12.5%

🐎 適度に時計のかかる馬場向き

距離別成績

		着度数	勝率	複勝率
芝	～1200	19-10-18／318	6.0%	14.8%
芝	1400	18-14-11／261	6.9%	16.5%
芝	～1600	39-46-50／625	6.2%	21.6%
芝	～1800	70-70-68／948	7.4%	21.9%
芝	2000	126-105-154／1335	9.4%	28.8%
芝	～2400	38-46-48／504	7.5%	26.2%
芝	2500～	12-18-25／242	5.0%	22.7%
ダ	～1300	2-4-5／115	1.7%	9.6%
ダ	～1600	5-6-7／143	3.5%	12.6%
ダ	～1900	22-38-45／580	3.8%	18.1%
ダ	2000～	5-4-5／87	5.7%	16.1%

🐎 芝2000mの勝率がアタマひとつ抜ける

1番人気距離別成績

		着度数	勝率	複勝率
芝	～1200	2-1-3／14	14.3%	42.9%
芝	1400	6-5-2／20	30.0%	65.0%
芝	～1600	12-4-3／38	31.6%	50.0%
芝	～1800	27-15-6／69	39.1%	69.6%
芝	2000	39-14-12／109	35.8%	59.6%
芝	～2400	12-8-5／36	33.3%	69.4%
芝	2500～	2-3-2／18	11.1%	38.9%
ダ	～1300	0-0-1／1	0%	100%
ダ	～1600	3-1-0／7	42.9%	57.1%
ダ	～1900	4-3-6／25	16.0%	52.0%
ダ	2000～	0-0-2／2	0%	100%

🐎 1番人気の信頼度としては高くはない

HARBINGER

騎手ベスト5（3番人気以内）

	騎手	着度数	勝率	複勝率
1位	C.ルメール	26-11-11／77	33.8%	62.3%
2位	川田将雅	19-14-9／64	29.7%	65.6%
3位	戸崎圭太	12-13-8／62	19.4%	53.2%
4位	福永祐一	11-10-7／50	22.0%	56.0%
5位	池添謙一	10-7-0／33	30.3%	51.5%

🐎 **ルメールの重賞成績【5-3-3／16】**

騎手ベスト5（4番人気以下）

	騎手	着度数	勝率	複勝率
1位	吉田隼人	6-4-10／74	8.1%	27.0%
2位	菅原明良	5-3-1／53	9.4%	17.0%
3位	秋山真一郎	4-5-4／65	6.2%	20.0%
4位	池添謙一	4-2-8／77	5.2%	18.2%
5位	田辺裕信	4-2-3／45	8.9%	20.0%

🐎 **吉田隼は牝馬で4勝**

クラス別成績

	芝 着度数	勝率	ダ 着度数	勝率
新馬	37-32-27／395	9.4%	3-2-1／40	7.5%
未勝利	104-106-123／1478	7.0%	18-32-37／542	3.3%
1勝	82-79-96／1069	7.7%	10-15-22／267	3.7%
2勝	44-46-73／551	8.0%	2-2-1／43	4.7%
3勝	21-26-24／303	6.9%	1-0-1／19	5.3%
OPEN	11-8-8／121	9.1%	0-1-0／14	0%
GⅢ	15-7-9／158	9.5%	0-0-0／0	―
GⅡ	6-2-8／89	6.7%	0-0-0／0	―
GⅠ	2-3-6／69	2.9%	0-0-0／0	―

🐎 **ダート、特に上級条件は消し**

条件別勝利割合

穴率	25.0%	平坦芝率	47.5%
芝道悪率	29.2%	晩成率	40.4%
ダ道悪率	20.6%	芝広いコース率	38.2%

🐎 **穴率は低も2桁人気3着好走は狙える**

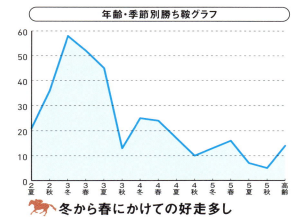

🐎 **冬から春にかけての好走多し**

※「春」＝3、4、5月。「夏」＝6、7、8月。
「秋」＝9、10、11月。「冬」＝12、1、2月。高齢＝5歳12月以降。

勝利へのポイント

牝馬の重賞11勝のうち、前走4着以内／10勝
芝1番人気の複勝率、新潟74％、福島26％

23年は、重の皐月賞でファントムシーフが3着。不良のフラワーCでエミューが1着。重の小倉大賞典でヒンドゥタイムズが1着。小回り、中距離、道悪と、得意要素が揃えば強い。7月には稍重の函館記念でローシャムパークも重賞勝ちを決めた。

▶小回りや洋芝の芝2000ベスト

内回り芝2000や、洋芝の2000適性が抜群に高い。勝利数上位コースのベスト5は全部、芝2000。これは重賞も同じ傾向で、札幌記念は5頭、京成杯は4頭が馬券絡みしているほか、紫苑Sも2勝。マーメイドSや愛知杯でも人気薄の伏兵が大穴をあけている。

もっと渋いレースをあげれば、中京芝2000の関ヶ原Sや、小倉芝2000の国東特別も得意レース。過去に実績のあるレースに産駒がいたら気をつけよう。

▶牡馬はマクリ、牝馬は切れ味

牡馬はブラストワンピースのような、小回りをマクる脚が持ち味。無器用な馬が多く、ばらける展開で4角の外から動くと能力発揮。外差し馬場に合う。

牝馬は内から差せる馬も多く、京都や東京のGⅠで何度も馬券になっている。鋭い末脚を持ち、速いタイムの決着もこなす。近年の傾向として、母父ディープインパクトとの配合馬が鋭い切れ味を見せ、従来のハービン産駒より長い直線も走れている。

▶ハービンジャー祭りに乗れ！

産駒がまとめて馬券に絡む「ハービン祭り」の週がある。走る馬場かどうかを当日の結果で確かめよう。17年秋の京都は開催単位でGⅠを勝ちまくった。22年の桜花賞でナミュールとプレサージュリフトが出負けしたが、スタートのまずさも特徴のひとつ。先にゲートに入る奇数番は、出遅れ率が上がる。

▶福島→新潟で人気馬が大違い

芝の1番人気が優秀なのは新潟。落ち込むのは福島。道悪は歓迎するが、芝の不良は良くない。重賞級はさておき、休み明けはいまひとつ。詰まったレース間隔、叩き数戦のローテで上昇する。

ドレフォン
DREFONG

種牡馬ランク　2022年度／第16位　2021年度／第40位

2、3歳時に2着馬につけた22馬身差が物語るスピード野郎

2013年生　鹿毛　アメリカ産　2023年種付け料▷受胎確認後700万円（FR）

現役時代

　北米で通算9戦6勝。主な勝ち鞍、BCスプリント（GⅠ・6F）、キングズビショップS（GⅠ・7F）、フォアゴーS（GⅠ・7F）。

　西海岸のB・バファート厩舎に所属。2歳10月のデビュー戦5着も2戦目から翌3歳のBCスプリントまで5連勝。未勝利戦とアローワンス競走の2戦とも逃げきっての楽勝。トラヴァーズSの短距離版キングズビショップSも逃げきり、重賞初制覇をGⅠで果たした。ぶっつけで挑んだBCスプリントはマゾキスティックとの先行争いを直線で制し、同馬に1馬身1/4差をつけての勝利だった。マゾキスティックはレース後の薬物検査陽性反応により後に失格の裁定が下された。ここまで2着馬につけた着差の合計は22馬身3/4。

　4歳時も現役を続け、夏のビングクロスビーSGⅠで復帰。ここは3連勝中の上がり馬ロイエイチとの対決に注目が集まったが、スタート直後の周回コースとの合流地点で内にヨレて落馬競走中止。馬はそのまま逸走。先行するロイエイチを外に膨らませる悪さまでしでかした。勝ったのは内を突いたランサムザムーン。ロイエイチは2着。勝負事にアヤは付き物だが、次走のフォアゴーSで払拭。先手を取っての4馬身勝ち。2連覇を狙ったBCスプリントは単勝2倍台の圧倒的人気だったが、スタートで行き脚がつかずに中団追走のまま流れ込んだだけの6着に終わった。勝ったのは3番人気ロイエイチ。同馬は翌年もBCスプリントを制覇する。3着のマインドユアビスケッツは17年、18年のドバイゴールデンシャヒーンを連覇している。

　競走中止に、2度の敗戦が先手を取れなかったデビュー戦と2度目のBCスプリント。「加速力と短距離のスピードはワールドクラス」と、おらが国が世界一を自負するアメリカ人は言いそうだ。

POINT

- 1年目産駒から皐月賞馬誕生！
- ダートの1400から1800に安定感
- 世界に羽ばたくダート王の期待も

血統背景

　父ジオポンティ。シャドウェルターフマイル、アーリントンミリオンなど芝のマイル、中距離G I 7勝。祖父テイルオブザキャットは本邦輸入種牡馬ヨハネスブルグと同父系、同牝系。

　母の半兄にアクションディスデイ（BCジュヴェナイルG I）。同牝系にスターキャッチャー（愛オークスG I）。母の父ゴーストザッパーはBCクラシックなどG I 4勝。産駒にミスティックガイド（ドバイワールドC G I）。前記ヨハネスブルグを祖父とする米三冠馬ジャスティファイの母の父でもある。

		Storm Cat
ジオポンティ Gio Ponti 鹿 2005	テイルオブザキャット Tale of the Cat	Yarn
	チペタスプリングズ Chipeta Springs	Alydar
		Salt Spring (2-g)
エルティマース Eltimaas 鹿 2007	ゴーストザッパー Ghostzapper	Awesome Again
		Baby Zip
	ネイジェカム Najecam	Trempolino
		Sue Warner (1-n)

Raise a Native 5·4(父方)

代表産駒

　ジオグリフ（22皐月賞）、デシエルト（22若葉S）、タイセイドレフォン（22レパードS2着）、カワキタレブリー（22NHKマイルC3着）、コンティノアール（23UAEダービー3着）、コンシリエーレ（22サウジダービー3着）、サーフズアップ（23東京プリンセス賞）。

種付け年度	種付け頭数	血統登録頭数	種付け料
2022年	198頭	—	700／受·FR
2021年	172頭	96頭	300／受·FR
2020年	186頭	122頭	300／受·FR

産駒解説

　母の父別により勝ち鞍ランキングはディープインパクト、キングカメハメハ、ゼンノロブロイ、フジキセキの順だが、質の高さでいえばキングカメハメハだろう。芝馬のジオグリフやデシエルト、ダートOP級のコンティノアールを出している。しかもジオグリフはサウジC4着、デシエルトは東京ダ1600をレコード勝ちと、ダートでの適性の高さも示している。ランキングに表れない母の父としてはアンブライドルド系に注目。オアシスSを勝ったコンシリエーレは母の父がアンブライドルド系スパニッシュステップスだ。エーピーインディ系の配合からも活躍馬を期待する。

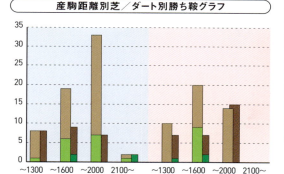

産駒距離別芝／ダート別勝ち鞍グラフ

馬体は幅があって、まっすぐ歩ける。まじめな性格なので、ゲートから出て走るだけ。足腰の良さを支える肢勢の良さは、馬産地でも高い評価を得ています。一流の牝馬に交配されている2023年の2歳世代も活躍してくれそうです」（社台スタリオン、23年7月）

関係者コメント

「今頃になって、ようやくダートの短距離を勝つ馬が増えてきました。もともとBCスプリントを勝った馬ですから、短い距離がいい。初年度産駒のジオグリフが皐月賞を勝ったために、そっちも走るのかと、回り道になった面もあるかも知れません。

　勝ち上がり率はチャンピオンサイヤー・クラスです。

特注馬

ジオグリフ／芝もダートも走れるだけに進路選択が豊富すぎる悩みを感じる。フェブラリーSで勝負。
タイセイドレフォン／良以外の道悪ダートは【0-0-0-4】と不振。乾いた良のダート1800なら崩れない。
コンシリエーレ／東京ダ1600は4戦全勝。徹底して左回りを使っているのは理由があるのか。右回り注目。

ドレフォン産駒完全データ

競馬場別成績

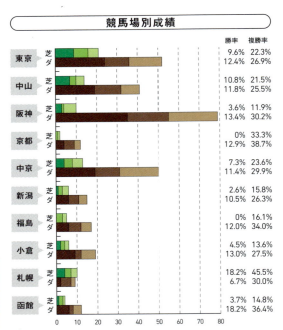

	勝率	複勝率
東京 芝	9.6%	22.3%
東京 ダ	12.4%	26.9%
中山 芝	10.8%	21.5%
中山 ダ	11.8%	25.5%
阪神 芝	3.6%	11.9%
阪神 ダ	13.4%	30.2%
京都 芝	0%	33.3%
京都 ダ	12.9%	38.7%
中京 芝	7.3%	23.6%
中京 ダ	11.4%	29.9%
新潟 芝	2.6%	15.8%
新潟 ダ	10.5%	26.3%
福島 芝	0%	16.1%
福島 ダ	12.0%	34.0%
小倉 芝	4.5%	13.6%
小倉 ダ	13.0%	27.5%
札幌 芝	18.2%	45.5%
札幌 ダ	6.7%	30.0%
函館 芝	3.7%	14.8%
函館 ダ	18.2%	36.4%

🐎 札幌芝と函館ダートが高勝率

コース特徴別勝ち鞍グラフ

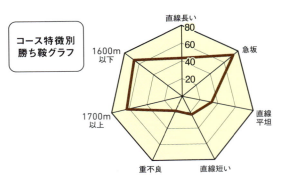

🐎 直線でスピードを活かせるコース向き

得意重賞	不得意重賞
今のところなし	今のところなし

🐎 東京・阪神のダート重賞での活躍見込み

勝利数上位コース

	コース	着度数	勝率	複勝率
1位	阪神ダ1800	15-11-11／111	13.5%	33.3%
2位	東京ダ1600	13-6-9／105	12.4%	26.7%
3位	中山ダ1800	11-6-4／90	12.2%	23.3%
4位	東京ダ1400	10-4-5／63	15.9%	30.2%
5位	阪神ダ1400	9-5-9／90	10.0%	25.6%

🐎 芝は10位の中山マイルがトップ

馬場状態別成績

		着度数	勝率	複勝率
芝	良	26-25-23／345	7.5%	21.4%
芝	稍重	4-3-7／93	4.3%	15.1%
芝	重	0-0-0／17	0%	0%
芝	不良	1-0-2／11	9.1%	27.3%
ダ	良	76-45-60／642	11.8%	28.2%
ダ	稍重	36-23-19／226	15.9%	34.5%
ダ	重	10-9-11／113	8.8%	26.5%
ダ	不良	8-6-3／72	11.1%	23.6%

🐎 ダート稍重で率が上昇

距離別成績

		着度数	勝率	複勝率
芝	～1200	2-7-7／95	2.1%	16.8%
芝	1400	7-6-5／89	7.9%	20.2%
芝	～1600	12-8-13／140	8.6%	23.6%
芝	～1800	5-6-3／80	6.3%	17.5%
芝	2000	2-1-3／40	5.0%	15.0%
芝	～2400	3-0-1／20	15.0%	20.0%
芝	2500～	0-0-0／2	0%	0%
ダ	～1300	31-21-23／247	12.6%	30.4%
ダ	～1600	36-20-28／316	11.4%	26.6%
ダ	～1900	60-41-41／467	12.8%	30.4%
ダ	2000～	3-1-1／23	13.0%	21.7%

🐎 ダート1200～1800mが持ち場

1番人気距離別成績

		着度数	勝率	複勝率
芝	～1200	0-1-0／12	0%	8.3%
芝	1400	0-2-3／9	0%	55.6%
芝	～1600	1-1-1／7	14.3%	42.9%
芝	～1800	1-1-0／4	25.0%	50.0%
芝	2000	0-0-1／1	0%	100%
芝	～2400	1-0-0／1	100%	100%
芝	2500～	0-0-0／0	—	—
ダ	～1300	11-7-3／32	34.4%	65.6%
ダ	～1600	14-3-6／28	50.0%	82.1%
ダ	～1900	21-10-7／53	39.6%	71.7%
ダ	2000～	1-0-0／1	100%	100%

🐎 ダート人気馬の信頼度は高い

DREFONG

騎手ベスト5（3番人気以内）

	騎 手	着度数	勝率	複勝率
1位	C.ルメール	10-6-5／31	32.3%	67.7%
2位	鮫島克駿	10-3-1／21	47.6%	66.7%
3位	横山武史	8-2-1／24	33.3%	45.8%
4位	松山弘平	8-3-1／22	36.4%	50.0%
5位	D.レーン	6-3-1／12	50.0%	83.3%

🐎 **人気の鮫島は安定感抜群**

騎手ベスト5（4番人気以下）

	騎 手	着度数	勝率	複勝率
1位	松山弘平	4-3-1／26	15.4%	30.8%
2位	三浦皇成	4-0-2／23	17.4%	26.1%
3位	松若風馬	2-2-1／24	8.3%	20.8%
4位	酒井学	2-1-2／19	10.5%	26.3%
5位	藤岡佑介	2-1-0／17	11.8%	17.6%

🐎 **三浦は単複回収率100%超え**

クラス別成績

	芝 着度数	勝率	ダ 着度数	勝率
新馬	8-7-11／121	6.6%	9-8-5／84	10.7%
未勝利	10-9-11／195	5.1%	62-39-51／525	11.8%
1勝	4-7-3／80	5.0%	35-23-21／322	10.9%
2勝	4-2-0／11	36.4%	15-9-9／76	19.7%
3勝	2-0-3／7	28.6%	4-1-6／27	14.8%
OPEN	1-2-1／17	5.9%	5-2-1／15	33.3%
GⅢ	1-1-1／19	5.3%	0-1-0／4	0%
GⅡ	0-0-1／6	0%	0-0-0／0	―
GⅠ	1-0-1／10	10.0%	0-0-0／0	―

🐎 **ダートのGI級が待たれる**

条件別勝利割合

穴率	19.3%	平坦芝率	25.8%
芝道悪率	16.1%	晩成率	28.0%
ダ道悪率	41.5%	芝広いコース率	45.2%

🐎 **穴率減で人気なりに走る馬多い**

勝利へのポイント

1番人気の複勝率、ダート／73%、芝／38%
東京ダ1600のオープン／4勝

　1年目産駒はジオグリフが皐月賞を快勝、カワキタレブリーはNHKマイルC3着。しかしデビューから2年経ってみると、勝利の8割がダート、2割が芝。サウジCの4着や、サウジダービーの3着もある。ダートは短距離馬から長距離馬まで出るが、芝は1400から2000が中心で、芝1200は2着3着が多い。

▶**東京ダ1600のオープン特注！**
　ダートのオープン勝ちが早くも5つあり、そのうち4つが東京ダ1600。コンシリエーレのオアシスS、デシエルトのグリーンチャンネルCなどだ。スピードに乗りやすい東京のダ1600とダ1400はベストとも呼べる舞台で、1番人気の信頼度もバカ高い。
　コーナー2つのダート向きか、コーナー4つのダート向きかが最初の確認ポイント。大型の牡馬はコーナー4つのダ1800のほうが合う例も多数。

▶**牝馬の稍重ダートは金になる！**
　脚抜きの良いダートは全般的に得意で、特に牝馬は稍重のダート成績がぐっと上がる。「雨のダートはドレフォン牝馬」に注目しよう。大雑把な作戦として、大型馬は良、中型小型馬は道悪ダート狙い。

▶**芝の人気馬は危険**
　1番人気の信頼感を複勝率で見ると、ダートは73%なのに対して、芝は38%と低め。人気馬を信頼するなら断然ダートだ。芝は1400以下の短距離の1番人気が【0-3-3-14】と危ない。
　ダートは前走で2着から5着の好調馬を素直に買うべきで、そんななかにも不当に人気のない馬は隠れている。人気薄を狙うなら休み明けの先行馬。

▶**時計遅めの芝や洋芝合う**
　ジオグリフの重賞2勝は洋芝の札幌2歳Sと、当日の昼まで道悪発表だった中山の皐月賞というところにヒントがある。ダートに強い血統は総じて、芝なら時計のかかる馬場や、小回りコースを得意とする。とはいえ、速いタイムの東京芝も悪くないから、あまり強調しないほうがいいか。札幌芝は得意。

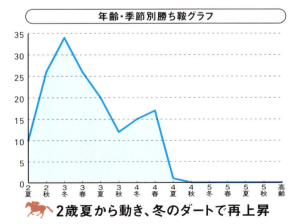

🐎 **2歳夏から動き、冬のダートで再上昇**

※「春」＝3、4、5月。「夏」＝6、7、8月。
　「秋」＝9、10、11月。「冬」＝12、1、2月。高齢＝5歳12月以降。

2022 RANK

17

キンシャサノキセキ
KINSHASA NO KISEKI

種牡馬ランク　2022年度／第17位　2021年度／第14位　2020年度／第11位

スプリンター王国南半球産。逆輸入のフジキセキ後継

2003年生　鹿毛　オーストラリア産　2022年引退

現役時代

　中央で31戦12勝。主な勝ち鞍、高松宮記念2回、阪神C2回、スワンS、オーシャンS、函館スプリントS。スプリンターズS2着2回。

　オーストラリア生まれの異色のサラブレッド。誕生日が9月のため、同期生の中では半年ほど遅生まれのハンデがありながら、新馬から2連勝。NHKマイルCでは安藤勝己を背に、ロジックの3着に入った。

　4歳でオープン特別を2勝。5歳の高松宮記念は岩田康誠を迎え、4番手から直線で先頭に躍り出ると、ゴール寸前でファイングレインに差されたものの2着好走。フジキセキ産駒のワンツーだった。続く函館スプリントSで重賞初勝利をあげると、スプリンターズSは前半やや折り合いを欠きながら、スリープレスナイトの2着に食い込む。テン33秒台の軽やかなスピードと、ピリッと切れる一瞬の末脚が持ち味だった。

　しかしキンシャサノキセキが本物になったのは、この後である。6歳秋のスワンSから、阪神C、7歳のオーシャンSと3連勝を決めて、10年高松宮記念は堂々の1番人気。四位洋文を背に中団で折り合い、直線は馬場の三分どころから抜け出しを図る。外から強襲するビービーガルダンとエーシンフォワード、内から迫るサンカルロらを抑え、5着まで0秒1差の大接戦をハナ差でしのぎ切った。

　秋のスプリンターズSはウルトラファンタジーの2着（3位入線）。阪神Cで連覇を果たすと、8歳の高松宮記念もリスポリを鞍上に連覇達成。年齢が嫌われたか3番人気にとどまったが、サンカルロ以下に1馬身1/4差をつける危なげない完勝だった。

　ここで突然の引退発表。父のフジキセキが種付け中止という緊急事態を受けての、急遽の社台スタリオン入りだったと思われる。

POINT

- ダートのリステッドで古馬が大活躍！
- 2歳の短距離戦をにぎわせる早熟スピード
- 伸び悩み→ダートかローカル芝で復活

血統背景

父フジキセキは4戦4勝、朝日杯3歳S、弥生賞の勝ち馬。オーストラリアでもシャトル供用され、キンシャサノキセキは当地での生産馬になる。最後の種付けは2010年で、たすきを渡すように11年から本馬が種付けを開始した。

母ケルトシャーンは不出走。半姉の仔にアブソリュートリー（ATCオークス）。祖母フェザーヒルの子に、種牡馬グルームダンサー（リュパン賞）。

母父プレザントコロニーはケンタッキー・ダービーとプリークネスSの米国二冠馬。タップダンスシチーの父の父でもあり、晩熟の成長力を与える。リボー系。

代表産駒

ガロアクリーク（20スプリングS）、ルフトシュトローム（20ニュージーランドT）、シュウジ（16阪神C）、モンドキャンノ（16京王杯2歳S、16朝日杯FS2着）、カシアス（17函館2歳S）、ベルーガ（17ファンタジーS）、サクセスエナジー（18さきたま杯）、ルフトシュトローム（20ニュージーランドT）、リバーラ（22ファンタジーS）。

産駒解説

獲得賞金の上位馬には、母父ミスプロ系や、祖母の父ミスプロ系の馬が多い。勝ち上がり率が高く、2勝以上した産駒の割合も高いので、クラブ馬として初心者が楽しむ分には、ハズレが少なくてピッタリかも。母父ストームキャット系（ロードシャリオなど）や、母父サクラバクシンオー（モンドキャンノなど）なら、ハズレの心配はさらに下がる。

関係者コメント

「2022年の種付けを最後に、種牡馬引退しました。最後の年は13頭に種付けし、今年生まれの産駒がラストクロップになります。フジキセキの後継種牡馬として頑張ってくれました。

産駒は芝、ダートを問わない活躍を見せており、近年では地方も賑わせています。産駒数は減っていきますが、古馬となってからも息長く走り続けているだけに、もう一花咲かせてほしいです。

フジキセキ 青鹿　1992	*サンデーサイレンス Sunday Silence	Halo	
		Wishing Well	
	*ミルレーサー Millracer	Le Fabuleux	
		Marston's Mill (22-d)	
*ケルトシャーン Keltshaan 鹿　1994	プレザントコロニー Pleasant Colony	His Majesty	
		Sun Colony	
	フェザーヒル Featherhill	Lyphard	
		Lady Berry　(14)	

種付け年度	種付け頭数	血統登録頭数	種付け料
2022年	13頭	—	Private
2021年	46頭	21頭	250／受・FR
2020年	100頭	61頭	250／受・FR

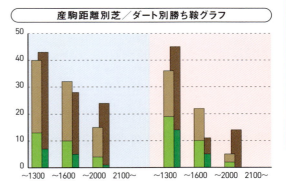

産駒距離別芝／ダート別勝ち鞍グラフ

産駒は芝よりダートの勝ち鞍がずっと多くて、これは意外でした。プレザントコロニーの血なんでしょうか。ロケットスタートでスピードがあって勝ち上がり率も高いので、馬主さんに喜ばれる種牡馬ですね」（社台スタリオン、23年7月）

特注馬

スナークダヴィンチ／ダ1200の差し馬で展開に左右される。逃げ馬揃いのレースや、ゆったりローテ合う。
ファーンヒル／阪神ダートは堅実。内すぎない中枠がちょうどいい。休み明けか2戦目どっちかで走る。
ブルベアイリーデ／休み明けはほぼ馬券になっている。7歳の9ヶ月ぶりでも来たから、8歳でも来る。

キンシャサノキセキ産駒完全データ

競馬場別成績

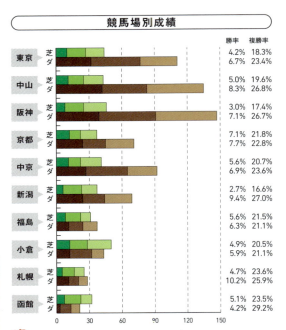

競馬場	勝率	複勝率
東京 芝	4.2%	18.3%
東京 ダ	6.7%	23.4%
中山 芝	5.0%	19.6%
中山 ダ	8.3%	26.8%
阪神 芝	3.0%	17.4%
阪神 ダ	7.1%	26.7%
京都 芝	7.1%	21.8%
京都 ダ	7.7%	22.8%
中京 芝	5.6%	20.7%
中京 ダ	6.9%	23.6%
新潟 芝	2.7%	16.6%
新潟 ダ	9.4%	27.0%
福島 芝	5.6%	21.5%
福島 ダ	6.3%	21.1%
小倉 芝	4.9%	20.5%
小倉 ダ	5.9%	21.1%
札幌 芝	4.7%	23.6%
札幌 ダ	10.2%	25.9%
函館 芝	5.1%	23.5%
函館 ダ	4.2%	29.2%

🐎 芝の好走率が軒並みダウン

コース特徴別勝ち鞍グラフ

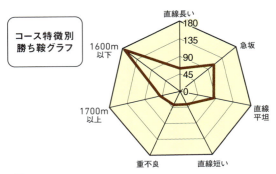

🐎 今はダート短距離特化型に

得意重賞

	着度数
ファンタジーS	1-0-1／5
レパードS	0-1-0／2
アイビスSD	0-1-0／4

不得意重賞

	着度数
プロキオンS	0-0-0／4
根岸S	0-0-0／4
ファルコンS	0-0-0／3

🐎 もうひと花咲かせることができるか

勝利数上位コース

	コース	着度数	勝率	複勝率
1位	中山ダ1200	37-29-37／377	9.8%	27.3%
2位	東京ダ1400	17-22-19／259	6.6%	22.4%
3位	阪神ダ1200	17-14-23／183	9.3%	29.5%
4位	新潟ダ1200	16-19-19／184	8.7%	29.3%
5位	中京ダ1400	12-16-11／161	7.5%	24.2%

🐎 芝のトップは7位の小倉1200m

馬場状態別成績

		着度数	勝率	複勝率
芝	良	70-115-110／1465	4.8%	20.1%
芝	稍重	13-18-33／325	4.0%	19.7%
芝	重	2-8-7／117	1.7%	14.5%
芝	不良	5-1-4／37	13.5%	27.0%
ダ	良	143-158-156／1833	7.8%	24.9%
ダ	稍重	44-56-62／643	6.8%	25.2%
ダ	重	26-29-28／356	7.3%	23.3%
ダ	不良	12-26-14／213	5.6%	24.4%

🐎 芝の不良は要チェック

距離別成績

		着度数	勝率	複勝率
芝	〜1200	53-78-75／988	5.4%	20.9%
芝	1400	16-22-37／375	4.3%	20.0%
芝	〜1600	14-27-26／354	4.0%	18.9%
芝	〜1800	3-10-8／109	2.8%	19.3%
芝	2000	4-5-6／89	4.5%	16.9%
芝	〜2400	0-0-1／19	0%	5.3%
芝	2500〜	0-0-1／10	0%	10.0%
ダ	〜1300	111-111-120／1254	8.9%	27.3%
ダ	〜1600	63-85-67／884	7.1%	24.3%
ダ	〜1900	49-66-69／837	5.9%	22.0%
ダ	2000〜	2-7-4／70	2.9%	18.6%

🐎 ダート1000mの勝率10%超え

1番人気距離別成績

		着度数	勝率	複勝率
芝	〜1200	16-15-8／75	21.3%	52.0%
芝	1400	4-7-2／24	16.7%	54.2%
芝	〜1600	4-5-2／17	23.5%	64.7%
芝	〜1800	0-0-1／2	0%	50.0%
芝	2000	0-1-0／2	0%	50.0%
芝	〜2400	0-0-0／0	―	―
芝	2500〜	0-0-0／0	―	―
ダ	〜1300	42-29-21／143	29.4%	64.3%
ダ	〜1600	26-23-8／87	29.9%	65.5%
ダ	〜1900	14-11-6／48	29.2%	64.6%
ダ	2000〜	1-1-0／5	20.0%	40.0%

🐎 人気馬はダート1900mまで安定

KINSHASA NO KISEKI

騎手ベスト5（3番人気以内）

	騎手	着度数	勝率	複勝率
1位	松山弘平	12-7-7／39	30.8%	66.7%
2位	福永祐一	11-12-6／46	23.9%	63.0%
3位	川田将雅	11-3-4／45	24.4%	40.0%
4位	C.ルメール	8-14-9／51	15.7%	60.8%
5位	吉田隼人	7-9-4／40	17.5%	50.0%

🐎 川田は1～3勝Cで3勝ずつ

騎手ベスト5（4番人気以下）

	騎手	着度数	勝率	複勝率
1位	横山武史	4-6-9／84	4.8%	22.6%
2位	和田竜二	4-5-7／74	5.4%	21.6%
3位	三浦皇成	4-5-4／57	7.0%	22.8%
4位	M.デムーロ	4-4-2／29	13.8%	34.5%
5位	岩田康誠	4-3-3／52	7.7%	19.2%

🐎 横山武は2桁人気で2勝

クラス別成績

	芝 着度数	勝率	ダ 着度数	勝率
新馬	18-20-23／225	8.0%	10-12-8／93	10.8%
未勝利	31-43-43／554	5.6%	77-85-88／979	7.9%
1勝	21-34-37／596	3.5%	76-88-81／1064	7.1%
2勝	13-25-28／280	4.6%	31-37-37／487	6.4%
3勝	2-7-10／127	1.6%	17-26-23／226	7.5%
OPEN	2-10-8／82	2.4%	14-20-19／165	8.5%
GⅢ	1-3-2／52	1.9%	0-1-3／25	0%
GⅡ	2-0-2／18	11.1%	0-0-1／1	0%
GⅠ	0-0-1／10	0%	0-0-0／5	0%

🐎 ダートリステッドの連対率27.7%

条件別勝利割合

穴率	26.0%	平坦芝率	55.6%
芝道悪率	22.2%	晩成率	46.3%
ダ道悪率	36.4%	芝広いコース率	25.6%

🐎 平坦芝率高く、芝広いコース率低い

年齢・季節別勝ち鞍グラフ

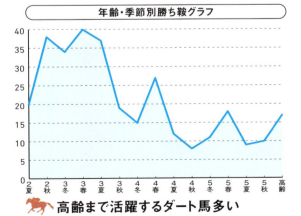

🐎 高齢まで活躍するダート馬多い

※「春」＝3、4、5月。「夏」＝6、7、8月。
「秋」＝9、10、11月。「冬」＝12、1、2月。高齢＝5歳12月以降。

勝利へのポイント

ダートのオープン14勝中、5歳以上／10勝
ダートの重賞【0-1-4-26】

　22年の種付けを最後に種牡馬引退が決まった。それでもまだ2歳の新馬勝ちが出ている。かつてフジキセキが豪州でシャトル供用された際、産駒が当地で不人気だったため、社台グループが売れ残りを買い取った、そのなかの1頭がここまで成功したのはフジキセキノキセキと呼んでいい。

▶**高齢馬がダートのオープンで息長く**
　第一の顔は、2歳の短距離戦に強い早熟血統としての活躍。小倉2歳Sや、函館2歳Sが得意だった。
　第二の顔は、ダート路線で古馬が高齢まで走る〝重賞一歩手前〟の砂マイラーとしての活躍。ブルベアイリーデ、サンダーブリッツなど、ダートのリステッドに強い馬が目につき、交流重賞も賑わす。

▶**ダ1400以下が主戦場、ダ1800で穴**
　新潟ダ1200のNST賞で5年連続3着以内、東京ダ1600のオアシスSで3年連続連対、京都ダ1200の天王山Sで1着から3着まで独占など、得意レースが多数。
　勝利はダ1400以下に多いが、回収率はダ1800が高いから、牡馬は中距離でも軽視しないこと。

▶**距離に限界のある馬は折り合いがカギ**
　全体を見れば勝ち鞍のほぼ半数が1200以下、8割が1600以下という短距離血統。2歳からスピードを見せつける完成の早さが売り。しかし距離が延びると止まってしまう線香花火もいて、そこの見分けが肝心だ。母系で判断するより、折り合いや、追って伸びるかどうかのレースぶりで見極めたい。

▶**ローカルの芝1200で復活する馬も**
　芝で頭打ちになった馬が、ダートに転じて新境地を見出すか、ローカルの芝で復活するか。小倉や函館、福島の短距離で多数の勝ち鞍をあげている。

▶**展開不向きの大敗馬が一変！**
　ダートの穴狙いは展開による出し入れ。先行有利のスローで不発だった差し馬や、前崩れのハイペースで沈んだ先行馬が、展開の違いで着順を一変させる。あとは高齢馬の評価を安易に下げないこと。

2022 RANK 18
ミッキーアイル
MIKKI ISLE

種牡馬ランク　2022年度／第18位　2021年度／第26位　2020年度／第79位

マイルのみならず1200もこなしたスピード型のディープ後継種牡馬

2011年生　鹿毛　2023年種付け料▷受胎確認後250万円（FR）

現役時代

　中央19戦8勝、香港1戦0勝。主な勝ち鞍、NHKマイルC、マイルCS、スワンS、シンザン記念、アーリントンC、阪急杯。

　デビュー2戦目の京都芝1600を、1分32秒3の2歳レコードで逃げ切り。続くひいらぎ賞も、翌日の朝日杯FSを大きく上回るタイムで逃げ切り。

　シンザン記念とアーリントンCも天賦の速さで逃げ切ると、単勝1.9倍のNHKマイルCは前半46秒6－後半46秒6という、精密機械のようなラップでホウライアキコを振り切り、猛追したタガノブルグを封じて1分33秒2。最後は一杯いっぱいになりながらも、5連勝でGⅠ制覇した。鞍上は浜中俊、音無厩舎。

　3歳で出走した安田記念は、不良馬場にスタミナ切れを起こしたのか、16着。秋はスワンSを逃げ切り、マイルCSで1番人気になるも8枠を引いてハナを切れず、失速して大敗。気難しさを覗かせた。この敗戦をきっかけに、しばらく勝てない期間が続き、4歳の香港スプリントも7着まで。

　松山弘平に手替わりした5歳の阪急杯で久々に逃げ切りの勝利をあげると、高松宮記念はビッグアーサーの2着、スプリンターズSはレッドファルクスの2着と、復調を示す。

　16年のマイルCSは浜中に戻り、サトノアラジン、イスラボニータに続く3番人気。8枠16番からロケットスタートでハナを切り、前半57秒5のハイペースを刻む。そのまま最後の直線、ムーア騎乗のネオリアリズムと叩き合いになると、右ムチの連打に斜行してしまい、ネオリアリズムが外に弾かれ、後続の多数の馬の進路が狭くなる。審議の結果、浜中は実効8日間の騎乗停止となったが、ミッキーアイルの1着は変わらず、マイル王に復権した。

POINT

- 仕上がりの早さとスプリント能力
- 無法松も惚れる小倉芝1200娘!
- 枠順や輸送の有無が馬券のカギ

血統背景

父ディープインパクトは同馬の項を参照。

母スターアイルはダ1000を2勝。半弟タイセイスターリー（シンザン記念2着）。近親アエロリット（NHKマイルC）とは祖母が同じ。ラッキーライラック（阪神JF、エリザベス女王杯）とは3代母が同じ。3代母ステラマドリッドは米国GI4勝の名牝（エイコーンSなど）。

代表産駒

メイケイエール（20小倉2歳S、20ファンタジーS、21チューリップ賞、22シルクロードS、22京王杯SC、22セントウルS）、ナムラクレア（21小倉2歳S、22函館スプリントS、23シルクロードS、23キーンランドC）、ララクリスティーヌ（23京都牝馬S）、ピンハイ（22チューリップ賞2着）、スリーパーダ（21小倉2歳S2着）、ミニーアイル（21フィリーズR3着）、デュアリスト（22天王山S）、ウィリアムバローズ（23マーチS2着）。

産駒解説

メイケイエールはデインヒル4×4とサンデー3×4のインブリードを持ち、ピンハイはヌレイエフ4×4とサンデー3×4のインブリードを持つ。母父キングカメハメハや、母父ジャングルポケットが好成績なので、ヌレイエフのクロスは効果がありそうだ。

全般にフレンチデピュティ、ストームキャット、フォーティナイナーなど、パワフルなアメリカ型のスピード血統の母との配合がよく走っている。

他に目立つのは、母系にロベルトを持つ馬。ララクリスティーヌ、ウィリアムバローズ、ナムラクレア（祖母の父クリスエス）と、この配合は安定して走る馬が多いように見える。

関係者コメント

「メイケイエールのような、個性的な産駒が多いですね。見た目のサイズ感や、肢勢はディープインパクトに似てるんですけど、気性的にかーっとなるところがあり、現役の頃から引っかかり癖がありました。産駒も無理に折り合いをつけるより、一気に走ったほうがいい馬が見受けられます。

ディープインパクト 鹿 2002	*サンデーサイレンス Sunday Silence	Halo	
		Wishing Well	
	*ウインドインハーヘア Wind in Her Hair	Alzao	
		Burghclere (2-f)	
*スターアイル Star Isle 鹿 2004	*ロックオブジブラルタル Rock of Gibraltar	*デインヒル	
		Offshore Boom	
	*アイルドフランス Isle de France	Nureyev	
		*ステラマドリッド (6-a)	

Northern Dancer 5×5・5・4

種付け年度	種付け頭数	血統登録頭数	種付け料
2022年	136頭	—	250／受・FR
2021年	155頭	91頭	250／受・FR
2020年	104頭	57頭	150／受・FR

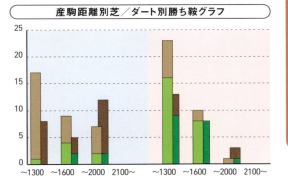

産駒距離別芝／ダート別勝ち鞍グラフ

最近はダートでの勝ち上がりも増えています。牡馬のダート適性が高いのは、負荷のかかる馬場のほうがなめずに走るからかも知れません。芝だと馬場が軽くてなめてしまう。集中させれば息は持つから、距離もこなせます」（社台スタリオン、23年7月）

特注馬

ナムラクレア／速いタイムの出る芝コースのほうが強い。高松宮記念が良馬場なら勝てるのでは。
デュアリスト／阪神ダート、稍重か重、58キロ以下は得意条件。中山と新潟への遠征はすべて大敗。
ミズノコキュウ／外枠で凡走→内枠で好走。夏の函館・札幌が得意で、急坂コースは割り引きか。

ミッキーアイル産駒完全データ

競馬場別成績

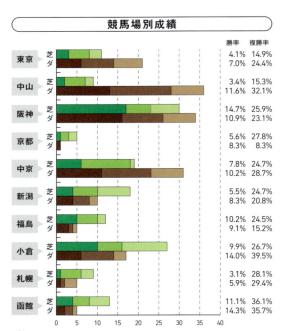

競馬場		勝率	複勝率
東京	芝	4.1%	14.9%
	ダ	7.0%	24.4%
中山	芝	3.4%	15.3%
	ダ	11.6%	32.1%
阪神	芝	14.7%	25.9%
	ダ	10.9%	23.1%
京都	芝	5.6%	27.8%
	ダ	8.3%	8.3%
中京	芝	7.8%	24.7%
	ダ	10.2%	28.7%
新潟	芝	5.5%	24.7%
	ダ	8.3%	20.8%
福島	芝	10.2%	24.5%
	ダ	9.1%	15.2%
小倉	芝	9.9%	26.7%
	ダ	14.0%	39.5%
札幌	芝	3.1%	28.1%
	ダ	5.9%	29.4%
函館	芝	11.1%	36.1%
	ダ	14.3%	35.7%

🐎 全体的にダートのほうが良績

コース特徴別勝ち鞍グラフ

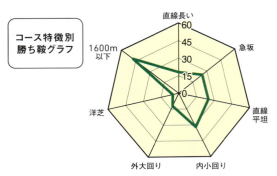

🐎 急坂コースは割り引き

得意重賞		不得意重賞
小倉2歳S	2-1-0／4	今のところなし
シルクロードS	2-0-0／2	
チューリップ賞	1-1-0／3	

🐎 芝重賞の好走はすべて牝馬

勝利数上位コース

	コース	着度数	勝率	複勝率
1位	阪神ダ1200	10-4-3／72	13.9%	23.6%
2位	小倉芝1200	9-5-10／88	10.2%	27.3%
3位	中山ダ1200	7-9-3／79	8.9%	24.1%
4位	中山ダ1800	6-6-5／33	18.2%	51.5%
5位	中京ダ1200	6-5-3／55	10.9%	25.5%

🐎 ダートが上位を占める結果に

馬場状態別成績

		着度数	勝率	複勝率
芝	良	42-43-31／472	8.9%	24.6%
	稍重	7-6-9／110	6.4%	20.0%
	重	3-4-3／41	7.3%	24.4%
	不良	1-3-1／12	8.3%	41.7%
ダ	良	34-34-21／353	9.6%	25.2%
	稍重	13-11-14／131	9.9%	29.0%
	重	9-6-4／78	11.5%	24.4%
	不良	7-10-2／58	12.1%	32.8%

🐎 締まったダートで好走率アップ

距離別成績

		着度数	勝率	複勝率
芝	～1200	26-22-23／288	9.0%	24.7%
	～1400	13-13-7／121	10.7%	27.3%
	～1600	9-8-9／129	7.0%	20.2%
	～1800	5-7-4／57	8.8%	28.1%
	～2000	0-6-1／32	0%	21.9%
	～2400	0-0-0／8	0%	0%
	2500～	0-0-0／0	―	―
ダ	～1300	35-32-16／331	10.6%	25.1%
	～1600	10-12-12／151	6.6%	22.5%
	～1900	17-17-13／136	12.5%	34.6%
	2000～	1-0-0／2	50.0%	50.0%

🐎 芝1200m以下は牡馬1勝、牝馬25勝

1番人気距離別成績

		着度数	勝率	複勝率
芝	～1200	9-4-4／33	27.3%	51.5%
	～1400	6-6-1／15	40.0%	86.7%
	～1600	3-0-0／5	60.0%	60.0%
	～1800	1-0-0／3	33.3%	33.3%
	～2000	0-1-0／3	0%	33.3%
	～2400	0-0-0／0	―	―
	2500～	0-0-0／0	―	―
ダ	～1300	14-5-3／37	37.8%	59.5%
	～1600	5-1-3／12	41.7%	75.0%
	～1900	10-5-2／23	43.5%	73.9%
	2000～	1-0-0／1	100%	100%

🐎 芝は短距離、ダートは中距離で信頼

MIKKI ISLE

騎手ベスト5（3番人気以内）				
	騎　手	着度数	勝率	複勝率
1位	武豊	10-5-3／24	41.7%	75.0%
2位	横山武史	6-4-1／17	35.3%	64.7%
3位	菅原明良	6-1-1／13	46.2%	61.5%
4位	浜中俊	5-5-4／19	26.3%	73.7%
5位	戸崎圭太	5-4-2／20	25.0%	55.0%

🐎 武豊はクラス・コース問わずに好走

騎手ベスト5（4番人気以下）				
	騎　手	着度数	勝率	複勝率
1位	高倉稜	2-1-2／14	14.3%	35.7%
2位	坂井瑠星	2-1-1／14	14.3%	28.6%
3位	永島まなみ	2-0-0／15	13.3%	13.3%
4位	吉田隼人	1-2-0／14	7.1%	21.4%
5位	柴田善臣	1-2-0／10	10.0%	30.0%

🐎 坂井の好走はすべて別馬

クラス別成績					
	芝	着度数	勝率	ダ	着度数	勝率
新馬		7-10-9／123	5.7%		2-5-3／43	4.7%
未勝利		13-23-22／316	4.1%		34-25-21／308	11.0%
1勝		10-5-6／74	13.5%		19-21-11／172	11.0%
2勝		6-5-2／33	18.2%		3-5-5／69	4.3%
3勝		5-3-0／22	22.7%		1-1-1／11	9.1%
OPEN		2-4-2／14	14.3%		4-3-0／14	28.6%
GⅢ		7-2-1／25	28.0%		0-1-0／3	0%
GⅡ		3-3-1／11	27.3%		0-0-0／2	─
GⅠ		0-1-1／17	0%		0-0-0／4	─

🐎 芝上級条件はハイレベルの数字

条件別勝利割合			
穴率	13.8%	平坦芝率	47.2%
芝道悪率	20.8%	晩成率	36.2%
ダ道悪率	46.0%	芝広いコース率	35.8%

🐎 平坦芝率高く、ローカルで良績

勝利へのポイント

中山の芝重賞【0-0-0-7】
牡馬の芝1200【1-5-10-59】

　昨年と同じことを書いてみよう。スプリンターズSの結果はどうなったのだろう。メイケイエールか、ナムラクレアが勝ったのか。「牝馬は気性が繊細で、長距離輸送に弱い」とか「中山の芝重賞は不振」などと強調すると、ツッコミをくらうのか。
　22年スプリンターズSの両馬は、1、2番人気で馬券に絡めず。中山不振の理由は急坂なのか、輸送なのか。阪神は得意だから坂ではないと思うが……。

▶快速牝馬が桜花賞路線で進撃

　軽くアクセルを踏むだけでびゅーんと行ってしまい、軽くブレーキをかけると走る気をなくす。メイケイエールに代表される〝敏感すぎるスピード〟とイレ込み、乗り難しい気性が特徴だ。ディープ系ではなく、母父のダンジグ系と思ったほうがいい。
　小倉2歳Sを2勝、シルクロードSを2勝、ファンタジーSとチューリップ賞は2連対、フィリーズレビューは3着以内2回。桜花賞へ向かう路線で牝馬が大活躍し、獲得賞金上位はすべて関西馬。

▶女馬は芝1200、男馬はダート

　目立ちすぎる快速牝馬の一方で、牡馬はダート馬が多い。ダ1200のオープン馬デュアリストのほか、ダ1800の重賞で2着したウィリアムバローズなど、中距離馬も多いから、先入観を持たないように。
　牝馬の勝利数上位は、芝1200、芝1400、芝1600。牡馬は、ダ1200、ダ1800、ダ1400がトップ3。牡馬の芝1200以下は1勝のみで、3着が多い。男馬と女馬で明確に頭を切り替えたほうがいいかも。

▶関東への遠征が不振？

　芝もダートも、阪神、小倉、函館が好成績。理由は考えず「Don't think! Feel」でいこう。ミッキーアイル産駒は、理屈より感覚で付き合うこと。関西馬が関東へ遠征すると、人気を裏切る場面が目につき、パドックでの落ち着きや発汗に注目。
　枠順も注意したい。包まれるのが嫌いな馬は外枠が良いし、内の馬群で折り合える馬は内枠が良い。

🐎 2歳夏からエンジン全開

※「春」＝3、4、5月。「夏」＝6、7、8月。
　「秋」＝9、10、11月。「冬」＝12、1、2月。高齢＝5歳12月以降。

リオンディーズ
LEONTES

種牡馬ランク　2022年度／第19位　2021年度／第20位　2020年度／第73位

朝日杯FSを豪脚で制した名牝シーザリオの6番仔

2013年生　黒鹿毛　2023年種付け料▷受胎確認後400万円（FR）

現役時代

　中央5戦2勝。主な勝ち鞍、朝日杯FS。

　2005年のオークスとアメリカンオークスを制したシーザリオの6番仔として、母と同じ角居厩舎からデビュー。半兄エピファネイア、キャロットファームの募集価格は総額1億2000万円の評判馬だった。

　11月の京都芝2000の新馬を上がり33秒4で勝ち上がり、2戦目にGⅠの朝日杯FSへ駒を進める異例のローテーション。絶好調のミルコ・デムーロを鞍上に2番人気の支持を集めるが、マイルの忙しい流れについていけず、最後方16番手の追走。しかし、4角で悠々と外を回し、直線は大外に出すと、弾けるように伸びる。先に抜けた武豊のエアスピネルをあっという間に追い詰めて捕まえ、先頭でゴールイン。わずかキャリア2戦でのGⅠ戴冠となった。2着エアスピネルの母エアメサイアは、現役時代にオークスでシーザリオの2着に敗れた因縁もある。ミルコは勝利インタビューで「この馬はすごいパワーある。賢くて跳びが大きいです」と、上達した日本語で讃えた。

　3歳初戦の弥生賞は先行策から抜け出すも、後方から差したマカヒキのクビ差2着に敗れる。

　16年皐月賞は、リオンディーズ、サトノダイヤモンド、マカヒキで3強を形成。8枠16番を引き、強風の中、ミルコの手綱さばきが注目されたが、スタートから2番手につけ、向こう正面では折り合いを欠き気味に先頭に立つ展開。直線は逃げ込みを図るも、追い出すと苦しがって外にヨレ、エアスピネルの進路を妨害。そのロスの間にディーマジェスティが後方の外から突き抜け、本馬は4位入線の5着降着となった。

　続く日本ダービーは4番人気。スタート直後に折り合いを欠いて口を割り、15番手待機の苦しい位置取りになる。最後はよく伸びたが5着までだった。

POINT

- 日高の馬を走らせるエピファネイアの弟
- 牝馬はキレキレ、牡馬はジリ脚パワー型
- 3歳夏を越えて一気上昇に注目！

血統背景

父キングカメハメハは同馬の項を参照。

母シーザリオは05年のオークス、アメリカンオークス（米GⅠ・芝10F）の勝ち馬で、桜花賞はラインクラフトの2着。米オークスの「ジャパニーズ・スーパースター、シーザリオ！」の実況で知られる。

半兄エピファネイア（菊花賞、ジャパンC）、半弟サートゥルナーリア（皐月賞、ホープフルS）、近親オーソリティ（青葉賞）。祖母キロフプリミエールはアメリカのGⅢラトガーズHの勝ち馬。

母の父スペシャルウィークは1998年の日本ダービー馬、99年の天皇賞の春秋制覇など。

代表産駒

テーオーロイヤル（22ダイヤモンドS、22天皇賞・春3着）、リプレーザ（21兵庫ChS・GⅡダ1870M）、アナザーリリック（22福島牝馬S）、ピンクカメハメハ（21サウジダービー・OPENダ1600M）、インダストリア（23ダービー卿CT）、オタルエバー（22ファルコンS3着）、ストーリア（23中山牝馬S2着）。

産駒解説

テーオーロイヤルとリプレーザは、どちらも母の父マンハッタンカフェ。テーオーラフィットもそうだ。ジャスティンロック（母父アッミラーレ）は母がリボーのクロス持ちだから、マンハッタンカフェの持つリボーと相性が良いのかもしれない。サウジダービーを勝ったピンクカメハメハはスイープトウショウの半弟。ジャスティンロックの祖母はホクトベガの半妹。なつかしめの日高の牝系から活躍馬が出ている。

関係者コメント

「よく頑張ってると思います。兄のエピファネイアが活躍して、弟のサートゥルナーリアも成功するでしょうから、リオンディーズも忘れられないようにしないと（笑）。欲を言えば、あとはGⅠを獲ってほしいですね。

本馬に似て気性の難しいヤンチャな仔が多く、それが闘争心としていい方向に出ていると思います。種牡はそういう激しいところもないと走らないですからね。

キングカメハメハ 鹿 2001	キングマンボ Kingmambo	Mr. Prospector
		Miesque
	*マンファス Manfath	*ラストタイクーン
		Pilot Bird (22-d)
シーザリオ 青 2002	スペシャルウィーク	*サンデーサイレンス
		キャンペンガール
	*キロフプリミエール Kirov Premiere	Sadler's Wells
		Querida (16-a)

Northern Dancer 5・5×4、Special 5×5

種付け年度	種付け頭数	血統登録頭数	種付け料
2022年	143頭	—	400／受・FR
2021年	149頭	92頭	300／受・FR
2020年	142頭	97頭	250／受・FR

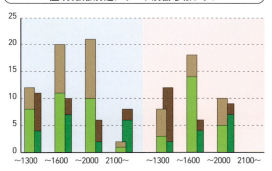

産駒距離別芝／ダート別勝ち鞍グラフ

ハマると強い勝ち方をする。まさか産駒がダイヤモンドSを勝つとは思わなかったですけれど、長距離を勝ったり、マイルで強かったり、ダートの交流重賞を勝ったりと、それもキングカメハメハの影響が大きいのでしょう」（ブリーダーズ・スタリオン、23年7月）

特注馬

ストーリア／芝1800だけ狙うのが正解……と押さえつつ、あわよくばエリザベス女王杯のヒモ穴に。

オタルエバー／母父ダンジグ系らしく、1回おきに好走するムラ馬。開幕週の芝は2戦2勝と得意。

ヴァーンフリート／いつも上位人気の大器。外国人騎手なら走るが、日本人だと着順ダウンする。

リオンディーズ産駒完全データ

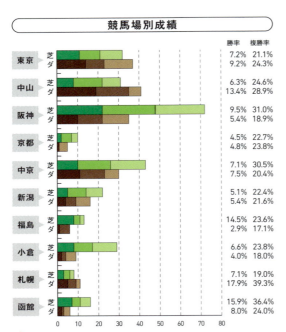

阪神・中京・小倉と関西圏で活躍

勝利数上位コース

	コース	着度数	勝率	複勝率
1位	中山ダ1200	13-6-4／74	17.6%	31.1%
2位	阪神芝1600	7-9-10／91	7.7%	28.6%
3位	中山芝1600	7-8-4／53	13.2%	35.8%
4位	東京ダ1600	7-2-4／63	11.1%	20.6%
5位	中山ダ1800	6-9-2／66	9.1%	25.8%

芝・ダートの1600mがランクイン

距離別成績

		着度数	勝率	複勝率
芝	～1200	17-23-24／229	7.4%	27.9%
	1400	14-12-16／145	9.7%	29.0%
	～1600	22-33-29／308	7.1%	27.3%
	～1800	16-18-11／176	9.1%	25.6%
	2000	8-8-10／138	5.8%	18.8%
	～2400	4-4-1／45	8.9%	20.0%
	2500～	3-1-2／15	20.0%	40.0%
ダ	～1300	26-21-19／242	10.7%	27.3%
	～1600	18-12-17／221	8.1%	21.3%
	～1900	22-28-24／363	6.1%	20.4%
	2000～	3-5-1／33	9.1%	27.3%

距離別最多勝は芝が1600、ダは1200

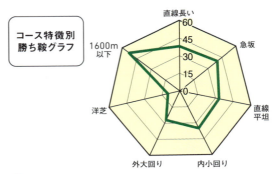

産駒によって様々な適性あり

得意重賞 / 不得意重賞

得意重賞			不得意重賞	
京都2歳S	1-0-0／1		NHKマイルC	0-0-0／3
福島牝馬S	1-0-0／2		ユニコーンS	0-0-0／3
ダービー卿CT	1-0-0／2		—	—

中長距離重賞＞マイル以下重賞の傾向あり

馬場状態別成績

		着度数	勝率	複勝率
芝	良	65-77-59／798	8.1%	25.2%
	稍重	11-16-24／178	6.2%	28.7%
	重	6-5-8／61	9.8%	31.1%
	不良	2-1-2／19	10.5%	26.3%
ダ	良	41-39-38／523	7.8%	22.6%
	稍重	15-13-14／196	7.7%	21.4%
	重	6-9-4／82	7.3%	23.2%
	不良	7-5-5／58	12.1%	29.3%

芝・ダートとも道悪巧者

1番人気距離別成績

		着度数	勝率	複勝率
芝	～1200	4-5-6／18	22.2%	83.3%
	1400	7-4-0／17	41.2%	64.7%
	～1600	9-9-3／27	33.3%	77.8%
	～1800	9-3-1／17	52.9%	76.5%
	2000	3-2-2／10	30.0%	70.0%
	～2400	2-1-0／5	40.0%	60.0%
	2500～	1-0-1／3	33.3%	66.7%
ダ	～1300	7-5-1／21	33.3%	61.9%
	～1600	10-2-1／18	55.6%	72.2%
	～1900	11-8-3／34	32.4%	64.7%
	2000～	0-2-1／3	0%	100%

芝1800mの安定感

LEONTES

騎手ベスト5（3番人気以内）

	騎手	着度数	勝率	複勝率
1位	戸崎圭太	8-5-2／26	30.8%	57.7%
2位	池添謙一	8-3-6／30	26.7%	56.7%
3位	横山武史	6-3-4／22	27.3%	59.1%
4位	小林脩斗	6-3-0／10	60.0%	90.0%
5位	C.ルメール	5-6-1／19	26.3%	63.2%

🐎 小林脩はダートで6勝、連対率100%

騎手ベスト5（4番人気以下）

	騎手	着度数	勝率	複勝率
1位	松山弘平	3-4-0／28	10.7%	25.0%
2位	幸英明	3-1-6／52	5.8%	19.2%
3位	小林脩斗	3-1-0／24	12.5%	16.7%
4位	戸崎圭太	3-0-0／18	16.7%	16.7%
5位	菱田裕二	2-1-3／28	7.1%	21.4%

🐎 小林脩はダートで3勝。ダブルランクイン

クラス別成績

	芝 着度数	勝率	ダ 着度数	勝率
新馬	13-17-21／179	7.3%	5-3-5／58	8.6%
未勝利	29-43-37／468	6.2%	33-36-35／504	6.5%
1勝	21-22-16／202	10.4%	21-19-14／175	12.0%
2勝	11-12-6／72	15.3%	8-7-7／82	9.8%
3勝	4-3-8／58	6.9%	2-1-0／25	8.0%
OPEN	2-1-2／26	7.7%	0-0-0／11	0%
GⅢ	4-1-2／26	15.4%	0-0-0／4	0%
GⅡ	0-0-0／12	0%	0-0-0／0	―
GⅠ	0-0-1／13	0%	0-0-0／0	―

🐎 芝はGⅡ、ダートはオープンが壁

条件別勝利割合

穴率	22.9%	平坦芝率	39.3%
芝道悪率	22.6%	晩成率	30.1%
ダ道悪率	40.6%	芝広いコース率	45.2%

🐎 平坦芝率高いが、急坂を苦にしない産駒も

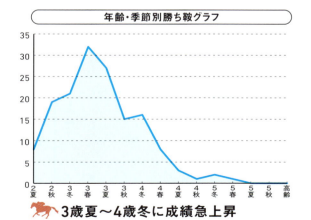

🐎 3歳夏〜4歳冬に成績急上昇

※「春」＝3、4、5月。「夏」＝6、7、8月。
「秋」＝9、10、11月。「冬」＝12、1、2月。高齢＝5歳12月以降。

勝利へのポイント

重賞、3歳【0-0-1-30】4歳【3-1-1-10】
牝馬の芝1400／10勝、芝1800／10勝

得意コースの明確な馬が多い。23年のダービー卿CTを制したインダストリアは、中山マイル3戦全勝。天皇賞・春を3着したテーオーロイヤルは阪神3勝。アナザーリリックやストーリアは新潟得意など。気性の難しさがあり、ハマれば強いというタイプだから、得意競馬場や得意距離にこだわって買うこと。

▶メンタル成長で連勝上昇！

重賞4勝はすべてGⅢ。そのうち3勝は、4歳の1月から4月に固まっている。3歳馬は上記の通り、重賞で不振。チューリップ賞4着、青葉賞4着など、3歳の時点では未完成感があり、身が入るのは夏を越えてから、あるいは古馬になってからだ。精神面が成長すると軌道に乗り、この上昇パターンは条件馬にも見られる。テーオーロイヤルは4連勝、ストーリアは3連勝した。スイッチが入れば続けて狙える。

▶牡馬はパワー型、牝馬はキレキレ

サウジダービーを勝ったピンクカメハメハや、交流GⅡを勝ったリプレーザなど、ダートも走る。勝利数上位コースにはダ1200や芝1600が並ぶが、産駒は多様。短距離馬は牝馬に多いかと思いきや、牡馬のほうがスプリンターからステイヤー、ダート馬まで広くバラつき、ムラな馬が多い。母系を重視するより、気性やレースで判断したい。

牝馬は鋭い決め手を使うマイラーが中心。芝1400専用、芝1800専用など、脚の使いどころが難しい馬もいるため不安定だが、展開や馬場が向くと激走する。人気を背負った時より、ちょっと人気を落とした時が、狙うタイミングとして正解の血統だ。

▶穴をあけた馬はまた同じ条件で穴

面白いのは「ダートを挟んだ後の芝戻り」や「芝を挟んだ後のダート戻り」というローテが効くこと。人気薄で馬券に絡んだ馬はまた穴をあけるから、次の激走に備えよう。前残り馬場の逃げ馬、外伸び馬場の差し馬は、また条件が向けば走るから向くまで待とう。芝の重・不良は少し勝率アップ。

2022 RANK
20
ジャスタウェイ
JUST A WAY

種牡馬ランク　2022年度／第20位　2021年度／第16位　2020年度／第15位

4歳秋に突醒し国内外GIを圧勝！ハーツクライの優良後継

2009年生　鹿毛　2023年種付け料▷受胎確認後250万円（FR）／産駒誕生後350万円

現役時代

　中央20戦5勝、UAE1戦1勝、フランス1戦0勝。主な勝ち鞍、ドバイデューティフリー（GⅠ・芝1800M）、天皇賞・秋、安田記念、中山記念、アーリントンC。ジャパンC2着。

　人気アニメ『銀魂』の脚本家である大和屋暁は、かつてハーツクライの一口馬主として、ドバイシーマクラシックの口取りにも参加。次は個人馬主としてハーツクライの子供を所有したいと思うようになったという。そして2010年のセレクトセールで1歳馬を1260万円で落札。その馬は『銀魂』に登場する謎のアイテムにあやかり、ジャスタウェイと命名された。

　新潟で新馬を楽勝、新潟2歳Sは2着。3歳になるとアーリントンCに勝ち、NHKマイルCは6着。ダービーはディープブリランテの11着だった。

　4歳でエプソムC、関屋記念、毎日王冠と連続2着して、13年の天皇賞・秋へ駒を進める。かろうじて出走枠に滑り込んだ初GIレースだったが、福永祐一を鞍上に中団より後方に待機すると、直線一気に外から末脚を爆発させる。そう、ジャスタウェイとはもともと爆弾の名前なのだ。前を行くジェンティルドンナを並ぶ間もなくかわすと、あとは突き放す一方。4馬身の差をつけて、1分57秒5。まさに"覚醒"と呼ぶにふさわしい圧勝劇だった。

　5歳になり、中山記念を勝って向かったのはドバイデューティフリー。父が世界を驚かせたのと同じ国際舞台だ。もはや覚醒したジャスタウェイに敵はいない。直線だけで6馬身以上の差をつける大楽勝でゴールへ飛び込み、馬主の大和屋は手に持っていたジャスタウェイ人形を高々と掲げてみせた。

　その後、不良馬場の安田記念1着、凱旋門賞は不完全燃焼の8着。ジャパンC2着、有馬記念4着だった。

POINT
- ハーツクライ+パワーとスピード!
- 2歳の中距離重賞を制する完成度
- ダートの地方交流重賞でも活躍

血統背景

父ハーツクライは同馬の項を参照。05年の有馬記念でディープインパクトを負かし、06年ドバイシーマクラシックを4馬身4分の1差で優勝。同年の"キングジョージ"もハリケーンランの3着した。ほかに日本ダービー2着、ジャパンC2着。

母シビルは5戦0勝。祖母シャロンはCCAオークス（米GⅠ・ダ10F）など、ダート重賞5勝のほか、GⅠの2着が3回。近親にトーヨーレインボー（中京記念）、フォーエバーモア（クイーンC）。

母の父ワイルドアゲインは1984年のBCクラシックを制した米国王者。トランセンドの父の父。

ハーツクライ 鹿 2001	*サンデーサイレンス Sunday Silence	Halo
		Wishing Well
	アイリッシュダンス	*トニービン
		*ビューパーダンス（6-a）
シビル 鹿 1999	ワイルドアゲイン Wild Again	Icecapade
		Bushel-n-Peck
	*シャロン Charon	Mo Exception
		Double Wiggle (2-n)

代表産駒

ダノンザキッド（20ホープフルS）、ヴェロックス（19皐月賞2着、ダービー3着、菊花賞3着）、アドマイヤジャスタ（20函館記念）、アウィルアウェイ（20シルクロードS）、マスターフェンサー（20名古屋GP、19ケンタッキー・ダービー6着、ベルモントS5着）、テオレーマ（21JBCレディスC）、ガストリック（22東スポ杯2歳S）。

種付け年度	種付け頭数	血統登録頭数	種付け料
2022年	67頭	―	200／受・FR
2021年	61頭	38頭	300／受・FR
2020年	86頭	60頭	400／受・FR

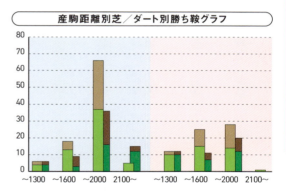

産駒距離別芝／ダート別勝ち鞍グラフ

産駒解説

父ハーツクライがダンジグ（ダンチヒ）を持つ牝馬と相性が良いように、ジャスタウェイも同じニックスが見られる。ダノンザキッドの母父はダンシリ、船橋の重賞を勝ったテオレーマの母父はシーザスターズ。ヴェロックスは祖母の父がグランドロッジ、マスターフェンサーは3代母の父がチーフズクラウンだ。

ハーツクライ父系はトモが緩くなりがちで、それが一瞬の反応の鈍さにつながるが、ダンジグの血が入ると後駆にパワーが加わり、弱点が補完される。

関係者コメント

「ガストリックなど22年の2歳馬が動いてくれて、種付け頭数は盛り返したんですけど、ハーツクライの後継が増えて、そのなかでチョイスしてもらう難しさはあるようです。成績が安定して、評価が決まった種牡馬という見方をされているのかも知れません。

マスターフェンサーやテオレーマが出て、最初からダートを狙っているような繁殖牝馬も来てくれるようになりました。ただ、馬体が大柄すぎて、脚元が持ちこたえてくれるかどうかが課題の馬もいる。頭も良くて、姿形もきれい。ハーツクライとジャスタウェイはよく似ています」（ブリーダーズ・スタリオン、23年7月）

特注馬

ダノンザキッド／京都のマイルCSが合うかどうか。半兄ミッキーブリランテは京都芝1600得意だ。
ルージュエヴァイユ／祖母デインドリームは凱旋門賞馬。東京芝1800ベストも、もっと距離こなせる。
テーオーシリウス／ハイペースで逃げて粘る穴製造機。中山か阪神の芝2000重賞に注意。道悪は良くない。

ジャスタウェイ産駒完全データ

競馬場別成績

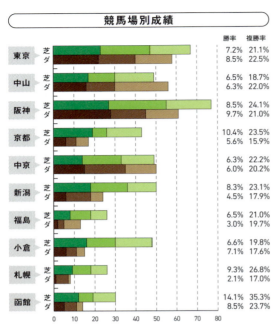

	勝率	複勝率
東京 芝	7.2%	21.1%
東京 ダ	8.5%	22.5%
中山 芝	6.5%	18.7%
中山 ダ	6.3%	22.0%
阪神 芝	8.5%	24.1%
阪神 ダ	9.7%	21.0%
京都 芝	10.4%	23.5%
京都 ダ	5.6%	15.9%
中京 芝	6.3%	22.2%
中京 ダ	6.0%	20.2%
新潟 芝	8.3%	23.1%
新潟 ダ	4.5%	17.9%
福島 芝	6.5%	21.0%
福島 ダ	3.0%	19.7%
小倉 芝	6.6%	19.8%
小倉 ダ	7.1%	17.6%
札幌 芝	9.3%	26.8%
札幌 ダ	2.1%	17.0%
函館 芝	14.1%	35.3%
函館 ダ	8.5%	23.7%

🐎 函館芝好調の原動力は3歳、4歳

コース特徴別勝ち鞍グラフ

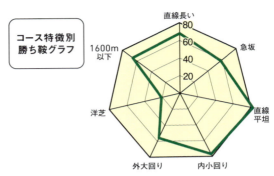

🐎 1200mタイプに平坦向き多い

得意重賞

東スポ杯2歳S	2-0-1／5
ホープフルS	1-1-0／6
フィリーズレビュー	1-0-1／5

不得意重賞

桜花賞	0-0-0／4
小倉2歳S	0-0-0／3
アルテミスS	0-0-0／2

🐎 ダートは交流GⅡの名古屋GPを2勝

馬場状態別成績

		着度数	勝率	複勝率
芝	良	123-116-112／1540	8.0%	22.8%
芝	稍重	28-20-30／345	8.1%	22.6%
芝	重	11-9-7／137	8.0%	19.7%
芝	不良	1-4-4／45	2.2%	20.0%
ダ	良	64-61-71／925	6.9%	21.2%
ダ	稍重	21-23-16／340	6.2%	17.6%
ダ	重	15-10-7／174	8.6%	18.4%
ダ	不良	7-12-9／110	6.4%	25.5%

勝利数上位コース

	コース	着度数	勝率	複勝率
1位	阪神ダ1800	18-8-11／163	11.0%	22.7%
2位	中山ダ1800	13-10-18／190	6.8%	21.6%
3位	東京ダ1600	12-11-12／129	9.3%	27.1%
4位	東京芝1800	10-12-7／100	10.0%	29.0%
5位	東京ダ1400	8-3-4／72	11.1%	20.8%

🐎 ダートが上位に進出傾向

🐎 芝不良は極端な落ち込み

距離別成績

		着度数	勝率	複勝率
芝	～1200	28-17-23／280	10.0%	24.3%
芝	1400	13-12-16／200	6.5%	20.5%
芝	～1600	25-22-29／426	5.9%	17.8%
芝	～1800	41-42-33／486	8.4%	23.9%
芝	2000	38-36-31／455	8.4%	23.1%
芝	～2400	10-9-16／151	6.6%	23.2%
芝	2500～	8-11-5／69	11.6%	34.8%
ダ	～1300	8-10-13／202	4.0%	15.3%
ダ	～1600	25-22-21／339	7.4%	20.1%
ダ	～1900	67-63-65／911	7.4%	21.4%
ダ	2000～	7-11-4／97	7.2%	22.7%

1番人気距離別成績

		着度数	勝率	複勝率
芝	～1200	12-3-5／29	41.4%	69.0%
芝	1400	4-2-4／17	23.5%	58.8%
芝	～1600	10-2-3／26	38.5%	57.7%
芝	～1800	15-8-2／38	39.5%	65.8%
芝	2000	15-7-6／43	34.9%	65.1%
芝	～2400	3-1-7／13	23.1%	84.6%
芝	2500～	4-2-2／10	40.0%	80.0%
ダ	～1300	4-1-0／10	40.0%	50.0%
ダ	～1600	5-2-4／17	29.4%	64.7%
ダ	～1900	27-13-5／66	40.9%	68.2%
ダ	2000～	1-3-0／6	16.7%	66.7%

🐎 短距離型、マイラー、長距離型と多様

🐎 1番人気馬の信頼度はそこそこ高め

JUST A WAY

騎手ベスト5（3番人気以内）

	騎手	着度数	勝率	複勝率
1位	川田将雅	15-12-10／57	26.3%	64.9%
2位	C.ルメール	13-10-2／49	26.5%	51.0%
3位	武豊	12-4-5／32	37.5%	65.6%
4位	横山武史	8-6-4／30	26.7%	60.0%
5位	吉田隼人	8-6-3／27	29.6%	63.0%

🐎 川田・ルメールは1人気で取りこぼし目立つ

騎手ベスト5（4番人気以下）

	騎手	着度数	勝率	複勝率
1位	西村淳也	6-5-2／56	10.7%	23.2%
2位	田辺裕信	4-6-6／58	6.9%	27.6%
3位	鮫島克駿	4-4-5／49	8.2%	26.5%
4位	横山武史	4-4-4／53	7.5%	22.6%
5位	吉田隼人	4-3-5／53	7.5%	22.6%

🐎 ランク外の江田も奮闘、勝率14.3%

クラス別成績

	芝 着度数	勝率	ダ 着度数	勝率
新馬	29-24-30／336	8.6%	5-4-3／60	8.3%
未勝利	59-56-56／827	7.1%	57-61-64／884	6.4%
1勝	38-36-30／419	9.1%	30-20-26／377	8.0%
2勝	14-15-13／200	7.0%	11-15-8／166	6.6%
3勝	7-4-6／87	8.0%	4-3-1／38	10.5%
OPEN	9-7-2／59	15.3%	0-3-1／20	0%
GⅢ	4-2-6／66	6.1%	0-0-0／3	0%
GⅡ	2-2-5／36	5.6%	0-0-0／0	—
GⅠ	1-3-5／37	2.7%	0-0-0／1	0%

🐎 芝OP9勝のうち8勝はリステッド競走

条件別勝利割合

穴率	24.1%	平坦芝率	50.3%
芝道悪率	24.5%	晩成率	31.5%
ダ道悪率	40.2%	芝広いコース率	44.2%

🐎 産駒ごとの適性のバラつき大きい

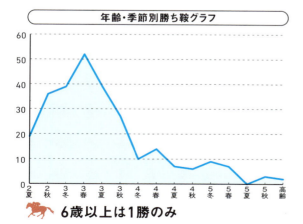

年齢・季節別勝ち鞍グラフ

🐎 6歳以上は1勝のみ

※「春」=3、4、5月。「夏」=6、7、8月。
「秋」=9、10、11月。「冬」=12、1、2月。高齢=5歳12月以降。

勝利へのポイント

芝2400以上／複勝率32%、単勝回収率146%
芝のリステッド／8勝、うち3歳／6勝

22年はガストリックがデビュー2戦目で東スポ杯2歳Sを勝利。これはダノンザキッドと同じだ。完成度の高さで2歳の中距離重賞を得意とし、ホープフルSもダノンザキッド1着、アドマイヤジャスタ2着。しかし皐月賞やダービーの頃になると、大舞台向きの俊敏さが足りず、善戦止まりが増えていく。

▶芝もダートも1800が得意

牡馬の勝利数上位は、ダ1800、芝2000、芝1800。牝馬の勝利数上位は、芝1200、芝1800、ダ1800。米国のダートGⅠで好勝負した牡馬マスターフェンサーや、短距離重賞を賑わせた牝馬アウィルアウェイを思い浮かべれば納得できる並びだろう。

▶ハーツクライ＋砂向きパワー

ハーツクライに米国ダート血統ワイルドアゲインを加えた結果、「完成の速い中距離型」が2割、いろいろ中途半端になった「適性のわかりにくい馬」が5割、ダート馬が3割という印象。
ハーツ産駒と似ているのは、牡馬のステイヤーが出て、芝2400以上は複勝率が高いことや、小回りの中山、福島、小倉は芝の成績がダウンすること、2歳重賞から走ること。ハーツ産駒と違うのは、ダート勝利の割合が高いことや、芝1200を主戦場にする牝馬が多いこと、古馬になって強くなる馬より、しぼむ馬が目立つこと。とはいえ、3歳後半に勝率が上がる傾向もあり、成長力がないわけではない。
牝馬にもJBCレディスクラシックを制したテオレーマが出るなど、晩成充実型はダート馬に多い。

▶2戦目の変わり身に気をつけろ

ダートは阪神のダ2000とダ1800、中京のダ1900が好成績。不器用で3着多数のじれったい馬も多く、このタイプが人気を背負うと過信禁物だ。
他ではデビュー2戦目、ダート2戦目、乗り替わり2戦目など、刺激を受けた「2戦目」の穴を狙え。
3歳のリステッド競走も稼ぎ場所で、すみれS、若葉Sなど、春の阪神はジャスト・ザ・ウェイ。

シニスターミニスター
SINISTER MINISTER

種牡馬ランク 2022年度／第21位 2021年度／第17位 2020年度／第28位

日本におけるエーピーインディ系の草分け

2003年生 鹿毛 アメリカ産 2023年種付け料▷受胎確認後500万円

現役時代

　北米で通算13戦2勝。主な勝ち鞍、ブルーグラスS（GⅠ・9F）。

　2歳の大晦日にデビューし、ここは5着に終わった。明けて3歳初戦のクレーミング競走で未勝利を脱すると、西海岸を拠点とするB・バファート厩舎へ移籍。サンタアニタ・ダービーのステップ戦、サンヴィセンテSGⅡは中団から後退しての6着。続く準重賞のカリフォルニア・ダービーは逃げての2着。この後はケンタッキー州へ遠征。ケンタッキー・ダービーへ向け、同地区の最終ステップ戦、ブルーグラスSに出走。離れた4番人気ながら、ブルーグラスキャット、ファーストサムライらの重賞勝ち馬を相手にスタート良く飛び出すと、後続との差を一気に広げ、最後は2着ストームレジャーに12馬身3/4差をつけて圧勝した。ブルーグラスキャットは4着。ファーストサムライは5着に敗れている。

　史上2位となる15万7536人の入場者を集めた第132回ケンタッキー・ダービーは中心馬不在の大混戦。シニスターミニスターは単勝10.7倍の5番人気。結果は2番手追走も最終コーナーで失速、20頭立ての16着に敗れた。勝ったのは先行策から早めに先頭に立ったバーバロ。2着は人気を落としていたブルーグラスキャット。残りの二冠を回避し、秋に準重賞戦で復帰するも4着に敗れ、3歳シーズンを終えた。

　4歳時は初戦から5戦目までクレーミング競走等に出走。2着が最高というひといきの成績。ケンタッキー・ダービー以来の重賞出走となった真夏のマイル戦、ロングエーカーズマイルHGⅢは後方から差を詰めただけの8着。この一戦を最後に現役引退。勝ち鞍の2勝はクレーミング競走とGⅠ。しかもそのGⅠは大差の圧勝。日本では考えられない競走成績である。

POINT

- 中距離ダートの人気馬は安定感抜群
- 3勝クラスとオープン特別を狙え
- 叩かれた高齢馬の一変を警戒

血統背景

父オールドトリエステはカリフォルニアンS（GⅡ・9F）など重賞4勝。03年死亡。わずか3世代の産駒からシルヴァートレイン（BCスプリントGⅠ・6F）、ミニスターエリック（サンフェルナンドSGⅡ・8.5F）、マルターズヒート（フェアリーS）、トーヨーエーピー（芙蓉S）らを送り出した。

母系は近親にプロスペクターズフラッグ（ディスカヴァリーHGⅢ）。母の父ザプライムミニスターはグッドウッドHGⅡなど北米で8戦5勝。

代表産駒

テーオーケインズ（21チャンピオンズC、22JBCクラシック）、ミックファイア（23ジャパンダートダービー）、ヤマニンアンプリメ（19JBCレディスクラシック）、ドライスタウト（21全日本2歳優駿）、グランブリッジ（23エンプレス杯）、インカンテーション（17武蔵野S）、ライオットガール（23レパードS）。

産駒解説

初産駒デビュー以降、23年レパードS終了時点で、JRA重賞は5頭で計11勝だが、ダートグレード競走や地方の重賞で多数の勝ち馬を輩出。23年は大駒ミックファイアを送り出した。関係者コメントでも述べているように、配合牝馬を問わずに活躍馬を出しいるが、テーオーケインズのマンハッタンカフェ、ミックファイアのブライアンズタイムと、リボーを持つ無骨な種牡馬を父とする牝馬の配合からGⅠ級が出ている。

関係者コメント

「テーオーケインズに続き、今年は無敗の南関東三冠を達成したミックファイアが出てくれました。今年こそ地方リーディングのタイトルを獲らせてあげたいところです。今年は過去最高の種付け料500万円になりましたが、もう20歳なので本馬の体調を第一にしながら、93頭に配合いただきました。

勝ち上がり率も高く、どんな配合相手でもダートの得意な馬が出る遺伝力の強さが特徴です。振り返れば1年目は成績が振るわず、種付け料も下がっていく中、

オールドトリエステ 栗 1995	エーピーインディ A.P. Indy	Seattle Slew
		Weekend Surprise
	ラヴリアーリンダ Lovlier Linda	Vigors
		Linda Summers (14-c)
スウィートミニスター 鹿 1997	ザプライムミニスター The Prime Minister	Deputy Minister
		Stick to Beauty
	スウィートブルー Sweet Blue	Hurry Up Blue
		Sugar Gold (4-m)

Hail to Reason 5・5（母方）

種付け年度	種付け頭数	血統登録頭数	種付け料
2022年	112頭	—	400／受・不生返
2021年	106頭	73頭	250／受・不生返
2020年	119頭	80頭	200／受・FR

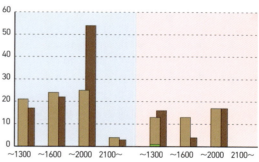

産駒距離別芝／ダート別勝ち鞍グラフ

2年目にインカンテーションなどの登場でセールでの評価も高まり、一気に人気種牡馬となりました。繁殖牝馬のレベルも年々上昇しており、後継種牡馬が出てくれると思いますのでシニスターミニスターの血を残していきたいです」（アロースタッド、23年7月）

特注馬

テーオーケインズ／21年6月以降、2戦続けて馬券になったことがない。チャンピオンズCは内枠で買い。
キングズソード／ダート重賞で勝ち負けするには、渋った馬場がいい。全兄キングズガードはみやこS2着。
ライオットガール／3歳で重賞を勝利。牝馬の交流重賞に参戦したらグランブリッジとワンツーしそう。

シニスターミニスター産駒完全データ

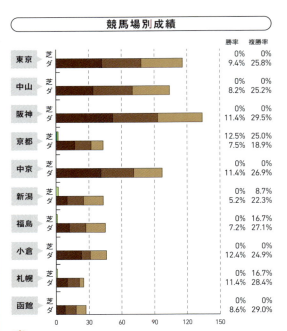

競馬場別成績

		勝率	複勝率
東京	芝	0%	0%
	ダ	9.4%	25.8%
中山	芝	0%	0%
	ダ	8.2%	25.2%
阪神	芝	0%	0%
	ダ	11.4%	29.5%
京都	芝	12.5%	25.0%
	ダ	7.5%	18.9%
中京	芝	0%	0%
	ダ	11.4%	26.9%
新潟	芝	0%	8.7%
	ダ	5.2%	22.3%
福島	芝	0%	16.7%
	ダ	7.2%	27.1%
小倉	芝	0%	0%
	ダ	12.4%	24.9%
札幌	芝	0%	16.7%
	ダ	11.4%	28.4%
函館	芝	0%	0%
	ダ	8.6%	29.0%

🐎 **ローカルダートでは人気薄も要チェック**

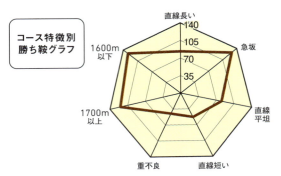

コース特徴別勝ち鞍グラフ

🐎 **ダ1700の勝率がトップ（100走以上対象）**

得意重賞			不得意重賞	
アンタレスS	1-0-1／3		武蔵野S	0-0-0／6
平安S	1-0-0／2		根岸S	0-0-0／5
プロキオンS	0-1-1／6		カペラS	0-0-0／2

🐎 **帝王賞、東京大賞典ほか交流重賞も走る**

勝利数上位コース

	コース	着度数	勝率	複勝率
1位	阪神ダ1800	27-20-11／172	15.7%	33.7%
2位	東京ダ1400	27-17-20／202	13.4%	31.7%
3位	中山ダ1800	21-27-15／207	10.1%	30.4%
4位	阪神ダ1400	14-8-20／147	9.5%	28.6%
5位	中京ダ1800	14-8-7／116	12.1%	25.0%

🐎 **短距離型と中距離型のせめぎ合い**

馬場状態別成績

		着度数	勝率	複勝率
芝	良	1-1-4／77	1.3%	7.8%
	稍重	0-0-0／13	0%	0%
	重	0-0-0／4	0%	0%
	不良	0-0-0／1	0%	0%
ダ	良	143-121-124／1549	9.2%	25.0%
	稍重	61-49-49／562	10.9%	28.3%
	重	27-29-23／313	8.6%	25.2%
	不良	18-18-18／205	8.8%	26.3%

🐎 **馬場不問**

距離別成績

		着度数	勝率	複勝率
芝	～1200	1-1-3／55	1.8%	9.1%
	1400	0-0-1／15	0%	6.7%
	～1600	0-0-0／15	0%	0%
	～1800	0-0-0／7	0%	0%
	2000	0-0-0／3	0%	0%
	～2400	0-0-0／0	—	—
	2500～	0-0-0／0	—	—
ダ	～1300	66-61-59／791	8.3%	23.5%
	～1600	63-53-73／716	8.8%	26.4%
	～1900	113-95-81／1063	10.6%	27.2%
	2000～	7-8-1／59	11.9%	27.1%

🐎 **ダート中距離というのが本来の適性**

1番人気距離別成績

		着度数	勝率	複勝率
芝	～1200	0-1-0／1	0%	100%
	1400	0-0-0／0	—	—
	～1600	0-0-0／0	—	—
	～1800	0-0-0／0	—	—
	2000	0-0-0／0	—	—
	～2400	0-0-0／0	—	—
	2500～	0-0-0／0	—	—
ダ	～1300	21-9-4／51	41.2%	66.7%
	～1600	12-8-7／46	26.1%	58.7%
	～1900	39-17-6／81	48.1%	76.5%
	2000～	0-1-0／2	0%	50.0%

🐎 **1700～1900mの安定度は抜群**

SINISTER MINISTER

騎手ベスト5（3番人気以内）

	騎手	着度数	勝率	複勝率
1位	松山弘平	12-6-0／30	40.0%	60.0%
2位	武藤雅	10-4-0／26	38.5%	53.8%
3位	福永祐一	9-10-1／38	23.7%	52.6%
4位	戸崎圭太	6-3-3／22	27.3%	54.5%
5位	幸英明	6-2-3／16	37.5%	68.8%

ランク外の田辺も【4-0-0/5】、別馬で4勝

騎手ベスト5（4番人気以下）

	騎手	着度数	勝率	複勝率
1位	小沢大仁	5-1-4／38	13.2%	26.3%
2位	武士沢友治	4-4-5／60	6.7%	21.7%
3位	北村宏司	4-2-0／30	13.3%	20.0%
4位	松若風馬	4-0-4／32	12.5%	25.0%
5位	幸英明	3-7-10／44	6.8%	45.5%

上位4人は単回収率200%オーバー

クラス別成績

	芝 着度数	勝率	ダ 着度数	勝率
新馬	0-0-2／14	0%	16-14-18／196	8.2%
未勝利	0-0-1／35	0%	99-82-80／956	10.4%
1勝	0-0-0／22	0%	70-69-72／866	8.1%
2勝	0-0-0／12	0%	29-26-25／296	9.8%
3勝	0-0-0／1	0%	18-11-8／126	14.3%
OPEN	0-1-1／7	0%	14-13-8／139	10.1%
GⅢ	1-0-0／4	25.0%	2-2-2／36	5.6%
GⅡ	0-0-0／0	—	0-0-0／3	0%
GⅠ	0-0-0／0	—	1-0-1／11	9.1%

3勝C、OP特別で充実

条件別勝利割合

穴率	31.2%	平坦芝率	100%
芝道悪率	—	晩成率	41.6%
ダ道悪率	42.6%	芝広いコース率	—

穴率高め。2桁人気でも要検討

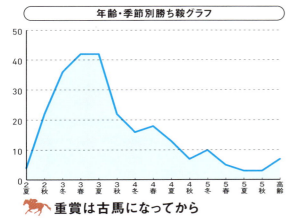

年齢・季節別勝ち鞍グラフ

重賞は古馬になってから

※「春」=3、4、5月。「夏」=6、7、8月。
「秋」=9、10、11月。「冬」=12、1、2月。高齢=5歳12月以降。

勝利へのポイント

距離延長の1番人気／勝率41%、複勝率73%
距離短縮の1番人気／勝率26%、複勝率47%

中央競馬だけで語ったら申し訳ない。テーオーケインズは22年JBCクラシック（ダ2000）を完勝。23年はミックファイアが無敗で南関東の三冠を達成。牝馬はグランブリッジがハイレベルの交流重賞を連勝するなど、中長距離ダートを制圧した。

▶**中距離ダートの1番人気を連軸に**
じわじわ強くなる晩成型で、勝利の98%がダート。エーピーインディ系は全般に道悪ダートを得意にするなか、シニスターミニスター産駒はパワー十分で、良と稍重のダートの回収率が高い。重・不良も十分な成績だが、穴の割合は下がる。この辺の馬場適性は個々の馬ごとに見るべきだろう。気性のピリピリしたパイロに比べると、落ち着いた堅実型も多く、ダート中距離の1番人気は連軸として頼りになる。

▶**休み明けの距離短縮は不吉なサイン**
1番人気馬の内容を精査したところ、距離延長に安定感があり、距離短縮は不吉（シニスター）な信号だ。特に休み明けの距離短縮はよく沈んでいる。前走と同距離のローテは、もちろん好成績。

▶**高齢馬が若い馬を跳ね返して穴**
3勝クラスとオープンの勝率や回収率がきわめて高く、この辺にたまっている馬の効率が良い。重賞級はたいてい地方を回り始めてしまうから、3勝クラスのベテラン大臣をつかまえよう。インカンテーションも、キングズガードも8歳まで重賞好走を続けたように、丈夫な馬は高齢になっても衰えず、下から上がってきた若い馬たちの壁になる。

▶**スロー不発の差し馬をダ1400で**
勝率が高いのは、小倉、中京、阪神のダート。ただ、中央・地方とも左回りで末脚の威力が増す馬が多い印象はあり、左回り巧者かどうかにも注目。
穴になるのは、展開頼みの後方一気型だ。スローで届かずに負けていた馬が、速いペースに変わって差しが届く。ダ1400にこれがよくある。叩かれて良化した高齢馬の一変も怖い。

ゴールドシップ
GOLD SHIP

種牡馬ランク　2022年度／第23位　2021年度／第18位　2020年度／第26位

GI6勝。ステイゴールド×メジロマックイーンの個性派ステイヤー

2009年生　芦毛　2023年種付け料▷受胎確認後200万円（FR）

現役時代

　中央27戦13勝、フランス1戦0勝。主な勝ち鞍、皐月賞、菊花賞、有馬記念、宝塚記念（2回）、天皇賞・春、阪神大賞典（3回）、神戸新聞杯など。

　パドックで他馬を威嚇したり、ゲートで隣の馬にケンカを売って出遅れたり、ライオンのような声で吠えたりと、豪放なエピソード満載の芦毛の番長ホース。舌をベロベロと回す仕草も人気を集めた。

　札幌2歳S2着、ラジオNIKKEI杯2歳Sから、共同通信杯1着。5戦3勝で向かった12年皐月賞は、内田博幸を背に最後方18番手から進出。ガラリと空いた稍重のインコースをショートカットして快勝。鞍上の思い切ったコース取りと、道悪の上手さが目立った。

　しかしダービーは中団後方で待ちすぎ、上がり33秒8の末脚で追い込むも5着止まり。高速馬場のスローの上がり勝負では、モロさのあるところを露呈した。

　完成の秋。後方からのロングスパートが型になり、神戸新聞杯を楽勝。単勝1.4倍の一本かぶりになった菊花賞は17-17-4-2という、坂の登りからの破天荒な仕掛け。ダービー馬ディープブリランテもいない相手では勝負にならず、スタミナお化けの二冠達成となった。さらに続く有馬記念でルーラーシップらの古馬を一蹴すると、翌年の阪神大賞典まで4連勝。

　長距離路線に敵なしと思われたが、単勝1.3倍の天皇賞・春はマクり不発の5着。宝塚記念は初対決の三冠牝馬ジェンティルドンナに快勝するも、ジャパンCは15着大敗。オルフェーヴルに挑んだ有馬記念は離された3着。レースごとに気難しさが目立っていく。

　5歳時は横山典弘が主戦。宝塚記念を連覇して、凱旋門賞へ遠征するも、トレヴの14着。6歳で阪神大賞典3連覇の後、春の天皇賞で横山典の芸術的な二段噴射が決まったのが、最後の勝ち鞍になった。

POINT

- 叩いて良くなるスタミナ番長！
- 牝馬は切れ味あるも牡馬は入着多数
- 道悪とローカル平坦コースが得意

血統背景

父ステイゴールドは同馬の項を参照。

母ポイントフラッグは01年のチューリップ賞2着、桜花賞13着、オークス11着。半姉の仔ダイメイコリーダは20年のジャパンダートダービー2着。

父ステイゴールド×母父メジロマックイーンの配合は、オルフェーヴルやドリームジャーニーと同じ。高確率で名馬が誕生して「黄金配合」と呼ばれた。

代表産駒

ユーバーレーベン（21オークス）、ウインキートス（21目黒記念）、ブラックホール（19札幌2歳S）、ウインマイティー（22マーメイドS）、ゴールデンハインド（23フローラS）、マカオンドール（22阪神大賞典2着）、マイネルラウレア（23若駒S）。

産駒解説

母父ロージズインメイとの組み合わせはニックスだ。オークス馬ユーバーレーベンを筆頭に、ウインピクシス、マイネルソラス、スウィートブルームなど勝ち上がり率が高い。ロージズインメイと同じデヴィルズバッグ系のタイキシャトルを母父に持つ馬も、ヴェローチェオロが出ている。

ブライアンズタイムとも相性がいい。ユーバーレーベンの祖母の父、エドノフェリーチェやクロノメーターの母の父がブライアンズタイムだ。

牝馬に活躍馬が多い特徴もある。

関係者コメント

「現役時代のイメージとは違い、のんびり過ごしています。たまにスイッチが入ることもありますが、基本的に穏やかで人のことが好きなのだと思います。

産駒は牝馬が走るというイメージもありますが、牡馬もコンスタントに走っています。マイネルラウレアはトップスピードも高いレベルで、ユーバーレーベンの全弟のマイネルエンペラーも楽しみです。

母父ロージズインメイとの相性の良さについては、ロージズに限らず、アメリカ血統と相性が良いように感じています。フローラSを勝ったゴールデンハイン

ステイゴールド 黒鹿 1994	*サンデーサイレンス Sunday Silence	Halo
		Wishing Well
	ゴールデンサッシュ	*ディクタス
		ダイナサッシュ　(1-t)
ポイントフラッグ 芦 1998	メジロマックイーン	メジロティターン
		メジロオーロラ
	パストラリズム	*プルラリズム
		トクノエイティー (16-h)

Northern Dancer 5×5, Princely Gift 5×5

種付け年度	種付け頭数	血統登録頭数	種付け料
2022年	96頭	—	200／受・FR
2021年	106頭	68頭	200／受・FR
2020年	95頭	72頭	300／受・FR

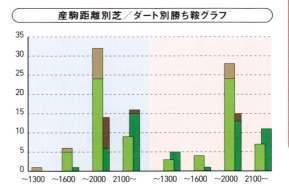

産駒距離別芝／ダート別勝ち鞍グラフ

ドやウインマイティー、ウインキートスも、母はアメリカ系です。筋肉に力強さがあって地面を蹴る力が強い血統は、ゴールドシップの身体の柔らかさとマッチして、持ち味を引き出してくれていると思っています」（ビッグレッドファーム、23年7月）

特注馬

マイネルラウレア／菊花賞に出てくると買いたくなるが、祖母は芝1200の重賞馬。芝2000がベストかも。
ウインピクシス／内枠の成績が良い。芝1800の牝馬重賞で内枠を引ければ勝負になる。
マイネルメモリー／ビッグレッド伝統の牝系で成長力あり。ハイペース歓迎、距離延びても走れるはず。

ゴールドシップ産駒完全データ

競馬場別成績

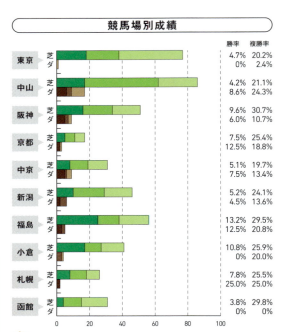

競馬場		勝率	複勝率
東京	芝	4.7%	20.2%
	ダ	0%	2.4%
中山	芝	4.2%	21.1%
	ダ	8.6%	24.3%
阪神	芝	9.6%	30.7%
	ダ	6.0%	10.7%
京都	芝	7.5%	25.4%
	ダ	12.5%	18.8%
中京	芝	5.1%	19.7%
	ダ	7.5%	13.4%
新潟	芝	5.2%	24.1%
	ダ	4.5%	13.6%
福島	芝	13.2%	29.5%
	ダ	12.5%	20.8%
小倉	芝	10.8%	25.9%
	ダ	0%	20.0%
札幌	芝	7.8%	25.5%
	ダ	25.0%	25.0%
函館	芝	3.8%	29.8%
	ダ	0%	0%

🐴 福島芝が活躍の場。東京芝は3着多数

コース特徴別勝ち鞍グラフ

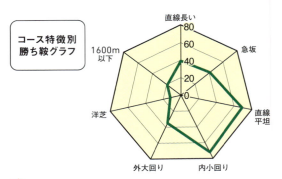

🐴 瞬発力勝負は苦手。内小回りで粘り込む

得意重賞	
札幌2歳S	1-2-0／8
マーメイドS	1-1-0／2
オークス	1-0-1／4

不得意重賞	
紫苑S	0-0-0／4
皐月賞	0-0-0／3
秋華賞	0-0-0／2

🐴 スタミナ勝負、馬力勝負の重賞狙い

勝利数上位コース

	コース	着度数	勝率	複勝率
1位	福島芝1800	11-4-6／67	16.4%	31.3%
2位	福島芝2600	7-4-9／48	14.6%	41.7%
3位	東京芝2000	6-6-13／91	6.6%	27.5%
4位	阪神芝2000	6-5-1／45	13.3%	26.7%
5位	福島芝2000	6-4-1／57	10.5%	19.3%

🐴 トップ5に福島芝が3コース

馬場状態別成績

		着度数	勝率	複勝率
芝	良	85-114-123／1391	6.1%	23.1%
	稍重	31-31-29／353	8.8%	25.8%
	重	10-11-11／125	8.0%	25.6%
	不良	2-7-8／54	3.7%	31.5%
ダ	良	18-9-11／227	7.9%	16.7%
	稍重	3-5-0／81	3.7%	9.9%
	重	1-0-1／41	2.4%	4.9%
	不良	3-1-4／38	7.9%	21.1%

🐴 芝の稍重と重馬場は勝率アップ

距離別成績

		着度数	勝率	複勝率
芝	～1200	8-8-10／85	9.4%	30.6%
	1400	1-7-4／47	2.1%	25.5%
	～1600	10-19-17／204	4.9%	22.5%
	～1800	33-35-50／462	7.1%	25.5%
	2000	34-50-39／615	5.5%	20.0%
	～2400	21-29-31／327	6.4%	24.8%
	2500～	21-15-20／183	11.5%	30.6%
ダ	～1300	1-0-2／27	3.7%	11.1%
	～1600	1-0-0／58	1.7%	1.7%
	～1900	20-14-12／277	7.2%	16.6%
	2000～	3-1-2／25	12.0%	24.0%

🐴 芝2600mは【16-11-18/138】、勝率11.6%

1番人気距離別成績

		着度数	勝率	複勝率
芝	～1200	2-0-1／8	25.0%	37.5%
	1400	1-2-1／4	25.0%	100%
	～1600	7-5-0／15	46.7%	80.0%
	～1800	6-10-4／25	24.0%	80.0%
	2000	9-10-5／32	28.1%	75.0%
	～2400	7-3-3／20	35.0%	65.0%
	2500～	8-1-4／20	40.0%	65.0%
ダ	～1300	0-0-0／1	0%	0%
	～1600	0-0-0／1	0%	0%
	～1900	4-1-0／9	44.4%	55.6%
	2000～	0-0-1／1	0%	100%

🐴 芝2600mは【5-0-4/15】、勝率33.3%

GOLD SHIP

騎手ベスト5（3番人気以内）

	騎手	着度数	勝率	複勝率
1位	丹内祐次	13-12-9／61	21.3%	55.7%
2位	M.デムーロ	7-9-8／33	21.2%	72.7%
3位	川田将雅	7-5-1／17	41.2%	76.5%
4位	戸崎圭太	5-5-2／20	25.0%	60.0%
5位	横山武史	5-4-2／16	31.3%	68.8%

🏇 丹内は中央1勝、デムーロは中央6勝

騎手ベスト5（4番人気以下）

	騎手	着度数	勝率	複勝率
1位	丹内祐次	6-11-20／196	3.1%	18.9%
2位	柴田大知	5-9-6／166	3.0%	12.0%
3位	M.デムーロ	2-5-5／35	5.7%	34.3%
4位	戸崎圭太	2-4-2／30	6.7%	26.7%
5位	津村明秀	2-3-2／28	7.1%	25.0%

🏇 丹内が人気馬、穴馬ともにトップ獲得

クラス別成績

	芝 着度数	勝率	ダ 着度数	勝率
新馬	13-19-22／219	5.9%	0-0-1／25	0%
未勝利	60-81-71／840	7.1%	16-13-12／214	7.5%
1勝	28-35-46／506	5.5%	6-2-3／112	5.4%
2勝	14-15-10／147	9.5%	2-0-0／19	10.5%
3勝	5-5-7／75	6.7%	1-0-0／7	14.3%
OPEN	3-3-5／43	7.0%	0-0-0／7	0%
GⅢ	2-3-2／33	6.1%	0-0-0／2	0%
GⅡ	2-2-6／33	6.1%	0-0-0／1	0%
GⅠ	1-0-2／27	3.7%	0-0-0／0	—

🏇 前走2～4着ならクラス突破のチャンス

条件別勝利割合

穴率	25.5%	平坦芝率	53.9%
芝道悪率	33.6%	晩成率	29.4%
ダ道悪率	28.0%	芝広いコース率	32.0%

🏇 今後さらに晩成率が上がってきそう

🏇 3歳春から上昇、4歳冬に伸びる産駒も

※「春」＝3、4、5月。「夏」＝6、7、8月。「秋」＝9、10、11月。「冬」＝12、1、2月。高齢＝5歳12月以降。

勝利へのポイント

レース間隔10週以上の重賞【0-2-3-23】
芝勝率ワースト／牡馬は東京、牝馬は中京

「叩いて良くなるゴールドシップ」は23年重賞でも炸裂。ゴールデンハインドのフローラS1着や、ユーバーレーベンのAJCC3着は、休み明け3戦目だった。ウインマイティーやウインキートスも、叩き2、3戦目の一変激走がある。「休み明け不振のゴールドシップ」も大事な傾向だが、これはときどき崩れるから、安易に切り捨てないこと。

▶ **牝馬は切れ味、牡馬はジリ脚**

牡馬は1年目の札幌2歳Sワンツー以降、重賞を勝てず、3着から5着が多数。ジリ脚の弱点を抱える。牝馬はユーバーレーベンのオークス優勝など、鋭い切れ味を使い、主に芝1800以上の重賞を賑わせる。スタミナは豊富でステイヤーズSの2着馬も出た。

牡牝の違いは条件戦にも見られ、牡馬は東京芝の3着がやたら多かったり、中山芝は2着が多かったりして、勝率が高いのはローカルの福島や小倉。

牝馬も決め手の甘い馬はいるが、男馬のようなズブさ、勝負どころで動けない弱点は小さい。男馬も女馬も、福島と小倉の芝勝率が高いのは知っておくべきで、坂も関係ありそう。平坦巧者を探せ。

▶ **芝2600得意なスタミナ番長**

23年はマイネルラウレアのような切れ味のある牡馬も登場し始めた。距離が長くなるほど勝率が上がるスタミナ番長で、芝2600だけで16勝の荒稼ぎ。いつ菊花賞馬が出ても不思議のない資質は秘める。

ダートも25勝のうち、ダ1700以上が23勝。そもそもダートは向かないが、忙しい距離はさっぱり。

▶ **積極型のジョッキーで勝負**

ローカルに強いマイネルやウインの馬が多いためか、7月と8月の成績が優秀で、夏は狙いの季節。平坦コースや洋芝が多い影響もあるだろう。

和田や丹内など積極型の騎手に合い、末脚をためすぎる騎手だと持ち味を活かせない。道悪は得意で馬場が悪化するほど複勝率は上がっていく。ただし、フットワークが大きな馬は逆に良くないことも。

パイロ
PYRO

種牡馬ランク　2022年度／第24位　2021年度／第19位　2020年度／第21位

母系は異系色が濃い、注目のエーピーインディ系

2005年生　黒鹿毛　アメリカ産　2023年種付け料▷産駒誕生後400万円

©Darley

現役時代

　北米で通算17戦5勝。フォアゴーS（GⅠ・7F）、ルイジアナ・ダービー（GⅡ・8.5F）、リズンスターS（GⅢ・8.5F）、ノーザンダンサーS（GⅢ・8.5F）。BCジュヴェナイル（GⅠ・8.5F）2着。

　2歳時は4戦1勝。重賞未勝利もシャンペンSとBCジュヴェナイルのGⅠ各2着がある。その実績から3歳春は真一文字にケンタッキー・ダービー路線へ。初戦のリズンスターSで直線一気の末脚を決めて重賞初制覇。続くルイジアナ・ダービーは好位から抜け出しての3馬身差勝ち。この連勝で一躍ケンタッキー・ダービーの有力候補に浮上。

　しかし、最終ステップ戦のブルーグラスSGⅠは初のオールウェザーに手こずったのか10着大敗。それでもケンタッキー・ダービーGⅠでは3番人気に支持されたが、ビッグブラウンの8着に終わった。

　残りの二冠を回避して臨んだノーザンダンサーSで勝利すると、再度3歳王道路線に復帰するも、ジムダンディSGⅡ2着、"真夏のダービー"トラヴァーズSGⅠ3着と勝ちきれなかった。秋には未格付けのBCダートマイルに出走。やはりオールウェザーが合わず6着に敗れている。

　4歳時は7月の一般戦が初戦。ここで2着となり、続くフォアゴーSは本命馬コディアックカウボーイとの末脚勝負を制し、待望のGⅠ制覇を果たした。この後は2年連続サンタアニタ競馬場でのブリーダーズC開催へ。前年同様に新たにGⅠ昇格となったダートマイルに挑んだが、相性の悪いオールウェザー馬場を克服できずに最下位の10着に終わった。

　現役最後の一戦、ダートに戻ってのシガーマイルHはコディアックカウボーイの5着。17戦5勝、2着5回、3着2回、5着1回。ケンタッキー・ダービーを除く3度の大敗はすべてオールウェザーでのもの。

POINT

- 激しい気性のダート向きマイラー
- 内枠→外枠替わりの穴は絶好！
- 牝馬はダ1400とダ1200の軽い馬場

血統背景

父プルピット。産駒にタピット（同馬の項参照）。

母系は半妹に北米GⅡ勝ち馬ウォーエコー。同牝系にアンタブブル（BCディスタフGⅠ）、ラウダシオン（NHKマイルC）ら。母の父ワイルドアゲインは第1回BCクラシック馬。ジャスタウェイの母の父。

代表産駒

メイショウハリオ（22・23帝王賞）、ミューチャリー（21JBCクラシック）、ケンシンコウ（20レパードS）、ビービーバレル（16フェアリーS）、シゲルカガ（15北海道スプリントC）、ラインカリーナ（19関東オークス）、デルマルーヴル（19名古屋GP）。

産駒解説

メイショウハリオの母の父はマンハッタンカフェ、ミューチャリーの母の父はブライアンズタイム。この2頭の種牡馬を父とする牝馬との配合からGⅠ馬が出たのは同父系シニスターミニスターと共通する。さらにアラムシャーやクリプティックラスカル牝馬との配合から重賞勝ち馬を出すなど多様性に富む。

関係者コメント

「メイショウハリオが帝王賞を連覇するなど、安定した成績を残しています。もう18歳ですので、申し込みを制限しながら今年は70頭くらいに付けました。成績が上昇してきたのに比例して、繁殖牝馬の質も上がっています。大手牧場の牝馬が中心になり、これからデビューする2歳世代はもっとレベルが高い。

気性の激しさが周知の事実になったので、その激しさをどう競馬に向けてあげるかが関係者の間でも試行錯誤されるようになり、堅実に走る産駒が増えたり、いい結果につながってきたんだと思います。

どの世代も勝ち上がり率が80%前後と高い水準で推移していますし、重賞勝ち馬8頭のうち6頭が9ハロン以上のダート重賞で勝利し、距離が延びて強いという傾向も出ています。この馬の長所は、なんといっても気持ちの強さ。一度も弱気な姿を見たことがないです。自身はマイル前後を得意としましたが、産駒が長い距

プルピット Pulpit 鹿 1994	エーピーインディ A.P. Indy	Seattle Slew
		Weekend Surprise
	プリーチ Preach	Mr. Prospector
		Narrate (2-f)
ワイルドヴィジョン Wild Vision 鹿 1998	ワイルドアゲイン Wild Again	Icecapade
		Bushel-n-Peck
	キャロルズワンダー Carol's Wonder	Pass the Tab
		Carols Christmas (8-d)

Native Dancer 5×5

種付け年度	種付け頭数	血統登録頭数	種付け料
2022年	131頭	―	300／生
2021年	126頭	68頭	250／生
2020年	141頭	88頭	250／生

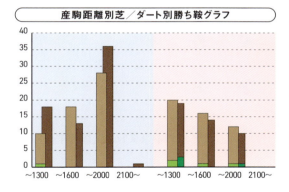

産駒距離別芝／ダート別勝ち鞍グラフ

離で走れるのは精神力の強さがあるからでしょう。負けん気は強いけれど、行きたがるような前向きすぎるところがないのもいいですね。馬込みのなかで闘争心を煽りつつ、最後に差してくる競馬が合っているようです」（ダーレー・ジャパン、23年7月）

特注馬

メイショウハリオ／掲示板を外した唯一の重賞が4歳のチャンピオンズC。出てきたら軽視、大井で買い。

ケンシンコウ／振り幅の大きなムラ馬。重・不良のダート1700か1800で外枠を引けばまだまだ怖い。

ホールシバン／二桁馬番で【3-2-0-1】の外枠ホース。平城京Sはアクシデントで、休み明けは狙い。

パイロ産駒完全データ

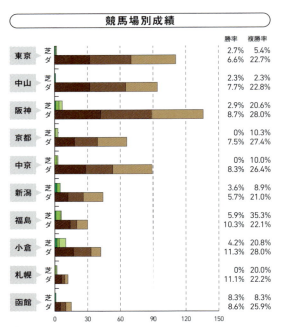

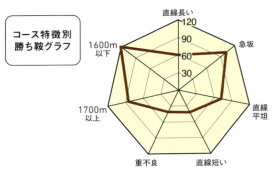

🐎 短距離に適性ある馬がやや多い

得意重賞		不得意重賞	
マーチS	1-2-0／7	東海S	0-0-0／4
レパードS	1-1-1／6	フェブラリーS	0-0-1／7
平安S	0-1-2／7	―	―

🐎 5～7番人気で5連対

競馬場別成績

		勝率	複勝率
東京	芝	2.7%	5.4%
	ダ	6.6%	22.7%
中山	芝	2.3%	2.3%
	ダ	7.7%	22.8%
阪神	芝	2.9%	20.6%
	ダ	8.7%	28.0%
京都	芝	0%	10.3%
	ダ	7.5%	27.4%
中京	芝	0%	10.0%
	ダ	8.3%	26.4%
新潟	芝	3.6%	8.9%
	ダ	5.7%	21.0%
福島	芝	5.9%	35.3%
	ダ	10.3%	22.1%
小倉	芝	4.2%	20.8%
	ダ	11.3%	28.0%
札幌	芝	0%	20.0%
	ダ	11.1%	22.2%
函館	芝	8.3%	8.3%
	ダ	8.6%	25.9%

🐎 ローカルダートの勝率が総じて高め

勝利数上位コース

	コース	着度数	勝率	複勝率
1位	中山ダ1800	18-22-14／180	10.0%	30.0%
2位	阪神ダ1400	17-15-15／161	10.6%	29.2%
3位	東京ダ1400	14-15-23／225	6.2%	23.1%
4位	小倉ダ1700	14-13-7／112	12.5%	30.4%
5位	中山ダ1200	14-11-15／227	6.2%	17.6%

🐎 率的には6位の中京ダ1400(勝率12.8%)

馬場状態別成績

		着度数	勝率	複勝率
芝	良	5-13-11／252	2.0%	11.5%
	稍重	0-1-4／37	0%	13.5%
	重	4-1-0／23	17.4%	21.7%
	不良	0-1-0／4	0%	25.0%
ダ	良	117-120-130／1498	7.8%	24.5%
	稍重	48-38-53／588	8.2%	23.6%
	重	32-21-24／315	10.2%	24.4%
	不良	9-29-18／171	5.3%	32.7%

🐎 スピードを活かせる湿った馬場得意

距離別成績

		着度数	勝率	複勝率
芝	～1200	6-10-10／127	4.7%	20.5%
	1400	1-4-1／66	1.5%	9.1%
	～1600	0-1-4／60	0%	8.3%
	～1800	1-1-0／33	3.0%	6.1%
	2000	1-0-0／15	6.7%	6.7%
	～2400	0-0-0／9	0%	0%
	2500～	0-0-0／6	0%	0%
ダ	～1300	61-50-58／794	7.7%	21.3%
	～1600	60-64-68／762	7.9%	25.2%
	～1900	84-90-94／959	8.8%	27.9%
	2000～	1-4-5／57	1.8%	17.5%

🐎 牡馬は1900mまで、牝馬は1400mまで

1番人気距離別成績

		着度数	勝率	複勝率
芝	～1200	1-3-1／6	16.7%	83.3%
	1400	0-0-0／0	―	―
	～1600	0-0-0／0	―	―
	～1800	0-0-0／0	―	―
	2000	0-0-0／0	―	―
	～2400	0-0-0／0	―	―
	2500～	0-0-0／0	―	―
ダ	～1300	24-11-12／63	38.1%	74.6%
	～1600	14-15-16／70	20.0%	64.3%
	～1900	21-14-8／68	30.9%	63.2%
	2000～	0-0-0／0	―	―

🐎 ダ1700mの勝率38.5%、複勝率69.2%

PYRO

騎手ベスト5（3番人気以内）

	騎手	着度数	勝率	複勝率
1位	松山弘平	11-7-11／43	25.6%	67.4%
2位	戸崎圭太	7-4-5／25	28.0%	64.0%
3位	岩田望来	6-5-0／19	31.6%	57.9%
4位	C.ルメール	6-4-4／23	26.1%	60.9%
5位	田辺裕信	6-4-1／20	30.0%	55.0%

🐎 6位吉田隼は【6-4-1/13】、勝率46.2％!

騎手ベスト5（4番人気以下）

	騎手	着度数	勝率	複勝率
1位	松山弘平	6-4-3／34	17.6%	38.2%
2位	幸英明	5-5-4／56	8.9%	25.0%
3位	丸山元気	3-4-2／27	11.1%	33.3%
4位	杉原誠人	3-2-1／49	6.1%	12.2%
5位	川又賢治	3-2-0／21	14.3%	23.8%

🐎 松山の率がアタマひとつ抜ける

クラス別成績

	芝 着度数	勝率	ダ 着度数	勝率
新馬	2-2-1／44	4.5%	17-20-17／179	9.5%
未勝利	1-2-2／68	1.5%	73-70-89／932	7.8%
1勝	5-4-8／90	5.6%	65-60-53／740	8.8%
2勝	1-3-3／64	1.6%	28-38-29／419	6.7%
3勝	0-1-0／23	0%	14-7-20／148	9.5%
OPEN	0-4-1／17	0%	6-8-10／106	5.7%
GⅢ	0-0-0／4	0%	3-5-6／36	8.3%
GⅡ	0-0-0／3	0%	0-0-0／4	0%
GⅠ	0-0-0／3	0%	0-0-1／8	0%

🐎 中央でもGI級の登場が待たれる

条件別勝利割合

穴率	23.3%	平坦芝率	66.7%
芝道悪率	44.4%	晩成率	44.7%
ダ道悪率	43.2%	芝広いコース率	33.3%

🐎 穴率低めで人気なりに走るタイプ

年齢・季節別勝ち鞍グラフ

🐎 古馬になっても活力落ちず

※「春」=3、4、5月。「夏」=6、7、8月。
「秋」=9、10、11月。「冬」=12、1、2月。高齢=5歳12月以降。

勝利へのポイント

道悪のダート重賞【2-2-4-14】
3勝クラスのダート／前走10着以下が5勝

　メイショウハリオが22、23年の帝王賞を連覇。地方のミューチャリーも21年JBCクラシックに優勝。「ダートの穴血統」というイメージから、今やダート王者を輩出するGI血統の顔を見せている。
　3頭以上が馬券に絡んだ重賞は、レパードS、マーチS、平安S。どれもコーナー4つのダ中距離だ。

▶**単騎逃げや、揉まれない外枠を狙え**
　激しい気性の馬が多く、気分良くハナを切れた時や、外めの枠から出て揉まれない時に、高い能力を発揮する。データを集計すると、外枠が少し上という程度に落ち着くが、二桁馬番しか走らない馬や、凡走後の外枠替わりで変わり身を見せる馬など「外枠のパイロ」は数字以上の破壊力がある。
　逆に逃げ馬には内枠が向く馬もいるから、枠順を重要チェック項目にしよう。芝スタートのダートが苦手な馬も見かけるので、これも観察項目。

▶**牝馬は軽い馬場の短距離で**
　堅実なシニスターミニスターに対して、振り幅の大きいパイロ。これが日本のエーピーインディ系を担う白虎と青龍だ。プルピットを経由すると気性がうるさくなり（パイロ、ラニ、クリエイターなど）、穴っぽさと、人気での危なっかしさが増す。
　重賞の好走は脚抜きの良い馬場に多く、全般に軽いダート向き。牝馬はダ1400とダ1200で稼ぐ。

▶**ダ1600とダ1700は単勝向き**
　先行馬が押しきりやすいダ1700の勝率は、ダ1800よりずっと高い。回収率が高いのは東京ダ1600。条件戦レベルなら、これらの距離の単勝がおいしい。

▶**休み明けか2戦目のフレッシュ狙い**
　勝利の90％以上はダート。2歳から走る早熟性とスピードを持ち、芝の2歳Sでたまに穴をあけるなど、芝馬も少々。牝馬の芝1600の重賞勝ちもある。
　人気薄の好走は、休み明け初戦か、2戦目の変わり身。気性の勝ったスピードタイプによく見られる傾向で、リフレッシュした後の数戦が勝負だ。

パイロ PYRO

125

2022 RANK
25
マジェスティックウォリアー
MAJESTIC WARRIOR

種牡馬ランク　2022年度／第25位　2021年度／第27位　2020年度／第30位

日本で着々と基盤を築くエーピーインディ系の良血馬

2005年生　鹿毛　アメリカ産　2023年種付け料▷受胎確認後180万円（FR）

現役時代

　北米で通算7戦2勝。主な勝ち鞍、ホープフルS（GⅠ・7F）。

　日本からマスターフェンサーが参戦した19年のケンタッキー・ダービーを繰り上がり優勝ながらカントリーハウスで制したW・モット調教師が管理。

　2歳8月にデビュー。ここを中団追走からゴール前で抜け出して3馬身半差勝ち。サラトガ夏季開催の2歳チャンピオン決定戦、ホープフルSは4頭立ての3番人気という低評価だったが、4番手から直線で末脚を伸ばし、1番人気レディズイメージに2馬身1/4差をつけて快勝した。BCジュヴェナイルへ向けての東海岸代表決定戦、シャンペンSGⅠでは本命に推されるが、中団のまま3番人気ウォーパスの6着に敗れ、初黒星を喫した。2着は日本供用のパイロ。

　2歳時は3戦で切り上げ、3歳3月から始動。ケンタッキー・ダービーの南部地区ステップ戦ルイジアナ・ダービーGⅡは中団のまま見せ場なく、パイロの7着に敗退。続くフロリダ地区の代表決定戦、フロリダ・ダービーGⅠも良いところなく6着に終わった。勝ったのはケンタッキー・ダービーとプリークネスSの二冠を制するビッグブラウン。名ばかりのダービートライアル（リステッド）も4着に敗れ、ベルモントS当日のウッディスティーヴンスSGⅡ4着が現役最後の一戦。翌年からクールモアがアメリカで所有するアシュフォードスタッドで種牡馬生活に入った。

　勝ち鞍は2歳時のデビュー戦とホープフルSの2勝。サラトガ夏季開催の2勝は夏に強いエーピーインディ系らしいといえる。エーピーインディ産駒の良血馬。早熟な短距離血統とは思えず、現役を続けてサラトガ名物、"真夏のダービー"ことトラヴァーズSを走ったらどうだったか。

POINT
- ダート1800のGⅢが持ち場
- 牡馬は阪神ダート得意の堅実型
- 牝馬は湿ったダートの成績上昇

エーピーインディ A.P. Indy 黒鹿 1989	シアトルスルー Seattle Slew	Bold Reasoning
		My Charmer
	ウィークエンドサプライズ Weekend Surprise	Secretariat
		Lassie Dear (3-l)
ドリームシュプリーム Dream Supreme 黒鹿 1997	シーキングザゴールド Seeking the Gold	Mr. Prospector
		Con Game
	スピニングラウンド Spinning Round	Dixieland Band
		Take Heart (7-f)

Secretariat 3×4、Bold Ruler 5・4×5、Buckpasser 4×4

血統背景

父エーピーインディ。種牡馬としても種牡馬の父としても大成功し、北米における一大父系に発展させた。

母ドリームシュプリームはバレリーナH、テストSのサラトガ夏季開催のGⅠ2勝含め重賞6勝。祖母スピニングラウンドはバレリーナSGⅠなど重賞4勝。

代表産駒

ベストウォーリア（15南部杯）、プロミストウォリア（23東海S）、スマッシャー（21ユニコーンS）、エアアルマス（20東海S）、サンライズホープ（22みやこS）、ライトウォーリア（21太秦S）、アルファマム（23NST賞）。

産駒解説

母の父別の勝ち鞍数はフジキセキ、スペシャルウィーク、キングカメハメハが上位3頭。フジキセキ牝馬との配合からはプロミストウォリア、アルファマムらを輩出。母父キングカメハメハのスマッシャー、レッドソルダードらは祖母の父がサンデーサイレンス。母系のどこに位置していてもサンデーサイレンスは強い影響力を持っている。とはいえ非SS系の牝馬からベストウォーリアやエアアルマスが出ており、SSの助けを借りなくとも、重賞級を出せるところがマジェスティックウォリアーの優れているところといえる。

関係者コメント

「18歳になりましたが体調面に問題はなく、今シーズンも休むことなく順調に129頭に種付けすることができました。日本での供用も8シーズン目となり上の仔の活躍を受けてリピーターが増えてきた感があります。産駒の評価は総じて高く、過去にはセレクトセールで1億円を超える落札がありましたし、今年も6600万円での落札がありました。

マジェスティックウォリアー自身が大柄というのもありますが、大きな産駒が多い印象です。ただ極端に筋肉ムキムキという馬体ではなく、必要なところにしっかり筋肉がついている馬が多いですね。父のスピード能力が産駒に受け継がれているなと感じています。

来年から整備されるダート三冠に向けて、今年の

種付け年度	種付け頭数	血統登録頭数	種付け料
2022年	126頭	—	180／受・FR
2021年	112頭	71頭	180／受・FR
2020年	175頭	125頭	180／受・FR

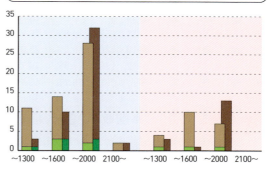

産駒距離別芝／ダート別勝ち鞍グラフ

2歳馬は楽しみな馬が揃っています。中央はもちろん、南関東やホッカイドウ競馬でも強い競馬で勝ち上がっている馬が多数いますし、産駒成績がさらに上がってくるようなポテンシャルの高い種馬だと思います」（23年8月、イーストスタッド）

特注馬

プロミストウォリア／「GⅢがよく似合う血統」という説をくつがえしてほしい。阪神ダ1800ベスト。

アルファマム／ダート短距離の差し馬。左回り、特に新潟得意。人気時より、逃げ馬揃いの時に穴で狙う。

サウンドウォリアー／芝2000得意の先行馬。東京コース以外では3着が多いので、3着付けを有効に。

マジェスティックウォリアー産駒完全データ

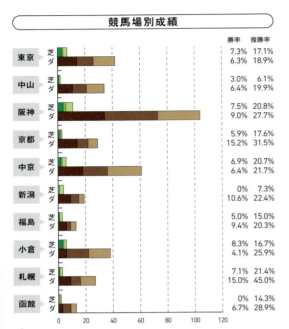

阪神ダートがダントツの回数

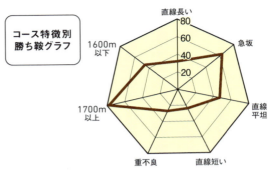

中距離タイプが多い

得意重賞		不得意重賞	
東海S	2-0-0/4	チャンピオンズC	0-0-0/4
—	—	フェブラリーS	0-0-0/3
—	—	レパードS	0-0-0/3

逃げ・先行脚質の好走が多い

勝利数上位コース

	コース	着度数	勝率	複勝率
1位	阪神ダ1800	18-16-11/167	10.8%	26.9%
2位	中京ダ1800	12-8-10/120	10.0%	25.0%
3位	阪神ダ1400	10-16-12/128	7.8%	29.7%
4位	札幌ダ1700	8-6-9/51	15.7%	45.1%
5位	京都ダ1800	8-6-3/44	18.2%	38.6%

札幌ダ1700の単回収率220%超え

馬場状態別成績

		着度数	勝率	複勝率
芝	良	11-7-18/237	4.6%	15.2%
	稍重	2-0-4/47	4.3%	12.8%
	重	3-0-0/16	18.8%	18.8%
	不良	0-1-1/12	0%	16.7%
ダ	良	68-82-78/945	7.2%	24.1%
	稍重	29-22-23/314	9.2%	23.6%
	重	18-15-10/167	10.8%	25.7%
	不良	9-6-20/117	7.7%	29.9%

渋った馬場で複勝率アップ

距離別成績

		着度数	勝率	複勝率
芝	～1200	3-2-4/61	4.9%	14.8%
	1400	1-0-1/28	3.6%	7.1%
	～1600	6-5-5/89	6.7%	18.0%
	～1800	3-0-8/75	4.0%	14.7%
	2000	3-1-5/48	6.3%	18.8%
	～2400	0-0-0/10	0%	0%
	2500～	0-0-0/1	0%	0%
ダ	～1300	18-20-22/295	6.1%	20.3%
	～1600	28-32-37/417	6.7%	23.3%
	～1900	72-63-65/757	9.5%	26.4%
	2000～	6-10-7/74	8.1%	31.1%

最も勝率が高いのはダート2000m

1番人気距離別成績

		着度数	勝率	複勝率
芝	～1200	1-1-0/4	25.0%	50.0%
	1400	0-0-0/0	—	—
	～1600	2-1-1/6	33.3%	66.7%
	～1800	1-0-0/2	50.0%	50.0%
	2000	1-0-0/1	100%	100%
	～2400	0-0-0/0	—	—
	2500～	0-0-0/0	—	—
ダ	～1300	8-4-3/21	38.1%	71.4%
	～1600	8-5-4/33	24.2%	51.5%
	～1900	30-14-11/82	36.6%	67.1%
	2000～	4-4-0/12	33.3%	66.7%

ダート1800m以上の信頼度高い

MAJESTIC WARRIOR

騎手ベスト5（3番人気以内）

	騎手	着度数	勝率	複勝率
1位	川田将雅	7-9-1/25	28.0%	68.0%
2位	松山弘平	7-1-4/24	29.2%	50.0%
3位	幸英明	6-4-6/28	21.4%	57.1%
4位	横山武史	5-1-1/13	38.5%	53.8%
5位	戸崎圭太	5-0-2/12	41.7%	58.3%

勝率は戸崎が圧倒

騎手ベスト5（4番人気以下）

	騎手	着度数	勝率	複勝率
1位	幸英明	5-3-8/51	9.8%	31.4%
2位	岩田望来	3-1-0/24	12.5%	16.7%
3位	坂井瑠星	2-2-1/17	11.8%	29.4%
4位	和田竜二	2-1-5/39	5.1%	20.5%
5位	川又賢治	2-0-1/15	13.3%	20.0%

幸は2桁人気でも要チェック

クラス別成績

	芝 着度数	勝率	ダ 着度数	勝率
新馬	3-2-7/67	4.5%	18-9-18/145	12.4%
未勝利	4-1-4/111	3.6%	47-68-55/726	6.5%
1勝	6-3-9/80	7.5%	27-27-35/396	6.8%
2勝	3-2-2/23	13.0%	15-10-13/133	11.3%
3勝	0-0-1/14	0%	6-10-8/81	7.4%
OPEN	0-0-0/4	0%	5-1-2/28	17.9%
GⅢ	0-0-0/9	0%	4-0-0/23	17.4%
GⅡ	0-0-0/3	0%	2-0-0/4	50.0%
GⅠ	0-0-0/1	0%	0-0-0/7	0%

ダート上級は1着あり、2、3着少ない

条件別勝利割合

穴率	22.9%	平坦芝率	37.5%
芝道悪率	31.3%	晩成率	36.4%
ダ道悪率	45.2%	芝広いコース率	62.5%

ダ道悪率高い

年齢・季節別勝ち鞍グラフ

早い時期から動ける産駒が多数

※「春」=3、4、5月。「夏」=6、7、8月。
「秋」=9、10、11月。「冬」=12、1、2月。高齢=5歳12月以降。

勝利へのポイント

牡馬の阪神ダート／30勝
牝馬のダート1700／単勝回収率191%

　プロミストウォリアがダ1800を5連勝して、23年の東海SとアンタレスSを勝利。集計期間の産駒の重賞勝ちは6つになった。シニスターミニスターでさえ集計期間のJRA重賞は3勝なのに、その倍だ。地方交流重賞より、中央のダートGⅢがよく似合う。

▶**芝もちょっと勝つダート血統**
　勝利の85%がダート。これはエーピーインディ系のなかでは低めの割合で、芝の勝利も15%ある。砂専門血統とまでは言いきれないところが、同父系の種牡馬との違い。芝1600でも6勝している。

▶**牝馬のダート1700を狙え！**
　とはいえ、ダート血統であることは間違いない。牡馬はダ1800の勝ち星がダントツで多く、ダ2100やダ2400の長距離にも良績あり。特に回収率が高いのは、阪神と中京と京都のダ1800だ。
　牝馬はダ1700とダ1400が勝ち星のトップ2で、ダ1800は少々成績が落ちるのが面白い。牝馬のダ1800→ダ1700替わり、またはダ1600→ダ1700替わりは馬券的にかなりおいしいので覚えておこう。距離というより、ローカルの平坦コースや、滞在競馬が合うのかもしれない。札幌ダ1700は大得意だ。

▶**3勝クラスと2勝クラスの人気馬は堅実**
　代表産駒サンライズホープはGⅢなら勝てるが、それ以上に相手が強いと淡白な負け方をする。これは産駒全般に見られる傾向で、エアアルマスやスマッシャーも、堅実さはあるものの競り合いにモロかったり、格上相手を負かす意外性よりは、格下相手にきっちり能力を示すタイプ。3勝クラスや2勝クラスの人気馬は安定して走り、連軸向きだ。

▶**馬体重と馬場状態に注目！**
　大型馬は深いダートも気にしないが、エーピーインディ系らしく湿ったダートが得意な馬も多く、特に480キロ未満の牝馬は、稍重と重のダート成績が格段にアップする。体重にも注目しつつ、良のダート向きか、湿ったダート向きかを見極めよう。

シルバーステート
SILVER STATE

種牡馬ランク　2022年度／第27位　2021年度／第58位

騎手、調教師が今も絶賛する未完の大器

2013年生　青鹿毛　2023年種付け料▷受胎確認後600万円（FR）

現役時代

　中央5戦4勝。主な勝ち鞍、垂水S、オーストラリアT。重賞勝ちはなし。

　2歳7月の中京芝1600でデビュー。のちにヴィクトリアマイルを勝つアドマイヤリードの2着に敗れるが、2戦目の未勝利戦・中京芝1600をレコード勝ち。鞍上は福永祐一。管理したのは藤原英昭調教師。

　10月の京都芝2000の紫菊賞では、単勝1.1倍の断然人気に応えて、3番手から上がり32秒7の末脚を繰り出して完勝。ムチひとつ使わず、持ったままで翌年のクラシックに名乗りを上げた。

　しかし、予定していた共同通信杯の前に左前脚の屈腱炎を発症。長い長い休養期間に入る。

　1年7ヶ月のブランクを経て、復帰戦は4歳5月のオーストラリアT（京都芝1800）。ここもスローペースからあっさりと逃げきり、3勝目。

　続く1600万条件の垂水S（阪神芝1800）は、エテルナミノル、タツゴウゲキなど、後に重賞を勝つことになる馬が揃った好メンバー。それでもシルバーステートの一強は変わらなかった。単勝1.6倍に応えてスタートから先手を取ると、ペースを落とすことなく11秒台のラップを刻み、上がり33秒5でまとめて楽々と逃げきり。またしてもムチなし。1分44秒5の勝ちタイムはタイレコードで、少しでも追っていればレコード更新の走りだった。

　その後、再び屈腱炎を発症。復帰はかなわず、底を見せないまま、5戦4勝で引退となった。

　全戦で手綱をとった福永は、ワグネリアンやコントレイルでダービーを勝った後も「シルバーステートは別格だった。エンジンが規格外だった」と発言しており、このエピソードが伝説めいた"シルバーステート最強説"を作り出している。

POINT
- 桜花賞と皐月賞で上位に入線！
- 芝1600と芝2000の根幹距離得意
- 小回りの内枠を活かす競馬上手

血統背景

父ディープインパクトは同馬の項を参照。

母シルヴァースカヤは仏GⅢロワイヨモン賞とミネルヴ賞の勝ち馬。バゴが勝った2004年の凱旋門賞で8着。半兄にSeville（豪GⅠザメトロポリタン）。

母の半姉デインスカヤはGⅡアスタルテ賞。その仔シックスセンス（京都記念）はディープインパクトの皐月賞で2着、ダービーで3着。

代表産駒

エエヤン（23ニュージーランドT）、ウォーターナビレラ（21ファンタジーS）、セイウンハーデス（23七夕賞）、ショウナンバシット（23若葉S）、ロン（21野路菊S）、コムストックロード（22葵S2着）。

産駒解説

種付け価格の推移、18年は80万円、19年は100万円、20年は120万円、21年は150万円、22、23年は600万円。

23年の皐月賞に3頭出走して、メタルスピードが4着、ショウナンバシットが5着。NHKマイルCにも3頭出走、ダービーには2頭が出走した。これは種付け料100万円だった世代だから、価値がわかる。

セイウンハーデスはサンデーサイレンスの3×3。他にもシルヴァーデューク、リトスなどがこのクロスを持つ。が、成功と呼べるかどうかは微妙なレベル。母父キングヘイローと、母父ロックオブジブラルタルから複数の活躍馬が出ていることにも注目。

関係者コメント

「今年の3歳世代は活躍が目立ち、皐月賞に3頭、NHKマイルCにも3頭出走しました。まだ種付け料が比較的リーズナブルな時の産駒ですから、シルバーステートのポテンシャルの高さかなと思います。22年から種付け料が上がったんですが、それでも200頭付き、これは日本の種牡馬でトップの数字でした。アエロリットや、ドウデュースの母など、GⅠ馬やGⅠ馬の母に付けていただき、この世代の活躍が楽しみです。

馬体はディープインパクト産駒にしては大きいほうで、芝向きのきれいな馬体をしています。道悪が上手

		サンデーサイレンス Sunday Silence	Halo
ディープインパクト 鹿　2002			Wishing Well
		*ウインドインハーヘア Wind in Her Hair	Alzao
			Burghclere　(2-f)
*シルヴァースカヤ Silverskaya 黒鹿　2001		シルヴァーホーク Silver Hawk	Roberto
			Gris Vitesse
		ブブスカイア Boubskaia	Niniski
			Frenetique　(16-g)

Hail to Reason 4×4、Northern Dancer 5×5

種付け年度	種付け頭数	血統登録頭数	種付け料
2022年	200頭	—	600／受・FR
2021年	138頭	81頭	150／受・FR
2020年	165頭	104頭	120／受・FR

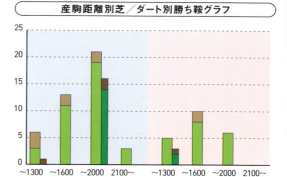
産駒距離別芝／ダート別勝ち鞍グラフ

というデータがあるんですか？　母系はヨーロッパの流れですから、その辺で上手にこなしてくれているのかなと思います。気性の良さがあり、後ろから一気という馬より、前目でセンスある競馬をしてくれる馬が多いですよね」（優駿スタリオン、23年7月）

特注馬

エエヤン／中山3戦全勝、東京3戦0勝。もう中山だけ買ったらええやん。ダービー卿CTはぴったり。

セイウンハーデス／レース間隔9週以上のローテは新馬を含めて【3-1-0-1】。休み明けは買い。

ショウナンバシット／母父サドラー系で道悪巧者。タイムの速い芝も走れるのか注目。阪神ベスト。

シルバーステート産駒完全データ

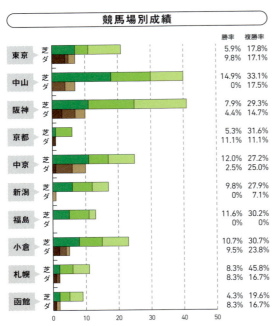

中山芝の良績が顕著

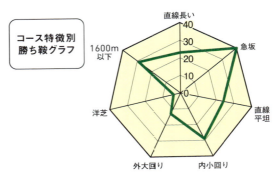

急坂コースで馬力を活かす

得意重賞	不得意重賞
今のところなし	今のところなし

阪神芝1600重賞【0-2-1／7】

勝利数上位コース

	コース	着度数	勝率	複勝率
1位	中山芝1600	9-3-6／44	20.5%	40.9%
2位	小倉芝2000	6-3-1／26	23.1%	38.5%
3位	中京芝2000	6-1-6／35	17.1%	37.1%
4位	阪神芝2000	5-4-4／34	14.7%	38.2%
5位	福島芝1800	4-3-0／13	30.8%	53.8%

芝2000mが3コースランクイン

馬場状態別成績

		着度数	勝率	複勝率
芝	良	57-46-51／550	10.4%	28.0%
	稍重	9-16-12／138	6.5%	26.8%
	重	4-4-4／41	9.8%	29.3%
	不良	1-1-1／10	10.0%	30.0%
ダ	良	9-9-10／153	5.9%	18.3%
	稍重	1-4-2／52	1.9%	13.5%
	重	2-2-2／35	5.7%	17.1%
	不良	1-2-1／27	3.7%	14.8%

芝の道悪は苦にしない産駒が多い

距離別成績

		着度数	勝率	複勝率
芝	～1200	10-6-9／116	8.6%	21.6%
	1400	6-3-9／85	7.1%	21.2%
	～1600	13-11-13／159	8.2%	23.3%
	～1800	12-14-14／139	8.6%	28.8%
	2000	27-20-16／175	15.4%	36.0%
	～2400	3-11-5／57	5.3%	33.3%
	2500～	0-2-2／8	0%	50.0%
ダ	～1300	5-5-10／94	5.3%	21.3%
	～1600	4-1-1／62	6.5%	9.7%
	～1900	4-11-4／102	3.9%	18.6%
	2000～	0-0-0／9	0%	0%

芝2000mでは人気薄もカバー必要

1番人気距離別成績

		着度数	勝率	複勝率
芝	～1200	3-1-0／6	50.0%	66.7%
	1400	1-2-0／7	14.3%	42.9%
	～1600	2-3-1／7	28.6%	85.7%
	～1800	6-5-3／19	31.6%	73.7%
	2000	8-4-2／22	36.4%	63.6%
	～2400	1-4-1／8	12.5%	75.0%
	2500～	0-1-1／2	0%	100%
ダ	～1300	2-1-0／5	40.0%	60.0%
	～1600	0-0-0／0	—	—
	～1900	2-0-0／5	40.0%	40.0%
	2000～	0-0-0／0	—	—

芝2000mの1、2番人気の信頼度高い

SILVER STATE

騎手ベスト5（3番人気以内）

	騎手	着度数	勝率	複勝率
1位	福永祐一	8-0-2／12	66.7%	83.3%
2位	武豊	5-4-3／21	23.8%	57.1%
3位	C.ルメール	4-2-1／9	44.4%	77.8%
4位	戸崎圭太	4-1-1／9	44.4%	66.7%
5位	M.デムーロ	4-0-2／11	36.4%	54.5%

🐎 主戦だった福永元騎手がダントツの成績

騎手ベスト5（4番人気以下）

	騎手	着度数	勝率	複勝率
1位	吉田隼人	3-1-1／12	25.0%	41.7%
2位	杉原誠人	2-2-0／9	22.2%	44.4%
3位	幸英明	2-1-2／21	9.5%	23.8%
4位	木幡巧也	2-0-1／13	15.4%	23.1%
5位	石川裕紀人	2-0-1／12	16.7%	25.0%

🐎 吉田隼の3勝は6番人気以下

クラス別成績

芝	着度数	勝率	ダ	着度数	勝率
新馬	10-11-16／126	7.9%		5-1-2／20	25.0%
未勝利	32-34-34／369	8.7%		6-13-12／203	3.0%
1勝	16-9-8／113	14.2%		2-3-1／41	4.9%
2勝	4-3-4／37	10.8%		0-0-0／3	0%
3勝	3-0-0／6	50.0%		0-0-0／0	―
OPEN	4-5-3／35	11.4%		0-0-0／0	―
GⅢ	1-4-1／24	4.2%		0-0-0／0	―
GⅡ	1-0-1／13	7.7%		0-0-0／0	―
GⅠ	0-1-1／16	0%		0-0-0／0	―

🐎 芝は重賞の壁も感じられず

条件別勝利割合

穴率	20.2%	平坦芝率	33.8%
芝道悪率	19.7%	晩成率	16.7%
ダ道悪率	30.8%	芝広いコース率	35.2%

🐎 穴率低く、1・2人気の勝率高い

年齢・季節別勝ち鞍グラフ

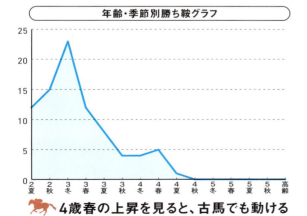

🐎 4歳春の上昇を見ると、古馬でも動ける

※「春」＝3、4、5月。「夏」＝6、7、8月。
「秋」＝9、10、11月。「冬」＝12、1、2月。高齢＝5歳12月以降。

勝利へのポイント

芝の勝率、中山／15％、東京／6％
5番人気以下／17勝のうち、1枠から4枠／12勝

1年目産駒から桜花賞2着のウォーターナビレラと、プリンシパルS1着のセイウンハーデス（のちに七夕賞を勝利）。2年目産駒は皐月賞に3頭が駒を進め、メタルスピード4着、ショウナンバシット5着。NHKマイルCも3頭出走して、カルロヴェローチェ5着。3歳春のGⅠ路線に確実に産駒を送り込んでくる。

▶短い直線コースを勝ち切る
競馬場成績に偏りがある。芝の勝率が高いのは、中山、中京、福島。低いのは、東京、京都、函館。直線の短いコースが優勢で、長いコースはいまひとつ。まだ2世代のデータしかない段階で、これをどう判断するかは微妙も、中山芝1600で強い勝ち方をしたエエヤンが東京のNHKマイルCでは伸びなかったなどの例がある。先行策から王道の競馬をする馬が多いため、直線が長いと末脚が甘くなるだけかも知れず、差し馬なら東京や京都も走るだろう。コース成績や、追い出してからの脚の長さを観察。

▶根幹距離の芝1600と芝2000！
牡馬の勝利数上位は、芝2000、芝1800、芝1600。
牝馬の勝利数上位は、芝1200、芝2000、芝1600。
根幹距離で1着が多く、非根幹距離は2着や3着が多くなるという傾向が、あるような、ないような……。5番人気以下に絞ると、芝2000と芝1600が好成績で、芝1800と芝1400は落ちるから、それほど怪しい説ではない。マイルと2000mを狙おう。

▶内枠買い、道悪はプラス
好位差しができるため、内枠が良い。芝の勝率トップ3は、1枠、3枠、2枠。これを5番人気で調べても、1枠を筆頭に、内枠の穴勝利が多い。
全般に人気通りに走る血統で、1番人気の信頼度は高いほう。前走着順の良い馬を素直に買うべきで、連勝の多さも特徴だ。バトルボーンは4連勝、テーオーソラネルは3連勝した。好調馬に乗ろう。
道悪の芝重賞は【1-3-1-12】。良は【1-2-2-31】だから、馬券になる率は大幅アップする。

注目の
有力種牡馬

2022 RANK 22

エイシンフラッシュ EISHIN FLASH

一瞬の脚で輝いたスローの王者
東京のイン突きでGI2勝

2007年生　黒鹿毛
2023年種付け料▷受胎確認後80万円（FR）

POINT
- 道悪特注！　タフな馬場で出番
- 人気薄の逃げ馬は小回り向き
- ムラ駆けの短距離馬が何度も穴

*キングズベスト King's Best 鹿　1997	キングマンボ Kingmambo	Mr. Prospector
		Miesque
	アレグレッタ Allegretta	Lombard
		Anatevka (9-h)
*ムーンレディ Moonlady 黒鹿　1997	プラティニ Platini	Surumu
		Prairie Darling
	ミッドナイトフィーヴァー Midnight Fever	Sure Blade
		Majoritat (8-a)

Birkhahn 5×5

エイシンフラッシュ産駒完全データ

●最適コース
牡／中山芝2000、東京ダ1400
牝／小倉芝1200、阪神芝1400

●距離別・道悪

芝10～12	29-20-19／415	D10～13	15-11-14／395
芝14～16	34-37-36／688	D14～16	18-20-12／321
芝17～20	55-55-50／951	D17～19	30-42-35／582
芝21～	10-7-19／210	D20～	4-8-7／77
芝道悪	40-31-35／549	D道悪	25-26-29／555

●人気別回収率

1人気	単63%・複72%		36-24-16／133
2～4人気	単72%・複70%		88-73-73／631
5人気～	単71%・複63%		71-103-103／2875

●条件別・勝利割合

穴率	36.4%	平坦芝率	46.1%
芝道悪率	31.3%	晩成率	35.9%
ダ道悪率	37.3%	芝広いコース率	39.1%

●コース別成績

東京	芝／17-19-18／365	D／13-14-10／257
中山	芝／18-20-14／293	D／6-13-8／270
京都	芝／10-8-10／185	D／4-5-5／76
阪神	芝／17-18-17／320	D／12-15-11／215
ローカル	芝／66-54-65／1101	D／32-34-34／557

現役時代

　国内25戦6勝、海外2戦0勝。主な勝ち鞍、日本ダービー、天皇賞・秋、毎日王冠、京成杯。有馬記念2着、天皇賞・春2着、皐月賞3着。
　黒々と均整の取れた馬体で、まずは京成杯を勝利。皐月賞はヴィクトワールピサの3着に追い込む。7番人気のダービーは前年のリーディング内田博幸を鞍上に、1600M1分41秒1の超スロー。1枠1番を活かしてインで脚をため、上がり32秒7の瞬発力でローズキングダムとの競り合いを制した。4歳は春天2着、宝塚記念3着、有馬記念2着。5歳でドバイワールドC6着。
　天覧競馬となった5歳秋の天皇賞。シルポートが20馬身近い大逃げを打つなか、ダービーの再現のように直線はインを突き、上がり33秒1の快勝。ウイニングランのデムーロは緑のキャップを脱いで下馬。両陛下に向かってヒザまずき、深々と一礼した。

血統背景

　父キングズベストは英2000ギニー優勝。代表産駒にワークフォース（英ダービー、凱旋門賞）など。
　母ムーンレディはドイツセントレジャー（独GⅡ・芝2800M）、ロングアイランドH（米GⅡ・ダ11F）など重賞4勝。母の父プラティニはメルクフィンク銀賞、ミラノ大賞など、芝2400のGⅠを勝ったドイツの一流馬。93年JCで4着。

代表産駒

　ヴェラアズール（22ジャパンC）、オニャンコポン（京成杯）。

特注馬

オニャンコポン／人気を集めやすいタイプも、高速馬場ではちょっと足らず、道悪や冬の中山・阪神向き。
エイシンギアアップ／ダート1400のスペシャリスト。二桁馬番を引いたときや、4、5月頃の成績がいい。
トーホウジュナール／母は芝1200重賞の勝ち馬で、ローカルの短距離が得意。1分9秒以上かかる決着に向く。

勝利へのポイント

芝の勝率上位／小倉、中京、中山

　22年はヴェラアズールがジャパンC勝利。しかし産駒の全体像をつかむには、この馬は例外扱いしたほうがいい。芝の重不良が抜群に得意なほか、京成杯1着のオニャンコポン、中山金杯2着のココロノトウダイなど、時計の速くない馬場や、内回りの中距離戦ベストの馬が多い。阪神芝2000の忘れな草2着のルタンブル、東京芝1800の共同通信杯3着のエイムアンドエンドなども出ている。
　芝の短距離を主戦場にする馬も多く、1度穴をあけた馬は2度3度と激走する穴メイカー。ハイペースの耐久力があるので、末脚をためずに前で勝負すると大駆けがある。軽ハンデや、積極的に前へ行く減量騎手への乗り替わりは買い。芝なら2000と1200、ダートなら1700と1400が高勝率。

ホッコータルマエ HOKKO TARUMAE

日本競馬初のGI10勝を果たした キンカメ産駒の最強ダート馬

2009年生　鹿毛
2023年種付け料▷受胎確認後300万円 (FR)

POINT
ダートの2000m以上は高確率!
パワーとスタミナは交流重賞向き
使われて良くなる地道な出世コース

キングカメハメハ 鹿 2001	キングマンボ Kingmambo	Mr. Prospector
		Miesque
	*マンファス Manfath	*ラストタイクーン
		Pilot Bird (22-d)
マダムチェロキー 鹿 2001	チェロキーラン Cherokee Run	Runaway Groom
		Cherokee Dame
	*アンフォイルド Unfoiled	Unbridled
		Bold Foil (9-e)

Mr. Prospector 3×5、Northern Dancer 5・5（父方）

ホッコータルマエ産駒完全データ

●最適コース
牡／阪神ダ2000、中山ダ1800
牝／阪神ダ1400、東京ダ1600

●距離別・道悪
芝10〜12	1-2-0／25	D10〜13	13-21-22／236
芝14〜16	0-2-2／22	D14〜16	22-18-22／261
芝17〜20	0-0-0／23	D17〜19	62-48-48／656
芝21〜	0-0-0／2	D20〜	13-8-13／101
芝道悪	1-3-2／31	D道悪	46-39-40／491

●人気別回収率
1人気	単63%・複78%	31-16-12／95
2〜4人気	単77%・複81%	49-48-46／338
5人気〜	単112%・複78%	31-35-49／893

●条件別・勝利割合
穴率	27.9%	平坦芝率	－％
芝道悪率	100%	晩成率	27.9%
ダ道悪率	41.8%	芝広いコース率	－％

●コース別成績
東京	芝／0-0-1／12	D／20-13-23／242
中山	芝／1-2-0／11	D／18-15-15／212
京都	芝／0-0-0／4	D／1-2-2／31
阪神	芝／0-0-0／6	D／27-21-20／279
ローカル	芝／0-2-1／39	D／44-44-45／490

現役時代

　中央、地方交流で36戦17勝、UAE3戦0勝。主な勝ち鞍、チャンピオンズC、JBCクラシック、東京大賞典（2回）、帝王賞（2回）、川崎記念（3回）、かしわ記念。ダートGIを10勝、重賞を14勝。

　まず5歳、6歳、7歳と3度のドバイワールドC出走の敢闘を讃えよう。1度目の14年は最下位に敗れ、レース後にストレス性の腸炎を発症。15年は「内を走るカメラを気にして、顔は横向きながら走り」5着に善戦した。

　国内では無敵を誇り、ダートの中長距離GIを計10勝という偉業だけでも本馬を語るに十分。上記の重賞のほかにも、5歳のフェブラリーS2着。ジャパンCダートでも3着2回。39戦中34戦で幸英明が手綱をとった。

　名勝負と謳われるのが3連覇を達成した16年の川崎記念。前走の東京大賞典で敗れたサウンドトゥルーと人気を分け合い、直線は2頭の一騎打ち。頭差で内のホッコータルマエが凌いだ。

血統背景

　父キングカメハメハは同馬の項を参照。後継種牡馬となったダートのGIホースは他にベルシャザール、ハタノヴァンクール、タイセイレジェンドなど。

　母マダムチェロキーは中央4勝。母の父チェロキーランはブラッシンググルームの父系で、北米のダート重賞を5勝。

代表産駒

　レディバグ（栗東S）、ギャルダル（東京ダービー2着）、ブリッツファング（兵庫CS、ジャパンDダービー3着）。

特注馬

レディバグ／「川崎の交流重賞を勝てそう」と書いたら、川崎ダ1600のスパーキングLCを快勝！左回り得意。
ブリッツファング／母父バゴでブラッシンググルームの5×4。ダート2000m以上の長距離で狙いたい。
ダッシュダクラウン／展開次第の差し馬でアテにならないが、中京なら堅実に差してくる。ヒモに混ぜよう。

勝利へのポイント

ダート2000以上／13勝

　全111勝のうち、ダート110勝の砂専用血統。オープン勝ちはレディバグのダ1400栗東S、メイショウフンジンのダ2000仁川Sなど。ブリッツファングやゴライコウの交流重賞勝ちもある。

　勝利数が多いのはダ1800。特に牡馬はズブさがあり、スタミナのいるレース向き。阪神ダ2000や東京ダ2100の好走率が高いから、距離延長を狙おう。牝馬はダ1400やダ1600が好調で、仕上がりの早さとスピードを持つ。全般に勝ち上がりは遅めも、堅実さと成長力はあり、地道にクラスを上がっていく。重不良のダートもよく穴になる。

　基本的に穴血統で、使われながらの変わり身が目立つ。叩かれて上昇する馬をマーク。勝ち方が地味でも、堅実型は格上げ戦から通用する。

2022 RANK 28

ディスクリートキャット DISCREET CAT

UAEダービーを圧勝した
2006年の3歳ワールドチャンピオン

POINT
- 2歳重賞をにぎわせる早熟スピード!
- 重不良のダ1200からダ1600合う
- リフレッシュ後の休み明けを狙え

©Darley

フォレストリー Forestry 鹿　1996	ストームキャット Storm Cat	Storm Bird
		Terlingua
	シェアードインタレスト Shared Interest	Pleasant Colony
		Surgery　（13-c）
プリティディスクリート Pretty Discreet 鹿　1992	プライヴェートアカウント Private Account	Damascus
		Numbered Account
	プリティ パースウェイシヴ Pretty Persuasive	Believe It
		Bury the Hatchet（2-n）

Northern Dancer 4×5、Buckpasser 4・5（母方）、
Bold Ruler 5・5（父方）、Ribot 5×5

2003年生　鹿毛　アメリカ産　2023年死亡
2023年種付け料▷産駒誕生後150万円

ディスクリートキャット産駒完全データ

●最適コース
牡／中山ダ1200、東京芝1600
牝／中京ダ1400、中京芝1400

●距離別・道悪
芝10〜12	───	8-17-12／187	D10〜13	───	32-29-31／360
芝14〜16	───	12-10-7／137	D14〜16	───	24-20-27／292
芝17〜20	───	1-3-3／63	D17〜19	───	13-17-18／215
芝21〜	───	0-0-0／7	D20〜	───	1-2-0／16
芝道悪	───	6-9-9／102	D道悪	───	30-34-23／341

●人気別回収率
1人気	───	単81%・複73%	───	34-10-10／94
2〜4人気	───	単73%・複83%	───	36-55-37／294
5人気〜	───	単57%・複79%	───	21-33-51／889

●条件別・勝利割合
穴率	───	23.1%	平坦芝率	───	33.3%
芝道悪率	───	28.6%	晩成率	───	31.9%
ダ道悪率	───	42.9%	芝広いコース率	───	71.4%

●コース別成績
東京	芝／3-3-2／56	D／15-15-21／189
中山	芝／1-4-5／55	D／15-12-11／153
京都	芝／0-1-0／12	D／0-1-1／27
阪神	芝／3-6-3／46	D／11-11-16／177
ローカル	芝／14-16-12／225	D／29-29-27／337

現役時代

　北米、UAEで通算9戦6勝。主な勝ち鞍、シガーマイルH（GⅠ・8F）、ジェロームBCH（GⅡ・8F）、UAEダービー（GⅡ・1800M）。
　2歳8月のデビューから3戦目で挑戦したUAEダービーは、無敗のウルグアイ三冠馬インヴァソール、日本馬フラムドパシオンらを相手に、4番手追走から直線残り400Mで抜け出し、2着テスティモニーに6馬身差を付けて楽勝。3着フラムドパシオン、4着インヴァソール。
　米三冠は回避し、夏のサラトガを叩かれて参戦したジェロームBCHでは他馬より8ポンド以上重い124ポンドのハンデながら2着に10馬身以上の差を付けて逃げ切った。続くシガーマイルHもトップハンデで勝利。ここまで2着馬に付けた着差の合計は38馬身。
　4歳時のドバイ遠征で呼吸器系の疾患が判明。北米に戻り復帰するも、初戦、そして新設されたBCダートマイルともに3着に終わり、現役を退くこととなった。

血統背景

　父フォレストリー。産駒にプリークネスS馬シャクルフォード。母系は母プリティディスクリートがGⅠアラバマS、半兄ディスクリートマインがGⅠキングズビショップSの勝ち馬。

代表産駒

　オオバンブルマイ（京王杯2歳S）、エアハリファ（根岸S）、コンバスチョン（全日本2歳優駿2着）、ルチェカリーナ（アネモネS3着）、スズカコテキタイ（千葉S）。

特注馬

オオバンブルマイ／勘でしかないが、今後は前哨戦の芝1400が狙い目、GⅠの芝1600は過信禁物なのでは。
メイショウユズルハ／ダート戦線で長く穴をあける存在になりそう。中枠や、左回りはプラス材料。
コンバスチョン／母の半妹ファッショニスタは交流GⅠを優勝。川崎や大井のダート重賞に合うはず。

勝利へのポイント

ダートの高勝率／新潟、中京、中山

　23年はオオバンブルマイがアーリントンC1着、NHKマイルC3着。ワールドバローズもそうだが、母父ディープなら芝1600でも切れ味を使う。輸入前の産駒エアハリファは根岸Sを勝ち、コンバスチョンは交流GⅠの全日本2歳優駿2着。2歳夏からスピードを発揮する早熟性が長所だ。
　勝ち鞍が多いのはダ1200やダ1400。全般に左回りが優秀で、ダートなら新潟、中京が好成績。芝も中京の成績がいい。ダートの重不良は買い。
　行きたがる気性を持ち、精神面が幼いままなら短距離のムラ駆けが続く。気性が成長すれば中距離も走れる裏付けはあり、ダ2100や芝2000でも馬券になる。特注ローテは、短期休養リフレッシュした馬の休み明け初戦や2戦目。頭から狙える。

イスラボニータ ISLA BONITA

フジキセキ産駒最後の、そして最強の後継者

2011年生 黒鹿毛
2023年種付け料▷受胎確認後150万円（FR）

POINT
- 内枠を活かせるレース上手
- ダートの人気馬は芝より堅実
- 牡馬の距離延長に要注意

フジキセキ 青鹿 1992	*サンデーサイレンス Sunday Silence	Halo
		Wishing Well
	*ミルレーサー Millracer	Le Fabuleux
		Marston's Mill (22-d)
*イスラコジーン Isla Cozzene 鹿 2002	コジーン Cozzene	Caro
		Ride the Trails
	イスラムヘレス Isla Mujeres	Crafty Prospector
		Lido Isle (4-n)

In Reality 4×5

イスラボニータ産駒完全データ

●最適コース
牡／中山芝1600、東京ダ1600
牝／中山ダ1200、阪神芝1600

●距離別・道悪
芝10～12 ──── 9-11-11／159　　D10～13 ──── 17-15-15／162
芝14～16 ──── 32-25-24／276　　D14～16 ──── 6-9-10／114
芝17～20 ──── 8-8-14／122　　D17～19 ──── 9-7-6／112
芝21～ ──── 0-1-1／16　　D20～ ──── 1-2-2／10
芝道悪 ──── 12-12-12／135　　D道悪 ──── 9-10-13／135

●人気別回収率
1人気 ──── 単83%・複93% ──── 31-18-11／83
2～4人気 ──── 単77%・複79% ──── 36-37-38／254
5人気～ ──── 単63%・複64% ──── 15-23-34／634

●条件別・勝利割合
穴率 ──── 18.3%　　平坦芝率 ──── 28.6%
芝道悪率 ──── 24.5%　　晩成率 ──── 19.5%
ダ道悪率 ──── 27.3%　　芝広いコース率 ──── 59.2%

●コース別成績
東京 ── 芝／12-11-9／99　　D／7-9-10／84
中山 ── 芝／7-6-4／64　　D／11-8-12／98
京都 ── 芝／1-0-1／14　　D／0-1-0／9
阪神 ── 芝／7-6-14／110　　D／5-5-2／77
ローカル ── 芝／22-22-22／286　　D／10-10-9／130

現役時代

中央25戦8勝。主な勝ち鞍、皐月賞、セントライト記念、マイラーズC、阪神C、共同通信杯、東京スポーツ杯2歳S。ダービー2着、マイルCS2着。

東スポ杯2歳Sをレコード勝ち。3歳初戦の共同通信杯も好位から抜けて重賞連勝。ここまで5戦4勝。

14年皐月賞は、1枠から内で折り合いつつ、中団の外へ持ち出す蛯名正義の巧みな位置取り。4角では大外に進路を取り、1番人気のトゥザワールドに弾かれる場面もあったが、ひるまず抜け出して優勝した。

ダービーは持ったまま直線で先頭に立つも、外から並びかけたワンアンドオンリーと一騎打ちで惜敗。

秋はセントライト記念を制し、天皇賞・秋はスピルバーグの3着。4歳のマイルCS3着、5歳のマイルCS2着など勝てない時期が続く中、父フジキセキ死亡のニュース。種牡馬入りを待望されたが、陣営は現役にこだわり、6歳でマイラーズCと阪神Cを勝利した。

血統背景

父フジキセキは4戦無敗、朝日杯3歳Sと弥生賞の勝ち馬。
母イスラコジーンは米国2勝。芝8.5Fのリステッドを勝ち、シーザリオが勝ったアメリカンオークスで逃げを打った。
母の父コジーンは85年BCマイル優勝。アドマイヤコジーン（安田記念）やローブデコルテ（オークス）の父。

代表産駒

プルパレイ（ファルコンS）、バトルクライ（ユニコーンS3着）、ニシノレバンテ（福島2歳S2着）。

特注馬

ヤマニンサルバム／母は左回りが得意で、その特性を受け継いでいる。中京のスローのオープン特別で狙う。
コスタボニータ／23年7月まで稍重【3-0-1-0】、良馬場【1-2-1-4】。時計のかかる馬場や洋芝が合う。
リサリサ／ビリーヴやジャンダルムと同じ一族の牝馬。芝1400の内枠がベストか。

勝利へのポイント

芝49勝のうち、1枠から4枠／30勝

23年前半は京成杯2着、根岸S3着、阪神牝馬S3着など。芝ダート兼用のパワーマイラーだ。

重賞勝ちはプルパレイのファルコンS。1枠から最内を抜け出したレースは、フジキセキ産駒でよく見た光景だった。内枠を活かせる長所があり、芝の勝利は内枠多数。コスタボニータのクイーンS3着も1枠だ。ただし快足の印象はなく、牡馬は1400から2000m、牝馬は1200から1800mがいい。

ダートでもユニコーンS3着のバトルクライや、3勝馬が多数出ており、適性は十分。いずれはキンシャサノキセキのようにダートの勝利数が上回るのかも知れない。人気馬はダートのほうが堅実で、良と稍重のダートがいい。下級条件では中1週や中2週の間隔を詰めたローテで穴になる。

2022 RANK 30

マクフィ MAKFI

**全盛期の鬼姫
ゴルディコヴァを破った本命殺し**

2007年生　鹿毛　イギリス産
2023年種付け料▷200万円（不受返・不生返）

POINT
牡馬はダート、牝馬は芝ダート半々
時計速い東京と中京のダート得意！
芝なら2歳戦か、新潟の直千コース

ドバウィ Dubawi 鹿 2002	ドバイミレニアム Dubai Millennium	Seeking the Gold
		Colorado Dancer
	ゾマラダー Zomaradah	Deploy
		Jawaher (9-e)
デラール Dhelaal 鹿 2002	グリーンデザート Green Desert	Danzig
		Foreign Courier
	アイリッシュヴァレイ Irish Valley	Irish River
		Green Valley (16-c)

Northern Dancer 5×4、Never Bend 5・5（母方）

現役時代

フランス、イギリスで通算6戦4勝。主な勝ち鞍、英2000ギニー（GI・8F）、ジャックルマロワ賞（GI・1600M）、ジェベル賞（GⅢ・1400M）。

フランス調教馬ながら果敢に挑んだ英2000ギニーは後方待機策からゴール前で抜けだして優勝した。続くセントジェームズパレスSで7着に敗れたが、フランスへ戻ってのジャックルマロワ賞ではマイルの鬼姫ゴルディコヴァを破る大金星。1999年の祖父ドバイミレニアム、2005年の父ドバウィに続く、三代にわたるジャックルマロワ賞制覇を果たした。再びイギリスへ遠征してのクイーンエリザベス2世Sは5着。この後は北米へ遠征してのBCマイルを選択肢としていたが、完全な体調で臨める保証がないことで現役引退。英2000ギニーは34倍、ジャックルマロワ賞は8倍での勝利。本命殺しの一方、2度の敗戦は本命での出走だった。

血統背景

父ドバウィは同馬の項参照。
母デラールの半兄にアルハース（デューハーストSGI）。近親にケープリズバーン（TCK女王盃）、ジェダイト（忘れな草賞）、グリーンダンサー（名種牡馬）。一族にオーソライズド（英ダービーGI）、ソレミア（凱旋門賞GI）。

代表産駒

オールアットワンス（アイビスSD）、ルーチェドーロ（端午S）、カレンロマチェンコ（昇竜S）、ヴィジュネル（橘S2着）、メイクビリーヴ（同馬の項参照）。

特注馬

ヴァルツァーシャル／馬場と展開で振り幅の大きいダート馬。休み明けと、東京ダ1600は買い。
ヴィジュネル／昨年版に「時計遅めの芝1400や芝1600なら」としたら重の谷川岳Sで穴の2着。今後も同じ。
エーティーマクフィ／母父ハーツクライでまだ強くなりそう。芝スタートのダートコースに合う。

マクフィ産駒完全データ

●最適コース
牡／東京ダ1600、中京ダ1400
牝／東京芝1400、小倉ダ1700

●距離別・道悪

芝10〜12	14-15-20／169	D10〜13	13-13-14／230
芝14〜16	14-18-10／186	D14〜16	26-14-25／276
芝17〜20	4-9-8／93	D17〜19	25-26-27／336
芝21〜	0-3-0／9	D20〜	1-0-1／14
芝道悪	12-9-14／119	D道悪	27-14-16／318

●人気別回収率

1人気	単111%・複94%	33-15-9／84
2〜4人気	単59%・複83%	32-47-46／296
5人気〜	単99%・複74%	32-36-50／933

●条件別・勝利割合

穴率	33.0%	平坦芝率	50.0%
芝道悪率	37.5%	晩成率	32.0%
ダ道悪率	41.5%	芝広いコース率	34.4%

●コース別成績

東京	芝／7-8-5／86	D／15-8-20／172
中山	芝／4-4-6／55	D／3-8-7／135
京都	芝／1-1-0／13	D／1-1-1／26
阪神	芝／2-2-2／45	D／10-6-12／153
ローカル	芝／18-30-25／258	D／36-30-27／370

勝利へのポイント

牡／芝11勝、ダ45勝、牝／芝21勝、ダ20勝

牡馬はダート馬多数、牝馬は芝馬も半分。ドバウィ系は欧州で大成功してるのに、日本では軽い芝向きの瞬発力が足りず、深いダートも合わず、洋芝や軽いダート向きのマイラーが中心だ。

重賞2勝はアイビスSDのオールアットワンス。同じドバウィ系モンテロッソも22年の勝ち馬を出し、脚をためずに持続させる能力が直千に合う。

2歳夏の芝1200から走り、快速馬の登場を思わせながら、勝ち鞍はダ1600やダ1400が多くなっていく。得意コースは東京ダ1600、中京ダ1400で、ここは狙い目。一方、東京芝1600【1-1-0-22】、中京ダ1200【0-0-0-25】、中山ダ1200【1-5-2-63】は不振。おすすめは時計かかる深いダート→脚抜きのいいダート替わり。東京は得意だ。

2022 RANK 31

ビッグアーサー BIG ARTHUR

5歳の高松宮記念で初重賞制覇の晩成スプリンター

2011年生　鹿毛
2023年種付け料▷受胎確認後150万円 (FR)

POINT
2歳重賞をにぎわす快速スピード！
芝1200と1400を差すスプリンター
福島と小倉と函館の芝1200で稼ぐ

サクラバクシンオー	サクラユタカオー	*テスコボーイ
鹿 1989		アンジェリカ
	サクラハゴロモ	*ノーザンテースト
		*クリアアンバー (4-m)
*シヤボナ	*キングマンボ	Mr. Prospector
Siyabona	Kingmambo	Miesque
鹿 2005	レリッシュ	Sadler's Wells
	Relish	Reloy (10-e)

Northern Dancer 4×5・4、Special 5・5（母方）

ビッグアーサー産駒完全データ

●最適コース
牡／阪神芝1200、福島芝1200
牝／函館芝1200、阪神ダ1200

●距離別・道悪
芝10〜12　　33-26-24／265　　D10〜13　　11-9-13／200
芝14〜16　　4-7-9／120　　　　D14〜16　　4-4-6／105
芝17〜20　　0-0-0／6　　　　　D17〜19　　1-2-2／37
芝21〜　　　0-0-0／0　　　　　D20〜　　　0-2-0／5
芝道悪　　　13-8-9／117　　　　D道悪　　　12-7-7／158

●人気別回収率
1人気　　　　単65%・複80%　　20-10-13／70
2〜4人気　　単97%・複86%　　25-24-19／152
5人気〜　　　単24%・複45%　　8-16-22／516

●条件別・勝利割合
穴率　　　　　15.1%　　　平坦芝率　　　62.2%
芝道悪率　　　35.1%　　　晩成率　　　　15.1%
ダ道悪率　　　75.0%　　　芝広いコース率　21.6%

●コース別成績
東京　　　芝／2-2-1／37　　D／0-4-1／58
中山　　　芝／2-1-5／36　　D／2-3-6／73
京都　　　芝／0-1-2／19　　D／0-0-0／3
阪神　　　芝／6-4-5／51　　D／6-2-5／70
ローカル　芝／27-25-20／248　D／8-8-9／143

現役時代

中央14戦8勝、香港1戦0勝。主な勝ち鞍、高松宮記念、セントウルS。

3歳4月の遅いデビュー。2戦目はそこから10ヶ月後。軌道に乗るまで時間はかかったが、芝1200を無傷の5連勝でオープン入り。藤岡康太が主戦だった。その後は北九州記念2着、京阪杯2着、阪神C3着など、勝ち切れない成績が続くも、5歳になった16年。高松宮記念で福永祐一に乗り替わると、1番人気に応えて1分6秒7のレコード勝ち。

5歳秋はセントウルSを逃げ切り、スプリンターズSは単勝1.8倍の大本命に支持される。しかし、1枠1番から直線でもどん詰まりの12着。レッドファルクスが勝利した。

次走の香港スプリントは、ムーアの騎乗で10着。故障明けの翌年、スプリンターズSは果敢な先行策をとったが6着。レッドファルクスの連覇を許した。

血統背景

父サクラバクシンオーは、93、94年のスプリンターズSを連覇。近代日本競馬を発展させたテスコボーイの父系の存続が、本馬に懸かる。

母シヤボナは英国0勝で、ヌレイエフとサドラーズウェルズの近似3×2を持つ。3代母リロイは米国の芝GIを2勝、ヴェルメイユ賞2着。

代表産駒

ブトンドール（函館2歳S）、トウシンマカオ（京阪杯）。

特注馬

トウシンマカオ／テンは速くないので、芝1200の内枠は割引きか。阪神と東京の中枠がいい。
ビッグシーザー／母はダ1800を走った馬で、ダート替わりもいけそう。全弟ビッグドリームも新馬楽勝。
ブーケファロス／福島芝は【2-2-0-0】、東京芝は【0-0-0-3】。小回りの芝1200を差すタイプ。

勝利へのポイント

芝1400以下の2歳重賞【1-2-0-1】

1年目にトウシンマカオが芝1400と芝1600で活躍したときは「距離をこなすサクラバクシンオー系」かと思われたが、あっという間に芝1200の勝利数が圧倒する成績に落ち着いた。重賞勝ちはブトンドールの函館2歳Sと、トウシンマカオの京阪杯。2歳重賞なら、芝1400の2着もふたつある。"差せるスプリンター"の多さが目立つ。

成長リズムにも注目したい。出世の遅れていた3歳馬が、夏のローカルで一気に勝ち星を増やすなど早熟という感じはしない。芝37勝中、ローカル27勝で、これは平坦もプラスと考えるべきか。福島と小倉と函館の芝1200が三大稼ぎ場所だ。

ダートも昇竜S3着のグットディールなど、500キロ以上の大型馬がよく走る。

2022 RANK 32

アイルハヴアナザー I'LL HAVE ANOTHER

フォーティナイナー系の米二冠馬
父の兄弟が日本のGIでも活躍

2009年生　栗毛　アメリカ産　2018年輸出

POINT
脚抜きのいいダートで波乱を演出！
中山ダートの1番人気は安定感抜群
最終世代から芝のスプリンター登場

フラワーアリー Flower Alley 栗　2002	ディストーテッドユーモア Distorted Humor	*フォーティナイナー Danzig's Beauty
	*プリンセスオリビア Princess Olivia	Lycius Dance Image (17-b)
アーチズギャルイーディス Arch's Gal Edith 黒鹿　2002	アーチ Arch	Kris S. Aurora
	フォースファイヴギャル Force Five Gal	Pleasant Tap Last Cause　(23-b)

Mr. Prospector 4・4(父方)、Danzig 4×4、Northern Dancer 5・5×5

アイルハヴアナザー産駒完全データ

●最適コース
牡／中山ダ1800、阪神ダ1800
牝／中山ダ1200、京都ダ1800

●距離別・道悪
芝10～12	──	12-12-8／163	D10～13	──	27-28-26／398
芝14～16	──	7-10-9／184	D14～16	──	29-24-28／396
芝17～20	──	18-20-20／361	D17～19	──	76-94-81／1039
芝21～	──	4-7-4／67	D20～	──	6-7-5／111
芝道悪	──	13-13-9／202	D道悪	──	61-68-60／786

●人気別回収率
1人気	──	単77%・複83%	──	41-25-19／135
2～4人気	──	単84%・複89%	──	80-98-73／548
5人気～	──	単99%・複79%	──	58-79-89／2036

●条件別・勝利割合
穴率	── 32.4%	平坦芝率	── 58.5%
芝道悪率	── 31.7%	晩成率	── 57.5%
ダ道悪率	── 44.2%	芝広いコース率	── 31.7%

●コース別成績
東京	芝／2-5-8／114	D／20-19-20／332
中山	芝／8-9-9／145	D／34-35-25／427
京都	芝／2-5-1／45	D／14-12-10／168
阪神	芝／3-3-2／58	D／19-20-20／283
ローカル	芝／26-27-21／413	D／51-67-65／734

現役時代

北米で通算7戦5勝。主な勝ち鞍、ケンタッキー・ダービー（GI・10F）、プリークネスS（GI・9.5F）、サンタアニタ・ダービー（GI・9F）、他GII1勝。

1歳時に1万1000ドルで売却され、翌年の調教セールで3万5000ドルで転売された安馬ながら二冠を制してアメリカン・ドリームを果たした。単勝16.5倍だったケンタッキー・ダービーは中団よりやや前方追走から直線で末脚炸裂。逃げ込みを図る1番人気馬ボードマイスターを差し切った。プリークネスSも1番人気馬ボードマイスターが逃げ、直線では一騎打ちを展開。これにクビ差競り勝っての優勝だった。三冠の期待がかかったベルモントSだが、左前脚に屈腱炎を発症、前日に出走取り消し。そのまま引退。その後に同馬の関係者からビッグレッドファームへの売却が発表され、日本で種牡馬生活に入ることが決まった。

血統背景

父フラワーアリーはトーセンラー、スピルバーグの半兄。現役時はトラヴァーズSなど北米重賞3勝。
母系は半弟にゴールデンアワード（シューヴィーHなど北米GIII2勝）。一族にイントゥミスチーフ（同馬の項参照）。母の父アーチは産駒にブレイム（BCクラシックGI）。

代表産駒

アナザートゥルース（チャンピオンズC3着、アンタレスS）、ウインマーベル（葵S）、オメガレインボー（アハルテケS）、サヴァ（ユニコーンS2着）、マイネルサーパス（福島民報杯）。

特注馬

ウインマーベル／短距離ならどこでも走るが、ローテのベストは叩き2戦目。高松宮記念の内枠を引きたい。
サヴァ／ダート馬かと思いきや、重の芝1600でも好走。ダートも芝も雨降りの馬場がプラス材料。
オメガレインボー／7歳でまだまだ元気。距離短縮、休み明け、重・稍重のダートが買いの要素。

勝利へのポイント

道悪のダート重賞【1-3-1-9】

23年4歳のラストクロップから芝の一流スプリンター、ウインマーベルが出た。ただ、これは少数派で、2年連続アンタレスSで穴をあけたアナザートゥルースや、ユニコーンS2着のサヴァなどダートの中距離が主戦場。短距離なら芝でも走るのはフォーティナイナー系の特徴だ。

中山のダートと相性が良く、牡馬はダ1800、牝馬はダ1200で勝ち星を量産する。穴は叩き3、4戦目の変わり身や、軽い斤量、初ブリンカー。芝なら上がり35秒以上かかる小回りを粘り込む。

クラスが上がるほど、脚抜きのいいダートの激走が目立つ。重賞は良のダート【0-1-6-13】と3着が多いのに対し、道悪ダートは【1-3-1-9】と大幅上昇。馬券絡みはほとんど5番人気以下だ。

2022 RANK 33

ヴィクトワールピサ VICTOIRE PISA

角居厩舎の執念が結実
大震災直後にドバイWC制覇!

2007年生　黒鹿毛　2021年輸出

POINT
- 人気馬も人気薄も距離1800得意
- 牡馬はダート転身で変わり身
- 牝馬は切れ味あるマイラー

ネオユニヴァース 鹿 2000	*サンデーサイレンス Sunday Silence	Halo
		Wishing Well
	*ポインテッドパス Pointed Path	Kris
		Silken Way　(1-l)
*ホワイトウォーターアフェア 栗 1993	マキアヴェリアン Machiavellian	Mr. Prospector
		Coup de Folie
	マッチトゥーリスキー Much Too Risky	Bustino
		Short Rations (8-d)

Halo 3×4

ヴィクトワールピサ産駒完全データ

●最適コース
牡／中山ダ1800、中山芝2200
牝／中山芝1800、東京芝1800

●距離別・道悪
芝10～12 ――― 22-25-17／329　　D10～13 ――― 11-9-10／190
芝14～16 ――― 53-60-56／758　　D14～16 ――― 12-15-11／327
芝17～20 ――― 77-74-78／1043　 D17～19 ――― 39-48-46／790
芝21～　 ――― 11-19-19／241　　D20～　 ――― 8-10-10／119
芝道悪　 ――― 33-30-39／578　　D道悪　 ――― 25-40-30／586

●人気別回収率
1人気　　― 単72%・複71% ――― 57-33-21／200
2～4人気 ― 単76%・複75% ――― 107-122-104／836
5人気～　― 単79%・複68% ――― 69-105-122／2761

●条件別・勝利割合
穴率　　 ― 29.6%　　平坦芝率 ― 46.6%
芝道悪率 ― 20.2%　　晩成率　 ― 47.6%
ダ道悪率 ― 35.7%　　芝広いコース率 ― 41.7%

●コース別成績
東京　芝／27-29-31／373　D／12-15-14／235
中山　芝／26-26-22／321　D／19-12-19／249
京都　芝／15-17-21／204　D／7-10-6／176
阪神　芝／19-25-29／348　D／12-14-12／250
ローカル 芝／76-81-67／1125 D／20-31-26／516

現役時代

　中央12戦7勝、海外3戦1勝。主な勝ち鞍、ドバイワールドC（AW2000M・GⅠ）、皐月賞、有馬記念、弥生賞、中山記念、ラジオNIKKEI杯2歳S。

　弥生賞まで4連勝。負傷の武豊に替わって皐月賞を任された岩田康誠は後方のインで脚をため、直線も最内へねじ込んで1着。しかし単勝2.1倍のダービーはスローの瞬発力勝負になり、上がり33秒1の3着。

　秋はフランス遠征してニエル賞4着、凱旋門賞7着。帰国後ジャパンC3着を経て有馬記念へ。新コンビのミルコ・デムーロは3角先頭の積極策を見せ、直線で飛んできたブエナビスタをハナ差で抑えた。

　4歳、中山記念を楽勝して向かったのは、UAEのドバイワールドC。2011年3月26日、日本が大震災に見舞われた2週後のこと。喪章をつけたデムーロはスローと見るや2番手まで進出。逃げたトランセンドとのデッドヒートによるワンツーは、日本に希望を与えた。

血統背景

　父ネオユニヴァースは同馬の項を参照。
　母ホワイトウォーターアフェアはポモーヌ賞（仏GⅡ・芝2700M）1勝、ヨークシャーオークス（英GⅠ・芝11.9F）2着。半兄アサクサデンエン（安田記念）、半兄スウィフトカレント（小倉記念）、近親ローブティサージュ（阪神JF）。

代表産駒

　ジュエラー（16桜花賞）、ウィクトーリア（フローラS）、アサマノイタズラ（セントライト記念）、レッドアネモス（クイーンS）。

特注馬

パクスオトマニカ／いわゆるピンかパーの逃げ馬。1800mのオープンのどこかで、単騎の穴になりそう。
ディヴィナシオン／前崩れの展開で後ろから飛んでくる短距離馬。内枠特注。12頭以下で好走率アップ。
フォルコメン／外国人騎手か松山が乗った時だけ走る。中山芝1600か中京芝1600なら、まだ警戒すべき。

勝利へのポイント

単勝回収率、芝1800／126%、芝1600／128%

　トルコに売却され、23年2歳が国内最後の世代。アサマノイタズラのセントライト記念や、フォルコメンのダービー卿CTは、上手なジョッキーに乗り替わった途端、能力を解放するかのように大駆けした。それだけ乗り方が難しい血統だ。

　3歳重賞を賑わせる馬も出るが、キャリアを重ねるほど気性の難しさを出し、走りが不安定になっていく。特に牡馬はムラ馬になりやすく、スランプや去勢手術の後、ダートで復活するパターンもあり。ダートの好成績は中山と新潟。

　芝は1800mの数字が高い。速い上がりの脚を使えない馬は中山、福島、中京に向き、切れ味のある馬（マイラー牝馬に多い）は、軽い芝も走り、東京や京都に向く。「中2週」ローテ特注。

2022 RANK 34

クロフネ

KUROFUNE

産駒が続々GI奪取
競馬界を震撼させた白い黒船

1998年生　芦毛　2021年死亡

POINT
- 牝馬が芝1600から芝2000の重賞活躍
- 阪神と東京のダート1番人気は安定
- もっさり大型牡馬は小回り割引き

*フレンチデピュティ French Deputy 栗　1992	デピュティミニスター Deputy Minister	Vice Regent
		Mint Copy
	ミッテラン Mitterand	Hold Your Peace
		Laredo Lass（4-m）
*ブルーアヴェニュー Blue Avenue 芦　1990	クラシックゴーゴー Classic Go Go	Pago Pago
		Classic Perfection
	イライザブルー Eliza Blue	Icecapade
		*コレラ　　（2-r）

Nearctic 5×4、Nasrullah 5×5

クロフネ産駒完全データ

●最適コース
牡／東京ダ1400、阪神ダ1800
牝／東京芝1600、小倉ダ1700

●距離別・道悪
芝10〜12 ──── 13-14-11／211　　D10〜13 ──── 29-35-28／503
芝14〜16 ──── 24-27-18／293　　D14〜16 ──── 37-45-44／595
芝17〜20 ──── 15-20-17／268　　D17〜19 ──── 93-99-111／1188
芝21〜 ──── 3-0-4／67　　　　D20〜 ──── 11-4-6／109
芝道悪 ──── 12-14-17／202　　D道悪 ──── 64-71-84／933

●人気別回収率
1人気 ──── 単84%・複85% ──── 84-39-38／245
2〜4人気 ──── 単65%・複77% ──── 89-119-96／728
5人気〜 ──── 単57%・複60% ──── 52-86-105／226

●条件別・勝利割合
穴率 ──── 23.1%　　平坦芝率 ──── 52.7%
芝道悪率 ──── 21.8%　　晩成率 ──── 52.9%
ダ道悪率 ──── 37.6%　　芝広いコース率 ──── 47.3%

●コース別成績
東京　　芝／6-19-5／131　　D／26-28-29／379
中山　　芝／5-10-6／85　　D／33-30-31／386
京都　　芝／8-1-8／87　　D／25-32-27／358
阪神　　芝／9-8-10／117　　D／31-25-21／425
ローカル　芝／27-23-21／419　D／55-68-81／847

現役時代

中央10戦6勝。主な勝ち鞍、NHKマイルC、ジャパンCダート、毎日杯、武蔵野S。

外国産馬に門戸を閉ざしていたダービーに、2001年からマル外の出走が認められた。鎖国を打ち破った黒船のようにと命名されたのがクロフネ。毎日杯を5馬身差で圧勝すると、NHKマイルCはフランス滞在中だった武豊が呼び寄せられ、後方一気でGI制覇。

ダービーは距離の壁か、ジャングルポケットの5着。秋は神戸新聞杯3着から天皇賞・秋に登録するも、外国産馬の出走制限で除外。やむを得ずダート重賞の武蔵野Sへ矛先を向けると、1分33秒3の驚愕レコードで圧勝！　あらたな航路が広がった。

ジャパンCダートは米国のGI馬リドパレスとの日米決戦ムードに沸いたが、クロフネが楽々と4角先頭からぶっちぎり、7馬身差の大レコードだった。

血統背景

父フレンチデピュティの代表産駒にアドマイヤジュピタ（天皇賞・春）、エイシンデピュティ（宝塚記念）など。

母ブルーアヴェニューは米5勝。全妹ベラベルッチはクロフネの武蔵野S翌日のBCジュヴェナイルフィリーズ3着。母の父クラシックゴーゴーは北米の格なしステークス勝ち馬。

代表産駒

カレンチャン（11スプリンターズS）、ホエールキャプチャ（12ヴィクトリアマイル）、アエロリット（17NHKマイルC）、ソダシ（21桜花賞、22ヴィクトリアマイル）。

特注馬

ソダシ／秋のローテは不明も、京都のマイルCSなら内枠を引きたい。レース間隔あけたローテがいい。

マリアエレーナ／牝馬限定戦のほうが安定して走り、愛知杯向き。内枠合う。母の全弟はワグネリアン。

ママコチャ／ソダシの全妹。高速芝のスピード勝負得意も、馬場が渋ると割り引き。重賞なら芝1400で。

勝利へのポイント

重賞24連対中、牝馬の芝1600〜2000／20回

最後の大物ソダシを見届け、21年1月に大往生。東京芝1600のようなスピードの持続力を求められるコースに強く、末脚をためない強気の先行策が合う。この個性を活かせる騎手と、活かせない騎手の差が出やすいため、各馬の騎手成績にも目を向けたい。継続騎乗のほうが成績はいい。

交流重賞にも良績が多く、川崎ダ2100の関東オークスを3勝。ダートの人気馬が安定して走るのは、阪神ダ1400とダ1800、東京ダ1400とダ1600。広いコースなら人気馬は堅実だが、牡馬は馬格を持て余し気味の馬もいて、大型馬が小回りで人気を背負うと危ない。「雨のクロフネ」の格言もあり、最近は母父クロフネの馬が道悪重賞で活躍。芝もダートも、雨の日は買いに出よう。

ブラックタイド

BLACK TIDE

ディープインパクトの全兄
"お祭り男"登場!!

2001年生 黒鹿毛
2023年種付け料▷産駒誕生後150万円

POINT
早熟マイラー牝馬と詰めの甘い中距離牡馬
牡のダート中距離、牝の芝短距離に妙味！
万馬券は1800、1400、休養明け、乗り替わり

*サンデーサイレンス Sunday Silence 青鹿 1986	ヘイロー Halo	Hail to Reason
		Cosmah
	ウィッシングウェル Wishing Well	Understanding
		Mountain Flower (3-e)
*ウインドインハーヘア Wind in Her Hair 鹿 1991	アルザオ Alzao	Lyphard
		Lady Rebecca
	バーグクレア Burghclere	Busted
		Highclere (2-f)

ブラックタイド産駒完全データ

●最適コース
牡／阪神ダ2000、中山ダ1800
牝／東京芝1400、福島芝1200

●距離別・道悪
芝10〜12	21-24-32／397	D10〜13	15-10-21／264
芝14〜16	18-26-34／517	D14〜16	19-18-25／312
芝17〜20	50-56-63／916	D17〜19	77-59-59／850
芝21〜	7-16-20／221	D20〜	9-16-8／121
芝道悪	27-33-36／500	D道悪	46-38-45／638

●人気別回収率
1人気	単86%・複86%	68-32-26／187
2〜4人気	単84%・複81%	95-92-92／644
5人気〜	単51%・複65%	53-101-144／2767

●条件別・勝利割合
穴率	24.5%	平坦芝率	57.3%
芝道悪率	28.1%	晩成率	39.8%
ダ道悪率	38.3%	芝広いコース率	31.3%

●コース別成績
東京	芝／7-10-14／233	D／10-23-16／239
中山	芝／9-14-18／252	D／21-14-24／274
京都	芝／9-13-11／205	D／17-10-16／165
阪神	芝／21-23-32／340	D／25-21-22／293
ローカル	芝／50-62-74／1021	D／47-35-35／576

現役時代

中央22戦3勝。主な勝ち鞍、スプリングS。

ディープインパクトのひとつ年上の全兄で、池江泰寿調教師、金子真人オーナーも同じ。01年セレクトセールでついた価格はディープより高い9700万円。

阪神芝2000の新馬を楽勝。ラジオたんぱ杯2歳Sは単勝1.4倍の断然人気を集めるも、コスモバルクの4着。年が明けると若駒Sを制し、きさらぎ賞は単勝1.5倍で2着。切れる脚がなく、突き抜けそうで突き抜けない。

スプリングSでは横山典弘に乗り替わり、最後方待機の作戦をとると、中山の直線を一気に弾けて優勝。15頭ぶっこ抜きのド派手な勝ち方を決めた。

5戦3勝で進んだ04年皐月賞は、武豊の手綱に戻り、コスモバルクに次ぐ2番人気だったが、スタートで出遅れ、後方待機のままダイワメジャーから離された16着に大敗。レース後に屈腱炎が判明した。

血統背景

父サンデーサイレンスは同馬の項を参照。
母ウインドインハーヘアはアラルポカル（独GⅠ・芝2400M）1着、英オークス2着、ヨークシャー・オークス3着。
全弟ディープインパクト、近親にレイデオロ（ダービー）、ウインクリューガー（NHKマイルC）。3代母ハイクレアはエリザベス女王の持ち馬で英1000ギニー、仏オークスに優勝。

代表産駒

キタサンブラック（同馬の項を参照）、テイエムイナズマ（デイリー杯2歳S）、フェーングロッテン（ラジオNIKKEI賞）。

特注馬

シホノスペランツァ／菊花賞5着のステイヤー。阪神と小倉に向き、稍重【1-1-1-0】と道悪はプラス。
フェーングロッテン／速い流れを前で押し切る競馬向き。阪神と中山の芝2000合う。半兄ピクシーナイト。
ハイエンド／阪神ダ2000で盤石の安定感を誇るが、その他のコースはいまひとつ。中京ダートなら走れそう。

勝利へのポイント

中山ダ1800の1番人気【6-5-0-3】

種牡馬キタサンブラックの成功により、再びブラックタイド最強説が浮上しつつある。勝利数上位コースのトップ5は全部ダートの中距離も、22年は菊花賞に2頭を送り込んだ。ただし、芝重賞では4着と5着が多く、詰めの甘さが弱点。道悪になると鋭さ不足がカバーされ、着順が上がる。

牡馬はダート中距離、牝馬は芝短距離で波乱になる。牡馬の穴が多いのは京都ダ1800と中山ダ1800が双璧。牝馬は中京芝1200と小倉芝1200に激走が多い。フェーングロッテンもそうだが、全般に直線の短いコースのほうが安定感があり、中山は芝もダートも1番人気の信頼度が高めだ。

牝馬は冬の成績が落ち込み、春にパフォーマンスを上げる傾向あり。大型の牡馬は叩き良化型。

2022 RANK 36

ゴールドアリュール GOLD ALLURE

サンデーサイレンス帝国の ダート担当大将

1999年生　栗毛　2017年死亡

POINT
- 東京ダート1600得意の砂の覇王
- コーナー4回の右回りは過信禁物
- 内枠凡走の牝馬を外枠で狙え

*サンデーサイレンス Sunday Silence 青鹿　1986	ヘイロー Halo	Hail to Reason
		Cosmah
	ウィッシングウェル Wishing Well	Understanding
		Mountain Flower (3-e)
*ニキーヤ Nikiya 鹿　1993	ヌレイエフ Nureyev	Northern Dancer
		Special
	リラクタントゲスト Reluctant Guest	Hostage
		Vaguely Royal (9-h)

Northern Dancer 3·5(母方)、Almahmoud 4×5

ゴールドアリュール産駒完全データ

●最適コース
牡／東京ダ1600、中山ダ1800
牝／中京ダ1200、阪神ダ1800

●距離別・道悪
芝10～12	10-7-4／104	D10～13	63-68-56／850
芝14～16	1-1-5／66	D14～16	64-56-65／849
芝17～20	3-0-4／54	D17～19	116-99-97／1321
芝21～	0-0-0／14	D20～	10-8-14／139
芝道悪	1-1-3／42	D道悪	95-91-105／1314

●人気別回収率
1人気	単83%・複82%	104-57-31／306
2～4人気	単87%・複80%	101-110-90／719
5人気～	単60%・複70%	62-72-124／2372

●条件別・勝利割合
穴率	23.2%	平坦芝率	64.3%
芝道悪率	7.1%	晩成率	57.3%
ダ道悪率	37.5%	芝広いコース率	50.0%

●コース別成績
東京	芝／0-0-0／15	D／41-35-44／503
中山	芝／0-1-2／25	D／47-31-34／417
京都	芝／2-0-5／38	D／34-39-33／480
阪神	芝／3-2-1／29	D／40-28-41／589
ローカル	芝／9-5-5／131	D／91-98-80／1170

現役時代

中央、地方交流で16戦8勝。主な勝ち鞍、フェブラリーS、ジャパンダートダービー、ダービーグランプリ、東京大賞典、アンタレスS。

サンデーサイレンスが晩年に送り出した砂の金看板。02年ダービーでタニノギムレットの5着した後、交流重賞のダート路線へ舵を切り、本領を発揮してゆく。

ジャパンダートダービーはインタータイヨウに7馬身差、ダービーGP（盛岡ダ2000M）はスターキングマンに10馬身差の楽勝。JCダート（中山ダ1800M）は4角先頭の強気な競馬でイーグルカフェの5着に敗れる。

暮れの東京大賞典と、4歳のフェブラリーSを連勝。次なる目標はドバイワールドC……のはずだったが、03年3月のイラク戦争勃発により、渡航中止。アンタレスSを8馬身差でぶっちぎり、鬱憤を晴らすも、かえってドバイ回避の無念がつのる結果でもあった。

血統背景

父サンデーサイレンスにとって初の中央ダートGI馬。
母ニキーヤはフランス3勝。祖母リラクタントゲストはビヴァリーヒルズH（GI）。
サンデー×ヌレイエフはトゥザヴィクトリー（ドバイWC2着）、サイレントディール（武蔵野S）などダート活躍馬が多い。

代表産駒

エスポワールシチー（10フェブラリーS）、コパノリッキー（14・15フェブラリーS）、スマートファルコン（10・11東京大賞典）、クリソベリル（19チャンピオンズC）。

特注馬

ナランフレグ／一度でいいからダート重賞で見てみたい。フェブラリーSなら血統はピッタリ。
エリモグリッター／ダート短距離の差し馬。冬の上がりの掛かる中山ダ1200が狙い目か。外枠希望。
サクラアリュール／もう8歳のせいか、小さい着差で走れる割にいつも人気がない。東京ダ2100で買う。

勝利へのポイント

重賞7勝のうち、6歳以上の牡馬／5勝

フェブラリーS4勝、チャンピオンズC2勝のダートのチャンピオン血統。なのに最後に芝1200のGI馬ナランフレグを送り出すという驚き。まだ最後と決めちゃいけない。23年5歳が最後だ。

東京ダ1600に適性を示し、フェブラリーSのほか武蔵野SやヒヤシンスSも得意レース。東京は距離短縮馬の好走率が高い。クラスが上がると、スピードに乗りやすいコーナー2回のコースに比べて、コーナー4回の坂コースは割り引きになり、阪神と中山のダ1800はオープン成績が不振だ。

5番人気以下の伏兵に目を向けると、牝馬のダート6枠から8枠がいい。内枠で揉まれて凡走した牝馬を、外枠替わりで狙おう。1番人気が超堅実なのは、東京ダ2100と新潟ダ1800。

2022 RANK 37

アメリカンペイトリオット
AMERICAN PATRIOT

ゴム毬のような走りを見せたウォーフロントっ仔

2013年生　鹿毛　アメリカ産
2023年種付け料▷産駒誕生後150万円
©Darley

POINT
- 小回りの中距離を前で粘るしぶとさ
- 牡馬のダ1800、牝馬の芝1400に妙味
- ダート重は頭で勝負

ウォーフロント War Front 鹿　2002	ダンジグ Danzig	Northern Dancer
		Pas de Nom
	スターリードリーマー Starry Dreamer	Rubiano
		Lara's Star　(4-r)
ライフウェルリヴド Life Well Lived 鹿　2007	ティズナウ Tiznow	Cee's Tizzy
		Cee's Song
	ウェルドレスド Well Dressed	Notebook
		Trithenia　(8-h)

Seattle Slew 5・5（母方）

アメリカンペイトリオット産駒完全データ

●最適コース
牡／中山ダ1800、中山芝1800
牝／東京芝1400、小倉芝1800

●距離別・道悪
芝10〜12	8-6-13／111	D10〜13	5-7-6／76
芝14〜16	10-16-10／132	D14〜16	4-9-6／97
芝17〜20	7-7-6／97	D17〜19	19-13-15／165
芝21〜	0-0-0／8	D20〜	1-2-0／18
芝道悪	4-8-10／87	D道悪	14-13-11／136

●人気別回収率
1人気	単103%・複93%	24-11-8／60
2〜4人気	単37%・複86%	11-28-27／149
5人気〜	単103%・複80%	19-21-21／495

●条件別・勝利割合
穴率	35.2%	平坦芝率	48.0%
芝道悪率	16.0%	晩成率	16.7%
ダ道悪率	48.3%	芝広いコース率	44.0%

●コース別成績
東京	芝／3-0-3／42	D／1-6-2／65
中山	芝／3-0-4／35	D／8-6-6／65
京都	芝／3-5-0／15	D／0-2-1／10
阪神	芝／4-11-4／65	D／9-10-9／96
ローカル	芝／12-13-18／191	D／11-7-9／120

現役時代

　北米、イギリスで通算14戦5勝。主な勝ち鞍、メイカーズ46マイルS（GⅠ・8F）、ケントS（GⅢ・9F）。
　3歳1月のデビューから芝レースを走り、ケントSを1分47秒19のトラックレコードで制し、アーリントンミリオンの3歳馬版セクレタリアトSはビーチパトロールの3着に好走した。3歳時は9戦3勝。
　4歳時は初戦のクレーミング競走を制すると、芝GⅠ路線へ向かい、春の重要マイル戦、メイカーズ46マイルSを1分34秒70で制し、重賞2勝とした。次走は英国へ遠征。ロイヤルアスコット開催のクイーンアンSに挑むも、良馬場の勝ち時計1分36秒60が示すように、力のいる馬場に手こずったか、11着に終わる。勝ったのは2走前のドバイターフでヴィブロスの3着だった本命馬リブチェスター。帰国後はマイルGⅠ2戦に出走。6着、10着に敗れ、現役を終えた。

血統背景

　父ウォーフロントは同馬の項を参照。日本で人気急上昇の父系。産駒にザファクター、デクラレーションオブウォー。
　母ライフウェルリヴドはウェルアームド（ドバイワールドCGⅠ）の全妹。3代母はシンボリクリスエスの母の全妹。母の父ティズナウはインリアリティ系。

代表産駒

　ビーアストニッシド（スプリングS）、ブレスレスリー（葵S3着）、パワーブローキング、イールテソーロ（ひまわり賞3着）、アメリカンスター、エテルナメンテ。

特注馬

ビーアストニッシド／中山、阪神、小倉の内回り芝1800か芝2000向きとしたい。時計遅めの冬と春も合う。
パワーブローキング／休み明けいまひとつ、叩き3,4戦目に良くなるダート馬。重・不良ダート特注。
アメリカンスター／母は本格的欧州血統。切れ味は甘いので、小倉や福島の軽ハンデが面白い。

勝利へのポイント

牡馬のダート1800／7勝（勝率24%）

　ウォーフロント系の3種牡馬。アメリカンペイトリオット産駒のビーアストニッシドは、中山芝1800のスプリングSを逃げ切り。デクラレーションオブウォー産駒のトップナイフは阪神と中山の中距離を前で粘り、ザファクター産駒のショウナンマグマも中山と福島の中距離を前で粘った。
　これら芝の重賞級を出しつつ、牡馬は勝ち鞍の中心がダ1800でのもの。ダート短距離は2、3着が多くなる。牝馬は芝ダートに関わらず、1200から1800まで走っているが、率が高いのは芝1400だ。
　逃げ先行させると強いが、先手を取れないと大敗という精神的脆さを抱えた馬もいて、見極めは大事。重のダート、中央で敗戦後のローカル替わり、以前に勝った距離に戻ったところを狙おう。

2022 RANK 38

アジアエクスプレス ASIA EXPRESS

芝・ダート不問の2歳牡馬チャンピオン

POINT
- ダ1400以下で稼ぐ地味なヘニーヒューズ
- 叩き2、3戦目、詰まったローテで穴!
- 阪神ダートの外めの枠で好成績

2011年生　栗毛　アメリカ産
2023年種付け料▷受胎確認後150万円（FR）

*ヘニーヒューズ Henny Hughes 栗 2003	*ヘネシー Hennessy	Storm Cat
		Island Kitty
	メドウフライヤー Meadow Flyer	Meadowlake
		Shortley (25)
*ランニングボブキャッツ Running Bobcats 鹿 2002	ランニングスタッグ Running Stag	Cozzene
		Fruhlingstag
	バックアットエム Backatem	Notebook
		Deputy's Mistress (4-m)

アジアエクスプレス産駒完全データ

●最適コース
牡／中山ダ1200、阪神ダ1400
牝／中山ダ1200、福島ダ1150

●距離別・道悪
芝10〜12	2-1-3/49	D10〜13	35-37-29/422
芝14〜16	4-2-2/46	D14〜16	22-32-24/319
芝17〜20	0-0-0/11	D17〜19	18-23-23/315
芝21〜	0-0-0/0	D20〜	1-0-1/13
芝道悪	1-1-0/28	D道悪	29-27-32/414

●人気別回収率
1人気	単89%	複84%	30-15-10/84
2〜4人気	単67%	複80%	33-41-35/274
5人気〜	単59%	複63%	19-39-37/817

●条件別・勝利割合
穴率	23.2%	平坦芝率	83.3%
芝道悪率	16.7%	晩成率	37.8%
ダ道悪率	38.2%	芝広いコース率	100%

●コース別成績
	芝	D
東京	1-0-0/10	15-16-15/203
中山	0-0-0/6	20-25-18/236
京都	1-0-0/3	2-2-1/18
阪神	0-0-1/8	17-11-13/203
ローカル	4-3-4/79	22-38-30/409

現役時代

中央、地方交流で12戦4勝。主な勝ち鞍、朝日杯FS、レパードS。

アメリカ生まれ、2歳3月のフロリダのセールにおいてノーザンファームに23万ドルで購入された。

デビュー時の馬体重は534キロ。新馬、オキザリス賞を2連勝して、「ダートの怪物登場!」と評判になる。3戦目は全日本2歳優駿を除外になり、初芝となる朝日杯FSへ。この年は中山で開催される最後の朝日杯。ストームキャット系が得意とする中山マイルのGⅠに間に合ったのも、この馬の運だろう。ライアン・ムーアを鞍上に中団のやや後ろの内で折り合い、直線は外へ持ち出すと、一完歩、一完歩、加速をつけて差し切った。単勝870円。

その後は芝のクラシック路線へ進み、スプリングS2着、皐月賞6着。ダートに戻ってレパードSを快勝したが、脚元の不安で全盛期の能力は戻らず。4歳のアンタレスSで逃げて2着がある。

血統背景

父ヘニーヒューズは同馬の項を参照。アジアエクスプレスがセリで買われた後、父も日本への導入が決定。

母ランニングボブキャッツは米国のリステッドレースを3勝。全9勝。母の父ランニングスタッグはブルックリンH（米ダートGⅡ・9F）など重賞4勝のグレイソヴリン系。

代表産駒

ワールドタキオン（エルムS2着）、メディーヴァル（韋駄天S）。

特注馬

ワールドタキオン／ようやく現れた重賞級か。東京ダート合う。近親ニホンピロウイナー!!
メディーヴァル／ダ1200で頭打ちになったと思ったら、新潟直千で穴激走。このパターンは覚えておこう。
キミワテル／冬の中山ダ1200がベスト。母系にフレンチデピュティを持つ馬は成功例が多い。

勝利へのポイント

ダートの重賞オープン【0-0-1-16】

ダ1200、ダ1400、ダ1800で勝利を稼ぎ、特に中山ダ1200の勝ち鞍が多い。ただし、ヘニーヒューズ産駒ほど圧倒的なスピードや大物感には欠け、現時点で重賞やオープンの2着以内なし。ヘニーヒューズより中距離馬が多いのも、違いだ。

勝率が高いのは、中山と阪神と福島のダート。仕上がり早というほどの早熟性は感じられず、3歳春から勝ち星が増えていく。短距離型の割に使われながら良くなる馬が多く、中1週や中2週の詰まったローテはよく走る。特に叩き2戦目に一変した大穴が目立つ。先行して粘る堅実タイプは、2、3着が多く、脚抜きがいいと後ろの馬に差されるため、良のダート向き。ダ1200→ダ1000や、ダ1800→ダ1700の距離ちょび短縮も狙い目。

2022 RANK 39

エスポワールシチー ESPOIR CITY

ダートのGIを9勝した
ゴールドアリュール産駒のスピード型

2005年生　栗毛
2023年種付け料▷受胎確認後180万円(FR)

POINT
- 交流重賞4勝の地方適性!
- ダート1800が最大の仕事場
- 短距離ダートの穴は3着多数

ゴールドアリュール 栗 1999	*サンデーサイレンス Sunday Silence	Halo	
		Wishing Well	
	*ニキーヤ Nikiya	Nureyev	
		Reluctant Guest(9-h)	
エミネントシチー 鹿 1998	*ブライアンズタイム Brian's Time	Roberto	
		Kelley's Day	
	ヘップバーンシチー	*ブレイヴェストローマン	
		コンパルシチー (4-m)	

Hail to Reason 4×4

エスポワールシチー産駒完全データ

●最適コース
牡　阪神ダ1800、東京ダ1600
牝　東京ダ1400、中山ダ1800

●距離別・道悪
芝10〜12	2-3-1／36	D10〜13	35-32-39／419
芝14〜16	0-0-0／24	D14〜16	24-25-24／302
芝17〜20	2-1-2／36	D17〜19	55-43-32／501
芝21〜	0-0-0／3	D20〜	0-0-2／15
芝道悪	0-0-1／19	D道悪	40-36-48／508

●人気別回収率
1人気	単66%・複74%	32-19-13／111
2〜4人気	単98%・複89%	54-49-34／300
5人気〜	単84%・複74%	32-36-53／925

●条件別・勝利割合
穴率	27.1%	平坦芝率	25.0%
芝道悪率	ー%	晩成率	38.1%
ダ道悪率	35.1%	芝広いコース率	25.0%

●コース別成績
東京	芝／0-0-0／16	D／20-19-22／243
中山	芝／1-1-0／12	D／21-20-21／248
京都	芝／0-0-0／4	D／7-5-4／68
阪神	芝／2-2-3／22	D／23-9-12／167
ローカル	芝／1-1-0／45	D／43-47-38／511

勝利へのポイント

中9週以上の重賞オープン【0-1-1-10】

22年の地方競馬リーディングサイヤーを獲得。ペイシャエスはダ2100の名古屋GPを勝ち、ダ2000のJBCクラシック3着。ケイアイドリーはダ1000の北海道スプリントCを完勝。交流重賞を含めて、短距離から長距離までダートの安定型を多数輩出している。同じ父のスマートファルコン産駒とも似て、阪神ダートの好成績、重のダートの上手さ、牡馬の回収率の高さなどが共通点だ。

叩き良化の傾向を示し、季節は3歳の春、ローテなら休み明け3戦目や4戦目がいい。主戦場はダ1800で、5番人気以下の勝利の半分以上はダートの中距離戦に集中している。一方、ダートの短距離も走るが、人気薄の激走は3着が多いため、短距離は3連のヒモにすると効率が良い。

現役時代

国内39戦17勝、米国1戦0勝。主な勝ち鞍、ジャパンCダート、フェブラリーS、マイルCS南部杯(3回)、かしわ記念(3回)、JBCスプリントなど、ダートGIを9勝、重賞12勝。

佐藤哲三が素質を見込み、付きっきりで調教をつけた馬。4歳のマーチS勝利を皮切りに、かしわ記念、南部杯、JCダート、5歳のフェブラリーSなど、ダートGIを5連勝。ハイペースでもバテないスピードと、荒々しい気性が魅力だった。

5歳秋には米国のBCクラシックに出走。19連勝中のゼニヤッタらを向こうに回して、直線では先頭に立ったが10着。初距離の2000Mも長かった。

6歳以降も勝ち星を積み重ね、8歳で南部杯とJBCスプリント(金沢ダ1400)を連勝。帝王賞でも2年連続2着など、GIの2着が5回ある。

血統背景

父ゴールドアリュールはフェブラリーS、東京大賞典などダートGIを4勝。代表産駒にスマートファルコン、ゴールドドリームなど、高速ダートを得意にする馬が多い。

母は中央3勝。近親にゴールドシチー(皐月賞と菊花賞でサクラスターオーの2着)。

代表産駒

ペイシャエス(ユニコーンS)、メモリーコウ(東海S3着)、ショーム(バレンタインS)、ヤマノファイト(羽田盃)、ヴァケーション(19全日本2歳優駿)。

特注馬

ペイシャエス／母系にサドラーを持ち、エルコンドルパサーと同じ名牝系。豊富なスタミナを持つ。
ケイアイドリー／ダ1200の交流重賞をたくさん勝ちそう。距離短縮○、距離延長△。半兄ケイアイパープル。
ロードヴァレンチ／セン馬の逃げ馬。人気が落ちたところで買いたい。10月から1月は【3-1-0-1】。

ザファクター THE FACTOR

米国の快速血統ウォーフロントの血が
スピードの要因

2008年生　芦毛　アメリカ産　2018年帰国

POINT
- 先手を取ると強いウォーフロント系
- 牡馬はダートも芝も1800合う
- 牝馬はローカル短距離で集中狙い

ウォーフロント War Front 鹿　2002	ダンジグ Danzig	Northern Dancer
		Pas de Nom
	スターリードリーマー Starry Dreamer	Rubiano
		Lara's Star　(4-r)
グレイシャスネス Greyciousness 芦　1995	ミスワキ Miswaki	Mr. Prospector
		Hopespringseternal
	スケーティングオンシンアイス Skatingonthinice	Icecapade
		Rain Shower (10-c)

Mr.Prospector 5×3、Nearctic 4×4、Native Dancer 5×5・5

ザファクター産駒完全データ

●最適コース
牡／中山ダ1800、阪神ダ1200
牝／福島ダ1150、中京ダ1200

●距離別・道悪
芝10～12	11-7-8／127	D10～13	20-21-22／214
芝14～16	2-3-3／71	D14～16	7-7-5／102
芝17～20	4-1-0／35	D17～19	10-13-12／141
芝21～	0-0-0／4	D20～	1-0-0／5
芝道悪	5-2-3／69	D道悪	17-14-19／180

●人気別回収率
1人気　　　　単87%・複80%　　　18-9-5／51
2～4人気　　単92%・複73%　　　24-20-19／162
5人気～　　　単74%・複75%　　　13-23-26／486

●条件別・勝利割合
穴率　　　23.6%　　平坦芝率　　52.9%
芝道悪率　29.4%　　晩成率　　　32.7%
ダ道悪率　44.7%　　芝広いコース率　35.3%

●コース別成績
東京	芝／1-2-0／34	D／6-5-4／70
中山	芝／4-0-0／25	D／10-7-11／103
京都	芝／0-0-3／7	D／0-0-2／10
阪神	芝／0-0-0／24	D／6-11-7／89
ローカル	芝／12-9-8／147	D／16-18-18／190

勝利へのポイント

新潟芝1000の6枠から8枠【2-1-2-1】

　18年の1シーズンだけ供用され、日本での産駒は23年4歳世代のみ。同父系アメリカンペイトリオットより短距離馬の多さが特徴も、牡馬はダート中距離型を中心に、芝の中距離型も出す。ショウナンマグマのラジオNIKKEI賞2着は、小回りコースで先手を取りきった時の強さを見せた。
　牝馬は大半が短距離馬。内目の枠で走る馬や、ローカルの平坦コース専門の馬を見極めたい。新潟の直千で外枠を引いた時の馬券率の高さも目を引く。牝馬はローカルで集中して買おう。ダートも福島と小倉がいいから、現地競馬が合うのか。
　芝からダート、ダートから芝への変更で変わり身を見せるのは牝馬が多い。斤量減は追い風で、減量騎手への乗り替わりは積極買い。

現役時代

　北米、UAEで通算13戦6勝。主な勝ち鞍、マリブS（GⅠ・7F）、パットオブライエンS（GⅠ・7F）。他、レベルS（GⅡ・8.5F）などGⅡ3勝。
　デビュー2戦目の2歳未勝利6Fを1分06秒98のトラックレコードで逃げ切り圧勝。3歳になるとクラシック路線を歩むも中西部地区最終ステップ戦アーカンソー・ダービーで7着に敗れ、その後は短、マイル路線へ矛先を転じた。これが功を奏し、パットオブライエンSを逃げ切ってGⅠ初制覇。シーズン最後にはマリブSも制してGⅠ2勝とした。4歳時はドバイのドバイゴールデンシャヒーンに挑戦。しかし、メイダン競馬場のオールウェザーが合わなかったのか、スタートから行き脚が付かず、直線差を詰めただけの6着に終わった。
　帰国後はトリプルベンドH、ビングクロスビーSのGⅠに出走、ともに2着で現役を退いた。

血統背景

　父ウォーフロントは同馬の項を参照。産駒にアメリカンペイトリオット、デクラレーションオブウォー。
　母グレイシャスネスは重賞未勝利。近親にキーパーオブザスターズ（ゲイムリーSGⅠ）。母の父ミスワキ。産駒にマーベラスクラウン（JC）。ガリレオの母の父。

代表産駒

　ショウナンマグマ（ラジオNIKKEI賞2着）、サンノゼテソーロ、サンライズアリオン、ナックドロップス。北米でシストロン（ビングクロスビーSGⅠ・6F）。

特注馬

ショウナンマグマ／中山と福島の芝1800の内枠ベスト。母はステイゴールド×メジロマックイーンの黄金配合。
サンライズアリオン／母父アフリートで軽いダート向き。稍重ダートで先手を取れれば、粘り腰はある。
ナックドロップス／テンは速いが、同型馬がいると厳しい。牝馬限定戦やハンデ戦で逃げを打てれば穴。

2022 RANK 41

ノヴェリスト　NOVELLIST

近年、日本でも重要度が増している
ドイツ血統の結晶

2009年生　黒鹿毛　アイルランド産
2023年種付け料▷受胎確認後50万円（FR）

POINT
- ドイツ血統なのに軽い芝向き
- 牝馬はマイラー、牡馬は2400！
- 左回り巧者や洋芝巧者を見つけよ

モンズン Monsun 黒鹿　1990	ケーニッヒシュトゥール Konigsstuhl	Dschingis Khan Konigskronung
	モゼラ Mosella	Surumu Monasia　（8-a）
ナイトラグーン Night Lagoon 黒鹿　2001	ラグナス Lagunas	*イルドブルボン Liranga
	ネヌファー Nenuphar	Night Shift Narola　（4-r）

Literat 4×4、Northern Dancer 5・4（母方）

ノヴェリスト産駒完全データ

●最適コース
牡／阪神ダ1800、阪神芝2400
牝／東京芝1800、新潟芝1600

●距離別・道悪
芝10〜12　　――　12-14-14／257　　D10〜13　　――　16-20-23／348
芝14〜16　　――　40-32-47／512　　D14〜16　　――　7-10-10／215
芝17〜20　　――　51-48-56／666　　D17〜19　　――　15-15-17／357
芝21〜　　　――　15-19-20／194　　D20〜　　　――　1-2-2／37
芝道悪　　　――　21-32-35／388　　D道悪　　　――　18-23-18／383

●人気別回収率
1人気　　　　　単79%・複79%　　　41-18-18／126
2〜4人気　　　単76%・複83%　　　65-80-78／527
5人気〜　　　　単63%・複57%　　　51-62-93／1933

●条件別・勝利割合
穴率　　　　　　32.5%　　　平坦芝率　　　40.7%
芝道悪率　　　　17.8%　　　晩成率　　　　36.9%
ダ道悪率　　　　46.2%　　　芝広いコース率　51.7%

●コース別成績
東京　　芝／26-22-23／265　　D／7-10-7／162
中山　　芝／16-21-19／227　　D／8-13-8／197
京都　　芝／9-11-14／156　　D／3-4-5／86
阪神　　芝／15-10-16／216　　D／7-6-12／155
ローカル　芝／52-49-65／765　　D／14-14-20／357

現役時代

　ドイツ、イタリア、フランス、イギリスで通算11戦9勝。主な勝ち鞍、キングジョージ6世＆クインエリザベスS（GⅠ・12F）、サンクルー大賞（GⅠ・2400M）、バーデン大賞（GⅠ・2400M）、ジョッキークラブ大賞（GⅠ・2400M）他、重賞3勝。

　3歳時はジョッキークラブ大賞勝ちや独ダービー2着があるものの、バーデン大賞で前年の凱旋門賞馬デインドリームの4着に敗れる準A級馬に過ぎなかった。それが4歳になって仏、英への遠征で確変。サンクルー大賞を中団から抜け出して快勝。キングジョージ6世＆クインエリザベスSは4番手追走から直線を向くと残り2Fで突き抜け、2分24秒60のレコードで圧勝した。秋はバーデン大賞を勝利し、凱旋門賞を目指すも、本番2日前に熱発し無念の回避。日本で種牡馬入りが決まり、そのまま現役を退くことになった。

血統背景

　父モンズンはドイツの大種牡馬。産駒にシロッコ（BCターフGⅠ）。メルボルンCGⅠ3勝もある。父系は世界遺産級のブランドフォード系。ソウルスターリングの母の父。

　母ナイトラグーンはGⅢ勝ち馬。近親に名種牡馬ネッカーがいる"N"ライン系。母の父ラグナスは独ダービー馬。

代表産駒

　ブレークアップ（アルゼンチン共和国杯）、ラストドラフト（京成杯）、ゴッドセレクション（伏竜S）、コスモカレンドゥラ（ケフェウスS）、ヴァルコス（青葉賞2着）、アウトウッズ（昇竜S2着）。

特注馬

ブレークアップ／中盤のラップが緩む長距離戦に強い。アル共和国杯はもちろん、ステイヤーズSも合う。
アウスヴァール／切れ味はないが、ペースを落とさず逃げて粘るタイプ。阪神、福島、中山の芝2000向き。
シリアルノヴェル／祖母ダイワスカーレットの中長距離馬。安定感があるが、東京か新潟でたまに穴になる。

勝利へのポイント

芝の重不良の勝率／2.3%（良は7.8%）

　ブレークアップがアルゼンチン共和国杯を制し、春の天皇賞で4着。本格ステイヤーが登場した。ただし、産駒のタイプはバラバラ。牡馬はダート馬も多く、勝利数トップは阪神ダ1800。牝馬はマイラーが多く、芝1400と芝1600で走る。腰の甘さのせいか、スタートの出遅れも目立ち、奇数番を引くと出遅れ率が上がるデータもある。

　速いタイムに良績が多く、軽い芝で緩みのないペースが合う。モンズン系のイメージと違い、時計のかかる馬場向きの馬は少数派。特に牝馬は東京と新潟の速い上がりが得意。左回り巧者や、洋芝巧者もいるので、観察ポイントにしよう。牡馬のダート中距離型もそこそこ出るが、人気を背負うと信頼度は低め。人気馬なら芝1800が安定。

2022 RANK 42

サウスヴィグラス SOUTH VIGOROUS

早世したエンドスウィープの後継 ダートの快速スプリンター

1996年生　栗毛　アメリカ産　2018年死亡

POINT
- ダ1400以下のオープン特別を狙え
- 一本調子の逃げ馬は枠順に注意
- 小回りダートのチャンピオン血統

*エンドスウィープ End Sweep 鹿 1991	*フォーティナイナー Forty Niner	Mr. Prospector
		File
	ブルームダンス Broom Dance	Dance Spell
		Witching Hour (4-r)
*ダーケストスター Darkest Star 黒鹿 1989	スタードナスクラ Star de Naskra	Naskra
		Candle Star
	ミニーリパートン Minnie Riperton	Cornish Prince
		English Harbor (5-g)

Double Jay 5×5、Nasrullah 5・5(母方)

サウスヴィグラス産駒完全データ

●最適コース
牡／阪神ダ1200、京都ダ1200
牝／札幌ダ1000、中山ダ1200

●距離別・道悪
芝10〜12 ── 1-1-1/49　　D10〜13 ── 156-126-136/1644
芝14〜16 ── 0-0-0/14　　D14〜16 ── 35-40-36/535
芝17〜20 ── 0-0-0/4　　D17〜19 ── 13-16-22/268
芝21〜 ── 0-0-0/0　　D20〜 ── 1-0-0/13
芝道悪 ── 1-0-0/19　　D道悪 ── 91-73-77/992

●人気別回収率
1人気 ── 単95%・複91% ── 79-32-30/209
2〜4人気 ── 単80%・複81% ── 75-85-61/532
5人気〜 ── 単76%・複70% ── 52-66-104/1786

●条件別・勝利割合
穴率 ── 25.2%　　平坦芝率 ── 100%
芝道悪率 ── 100%　　晩成率 ── 40.8%
ダ道悪率 ── 44.4%　　芝広いコース率 ── ー %

●コース別成績
東京　　芝/0-0-0/9　　D/27-35-28/368
中山　　芝/0-0-0/2　　D/30-42-43/485
京都　　芝/0-0-0/3　　D/27-18-25/277
阪神　　芝/0-0-0/8　　D/29-24-21/374
ローカル　芝/1-1-1/45　　D/92-63-77/956

勝利へのポイント

オープン特別／21連対、重賞／3連対

7年連続リーディングだった地方競馬は、22年5位に後退。23年の5歳が最後の世代になる。

ダート短距離向きの軽快なスピードと、小回りカーブで発揮されるレースの上手さが武器。中央競馬では重賞よりオープン特別の活躍が目立つが、テイエムサウスダンはフェブラリーS2着するなど、重賞でも能力を示し、芝のアイビスSDの2着馬を出したりもする。オープン特別では、霜月S、すばるS、ながつきSなどが得意レース。

ダート短距離ならどこでも走るが、直線に急坂のあるコースを苦にする馬と、しない馬がいる。下級条件はダ1000でも勝ち星を量産。一本調子の逃げ馬は、自分より外の枠に速い馬がいて被されると良くないから、枠順の並びに注目。

現役時代

中央と交流競走で33戦16勝。主な勝ち鞍、JBCスプリント（GⅠ・大井ダ1190M）、根岸S（2回）、北海道スプリントC（2回）、黒船賞〔高知ダ1400M〕、かきつばた記念（名古屋ダ1400M）。

5歳までダート1200だけで8勝。6歳の根岸Sで重賞勝利を飾り、柴田善臣と交流競走を渡り歩く。高知の黒船賞、名古屋のかきつばた記念、北海道SC、盛岡のクラスターCと、3連続レコードを含む4連勝。

7歳で根岸Sを連覇。大井の東京盃は2着に敗れるが、ラストランのJBCスプリントが名勝負。2番手から先頭に立ち、強襲したマイネルセレクトと並んだところがゴール。写真判定はサウスヴィグラスのハナ差の勝利。この年は大井のスタンド工事のため、距離は1190M。あと10メートル長かったら差されていただろう"幸運の10メートル短縮"だった。

血統背景

父エンドスウィープはジャージーショアBCH（GⅢ・7F）など18戦6勝。代表産駒にアドマイヤムーン（JC）など。
母ダーケストスターは米4勝。近親にマキバスナイパー（帝王賞）。4代母はブラックホーク（安田記念）の3代母。

代表産駒

ヒガシウィルウィン（17ジャパンDダービー）、コーリンベリー（15JBCスプリント）、ラブミーチャン（09全日本2歳優駿）、サブノジュニア（20JBCスプリント）。ラブミーチャンは09、12年の、ヒガシウィルウィンは17年のNAR年度代表馬。

特注馬

ジェネティクス／冬のダート、休み明けが得意条件。暖かい時期に不振が続いても、寒くなったら見直し。
アティード／ラストクロップの期待馬はこれか。フォーティナイナー3×3で、揉まれなければ激走あり。
ミスヅグランドオー／テン33秒台になる中山ダ1200は合わない。テンが遅めのダ1200か、ダ1400が合う。

2022 RANK 43

ワールドエース WORLD ACE

ディープ×ドイツ血統の活躍馬のさきがけ

POINT
- 3着、4着が多いジリ脚ドイツ血統
- 牡馬は距離を延ばしてクラス突破
- 前走3着→今走1着は高率パターン

2009年生 鹿毛 2023年引退
2023年種付け料▷産駒誕生後30万円

ディープインパクト 鹿 2002	*サンデーサイレンス Sunday Silence	Halo
		Wishing Well
	*ウインドインハーヘア Wind in Her Hair	Alzao
		Burghclere (2-f)
*マンデラ Mandela 栗 2000	アカテナンゴ Acatenango	Surumu
		Aggravate
	マンデリヒト Mandellicht	Be My Guest
		Mandelauge (3-d)

Northern Dancer 5×4

ワールドエース産駒完全データ

●最適コース
牡／阪神芝1800、東京芝2400
牝／中山芝1800、札幌芝1500

●距離別・道悪
芝10～12	5-6-14／144	D10～13	5-4-11／174
芝14～16	16-16-28／327	D14～16	2-5-8／141
芝17～20	16-13-16／248	D17～19	9-14-19／263
芝21～	5-5-7／61	D20～	2-5-2／31
芝道悪	13-13-22／228	D道悪	6-10-16／239

●人気別回収率
1人気	単71%・複72%	19-13-5／64
2～4人気	単52%・複76%	24-30-46／236
5人気～	単50%・複70%	17-25-54／1089

●条件別・勝利割合
穴率	28.3%	平坦芝率	26.2%
芝道悪率	31.0%	晩成率	31.7%
ダ道悪率	33.3%	芝広いコース率	47.6%

●コース別成績
東京	芝／10-7-17／142	D／0-5-6／99
中山	芝／8-9-6／116	D／4-3-6／129
京都	芝／0-2-4／35	D／0-1-0／19
阪神	芝／10-7-6／133	D／4-9-9／120
ローカル	芝／14-15-32／354	D／10-10-19／242

現役時代

中央14戦4勝、豪州と香港で3戦0勝。主な勝ち鞍、きさらぎ賞、マイラーズC。皐月賞2着。
サンデーレーシングの募集価格は総額1億円。きさらぎ賞、若葉Sを差し切り、12年皐月賞は2番人気。しかしスタートでつまずき、福永祐一が落馬寸前の後方17番手から。稍重の中山の大外をぶん回して猛然と追い込んだが、ゴールドシップの2着まで。
この末脚が評価され、ダービーは2.5倍の1番人気。今度はゴールドシップと牽制し合いすぎて仕掛けが遅れ、ディープブリランテに届かずの4着。上がり33秒8は最速だっただけに騎乗に批判の声も出たが、瞬時に動けない不器用さ、外しか回れない乗りづらさも目立った。1年8ヶ月の長期休養をはさみ、5歳のマイラーズCで1分31秒4のレコード復活勝利。香港と豪州のマイルGⅠにも参戦した。

血統背景

父ディープインパクトは同馬の項を参照。
母マンデラはドイツオークス3着。全弟ワールドプレミアは19年菊花賞優勝、有馬記念3着。半弟ヴェルトライゼンデは20年日本ダービー3着。母の半弟マンデュロはイスパーン賞、ジャックルマロワ賞など欧州GⅠを3勝。
母の父アカテナンゴはドイツの芝2400のGⅠを6勝などの、ドイツの大種牡馬。ジャパンCを勝ったランドの父。

代表産駒

レッドヴェロシティ（青葉賞3着）、メイショウシンタケ（米子S）。

特注馬

サンストックトン／秋の東京は得意で4歳秋の飛躍期待。半兄サンアップルトンはアル共和国杯3着。
レッドヴェロシティ／条件戦で勝ちきれないが、長距離重賞でも上位に走れそう。冬の中山芝2500合う。
ジュンブロッサム／素質の高さを感じさせつつ、1番人気7回で【1-3-0-3】、阪神の外回りベストか。

勝利へのポイント

中京芝【3-5-14-71】京都芝【0-2-4-29】

23年7月、種牡馬引退が発表された。ドイツ血統の濃い馬は難しい。ジュンブロッサムは重賞で4着を繰り返し、レッドヴェロシティは条件戦で3着を繰り返す。瞬発力に欠けるため、人気馬を軽視するほうが馬券はうまくいく。毎年1、2頭はクラシック路線に乗りかける馬がいるから、中距離のトライアル重賞なら馬券になる期待はあるが。
3着と4着が多く、中京芝は1着3回に対して3着14回など、3連複で買いたい血統だ。京都芝も0勝に対して、3着と4着が計10回ある。クラスが上がると中長距離の活躍が中心も、下級条件なら1600以下の勝利も多く、唯一のオープン勝ちは2歳のクローバー賞。ダートは2勝クラスが上限。東京ダ1600は不振で、東京ダ2100なら買える。

2022 RANK 44

サトノアラジン
SATONO ALADDIN

末脚一閃の安田記念
アラジンの次なる願いは……

POINT
牡馬はダート中距離パワー型
牝馬は芝1400で穴連発のスピード馬
豪州で大成功の異端ディープ系

2011年生　鹿毛
2023年種付け料▷受胎確認後100万円（FR）

ディープインパクト 鹿 2002	*サンデーサイレンス Sunday Silence	Halo
		Wishing Well
	*ウインドインハーヘア Wind in Her Hair	Alzao
		Burghclere (2-f)
*マジックストーム Magic Storm 黒鹿 1999	ストームキャット Storm Cat	Storm Bird
		Terlingua
	フォピーダンサー Foppy Dancer	Fappiano
		Water Dance (16-h)

Northern Dancer 5×4・5

現役時代

　中央26戦8勝、香港3戦0勝。主な勝ち鞍、安田記念、京王杯スプリングC、スワンS。
　ラジオNIKKEI杯でワンアンドオンリーの3着、共同通信杯でイスラボニータの3着と、世代上位の能力を示すも、春のクラシックには出走できず。秋は神戸新聞杯4着、菊花賞6着。先行しても後方一気に徹しても、展開がハマらないと勝ち切れない難しさがあった。
　マイル路線に転向してからは差し脚が安定し、4歳のエプソムC2着、富士S2着を経て、マイルCSはルメールを背にモーリスの4着に食い込む。
　5歳になると川田将雅を主戦に迎え、京王杯SCを上がり32秒台の切れ味で快勝。しかし安田記念は届かず4着。秋もスワンSは差し切るが、マイルCSは5着。
　6歳の17年安田記念。ロゴタイプが引っ張るハイペースの後方で末脚をため、直線で炸裂。府中の緑のじゅうたんを上がり33秒5で外から差し切り、ついにアラジンの魔法のランプの願いがかなった。

血統背景

　父ディープインパクト×母父ストームキャットはリアルスティール、ダノンキングリー、ラヴズオンリーユーと同じ。
　母マジックストームはモンマスオークス（米GⅢ・ダ9F）の勝ち馬。全姉ラキシスはエリザベス女王杯、大阪杯の勝ち馬。

代表産駒

　レディバランタイン、ウェルカムニュース、ディパッセ。

特注馬

ディパッセ／オープンでは苦戦続きも、軽ハンデなら一発ある。川田で2戦2勝、単騎逃げを打てれば。
ウェイビー／珍しい牝馬のステイヤー。札幌、福島など短い直線、上がりの速くないコースを粘り込む。
ウェルカムニュース／中京や東京ダートより、阪神や中山ダート向き。成長力あるシンコウラブリィ一族。

サトノアラジン産駒完全データ

●最適コース
牡／中山ダ1800、阪神ダ1800
牝／東京芝1400、小倉芝1200

●距離別・道悪
芝10〜12	7-8-6／79	D10〜13	3-4-10／79
芝14〜16	8-1-5／97	D14〜16	4-0-5／79
芝17〜20	2-3-6／94	D17〜19	19-13-18／193
芝21〜	0-3-2／21	D20〜	1-0-0／10
芝道悪	1-6-5／68	D道悪	7-7-18／155

●人気別回収率
1人気	単108%・複85%	14-2-4／30
2〜4人気	単57%・複66%	15-17-20／136
5人気〜	単96%・複68%	15-13-28／486

●条件別・勝利割合
穴率	34.1%	平坦芝率	52.9%
芝道悪率	5.9%	晩成率	25.0%
ダ道悪率	25.9%	芝広いコース率	41.2%

●コース別成績
東京	芝／4-0-2／36	D／2-0-2／46
中山	芝／1-1-4／38	D／7-2-5／58
京都	芝／0-2-0／8	D／0-1-0／9
阪神	芝／2-2-1／38	D／8-4-10／101
ローカル	芝／10-10-12／171	D／10-10-16／147

勝利へのポイント

芝27勝のうち、6番人気以下／8勝

　シャトル先のオーストラリアとニュージーランドで大成功。重賞勝ち馬を多数輩出している。が、日本では牡馬はダートしか勝てず、牝馬は短い距離しか走らない。わけがわからない。
　男馬と女馬でまるっきり勝ち鞍の内訳が違う。牡馬は24勝のうち、ダート23勝、ダ1800で15勝。牝馬は20勝のうち、芝1200と芝1400で計14勝。ここまで差があるのは、父としての影響力が弱めで、母系が強く表れる結果のようにも思える。牝馬はマイラー、牡馬はダートという基本を押さえつつ、適性は母の父を見よう。逃げを打てるかどうかで、走りに差のある馬がいるから要注意。
　穴の多さも特徴で、激走の内訳は芝1400が明らかに多い。牝馬の芝1400、牡馬のダ1800を狙え。

2022 RANK 45

ラブリーデイ
LOVELY DAY

5歳で覚醒し、宝塚記念、
天皇賞・秋を含む、年間重賞6勝!

POINT
- 芝の道悪上手。雨の日に狙え!
- 中距離から短距離に転身例あり
- 基本はスタミナ豊富な晩成タイプ

2010年生　黒鹿毛
2023年種付け料▷受胎確認後80万円(FR)／産駒誕生後120万円

キングカメハメハ 鹿 2001	キングマンボ Kingmambo	Mr. Prospector
		Miesque
	*マンファス Manfath	*ラストタイクーン
		Pilot Bird (22-d)
ポップコーンジャズ 鹿 2000	ダンスインザダーク	*サンデーサイレンス
		*ダンシングキイ
	グレイスルーマー	*トニービン
		ディスクジョッキー(19)

Northern Dancer 5・5×5

現役時代

　中央31戦9勝、香港2戦0勝。主な勝ち鞍、宝塚記念、天皇賞・秋、京都記念、京都大賞典、中山金杯、鳴尾記念。
　2歳時は4戦2勝。皐月賞15着、ダービー7着。この頃、本馬の未来を正しく見通していた人はいなかっただろう。5歳から快進撃が始まる。中山金杯をレコード勝ちすると、京都記念でキズナやハープスターを負かして重賞連勝。好位で折り合い、ロスなく抜け出す競馬は安定感抜群ながら、強さがわかりにくい。天皇賞・春で完敗したため、なおさら評価が難しくなった。
　中距離に戻ると、鳴尾記念を楽勝。宝塚記念で同じ金子オーナーのデニムアンドルビーを抑えてGI初勝利。秋、京都大賞典を上がり32秒3で制すると、天皇賞・秋も完勝。この年だけで7人の騎手が乗って重賞6勝。ジャパンCは3着、有馬記念は5着に敗れたが、年間、王道路線フル参戦の丈夫さも近年の名馬にはない長所だった。6歳で香港に2度遠征。QE2世Cと香港Cで、ともに4着した。

血統背景

　父キングカメハメハは同馬の項を参照。
　母ポップコーンジャズは1勝、03年スイートピーS2着。近親クーデグレイス(ローズS3着)、4代母シャダイチャッターの一族にアリゼオ(スプリングS)、スマートギア(中日新聞杯)。

代表産駒

　グリューネグリーン(ラジオNIKKEI賞)、ゾンニッヒ(青函S)。

特注馬

ゾンニッヒ／マカヒキやウリウリの近親。中山芝1600の重賞なら勝負になる。芝1200は時計かかるほうがいい。
グリューネグリーン／東京芝2000か芝1800のオープン特別か、少頭数レースが合いそう。祖母はオークス馬。
マルチャン／切れ味のある牡馬マイラーで、東京芝1600向き。祖母の全兄はダービー馬タヤスツヨシ。

ラブリーデイ産駒完全データ

●最適コース
牡　阪神芝2000、中京ダ1900
牝　東京ダ1400、阪神芝1600

●距離別・道悪
芝10〜12	5-7-4／94	D10〜13	5-4-9／139
芝14〜16	10-7-8／143	D14〜16	6-5-5／124
芝17〜20	10-14-16／181	D17〜19	10-18-16／236
芝21〜	0-0-4／30	D20〜	2-1-1／34
芝道悪	10-9-7／110	D道悪	12-15-9／224

●人気別回収率
1人気	単90%・複86%		16-7-7／43
2〜4人気	単63%・複69%		16-25-22／162
5人気〜	単93%・複66%		16-24-34／776

●条件別・勝利割合
穴率	33.3%	平坦芝率	40.0%
芝道悪率	40.0%	晩成率	33.3%
ダ道悪率	52.2%	芝広いコース率	32.0%

●コース別成績
東京	芝／5-2-4／74	D／6-4-4／112
中山	芝／5-5-4／75	D／3-5-5／110
京都	芝／0-1-1／14	D／0-0-0／8
阪神	芝／4-4-4／66	D／2-1-3／89
ローカル	芝／11-16-19／219	D／12-18-19／214

勝利へのポイント

芝の良／15勝、稍重と重／10勝

　グリューネグリーンが阪神の京都2歳Sを逃げ切り、ダービーにも駒を進めた。一方、芝2000で3勝したゾンニッヒは、古馬になって芝1200を勝利。羽田盃から距離短縮してダ1200の優駿スプリントを勝った南関東のプライルードもいる。血統的にはダンスとトニービンを持ち、こういうスタミナ超豊富な種牡馬の仔は、使い方によって短距離馬にも長距離馬にもなる例がよくある。
　注目は馬場成績。道悪の鬼で、良→稍重→重と進むほど、勝率も連対率も上がっていく。良馬場なら札幌が断然いいから、軽くない芝に向く。
　ダートも、良11勝、良以外12勝と、湿った馬場の成績が上回る。雨の日は、芝もダートも買いに出よう。使われながら力をつけていく晩成型。

カレンブラックヒル
CURREN BLACK HILL

ダイワメジャー×ミスプロ系の
マイルGI馬

POINT
牡馬の勝利は9割がダート
重賞を荒らすのは2歳牝馬!
芝→ダート替わりは単勝勝負

2009年生　黒鹿毛
2023年種付け料▷受胎確認後70万円(FR)

ダイワメジャー 栗 2001	*サンデーサイレンス Sunday Silence	Halo
		Wishing Well
	スカーレットブーケ	*ノーザンテースト
		*スカーレットインク (4-d)
*チャールストンハーバー Charleston Harbor 鹿 1998	グラインドストーン Grindstone	Unbridled
		Buzz My Bell
	ペニーズバレンタイン Penny's Valentine	Storm Cat
		Mrs. Penny (25)

Northern Dancer 4×5、Le Fabuleux 5・5(母方)

カレンブラックヒル産駒完全データ

●最適コース
牡／中山ダ1800、東京ダ1400
牝／中京ダ1400、中山ダ1200

●距離別・道悪
芝10〜12	9-20-11／209	D10〜13	34-27-25／330
芝14〜16	12-11-11／213	D14〜16	15-25-23／230
芝17〜20	3-10-5／119	D17〜19	20-19-27／279
芝21〜	0-0-0／8	D20〜	1-1-0／14
芝道悪	8-15-5／149	D道悪	27-27-27／339

●人気別回収率
1人気	単73%・複74%		24-10-11／83
2〜4人気	単71%・複90%		41-56-40／295
5人気〜	単115%・複93%		29-47-51／1024

●条件別・勝利割合
穴率	30.9%	平坦芝率	50.0%
芝道悪率	33.3%	晩成率	31.9%
ダ道悪率	38.6%	芝広いコース率	37.5%

●コース別成績
東京	芝／6-8-6／87	D／10-16-14／141
中山	芝／3-6-1／71	D／16-13-9／159
京都	芝／0-2-0／27	D／4-4-1／50
阪神	芝／2-5-5／81	D／12-10-13／153
ローカル	芝／13-20-15／283	D／28-29-38／350

現役時代

中央22戦7勝。主な勝ち鞍、NHKマイルC、ニュージーランドT、毎日王冠、ダービー卿CT、小倉大賞典。

デビューから無傷の4連勝でNHKマイルCに優勝。古馬に混じった毎日王冠で5連勝を飾るも、秋の天皇賞は5着だった。ダイワメジャー産駒らしいスタートの上手さと、折り合いの心配のなさが武器で、他に速い馬がいないNHKマイルCは、自分から逃げてマイペースに持ち込み突き放す。シルポートがハイペースで逃げた毎日王冠は、離れた3番手で様子をうかがい、直線で差し切る。秋山真一郎の意のままに動く操縦性の高さが強みだった。

その後は、これもダイワメジャー産駒らしく勢いが止まり、安田記念やマイルCSでは不振が続いたが、小回りの中山と小倉のGⅢを2勝した。

血統背景

父ダイワメジャーは同馬の項を参照。
母チャールストンハーバーは米国6戦0勝。半弟にレッドアルヴィス(ユニコーンS)。カレンブラックヒルが最後に勝った小倉大賞典の日、弟はフェブラリーSに出走。
母の父グラインドストーンは96年のケンタッキー・ダービー優勝。その父アンブライドルド。母父ミスプロ系のダイワメジャー産駒はほかにアドマイヤマーズ(NHKマイルC)。

代表産駒

アサヒ(東スポ杯2歳S2着)、ラヴケリー(ファンタジーS3着)、セイウンヴィーナス(クイーンC3着)。

特注馬

ラヴケリー／ダートの短距離なら堅実に差してくるが、ベストは中京ダ1400か。良のダートがいい。
アサヒ／母父デインヒルはダート不向きを承知の上で、東京ダートの走りを見てみたい。芝は詰めが甘い。
トップスティール／10番人気以下で大まくりの1着が2回ある。上がりかかる中山ダ1800と、休み明け注意!

勝利へのポイント

3歳以降の重賞【0-0-1-14】

当初は函館2歳S、東スポ杯2歳Sなど、2歳の芝重賞で馬券になる馬が出たが、今や牡馬の勝ち鞍は9割がダート。芝で勝つのはほとんど若い牝馬ばかり。3歳以降の重賞は振るわない。

牡馬は3歳ダートの回収率が高く、芝→ダート替わりの単勝がおいしい。ダート→ダートなら、重・不良で負けた馬が良馬場で巻き返した例が多数あり、狙えるパターンとして覚えておこう。

牝馬は34勝のうち、3歳6月まで／26勝。この時期に集中して買うこと。もちろんそれ以降も走る馬はいるが、2着がぐっと増える。牡馬も牝馬も年齢を重ねるほどパワー寄りになっていく。

穴血統で、休み明けに負けた後の2戦目の一変や、乗り替わり、牝馬の距離短縮に要注意。

リアルインパクト REAL IMPACT

日豪でGI制覇。母は異なる父から
活躍馬を多数出す名牝

POINT
2歳から走る早熟マイラー、道悪得意!
前走着順がいいのに人気薄の馬を狙え
小倉は芝もダートも成績優秀

2008年生 鹿毛
2023年種付け料▷受胎確認後50万円(FR)

ディープインパクト 鹿 2002	*サンデーサイレンス Sunday Silence	Halo
		Wishing Well
	*ウインドインハーヘア Wind in Her Hair	Alzao
		Burghclere (2-f)
*トキオリアリティー 栗 1994	メドウレイク Meadowlake	Hold Your Peace
		Suspicious Native
	ワットアリアリティ What a Reality	In Reality
		What Will Be (3-l)

Nothirdchance 5×5

リアルインパクト産駒完全データ

●最適コース
牡/東京芝1400、中京ダ1200
牝/東京芝1600、函館芝1200

●距離別・道悪
芝10～12 ── 10-13-18/197　D10～13 ── 16-18-10/218
芝14～16 ── 24-24-23/305　D14～16 ── 8-11-8/152
芝17～20 ── 9-6-7/159　　D17～19 ── 20-7-27/259
芝21～ ── 0-0-0/11　　　 D20～ ── 1-0-0/11
芝道悪 ── 10-10-10/169　 D道悪 ── 16-14-15/257

●人気別回収率
1人気 ── 単91%・複85% ── 25-9-12/72
2～4人気 ── 単73%・複88% ── 35-39-42/254
5人気～ ── 単72%・複63% ── 28-31-39/986

●条件別・勝利割合
穴率 ── 31.8%　平坦芝率 ── 46.5%
芝道悪率 ── 23.3%　晩成率 ── 27.3%
ダ道悪率 ── 35.6%　芝広いコース率 ── 48.8%

●コース別成績
東京 ── 芝/10-13-8/132　D/7-12-7/120
中山 ── 芝/7-3-13/113　D/6-2-6/100
京都 ── 芝/4-1-0/34　　D/1-2-2/36
阪神 ── 芝/3-2-5/63　　D/13-6-4/120
ローカル ── 芝/19-24-22/330　D/18-14-26/264

現役時代

　中央28戦4勝、豪州2戦1勝。主な勝ち鞍、安田記念、ジョージライダーS(豪GI・芝1500M)、阪神C(2回)。朝日杯FS2着、ドンカスターマイル2着(豪GI・芝1600M)。ディープインパクトの初年度産駒としてデビュー。新馬を楽勝、京王杯2歳Sは2着、朝日杯FSは中団から差を詰めるもグランプリボスの2着。NHKマイルCもグランプリボスの3着どまりで、同世代の対決ではセカンドクラスの評価だった。しかし、戸崎圭太を鞍上に迎え、異例の3歳馬挑戦となった安田記念であっと言わせる。ハイペースの3番手から抜け出し、ストロングリターンの強襲をクビ差のいでマイル路線の頂点に立った。古馬になって阪神Cを連覇。7歳で豪州遠征をすると、ジョージライダーSを逃げ切って海外GI制覇。さらに中1週で臨んだドンカスターマイルでカーマデックの2着。

血統背景

　父ディープインパクトは同馬の項を参照。母トキオリアリティーは短距離で3勝。半弟ネオリアリズム(クイーンエリザベス2世C、中山記念)、半兄アイルラヴァゲイン(オーシャンS)。近親インディチャンプが19年の安田記念を勝利。同馬の母がリアルインパクトの半姉という関係。母の父メドウレイクはプリンスキロからセントサイモンにのぼる父系。

代表産駒

　ラウダシオン(NHKマイルC)、モズメイメイ(チューリップ賞)、Lunar Impact(豪WATCWAオークス)。

特注馬

モズメイメイ／相手の圧が弱いときに走るタイプ。ハイペースの芝1200より、スローの芝1600で狙う。
エイシンチラー／いつも人気ないが、中山か福島の芝1800で内枠を引ければ、オープンでも通用する。道悪歓迎。
オーロイプラータ／ダート中距離型の代表産駒になりそう。阪神ベストも、ほかは不発の危険も大きい。

勝利へのポイント

芝2000以上【1-0-0-58】

　モズメイメイがチューリップ賞と葵Sを逃げ切り。NHKマイルCを制した1年目産駒のラウダシオン以来の重賞勝ち馬になった。前で競馬できる馬は展開が楽になると、すぐに巻き返す。

　勝ち鞍は芝5割、ダート5割。早熟のスピードを武器に2歳から走り、上級馬はコースロスの少ない器用さと無駄のなさがある。距離的に芝1800までは走れるが、それ以上は不振。得意距離の明確なマイラーが多く、距離短縮は狙い目。

　前走の着順が良かったのに侮られた馬が、続けて好走して波乱を呼んでいる。好調馬を狙おう。中山芝1600と中京ダ1200の穴が多い。芝の道悪は得意で、小倉と中京の重・不良は特注。ダートは1200型と1800型がいて、ダート中距離は3着多数。

2022 RANK 48

ディープブリランテ
DEEP BRILLANTE

**バブル、ザッツの近親
ディープ産駒初のダービー馬**

POINT
芝の重・不良は特注。重賞でも！
ワンペース向きの持続スピード
得意な上がりタイムになれば穴

2009年生　鹿毛
2023年種付け料▷受胎確認後50万円（FR）／産駒誕生後80万円

ディープインパクト 鹿　2002	*サンデーサイレンス Sunday Silence	Halo
		Wishing Well
	*ウインドインハーヘア Wind in Her Hair	Alzao
		Burghclere　(2-f)
*ラヴアンドバブルズ Love And Bubbles 鹿　2001	ルウソバージュ Loup Sauvage	Riverman
		Louveterie
	*バブルドリーム Bubble Dream	Akarad
		*バブルプロスペクター(1-b)

Lyphard 4×5、Busted 4×5、Northern Dancer 5×5

ディープブリランテ産駒完全データ

●最適コース
牡　阪神ダ1400、中京芝2200
牝　福島芝1200、札幌ダ1700

●距離別・道悪
芝10～12　――28-20-36／386　　D10～13　――12-23-29／351
芝14～16　――28-40-55／641　　D14～16　――19-17-22／339
芝17～20　――25-41-26／502　　D17～19　――20-20-29／449
芝21～　　――13-14-16／140　　D20～　　――2-3-1／41
芝道悪　　――19-26-22／378　　D道悪　　――21-23-28／468

●人気別回収率
1人気　　　――単64%・複75%　　42-26-23／158
2～4人気　　――単66%・複73%　　59-81-69／536
5人気～　　――単56%・複70%　　46-71-122／2155

●条件別・勝利割合
穴率　　　――31.3%　　平坦芝率　　――54.3%
芝道悪率　――20.2%　　晩成率　　　――38.1%
ダ道悪率　――39.6%　　芝広いコース率――42.6%

●コース別成績
東京　　芝／11-17-22／267　　D／9-12-14／235
中山　　芝／12-8-13／197　　D／12-16-16／257
京都　　芝／13-14-14／162　　D／5-4-6／73
阪神　　芝／10-17-21／224　　D／12-9-11／175
ローカル　芝／48-59-63／819　　D／15-22-34／440

勝利へのポイント

重賞3着内11回のうち、中山と阪神芝／8回

集計期間に入ってないが、エルトンバローズがラジオNIKKEI杯を勝利。重賞は中山、阪神内回り、福島がいい。鋭い切れ味の勝負は不向きのため、小回りや、時計のかかる芝向きの馬が多く、モズベッロの大阪杯2着の大穴も重賞場だった。

短距離馬やダート馬など、産駒のタイプは多様。重賞の3～5着が多く、詰めの甘さが弱点。スローの瞬発力勝負より、ワンペースの流れに向く。スタミナはあるのに芝1600の勝利が多いのも、締まった流れになりやすいからだろう。ペースや展開で着順が上下するため、近走の着順だけで判断しないこと。「得意な上がり」になれば、一変も期待できる。ダートは阪神ダ1400が優秀。ただしダートはクラスの壁にあたると、不振が続く。

現役時代

中央6戦3勝、イギリスで1戦0勝。主な勝ち鞍、日本ダービー、東京スポーツ杯2歳S。

パカパカファームの生産、矢作芳人厩舎。岩田康誠を背に阪神芝1800の新馬と、不良馬場の東京スポーツ杯2歳Sを連勝。3歳になると共同通信杯は逃げて2着、スプリングSも2着。稍重の皐月賞は3番手から伸びるが、イン強襲のゴールドシップに屈して3着。

2012年ダービーは単勝8.5倍の3番人気。ゼロスが飛ばす展開の中、内の4番手で息を潜める。後ろで牽制し合うゴールドシップとワールドエースを尻目に、直線早めに先頭に立つと岩田得意のお尻トントン、末脚全開！ 強襲するフェノーメノをハナ差しのいでゴール。ウイニングランは、馬の背に突っ伏して号泣する岩田の姿があった。7月に英国の"キングジョージ"出走もデインドリームの8着。最後のレースに。

血統背景

父ディープインパクトの2年目の産駒。
母ラヴアンドバブルズはフランスのGⅢクロエ賞勝ち。3代母の半兄バブルガムフェロー（天皇賞・秋）、近親ザッツザプレンティ（菊花賞）、ショウナンパントル（阪神JF）。母の父ルウソバージュはイスパーン賞（仏GⅠ・芝1850M）優勝、仏2000ギニー2着。ネヴァーベンド系。

代表産駒

モズベッロ（日経新春杯）、セダブリランテス（ラジオNIKKEI賞）、ディーパワンサ（中京2歳S）。

特注馬

エルトンバローズ／ベガの一族。長い距離も走れそうな血統に見えるが、兄姉はマイル以下で活躍。中山合うはず。
ミッキーブリランテ／芝1200や芝1400で負けた後の「距離延長の芝1600」激走はまだあるのか。叩き2戦目いい。
タイセイブリリオ／休み明けはよく走るが、休み明け2戦目は人気を裏切ることが多い。内枠で好成績。

2022 RANK **49**

ダンカーク
DUNKIRK

13年の北米新種牡馬リーディング
母系は南米ゆかりの血統

2006年生　芦毛　アメリカ産
2023年種付け料▷受胎確認後50万円（FR）／産駒誕生後80万円

現役時代

　北米で通算5戦2勝。主な勝ち鞍、未勝利（7F）、アローワンス競走（9F）。ベルモントS（GⅠ・12F）2着、フロリダ・ダービー（GⅠ・9F）2着。

　キーンランドの1歳市場にて370万ドルの高値で落札。3歳1月のデビュー戦、アローワンス競走を2連勝。続くフロリダ・ダービーは重賞初挑戦にもかかわらず本命に推されての2着。ドロドロの不良馬場で行われたケンタッキー・ダービーは中団のまま11着に終わった。プリークネスSを回避して臨んだ三冠の最終戦、ベルモントSでは一転して逃げの手。まくってきたケンタッキー・ダービー馬マインザットバードにかわされるが、これを差し返し、サマーバードの強襲に屈したものの2着に粘った。マインザットバードは3着。この後、左後脚に骨折が判明。手術には成功したがそのまま引退。翌年から種牡馬入りした。

血統背景

　父アンブライドルズソング。産駒にアロゲート（ドバイワールドCGⅠ・10F）、アグネスソニック（NHKマイル2着）。
　母シークレットステイタスはケンタッキー・オークスGⅠ、マザーグースSGⅠなど重賞3勝。近親にチリのGⅠ馬マリアカンデラ（エル・ダービーGⅠ）。

代表産駒

　アイスジャイアント（JBC2歳優駿）、メイショウテンスイ（グリーンチャンネルC）、タケルペガサス（鳳雛S2着）、マイネルアルケミー（福島2歳S3着）、シークレットラン。

特注馬

メイショウテンスイ／ダ1400で忘れた頃に前で粘り、波乱を呼ぶ。馬体重540キロ未満、重ダート狙い。
トウセツ／中京ダートに抜群の安定感あり。オープンは楽ではないが、間隔あけて、外差しの決まる馬場なら。
テーオーレガシー／まだ上に行けそうな3歳馬。減量騎手が合うのはたまたまか、それがツボか、今後注目。

POINT　ダート1400型とダート1800型
好調期間が明確で連勝も多い
脚抜きのいいダートは特注！

アンブライドルズソング Unbridled's Song 芦　1993	アンブライドルド Unbridled	Fappiano
		Gana Facil
	トロリーソング Trolley Song	Caro
		Lucky Spell　（4-m）
シークレットステイタス Secret Status 栗　1997	エーピーインディ A.P. Indy	Seattle Slew
		Weekend Surprise
	プライヴェートステイタス Private Status	Alydar
		Miss Eva　（8-g）

Raise a Native 5×4

ダンカーク産駒完全データ

●最適コース
牡／東京ダ1400、阪神ダ1800
牝／中京ダ1800、東京芝1400

●距離別・道悪
芝10〜12	10-14-10／157	D10〜13	14-19-22／332
芝14〜16	5-5-5／181	D14〜16	18-15-15／295
芝17〜20	6-11-6／195	D17〜19	53-40-48／613
芝21〜	4-7-2／47	D20〜	4-2-2／42
芝道悪	10-14-6／142	D道悪	47-34-34／509

●人気別回収率
1人気	単103%・複99%	40-21-10／98
2〜4人気	単98%・複76%	45-46-37／318
5人気〜	単49%・複61%	29-46-63／1446

●条件別・勝利割合
穴率	25.4%	平坦芝率	64.0%
芝道悪率	40.0%	晩成率	36.8%
ダ道悪率	52.8%	芝広いコース率	44.0%

●コース別成績
東京	芝／4-9-9-5／124	D／18-9-11／209
中山	芝／4-7-5／88	D／16-7-19／220
京都	芝／3-0-0／34	D／9-11-6／106
阪神	芝／0-5-0／54	D／17-15-20／286
ローカル	芝／14-16-13／280	D／29-34-31／461

勝利へのポイント

ダート勝率、良／5.5%、良以外／9.1%

　JRA重賞勝ちはないが、ダ1400のオープンではメイショウテンスイなどがちょくちょく馬券になっている。北米血統らしくダート向きのスピードを持ち、芝の勝利は2割、ダートが8割。概ね1400型と1800型に分かれる。目を引くのは、ダ1800／41勝、ダ1700／5勝という大差。先行有利な小回りが多いダ1700は不振で、差し脚を発揮できるダ1800とダ1400がいい。東京と中京のダートが好成績で、米国血統の左回り適性が見える。
　道悪ダートの成績アップが特記事項。アイスジャイアントの交流重賞勝ちも重のダートだった。好調期は連勝も多い一方、悩みに入ると、馬券から遠ざかる。芝は1200、1400、1800で走り、ほかは数字が下がる。稍重の勝率が跳ね上がる。

2022 RANK 50

トゥザグローリー

TO THE GLORY

GIには惜しくも届かなかったキンカメ産駒 母は名牝トゥザヴィクトリー

2007年生　鹿毛

POINT
5歳、6歳で花を咲かせる晩成型
芝の根幹距離で勝ちきる！
ダート馬はジリ脚で2、3着付けに

キングカメハメハ 鹿　2001	キングマンボ Kingmambo	Mr. Prospector
		Miesque
	*マンファス Manfath	*ラストタイクーン
		Pilot Bird　（22-d）
トゥザヴィクトリー 鹿　1996	*サンデーサイレンス Sunday Silence	Halo
		Wishing Well
	*フェアリードール Fairy Doll	Nureyev
		Dream Deal　（9-f）

Nureyev 4×3、Northern Dancer 5·5×4

トゥザグローリー産駒完全データ

●最適コース
牡／東京芝1600、札幌ダ1700
牝／福島芝1200、新潟ダ1200

●距離別・道悪
芝10～12	4-5-6／104	D10～13	12-18-15／216
芝14～16	10-8-11／138	D14～16	4-19-17／204
芝17～20	8-5-5／162	D17～19	15-27-22／338
芝21～	1-1-1／46	D20～	0-1-3／24
芝道悪	9-2-5／116	D道悪	14-26-25／314

●人気別回収率
1人気	単73％・複97％	13-12-9／45
2～4人気	単61％・複76％	22-23-31／202
5人気～	単57％・複73％	19-49-40／985

●条件別・勝利割合
穴率	35.2％	平坦芝率	47.8％
芝道悪率	39.1％	晩成率	46.3％
ダ道悪率	45.2％	芝広いコース率	52.2％

●コース別成績
東京	芝／6-3-5／77	D／4-13-16／145
中山	芝／5-2-2／74	D／3-14-8／145
京都	芝／2-0-3／25	D／2-3-4／47
阪神	芝／0-3-1／49	D／2-11-4／129
ローカル	芝／10-11-12／225	D／20-24-25／316

現役時代

中央33戦8勝。主な勝ち鞍、京都記念、日経賞、日経新春杯、鳴尾記念、中日新聞杯。有馬記念3着。

エリザベス女王杯を制したトゥザヴィクトリーは繁殖入り後、子供が競走馬になれない例が続いた。ようやく登場したのがキンカメ産駒の本馬。キャロットの募集価格1億2000万円の期待馬だった。

3歳春は青葉賞2着、ダービー7着。12月の中日新聞杯で重賞勝ちをすると、14番人気の有馬記念で好位からヴィクトワールピサとブエナビスタに続く3着。

4歳で京都記念、日経賞を連勝して、春の天皇賞は1番人気に祭り上げられるが、距離が長すぎたか13着に失速。暮れの有馬記念で2年連続の3着に入ると、5歳で日経新春杯と鳴尾記念に勝利。冬の中長距離重賞にはめっぽう強い馬だった。日経新春杯は池江泰郎調教師にとって、定年前最後の重賞勝ちだった。

血統背景

父キングカメハメハは同馬の項を参照。
母トゥザヴィクトリーは01年エリザベス女王杯優勝、ドバイワールドC2着、桜花賞3着、オークス2着。全弟トゥザワールド（弥生賞）、全妹トーセンビクトリー（中山牝馬S）、近親デニムアンドルビー（ローズS）、メドウラーク（七夕賞）、クラージュゲリエ（京都2歳S）、リオンリオン（青葉賞）。

代表産駒

カラテ（東京新聞杯、新潟記念、新潟大賞典）、ゲンパチルシファー（プロキオンS）、メイショウミツヤス、セッタレダスト。

特注馬

カラテ／今後の適鞍はどれだろう。中山記念、新潟大賞典など、好走実績のある重賞でもう一度を狙う。
フームスムート／7月から10月に良績が集中し、本の出版とタイミングが合わない。輸送のない滞在競馬向き。
セッタレダスト／休み明け凡走後、2戦目の一変をマーク。強気な先行策で好走。ラストタイクーンの4×2。

勝利へのポイント

重賞3着内／5回は、すべて5歳以降

カラテが6歳、7歳で重賞勝ちを追加。距離の守備範囲も広げている。年齢別データは5歳と6歳の勝率や連率が高く、成長力のある晩成型。ゲンパチルシファーのプロキオンS勝ちも6歳だった。各クラスで揉まれながら、徐々に力をつけていく。

勝利数はダート6割、芝4割。芝の距離成績に偏りがあり、芝1600／8勝、芝2000／8勝に対して、芝1400／1勝、芝1800／0勝、芝2200／0勝。根幹距離論者が大喜びのデータだ。ただし、カラテの中山記念2着はある。総じて詰めが甘く、先行して粘るか、上がりのかかる展開に向き、これがダート馬になるとひときわジリ脚で、2、3着の山を築いている。ダートは頭狙いより、複狙いで。
牝馬はほぼ下級条件の芝1200と芝1400専門。

2022 RANK 51

コパノリッキー
COPANO RICKEY

**単勝2万円の穴馬から
押しも押されもせぬダート王者へ**

POINT
- 血統通りにダート特化
- 道悪ダートは頭勝負
- 地方の重賞では侮るな

2010年生 栗毛
2023年種付け料▷受胎確認後100万円（FR）／産駒誕生後150万円

ゴールドアリュール 栗　1999	*サンデーサイレンス Sunday Silence	Halo	
		Wishing Well	
	*ニキーヤ Nikiya	Nureyev	
		Reluctant Guest（9-h）	
コパノニキータ 栗　2001	*ティンバーカントリー Timber Country	Woodman	
		Fall Aspen	
	ニホンピロローズ	*トニービン	
		ウェディングブーケ（1-o）	

現役時代

　中央と地方交流33戦16勝。主な勝ち鞍、フェブラリーS（連覇）、JBCクラシック（連覇）、帝王賞、マイルChS南部杯（連覇）、東京大賞典などGIを11勝。
　初のGI出走は4歳のフェブラリーS。16頭中の16番人気だったが、田辺裕信が2番手から抜け出して、単勝2万馬券の大穴。センセーショナルなダート新王者の誕生だった。田辺もこれが初のGIタイトル。
　この年、かしわ記念とJBCクラシックも制して、ハイペースの逃げ先行から粘り込む戦型が確立されてゆく。5歳で武豊に乗り替わり、フェブラリーSとJBCクラシックを連覇。ダートの王道ビッグレースを次々にコレクションしていった。
　最後の一戦は、新記録のGIの11勝目がかかった7歳の東京大賞典。5日前に同じヤナガワ牧場生まれのキタサンブラックが、引退戦の有馬記念を勝ったばかりの中、田辺の巧みな手綱で逃げ切り。7枠13番という最初のフェブラリーSと同じ橙色帽子の勝利に、Dr.コパ・オーナーのオレンジの服が映えた。

血統背景

　父ゴールドアリュールはフェブラリーS、東京大賞典などを制したサンデー産駒のダート王者。
　母コパノニキータは中央ダート3勝。

代表産駒

　アームズレイン、セブンスレター、コパノニコルソン。

特注馬

アームズレイン／牝系はトウショウの米櫃ソシアルバターフライ系。奥は深い。リメイク、首を洗って待ってろ。
コパノニコルソン／追い込み脚質だけに展開に左右されるが、先行激化必至では買いの手。叩き良化型。
セブンスレター／湿ったダート1900以上で一考。左回りの東京、中京ならさらによし。

コパノリッキー産駒完全データ

●最適コース
牡／函館ダ1700、阪神ダ1400
牝／福島ダ1150、東京ダ1600

●距離別・道悪
芝10～12	0-0-0／20	D10～13	19-9-9／208
芝14～16	0-1-0／15	D14～16	8-11-13／177
芝17～20	1-1-2／26	D17～19	15-18-17／240
芝21～	1-0-0／3	D20～	3-2-4／23
芝道悪	0-1-0／19	D道悪	21-15-16／266

●人気別回収率
1人気	単65%・複93%	11-8-6／37
2～4人気	単84%・複79%	22-17-21／141
5人気～	単120%・複51%	14-17-18／534

●条件別・勝利割合
穴率	29.8%	平坦芝率	100%
芝道悪率	－%	晩成率	10.6%
ダ道悪率	46.7%	芝広いコース率	－%

●コース別成績
東京	芝／0-0-0／8	D／7-3-11／126
中山	芝／0-1-1／11	D／5-8-8／113
京都	芝／0-1-0／4	D／0-1-1／17
阪神	芝／0-0-0／4	D／11-8-10／125
ローカル	芝／2-0-1／37	D／22-20-13／267

勝利へのポイント

D17～19【牡／12勝、牝／3勝】

　ゴールドアリュール系らしくダートに特化。牝駒は1600以下で勝ち鞍を重ねつつ中距離もこなし、牡駒は短距離型と中距離型に分かれ、さらに2000以上を得意とする馬がいる。牡駒の東京ダ1600はデータ的に得意と言えないが、コパノパサディナの青竜S2着あり、全く無視することもできない。2歳から走り、早く勝ち上がった馬は3歳春夏に1勝クラスを突破している。穴は距離延長。道悪ダートでの成績は良く、良馬場に比べて勝率が上がるので、頭勝負に妙味あり。
　現状は3勝クラスが壁となっているが、地方には8戦無敗で東海ダービーを制した東海の鬼姫セブンカラーズや兵庫の楠賞の勝ち馬が出ており、交流競走を含めて地方の重賞では侮れない。

ダノンレジェンド
DANON LEGEND

ダート1200〜1400の重賞を9勝！
ヒムヤーにさかのぼる異系

POINT
- 阪神ダ1800と中山ダ1200の鬼
- 上記コースで資金倍増
- ダート体系整備は追い風

2010年生　黒鹿毛　アメリカ産
2023年種付け料▷受胎確認後80万円（FR）／産駒誕生後120万円

マッチョウノ Macho Uno 芦　1998	ホーリーブル Holy Bull	Great Above
		Sharon Brown
	プライマルフォース Primal Force	Blushing Groom
		Prime Prospect（1-c）
*マイグッドネス My Goodness 黒鹿　2005	ストームキャット Storm Cat	Storm Bird
		Terlingua
	カレシング Caressing	Honour and Glory
		Lovin Touch　（9-f）

Raise a Native 5×5

ダノンレジェンド産駒完全データ

●**最適コース**
牡／阪神ダ1800、中山ダ1200
牝／阪神ダ1800、東京ダ1400

●**距離別・道悪**
芝10〜12	5-6-9／128	D10〜13	24-16-17／218
芝14〜16	1-1-2／59	D14〜16	11-5-15／151
芝17〜20	0-0-0／18	D17〜19	18-18-12／139
芝21〜	0-0-0／1	D20〜	0-0-0／2
芝道悪	0-3-2／53	ダ道悪	15-12-19／196

●**人気別回収率**
1人気	単115%・複82%	18-1-4／37
2〜4人気	単134%・複89%	28-21-19／150
5人気〜	単69%・複102%	13-24-32／529

●**条件別・勝利割合**
穴率	22.0%	平坦芝率	66.7%
芝道悪率	－%	晩成率	28.8%
ダ道悪率	28.3%	芝広いコース率	33.3%

●**コース別成績**
東京	芝／1-1-2／31	D／10-4-11／98
中山	芝／0-0-0／22	D／11-9-8／88
京都	芝／0-0-0／7	D／1-3-0／17
阪神	芝／1-0-0／22	D／15-8-11／100
ローカル	芝／4-6-9／124	D／16-15-14／207

勝利へのポイント

阪神ダ1800／9勝、中山ダ／9勝

　本家の北米でも世界遺産的な異系中の異系血統。多様性に富み、肉体的にも精神的にも強靭さを備えているのが最大の長所。産駒は短距離型と中距離型に分かれ、特に中山ダ1200と阪神ダ1800で勝ち鞍を量産。単勝回収率は200%超。両コースの単勝を買っているだけで難なく資金倍増だ。中山ダ1200は下級クラス、阪神ダ1800は上級クラスに的を絞ると一層と効率が良くなる。東京ダ1600では、多少の割引は必要か。前走大敗からの巻き返しも多く、競馬場替わりなどは一考。2歳から走り、早い段階で未勝利を脱しのちに昇級戦で何戦か揉まれ勝利する。古馬になっての成長力もあるはず。一点豪華主義血統。一頭でも大駒が出ることを期待する。ダート体系整備は追い風だ。

現役時代

　中央、地方交流で30戦14勝。主な勝ち鞍、JBCスプリント（GⅠ・川崎ダ1400）、東京盃（GⅡ・大井ダ1200）、カペラS、クラスターC（2回）、黒船賞（2回）など、ダート1200と1400の重賞を9勝。

　米国バレッツの2歳セールにて38万5000ドルで購入され、2歳秋にデビュー。3歳時は伸び悩むも、4歳を迎えるとカペラSを人気薄で逃げ切って重賞制覇。

　翌5歳は高知の黒船賞、大井の東京スプリントと東京盃、盛岡のクラスターCなど、全国のダート短距離重賞を勝ちまくり、大井開催のJBCスプリントも2着に好走。6歳になっても能力は衰えず、黒船賞、北海道スプリントCなどに勝利。そして川崎開催の距離1400で行われた16年のJBCスプリント、鞍上はM・デムーロ。前年とは逆にコーリンベリーのハナを叩き、そのまま逃げ切り。雪辱を果たし、引退戦を飾った。

血統背景

　父マッチョウノはBCジュヴェナイル（米GⅠ・ダ8.5F）、グレイBCSなど、北米の重賞4勝、2歳GⅠを2勝。2000年の米国2歳王者。ヒムヤーにさかのぼる異系のサイアーライン。

　母マイグッドネスは米国1勝。祖母カレシングは2000年のBCジュヴェナイルフィリーズ勝ち馬。

　半弟にダノンキングリー（安田記念）。

代表産駒

　ベストリーガード、サンマルレジェンド、ジュディッタ、シンヨモギネス。

特注馬

ベストリーガード／3勝Cの勝ち時計は翌日のOPより1秒8速い。OPで揉まれ、機は熟した。
サンマルレジェンド／人気で大敗から、人気を落としての競馬場替わりで好走。ただし、本格化したら常に注意。
ジュディッタ／23、24年シーズンこそは交流重賞に殴り込み。牝馬相手では負けまい。復帰が待たれる。

タートルボウル

TURTLE BOWL

**最新流行の血統を持たず
異系色の強いヨーロピアン**

2002年生　鹿毛　アイルランド産　2017年死亡

POINT
- 歳を重ねて円熟味を増す晩成血統
- 昇級初戦でもいきなり通用
- 適度に時計のかかる馬場

ダイムダイヤモンド Dyhim Diamond 栗　1994	ナイトシフト Night Shift	Northern Dancer
		Ciboulette
	ハッピーランディング Happy Landing	Homing
		Laughing Goddess（1-w）
クララボウ Clara Bow 鹿　1990	トップヴィル Top Ville	High Top
		Sega Ville
	カミヤ Kamiya	Kalamoun
		Shahinaaz　（16-d）

Prince Bio 5・5（母方）

タートルボウル産駒完全データ

●最適コース
牡／中山芝2000、中京ダ1800
牝／東京ダ1600、札幌芝2000

●距離別・道悪
芝10〜12	7-6-5／77	D10〜13　5-4-11／173
芝14〜16	12-8-14／197	D14〜16　15-16-13／234
芝17〜20	22-14-10／227	D17〜19　39-44-46／531
芝21〜	5-8-3／57	D20〜　2-5-1／41
芝道悪	11-4-9／120	D道悪　19-23-33／407

●人気別回収率
1人気	単99%・複82%	28-9-10／77
2〜4人気	単101%・複92%	54-54-32／295
5人気〜	単51%・複69%	25-42-61／1165

●条件別・勝利割合
穴率	23.4%	平坦芝率	56.5%
芝道悪率	23.9%	晩成率	45.8%
ダ道悪率	31.1%	芝広いコース率	28.3%

●コース別成績
東京	芝／4-3-8／106	D／9-11-6／167
中山	芝／8-2-2／76	D／9-5-12／165
京都	芝／5-1-3／49	D／8-9-9／87
阪神	芝／5-7-2／53	D／12-16-12／150
ローカル	芝／24-23-17／274	D／23-28-32／410

現役時代

　フランス、イギリスで通算21戦7勝。主な勝ち鞍、ジャンプラ賞（GⅠ・1600M）、ジョンシェール賞（GⅢ・1600M）。

　デビューから3戦目で勝ち上がり、重賞初挑戦の3歳フォンテンブロー賞GⅢ3着。仏2000ギニーも8着に敗れたが、次走のジョンシェール賞で重賞初制覇を果たすと、フランスの3歳マイル路線を締めくくるジャンプラ賞を後方からの追い込みを決めて優勝した。結局これが最後の重賞勝ちとなり、4歳まで現役を続け、イスパーン賞2着、クイーンアンS3着、ジャックルマロワ賞3着などGⅠでの好走があるものの、勝ち切れないレースを続けた。イスパーン賞、ジャックルマロワ賞の勝ち馬は無事なら凱旋門賞もといわれた逸材のマンデュロ。相手が悪かった。21戦7勝2着6回3着3回。勤勉だけれど係長どまりだった。

血統背景

　父ダイムダイヤモンドはフランス、ドイツの短距離GⅢ2勝。スペインのリーディング・サイアーとなり、フランスでは長距離GⅠカドラン賞の勝ち馬バナビーを出す、マニアック度いっぱいの種牡馬。母系は半弟にアスコットGC2着のエイジオブアクエリアス、近親に仏オークス馬カーリーナ。

代表産駒

　トリオンフ（小倉記念）、タイセイビジョン（京王杯2歳S）、アンデスクイーン（エンプレス杯）、ヴェントヴォーチェ（キーンランドC）、ベレヌス（中京記念）、ヴァンヤール。

特注馬

ヴェントヴォーチェ／西村淳也にGⅠを。高松宮記念制覇は決して無理筋ではない。叩き2戦目の臨戦が理想。
ヴァンヤール／みやこS、浦和記念、名古屋グランプリでどうだ。GⅠ前後の隙間重賞ばかりだけど。
ラヴィータエベラ／地方時代を含め11〜1月の出走と中央移籍後は中10週以上での成績良し。以上の条件が揃えば買い。

勝利へのポイント

5歳上重賞【4-4-1／28】、勝率／14%

　23年5歳が最終世代で、JRA現役登録馬は8頭。しかし、そこは歳を重ねるごとに円熟味を増す晩成血統。重賞勝ち鞍は全8勝のうち5歳上が4勝。ヴェントヴォーチェのオーシャンS制覇、ヴァンヤールのアンタレスS2着、ラヴィータエベラの3勝クラス突破など、重賞、上級クラス戦線では侮れない。昇級初戦でもいきなり通用する。芝、ダートとも中距離で勝ち鞍を量産しつつ、少数派ながら短距離の上級馬を輩出。ノーザンダンサー系ながら異系色が濃く多様性に富む。一瞬のキレよりもパワー勝負の競馬や速い決着でも淀みなく流れる展開が向く。芝は適度に時計のかかる稍重、ダートは力を要する良馬場が合う。以上のことを踏まえ、今後は個々の産駒ごとに判断するのが適切。

アメリカンファラオ AMERICAN PHAROAH

37年ぶり米三冠
アンブライドルド系の本流

2012年生　鹿毛　アメリカ産

POINT
- ダートのマイル、中距離血統
- 圧勝か大敗と両極端
- 展開、枠順重視

パイオニアオブザナイル Pioneerof the Nile 黒鹿 2006	*エンパイアメーカー Empire Maker	Unbridled
		Toussaud
	スターオブゴーシェン Star of Goshen	Lord at War
		Castle Eight（21-a）
リトルプリンセスエマ Littleprincessemma 栗 2006	ヤンキージェントルマン Yankee Gentleman	Storm Cat
		Key Phrase
	イクスクルーシヴロゼット Exclusive Rosette	Ecliptical
		Zetta Jet （14）

Northern Dancer 5×5

アメリカンファラオ産駒完全データ

●最適コース
牡／東京ダ1600、京都ダ1800
牝／中京ダ1800、新潟ダ1800

●距離別・道悪
芝10〜12	0-0-1／7	D10〜13	7-4-2／46
芝14〜16	6-2-1／30	D14〜16	9-3-3／56
芝17〜20	0-0-1／13	D17〜19	24-8-8／123
芝21〜	0-0-0／1	D20〜	0-0-0／3
芝道悪	1-1-0／9	D道悪	12-6-5／77

●人気別回収率
1人気 単109%・複79% 25-7-2／57
2〜4人気 単75%・複75% 13-9-11／88
5人気〜 単324%・複106% 8-1-3／134

●条件別・勝利割合
穴率 17.4% 平坦芝率 33.3%
芝道悪率 16.7% 晩成率 34.8%
ダ道悪率 30.0% 芝広いコース率 83.3%

●コース別成績
	芝	ダ
東京	4-2-0／15	6-2-2／40
中山	0-0-0／4	3-0-0／15
京都	0-0-0／2	7-0-1／19
阪神	0-0-2／12	7-7-3／53
ローカル	2-0-1／18	17-6-7／101

現役時代

北米で通算11戦9勝。主な勝ち鞍、米三冠、BCクラシック（GⅠ・10F）、他GⅠ4勝、GⅡ1勝。

1978年のアファームド以来、37年ぶり、史上12頭目の米三冠を達成。ケンタッキー・ダービーは3番手から直線で先頭に立ち、不良馬場でのプリークネスSは7馬身差の逃げ切り圧勝。ベルモントSも先手を取り、ゴールでは2着に5馬身半差をつけていた。この後はハスケル招待Sを制し、トラヴァーズSこそキーンアイスの2着に不覚を取ったが、BCクラシックで王者の走り。2着に6馬身半差をつけてコースレコード2分00秒07での優勝。三冠にBCクラシック制覇という史上初の偉業を果たし、引退の花道を飾った。本来はAmerican Pharoahのはずが、登録時のミスでAmerican Pharoahの綴りとなったのはよく知られるところ。通算11戦9勝2着1回。2歳デビュー戦は5着だった。

血統背景

父パイオニアオブザナイルは同馬の項参照。
母リトルプリンセスエマは未出走。半妹にチェイシングイエスタディ（スターレットSGⅠ）。

代表産駒

カフェファラオ（フェブラリーS2回）、ダノンファラオ（ジャパンダートダービー）、ハーヴェイズリルゴイル（クイーンエリザベス2世チャレンジCGⅠ・9F）、ヴァンゴッホ（22年から日本供用）、ペルアア（マリーンS）、リフレイム（パラダイスS）、エイシンアメンラー。

特注馬

ペルアア／前年版の期待通り交流重賞制覇。さらにもう一丁。JBCレディスクラシックでどうだ。
メリタテス／リフレイムとは同血。一筋縄ではいかない血統だが、条件さえ合えば上級クラスでも勝負になるとみた。
コルドンルージュ／母はBCジュヴェナイルFの勝ち馬。余裕の臨戦過程、左回り中距離。外枠。以上の条件で買い。

勝利へのポイント

8枠【10−3−0／35】、勝率／28%

海外では当初、芝馬の活躍馬が目立っていたが、ダート重賞での勝ち鞍も増えてきている。しかしながら大駒は未だ現れず、世界的にはカフェファラオがその唯一の存在か。日本の産駒にとって敵は己自身。自身によるペース駆けや揉まれずにレースを進めると圧勝する反面、出入りの激しい展開に巻き込まれたり、内に閉じ込められると大敗を喫する。いかにして冷静に立ち回れるかが勝負の分かれ目。近走の着順より展開、枠順を重視するのが肝要。条件さえ合えば、昇級初戦や格上挑戦だろうと関係なし。2歳から走り、3歳時に勝ち鞍を量産。4歳で急上昇したペルアアなど、成長力も期待できる。ダ短距離は下級条件。リフレイム級の芝馬が出ることは頭の隅に入れておく。

2022 RANK 55

エイシンヒカリ A SHIN HIKARI

香港C、イスパーン賞を連勝し世界ランキング1位を記録!

POINT
- 牡馬は短～中距離、牝馬はローカル短
- 古馬の本格化を見逃すな
- 鞍上角田大河騎手で大儲け

2011年生 芦毛
2023年種付け料▷受胎確認後120万円 (FR)

ディープインパクト 鹿 2002	*サンデーサイレンス Sunday Silence	Halo
		Wishing Well
	*ウインドインハーヘア Wind in Her Hair	Alzao
		Burghclere (2-f)
*キャタリナ Catalina 芦 1994	ストームキャット Storm Cat	Storm Bird
		Terlingua
	カロライナサガ Carolina Saga	Caro
		Key to the Saga (16-g)

Northern Dancer 5×4

エイシンヒカリ産駒完全データ

●最適コース
牡／東京ダ1600、東京芝1600
牝／小倉芝1200、函館芝1200

●距離別・道悪
芝10～12	15-6-9／116	D10～13	6-10-10／106
芝14～16	8-12-13／156	D14～16	4-7-5／64
芝17～20	6-8-8／129	D17～19	4-12-14／114
芝21～	1-2-1／16	D20～	1-0-0／8
芝道悪	12-9-8／110	D道悪	5-14-14／114

●人気別回収率
1人気	単72%・複91%	10-10-5／36
2～4人気	単57%・複80%	15-23-26／157
5人気～	単80%・複104%	20-24-29／516

●条件別・勝利割合
穴率	44.4%	平坦芝率	53.3%
芝道悪率	40.0%	晩成率	33.3%
ダ道悪率	33.3%	芝広いコース率	33.3%

●コース別成績
東京	芝／3-2-4／73	D／3-4-4／44
中山	芝／2-4-10／50	D／3-5-4／68
京都	芝／2-0-1／10	D／0-0-2／8
阪神	芝／4-2-0／55	D／2-9-8／60
ローカル	芝／19-20-16／229	D／7-11-11／112

現役時代

中央11戦8勝、海外4戦2勝。主な勝ち鞍、イスパーン賞(仏GⅠ・芝1800M)、香港C(香GⅠ・芝2000M)、毎日王冠、エプソムC。

3歳4月の未勝利デビューから5連勝でアイルランドTを逃げ切り。直線で外ラチまでヨレるヤンチャぶりを見せながらも、速いペースで逃げて後続を突き放すスタイルが確立された。4歳でエプソムCと毎日王冠を逃げ切り。武豊が乗る逃げ馬から「サイレンススズカ2世」の呼び名も生まれるが、2番人気の天皇賞・秋はクラレントの2番手に控え、9着敗退。

しかし12月の香港Cを逃げ切り、GⅠ制覇。さらに2016年5月のイスパーン賞で不利と思われたフランスの重馬場で10馬身差の圧勝。ワールドサラブレッドランキングの1位に輝いた。5歳秋の天皇賞は逃げて失速し、引退戦となった香港Cも果敢な逃げを打ったがモーリスの10着に敗退。芝1800がベストで、芝2000になると脚が鈍った。

血統背景

父ディープインパクトは同馬の項を参照。
母キャタリナは米国3勝。半兄エーシンピーシーはスプリングS3着、全妹エイシンティンクルは関屋記念3着。近親で血統構成の近いスマイルカナは桜花賞を逃げて3着。

代表産駒

エイシンヒテン(ローズS2着)、カジュフェイス(もみじS)。

特注馬

エイシンスポッター／前年版に続いて推奨。差しが決まる展開なら大仕事も。馬群を割れる脚もある。
エンヤラヴフェイス／前年版推奨のカジュフェイスの全弟。中京こうやまき賞、あわよくば中山ジュニアC。
ニシノライコウ／東京のスローより、淀みなく流れる中山の方が合う。中山芝1600で大枚勝負でどうだ。

勝利へのポイント

小倉芝【8-7-4／62】、勝率／13%

牡馬は短距離から中距離を守備範囲とし、牝馬は概ねローカルの短距離で勝ち鞍を稼ぐ。小倉を得意としつつ、急坂のコースもこなす。キレよりも持久力を持ち味とする産駒が多いだけに芝の道悪は好材料。稍重、重、不良を問わず、良よりも連対率が上昇する。早熟に終わる産駒がいる一方、未勝利を脱するのに何戦を要しても3歳夏を境に上昇、古馬になって本格化する産駒もいて、成長曲線は個々によって異なる。穴率は高く、休養明けや競馬場、騎手の替わり端が狙い目。角田大河騎手との相性が良く、同騎手との勝率は23%超、単勝回収率は310%超。最適コースに盛岡ダ1600も加えておく。同コースで行われる2歳重賞、南部駒賞を産駒が21、22年と制している。

2022 RANK 56

アドマイヤムーン
ADMIRE MOON

**国内外のGIを3勝
斬れるエンドスウィープの真打ち**

©Darley

2003年生　鹿毛
2023年種付け料▷産駒誕生後50万円

POINT
- 平坦と急坂で勝ち鞍量産
- 中山芝1200は信頼性高し
- 忘れてはいけない新潟千直

*エンドスウィープ End Sweep 鹿　1991	*フォーティナイナー Forty Niner	Mr. Prospector
		File
	ブルームダンス Broom Dance	Dance Spell
		Witching Hour（4-r）
マイケイティーズ 黒鹿　1998	*サンデーサイレンス Sunday Silence	Halo
		Wishing Well
	*ケイティーズファースト Katies First	Kris
		Katies （7-f）

Nearctic 5×5

アドマイヤムーン産駒完全データ

●最適コース
牡／小倉芝1200、阪神芝1200
牝／中山芝1200、新潟芝1400

●距離別・道悪
芝10～12 ── 39-44-43／622　　D10～13 ── 9-21-20／367
芝14～16 ── 26-16-28／553　　D14～16 ── 3-4-6／173
芝17～20 ── 9-10-15／260　　D17～19 ── 8-5-13／235
芝21～ ── 3-5-2／64　　D20～ ── 0-0-2／16
芝道悪 ── 16-21-26／359　　D道悪 ── 5-16-17／333

●人気別回収率
1人気　　　単70%・複76%　　22-14-13／87
2～4人気　　単75%・複76%　　46-45-46／369
5人気～　　単33%・複52%　　29-46-70／1834

●条件別・勝利割合
穴率　　　　29.9%　　平坦芝率　　50.6%
芝道悪率　　20.8%　　晩成率　　　58.8%
ダ道悪率　　25.0%　　芝広いコース率　31.2%

●コース別成績
東京 ── 芝／8-3-15／203　　D／5-1-6／141
中山 ── 芝／12-14-17／211　　D／5-7-6／175
京都 ── 芝／6-3-8／140　　D／1-0-2／50
阪神 ── 芝／10-9-12／190　　D／4-7-4／112
ローカル ── 芝／41-46-36／755　　D／5-15-23／313

勝利へのポイント

重賞7勝は全て5歳以上

　フォーティナイナー系ながら徹頭徹尾の芝血統。2歳から走り、3歳で伸び悩んでいても4歳になって再上昇し、その勢いのまま重賞制覇というのが出世馬の成長曲線。過去5年の重賞7勝はすべて5歳以上によるもの。末脚鋭いパンチャー脚質を存分に活かし、直線の短いコースや急坂のコースで勝ち鞍を量産。重賞に限ると例外的に東京1400も手の内に入れている。中山1200は人気での信頼性が高く、福島1200、阪神1200で穴が多い。ダートはそこそこの勝ち鞍数こそあるが、下級条件でのもの。新潟千直大王の座はロードカナロアに明け渡したが、集計期間後のアイビスSDでトキメキが2着。まだまだ捨てたものじゃない。後継種牡馬ファインニードルも千直で気を吐いている。

現役時代

　中央14戦9勝、海外3戦1勝。主な勝ち鞍、ドバイデューティフリー、宝塚記念、ジャパンC、弥生賞、札幌記念、京都記念、共同通信杯、札幌2歳S。
　新馬から3連勝。6戦5勝で向かった皐月賞は、1番人気で後方一気が届かず4着。ダービーも届かず7着。二冠を制したのはメイショウサムソン。
　札幌記念で古馬を一蹴。天皇賞・秋3着、香港C2着を経て、年明けの京都記念を59キロで制す。
　07年ドバイDF（GⅠ・1777M）はゴール前で手綱を抑える余裕の1着。香港のクイーンエリザベス2世C（GⅠ）も3着の後、宝塚記念は武豊から岩田康誠へ乗り替わりの勝利が騒がれた。そして、大馬主ゴドルフィンへ40億円でトレード。5番人気のジャパンCは岩田がインから抜け出し、上がり33秒9の優勝。ダーレーの勝負服でのGI勝利となった。

血統背景

　父エンドスウィープの代表産駒にサウスヴィグラス、ラインクラフト（桜花賞）、スイープトウショウ（宝塚記念）。
　母マイケイティーズは不出走。半弟プレイ（弥生賞2着）。3代母ケイティーズ（愛1000ギニー）の一族にヒシアマゾン（エリザベス女王杯）、スリープレスナイト（スプリンターズS）、ヒシピナクル（ローズS）、ヒシナイル（フェアリーS）。

代表産駒

　ファインニードル（スプリンターズS）、セイウンコウセイ（高松宮記念）、ハクサンムーン（セントウルS）。

特注馬

トキメキ／新潟千直の他、隠れ中山1200巧者。OPなら勝ち負け必至。若干時計のかかる馬場ならなお良し。
マウンテンムスメ／私も千直と中山が得意コース。叩き3戦、4戦目に狙って下さい。
オオキニ／産駒では例外的な中距離馬。ローカルの時計を要する馬場や鞍上が減量騎手の時は一考。

2022 RANK 57

ドリームジャーニー
DREAM JOURNEY

"黄金配合"の先駆
三冠馬オルフェーヴルの全兄

2004年生 鹿毛

POINT
- コーナー4つの中距離で勝ち鞍量産
- 休養明けは積極買い
- 適度に時計のかかる馬場は好材料

ステイゴールド 黒鹿 1994	*サンデーサイレンス Sunday Silence	Halo
		Wishing Well
	ゴールデンサッシュ	*ディクタス
		ダイナサッシュ （1-t）
オリエンタルアート 栗 1997	メジロマックイーン	メジロティターン
		メジロオーロラ
	エレクトロアート	*ノーザンテースト
		*グランマスティーヴンス（8-c）

ノーザンテースト 4×3

現役時代

31戦9勝。主な勝ち鞍、宝塚記念、有馬記念、朝日杯FS、神戸新聞杯、大阪杯、朝日CC、小倉記念。

初GIは朝日杯FS、馬体重416キロ。粘るローレルゲレイロを後方一気で捕らえ最優秀2歳牡馬に。

皐月賞は8着、ダービーは5着。神戸新聞杯を快勝し、菊花賞で2番人気を集めるがアサクサキングスの5着。ヤンチャな気性とモタれ癖が大成を阻んだ。

4歳で小倉記念と朝日CCを連勝。新コンビの池添謙一と手が合い、5歳で大阪杯1着、天皇賞・春3着。宝塚記念は後方からコーナーを回りながら加速するという、ステイゴールド産駒最大の武器を活かして優勝。馬体重424キロは宝塚史上最軽量だった。有馬記念はブエナビスタとの叩き合いを制し、グランプリ二冠。7歳まで現役を続け、弟のオルフェーヴルが三冠馬になった年に、夢の旅路を終えた。

血統背景

父ステイゴールド。本馬がステイ×メジロマックイーンの黄金配合の最初の例であり、自身はノーザンテースト4×3。

母オリエンタルアートはダート3勝。全弟オルフェーヴル（三冠）、アッシュゴールド、リヤンドファミユなど、目つきの鋭さや、人を振り落とす癖で知られるわんぱく兄弟。

代表産駒

スルーセブンシーズ（中山牝馬S、23宝塚記念2着）、ヴェルトライゼンデ（日経新春杯）、ミライヘノツバサ（ダイヤモンドS）、トゥラヴェスーラ（23高松宮記念3着）。

特注馬

ヴェルトライゼンデ／前年版同様に今回も有馬記念最大の注目馬とする。頼むぜ、兄さん。

スルーセブンシーズ／凱旋門賞もいいけど、BCフィリー＆メアターフはいち推しなんだけどな。

シンシアリダーリン／中京2000【1－2－5／12】、複回収率310％。3連複の一頭に加える価値はある。

ドリームジャーニー産駒完全データ

●最適コース
牡／中京芝2000、東京芝1400
牝／中山芝2000、京都芝2000

●距離別・道悪
芝10～12	5-10-4／90	D10～13	2-0-0／43
芝14～16	7-14-14／175	D14～16	1-2-0／40
芝17～20	24-26-32／293	D17～19	5-7-3／102
芝21～	7-16-14／149	D20～	4-1-4／32
芝道悪	16-23-20／165	D道悪	3-2-3／76

●人気別回収率
1人気	単75%・複92%	14-12-5／46
2～4人気	単74%・複72%	27-28-23／193
5人気～	単77%・複88%	14-36-43／685

●条件別・勝利割合
穴率	25.5%	平坦芝率	55.8%
芝道悪率	37.2%	晩成率	54.5%
ダ道悪率	25.0%	芝広いコース率	41.9%

●コース別成績
東京	芝／4-6-7／88	D／4-2-3／63
中山	芝／5-8-10／92	D／1-4-1／52
京都	芝／10-8-10／93	D／1-0-0／13
阪神	芝／4-17-8／130	D／0-0-0／19
ローカル	芝／20-27-29／304	D／6-4-3／70

勝利へのポイント

芝2000【東京、新潟外は未勝利】

質、良こそオルフェーヴルに譲っても、要所要所で兄貴としての存在感をみせ、今後も常に産駒の走りに注意を怠らないのが肝要。2000を中心に1800から2200で勝ち鞍を量産しつつ、1400や2400以上も守備範囲とする。ただし、同じ中距離でもコーナー4つのコースを得意とし、芝2000を例にすると、勝ち鞍上位競馬場に中京、小倉、京都、中山、福島と並ぶ一方、東京、新潟外は未勝利。1800にしても阪神、京都は冴えない。使われて良くなる叩き上げ型は少ない、フレッシュな状態からの好走が目立つ。人気での信頼性は高く、無謀な穴狙いより、きっちりと頭固定の馬単勝負が賢明。適度に時計のかかる稍重、重馬場は好成績。ダートだが、こればっかりは弟の足下に及ばない。

デクラレーションオブウォー
DECLARATION OF WAR

マイル実績を引っ提げ
日本の生産界に宣戦布告

2009年生　鹿毛　アメリカ産
2023年種付け料▷250万円（不受返・不生返）

POINT
- 日本産は芝のマイル、中距離型
- ハイペースでも我慢が利く先行力
- 明け2、3戦目が勝負

ウォーフロント War Front 鹿　2002	ダンジグ Danzig	Northern Dancer
		Pas de Nom
	スターリードリーマー Starry Dreamer	Rubiano
		Lara's Star　(4-r)
テンポウエスト Tempo West 栗　1999	ラーイ Rahy	Blushing Groom
		Glorious Song
	テンポ Tempo	Gone West
		Terpsichorist (13-b)

Northern Dancer 3×5、Mr. Prospector 5×4、Nijinsky 5×4

デクラレーションオブウォー産駒完全データ

●最適コース
牡／東京ダ1600、中山芝2000
牝／中京ダ1400、中京芝1400

●距離別・道悪
芝10〜12	6-6-3／43	D10〜13	3-1-5／41
芝14〜16	4-8-6／68	D14〜16	8-9-3／78
芝17〜20	7-4-5／71	D17〜19	6-5-7／99
芝21〜	2-1-0／13	D20〜	2-2-1／15
芝道悪	6-2-5／64	D道悪	9-11-8／98

●人気別回収率
1人気	単97%・複97%	10-6-3／26
2〜4人気	単103%・複92%	18-13-13／93
5人気〜	単86%・複85%	10-17-14／309

●条件別・勝利割合
穴率	26.3%	平坦芝率	42.1%
芝道悪率	31.6%	晩成率	15.8%
ダ道悪率	47.4%	芝広いコース率	42.1%

●コース別成績
東京	芝／1-4-2／35	D／7-8-5／62
中山	芝／5-2-3／24	D／1-0-3／31
京都	芝／0-0-0／6	D／2-2-1／17
阪神	芝／3-3-1／30	D／3-2-2／51
ローカル	芝／10-10-8／100	D／6-5-5／72

現役時代

フランス、アイルランド、イギリス、北米で通算13戦7勝。主な勝ち鞍、クイーンアンS（G I・8F）、インターナショナルS（G I・10.5F）。他、G III 1勝。

3歳秋に重賞初制覇を果たすと、4歳時にはマイルと中距離G I 路線に進出。ロッキンジSこそ5着に敗れたものの、ロイヤルアスコット開催の幕開けを飾るクイーンアンSを中団待機から馬群を割って抜け出し優勝。続くエクリプスSは2着。サセックスS、ジャックルマロワ賞とほぼ10日間隔の強行日程も何のその。3着、4着と健闘。さらに10日後にはインターナショナルSにも出走。愛ダービー馬トレーディングレザーを抑えてG I 2勝目を飾った。この後はひと息入れ、サンタアニタ競馬場のBCクラシックへ挑戦。ゴール前3頭が並ぶ接戦に持ち込んだが、ハナ、アタマ差の3着に惜敗。この一戦を最後に引退した。

血統背景

父ウォーフロント。産駒にアメリカンペイトリオット。
母は北米で3勝。本馬の全弟にウォーコレスポンデント（北米G III 2勝）、母の半弟にユニオンラグス（ベルモントS G I）。母の父ラーイ。産駒にJC3着のファンタスティックライト、北米の名牝セレナズソング。

代表産駒

タマモブラックタイ（ファルコンS）、セットアップ（札幌2歳S）、トップナイフ（22ホープフルS2着）、シランケド（紫苑S3着）、ジャスパージャック（ラピスラズリS）。

特注馬

トップナイフ／ストレスなく先行できるかが鍵。G II はいつでも勝てる。中山1800〜2200でも要注意。
タマモブラックタイ／実績通りに稍重、重の1200、1400。良馬場でも時計のかかる馬場は良し。
セキトバイースト／母は北米中距離G II 勝ち馬。小回りの中距離も面白そう。あわよくばフラワーC。

勝利へのポイント

21、22年生【1800以上／13勝、1300以下／3勝】

持ち込み、外国産と日本で供用後の産駒とは趣が異なり、前者が短距離・マイルのダート馬が多かったのに対し、後者は主にマイル・中距離の芝を仕事場にしている。ワンペース的なスピードを持ち味とし、多少のハイペースでも我慢が利く。攻める騎手の騎乗は買い材料。叩き良化型は少なく、明け2、3戦目が勝負となる。2歳の早い時期に未勝利を脱し、それほど時を置かずに勝ち上がるのが出世馬の成長曲線。あとは古馬になってさらなる成長が見込めるかだ。外国産のジャスパージャックは6歳、持ち込みのデュードヴァンは5歳でOPを勝ち、早熟血統ではないはず。ただ、若い時以上に展開に注文がつきそうだ。ダートは大半が下級条件だが、東京ダ1600だけは上級条件でも気をつけたい。

2022 RANK 59

ジョーカプチーノ
JO CAPPUCCINO

異色の戦績でマイルGIを制覇
初年度産駒が重賞勝ち

2006年生　芦毛
2023年種付け料▷受胎確認後30万円（不生返）

マンハッタンカフェ 青鹿　1998	*サンデーサイレンス Sunday Silence	Halo
		Wishing Well
	*サトルチェンジ Subtle Change	Law Society
		Santa Luciana（16-c）
ジョープシケ 芦　2000	フサイチコンコルド	Caerleon
		*バレークイーン
	ジョーユーチャリス	トウショウボーイ
		ジョーバブーン　（2-f）

Northern Dancer 5・5（母方）

POINT
キタサンブラック脱帽、函館の女
早熟牝馬にじっくり成長牡馬
競馬場替わり、叩き2、3戦目に穴あり

ジョーカプチーノ産駒完全データ

●最適コース
牡／東京ダ1600、中山芝1600
牝／函館芝1200、東京芝1400

●距離別・道悪
芝10〜12 ──── 18-15-28／278　D10〜13 ──── 6-15-21／255
芝14〜16 ──── 11-8-11／203　D14〜16 ──── 8-4-3／107
芝17〜20 ──── 3-5-9／95　D17〜19 ──── 5-5-5／96
芝21〜 ──── 0-1-2／16　D20〜 ──── 2-0-2／7
芝道悪 ──── 6-7-11／152　D道悪 ──── 12-7-10／175

●人気別回収率
1人気 ──── 単58%・複66% ──── 9-2-6／35
2〜4人気 ──── 単74%・複77% ──── 24-22-31／188
5人気〜 ──── 単55%・複58% ──── 20-29-44／834

●条件別・勝利割合
穴率 ──── 37.7%　平坦芝率 ──── 65.6%
芝道悪率 ──── 18.8%　晩成率 ──── 30.2%
ダ道悪率 ──── 57.1%　芝広いコース率 ──── 21.9%

●コース別成績
東京 ──── 芝／3-2-8／94　D／10-5-7／106
中山 ──── 芝／4-6-3／83　D／8-11-11／135
京都 ──── 芝／0-1-1／19　D／0-0-1／10
阪神 ──── 芝／4-2-4／29　D／0-3-3／47
ローカル ──── 芝／21-18-34／367　D／3-5-9／167

勝利へのポイント

牝馬の函館1200【8-3-1／27】

　2歳からエンジン全開で勝ち鞍を量産する短、マイル血統。牝馬の大半は芝の短距離馬が占め、特に函館芝1200が十八番。勝率は32%、単勝回収率は1、2番人気を買っても200%超。四の五のいわずに頭勝負しかない。牡馬はマイルも守備範囲とし、ダートもそこそこにこなす。2歳から重賞で勝ち負けしてもその後がさっぱりの早熟馬がいる（特に牝馬）一方、2歳時に勝ち上がり3歳時に1勝、2勝クラス、古馬になって3勝クラスを突破するじっくり型（特に牡馬）がいる。それでも大きく勝負出来るのは5歳までだろう。スピードを活かせる湿ったダートは得意。穴は競馬場替わりや叩き2、3戦目。中央で一度使って、ローカルに乗り込んで来た馬は注意。騎手替わりも狙える。

現役時代

　中央23戦6勝。主な勝ち鞍、NHKマイルC、ファルコンS、シルクロードS。

　初勝利は中京ダ1700の未勝利戦という、のちのGIホースとしては異色のスタート。2勝目は距離短縮の芝1200、3勝目はファルコンS・中京芝1200。ここまで逃げの競馬を続けていたのに、ハイペースの前崩れの展開を中団から差し切った。鞍上は藤岡康太。続くニュージーランドTで3着に入り、NHKマイルCへ。当時スプリンターは不振とされていたことや、若い鞍上の実績のなさも加わり、10番人気の低評価。しかし、多くの人の目が節穴だったことが、府中の高速馬場のもとにさらされる。前半1000M57秒2の激流の2番手につけたジョーカプチーノは、直線に入っても脚色が衰えず、後続を突き放す。2着のレッドスパーダを抑えて、1分32秒4のレコードタイム。

　5歳でシルクロードS1着、スワンS2着などがある。

血統背景

　父マンハッタンカフェは同馬の項を参照。後継のガルボやラブイズブーシェの産駒が2019年デビュー。

　母ジョープシケは中央1勝。近親に特記すべき活躍馬なし。母父フサイチコンコルドは日本ダービー馬。

代表産駒

　ジョーストリクトリ（ニュージーランドT）、ナムラリコリス（函館2歳S）、シナモンスティック（キーンランドC2着）、ジョーマンデリン（函館SS3着）、ジョーアラビカ（京阪杯3着）。

特注馬

ホウオウバリスタ／トウショウボーイ4×4のクロス。祖母はエンプレス杯2着。川崎記念制覇は無理筋か。
シナモンスティック／隠れ左回り芝1400巧者。成長力に多少の懸念を持つが、東京、新潟、中京の各1400で一考。
キタノリューオー／馬群で我慢できる精神的強さがあるのは好感。あとはいかに外に持ち出せるかだ。常に注意は必要。

2022 RANK **60**

ストロングリターン STRONG RETURN

古馬になり急上昇した
シンボリクリスエスの最強マイラー

POINT
- OPは芝馬、勝ち鞍の大半はダート馬
- 十八番のコースは新潟、中京のダ1200
- 穴はダ1000の2、3着付け

2006年生　鹿毛
2023年種付け料▷受胎確認後50万円（FR）／産駒誕生後80万円

*シンボリクリスエス Symboli Kris S 黒鹿　1999	クリスエス Kris S.	Roberto
		Sharp Queen
	ティーケイ Tee Kay	Gold Meridian
		Tri Argo　(8-h)
*コートアウト Caught Out 鹿　1998	スマートストライク Smart Strike	Mr. Prospector
		Classy'n Smart
	*アザール Azhaar	Nijinsky
		Smart Heiress　(A13)

Smartaire 5・4（母方）、Nashua 5×5

ストロングリターン産駒完全データ

●最適コース
牡／新潟ダ1200、中山ダ1200
牝／中京ダ1200、札幌ダ1000

●距離別・道悪
芝10〜12	2-8-12／151	D10〜13	29-34-42／490
芝14〜16	11-16-13／280	D14〜16	11-15-15／280
芝17〜20	1-5-4／160	D17〜19	14-25-24／348
芝21〜	1-0-1／17	D20〜	0-0-1／25
芝道悪	4-4-6／159	D道悪	18-29-30／463

●人気別回収率
1人気	単83%・複93%	24-11-17／73
2〜4人気	単61%・複74%	29-42-39／291
5人気〜	単20%・複54%	16-50-56／1387

●条件別・勝利割合
穴率	23.2%	平坦芝率	46.7%
芝道悪率	26.7%	晩成率	34.8%
ダ道悪率	33.3%	芝広いコース率	46.7%

●コース別成績
東京	芝／6-9-5／125	D／8-14-11／233
中山	芝／0-2-2／69	D／11-12-23／232
京都	芝／2-2-3／38	D／1-1-3／63
阪神	芝／1-0-6／67	D／6-12-8／164
ローカル	芝／6-16-14／309	D／28-35-37／451

勝利へのポイント

芝全15勝中、〜3歳春／12勝

　OP、重賞での好走こそプリンスリターンを始めとする芝馬だが、芝での勝ち鞍の大半は3歳春までのもの。世代を通しての主戦場はダート短距離。2歳から走るが、ミスプロ系ほどの快速性は期待できず、強い馬が抜けた後の未勝利戦で勝ち上がってくる。勝率、連率が高いコースは左回りの新潟、中京のダ1200。前走2、3着馬の勝率が良く、着順を上げてきて馬をこまめに拾っていくのが有効な馬券作戦だ。意外なところでは東京ダ1600も得意コースのひとつに入り、人気での信頼性が高い。穴はダ1000の2着、3着付け。ダート馬を多数擁しながら、2勝クラス突破の壁は厚いのが現状。OP以上は芝馬の再浮上を気長に待つ他ないのか。プリンスリターンの中央抹消は残念。

現役時代

　中央21戦7勝。主な勝ち鞍、安田記念、京王杯スプリングC。

　当初はスタートが下手。コーナーでもたつき、エンジンの掛かりも遅い。出世は遅れた。

　軌道に乗ったのは5歳。京王杯SCを上がり33秒1で差し切って重賞を手にすると、安田記念も33秒台の末脚を繰り出し、リアルインパクトを追い詰めるクビ差の2着。堀厩舎のワンツーは、新進気鋭の調教師の名を知らしめた。ゆったりしたレース間隔と、東京コース中心のローテが功を奏した。

　1年後の安田記念、大願成就の日がやってくる。新パートナーの福永祐一を背に、課題のスタートを決め、1000M56秒3のハイペースを後方で折り合う。直線はグランプリボスとの一騎打ち。競り合いを制して、1分31秒3のレコード勝ちを飾った。

血統背景

　父シンボリクリスエスは、有馬記念と天皇賞・秋を連覇。代表産駒にエピファネイア、サクセスブロッケンなど。

　母コートアウトは北米6勝、マザリンブリーダーズCS2着（加GI・ダ8.5F）。半妹レッドオーヴァル（桜花賞2着）、半兄ダイワマックワン（クリスマスローズS）。

代表産駒

　プリンスリターン（シンザン記念2着・函館2歳S3着）、ツヅミモン（シンザン記念2着）、ペイシャルアス（カンナS）、フラリオナ（ききょうS2着）、キーフラッシュ、ヤマニンレジスタ。

特注馬

ミステリーボックス／みやこSのサンライズホープの半弟。兄同様に差しが決まる展開での一発期待。
ダレモトメラレナイ／先行力とダート1150で勝ち負けするパワーから新潟千直でどうだ。
ロードオブザチェコ／相手関係から逃げいち必至の展開なら目を瞑って買い。少額だけれど。

2022 RANK 61

マツリダゴッホ MATSURIDA GOGH

サンデーサイレンスのラスト・クロップ 中山の鬼神

2003年生 鹿毛 2023年引退
2023年種付け料▷受胎確認後50万円 (FR)

POINT
- 2歳から走る仕上がりの早さが"売り"
- 3歳馬は隠れ東京芝1400、1600巧者
- 鞍上横山武史騎手に妙味あり

*サンデーサイレンス Sunday Silence 青鹿 1986	ヘイロー Halo	Hail to Reason	
		Cosmah	
	ウィッシングウェル Wishing Well	Understanding	
		Mountain Flower(3-e)	
*ペイパーレイン Paper Rain 栗 1991	ベルボライド Bel Bolide	Bold Bidder	
		Lady Graustark	
	*フローラルマジック Floral Magic	Affirmed	
		Rare Lady (18)	

Nasrullah 5・5 (母方)

現役時代

　中央26戦10勝、香港1戦0勝。主な勝ち鞍、有馬記念、オールカマー（3回）、AJCC、日経賞。
　重賞6勝は中山芝2500か中山芝2200という、下総のスペシャリスト。中山のマクリの鬼だった。
　4歳でAJCCとオールカマーを勝利するも、秋の天皇賞は15着に大敗。暮れの有馬記念は、9番人気の伏兵扱いだった。レースは稍重のスローで流れ、ダイワスカーレットが持ったまま4角先頭に立とうとした時、その内を鮮やかなコーナリングで瞬時に前へ出て、かわして行ったのが蛯名正義のマツリダゴッホ。単勝5230円の大穴だった。
　5歳で日経賞とオールカマーを勝ち、中山の成績を【7-1-1-1】とするも、ジャパンC4着、有馬記念12着。翌6歳はオールカマーを楽勝して3連覇。ラストラン有馬記念は4角先頭も息切れして7着だった。

血統背景

　父サンデーサイレンス最後の世代の1頭。
　母ペイパーレインは米国6勝。母の半弟ナリタトップロード（菊花賞）。近親にダノンプラチナ（朝日杯FS）、ダノンヨーヨー（富士S）。母の父ベルボライドはジムクラックS（英GⅡ・芝6F）、デルマー招待H（米GⅡ・ダ10F）。

代表産駒

　ロードクエスト（スワンS）、マイネルハニー（チャレンジC）、ウインマーレライ（ラジオNIKKEI賞）、クールホタルビ（ファンタジーS）、エントリーチケット（タンザナイトS）。

特注馬

シュヴェルトライテ／半姉にステイヤーズS2着のプリュムドール。上がりのかかる左回りのマイルは注意を怠るな。
プラチナムレイアー／来夏福島の会津Sはただ貰い。あわよくば安達太良S。23年同様にダ1150で行われればだが。
スキピオ／高知1400では全勝。中央でもダ1400狙い。湿った馬場や減量騎手ならさらに良し。

マツリダゴッホ産駒完全データ

●最適コース
牡／東京芝1400、函館芝1200
牝／札幌芝1200、福島芝1200

●距離別・道悪
芝10〜12	37-31-51／653	D10〜13	10-13-8／287	
芝14〜16	14-20-20／440	D14〜16	5-6-6／123	
芝17〜20	8-12-12／298	D17〜19	7-0-9／143	
芝21〜	1-0-3／41	D20〜	0-0-0／7	
芝道悪	18-17-28／377	D道悪	11-7-12／240	

●人気別回収率
1人気	単81%・複87%	14-8-6／42
2〜4人気	単100%・複91%	42-40-35／258
5人気〜	単67%・複58%	26-34-68／1692

●条件別・勝利割合
穴率	31.7%	平坦芝率	58.3%
芝道悪率	30.0%	晩成率	48.8%
ダ道悪率	50.0%	芝広いコース率	23.3%

●コース別成績
東京	芝／9-10-11／223	D／1-1-1／74	
中山	芝／12-9-18／220	D／6-3-6／125	
京都	芝／4-4-3／66	D／4-3-0／38	
阪神	芝／2-4-2／93	D／4-1-4／67	
ローカル	芝／33-36-52／830	D／7-11-12／256	

勝利へのポイント

東京芝1400〜1600／8勝

　早期育成に定評のある岡田スタッドやビッグレッド生産と相まって、2歳初っぱなから勝ち負けし、重賞でも函館、京王杯などの2歳Sを賑わす。勝ち鞍上位コースに福島、中山、函館の芝1200が並び、長い直線での末脚勝負を苦手としながら、3歳時までなら隠れ東京芝1400、1600巧者でもある。また、同じ1600でも東京は頭あって2着なし、中山は頭少なく2着多し。阪神、京都はさっぱり。牡馬は中距離もこなすが、下級条件に限られる。以前ほど早熟といった姿はなく、6歳、7歳で渋く3勝クラスを突破する産駒がいる。さすがにOP、重賞では手を出せないが。勝ち鞍数では丹内騎手が最上位も単勝回収率では横山武や黛両騎手に妙味あり。前者は勝率でも好成績を残している。

2022 RANK 63

メイショウボーラー
MEISHO BOWLER

芝&ダートで活躍した
タイキシャトル産駒の名マイラー

2001年生 黒鹿毛 2022年引退

POINT
牡馬はダート短距離、牝馬は芝短距離
5歳以上に穴多し
追い込み馬の一発に気をつけろ

*タイキシャトル Taiki Shuttle 栗 1994	デヴィルズバッグ Devil's Bag	Halo
		Ballade
	*ウェルシュマフィン Welsh Muffin	Caerleon
		Muffitys (4-d)
*ナイスレイズ Nice Raise 黒鹿 1994	ストームキャット Storm Cat	Storm Bird
		Terlingua
	ナイストラディション Nice Tradition	Search Tradition
		Nice Dancing (10)

Northern Dancer 5×4

メイショウボーラー産駒完全データ

●最適コース
牡／阪神ダ1400、京都ダ1400
牝／東京芝1400、阪神芝1200

●距離別・道悪
芝10〜12	― 10-12-8／331	D10〜13	― 34-46-41／812
芝14〜16	― 11-26-11／287	D14〜16	― 20-17-21／430
芝17〜20	― 3-6-1／84	D17〜19	― 18-28-25／412
芝21〜	― 0-0-0／11	D20〜	― 3-2-2／18
芝道悪	― 6-18-7／185	D道悪	― 38-39-39／697

●人気別回収率
1人気	単48%・複71%	19-28-9／103
2〜4人気	単81%・複71%	47-53-32／348
5人気〜	単48%・複55%	33-56-68／1934

●条件別・勝利割合
穴率	33.3%	平坦芝率	41.7%
芝道悪率	25.0%	晩成率	50.5%
ダ道悪率	50.7%	芝広いコース率	45.8%

●コース別成績
東京	芝／3-10-1／78	D／5-6-9／163
中山	芝／0-1-0／47	D／8-9-12／201
京都	芝／4-7-5／80	D／14-18-14／248
阪神	芝／9-6-2／119	D／18-21-18／404
ローカル	芝／8-20-12／389	D／30-39-36／656

現役時代
29戦7勝。主な勝ち鞍、フェブラリーS。
ゲートが開いた瞬間に、ピンクのメンコが前に出ている抜群のスタート・ダッシュで4連勝。小倉2歳Sは2F目に10秒2の超速ラップを記録した。朝日杯FSは不利な8枠から逃げてコスモサンビームの2着。皐月賞はダイワメジャーの3着。NHKマイルCは先行馬総崩れのなか、キングカメハメハの3着。
4歳、ガーネットSを3馬身、根岸Sは7馬身差の楽勝。ダートでも速さは変わらなかった。05年フェブラリーSは小雨の不良馬場、1番人気。アドマイヤドン、ユートピアらの強者を相手にロケット・スタートを決め、4角を回った時点で5馬身のリード。シーキングザダイヤが猛追するも1分34秒7のレコードで勝利した。5歳のスプリンターズSでテイクオーバーターゲットの2着もある。

血統背景
父タイキシャトルは同馬の項を参照。
母ナイスレイズは米国1勝。祖母はアルゼンチンのGI馬。半弟メイショウトッパー（北九州短距離S）、半妹メイショウキトリ（洛陽S）はどちらも父が長距離馬なのに、短距離オープン勝ち。いかに母系のスピードが強力か。母父ストームキャットの配合はレッドスパーダ、ツルマルオトメなど。

代表産駒
ニシケンモノノフ（JBCスプリント）、ラインミーティア（アイビスSD）、エキマエ（兵庫CS）、メイショウパワーズ（端午S）。

特注馬
キタノヴィジョン／中山ダ1800、東京ダ2100では常に一考。主戦の三浦騎手は手の内に入れている。
デンコウリジエール／他競馬場から阪神ダ1400、他距離から阪神ダ1400の臨戦過程で一発あり。
テイエムマグマ／中京ダ1800【3-2-0／14】、同道悪【1-1-2-0／4】。同コースの道悪は買いの一手。

勝利へのポイント
5歳上／20勝中、5人気以下／14勝

牡馬はダ1200&1400、次にダ1800、牝馬は芝1400、芝1200のそれぞれで勝ち鞍量産。1600は性別、ダート、芝に関係なく全く冴えない。JRAの重賞勝ち馬はラインミーティアのみ。地方の重賞でも一時の勢いはない。ダ1400得意の馬にとってダ1400が多数組まれている地方重賞は絶好の稼ぎ場なのだが、現状は2勝、3勝クラスがごろごろ。OP級は、特に高齢馬の追い込み馬が忘れた頃に穴を出す。OPに限らず5歳上の勝ち鞍の半数以上は穴。かつて好走したことがあるコースの出走時や追い込みが決まる展開では注意が必要だ。頭だけではなく、2、3着付けにも妙味あり。デヴィルズバッグ系よろしく芝の道悪は得意。ダートは適度に湿った稍重馬場の成績が良い。

メイショウサムソン MEISHO SAMSON

**サンデー軍団を一蹴した
サドラー系のクラシック二冠馬**

2003年生　鹿毛　2021年引退

POINT
- 息の長い末脚が十八番
- 上級Cでの昇級初戦は即通用
- 高齢の牝馬こそに妙味

*オペラハウス Opera House 鹿 1988	サドラーズウェルズ Sadler's Wells	Northern Dancer	Fairy Bridge
	カラースピン Colorspin	High Top	Reprocolor (13-e)
マイヴィヴィアン 鹿 1997	*ダンシングブレーヴ Dancing Brave	Lyphard	Navajo Princess
	ウイルプリンセス	*サンプリンス	エール (3-l)

Northern Dancer 3×4

現役時代

　中央26戦9勝、フランス1戦0勝。主な勝ち鞍、ダービー、皐月賞、天皇賞・春、天皇賞・秋、スプリングS、大阪杯。宝塚記念2着(2回)。
　小さな牧場に生まれ、700万円で買われた馬が良血馬を蹴散らすという、下剋上の物語を実演した。2歳で中京2歳Sをレコード勝ち。3歳でスプリングSを好位から完勝するが、相棒・石橋守の地味さもあって、皐月賞は6番人気。しかしバテない長所をよく知る鞍上は、早めの仕掛けで本馬の能力を引き出し、皐月賞、ダービーの二冠達成。22年目のGIジョッキーを、敗れた騎手が笑顔で祝福した。三冠を狙った菊花賞は軽い馬場が合わずに4着。4歳で天皇賞・春を勝利し、凱旋門賞への準備が進められたが、馬インフルエンザの感染で渡航中止。以降は武豊に手替わりし、秋天1着、JC3着。5歳で凱旋門賞に出走。他馬と接触して10着だった。

血統背景

　父オペラハウスはキングジョージ6世&QES、コロネーションCなど、英国の芝12FのGIを3勝。産駒にテイエムオペラオー(ジャパンC)、ミヤビランベリ(目黒記念)。
　母マイヴィヴィアンは10戦0勝。4代母ガーネットは昭和34年の天皇賞と有馬記念に優勝。フロリースカップ牝系。

代表産駒

　デンコウアンジュ(福島牝馬S。ヴィクトリアマイル2着)、ルミナスウォリアー(函館記念)、キンショーユキヒメ(福島牝馬S)、フロンテアクイーン(中山牝馬S)。

特注馬

タイセイサムソン／忘れちゃならない東京ダ1400。中距離は近親キングズソードに任せ、24年こそは根岸S制覇。
マリノアズラ／24年は脂が乗る6歳。23年の新潟牝馬Sを手土産に重賞戦線を突っ走れ。
メイショウフジタカ／新潟ダート1200は【2-1-0／3】。銘柄級騎手より、若手、中堅級騎手騎乗時に好走。

メイショウサムソン産駒完全データ

●最適コース
牡／中京ダ1800、新潟ダ1800
牝／福島芝1800、阪神ダ1400

●距離別・道悪

芝10〜12	7-12-10／165	D10〜13	8-9-6／143
芝14〜16	5-7-13／164	D14〜16	15-11-8／185
芝17〜20	14-20-19／313	D17〜19	14-19-31／409
芝21〜	4-9-4／77	D20〜	2-3-8／61
芝道悪	7-17-12／187	D道悪	15-14-22／345

●人気別回収率

1人気	単54%・複76%	10-13-4／51
2〜4人気	単76%・複84%	36-39-36／236
5人気〜	単89%・複64%	23-38-59／1230

●条件別・勝利割合

穴率	33.3%	平坦芝率	66.7%
芝道悪率	23.3%	晩成率	59.4%
ダ道悪率	38.5%	芝広いコース率	33.3%

●コース別成績

東京	芝／4-9-7／88	D／7-4-2／95
中山	芝／2-6-4／75	D／2-0-9／86
京都	芝／1-1-3／86	D／4-4-8／111
阪神	芝／2-6-11／103	D／12-9-13／196
ローカル	芝／21-26-21／367	D／14-25-21／310

勝利へのポイント

昇級初戦【8-7-10／80】、単回収率／128%

　欧州血統らしく、息の長い末脚を武器に、コーナー4つの中距離を3コーナーからマクリ気味に仕掛ける戦法が十八番。最近は鳴りを潜めているが、中山牝馬Sや福島牝馬Sを得意としている。ダートの勝ち鞍が増えている現状でも牝馬の最適コースに福島芝1800を取り上げたのはそのため。使われるごとにレースを覚え、なおかつ成長。1勝、2勝クラス突破に時間を要していても、そこを勝ち上がっての昇級戦では即通用する。欧州血統にとって淀みなく流れることが多い、下級条件より上級条件のペースが合う。芝の道悪は追い風。ダートの上級馬は少ないが、1800を稼ぎ場とし、穴も多い。データ集計期間中の重賞4勝は全て5歳以上の牝馬。「色は年増にとどめ刺す」by長谷川平蔵。

2022 RANK **65**

モンテロッソ
MONTEROSSO

産駒が世界中のGIを席巻する
ドバウィ直仔のドバイワールドC馬

2007年生　鹿毛　イギリス産　2022年引退　©Darley

POINT
- 得意競馬場、得意競馬場を見つけろ
- ダート稍重は鬼、芝道悪はさっぱり
- 今後も新潟千直が飯の種になるか

ドバウィ Dubawi 鹿　2002	ドバイミレニアム Dubai Millennium	Seeking the Gold
		Colorado Dancer
	ゾマラダー Zomaradah	Deploy
		Jawaher　(9-e)
ポルトローカ Porto Roca 鹿　1996	バラシア Barathea	Sadler's Wells
		Brocade
	アンテリエール Antelliere	Salieri
		Anntelle　(28)

Northern Dancer 5×4

モンテロッソ産駒完全データ

●最適コース
牡／阪神ダ1200、小倉芝1800
牝／中山芝1200、京都芝2000

●距離別・道悪
芝10～12　　9-7-18／166　　D10～13　　9-6-9／201
芝14～16　　6-6-4／143　　D14～16　　4-2-4／150
芝17～20　　12-16-14／213　D17～19　　17-18-25／340
芝21～　　　4-7-5／71　　　D20～　　　2-3-2／46
芝道悪　　　2-12-7／145　　D道悪　　　18-14-17／310

●人気別回収率
1人気　　　単74%・複90%　　13-7-9／42
2～4人気　　単76%・複96%　　22-31-27／165
5人気～　　 単78%・複65%　　28-27-45／1123

●条件別・勝利割合
穴率　　　　　44.4%　　平坦芝率　　　58.1%
芝道悪率　　　6.5%　　 晩成率　　　　47.6%
ダ道悪率　　　56.3%　　芝広いコース率　32.3%

●コース別成績
東京　　芝／2-3-6／90　　D／4-5-3／151
中山　　芝／7-8-4／94　　D／6-10-9／187
京都　　芝／6-3-7／43　　D／4-2-6／48
阪神　　芝／2-6-3／72　　D／6-3-9／106
ローカル 芝／14-16-21／294　D／12-9-13／245

勝利へのポイント

ダ稍重【16-8-12／169】、単回収率／140%

　ビリーバーの22年アイビスSD優勝が産駒のJRA重賞初制覇。同レース2勝のオールアットワンスを加えて夏の新潟千直はドバウィ系が得意とするところ。重賞連対もラセットの中京記念2着、リュヌルージュの中山牝馬S2着と芝馬。ダートは2勝クラス突破に苦労しているのが現状。
　世界のドバウィ系にしては勝ち味の遅さは否めず、3歳春から夏にかけて未勝利を脱する馬がごっそりいる。下級条件ながら幅広い距離で勝ち馬を送り込んでいることだけは父系の特徴を継承。適距離は個々の産駒で判断し、得意競馬場、得意距離を持った産駒も目立ち、近走の着順より、競馬場、距離を重視するのが肝要。穴は競馬場替わり。ダート稍重は鬼。芝道悪はさっぱり。

現役時代

　イギリス、アイルランド、ドイツ、UAEで通算17戦7勝。主な勝ち鞍、ドバイワールドC（GⅠ・2000M）、キングエドワード7世S（GⅡ・12F）など。
　ヴィクトワールピサ、トランセンドのワンツーで日本中が沸いた2011年のドバイワールドC。このとき2頭に追いすがって3着に入ったのが4歳時のモンテロッソだった。5歳時にも同レースに出走。トランセンド、エイシンフラッシュ、スマートファルコンの日本馬、欧州中距離GⅠ3勝のソーユーシンクらを相手に、中団追走から直線で抜け出し、2着カッポーニに3馬身差をつける快勝、前年の雪辱を果たした。勝ち時計は前年より3秒以上速いレコードの2分02秒67。ドバイワールドC後はエクリプスSGⅠ8着。これでシーズンを終え、翌年もドバイワールドC制覇を目指したが、前哨戦で9着に終わり、そのまま引退となった。

血統背景

　父ドバウィは同馬の項参照。
　母ポルトローカはオーストラリアでGⅠを含め重賞2勝、近親にブルーバードザワード（ワカヌイ・スタッド・インターナショナルSGⅠ）。母の父バラシアはBCマイルなどマイルGⅠ2勝。3代母の父ルースンアップは第10回ジャパンC優勝馬ベタールースンアップの父。

代表産駒

　ビリーバー（アイビスSD）、ホープフルサイン（淀短距離S）、リュヌルージュ（中山牝馬S2着）、ラセット（中京記念2着）。

特注馬

クレド／阪神ダ1200【3-0-2／7】。連対を外したのは外枠時。阪神ダ1200、内、中枠は買い。ダートの出世頭になるか。
ワックスフラワー／母父サクラバクシンオー、馬主ミルファームとくれば新潟千直女王候補。来夏が楽しみ。
ビヨンドザシーン／東京ダ1600、中京ダ1800での稍重馬場の条件が揃えば2勝C突破も。サドラーズウェルズ4×3。

ダノンバラード DANON BALLADE

世界的名牝系 バラード一族のディープ産駒

POINT
- 牝馬はキレ、牡馬は先行粘り
- 素質の開花は早い
- 夏の復活に網を張れ

2008年生 黒鹿毛
2023年種付け料▷受胎確認後200万円（FR）

ディープインパクト 鹿 2002	*サンデーサイレンス Sunday Silence	Halo	
		Wishing Well	
	*ウインドインハーヘア Wind in Her Hair	Alzao	
		Burghclere	(2-f)
*レディバラード Lady Ballade 黒鹿 1997	アンブライドルド Unbridled	Fappiano	
		Gana Facil	
	アンジェリックソング Angelic Song	Halo	
		Ballade	(12-c)

Halo 3×3

ダノンバラード産駒完全データ

●最適コース
牡／福島芝1800、札幌芝1800
牝／新潟芝1600、中山芝1600

●距離別・道悪
芝10～12	3-13-6／89	D10～13	1-1-1／27
芝14～16	7-5-11／123	D14～16	2-0-2／22
芝17～20	13-14-17／211	D17～19	8-7-6／68
芝21～	1-0-2／23	D20～	0-0-3／7
芝道悪	7-7-9／112	D道悪	4-3-5／61

●人気別回収率
1人気	単64％・複96％	6-6-2／19
2～4人気	単126％・複94％	20-15-11／88
5人気～	単38％・複78％	9-19-35／463

●条件別・勝利割合
穴率	25.7％	平坦芝率	66.7％
芝道悪率	29.2％	晩成率	25.7％
ダ道悪率	36.4％	芝広いコース率	25.0％

●コース別成績
東京	芝／4-3-3／70	D／2-0-4／26
中山	芝／3-5-9／95	D／0-1-0／28
京都	芝／1-0-0／8	D／3-3-1／11
阪神	芝／1-3-4／38	D／2-3-3／24
ローカル	芝／15-21-20／235	D／4-1-4／35

現役時代

中央26戦5勝。主な勝ち鞍、AJCC、ラジオNIKKEI杯2歳S。宝塚記念2着。

ディープインパクトの初年度産駒で、ラジオNIKKEI杯に勝利。父の重賞勝ち第1号となった。

皐月賞は中団からオルフェーヴルの3着に食い込むも、ダービーを前に左前脚の故障が判明して離脱。半年間の休養後は、日経新春杯や中日新聞杯などの中長距離重賞で2、3着を繰り返し、復活の重賞VはⅤ5歳のAJCC。F・ベリー騎手の巧みな手綱さばきもあって、冬の中山を好位から抜け出した。

あらためて能力の高さを示したのは5歳の宝塚記念。5番人気ながら、1着ゴールドシップ、3着ジェンティルドンナという断然人気馬の間にはさまり、馬連5千円台の波乱を演出。鋭く切れるタイプではないだけに、阪神の内回りが得意だった。

血統背景

母レディバラードは交流GⅢを2勝。近親にシングスピール、ラーイ、デヴィルズバッグ、ダノンシャンティなどのバラード牝系。母の父アンブライドルドはケンタッキー・ダービー、BCクラシックに優勝。ディープ×アンブライドルド系の組み合わせは、コントレイルやダノンプラチナと同じ。

代表産駒

ロードブレス（日本TV盃）、キタウイング（フェアリーS）、ナイママ（札幌2歳S2着）。15、16年は日、17年は伊、18年は英で供用。19年から再び日本で供用。

特注馬

キタウイング／最適条件は杉原騎乗のマイル戦。ターコイズSで一考。人気的に妙味はないだろうが。
ミシシッピテソーロ／鬼が笑っても関屋記念で勝負。半姉ミエノサクシードは19年関屋記念2着。
コスモディナー／フェアリーS、フラワーCでどうだ。4代母ホースメンテスコは不良の桜花賞を逃げ切った。

勝利へのポイント

現3歳／18勝中【1600／6勝、1800上／8勝】

第2ラウンドの産駒（現3歳）は概ね牝馬はキレを持ち味にマイル＆1800、牡馬は先行しての粘りを活かして1800＆2000で勝ち鞍を稼いでいる。キタウイングの新潟2歳S制覇をはじめ、マイル、中距離を走らせると2歳夏から勝ち負けする素質の開花の早さがある。後は成長力。4歳で重賞制覇を果たし、その後も重賞路線で好走している第1ラウンドの産駒ロードブレスの例もあるように心配無用か。未勝利戦を含め夏（特に新潟、福島）に滅法強く、データ集計後にはミシシッピテソーロが新潟で復活の狼煙を上げている。キタウイングのフェアリーSは例外として大敗からの巻き返しは少なく、徐々に着順を上げてきた馬が狙い目。人気的にも2～4番人気の居心地が良い。

マインドユアビスケッツ MIND YOUR BISCUITS

ドバイゴールデンシャヒーンを連覇!
末脚自慢の名スプリンター

2013年生 栗毛 アメリカ産
2023年種付け料▷受胎確認後400万円(FR)

POINT
- 勝ち鞍の3割は芝
- 同父系のクロフネをイメージ
- 各馬の競馬の「型」を見極める

ポッセ Posse 鹿 2000	シルヴァーデピュティ Silver Deputy	Deputy Minister
		Silver Valley
	ラスカ Raska	Rahy
		Borishka (1-p)
ジャズメイン Jazzmane 栗 2006	トセット Toccet	Awesome Again
		Cozzene's Angel
	オールジャズ Alljazz	Stop the Music
		Bounteous (A4)

Deputy Minister 3×4、Blushing Groom 4×5
Hail to Reason 5×4

マインドユアビスケッツ産駒完全データ

●最適コース
牡/東京ダ1600、阪神ダ1800
牝/中京ダ1400、中山芝1600

●距離別・道悪
芝10〜12	0-2-0/22	D10〜13	4-2-1/51
芝14〜16	7-6-4/47	D14〜16	9-11-4/100
芝17〜20	2-3-2/31	D17〜19	10-9-7/100
芝21〜	1-0-0/6	D20〜	0-1-0/2
芝道悪	2-2-2/28	D道悪	11-14-5/119

●人気別回収率
1人気	単111%・複66%	11-2-0/23
2〜4人気	単120%・複98%	14-19-9/84
5人気〜	単146%・複70%	8-13-9/252

●条件別・勝利割合
穴率	24.2%	平坦芝率	50.0%
芝道悪率	20.0%	晩成率	− %
ダ道悪率	47.8%	芝広いコース率	40.0%

●コース別成績
東京	芝/1-2-0/12	D/5-6-1/54
中山	芝/2-2-3/14	D/2-4-2/54
京都	芝/0-0-0/6	D/1-0-0/13
阪神	芝/2-1-2/20	D/6-6-4/58
ローカル	芝/5-6-1/54	D/9-7-5/74

勝利へのポイント

ダート1番人気【8-2-0-8】

1年目世代はデルマソトガケが交流GⅠとドバイGⅡを、マルカラピッドが交流GⅢを勝利。全体の勝利数は芝3割、ダート7割だから、ダート向きと呼びたくなるが、芝の中身も上々だ。ホウオウビスケッツはスプリングSをハイペースで2着に粘り、ショーモンもデイリー杯とアーリントンCを先行して3着。同父系のクロフネ産駒同様に、スピードの持続力の高さを感じさせる。芝で末脚をためて持ち味が活きるタイプではないが、前でワンペースの勝負をすれば芝でも能力を出す。

勝ち星が多いのはダ1400からダ1800。注目はダート1番人気の成績。1着か着外という極端さで、得意の型にハマらないとあっさり負ける。逆に人気薄でも、型にハマれば激走する。展開に注意。

現役時代

北米、UAEで通算25戦8勝。主な勝ち鞍、ドバイゴールデンシャヒーン(GⅠ・1200M)2回、マリブS(GⅠ・7F)、他、GⅡ2勝、GⅢ1勝。

GⅠ昇格の2002年以降、ドバイゴールデンシャヒーンの連覇を果たした唯一の馬。1度目の4歳時は後方待機策から残り100Mであっさり抜け出しての楽勝。2度目の5歳時は前年のBCスプリントの勝ち馬ロイエイチが1.3倍の圧倒的人気に支持され、7.6倍の3番人気に甘んじていたが、直線最後方から電光石火の末脚を繰り出し、2番人気エックスワイジェットをゴール寸前にアタマ差かわして連覇を達成した。ドレフォンとは4度対戦。3連敗を喫した後の4歳時のBCスプリントで3着に入り、6着だったドレフォンに初めて先着した。他にマイル、中距離GⅠでの2着がある。現役最後の一戦はBCクラシックの11着。

血統背景

父ポッセ。リヴァリッジBC(GⅡ・7F)など米重賞3勝。産駒にカレブズポッセ(BCダートマイルGⅠ・8F)、コディアックカウボーイ(シガーマイルGⅠ・8F)。

母ジャズメインは不出走。母の半姉にキムチ(ウッドバイン・オークス)。母の父トセットは米2歳GⅠ2勝。

代表産駒

デルマソトガケ(UAEダービーGⅡ・1900M)、マルカラピッド(エーデルワイス賞)、ホウオウビスケッツ(スプリングS2着)、ショーモン(デイリー杯2歳S3着)。

特注馬

デルマソトガケ/ミックファイアとの対決はどうなったんだろうか。デピュティ系の本馬はまた米国へ行って欲しい。
ホウオウビスケッツ/ダービーであわやの6着。スピードの持続力が高く、芝2000の重賞なら勝てる。中山金杯に合う。
フルメタルボディー/休み明けで好成績を残し、レース間隔があいたほうがいい。詰まったローテは過信禁物。

2022 RANK 69

リーチザクラウン

REACH THE CROWN

スペシャルウィークの後継 産地で人気沸騰

2006年生　青鹿毛
2023年種付け料▷受胎確認後50万円（FR）

POINT
牡はダ1800、牝は芝1200で稼ぐ
短、中距離馬とも仕上がりは早い
格下騎手への乗り替わりに穴あり

スペシャルウィーク 黒鹿 1995	*サンデーサイレンス Sunday Silence	Halo
		Wishing Well
	キャンペンガール	マルゼンスキー
		レディーシラオキ (3-l)
クラウンピース 鹿 1997	シアトルスルー Seattle Slew	Bold Reasoning
		My Charmer
	*クラシッククラウン Classic Crown	Mr. Prospector
		Six Crowns (23-b)

Hail to Reason 4×5、Bold Ruler 5・5(母方)

現役時代

中央26戦4勝。主な勝ち鞍、きさらぎ賞、読売マイラーズC。日本ダービー2着。

2戦目の京都芝1800で、2着に2秒以上の差をつける大差勝ち。千両賞は1.1倍、きさらぎ賞も1.5倍に応えて楽な逃げ切り。クラシックへ乗り込むも、皐月賞は折り合いの難しさを出して13着。人気を落としたダービーは泥んこ不良馬場の中、2番手からロジユニヴァースの2着に踏ん張る。鞍上は武豊。

秋は神戸新聞杯2着の後、1番人気の菊花賞も果敢な逃げに徹したが、最後に止まって5着。ジャパンCは9着。行きたがる気性が解消されず、その後はマイル路線へ転向。4歳でマイラーズCを制するも、安田記念は1番人気で14着に大敗。レース後に骨折が判明した。その後は脚元との戦いになり、7歳まで走って勝てなかった。中山記念3着がある。

血統背景

父スペシャルウィークはダービー、天皇賞・春秋、ジャパンCなど。代表産駒はブエナビスタやシーザリオなど牝馬が多いため、本馬は実質的な後継種牡馬1号になる。

母クラウンピースは中央1勝。祖母クラシッククラウンはフリゼットS（米GⅠ・ダ8F）、ガゼルH（米GⅠ・ダ9F）に優勝。3代母シックスクラウンズは、父セクレタリアトと母クリスエバートがどちらも三冠馬でこの名前がついた。

代表産駒

キョウヘイ（シンザン記念）、クラウンプライド（UAEダービー）。

特注馬

クラウンプライド／惨敗こそしたがK・ダービーでみせた先行力は特筆もの。BCクラシックに挑戦してくれ。
アーテルアストレア／クラウンプライドと母父は同父系。5月に日程時期が移ったエンプレス杯でどうだ。
ニシノクラウン／近親にラジオNIKKEI賞のエルトンバローズ。中距離へ再挑戦させてきたら注目。

リーチザクラウン産駒完全データ

●最適コース
牡／新潟ダ1800、小倉芝1200
牝／中京ダ1800、福島芝1200

●距離別・道悪
芝10〜12	15-17-7／221	D10〜13	12-6-3／129
芝14〜16	7-6-16／233	D14〜16	7-3-9／132
芝17〜20	5-5-3／135	D17〜19	16-11-10／195
芝21〜	0-2-1／11	D20〜	1-0-1／22
芝道悪	8-8-5／148	D道悪	12-8-9／191

●人気別回収率
1人気	単104%・複77%	11-3-3／30
2〜4人気	単122%・複78%	31-18-17／166
5人気〜	単93%・複60%	21-29-30／882

●条件別・勝利割合
穴率	33.3%	平坦芝率	77.8%
芝道悪率	29.6%	晩成率	28.6%
ダ道悪率	33.3%	芝広いコース率	11.1%

●コース別成績
東京	芝／2-3-4／101	D／5-2-10／114
中山	芝／3-6-8／92	D／8-7-6／123
京都	芝／1-1-0／29	D／1-1-0／28
阪神	芝／1-2-2／72	D／6-2-0／51
ローカル	芝／20-18-13／306	D／16-8-7／162

勝利へのポイント

1200／23勝、1600／3勝、1800／21勝

最適コース、勝利へのポイントからもわかるように、短距離、中距離で勝ち鞍を量産。マイルは近年、勝ち鞍が激減している。さらに付記すると牡はダ1800を得意としつつ、ダ短、芝短中、牝馬は芝1200を得意としつつ芝中、ダ短中をそれぞれこなす。全くもって潰しの利く血統だ。蛇足になるが、海外でも強い。短距離型は2歳初っぱなから走り、中距離型にしても2歳後半には勝ち名乗りを上げる仕上がりの早さがある。成長力は欠くものの、交流重賞で奮闘するクラウンプライド、データ集計後にリステッドを勝ったアーテルアストレアなどダート馬においてはその限りではない。穴は格下騎手への乗り替わりや鞍上勝浦騎手。シックスクラウンズのクロス馬に大駒の予感。

2022 RANK **70**

フランケル
FRANKEL

**14戦無敗、GI10勝の怪物
産駒初のGI馬は日本で誕生**

2008年生　鹿毛　イギリス産

POINT
- マイルを中心に勝ち鞍を稼ぐ
- 中距離馬は勝ち味が遅い
- 勢いを失った馬の深追いは禁物

ガリレオ Galileo 鹿　1998	サドラーズウェルズ Sadler's Wells	Northern Dancer
		Fairy Bridge
	アーバンシー Urban Sea	Miswaki
		Allegretta　(9-h)
カインド Kind 鹿　2001	*デインヒル Danehill	Danzig
		Razyana
	レインボウレイク Rainbow Lake	Rainbow Quest
		Rockfest　(1-k)

Northern Dancer 3×4、Natalma 4×5・5、Buckpasser 5×5

フランケル産駒完全データ

●最適コース
牡／阪神芝1600、中京芝1400
牝／函館芝1200、阪神芝1600

●距離別・道悪
芝10～12	13-13-22／133	D10～13	0-0-0／12
芝14～16	15-17-16／143	D14～16	4-0-3／30
芝17～20	11-20-10／126	D17～19	6-2-2／39
芝21～	0-2-2／14	D20～	0-0-0／6
芝道悪	8-11-8／96	D道悪	6-1-2／39

●人気別回収率
1人気	単52%・複80%	20-18-13／83
2～4人気	単54%・複74%	21-26-24／197
5人気～	単148%・複95%	8-10-18／223

●条件別・勝利割合
穴率	16.3%	平坦芝率	51.3%
芝道悪率	20.5%	晩成率	40.8%
ダ道悪率	60.0%	芝広いコース率	41.0%

●コース別成績
東京	芝／7-5-2／45	D／3-0-0／9
中山	芝／1-3-7／30	D／0-0-0／3
京都	芝／1-6-4／39	D／1-0-0／7
阪神	芝／6-6-7／69	D／3-2-4／31
ローカル	芝／24-32-30／233	D／3-0-1／37

現役時代

　イギリスで通算14戦14勝。主な勝ち鞍、英2000ギニー（GI・8F）、セントジェームズパレスS（GI・8F）、サセックスS（GI・8F）2回、インターナショナルS（GI・約10F）、チャンピオンS（GI・10F）などGI10勝を含む重賞12勝。
　2歳8月のデビュー戦から4歳10月のチャンピオンSまで、無人の野を行くが如く無敗の14連覇。ただ、常に盤石の強さで勝利を収めたわけではなく、掛かり気味に進出して他馬に詰め寄られたセントジェームズパレスS、出遅れてヒヤリとさせたチャンピオンSなど、天才少年ゆえに秘める、"危うさ"も垣間見せた。ワールド・サラブレッド・ランキングのレイティングは140。141から見直されて138に下がったダンシングブレーヴ、同じく140から136のシャーガーを抑え、"堂々"の歴代最強馬と認定された。

血統背景

　父ガリレオは同馬の項参照。デインヒル牝馬との配合から、テオフィロ（英ダービー）、ハイランドリール（"キングジョージ"）、ジャパン（パリ大賞）などGI馬多数輩出。
　母系は全弟にノーブルミッション（21年から日本で種牡馬）、近親にパワーズコート（アーリントンミリオンGI）。

代表産駒

　ソウルスターリング（オークス）、モズアスコット（安田記念）、グレナディアガーズ（朝日杯FS）、アダイヤー（英ダービーGI）、アルピニスタ（凱旋門賞GI）。

特注馬

レイベリング／古馬になって成長が見込める。いきなり安田記念もありか。母父は香港マイルの勝ち馬。
グレナディアガーズ／阪神Cで復活するのか。悩ましい。人気なら見送りたい。来たらごめん。
ティニア／単騎逃げが見込める左回りの1400＆1600は買い。稍重馬場は追い風。母の全兄に米GI勝ち馬。

勝利へのポイント

16年以降重賞9勝の中、東京／4勝、阪神／4勝

　23年シーズンはドバウィに奪われた英愛リーディング奪回を期して大攻勢を展開。英2000ギニー、オークスを手始めにロイヤルアスコット開催ではGI3勝の固め打ち。選手権距離での絶対的強さは父ガリレオを彷彿させる。海外馬券発売の際にはフランケル産駒の取捨選択が肝要だ。
　日本では母父デインヒルが強いのか中長距離適性が薄く、キレ脚を持ち味にマイルを中心に勝ち鞍を稼いでいる。重賞にしても全9勝のうち1600以下／8勝。中距離馬はジリっぽく勝ち味が遅い。早い時期に勝ち上がり、昇級初戦でも即通用どころかいきなり重賞で勝ち負けするが、成長力はいまひとつ。古馬の重賞勝ちはモズアスコットだけ。一度勢いの失った馬の深追いは禁物。

2022 RANK 71

バゴ
BAGO

名馬ナシュワン直仔の凱旋門賞馬 母系も筋金入り

2001年生 黒鹿毛 フランス産
2023年種付け料▷受胎確認後100万円（不生返）

POINT
- 忘れた頃にGI馬、油断禁物
- 古馬の急上昇を見逃すな
- 母父として大駒輩出の予感

ナシュワン Nashwan 栗 1986	ブラッシンググルーム Blushing Groom	Red God
		Runaway Bride
	ハイトオブファッション Height of Fashion	Bustino
		Highclere (2-f)
ムーンライツボックス Moonlight's Box 鹿 1996	ヌレイエフ Nureyev	Northern Dancer
		Special
	クードジェニー Coup de Genie	Mr. Prospector
		Coup de Folie (2-d)

Natalma 4・5（母方）、Nearco 5×5、Native Dancer 5・5（母方）

バゴ産駒完全データ

●最適コース
牡／阪神芝1600、京都ダ1400
牝／函館芝1200、福島芝1200

●距離別・道悪
芝10～12	6-9-7／86	D10～13	5-8-13／107
芝14～16	13-13-11／172	D14～16	6-4-3／102
芝17～20	12-17-20／287	D17～19	8-9-9／182
芝21～	5-1-4／57	D20～	2-0-1／29
芝道悪	13-15-9／138	D道悪	6-11-14／170

●人気別回収率
1人気	単91％・複85％	18-8-6／49
2～4人気	単77％・複84％	25-34-24／183
5人気～	単65％・複61％	14-19-38／790

●条件別・勝利割合
穴率	24.6％	平坦芝率	44.4％
芝道悪率	36.1％	晩成率	43.9％
ダ道悪率	28.6％	芝広いコース率	41.7％

●コース別成績
東京	芝／6-3-8／88	D／5-1-1／75
中山	芝／2-3-7／95	D／3-3-5／78
京都	芝／5-3-4／60	D／4-4-1／41
阪神	芝／8-8-6／77	D／2-5-5／79
ローカル	芝／15-23-17／282	D／7-8-14／147

現役時代

フランス、イギリス、アイルランド、北米、日本で通算16戦8勝。主な勝ち鞍、凱旋門賞（GI・2400M）、クリテリウムアンテルナショナル（GI・1600M）、パリ大賞（GI・2000M）、ジャンプラ賞（GI・1800M）、ガネー賞（GI・2100M）。

調整遅れで仏ダービーこそ見送ったが、3歳6月のパリ大賞まで6連勝。しかし、続くインターナショナルSGI、ニエル賞GIIとも3着敗退。凱旋門賞は直前まで出否未定だったが、良馬場が望めることで出走に踏み切り、自慢の末脚を爆発させた。勝ち時計は歴代2位の2分25秒00だった。4歳時も現役を続け、初戦のガネー賞を制したが、この後はすっかり善戦マンに甘んじ、サンクルー大賞、"キングジョージ"、連覇を狙った凱旋門賞とも3着、BCターフGIは4着。現役最後のジャパンCは後方から差を詰めての8着。

血統背景

父ナシュワン。英2000ギニー、英ダービー、"キングジョージ"のGIを無敗で制覇し、通算7戦6勝。02年死亡。

母系は半弟にマクシオス（ムーランドロンシャン賞GI）。祖母の全兄にマキアヴェリアン（名種牡馬）。近親にナムラクレア、ファンディーナ、マカオンドール。

代表産駒

クロノジェネシス（有馬記念）、ビッグウィーク（菊花賞）、ステラヴェローチェ（神戸新聞杯）、コマノインパルス（京成杯）、トップウイナー（プロキオンS2着）。

特注馬

ステラヴェローチェ／ハイクレア4×5。前年版同様に宝塚記念に香港。復帰が待たれる。
キャンシーエンゼル／抑えが利き、マイルもこなしそうだが。近親にNZトロフィー3着デルタバローズ。
スズカトップバゴ／復帰明け2戦は冴えないものの、去勢の効果を期待。直線急坂のマイル戦。

勝利へのポイント

4&5歳【勝率／87％、連率／16％】

ビッグウィークにクロノジェネシスと思い出したようにGI馬を出す。後期高齢種牡馬の域に達したが、まだまだ油断は出来ない。代表産駒は芝の中長距離馬も、快足牝馬やダートOP級も出し、多様性に富む。距離に幅のある産駒も多く、個々によっての吟味が重要となってくる。欧州血統らしく淀みのない展開に強く、芝の道悪も滅法強い。古馬になってひと皮むけるのも強味。着を重ねていた古馬が鋭い脚を身につけて連勝街道を驀進したりする。全年齢に対して4&5歳は勝率、連率が高く、5歳に限ると単回収率は230％超。母父としても注目。ディープインパクト系種牡馬の配合でハイクレアのクロスが生じる。マキアヴェリアン、クードジェニーの全兄妹のクロスも面白い。

2022 RANK 72

リアルスティール REAL STEEL

三冠惜敗もドバイで戴冠「ドバイ名人」の先駆け

2012年生 鹿毛
2023年種付け料▷受胎確認後300万円（FR）

POINT
- 現役時同様「1800のリアルスティール」
- 上位人気馬が走る堅実アベレージ型
- 不良の芝2200でワンツーの道悪巧者

ディープインパクト 鹿 2002	*サンデーサイレンス Sunday Silence	Halo
		Wishing Well
	*ウインドインハーヘア Wind in Her Hair	Alzao
		Burghclere (2-f)
*ラヴズオンリーミー Loves Only Me 鹿 2006	ストームキャット Storm Cat	Storm Bird
		Terlingua
	モネヴァッシア Monevassia	Mr. Prospector
		Miesque (20)

Northern Dancer 5×4・5

リアルスティール産駒完全データ

●最適コース
牡／東京芝1800、阪神芝1600
牝／阪神芝1800、中山ダ1800

●距離別・道悪
芝10～12	1-1-2／30	D10～13	1-5-6／34
芝14～16	8-10-7／90	D14～16	2-8-7／40
芝17～20	16-17-12／130	D17～19	9-3-6／66
芝21～	3-1-3／23	D20～	0-0-0／5
芝道悪	5-9-6／66	D道悪	2-8-12／60

●人気別回収率
1人気	単92%・複81%	19-7-4／46
2～4人気	単69%・複103%	14-27-20／113
5人気～	単85%・複92%	7-11-19／259

●条件別・勝利割合
穴率	17.5%	平坦芝率	14.3%
芝道悪率	17.9%	晩成率	－ %
ダ道悪率	16.7%	芝広いコース率	60.7%

●コース別成績
東京	芝／6-8-9／65	D／2-4-3／25
中山	芝／7-4-4／48	D／3-3-5／34
京都	芝／0-1-0／8	D／0-1-1／10
阪神	芝／8-4-2／61	D／2-3-5／26
ローカル	芝／7-12-9／91	D／5-5-5／50

勝利へのポイント
芝1800／11勝、ダート1800／7勝

1年目は2歳戦で15頭が勝ち上がり、デイリー杯を勝ったオールパルフェも出た。しかし3歳夏の段階でまだ大物は出現しておらず、3勝以上した馬がいない。アベレージ型の種牡馬だ。特徴は芝もダートも1800がいいこと。現役時同様「1800mのリアルスティール」は覚えやすい格言になる。

8番人気以下の勝利がひとつしかなく、前走着順が上位で、そこそこ人気の馬がよく走る。スローペースに折り合い、好位から上がり34秒台を繰り出すような競馬が上手。牝馬は1200から2000、牡馬は1600から2400がおおまかな守備範囲だ。

ダートは下級条件中心で、人気の先行馬は直線の短いコースに安定感あり。不良の中京芝2200の大寒桜賞でワンツーするなど、道悪は得意。

現役時代

中央15戦3勝、UAE2戦1勝。主な勝ち鞍、ドバイターフ（GI・芝1800M）、毎日王冠、共同通信杯。皐月賞2着、菊花賞2着、天皇賞・秋2着。

福永祐一を主戦に、新馬、共同通信杯を連勝。2番人気の皐月賞は好位から直線で抜け出し、勝ったかと思われたところを、同馬主のドゥラメンテに後方強襲されて2着。ダービーは後方から差しを試みるも伸び切れず、またもドゥラメンテの4着に敗れる。突き抜けない弱点は秋になっても続き、神戸新聞杯2着から向かった菊花賞は、キタサンブラックのクビ差2着。

4歳になるとドバイターフに照準を定め、鞍上もライアン・ムーアにスイッチ。歓喜の1着ゴールインに、矢作調教師は「ダービーを勝ったよりうれしい」と、喜びを表現した。5歳で毎日王冠1着。6歳のドバイターフはヴィブロスらと激戦の末、3着同着だった。

血統背景

父ディープインパクトは同馬の項を参照。
母ラヴズオンリーミーは不出走。全妹ラヴズオンリーユー（オークス、BCフィリー&メアターフ、香港C）、母の半姉ランプルスティルツキンは全欧2歳チャンピオンでGIを2勝。
3代母ミエスクはBCマイル連覇などGIを10勝、キングマンボの母。祖母モネヴァッシアはキングマンボの全妹。

代表産駒

オールパルフェ（デイリー杯2歳S）、トーホウガレオン（シンザン記念3着）、レーベンスティール（ラジオNIKKEI賞3着）。

特注馬

レーベンスティール／母父トウカイテイオーにしびれる。現状は芝1800ベストも、2000を超える距離も走る母系。
アグラシアド／不良のミモザ賞を勝った牝馬。母父サドラー系で、時計のかかる芝で着順を上げる。
トーホウガレオン／コンスタントに速い上がりを使い、崩れない。内枠を活かす競馬ができるから、枠にも注目。

2022 RANK 76

ディーマジェスティ DEE MAJESTY

「お利口さんで操縦性が高い」
近年稀にみる最強世代の最強伏兵馬

POINT	瞬発力よりは持続力が持ち味 2000以上から1800出走は買いの手 牝馬は減量騎手騎乗が狙い目

2013年生　鹿毛
2023年種付け料▷受胎確認後80万円(FR)

ディープインパクト 鹿　2002	*サンデーサイレンス Sunday Silence	Halo
		Wishing Well
	*ウインドインハーヘア Wind in Her Hair	Alzao
		Burghclere　(2-f)
エルメスティアラ 鹿　1998	*ブライアンズタイム Brian's Time	Roberto
		Kelley's Day
	*シンコウエルメス Shinko Hermes	Sadler's Wells
		Doff the Derby (4-n)

Hail to Reason 4×4、Northern Dancer 5×4

現役時代

　中央11戦4勝。主な勝ち鞍、皐月賞、セントライト記念、共同通信杯。日本ダービー3着。

　祖母シンコウエルメスの物語から始めよう。イギリスダービー馬ジェネラスの半妹として輸入された同馬は、1戦0勝の後、調教中に骨折。安楽死処分の話が出る中、藤沢和雄調教師の嘆願によって大手術が行われ、命はつなぎとめられた。その20年後、孫にあたる牡馬が大仕事をやってのける。それが二ノ宮敬宇厩舎に預けられたディーマジェスティだ。

　15年、デビュー3戦目の東京芝2000で勝ち上がると、共同通信杯を蛯名正義の騎乗で中団から差し切り。

　16年皐月賞は8番人気。当日の中山は強風が吹き荒れ、速いペースで先行した馬たちが直線で伸びを欠く中、後方14番手から豪快に突き抜けた。

　ダービーは3着。セントライト記念1着から向かった菊花賞は4着だった。

血統背景

　父ディープインパクトは同馬の項を参照。

　母エルメスティアラは不出走。祖母の半兄ジェネラス（英ダービー）、祖母の全妹イマジン（英オークス）、近親にタワーオブロンドン（スプリンターズS）、オセアグレイト（ステイヤーズS）。欧州のGⅠ馬がズラリと並ぶ名牝系。

代表産駒

　クロスマジェスティ（アネモネS）、ドットクルー（毎日杯3着）。

特注馬

ドーバーイーグル／北の2600で未勝利脱出。近親にキタサンブラック。長距離好きの血が騒ぐ。
ドーバーホーク／牡馬ながら母父ヨハネスブルグから短距離適性はありそう。上のクラスでも軽ハンデなら。
シゲルファンノユメ／復調の兆しあり。前年同様に秋の福島芝1200か冬の中山芝1200で一考。

ディーマジェスティ産駒完全データ

●最適コース
牡　中山芝1200、函館芝1800
牝　阪神ダ1200、中山芝1600

●距離別・道悪
芝10～12	3-7-3/40	D10～13	7-9-1/67
芝14～16	3-9-8/70	D14～16	3-2-3/51
芝17～20	5-6-9/70	D17～19	6-2-4/79
芝21～	0-1-0/12	D20～	0-0-0/4
芝道悪	1-4-2/39	D道悪	10-4-1/79

●人気別回収率
1人気	単50%・複90%	7-9-7/33
2～4人気	単79%・複71%	11-15-9/88
5人気～	単261%・複98%	9-12-12/272

●条件別・勝利割合
穴率	33.3%	平坦芝率	45.5%
芝道悪率	9.1%	晩成率	18.5%
ダ道悪率	62.5%	芝広いコース率	27.3%

●コース別成績
東京	芝	1-4-7/39	D	1-1-1/32
中山	芝	3-7-5/43	D	3-3-1/31
京都	芝	0-0-1/3	D	0-1-0/9
阪神	芝	2-2-2/24	D	3-5-2/52
ローカル	芝	5-10-5/83	D	9-3-4/77

勝利へのポイント

牡17勝中、1800／7勝

　アネモネSのクロスマジェスティや毎日杯3着のドットクルーを出しているものの、多数の産駒が2勝C突破に苦労しているのが現状。何戦か使った後に未勝利を脱し、1勝Cを勝ち上がるのは案外と早いが、そこから伸び悩んでいる。瞬発力より緩みのない展開に向く持続型。父より母父ブライアンズタイムよりだ。主たる持ち場は牡馬が1800、牝馬が1200。牡馬の距離短縮は好成績を残しているが、前走2000以上から1800出走が絶好の買い場。2000を超えるとひと息ながらそこはブライアンズタイムの血が黙ってないはず。北の2600を賑わす産駒を期待する。地方重賞2着馬を出しているので、ダート中距離のOP級も。牝馬は減量騎手騎乗時狙い。角田兄弟との相性良し。

2022 RANK 81

ラニ
LANI

ヘヴンリーロマンスが産んだ米三冠挑戦のガキ大将

POINT
- 牡は短距離型、牝は中距離型が主体
- 使って使って上昇
- 1番人気の信頼性は高い

タピット Tapit 芦 2001	プルピット Pulpit	A.P. Indy
		Preach
	タップユアヒールズ Tap Your Heels	Unbridled
		Ruby Slippers (3-o)
ヘヴンリーロマンス 鹿 2000	*サンデーサイレンス Sunday Silence	Halo
		Wishing Well
	*ファーストアクト First Act	Sadler's Wells
		Arkadina (13-c)

Mr. Prospector 4・5（父方）、Northern Dancer 5×4

2013年生　芦毛　アメリカ産
2023年種付け料▷受胎確認後50万円（FR）

現役時代

　中央11戦2勝、アメリカとUAEで6戦1勝。主な勝ち鞍、UAEダービー（GⅡ・ダ1900M）。ベルモントS3着（米GⅠ・ダ12F）。

　2005年の天皇賞・秋を松永幹夫騎手で制した牝馬ヘヴンリーロマンスは引退後、米国で繁殖入り。そこへタピットを種付けして産まれた芦毛馬は、日本に輸入されて松永幹夫厩舎に預けられた。これがラニだ。

　京都ダ1800と東京ダ1600で2勝の後、ドバイのUAEダービーに遠征。このGⅡを制してポイントを獲得し、次走より米国三冠に挑戦。ケンタッキー・ダービー9着、プリークネスS5着、ベルモントS3着（1着はクリエイター）。上々の結果を残しつつ、それ以上に話題を集めたのは現地メディアにクレイジーホースと報じられた「調教の際に暴れてラチを蹴破った」「カリフォルニアクロームと金網越しに吠え合って勝利した」などのヤンチャな所業の数々だった。

血統背景

　父タピットは同馬の項を参照。
　母ヘヴンリーロマンスは天皇賞・秋、札幌記念、阪神牝馬Sの勝ち馬。秋天の優勝後、鞍上の松永幹夫が馬上から、天皇陛下に敬礼した場面でも有名。
　半兄アウォーディー（JBCクラシック）、半姉アムールブリエ（エンプレス杯）。ダート重賞馬が並ぶ。

代表産駒

　リメイク（端午S、昇竜S）、ラニカイ。

特注馬

リメイク／サウジ、UAEへの再挑戦を願う。その前にBCスプリントという手もあるが。
クレメダンジュ／川崎エンプレス杯でリーチザクラウン産駒アーテルアストレアとの対戦が待ち遠しい。
ムーヴ／ブリンカー装着後は安定感が増し、東京1300＆1400なら上のクラスに行っても勝ち負け必至。

ラニ産駒完全データ

●最適コース
牡／中山ダ1200、中京ダ1400
牝／小倉ダ1700、京都ダ1800

●距離別・道悪
芝10～12	0-0-0/2	D10～13	5-2-3/44
芝14～16	0-0-0/12	D14～16	5-11-6/83
芝17～20	1-1-0/19	D17～19	7-6-10/129
芝21～	0-0-0/6	D20～	0-0-0/14
芝道悪	0-0-0/11	ダ道悪	4-12-8/112

●人気別回収率
1人気	単79%・複100%		7-4-3/17
2～4人気	単74%・複93%		7-7-10/45
5人気～	単25%・複44%		4-9-6/247

●条件別・勝利割合
穴率	22.2%	平坦芝率	―%
芝道悪率	―%	晩成率	22.2%
ダ道悪率	23.5%	芝広いコース率	―%

●コース別成績
東京	芝/0-1-0/15	D/4-6-1/62
中山	芝/1-0-0/9	D/2-1-4/57
京都	芝/0-0-0/0	D/1-0-0/8
阪神	芝/0-0-0/4	D/2-5-5/49
ローカル	芝/0-0-0/11	D/8-7-9/94

勝利へのポイント

ダ1700～1900【牡／1勝、牝／6勝】

　牡駒が中距離、牝駒が短距離というのが中堅級種牡馬の多々ある傾向だが、本馬は逆。牡はリメイクに代表される短距離馬が目立つ一方、牝は関東オークス2着のクレメダンジュのようなズブ目の中距離馬が主体。データ集計後にも牝駒が新潟ダ1800で未勝利を脱している。現役時、血統背景から重賞級の牡の中距離馬が出る下地が揃っていることを頭に入れつつ、現状は牡、牝それぞれの適性を重視する。総体的に勝ち味は遅く、使われつつ着順を上げていき、その後に未勝利を脱す。1勝Cを勝ち上がるのも同様。人気での信頼性は高く、着を上げてきた後の勝利が多いので穴は少ない。間隔をあけるより、詰めての出走や何度か叩いての臨戦過程の方が良い。芝は下級条件。

サトノダイヤモンド SATONO DIAMOND

2022 RANK 83

**有馬記念で古馬一蹴
長距離GIで強烈な輝き**

2013年生　鹿毛
2023年種付け料▷受胎確認後250万円 (FR)

POINT
- じわっと加速の中長距離砲
- 京都の外回りコースで重賞勝利
- 芝は外めの枠で勝ち星を稼ぐ

ディープインパクト 鹿 2002	*サンデーサイレンス Sunday Silence	Halo
		Wishing Well
	*ウインドインハーヘア Wind in Her Hair	Alzao
		Burghclere (2-f)
*マルペンサ Malpensa 鹿 2006	オーペン Orpen	Lure
		Bonita Francita
	マルセラ Marsella	*サザンヘイロー
		Riviere (1-w)

Halo 3×5・4、Northern Dancer 5×5・5

サトノダイヤモンド産駒完全データ

●最適コース
牡／京都芝2200、阪神芝1800
牝／中山芝2000、小倉芝2000

●距離別・道悪
芝10〜12	2-1-1／15	D10〜13	0-0-0／4
芝14〜16	3-2-4／44	D14〜16	0-1-0／16
芝17〜20	10-9-13／121	D17〜19	7-4-5／64
芝21〜	2-1-1-2／28	D20〜	0-0-0／6
芝道悪	5-4-4／52	D道悪	3-4-2／45

●人気別回収率
1人気	単78%・複71%	8-4-4／29
2〜4人気	単110%・複71%	14-8-8／69
5人気〜	単16%・複52%	2-6-13／200

●条件別・勝利割合
穴率	8.3%	平坦芝率	35.3%
芝道悪率	29.4%	晩成率	－%
ダ道悪率	42.9%	芝広いコース率	47.1%

●コース別成績
東京	芝／2-2-3／40	D／0-1-0／8
中山	芝／4-1-2／29	D／2-2-1／17
京都	芝／2-1-0／12	D／0-0-1／4
阪神	芝／3-2-5／47	D／0-1-1／30
ローカル	芝／6-7-10／80	D／5-1-2／31

現役時代

中央16戦8勝、フランス2戦0勝。主な勝ち鞍、菊花賞、有馬記念、神戸新聞杯、阪神大賞典、京都大賞典、きさらぎ賞。日本ダービー2着、皐月賞3着。

当歳のセレクトセール価格は2億4150万円。額の流星が菱形だったため、サトノダイヤモンドと名付けられた。3戦目できさらぎ賞を勝ち、16年皐月賞は1番人気になるも、中団から3着。後方待機の1着ディーマジェスティと、2着マカヒキにやられた。

ダービーも皐月賞上位3頭の争いになり、マカヒキに追いすがったがハナ差の2着。秋は神戸新聞杯を勝ち、菊花賞は2.3倍の1番人気。中団の内で折り合い、持ったまま抜け出して上がり34秒1で完勝した。

続く有馬記念もルメールの好騎乗で優勝。4歳時は春の天皇賞3着の後、フランス遠征してフォワ賞4着、凱旋門賞はエネイブルの15着。不運な重馬場だった。

血統背景

父ディープインパクトは同馬の項を参照。
母マルペンサはアルゼンチンの銀杯大賞（芝2000M）、フィルベルトレレナ大賞（ダ2000M）などGIを3勝。
半妹リナーテは京王杯SC2着、京都牝馬S2着。母父Orpenはダンジグ系で、フランスの芝1200MのGIモルニ賞の勝ち馬。アルゼンチンのリーディングサイヤーを獲得した。

代表産駒

サトノグランツ（京都新聞杯）、シンリョウカ（22阪神JF2着）、ダイヤモンドハンズ（札幌2歳S3着）。

特注馬

サトノグランツ／菊花賞でも穴のヒモに狙える。母チェリーコレクトはイタリアオークス（芝2200）馬。
ダイヤモンドハンズ／母メチャコルタはアルゼンチンのGIマイラー。左回りが良さそうで、中京と東京で狙う。
スズハローム／距離延長の1番人気で凡走、距離短縮の人気薄で好走。スタミナ血統のマイラーはこれが多い。

勝利へのポイント

芝17勝のうち、5枠から8枠／13勝

1年目産駒は評判の割に勝利数が伸びなかったが、阪神JF2着のシンリョウカや、札幌2歳Sで豪脚を見せたダイヤモンドハンズなど、大物の気配は随所に感じさせた。3歳5月にサトノグランツが3連勝で京都新聞杯を勝利して、晩成の中長距離砲という様相も見えてきた。リアルスティールがアベレージ型なら、こちらは一発大物型だ。

目安として見て欲しいが、芝の勝利は5枠から8枠で8割近くを占める。これはスタートダッシュがもっさりして、徐々にエンジンを掛ける競馬が得意という特性が表れたデータと思われる。内枠を軽視せよという意味ではない。じわっと加速できるコースに合い、京都の外回りは狙い目だ。

使われながら良くなり、中2週と中3週がいい。

2022 RANK 84

シャンハイボビー　SHANGHAI BOBBY

**余力を残して引退
無敗の2歳チャンピオン**

2010年生　青鹿毛　アメリカ産
2023年種付け料▷受胎確認後250万円(FR)

POINT
- イントゥミスチーフと同父系
- 牡はダート、牝は短い芝・ダ
- スピード馬場より力のいる馬場

ハーランズホリデー Harlan's Holiday 鹿 1999	ハーラン Harlan	Storm Cat
		Country Romance
	クリスマスインエイケン Christmas in Aiken	Affirmed
		Dowager (4-m)
スティーリン Steelin' 黒鹿 2004	オリエンテイト Orientate	Mt. Livermore
		Dream Team
	スティールバンド Steel Band	Carson City
		*ウェディングバンド (8-h)

Blushing Groom 4・5（母方）、Raise a Native 5×5

シャンハイボビー産駒完全データ

●最適コース
牡／阪神ダ1400、中山ダ1200
牝／阪神ダ1200、京都芝1200

●距離別・道悪

芝10〜12	8-8-9／72	D10〜13	9-10-6／70
芝14〜16	2-2-1／39	D14〜16	5-2-4／49
芝17〜20	1-0-1／29	D17〜19	2-2-1／37
芝21〜	0-0-0／3	D20〜	0-0-0／2
芝道悪	2-3-3／30	D道悪	7-4-7／69

●人気別回収率

1人気	単78%・複88%	8-6-3／26
2〜4人気	単94%・複102%	11-15-12／65
5人気〜	単88%・複31%	8-3-7／210

●条件別・勝利割合

穴率	29.6%	平坦芝率	63.6%
芝道悪率	18.2%	晩成率	18.5%
ダ道悪率	43.8%	芝広いコース率	27.3%

●コース別成績

東京	芝／0-1-1／15	D／0-0-1／21
中山	芝／3-4-1／30	D／5-3-1／32
京都	芝／1-0-1／4	D／0-0-1／12
阪神	芝／0-1-2／22	D／8-6-4／54
ローカル	芝／7-4-6／72	D／3-5-4／39

現役時代

北米で8戦6勝。主な勝ち鞍、BCジュヴェナイル（G Ⅰ・8.5F）、シャンペンS（GⅠ・8F）、ホープフルS（GⅡ・7F）。

2歳時は5戦5勝。東海岸のシャンペンSを制し、西海岸サンタアニタ競馬場でのBCジュヴェナイルは最終コーナーで先頭に立ち、2着馬の急追をアタマ差抑えての勝利だった。無敗の2歳チャンピオン。当然のようにクラシック制覇の期待が高まったが、3歳初戦のホーリーブルSで2着に敗れ、デビュー6戦目にして初の黒星を喫した。復権を懸けてのフロリダ・ダービーは好位追走も見せ場なく、ケンタッキー・ダービーを制するオーブの5着。この後は立て直しを図るためクラシック回避を決め、秋まで休養。復帰戦となったベルモント競馬場でのステークスをクビ差で勝利するも、これが現役最後の一戦となった。

血統背景

父ハーランズホリデー。産駒にイントゥミスチーフ（同馬の項参照）、アルビアーノ（スワンS）。

母系は近親にシティバンド（オークリーフSGⅠ）。母の父オリエンテイトはBCスプリントGⅠの勝ち馬。ブラッシンググルーム系。

代表産駒

アエロトレム（ラテンアメリカ大賞GⅠ・2000M）、マンダリンヒーロー（サンタアニタ・ダービーGⅠ2着）、マリアズハート（韋駄天S）、コパノハンプトン。

特注馬

コパノハンプトン／阪神ダートは【3-2-1-0】と大得意。京都や中京で着順を落とした後の阪神狙いがシンプル。
ルーカスミノル／近親にユラノトやタイセイサミットなど、息の長いオープン馬が多い牝系。好走馬体重に注目。
トモジャシーマ／芝とダートの兼用型。このタイプは芝もダートも渋った馬場がいい。芝は内枠を歓迎。

勝利へのポイント

東京ダート【0-0-1-20】

輸入前の代表産駒マリアズハートは1200以下で6勝（芝5勝、ダ1勝）。この馬がモデルで間違いないようだ。海外産駒と比べると、なぜこんなに短距離しか走ってないのかと不思議に思うほど、1400以下に好走が偏っている。ダート中距離が苦手とも思えないが、そのうち活躍馬が出るのか。

牡牝の違いも目立ち、牡馬は芝1勝、ダート10勝。牝馬は芝4勝、ダート4勝。上記の「最適コース」がそのまま傾向を表している。ダート馬が中心の牡馬と、芝もダートも走る短距離型の牝馬。

競馬場では、阪神と中山のダートの勝利数が飛び抜け、東京ダートは不振。ダートの重・不良はぐっと勝率や回収率が上がるのに、稍重は良くないから、力のいる馬場が合うのだろう。

サトノクラウン

SATONO CROWN

稍重以下で国内重賞【4-1-0-2】
渋った馬場で無類の強さ

2012年生　黒鹿毛
2023年種付け料▷受胎確認後150万円（FR）

POINT
1年目産駒からダービー馬誕生!
ラストの切れ味勝負も問題なし?
新馬戦で穴、あとは人気馬が好走

マルジュ Marju 黒鹿 1988	*ラストタイクーン Last Tycoon	*トライマイベスト Mill Princess
	フレイムオブタラ Flame of Tara	*アーテイアス Welsh Flame （2-f）
*ジョコンダⅡ Jioconda 鹿 2003	ロッシーニ Rossini	Miswaki Touch of Greatness
	ラジョコンド La Joconde	Vettori Lust （20-c）

Northern Dancer 4×5、Mr. Prospector 4×5（母方）
Buckpasser 5×5、Sir Ivor 5×5（母方）

サトノクラウン産駒完全データ

●最適コース
牡／中山芝2000、東京芝2400
牝／中山芝1600、札幌芝1500

●距離別・道悪
芝10～12	3-1-1／32	D10～13	0-0-1／21
芝14～16	9-5-5／93	D14～16	1-5-0／39
芝17～20	8-9-9／140	D17～19	1-3-7／70
芝21～	1-0-3／14	D20～	1-1-2／10
芝道悪	3-4-3／59	D道悪	2-3-6／68

●人気別回収率
1人気	単137%・複111%	9-3-3／18
2～4人気	単92%・複83%	10-14-10／69
5人気～	単46%・複118%	5-7-15／332

●条件別・勝利割合
穴率	20.8%	平坦芝率	38.1%
芝道悪率	14.3%	晩成率	－%
ダ道悪率	66.7%	芝広いコース率	52.4%

●コース別成績
東京	芝／9-2-2／61	D／2-2-2／28
中山	芝／2-2-5／37	D／0-1-2／29
京都	芝／0-1-0／16	D／1-2-1／12
阪神	芝／2-4-3／53	D／0-2-2／26
ローカル	芝／8-6-8／112	D／0-2-3／45

現役時代

　中央17戦6勝、香港とUAEで3戦1勝。主な勝ち鞍、香港ヴァーズ、宝塚記念、弥生賞、京都記念（2回）。
　弥生賞など3戦3勝で向かった15年皐月賞は、1番人気に支持されたが伸びず6着。ダービーは直線一気でドゥラメンテの3着に食い込んだ。鞍上はルメール。
　4歳。重の京都記念を楽勝して道悪上手を見せるも、軽い馬場では足りず、天皇賞・秋14着の次走は香港ヴァーズ（GⅠ・芝2400）へ。春に続く2度目の香港遠征で、名手モレイラが馬群の狭い隙間を抜け出して快勝。香港実績を持つ父マルジュの馬場適性も活きた。
　5歳。京都記念を連覇の後、稍重の宝塚記念を勝って国内タイトルも戴冠。1番人気のキタサンブラックをつついてレースを動かしたデムーロの巧みさも光った。しかし、不良馬場になった天皇賞・秋では、キタサンブラックと激戦の2着。借りを返された。

血統背景

　父マルジュはセントジェイムズパレスS（英GⅠ・芝8F）、英ダービー2着。代表産駒にマルバイユ（アスタルテ賞。マルセリーナの母）、シルシラ（仏オークス）など。
　母ジョコンダⅡはアイルランドのリステッド勝ち馬。
　全姉ライトニングパールはチヴァリーパークS（GⅠ・芝6F）、半妹ポンデザール（ステイヤーズS3着）。

代表産駒

　タスティエーラ（23日本ダービー）、トーセンローリエ（アネモネS）、ウヴァロヴァイト（スイートピーS）。

特注馬

タスティエーラ／菊花賞は合わず、宝塚記念に合うという見立ては、ひねりがなさすぎるか。有馬記念も買いたい。
トーセンローリエ／母父メイショウサムソンで洋芝や冬の中山向き。クイーンSは内枠ならもっと上位だったはず。
ウヴァロヴァイト／半兄ミトラは芝2000の重賞ホース。スローの中距離向きで、芝1600は不安定かも知れない。

勝利へのポイント

6番人気以下／5勝のうち、新馬／4勝

　初年度産駒タスティエーラが皐月賞2着、ダービー1着。現役時の戦歴や父系の実績から、中山芝2000に合うのは納得の適性だが、東京芝2400の快勝には驚かされた。「サンデーを持たないから東京は切れ味が足りないかも？」という推測に反して、芝で勝ち鞍が一番多いのは東京だ。
　牡馬は1800から2600、牝馬は1400から2000が活躍距離。牝馬もアネモネSとスイートピーSの勝ち馬が出ている。ダートは未勝利クラスの勝ち鞍しかなく、サトノクラウン自身のイメージより軽い切れ味型だ。穴は新馬戦に多く、デビューからなめられがち。逆に言えば、新馬以外は上位人気に狙いをつけるのが効率良し。瞬発力を使えるタイプか、そこが甘いタイプかの見極めが大事。

キングマン KINGMAN

2022 RANK 98

母系の底力魅力のマイラー
日本でもブレイク！

POINT
- 海外、日本でA級マイラー輩出
- 新馬戦は買えば儲かる
- シャーペンアップ系クロスに大駒

インヴィンシブルスピリット Invincible Spirit 鹿　1997	グリーンデザート Green Desert	Danzig	
		Foreign Courier	
	ラファ Rafha	Kris	
		Eljazzi	(7-a)
ゼンダ Zenda 鹿　1999	ザミンダー Zamindar	Gone West	
		Zaizafon	
	ホープ Hope	*ダンシングブレーヴ	
		Bahamian	(19)

Northern Dancer 4×5・5、Never Bend 5×5

2011年生　鹿毛　イギリス産

キングマン産駒完全データ

●最適コース
牡／東京芝1600、札幌芝1500
牝／阪神芝1600、中山芝1200

●距離別・道悪

芝10〜12	6-2-4／50	D10〜13	0-0-0／5
芝14〜16	9-6-3／49	D14〜16	0-0-0／1
芝17〜20	2-2-1／16	D17〜19	0-0-0／12
芝21〜	0-0-0／1	D20〜	0-0-0／0
芝道悪	3-4-2／31	D道悪	0-0-0／8

●人気別回収率

1人気	単109%・複74%		11-1-1／22
2〜4人気	単56%・複60%		5-3-3／36
5人気〜	単16%・複63%		1-6-4／76

●条件別・勝利割合

穴率	5.9%	平坦芝率	47.1%
芝道悪率	17.6%	晩成率	11.8%
ダ道悪率	—%	芝広いコース率	29.4%

●コース別成績

東京	芝／2-2-3／19	D／0-0-0／0
中山	芝／3-2-2／21	D／0-0-0／3
京都	芝／1-0-0／3	D／0-0-0／2
阪神	芝／4-3-0／19	D／0-0-0／5
ローカル	芝／7-3-3／54	D／0-0-0／8

勝利へのポイント

新馬【7-0-0／15】、単回収率／180%

グリーンデザート系とあって距離への柔軟姓を備え、海外ではマイルを中心に短距離、中距離で活躍馬を輩出。日本で走っている産駒もマイラーに加え、短距離や中距離をこなしている。抜群の仕上がりの早さから新馬戦は出たとこ勝ち負け。大半が人気での勝利ながら、勝率46%もあれば単回収率が高率になるのは当然の結果。2勝目を上げるのも早く、今後も2歳、3歳のマイル路線を賑わせるに違いない。柔軟姓はコースへの対応力にも現れ、急坂、洋芝、野芝とも問題なし。後は成長力だが。古馬での勝利はシュネルマイスターのみ。少なくとも条件級の深追いは禁物だ。シュネルマイスターや海外のGⅠ勝ち馬の何頭かはシャーペンアップ系のクロスを持つ。5代血統は要確認。

現役時代

イギリス、アイルランド、フランスで通算8戦7勝。主な勝ち鞍、愛2000ギニー（GⅠ・8F）、セントジェームズパレスS（GⅠ・8F）、サセックスS（GⅠ・8F）、ジャックルマロワ賞（GⅠ・1600M）、他GⅢ2勝。

2歳7月のデビューから3歳初戦のグリーナムSまで3連勝としたが、本命で臨んだ英2000ギニーはナイトオブサンダーの2着に敗れて初黒星。結果的にはこれが現役唯一の敗戦だった。以降はマイルGⅠ4連勝。愛2000ギニーを5馬身差で圧勝し、セントジェームズパレスSではナイトオブサンダーに雪辱。古馬との初対戦サセックスSでは前年の勝ち馬トロナドを破り、続くジャックルマロワ賞は後方からの追い込みを決め2馬身半差で優勝した。この後は秋のクイーンエリザベス2世Sや米国BCマイルを目標としていたが、ノドの感染症にかかって現役引退となった。

血統背景

父インヴィンシブルスピリットは同馬の項参照。
母ゼンダは仏1000ギニー馬。近親にオアシスドリーム（ジュライCGⅠ）など重賞勝ち馬多数。ニューベイ（仏ダービーGⅠ）も同牝系。母の父ザミンダーの産駒にザルカヴァ（凱旋門賞GⅠ）。前記ニューベイの母の父。

代表産駒

シュネルマイスター（21NHKマイルC）、ペルシアンキング（仏2000ギニーGⅠ・1600M）、パレスピア（クイーンアンSGⅠ・8F）、エリザベスタワー（チューリップ賞）。

特注馬

シュネルマイスター／秋はマイルチャンピオンシップから香港マイルか。買いに向かうか悩ましい。人気なら消しの手も。
イングランドアイズ／母はオークス馬ヌーヴォレコルト。ヴィクトリアマイルで一発ツモ。その前にOP入りが先決だが。
レッドアーバイン／シャーペンアップ系クロスも良いけど、ミルリーフのクロス馬も捨てがたい。母は仏中距離GⅠ2勝。

イントゥミスチーフ INTO MISCHIEF

早熟マイラー返上　北米首位のクラシック血統

POINT
- 抜群の勝ち上がり率を誇る
- 東京ダートは買いの一手
- 成長力が若干の懸念材料

2005年生　鹿毛　アメリカ産

ハーランズホリデー Harlan's Holiday 鹿　1999	ハーラン Harlan	Storm Cat
		Country Romance
	クリスマスインエイケン Christmas in Aiken	Affirmed
		Dowager　(4-m)
レスリーズレディ Leslie's Lady 鹿　1996	トリッキークリーク Tricky Creek	Clever Trick
		Battle Creek Girl
	クリスタルレディ Crystal Lady	Stop the Music
		One Last Bird (23-b)

Hail to Reason 5×4、Northern Dancer 5×5

現役時代

　北米で通算6戦3勝。主な勝ち鞍、キャッシュコールフュチュリティ（GⅠ・8.5F）。マリブS（GⅠ・7F）2着。サンヴィセンテS（GⅡ・7F）2着。

　2歳10月にデビューし、ここを逃げ切って快勝。続くハリウッドプレビューSGⅢは本命に推されるも2着。シーズン最後を締めくくる2歳GⅠキャッシュコールフュチュリティは前走の敗戦が嫌われてか、単勝14.8倍の伏兵に甘んじたが、2番手から抜け出し、重賞初制覇をGⅠで飾った。3歳時は初戦のサンヴィセンテS2着後に戦線離脱を余儀なくされ、秋まで休養。復帰となったリステッドこそ制するものの、続くマリブSは2着。この一戦を最後に現役を退いた。6戦3勝2着3回。全出走が西海岸のサンタアニタ競馬場とハリウッド競馬場。両競馬場とも導入直後のオールウェザー馬場だった。

血統背景

　父ハーランズホリデー。産駒にシャンハイボビー（同馬の項参照）、アルビアーノ（スワンS）。

　母系は半妹弟にBCディスタフ2回など砂の鬼姫ビホルダー、BCジュヴェナイルターフのメンデルスゾーン。

代表産駒

　オーセンティック（ケンタッキー・ダービーGⅠ・10F）、マンダルーン（ケンタッキー・ダービーGⅠ・10F）、ライフイズグッド（ペガサスワールドCGⅠ・9F）、シーヴィクセン、ジゲン、グレートサンドシー。

特注馬

ルージュスタニング／母の半兄にアロゲート。ダートに打って出る他ないでしょう。東京オキザリス賞、中京寒椿賞。
グレートサンドシー／東京1600の2敗は勝ち馬が強すぎたのと展開に泣く。精神面の成長があれば1600でも勝ち負け必至。
メタマックス／ダ1200では底を見せていなく、中山1200もこなせそう。外目の枠ならなお良し。

イントゥミスチーフ産駒完全データ

●最適コース
牡／東京ダ1400、中京ダ1200
牝／東京ダ1400、中京芝1800

●距離別・道悪

芝10〜12	2-1-2／24	D10〜13	12-14-10／89
芝14〜16	1-3-3／28	D14〜16	9-8-6／59
芝17〜20	0-0-0／2	D17〜19	4-0-1／22
芝21〜	1-0-0／1	D20〜	1-2-0／4
芝道悪	0-3-1／13	D道悪	13-11-9／71

●人気別回収率

1人気	単76%・複103%	14-12-8／43
2〜4人気	単62%・複74%	9-12-8／75
5人気〜	単153%・複79%	7-4-6／111

●条件別・勝利割合

穴率	23.3%	平坦芝率	75.0%
芝道悪率	ー%	晩成率	36.7%
ダ道悪率	50.0%	芝広いコース率	25.0%

●コース別成績

東京	芝／0-1-1／5	D／8-8-4／43
中山	芝／0-0-2／7	D／2-2-4／25
京都	芝／0-0-0／4	D／2-2-1／10
阪神	芝／0-0-0／7	D／4-4-2／26
ローカル	芝／4-3-2／32	D／10-8-6／70

勝利へのポイント

東京ダート1400【6-4-2／20】

　19〜22年と4年連続北米首位種牡馬の座に就き、収得賞金でも年間最高額を更新。今や北米最高の種牡馬として君臨している。日本でも人気は高く、トレーニング2歳セリ市出身馬が多いことを差し引いても抜群の勝ち上がり率を誇る。ほぼダートを専門とし、2歳初っぱなから走る産駒がいる一方、3歳で未勝利を脱する産駒が多いが、1勝Cを突破するのは早い。北米血統ということか、左回りで勝ち鞍を量産し、特に東京は1400をはじめ、1600でも好走。自慢のスピードを活かせる、ほどよく湿ったダートは得意。あとは成長力。OP勝ちはあるものの現状は3勝C突破に手こずっている。根岸SやフェブラリーSで勝ち負けする産駒を出せる血統ではあるが。芝は早い時期の短距離。

2022 RANK 101

ロージズインメイ
ROSES IN MAY

**ヘイロー系のドバイWCウイナー
多様な産駒を輩出**

2000年生　青鹿毛　アメリカ産
2023年種付け料▷受胎確認後50万円（不生返）

POINT
**ダート中距離で勝ち鞍量産
使われて、使われて上昇
穴は中京ダ1900、東京ダ2100**

デヴィルヒズデュー Devil His Due 黒鹿 1989	デヴィルズバッグ Devil's Bag	Halo
		Ballade
	プレンティオトゥール Plenty O'Toole	Raise a Cup
		Li'l Puss (2-h)
テルアシークレット Tell a Secret 黒鹿 1977	スピークジョン Speak John	Prince John
		Nuit de Folies
	シークレットリトリート Secret Retreat	Clandestine
		Retirement (1-a)

Double Jay 5×4

ロージズインメイ産駒完全データ

●最適コース
牡　新潟ダ1800、東京ダ2100
牝　函館ダ1000、東京ダ1400

●距離別・道悪
芝10〜12	3-4-11／95	D10〜13	15-13-16／229
芝14〜16	2-1-1／111	D14〜16	9-9-7／214
芝17〜20	5-4-7／151	D17〜19	29-29-37／535
芝21〜	2-2-4／51	D20〜	6-6-8／97
芝道悪	1-3-7／101	D道悪	23-22-25／428

●人気別回収率
1人気	単71%・複67%	14-7-4／47
2〜4人気	単83%・複85%	31-29-34／214
5人気〜	単60%・複65%	26-32-53／1222

●条件別・勝利割合
穴率	36.6%	平坦芝率	50.0%
芝道悪率	8.3%	晩成率	40.8%
ダ道悪率	39.0%	芝広いコース率	33.3%

●コース別成績
東京	芝／3-1-1／74	D／10-12-14／205
中山	芝／2-0-1／55	D／9-14-11／260
京都	芝／2-1-1／24	D／5-8-6／90
阪神	芝／0-2-2／40	D／5-3-8／130
ローカル	芝／5-7-18／215	D／30-20-29／390

現役時代
　北米、UAEで通算13戦8勝。主な勝ち鞍、ドバイWC（GⅠ・2000M）、ホイットニーH（GⅠ・9F）、ケンタッキーCクラシックH（GⅡ・9F）、コーンハスカーBCH（GⅢ・9F）。
　デビューは"5月の薔薇"（ケンタッキー・ダービー優勝馬にかけるレイが薔薇）の馬名らしく、ケンタッキー・ダービー当日の最終レース。当然ながらクラシックと無縁だったが、4歳になると薔薇は満開。ホイットニーHなど重賞3勝を含め5連勝。BCクラシックではベルモントS馬バードストーン、前年の二冠馬ファニーサイドらの実績馬相手に2着に好走した。5歳時は初戦のドンHGⅠこそ2着に敗れるも、ドバイワールドCを制し、ダート界の頂点に立った。秋にはジャパンCダートを目標としていたが、左前脚の腱を痛め、5歳時は2戦1勝のまま引退となった。

血統背景
　父デヴィルヒズデューは北米ダート中距離GⅠ5勝、祖父デヴィルズバッグの産駒にタイキシャトル。
　母テルアシークレットはGⅢ2着2回、23歳の時に10番仔として産んだのが本馬、母の父スピークジョンは北米名種牡馬プリンスキロに遡れる父系。異系色が濃い。

代表産駒
　ドリームバレンチノ（JBCスプリント）、コスモオオゾラ（弥生賞）、ローズプリンスダム（レパードS）、マイネルバイカ（白山大賞典）、ウインムート（さきたま杯）。

特注馬
ホウオウルーレット／1600でも好走しているが、半兄オメガパフューム同様に本領発揮は1800以上。復活を待つ。
フユソウビ／出遅れながらも未勝利戦を突破。中山1800＆2000でも勝ち負け。時計のかかる馬場ならなお良い。
ウインヴェルデ／ダ1900【1−1−1／3】。中京、京都のダ1900で一考。東京2100も良し。

勝利へのポイント

ダート【1900／4勝、2100以上／7勝】

　パワーとスタミナを武器にダート中距離で勝ち鞍を量産。1900では安定感抜群の走りをし、2100以上の距離にも強い。良、道悪馬場を問わないのも強味。ローカルのダ1700もこなすが、小倉はさっぱり。早い時期に稼ぐマイネル軍団といえども仕上がりは遅く、未勝利を脱するのは大半が3歳春から夏にかけて。その後も何戦か使われて1勝Cを勝ち上がり、古馬になって2勝クラスを突破というのが大方の成長曲線。叩かれるごとに調子をあげ、間隔を詰めての出走もよく走る。穴は他場から中京ダ1900、東京ダ2100への距離延長時。牝馬は下級条件の短距離。芝は時計のかかることが条件。騎手の稼ぎ頭はマイネルの主戦丹内だが、マクリ好き（？）デムーロにも注目だ。

2022 RANK 108

ロゴタイプ

LOGOTYPE

**安馬ながらGI3勝！
お値段以上の大活躍**

2010年生　黒鹿毛
2023年種付け料▷受胎確認後50万円（FR）

POINT
- 牡馬はダ中距離、牝馬は芝短マイル
- 牝馬は2歳から元気いっぱい
- 古馬の復活には気をつけろ

ローエングリン 栗 1999	シングスピール Singspiel	In The Wings
		Glorious Song
	*カーリング Carling	Garde Royale
		Corraleja （4-p）
ステレオタイプ 鹿 2002	*サンデーサイレンス Sunday Silence	Halo
		Wishing Well
	スターバレリーナ	Risen Star
		*ベリアーニ （8-k）

Halo 4×3、Northern Dancer 5×5

ロゴタイプ産駒完全データ

●最適コース
牡／中山ダ1800、新潟ダ1800
牝／新潟芝1400、小倉芝1200

●距離別・道悪
芝10〜12	2-2-5／41	D10〜13	1-1-2／47
芝14〜16	3-5-6／91	D14〜16	0-1-1／44
芝17〜20	2-3-8／88	D17〜19	6-6-8／80
芝21〜	0-0-0／4	D20〜	0-1-0／4
芝道悪	1-1-5／52	D道悪	3-2-6／67

●人気別回収率
1人気	単137%・複114%	5-1-3／11
2〜4人気	単87%・複74%	6-6-7／54
5人気〜	単34%・複79%	3-12-20／334

●条件別・勝利割合
穴率	21.4%	平坦芝率	85.7%
芝道悪率	14.3%	晩成率	－ %
ダ道悪率	42.9%	芝広いコース率	28.6%

●コース別成績
東京	芝／1-3-2／55	D／0-2-1／45
中山	芝／0-0-5／38	D／4-2-6／59
京都	芝／0-1-0／3	D／0-0-0／2
阪神	芝／0-2-2／13	D／0-1-1／21
ローカル	芝／6-4-10／115	D／3-3-3／48

現役時代

中央28戦6勝、UAEと香港2戦0勝。主な勝ち鞍、朝日杯FS、皐月賞、安田記念、スプリングS。

村田一誠の手綱で函館芝1200の新馬を勝ち上がり。5戦目のベゴニア賞からデムーロに乗り替わると、東京芝1600をレコード勝ち。覚醒の快進撃が始まる。

12年の朝日杯FS、13年のスプリングS、皐月賞まで4連勝でクラシックを制覇。好位からの抜け出しと、高いスピード性能には安定感があった。

2番人気のダービーは距離の限界か、キズナの5着に敗退。以降は長く勝ち星から遠ざかるも、6歳の安田記念で単勝3690円の逃げ切りを決めて復活。田辺の思い切った騎乗で3年ぶりのGI勝利を飾った。

翌年、7歳になった安田記念も前半57秒1のハイペースで逃げてサトノアラジンの2着。父ローエングリンと同じく中山記念とも相性が良く、4歳で3着、5歳で2着、6歳で7着、7歳で3着している。

血統背景

父ローエングリンは中山記念（2回）、マイラーズC（2回）、宝塚記念3着。ローエングリンもロゴタイプもレコード勝ちを記録した共通点がある。

母ステレオタイプは園田のダート2勝。

祖母スターバレリーナは93年ローズS1着、エリザベス女王杯1番人気9着。

代表産駒

ラブリイユアアイズ（21阪神JF2着）、オメガギネス。

特注馬

ミトノオー／ジャパンダートダービーは相手が強かったのか、2000が若干長かったのか。見極めたい。
オメガギネス／首を低めにしての走りは迫力十分。古馬相手でも好勝負とみた。母はヴィクトワールピサの全妹。
シカゴスティング／ラブリイユアアイズと同じ道を歩むのか。抑えが利き、重賞の1400でも勝ち負け。

勝利へのポイント

牡馬ダート1800【5-4-7／46】

勝ち馬頭数こそ少ないが、1年目にラブリイユアアイズ、2年目にミトノオーとGI好走馬を輩出。ミトノオーの世代はダート馬の当たり年といえ、レパードS2着のオメガギネス、兵庫・菊水賞を制したベラジオソノダラブもそう。3年目の世代からは早々とシカゴスティングがOP勝ちを決めている。ただし、牡、牝とでは持ち場が異なり、牡がダート中距離、牝が芝の短マイルに分かれる。牡馬のダ1800はミトノオー、オメガギネスの他にも勝ち馬、連対馬がおり、得意コースとして間違いない。仕上がりの早さは牝馬が断然。2歳初っぱなから元気いっぱい。左回りの芝1600と相性良し。古馬は未勝利なのが現状でも、いきなり復活するのがこの父系の怖さ。油断は出来ない。

2022 RANK 111

グレーターロンドン GREATER LONDON

マイル戦4連勝でオープン入り
ディープが送り込む良血マイラー

2012年生　鹿毛
2023年種付け料▷受胎確認後150万円（FR）／産駒誕生後200万円

POINT
**2歳重賞の勝ち馬と長距離の新星も
軽い芝で鋭い切れ味を使う！
姉はオークス優勝のディープ良血**

ディープインパクト 鹿 2002	サンデーサイレンス Sunday Silence	Halo
		Wishing Well
	ウインドインハーヘア Wind in Her Hair	Alzao
		Burghclere (2-f)
ロンドンブリッジ 栗 1995	ドクターデヴィアス Dr Devious	Ahonoora
		Rose of Jericho
	オールフォーロンドン All for London	Danzig
		Full Card (22-b)

Northern Dancer 5×5・4

グレーターロンドン産駒完全データ

●最適コース
牡／新潟芝1800、小倉芝1200
牝／中京芝1600、福島芝1200

●距離別・道悪
芝10～12	4-0-0/16	D10～13	0-0-0/6
芝14～16	3-3-5/45	D14～16	2-1-1/11
芝17～20	2-2-0/20	D17～19	1-0-0/8
芝21～	2-1-0/8	D20～	0-0-0/1
芝道悪	3-0-0/20	D道悪	1-0-1/8

●人気別回収率
1人気	単144%・複76%	3-0-0/5
2～4人気	単122%・複95%	7-4-3/27
5人気～	単119%・複55%	4-3-3/83

●条件別・勝利割合
穴率	28.6%	平坦芝率	54.5%
芝道悪率	27.3%	晩成率	－ %
ダ道悪率	33.3%	芝広いコース率	54.5%

●コース別成績
東京	芝/2-2-2/33	D/2-1-0/9
中山	芝/1-2-2/13	D/0-0-0/7
京都	芝/0-0-0/3	D/0-0-0/1
阪神	芝/1-1-0/11	D/0-0-0/3
ローカル	芝/7-1-1/29	D/1-0-1/7

勝利へのポイント

距離短縮【0-0-1-24】距離延長【5-3-0-20】

重賞勝ち1号はロンドンプラン（母父アフリート）の小倉2歳Sの後方一気。しかし、3歳夏を迎えてナイトインロンドン（母父メジロマックイーン）が長距離を3連勝、菊花賞戦線に名乗りをあげた。母系によって多様なタイプが出ている。
ディープインパクトの後継らしく、ハマったときの切れ味は鮮やか。新潟芝1800を上がり32秒台で差し切った馬も出ており、芝1600から芝2000で鋭い決め手を武器にしたグレーターロンドン自身のイメージを基本に考えてもいい。道悪はいまいち。極端な結果が出ているのは、距離短縮と距離延長。現時点で短縮はさっぱり走らず、追走が楽になる延長で変わり身を見せる。〝前半のペース適性〟を各馬ごとに見ていくのが馬券のカギ。

現役時代

中央15戦7勝。主な勝ち鞍、中京記念、東風S。
半姉ダイワエルシエーロは04年オークス優勝。母ロンドンブリッジは98年桜花賞2着。下河辺牧場が誇る名牝系の良血馬として期待され、東京芝1600の新馬戦を楽勝するが、3戦2勝の時点で蹄葉炎を発症。
大竹調教師らスタッフは、負担の少ない蹄鉄やプール調教で粘り強くリハビリを続け、1年後に復帰。するとマイル戦を4連勝して東風Sを勝利。安田記念も中団から上がり33秒9で伸びたがサトノアラジンの4着。掲示板には1着から5着まで「クビ」が4つ並んだ。
5歳の天皇賞・秋は、不良馬場で他馬が避けたインコースを突いて4角先頭。失速して9着に敗れはしたが、田辺の一発勝負騎乗で見せ場を作った。
そして6歳夏の中京記念を1分32秒3でレコード勝ち。大外を豪快に伸びて、念願の重賞を手中に収めた。

血統背景

父ディープインパクトは同馬の項を参照。
母ロンドンブリッジは98年の桜花賞でファレノプシスの2着、ファンタジーS1着。半姉ダイワエルシエーロ（オークス）、半兄ビッグプラネット（アーリントンC）、全姉の仔にキセキ（菊花賞、ジャパンC2着）。
母の父ドクターデヴィアスは英ダービー馬。

代表産駒

ロンドンプラン（小倉2歳S）、ユリーシャ（エルフィンS）、ナイトインロンドン（阿寒湖特別）。

特注馬

ナイトインロンドン／母父メジロマックイーンで菊花賞の伏兵。札幌芝2600勝ち馬は、菊花賞で切れ味の足りないケースも多いが、上がり34秒台の脚を持ち、京都も合いそう。
トラベログ／ヒシアマゾンやアグネスワールドと同じ牝系で短距離適性もあるはず。小回りの中山・福島がいい。
ロンドンプラン／マイラーに見える。距離延長を狙う。

114 ファインニードル FINE NEEDLE

2着はわずか2回
勝ち切る強さ誇るゴドルフィン馬

2013年生　鹿毛
2023年種付け料▷産駒誕生後200万円
©Darley

POINT
短距離二冠を制した名スプリンター
ローカル芝1200で勝ち鞍を増やす
2歳から3歳前半はマイル戦も要注意

アドマイヤムーン 鹿　2003	*エンドスウィープ End Sweep	*フォーティナイナー Broom Dance
	マイケイティーズ	*サンデーサイレンス
		*ケイティーズファースト (7-f)
*ニードルクラフト Needlecraft 栗　2002	マークオブエスティーム Mark of Esteem	Darshaan Homage
	シャープポイント Sharp Point	*ロイヤルアカデミーⅡ Nice Point　（10-c）

Sharpen Up 5×4、Northern Dancer 5×5・5

ファインニードル産駒完全データ

●**最適コース**
牡／小倉芝1200、中山芝1600
牝／中京芝1200、新潟芝1000

●**距離別・道悪**
芝10～12	9-8-4/60	D10～13	4-2-3/47
芝14～16	2-3-4/48	D14～16	2-2-1/34
芝17～20	0-1-0/2	D17～19	1-1-1/15
芝21～	0-0-0/1	D20～	0-0-0/0
芝道悪	4-2-4/27	D道悪	1-3-3/44

●**人気別回収率**
1人気	単117%・複88%	9-1-2/17
2～4人気	単61%・複81%	6-11-6/48
5人気～	単31%・複61%	3-5-5/142

●**条件別・勝利割合**
穴率	16.7%	平坦芝率	63.6%
芝道悪率	36.4%	晩成率	－％
ダ道悪率	14.3%	芝広いコース率	27.3%

●**コース別成績**
東京	芝／1-0-1/12	D／1-1-0/17
中山	芝／2-1-0/10	D／1-2-0/23
京都	芝／1-0-0/3	D／0-0-1/2
阪神	芝／0-1-1/21	D／1-1-1/24
ローカル	芝／7-10-6/65	D／4-1-3/30

現役時代

中央26戦10勝、香港2戦0勝。主な勝ち鞍、高松宮記念、スプリンターズS、セントウルS(2回)、シルクロードS。

4歳でセントウルSを制して初重賞制覇。5歳で川田将雅と久々のコンビを組むと、馬が変わった。シルクロードS楽勝の次走、18年高松宮記念は先に抜け出したレッツゴードンキを外から強襲して、ハナ差の差し切り。馬主名義がシェイク・モハメドから、ゴドルフィンに変更された直後の快挙だった。

5歳秋もセントウルS連覇から、スプリンターズSへ向かう。台風接近による道悪の中、外からラブカンプーをクビ差の差し切り。「着差はわずかでも勝ち切るのがこの馬の強さ」と川田は胸を張った。香港にも2度遠征したが、チェアマンズスプリントは4着。香港スプリントはゲートで待たされ、8着に終わった。

血統背景

父アドマイヤムーンは同馬の項を参照。現役時代にアドマイヤの近藤オーナーから、ダーレー・ジャパン・ファームへ電撃トレードされ、ジャパンCを勝った。

母ニードルクラフトはクロエ賞(仏GⅢ・芝1800)など、フランスとイタリアの重賞を計2勝。母の父マークオブエスティームは96年の英2000ギニーに勝ったミルリーフ系。

代表産駒

スカイキャンバス（函館2歳S3着）、クルゼイロドスル（ジュニアC）、ウメムスビ（カンナS）、トレンディスター。

特注馬

クルゼイロドスル／4代母はフォールアスペン。ダルシャーンのクロスを持つ。単騎逃げで粘る。デムーロ好相性。
エイシンフェンサー／夏の函館と札幌の芝1200で好成績を残して上昇。滞在競馬、少し時計のかかる芝が合う。
ダンシングニードル／新潟直線1000mで内枠から53秒9の逃げ切りは価値が高い。直千適性はかなり高い。

勝利へのポイント

全18勝のうち、前走2着から5着／13勝

1年目産駒はオープン勝ちが2頭。2歳の芝1200を勝ったウメムスビと、3歳1月の芝1600を勝ったクルゼイロドスルだ。仕上がりの早さを活かしてスピードで圧倒する。ただし、その後は伸び悩み感もあり、大物と呼べる馬は出現していない。ファインニードル自身、5歳で強くなった馬だから、まだまだこれから。3歳夏のローカル芝1200は好調に勝ち鞍を増やしている。父アドマイヤムーン同様に、新潟直千も得意コースだ。

ムーン産駒との違いは、ダートで走る馬も少なくないこと。パワー寄りというか、ジリ気味というか。穴はあまり目立たず、勝利の多くは「前走で2着から5着だった馬」によるもの。2歳、ローカル短距離、前走上位馬、これが狙いの3条件。

2022 RANK 129

レッドファルクス RED FALX

5歳、6歳のスプリンターズSを連覇 遅咲きの名スプリンター

2011年生　芦毛
2023年種付け料▷受胎確認後50万円（FR）

POINT
- 芝とダートの二刀流スピード
- 2歳戦で稼ぐ早熟性が武器
- 産駒は中距離も走る！

*スウェプトオーヴァーボード Swept Overboard 芦　1997	*エンドスウィープ End Sweep	*フォーティナイナー Broom Dance
	シアーアイス Sheer Ice	Cutlass Hey Dolly A.　(8-f)
ベルモット Vermouth 栗　1997	*サンデーサイレンス Sunday Silence	Halo Wishing Well
	*レガシーオブストレングス Legacy of Strength	Affirmed Katonka　(9-c)

Raise a Native 5×5

現役時代

中央28戦10勝、香港1戦0勝。主な勝ち鞍、スプリンターズS（2回）、京王杯SC、CBC賞。

芝とダートの両方で勝ち星を積み上げ、6勝目はダ1400の欅S、7勝目は芝1200のCBC賞という万能ぶり。5歳で重賞ウイナーの仲間入りを果たすと、夏を休養にあて、ぶっつけのローテで16年スプリンターズSへ。

ミッキーアイルのスローの逃げで進み、最後の直線は馬群が密集。1番人気ビッグアーサーは「前が壁」になって脚を余し、外を伸びたレッドファルクスが差し切り。1着から11着まで0秒3差にひしめく大混戦を、1分7秒6で制した。鞍上はミルコ・デムーロ。

6歳の高松宮記念はセイウンコウセイの3着。京王杯SCを勝利し、安田記念はサトノアラジンにクビ＋クビの3着。再びぶっつけローテで臨んだ17年スプリンターズSは、後方から外を鋭く伸びて連覇を達成した。

血統背景

父スウェプトオーヴァーボードは、米国ダ8FのGIメトロポリタンH優勝。

代表産駒に、オメガパフューム（東京大賞典）、パドトロワ（函館SS。種牡馬）、リッジマン（ステイヤーズS）、アーバンストリート（シルクロードS）など。

母ベルモットは中央3勝。母の全姉スティンガーは98年の最優秀2歳牝馬。近親にサイレントハピネス（ローズS）。

代表産駒

リバートゥルー、ハッピーサプライズ。

特注馬

リバートゥルー／レパードSの上がりはメンバー中2位。牝馬同士なら2勝クラスも勝てる。渋ったダートは歓迎。
レッドシュヴェルト／マイルまでこなせる差し馬。半姉サンカルパなど、兄姉は中山の得意な馬が多い。ルメールで勝負か。
メイショウオトギ／伯父キタサンブラック。テンのダッシュは速くなく、自分より外枠に速い馬がいないメンバー希望。

レッドファルクス産駒完全データ

●最適コース
牡／福島芝1200、中山ダ1800
牝／札幌ダ1000、阪神ダ1200

●距離別・道悪

芝10～12	1-1-2／41	D10～13	2-4-4／63
芝14～16	3-4-3／53	D14～16	2-2-2／39
芝17～20	1-0-1／24	D17～19	2-0-1／22
芝21～	0-0-0／1	D20～	1-1-0／2
芝道悪	3-0-0／27	D道悪	3-3-3／60

●人気別回収率

1人気	単77%・複104%	3-3-2／10
2～4人気	単86%・複62%	6-4-5／41
5人気～	単24%・複32%	3-5-6／194

●条件別・勝利割合

穴率	25.0%	平坦芝率	40.0%
芝道悪率	60.0%	晩成率	－%
ダ道悪率	42.9%	芝広いコース率	20.0%

●コース別成績

東京	芝／1-0-2／20	D／2-3-1／30
中山	芝／1-2-0／16	D／3-1-3／39
京都	芝／0-0-0／4	D／0-0-0／2
阪神	芝／1-2-0／17	D／2-2-2／30
ローカル	芝／2-1-4／62	D／0-1-1／25

勝利へのポイント

距離1800M以上／3勝

芝5勝、ダート7勝。昨年版では「4、5着の多さ」を強調してしまったが、1年経ってみるとこれはダートの傾向で、芝ではその傾向はない。フォーティナイナー系らしく（他にアドマイヤムーン、サウスヴィグラスなど）、2歳からスピードを活かした競馬が持ち味。2歳夏秋の短距離の新馬戦で、なめられていると穴を開ける。

現役時代との違いは、中距離で走る産駒も珍しくないこと。新潟芝2000、阪神ダ2000で勝ち馬が出ているほか、東京ダ2100の2着もあり。短距離血統の先入観は捨てよう。特に差せる馬は。

新馬以外は穴が少なく、前走着順の良い馬が順当に好走する。そのため1番人気は【5-3-2-2】と上々の安定感だ。芝の道悪は歓迎材料になる。

2022 RANK 130

ビーチパトロール

BEACH PATROL

芝中距離で活躍した期待のキングマンボ系

2013年生　黒鹿毛　アメリカ産
2023年種付け料▶受胎確認後80万円(FR)

POINT
- 中山や福島の小回り芝向き
- 時計の速い勝負は苦手
- ダートは1700と1400で好成績

レモンドロップキッド Lemon Drop Kid 鹿　1996	キングマンボ Kingmambo	Mr. Prospector
		Miesque
	チャーミングラッシー Charming Lassie	Seattle Slew
		Lassie Dear (3-l)
バッシュフルバーティー Bashful Bertie 鹿　2007	クワイエットアメリカン Quiet American	Fappiano
		Demure
	クレヴァーバーティー Clever Bertie	Timeless Native
		Clever But Costly (9-a)

Mr. Prospector 3×4、Dr. Fager 5×4(母方)

ビーチパトロール産駒完全データ

●最適コース
牡／中山芝2000、札幌芝1800
牝／中山芝2000、中京ダ1800

●距離別・道悪

芝10～12	2-1-0/32	D10～13	0-0-0/21
芝14～16	0-0-3/53	D14～16	1-1-3/29
芝17～20	6-2-4/71	D17～19	1-2-3/52
芝21～	0-0-0/7	D20～	0-0-0/4
芝道悪	2-2-2/52	D道悪	1-1-3/45

●人気別回収率

1人気	単130%・複124%	3-1-1/5
2～4人気	単34%・複43%	2-1-5/24
5人気～	単44%・複79%	5-4-7/240

●条件別・勝利割合

穴率	50.0%	平坦芝率	62.5%
芝道悪率	25.0%	晩成率	－％
ダ道悪率	50.0%	芝広いコース率	－％

●コース別成績

東京	芝/0-0-1/30	D/0-0-2/21
中山	芝/3-0-0/45	D/0-0-1/23
京都	芝/1-0-0/6	D/0-0-0/4
阪神	芝/0-1-0/13	D/1-0-2/21
ローカル	芝/4-2-6/69	D/1-3-1/37

現役時代

北米で通算19戦5勝。主な勝ち鞍、セクレタリアトS（GⅠ・10F）、アーリントンミリオン（GⅠ・10F）、ジョーハーシュターフクラシックS（GⅠ・12F）。

2歳11月のデビューから引退まで終始一貫して芝路線を歩み、3歳夏にはアーリントンミリオンの3歳版セクレタリアトSを制し、重賞初制覇をGⅠで飾った。4歳になって好走はするものの勝ちきれずにいたが、1年前を思い出したのか、アーリントンミリオンで重賞2勝目。続くジョーハーシュターフクラシックSも制し、BCターフでは北米の大将格として臨むこととなった。結果は直線を向いて先頭に立ったところを、タリスマニックの強襲に遭い、同馬の半馬身差2着。良馬場の勝ち時計はコースレコードの2分26秒19だった。5歳時は2戦未勝利。6着以下は3歳時と現役最後の一戦の2回。詰めは甘かったが、堅実ではあった。

血統背景

父レモンドロップキッド。ベルモントSなど米GⅠ5勝。産駒にレモンポップ（フェブラリーS）、アポロキングダム。
母系は母の姉にハリケーンバーティー（プライオレスSGⅡ）、母の父クワイエットアメリカンの産駒にリアルクワイエット（ケンタッキー・ダービーGⅠ）。

代表産駒

シーウィザード（新潟2歳S3着）、ライズゾーン（船橋・東京湾C）、モズロックンロール、ビキニボーイ、タリア、エナジーポコアポコ。

特注馬

シーウィザード／新潟2歳Sの好走と、兄たちの短距離実績が、結果的に適距離を見えにくくしたような気がする。忙しい距離は追走に苦労するので、2000m以上欲しい。

タリア／直線の短いローカルの芝1200が得意。時計のかかる馬場向きで、1分9秒を切る決着は厳しいかも。

モズロックンロール／芝2200以上も走れるはず。

勝利へのポイント

東京芝【0-0-1-29】

産駒デビュー1年で2勝馬が3頭。地方競馬の重賞ホースは出ているが、やや苦しい出足か。

勝ち鞍が多いのは芝2000の4勝。そのほか、芝1800、芝1200、ダ1400、ダ1800と並べれば、おおまかなイメージはつかめる。現役時同様に、産駒も芝の中距離馬が中心。シーウィザードは函館芝1800を逃げ切り、コース形態が全く異なる新潟2歳Sでは差して味のあるところを見せた。

弱点を象徴するのが、上記の東京芝の大不振。新潟も【0-1-1-18】だから、直線が長くて上がりの速いコースはかなりの割引き。逆に中山や福島、札幌、函館の芝は合う。小回り勝負だ。

ダートはダ1700の複勝率が高めだから、ダ1800→ダ1700替わりに要注目。ただし、詰めは甘い。

2022 RANK 138

ミッキーロケット

MIKKI ROCKET

**惜敗続きの重賞戦線
宝塚記念で7番人気のロケット砲炸裂**

2013年生　鹿毛
2023年種付け料▷受胎確認後50万円（FR）

POINT
- 宝塚記念を制した晩成の堅実派
- 中山や阪神の先行差しが得意
- 複数の馬が重賞の掲示板入り

キングカメハメハ 鹿 2001	キングマンボ Kingmambo	Mr. Prospector
		Miesque
	*マンファス Manfath	*ラストタイクーン
		Pilot Bird　(22-d)
*マネーキャントバイミーラヴ Moneycantbuymelove 鹿 2006	ピヴォタル Pivotal	Polar Falcon
		Fearless Revival
	サブリアン Sabreon	Caerleon
		Sabria　(4-n)

Mr. Prospector 3×5、Nureyev 4×4、Northern Dancer 5・5×5・5

ミッキーロケット産駒完全データ

●最適コース
牡／中山芝2000、中山芝1600
牝／小倉芝1800、中山芝1800

●距離別・道悪

芝10～12	1-0-0/4	D10～13	0-0-1/13
芝14～16	2-1-3/34	D14～16	0-0-2/15
芝17～20	4-2-4/45	D17～19	0-1-1/14
芝21～	0-1-0/12	D20～	1-0-0/3
芝道悪	2-0-1/31	D道悪	0-0-3/25

●人気別回収率

1人気	単173%・複113%	2-0-0/3
2～4人気	単142%・複95%	5-3-5/20
5人気～	単18%・複33%	1-2-6/117

●条件別・勝利割合

穴率	12.5%	平坦芝率	42.9%
芝道悪率	28.6%	晩成率	－ %
ダ道悪率	－ %	芝広いコース率	14.3%

●コース別成績

東京	芝／0-1-0/12	D／1-0-1/12
中山	芝／3-1-1/18	D／0-1-1/17
京都	芝／0-1-1/6	D／0-0-0/0
阪神	芝／0-0-2/16	D／0-0-2/13
ローカル	芝／4-1-3/43	D／0-0-0/3

現役時代

中央24戦5勝。主な勝ち鞍、宝塚記念、日経新春杯。

1歳セレクトセールで9936万円。皐月賞13着の後、夏の函館と札幌の芝2000で勝ち星を積み、秋初戦の神戸新聞杯は差してサトノダイヤモンドの2着。菊花賞は4番人気になるも、後方から差を詰めて5着まで。

4歳。雪による延期で火曜開催となった日経新春杯は、シャケトラと一騎打ちを演じて重賞初勝利。

5歳を迎え、日経新春杯4着、春の天皇賞4着と充実を示すなか、主戦の和田竜二にとって思い出深いニュースが流れる。テイエムオペラオーの死去である。

約1ヶ月後の18年宝塚記念、7番人気の伏兵扱いで大仕事をやってのけた。稍重の内から徐々に進出し、香港のGI4勝馬ワーザーをぎりぎりクビ差抑えて1着。17年ぶりのGI優勝となった和田はゴール直後から涙を隠さず、馬上に突っ伏すように喜びを表現した。

血統背景

父キングカメハメハは同馬の項を参照。
母マネーキャントバイミーラヴは英GIのナッソーS3着。
5代母の全姉トリリオンの一族に、トリプティク、トレヴ（凱旋門賞）、ディーマジェスティ（皐月賞）、タワーオブロンドン（スプリンターズS）。
母の父ピヴォタルは英GIナンソープS勝ち。

代表産駒

ジョウショーホープ（札幌2歳S4着）、メイテソーロ（青葉賞4着）、ミッキーゴージャス。

特注馬

ミッキーゴージャス／母ミッキークイーンはオークスと秋華賞に勝った良血馬。芝2000のGⅢなら勝負になるかも。
メイテソーロ／青葉賞4着は差し馬が上位を占めたレースだから、展開の利もあった。中山の芝2000か芝2200がベスト。
ジョウショーホープ／時計が速いと足りず、時計がかかると着順アップのタイプ。好位を取れるので内枠がいい。

勝利へのポイント

芝の距離短縮／単勝回収率176%

1年目の産駒は2歳8月までに3頭が勝ち上がり、おお、これは当たり種牡馬かと思わせたが、その後、勝利数は伸びず。それでも重賞に出走した馬は5頭いて、重賞級の期待はある。

キングカメハメハの後継種牡馬は現役時の成績がそのまま産駒に出る例が多く、芝向きの堅実な中距離型が中心だろう。軽い切れ味を使う馬もいるが、上がりの速くないレースの先行差しが得意の形になりそうで、中山や阪神の内回りが合う。現時点では距離短縮のほうが1着に勝ちきる。

現役時代は芝2400の重賞を勝ち、春の天皇賞も上位に来くらいのスタミナを秘めており、ステイヤーが出ても不思議はない。ダートも走れそうな血統をしているが、現状はダ2100の1勝のみ。

ネロ

NERO

**オーナーこだわりの血統
魅力は母系の適性引き出す力**

2011年生　栗毛
2023年種付け料▷産駒誕生後20万円

POINT
ニシノフラワー近親の快速馬!
現役時代は道悪をすいすい逃げきり
産駒は長距離馬も出て多様

*ヨハネスブルグ Johannesburg 鹿 1999	*ヘネシー Hennessy	Storm Cat
		Island Kitty
	ミス Myth	*オジジアン
		Yarn (2-f)
ニシノタカラヅカ 栗 2003	*サンデーサイレンス Sunday Silence	Halo
		Wishing Well
	*デュプリスト Duplicit	Danzig
		Fabulous Fraud(2-s)

Northern Dancer 5×4

現役時代

　中央と交流競走で47戦8勝。主な勝ち鞍、京阪杯（2回）、東京盃2着。
　2歳で芝1200のオープン、クリスマスSを勝利。4歳で芝1200のオープン勝利を2つ追加すると、5歳のアイビスSDで逃げて2着。スピードに磨きがかかり、テンの3ハロンが32秒台を計時することもあった。
　16年スプリンターズSで外枠から見せ場たっぷりの6着した後、5歳秋にして重馬場の京阪杯を逃げきり、重賞初勝利を飾る。得意の道悪を味方につけ、エイシンスパルタンに7馬身差の楽勝だった。その後は地方交流重賞も走り、大井のJBCスプリント4着など。
　翌17年の京阪杯を逃げきって連覇達成した。

血統背景

　父ヨハネスブルグは、BCジュヴェナイル（GⅠ・8.5F）を無敗で制した2歳チャンピオン。日本では本馬やホウライアキコ（デイリー杯2歳S）など、スプリンターやマイラーを多数輩出。また、輸入前に残した代表産駒スキャットダディが米国で種牡馬として大成功。父系を広げている。
　母ニシノタカラヅカは中央1勝。母の半姉ニシノフラワーは、91年阪神3歳S、92年桜花賞、スプリンターズSと、GⅠを3勝、重賞を6勝。西山牧場を代表する名牝。

代表産駒

　ニシノレヴナント（稲城特別）、ベップセ（笠松クイーンC）など。22年に産駒がデビューし、1年目産駒39頭のうち、地方を含めて22頭が勝ち上がり。

特注馬

ニシノレヴナント／ネロ産駒なのに芝2400得意なステイヤー。デュプリストの3×4。母父コンデュイットなら道悪は鬼。
ニシノビウモッソ／この馬もデュプリストの3×4。軽い切れ味があり、東京芝1400の内枠がベストか。
イニッツィオ／23年7月までの時点で、道悪ダート【1-1-0-0】、良のダート【0-0-0-2】。脚抜きのいい馬場向き。

ネロ産駒完全データ

●最適コース
牡／中山ダ1200、東京芝1400
牝／福島芝1800、函館ダ1000

●距離別・道悪
芝10〜12	0-2-0/9	D10〜13	4-2-1/41
芝14〜16	1-1-1/15	D14〜16	0-3-0/20
芝17〜20	0-1-0/2	D17〜19	0-0-0/8
芝21〜	2-0-0/3	D20〜	0-0-0/0
芝道悪	1-0-1/8	D道悪	2-2-0/32

●人気別回収率
1人気	単415%・複155%	2-0-0/2
2〜4人気	単45%・複118%	2-7-1/21
5人気〜	単65%・複41%	3-2-1/75

●条件別・勝利割合
穴率	42.9%	平坦芝率	— %
芝道悪率	33.3%	晩成率	— %
ダ道悪率	50.0%	芝広いコース率	100%

●コース別成績
東京	芝/3-2-1/12	D/1-3-0/26
中山	芝/0-0-0/5	D/2-0-0/17
京都	芝/0-0-0/0	D/0-0-0/2
阪神	芝/0-0-0/1	D/0-1-0/6
ローカル	芝/0-2-0/11	D/1-1-1/18

勝利へのポイント

東京芝【3-2-1-6】中山芝【0-0-0-5】

　種牡馬として3シーズン、北海道のアローファスタッドで供用後、日本軽種馬協会に買い取られ、22年から九州で供用されている。ヨハネスブルグ後継として、期待を受けてのトレードだという。
　現役時代のオーナー西山茂行氏によれば「ニシノフラワーの母デュプリストのクロスを作りたくて種牡馬にした」とのことで、実際そのクロスを持つ馬は多いが、産駒の傾向はバラバラ。母父コンデュイットなら芝2400を勝ち、母父パイロならダ1200を勝つなど、母系をそのまま引き出しているように見える。全般に距離をこなせる傾向はあり、ネロの現役時代のイメージだけで距離適性を判断しないこと。人気になりにくい厩舎の馬が多く、穴が多め。芝もダートも東京が好成績だ。

2022 RANK 163

タリスマニック TALISMANIC

4歳で本格化
世界を渡り歩いたサドラーズウェルズ系

POINT
- BCターフをレコード勝ち
- ダート中距離の条件戦を狙え
- 地方ダート活躍で種付け数も回復

2013年生　黒鹿毛
2023年種付け料▷産駒誕生後150万円
©Darley

メダーリアドロ Medaglia d'Oro 黒鹿　1999	エルプラド El Prado	Sadler's Wells
		Lady Capulet
	カプチーノベイ Cappucino Bay	Bailjumper
		Dubbed In　(9-b)
マジックミッション Magic Mission 鹿　1998	マキアヴェリアン Machiavellian	Mr. Prospector
		Coup de Folie
	ドリームチケット Dream Ticket	Danzig
		Capo Di Monte (2-f)

Northern Dancer 4×4、Natalma 5×5・5

現役時代

フランス、北米、香港、UAEで通算23戦8勝。主な勝ち鞍、BCターフ（GⅠ・12F）、モーリスドニュイユ賞（GⅡ・2800M）、ゴントービロン賞（GⅢ・2000M）。
4歳の夏に本格化し、一気に頂点まで駆け上がった。モーリスドニュイユ賞で重賞制覇を果たし、フォワ賞が3着。前年11着だった凱旋門賞は回避し、矛先を米国BCターフへ向けると、これが見事に当たる。単勝15.1倍の5番人気だったが、内ラチ沿いの5番手追走から、直線で外目に持ち出すと末脚炸裂。先に抜け出して逃げ込みを図るビーチパトロールを半馬身かわしてGⅠ制覇を果たした。良馬場の勝ち時計はレコードの2分26秒19。前年の勝ち馬はハイランドリールは3着。ハイランドリールとの再戦となった香港ヴァーズは同馬の2着。5歳時も現役続行。GⅢ1勝がある。連覇を目指したBCターフはエネイブルの6着。

血統背景

父メダーリアドロは同馬の項参照。
母マジックミッションは米GⅢ1勝。祖母の孫にロジクライ（富士S）。4代母バーグクレアはディープインパクトの祖母。母の父マキアヴェリアンはヴィルシーナ、シュヴァルグラン姉弟やヴィクトワールピサの母の父でもある。

代表産駒

サウザンサニー（ファルコンS3着）、ナンセイホワイト（東京ダービー3着）、エテルネル、ウェザーコック、エーティスピカ、カムランベイ。

特注馬

サウザンサニー／母系にサクラバクシンオーを持つ短距離馬。ファルコンSの3着は重馬場だった恵みもあり、タイム注目。ミスターシービーと同じ千明牧場の勝負服が渋い。
エテルネル／ダーレー血統に見えて、牝系はダイナカールー族。東京ダート得意で休み明けから走れる。
ウェザーコック／冬のダートでの復活注意。特に小倉。

タリスマニック産駒完全データ

● 最適コース
牡　阪神ダ1800、中京ダ1800
牝　東京ダ1600、阪神ダ1200

● 距離別・道悪

芝10～12	1-0-1/11	D10～13	3-2-0/22
芝14～16	0-0-3/26	D14～16	2-3-2/31
芝17～20	0-0-0/37	D17～19	5-7-4/81
芝21～	0-0-0/3	D20～	0-0-0/6
芝道悪	0-0-3/25	D道悪	5-2-5/66

● 人気別回収率

1人気	単78%・複63%	4-2-0/13
2～4人気	単79%・複63%	4-5-5/36
5人気～	単50%・複54%	3-5-5/168

● 条件別・勝利割合

穴率	27.3%	平坦芝率	100%
芝道悪率	－ %	晩成率	－ %
ダ道悪率	50.0%	芝広いコース率	－ %

● コース別成績

東京	芝/0-0-0/8	D/2-3-1/27
中山	芝/0-0-0/13	D/2-3-1/26
京都	芝/0-0-0/8	D/0-0-0/8
阪神	芝/0-0-2/13	D/4-3-2/35
ローカル	芝/1-0-2/35	D/2-3-2/44

勝利へのポイント

全11勝のうち、未勝利戦のダート／9勝

供用3年目に37頭まで下がった種付け頭数が、4年目は111頭に急回復。これは地方競馬で東京ダービー3着のナンセイホワイトなどを出して結果を残し、ダート向きの種牡馬として見直しがされたためと思われる。中央でもファルコンS3着のサウザンサニーはいるが、芝の勝利は1勝のみ。
メダーリアドロ系に早い時期から結果を求めるのは酷。日本で走った同父系のフィドゥーシア、エーシンメンフィスらの重賞好走馬が本格化したのは古馬になってからだ。勝ち上がりは3歳になってからの未勝利戦が中心を占めている。
適距離はダ1800を中心に、ダートなら短距離も走り、牝馬は短距離馬の割合が高い。スタミナはあるはずだから、その点は頭に置いておこう。

ヤマカツエース
YAMAKATSU ACE

**意外性と丈夫さを武器にGIを好走
キンカメ系の中距離部門の一端を担う!**

POINT
- 重賞5勝の堅実型の中距離馬
- 使われながら上昇する叩き良化型
- 詰まったローテに要注意!

キングカメハメハ 鹿 2001	キングマンボ Kingmambo	Mr. Prospector
		Miesque
	*マンファス Manfath	*ラストタイクーン
		Pilot Bird (22-d)
ヤマカツマリリン 栗 2004	*グラスワンダー	Silver Hawk
		Ameriflora
	*イクセプトフォーワンダ Except for Wanda	Tejabo
		Unique Gal (2-k)

Northern Dancer 5·5×5

2012年生 栗毛
2023年種付け料▷受胎確認後50万円（FR）

ヤマカツエース産駒完全データ

●最適コース
牡／小倉芝1200、中山芝1600
牝／札幌芝1500、函館ダ1000

●距離別・道悪
芝10～12	1-1-0/14	D10～13	0-1-0/15
芝14～16	2-2-1/20	D14～16	1-2-2/23
芝17～20	1-0-1/20	D17～19	0-0-1/12
芝21～	0-0-0/0	D20～	0-0-0/1
芝道悪	0-1-1/19	D道悪	0-0-2/31

●人気別回収率
1人気	単45%・複92%	1-2-0/4
2～4人気	単63%・複78%	2-2-3/14
5人気～	単50%・複54%	2-2-2/87

●条件別・勝利割合
穴率	40.0%	平坦芝率	50.0%
芝道悪率	―%	晩成率	―%
ダ道悪率	―%	芝広いコース率	25.0%

●コース別成績
東京	芝/1-2-1/10	D/1-0-0/11
中山	芝/1-0-0/3	D/0-0-0/5
京都	芝/0-0-0/3	D/0-0-0/0
阪神	芝/0-0-0/5	D/0-2-1/16
ローカル	芝/2-1-1/33	D/0-1-2/19

現役時代

中央30戦7勝。主な勝ち鞍、金鯱賞（2回）、NZトロフィー、福島記念、中山金杯。

2歳夏の函館芝1200で初勝利をあげ、2勝目は3歳の京都芝1400。主戦ジョッキーは池添謙一。レースが上手で、相手が強くなっても堅実に差してくる。

重賞のファルコンSで後方から3着まで追い詰めると、次走はニュージーランドT。7番人気の伏兵だったが、先行馬がやり合う展開に乗じて差しきり勝ち。

本格化したのは芝2000Mを主戦場にしてから。重の福島記念と、良の中山金杯を連勝して、年をまたいで重賞2連勝。さらに4歳12月の金鯱賞と、5歳3月の金鯱賞を勝つ（どちらも中京芝2000）という珍しい戦歴を残し、GIの大阪杯でもキタサンブラックの3着。

ほかに有馬記念4着、ジャパンC8着など、格上相手になるほど意外性を発揮して、能力を示した。

血統背景

父キングカメハメハは同馬の項を参照。

母ヤマカツマリリンは京洛S2着など、芝1200のオープンで活躍。半妹ヤマカツマーメイドはフィリーズレビュー2着、半妹ヤマカツグレースはフローラS2着。健康と丈夫さが長所の牝系のようで、ファミリーにはキャリア豊富な戦歴を残した馬が多い。

母の父グラスワンダーは有馬記念、宝塚記念などに優勝。

代表産駒

タガノタント（フェニックス賞2着）。

特注馬

ダイシンヤマト／新馬から、4→2→1着。休養後、8→3→2着という叩き良化型。レース間隔も中2週や中3週がいい。
モカラエース／母父シニスターミニスターのダート馬。クラス慣れした頃に人気薄のダ1400で3着、というイメージ。
キャリーハピネス／祖母ファレノプシスで母系はスタミナ型。遅めのタイムに合い、冬の中長距離に向くかも。

勝利へのポイント

レース間隔が中3週以内／3勝、2着4回

産駒デビューから1年経過して、芝4勝、ダート1勝の計5勝が現状。2勝馬はまだいない。

このデータで分析するのも難しいが、勝ち鞍は小倉芝1200、札幌芝1500、中山芝1600、東京芝1800、東京ダ1400。使われながら着順を上げていく馬が多い。鋭く切れる瞬発力はいまひとつ感じられず、先行して抜け出すレースが得意。

ただし安定感はなく、人気薄の激走も目立つ。叩かれながら上昇した馬や、デビュー2戦目の変わり身など、レースに使われて変わるタイプだ。人気になりにくい馬が多いので見過ごされがちだが、使われて上昇してくる気配を着順や位置取りから感じ取ろう。ポイントは詰まったレース間隔の成績が良いこと。ローテーションに注目。

2022 RANK 213

ベストウォーリア BEST WARRIOR

**8歳までタフに活躍
ダート界を支え続けた名大関**

2010年生　栗毛　アメリカ産
2023年種付け料▷受胎確認後50万円（FR）

POINT
- 地方競馬の新種牡馬ランク1位
- 短距離向きのダート専門血統
- 雨のダートで着順アップ！

*マジェスティックウォリアー Majestic Warrior 鹿　2005	エーピーインディ A.P. Indy	Seattle Slew
		Weekend Surprise
	ドリームシュプリーム Dream Supreme	Seeking the Gold
		Spinning Round (7-f)
*フラーテイシャスミス Flirtatious Miss 栗　2004	ミスターグリーリー Mr. Greeley	Gone West
		Long Legend
	シダクティヴスマイル Seductive Smile	Silver Hawk
		Exit Smiling　（1-s）

Secretariat 4・5×5、Mr. Prospector 4×4、Bold Ruler 5×5
Buckpasser 5・5（父方）、Broadway 5×5

ベストウォーリア産駒完全データ

●最適コース
牡／阪神ダ1200、東京ダ1400
牝／中山ダ1200、中京ダ1200

●距離別・道悪

芝10〜12	0-0-0/6	D10〜13	2-4-3/62
芝14〜16	0-0-0/8	D14〜16	1-0-2/33
芝17〜20	0-0-0/1	D17〜19	0-0-0/12
芝21〜	0-0-0/0	D20〜	0-0-0/0
芝道悪	0-0-0/5	ダ道悪	2-3-2/40

●人気別回収率

1人気	単100%・複46%	1-0-0/3
2〜4人気	単16%・複90%	1-3-2/15
5人気〜	単19%・複51%	1-1-3/104

●条件別・勝利割合

穴率	33.3%	平坦芝率	－%
芝道悪率	－%	晩成率	－%
ダ道悪率	66.7%	芝広いコース率	－%

●コース別成績

東京	芝/0-0-0/2	D/1-0-2/23
中山	芝/0-0-0/1	D/1-2-2/32
京都	芝/0-0-0/0	D/0-0-0/1
阪神	芝/0-0-0/1	D/1-1-0/16
ローカル	芝/0-0-0/11	D/0-1-1/35

現役時代

中央と地方交流で36戦9勝。主な勝ち鞍、マイルChS南部杯（2回）、ユニコーンS、プロキオンS（2回）。

全戦ダートに使われた外国産馬。3歳のユニコーンSで重賞初勝利。中央へ移籍した戸崎圭太がインを突き抜け、JRA騎手として最初の重賞勝ちを飾った。

脚抜きの良いダートに強さを示し、重の京都ダ1400のすばるSを1分21秒7のレコード勝ち、稍重のプロキオンSを差しきり。折り合いの不安が消えたことから先行策を取れるようになり、4歳の南部杯（盛岡ダ1600）を4馬身差で完勝。開花した。

5歳のフェブラリーS3着の後、プロキオンSと南部杯を福永祐一で連覇。交流重賞で堅実な走りを続け、JBCスプリントは5歳でコーリンベリーの3着、6歳でダノンレジェンドの2着。南部杯の3連覇はコパノリッキーに阻まれたが、7歳のフェブラリーSではゴールドドリームと激戦の末、クビ差の2着した。

血統背景

父マジェスティックウォリアーは同馬の項を参照。シニスターミニスターやパイロと同じエーピーインディ系。外国産ベストウォーリアの活躍を受け、日本に導入された。

母フラーテイシャスミスは米国1戦0勝。母の姉プロスペクトレスは米GⅡ馬。祖母の兄に懐かしい種牡馬ニゾン。

代表産駒

グッジョブ、メルティーショコラなど。22年のNARフレッシュマンサイヤー・ランク1位。

特注馬

グッジョブ／安定感があるのは阪神ダート、中京は割引き。半姉ハッピースワニーはダ1400を3勝の現役馬。

デビルシズカチャン／芝1200の新馬で4着。芝で勝つ馬がいるとしたら本馬だろうが、素直にダート替わりを待とう。

ジョージテソーロ／母父カジノドライヴでエーピーインディ3×4の2歳馬。湿ったダート替わりで狙う。

勝利へのポイント

良ダート／0勝、良以外のダート／3勝

22年の地方競馬フレッシュマンサイヤー（新種牡馬）ランク1位を獲得。2歳戦で25頭が勝ち上がり、35勝をあげた。ただし、中央競馬では2歳の勝ち上がりは1頭のみ。3歳になってからの未勝利クラスのほうが結果を残している。

血統や戦績の通り、ダート専門。砂でしか馬券にならない。それでも最初は芝を走らせてみたいと思うのか、芝に使う馬も少なくないため、芝で負けた後のダート替わりに注意したい。

ダートは良馬場【0-2-2-42】に対して、道悪ダート【3-1-1-27】。その話は飽きたと言われそうな〝湿ったダートのエーピーインディ系〟が、ベストウォーリア産駒にも通用する。距離はダ1200とダ1400中心も、中距離馬も出るだろう。

2022 RANK 235

ゴールドアクター GOLD ACTOR

4歳有馬記念で主役食い
確変に入ったときの大駆け警戒

2011年生 青鹿毛
2023年種付け料▷受胎確認後50万円(FR)

POINT
- 有馬記念で主役を食った激走
- 産駒は芝の道悪で急浮上
- ダートの中長距離が主戦場か

スクリーンヒーロー 栗 2004	*グラスワンダー	Silver Hawk
		Ameriflora
	ランニングヒロイン	*サンデーサイレンス
		ダイナアクトレス (1-s)
ヘイロンシン 黒鹿 1999	*キョウワアリシバ	Alysheba
		Sulemeif
	ハッピーヒエン	*マナード
		ブゼンフブキ (1-p)

Northern Dancer 5・5×4、Hail to Reason 5・5 (父方)

ゴールドアクター産駒完全データ

●最適コース
牡／東京ダ2100、中山ダ1800
牝／小倉芝1800、阪神芝2400

●距離別・道悪
芝10～12	0-0-1/7	D10～13	0-0-1/13
芝14～16	0-1-1/20	D14～16	0-2-0/12
芝17～20	2-5-3/44	D17～19	1-0-1/19
芝21～	1-0-0/2	D20～	2-1-0/3
芝道悪	2-3-0/17	D道悪	0-2-1/19

●人気別回収率
1人気	単46%・複94%	1-1-1/5
2～4人気	単85%・複109%	3-2-4/14
5人気～	単26%・複43%	2-6-2/101

●条件別・勝利割合
穴率	33.3%	平坦芝率	66.7%
芝道悪率	66.7%	晩成率	－ %
ダ道悪率	－ %	芝広いコース率	33.3%

●コース別成績
東京	芝/0-0-2/26	D/2-3-0/16
中山	芝/0-1-1/18	D/1-0-1/21
京都	芝/0-1-1/3	D/0-0-0/0
阪神	芝/1-1-0/8	D/0-0-0/6
ローカル	芝/2-3-1/18	D/0-0-1/4

現役時代

中央24戦9勝。主な勝ち鞍、有馬記念、アルゼンチン共和国杯、日経賞、オールカマー。
　種付け料30万円だった父スクリーンヒーローの初年度産駒で、モーリスとともに父の評価を一躍高めた。
　3歳春は青葉賞4着がある程度。夏の札幌で吉田隼人と新コンビを組むと、芝2600を連勝。菊花賞に駒を進め、トーホウジャッカルの3着に善戦する。
　9ヶ月の休養を挟み、再出発すると連戦連勝。重のアルゼンチン共和国杯を制し、続く15年有馬記念は8番人気。大まくりで進出したゴールドシップが伸びあぐねるなか、逃げきりをはかるキタサンブラックや、追撃のサウンズオブアースを抑えて3番手から快勝。吉田隼人の初GIに12万人の大観衆が悲喜こもごも。
　5歳で日経賞とオールカマーを制し、ジャパンC4着、有馬記念3着。6歳の宝塚記念2着もある。

血統背景

父スクリーンヒーローは同馬の項を参照。本馬とモーリスの出現で、種付け料は一時700万円まで上がった。
　母ヘイロンシンは障害2勝。
　母の父キョウワアリシバはアリシバ産駒の米国産馬で、朝日チャレンジC3着。アリシバはケンタッキーダービーやBCクラシックなど、米ダートGIを9勝の名馬。

代表産駒

ゴールドバランサー、マオノアラシ、ゴールドプリンセス。現役時代と同じ居城オーナーの持ち馬が好成績。

特注馬

ゴールドプリンセス／阪神芝2400の特別を52キロで楽勝した牝馬。軽ハンデ、道悪など材料が揃えば強い相手にも通用しそうな反面、揃わないと人気で凡走もあるタイプ。
マオノアラシ／ダ2100で2勝のダートのステイヤー。今後の注目は、右回りが割ときなのか、関係ないのか。
ゴールドバランサー／冬の遅いダートに合うのか、微妙。

勝利へのポイント

芝の道悪【2-3-0-12】

現役時代のイメージ通りに、産駒は芝での瞬発力が足りず、なかなか勝ちきれない。しかし芝の道悪や、ダートの長距離なら、その弱点がカバーされて成績が上がることも判明してきた。
　芝の良馬場は【1-3-5-47】。1勝は2400m。
　芝の良以外は【2-3-0-12】。勝率が爆上昇。
　道悪がうまいというよりも、切れ味がなく、スタミナがあるという特徴がいい方向に出る。
　ダートは全3勝のうち、東京ダ2100で2勝。23年はダートのオープン伏竜S(ダ1800)に2頭が出走。どうやら今後はこっちが主戦場になりそうな気配もある。ダートは3勝すべて良馬場だ。
　ただ、ゴールドプリンセスのように芝で上がり33秒台を計時した馬もいるから慎重に見極めを。

2024年にデビューする主な新種牡馬12頭

アドマイヤマーズ
父／ダイワメジャー

●名種牡馬ダイワメジャーの父系がつながるのか、本馬にかかっている。新馬から4連勝で18年の朝日杯FSを勝って2歳王者になり、皐月賞4着からNHKマイルCも快勝。さらに3歳12月の香港マイルも制した。母の父はマキアヴェリアン系。母ヴィアメディチはフランスのGⅢマイラー。2歳から走れる。

| 初年度登録産駒 | 62頭 | 2023年種付け料 | 250万円 |

ウインブライト
父／ステイゴールド

●スプリングS1着、皐月賞8着、ダービー15着。小回りの中距離戦に抜群の適性を見せ、福島記念、中山記念連覇など重賞勝ちを積み重ねると、5歳4月の香港クイーンエリザベス2世CでGⅠホースに。12月の香港Cも制して、海外に強いステイゴールドの血を証明した。24戦中22戦で松岡正海が手綱をとった。

| 初年度登録産駒 | 66頭 | 2023年種付け料 | 120万円 |

ゴールドドリーム
父／ゴールドアリュール

●4歳でフェブラリーSとチャンピオンズCの両ダートGⅠを制覇。5歳で帝王賞とかしわ記念、6歳でかしわ記念と、GⅠを計5勝したほか、GⅠの2着が6回あり、獲得賞金は4億4000万円を超えた。母モンヴェールは関東オークス3着。父ゴールドアリュールの後継は、エスポワールシチーなどが成功している。

| 初年度登録産駒 | 128頭 | 2023年種付け料 | 180万円 |

サートゥルナーリア
父／ロードカナロア

●1年目は種付け料600万円で200頭以上に交配する人気。3年目は800万円に上がった。新馬から4連勝でホープフルSと皐月賞を制覇。19年ダービーは単勝1.8倍の断然人気を集めるも、ロジャーバローズの4着。距離の限界はあったが、有馬記念2着もある。母シーザリオはオークス優勝、半兄エピファネイア。

| 初年度登録産駒 | 142頭 | 2023年種付け料 | 800万円 |

タワーオブロンドン
父／レイヴンズパス

●ゴドルフィンの持ち込み馬で19年スプリンターズS、セントウルSなど重賞5勝。2歳の朝日杯FSは3着だった。父はBCクラシック優勝、芝のマイルGⅠも勝っている。祖母シンコウウエルメスは現役時代に骨折からの大手術で、どうにか繁殖牝馬になった経歴を持つ。近親にディーマジェスティ（皐月賞）。

| 初年度登録産駒 | 95頭 | 2023年種付け料 | 150万円 |

ナダル
父／ブレイム

●米国クラシック前哨戦のアーカンソーダービー（GⅠ・ダート9F）を制するなど、4戦4勝。しかし、故障のため引退。コロナ禍で三冠レースの日程が大幅に変更された不運もあった。父ブレイムはBCクラシック優勝などロベルト系クリスエスの父系。母の父はプルピット。超大型馬でダートも走れそう。

| 初年度登録産駒 | 98頭 | 2023年種付け料 | 350万円 |

ノーブルミッション
父／ガリレオ

●フランケルの全弟で、5歳時に英チャンピオンS、サンクルー大賞、タタソールズゴールドCと、芝2000から2400のGⅠを3勝。2014年の欧州古馬チャンピオン。2015年に米国で種牡馬入りして、代表産駒にコードオブオナー（トラヴァーズS）など。先に日本に輸入された産駒はダートのほうが好成績。

| 初年度登録産駒 | 85頭 | 2023年種付け料 | 150万円 |

フィエールマン
父／ディープインパクト

●キャリア4戦目の18年菊花賞を優勝。6戦目の19年天皇賞・春を優勝。さらに20年の天皇賞・春を連覇。休み休みに使われながら、京都の長距離戦は無敵だった。芝2000の天皇賞・秋で、アーモンドアイの2着するスピードも見せた。母リュヌドールは仏GⅠリディアテシオ賞の勝ち馬で、ニジンスキーの父系。

| 初年度登録産駒 | 72頭 | 2023年種付け料 | 200万円 |

フォーウィールドライブ
父／アメリカンファラオ

●競走成績は2歳時の4戦3勝のみ。勝ち鞍は芝の5Fから6Fというスプリンター。BCJターフスプリント（米GⅡ・5F）を、世代最速の55.66秒で勝利している。父アメリカンファラオの代表産駒に、カフェファラオ、ヴァンゴッホなど。牝系は5代母がゴールドアリュールの3代母、ペルシアンナイトも近親。

| 初年度登録産駒 | 86頭 | 2023年種付け料 | 120万円 |

ミスターメロディ
父／スキャットダディ

●3歳でファルコンS1着、NHKマイルC4着。4歳で福永祐一の巧みな騎乗により、19年高松宮記念を制した。ダートの勝ち鞍もあるが、浦和のJBCスプリント（ダ1400）は1番人気6着だった。父スキャットダディは米三冠馬ジャスティファイを出すなど、父系を築きつつあるストームキャット系の名種牡馬。

| 初年度登録産駒 | 80頭 | 2023年種付け料 | 150万円 |

モズアスコット
父／フランケル

●4歳で安田記念、6歳でフェブラリーSを制した二刀流の名マイラー。早熟の成績が多いフランケル産駒の中、古馬になっても活躍したことや、ダート路線に転じた矢作調教師の手腕が特筆される。ほかに根岸S1着、盛岡のマイルCS南部杯2着など。母の父ヘネシーは日本に実績の多いストームキャット産駒。

| 初年度登録産駒 | 105頭 | 2023年種付け料 | 300万円 |

ルヴァンスレーヴ
父／シンボリクリスエス

●2歳で全日本2歳優駿を勝ち、3歳でジャパンダートダービー、マイルCS南部杯、チャンピオンズCとGⅠを3連勝。楽勝続きで、3歳まで8戦7勝だった。以降は故障に泣いたが、砂の史上最強馬を争う強さだった。近親にチュウワウィザード。馬名の意味は「風立ちぬ」。種付け料は1年目の150万円から倍増に。

| 初年度登録産駒 | 149頭 | 2023年種付け料 | 300万円 |

その他の種牡馬

＊アグネスデジタル

1997年生、21年死亡／米●ミスタープロスペクター系

┌ Crafty Prospector ── ┌ Chief's Crown
└ Chancey Squaw ───── └ Alliance

32戦12勝／香港C、天皇賞・秋、マイルCS、安田記念、フェブラリーS、南部杯。
代表産駒／ヤマニンキングリー（札幌記念）、アスカノロマン（東海S）、グランプリエンゼル（函館SS）。

3歳秋のマイルCSを13番人気の後方一気。4歳で地方のダートGI、天皇賞・秋、香港カップを制し、芝もダートも国内も海外も全部勝ってしまう異能のオールラウンダーとして競馬史に名を刻んだ。父はミスプロ系のマイラー型。3代母ラナウェイブライドはブラッシンググルームの母。産駒も芝ダート兼用。芝は急坂と洋芝、ダートは湿った馬場が得意。

距離	▶短中	馬場	▶万	性格	▶普	成長力	▶普

アッミラーレ

1997年生●サンデーサイレンス系

┌ ＊サンデーサイレンス ── ┌ Carr de Naskra
└ ＊ダジルミージョリエ ──── └ Mawgrit

18戦6勝／欅S、春待月S。
代表産駒／ハッピースプリント（全日本2歳優駿）、トキノエクセレント（さきたま杯2着）、サクラサクラサクラ（クイーン賞2着）、ニシオボヌール。

ホクトベガがドバイに散った悲劇の2日前、同馬と同じ酒井牧場に産まれた。サンデー産駒には珍しく、勝ち星6つはすべてダート。ダ1400とダ2300のオープン特別を勝利した。産駒は道悪のダートや、東京ダ1400＆1600など、スピードを活かせる馬場向き。大井の名馬ハッピースプリントが出て、産駒急増したのが17年2歳の世代。もうひと花咲かせるか。

距離	▶マ中	馬場	▶ダダ	性格	▶普	成長力	▶普

アドマイヤマックス

1999年生、23年死亡●サンデーサイレンス系

┌ ＊サンデーサイレンス ── ┌ ＊ノーザンテースト
└ ダイナシュート ─────── └ シヤダイマイン

23戦4勝／高松宮記念、東スポ杯2歳S、富士S。
代表産駒／ケイティブレイブ（JBCクラシック）、モンストール（新潟2歳S）、ショウナンアポロン（マーチS）。

4歳からマイル路線へ進み、安田記念でアグネスデジタルの2着。スプリンターズSはデュランダルの3着。5歳で富士Sに勝ち、6歳の高松宮記念で頂点に立った。母ダイナシュートは新潟3歳S、近親にラインクラフト（桜花賞）。産駒は穴率が高く、牝馬は芝の短距離、牡馬はダート寄りの中距離馬も出る。得意コースだけ走る馬の変わり身に注意。

距離	▶短中	馬場	▶万	性格	▶狂	成長力	▶普

＊アポロキングダム

2003年生、22年引退／米●キングマンボ系

┌ Lemon Drop Kid ── ┌ Storm Cat
└ Bella Gatto ────── └ Winter Sparkle

11戦3勝。
代表産駒／アポロスターズ（カンナS）、シャインカメリア（ダリア賞2着）、アポロユッキー。

現役時代はダート2勝。脚抜きのいい馬場が得意だった。父レモンドロップキッドはキングマンボのアメリカでの代表産駒で、フューチュリティS（ダ8F）、ベルモントS（ダ12F）などGIを5勝。カリスマティックの三冠を阻止した。本馬の近親にカポウティ。産駒は2歳戦向きのスプリンター、2歳の夏秋にさっさと稼ぐアポロ所属のクラブ馬が中心。

距離	▶短	馬場	▶万	性格	▶普	成長力	▶早

＊アポロソニック

2010年生、21年引退／米●ダンジグ系

┌ Big Brown ───── ┌ Pure Prize
└ Purely Surprized ── └ Raise the Prize

7戦2勝。／ダービー3着。

青葉賞2着を経て、キズナとエピファネイアの競り合いになった2013年ダービーを逃げて、人気薄で3着に粘った外国産馬。530キロ前後の雄大な馬格を誇った。ダンジグ系の父ビッグブラウンは、ケンタッキー・ダービー、プリークネスSに勝った米国の二冠馬。2頭しかいなかった初年度産駒からダート1800の2勝馬アポロアベリアが出て、評価上昇中。

距離	▶マ中	馬場	▶ダ	性格	▶普	成長力	▶普

＊アルデバランII

Aldebaran

1998年生／米●ミスタープロスペクター系

┌ Mr. Prospector ── ┌ Private Account
└ Chimes of Freedom ── └ Aviance

25戦8勝／メトロポリタンH（GI・8F）、フォアゴーH（GI・7F）、サンカルロスH（GI・7F）、トムフールH（GI・7F）。
代表産駒／ダンスディレクター（シルクロードS）、ダノンゴーゴー（ファルコンS）、トーセンラーク（兵庫ジュニアGP）、レジーナフォルテ（ルミエールオータムD）。

イギリスからアメリカへ移籍後の5歳に本格化。GI5勝を含め5重賞を制した。5歳時は8戦5勝。2着、3着各1回。唯一の大敗が本命に推されたBCスプリントGIの6着。父の産駒にフォーティナイナー。母系近親にスピニングワールド（BCマイルGI）。ダートが勝ち鞍数で上回るものの、上位級は芝馬。たたき2戦目とダートの道悪に妙味あり。

距離	▶短中	馬場	▶万	性格	▶普	成長力	▶普

その他の種牡馬

アンライバルド

2006年生●サンデーサイレンス系

```
┌ネオユニヴァース          ┌Sadler's Wells
└*バレークイーン ─────────┴Sun Princess
```

10戦4勝／皐月賞、スプリングS。
代表産駒／トウショウドラフタ（ファルコンS）。

ダービー馬フサイチコンコルドと13歳違いの半弟。近親にヴィクトリー（皐月賞）。新馬でリーチザクラウンやブエナビスタを負かし、若駒Sから、スプリングS、皐月賞まで3連勝。岩田康誠の絶妙な待ちと仕掛けが目立った。ダービーは不良馬場で12着。産駒はダ1800のズブいタイプと、気性の繊細な芝1200〜1400タイプに分かれる。稍重ダートを狙え。

距離	短中	馬場	万	性格	狂	成長力	早

インカンテーション

2010年生●エーピーインディ系

```
┌*シニスターミニスター     ┌Machiavellian
└*オリジナルスピン ───────┴Not Before Time
```

36戦11勝／レパードS、みやこS、平安S、マーチS、武蔵野S。

ダート1600から2100の中距離重賞を6勝のほか、15年のフェブラリーSや17年のかしわ記念でコパノリッキーの2着など、ＧＩの2、3着が計4回。息長く8歳まで一線を張った。獲得賞金は3億7000万円以上。父シニスターミニスター同様に、産駒はほぼダート専用。地方競馬へ入る馬が中心だが、中央でもダート1400以下でスピードを見せている。

距離	短中	馬場	ダダ	性格	普	成長力	普

ヴァーミリアン

2002年生、17年引退●キングマンボ系

```
┌エルコンドルパサー        ┌*サンデーサイレンス
└スカーレットレディ ──────┴スカーレットローズ
```

34戦15勝／フェブラリーS、ジャパンCダート、JBCクラシック3回、帝王賞、東京大賞典、川崎記念2回。
代表産駒／ノットフォーマル（フェアリーS）、ビスカリア（TCK女王盃）。

ダートのＧＩを勝ちまくった砂の名馬。武豊のヴァーミリアンとルメールのカネヒキリが叩き合った08年東京大賞典は史上最高レベル。父エルコンドルパサーはジャパンC、NHKマイルC、サンクルー大賞を勝ち、凱旋門賞2着。牝系にダイワメジャー、ダイワスカーレットなど。産駒は成長しながらクラスを上がっていくダート馬多数。南関東も合う。

距離	マ中	馬場	ダ	性格	堅	成長力	晩

ヴァンセンヌ

2009年生●サンデーサイレンス系

```
┌ディープインパクト        ┌ニホンピロウイナー
└フラワーパーク ──────────┴ノーザンフラワー
```

16戦6勝／東京新聞杯。安田記念2着。
代表産駒／イロゴトシ、ロードベイリーフ。

母が高松宮杯とスプリンターズSを制したフラワーパーク。6歳の東京新聞杯を制し、京王杯SC2着の後、15年安田記念は上がり33秒7の末脚でモーリスとクビ差の2着に迫った。母の父ニホンピロウイナーは84、85年のマイルCS連覇など、ハビタット系の昭和の伝説マイラー。産駒は道悪が上手で、時計の遅い芝1200から2000や、ダートで着を重ねるタイプ。

距離	短中	馬場	芝	性格	堅	成長力	普

*ヴィットリオドーロ

2009年生、21年引退／米●サドラーズウェルズ系

```
┌Medaglia d'Oro           ┌*アフリート
└プリエミネンス ──────────┴アジテーション
```

12戦4勝、重賞勝ちなし。
代表産駒／イグナシオドーロ（北海道2歳優駿）。

母プリエミネンスは関東オークスやエルムSなどダート重賞を8勝の後、アメリカのサンタマリアHで5着。そのまま繁殖入りし、米国で産んだのが本馬。父メダーリアドロは米国のサドラー系の大種牡馬で、18年の種付け料は25万ドル。産駒はグランド牧場の生産馬が中心で、イグナシオドーロとオマツリオトコが交流重賞を制するなど、ダートが得意。

距離	短中	馬場	ダダ	性格	普	成長力	普

ウインバリアシオン

2008年生●サンデーサイレンス系

```
┌ハーツクライ             ┌Storm Bird
└*スーパーバレリーナ ─────┴*カウントオンアチェンジ
```

23戦4勝／青葉賞、日経賞。ダービー2着、菊花賞2着、有馬記念2着、天皇賞・春2着。
代表産駒／ドスハーツ（鈴鹿S）、オタクインパクト（道営記念2着）。

安藤勝己を主戦に11年の青葉賞を勝利。不良のダービーと、菊花賞はオルフェーヴルの2着。ブランク復帰後の5歳の有馬記念もオルフェーヴルの2着だった。父ハーツクライの初年度産駒で、4代母の子孫に米国王者カーリン（BCクラシック）。引退後、青森で種牡馬入り。毎年20〜30頭の産駒が生まれ、産駒はダートの中距離を中心に健闘。3〜5着が多い。

距離	中長	馬場	ダ	性格	普	成長力	晩

＊エーシントップ

2010年生／米●ストームバード系

┌ Tale of the Cat ── ┌ Unbridled's Song
└ Ecology ──────── └ Gdansk's Honour

24戦6勝／京王杯2歳S、ニュージーランドT。

ストームキャット父系の外国産馬らしく、デビューから3連勝。京王杯2歳SとNZTを勝ち、13年NHKマイルCは1番人気で7着だった。父テイルオブザキャットは種牡馬として成功し、産駒ジオポンティ（アーリントンミリオンS）の仔にドレフォン。産駒はエイシンの馬を中心に、ホッカイドウ競馬の2歳戦でスピードを発揮している。鹿児島で供用。

| 距離 | 短マ | 馬場 | ダ | 性格 | 普 | 成長力 | 早 |

エキストラエンド

2009年生●サンデーサイレンス系

┌ ディープインパクト ── ┌ Garde Royale
└ ＊カーリング ──────── └ Corraleja

38戦6勝／京都金杯。
代表産駒／マツリダスティール（盛岡ジュニアGP）。

角居厩舎の良血ディープ産駒。弥生賞5着、京都新聞杯3着と一線級では足りなかったが、中長距離路線からマイル路線に転じると5歳の京都金杯を差し切り、東京新聞杯も2着した。母カーリングは仏オークス。半兄ローエングリン、全兄リベルタスは朝日杯FS3着。海外で種牡馬入りの記事も出たが破談になり、国内供用。盛岡の重賞芝マイラーが出た。

| 距離 | マ中 | 馬場 | 芝 | 性格 | 堅 | 成長力 | 普 |

＊エスケンデレヤ   Eskendereya

2007年生／米●ストームキャット系

┌ Giant's Causeway ── ┌ Seattle Slew
└ Aldebaran Light ──────── └ Altair

6戦4勝／ウッドメモリアルS（GI・9F）、ファウンテンオブユースS（GII・9F）。
代表産駒／ダイメイコリーダ（ジャパンダートダービー2着）、スズカデレヤ（中京2歳S2着）、アベックフォルス、トライハード。

前哨戦の連勝でケンタッキー・ダービーの有力候補に浮上するも、直前に脚部不安を発症。そのまま引退となった。父の産駒に20年から日本で供用のブリックスアンドモルタル。スピード自慢のストームキャット系ながらそこはスタミナを備えるジャイアンツコーズウェイ系、ダ1800〜2100で勝ち鞍を稼いでいる。ただし、2勝クラス突破に四苦八苦が現状。

| 距離 | 中 | 馬場 | ダダ | 性格 | 普 | 成長力 | 普 |

オーシャンブルー

2008年生、20年引退●サンデーサイレンス系

┌ ステイゴールド ── ┌ Dashing Blade
└ ＊ブアブー ──────── └ Plains Indian

30戦7勝／金鯱賞、中山金杯。有馬記念2着。
代表産駒／ダンシングリッチー。

ステイゴールド×ミルリーフ系の晩成ステイヤー。4歳の秋にオープン入りして金鯱賞をレコード勝ちの後、10番人気の有馬記念でもゴールドシップの2着に差して、波乱を演出した。6歳で中山金杯を勝利。代表産駒ダンシングリッチーはナカヤマフェスタの弟で、芝2400の道悪が得意。軽さはないがスタミナを活かす条件で買い。ダート中距離もこなす。

| 距離 | 中長 | 馬場 | 芝 | 性格 | 普 | 成長力 | 晩 |

＊オールステイ

2011年生／米●ダンジグ系

┌ Cape Cross ── ┌ Victory Gallop
└ Flowerette ──────── └ ＊プリンセスオリビア

18戦3勝。
代表産駒／ラヴォラーレ。

父ケープクロスの外国産馬。函館と福島の芝1800と芝2000で逃げ切りの3勝をあげた。単騎ならしぶといが、絡まれるともろかった。祖母プリンセスオリビアは、トーセンラーとスピルバーグの母という良血。初年度産駒3頭の中から、中央3勝のラヴォラーレが登場。同馬は東京ダート2100を3勝している。同父系の種牡馬にベーカバド、シーザスターズ。

| 距離 | マ中 | 馬場 | ダ | 性格 | 普 | 成長力 | 早 |

＊カジノドライヴ

2005年生、19年死亡／米●ボールドルーラー系

┌ Mineshaft ── ┌ Deputy Minister
└ Better Than Honour ──────── └ Blush With Pride

11戦4勝／ピーターパンS（米GII・ダ9F）、フェブラリーS2着。
代表産駒／カジノフォンテン（川崎記念）、メイショウカズサ（浦和記念）、ヴェンジェンス（みやこS）。

ダートの新馬を圧勝後、兄と姉に続くベルモントS制覇を果たすべくアメリカへ。ステップ戦のピーターパンSを楽勝したが、ベルモントS当日に挫跖で回避。BCクラシックやドバイWCにも出走し、日本では4歳のフェブラリーS2着。父マインシャフトは米国のGIを4勝。産駒はダ1400とダ1800に強く、重、不良の湿ったダートに抜群の適性を示す。

| 距離 | マ中 | 馬場 | ダ | 性格 | 普 | 成長力 | 普 |

その他の種牡馬

203

その他の種牡馬

カネヒキリ

2002年生、16年死亡●サンデーサイレンス系

```
┌ フジキセキ              ─ Deputy Minister
└ *ライフアウトゼア        ─ Silver Valley
```

23戦12勝／ジャパンCダート2回、フェブラリーS、東京大賞典、川崎記念、ジャパンダートダービー。
代表産駒／ミツバ（川崎記念）、ロンドンタウン（エルムS）、アルタイル（オアシスS）。

3歳から東京のJCダートをレコード勝ちするなど、砂の王者として君臨。フェブラリーSを完勝後、ドバイワールドCはエレクトロキューショニストの4着。屈腱炎で2年の長いブランクを経るも、幹細胞の移植手術で復活。6歳の東京大賞典でヴァーミリアンを下し、川崎記念はフリオーソを一蹴した。産駒はダート専門で、得意コースの明確な馬が多い。

距離	マ中	馬場	ダダ	性格	堅	成長力	普

カルストンライトオ

1998年生●マンノウォー系

```
┌ *ウォーニング          ─ *クリスタルグリッターズ
└ オオシマルチア          ─ オオシマスズラン
```

36戦9勝／スプリンターズS、アイビスサマーダッシュ（2回）。
代表産駒／メイショウテンセイ。

不良馬場の04年スプリンターズSを4馬身差で逃げ切ったタイトルもさることながら、02年アイビスSDで記録した53秒7のレコードは、今も輝く"日本一速い馬"の勲章。生涯を通してほとんどハナを譲らなかった。大流星の鼻面も記憶に残る。父ウォーニングは英のGIマイラーで、マンノウォー系の雄。祖母オオシマスズランは桜花賞トライアル優勝。

距離	短マ	馬場	芝	性格	普	成長力	早

カンパニー

2001年生、18年死亡●グレイソヴリン系

```
┌ ミラクルアドマイヤ       ─ *ノーザンテースト
└ ブリリアントベリー        ─ *クラフテイワイフ
```

35戦12勝／天皇賞・秋、マイルCS、中山記念（2回）、大阪杯、マイラーズC、毎日王冠、京阪杯、関屋記念。
代表産駒／ウインテンダネス（目黒記念）、イェッツ（京成杯3着）。

7歳で横山典弘とコンビを組むと、後方一気から先行馬へモデルチェンジ。8歳の天皇賞・秋でスクリーンヒーローとウオッカを負かし、マイルCSもぶっこ抜いた。近親にトーセンジョーダン。父ミラクルアドマイヤ（その父トニービン）は本馬の登場で一躍、人気種牡馬に。産駒は多様も、高額条件では芝1800から2500の上がりのかかる馬場が良い。

距離	中長	馬場	芝	性格	普	成長力	晩

キャプテントゥーレ

2005年生、16年引退●サンデーサイレンス系

```
┌ アグネスタキオン         ─ *トニービン
└ エアトゥーレ            ─ *スキーパラダイス
```

20戦5勝／皐月賞、デイリー杯2歳S、朝日チャレンジC（2回）。
代表産駒／カシノマスト（小倉2歳S3着）、クロスケ、ヴォーガ。

川田将雅22歳の初GI勝利となったのが、この馬の皐月賞。前年の朝日杯FSは3着。弥生賞は4着。しかし7番人気の皐月賞でハナに立ち、早めの仕掛けからリードを広げて逃げ切った。母エアトゥーレは阪神牝馬Sの勝ち馬。祖母スキーパラダイスは欧州のGIマイラー。産駒は決め手が甘いため、ダートのほうが馬券になる。芝なら時計かかる中距離で。

距離	マ中	馬場	万	性格	普	成長力	普

* キングズベスト

King's Best

1997年生、19年死亡／米●キングマンボ系

```
┌ Kingmambo              ─ Lombard
└ Allegretta             ─ Anatevka
```

6戦3勝／英2000ギニー（GI・8F）。
代表産駒／ワークフォース（英ダービーGI）、エイシンフラッシュ（ダービー）、ミスニューヨーク（ターコイズS2回）、トーラスジェミニ（七夕賞）、ショウナンバルディ（中日新聞杯）。

英2000ギニーは本命馬ジャイアンツコーズウェイに圧勝。期待された英ダービーは筋肉痛で回避。愛ダービーはレース中に骨折。そのまま引退となった。日本供用後はひと息の種牡馬成績も、死後の21年に産駒が立て続けに重賞制覇。"死んだ種牡馬の産駒が走る"を実践した。上級馬はマイルから中距離向きで、高齢馬の一発には注意。時計のかかる馬場。

距離	マ中	馬場	芝	性格	普	成長力	晩

グランデッツァ

2009年生、20年引退●サンデーサイレンス系

```
┌ アグネスタキオン         ─ Marju
└ *マルバイユ             ─ Hambye
```

19戦5勝／スプリングS、七夕賞、札幌2歳S。
代表産駒／ラルゲッツァ。

札幌2歳Sでゴールドシップを負かし、重のスプリングSはディープブリランテを差し切った。皐月賞は1番人気になったが、後方待機から5着だった。ほかに5歳のマイルCS3着、6歳の七夕賞1着がある。ひとつ上の半姉マルセリーナは11年の桜花賞馬。産駒はダ1700や芝1600の連対はあるものの不振。アグネスタキオン父系はダート寄りマイラーに出る。

距離	マ中	馬場	ダ	性格	堅	成長力	普

グランプリボス

2008年生●テスコボーイ系

```
┌ サクラバクシンオー ──┬ *サンデーサイレンス
└ ロージーミスト ──────┴ *ビューティフルベーシック
```

28戦6勝／朝日杯FS、NHKマイルC、京王杯2歳S、スワンS、マイラーズC。
安田記念2着、マイルCS2着。
代表産駒／モズナガレボシ（小倉記念）。

朝日杯FSはデムーロを鞍上にリアルインパクトを差し切り、NHKマイルCはウィリアムズで優勝。安田記念は4歳と6歳で2着。英国と香港にも遠征し、6歳の香港マイルで3着した。父の父サクラユタカオーは86年の天皇賞・秋を優勝。テスコボーイ系の貴重な父系。代表産駒は芝向きも、全体ではダート馬8割。ダ1200だと3着が多く、距離延長で良さを見せる。

距離	短中	馬場	ダ	性格	堅	成長力	普

*クリエイターII   Creator

2013年生／米●エーピーインディ系

```
┌ Tapit ──────┬ Privately Held
└ Morena ─────┴ Charytin
```

12戦3勝／ベルモントS（GI・12F）、アーカンソー・ダービー（GI・9F）。
代表産駒／リコーヴィクター（JBC2歳優駿3着）、フィリオデルソル（大井優駿スプリント3着）、メイショウイッコン。

ケンタッキー・ダービー13着完敗も、プリークネスSを回避して臨んだベルモントSで末脚爆発。逃げ馬をハナ差交わして勝利した。日本から遠征のラニが3着。日本競馬に強いエーピーインディ系ながら現状は苦戦。気の悪さはこの父系の特徴だが、輪に掛けてムラッ気いっぱい。スタミナはあるので、中山ダ2500では狙える。あわよくば大井・東京記念。

距離	中	馬場	ダダ	性格	狂	成長力	普

*ケイムホーム   Came Home

1999年生、21年死亡／米●ゴーンウエスト系

```
┌ Gone West ──┬ Clever Trick
└ Nice Assay ─┴ *インフルヴュー
```

12戦9勝／パシフィッククラシック（GI・10F）、サンタアニタ・ダービー（GI・9F）、ホープフルS（GI・7F）など重賞8勝。
代表産駒／インティ（フェブラリーS）、サウンドリアーナ（ファンタジーS）、タガノトルネード（武蔵野S）、カチューシャ（オアシスS）。

ケンタッキー・ダービーでウォーエンブレムの6着に敗れたが、夏の大一番パシフィッククラシックでは同馬や古馬を一蹴した。同父系のスパイツタウンに負けじと産駒はスピードに任せた先行力が持ち味。ダートに限ると上級クラスでも即通用する。湿ったダートは好材料。使われてよりも明け2、3戦目が馬券の勝負どころ。古馬になっての復活に注意。

距離	短マ	馬場	ダ	性格	普	成長力	普

*ケープブランコ   Cape Blanco

2007年生／愛●サドラーズウェルズ系

```
┌ Galileo ─────┬ Presidium
└ Laurel Delight ┴ Foudroyer
```

15戦9勝／愛ダービー（GI・12F）、愛チャンピオンS（GI・10F）、アーリントンミリオンS（GI・10F）などGI5勝、他GII2勝。
代表産駒／ランスオブプラーナ（毎日杯）、ベアナチュラル（高知優駿2着）、ドゥドウキリシマ、アイブランコ、チビラーサン。

3歳時は愛ダービー、愛チャンピオンSを制し、ハービンジャーに千切られたが、"キングジョージ"2着もある。4歳時はアーリントンミリオンSなど米GI3連勝。愛、北米とは裏腹にフランスとの相性が悪く、本命に推された仏ダービー、凱旋門賞とも10着、13着だった。産駒はジリ脚で、クラスが上がると苦労している。力のいる馬場やダートで一考。

距離	中	馬場	万	性格	普	成長力	晩

ゴールドヘイロー

1997年生、17年引退●サンデーサイレンス系

```
┌ *サンデーサイレンス ─┬ Seeking the Gold
└ *ニアーザゴールド ───┴ *ニヤー
```

8戦5勝。
代表産駒／トウケイヘイロー（札幌記念）、モエレカトリーナ（紫苑S）、プロモントリオ（目黒記念3着）、モエレビクトリー（京成杯3着）、アポロラムセス（葵S2着）。

大井所属のサンデーサイレンス産駒として、脚部不安と戦いながら5勝。20世紀最後の2000年12月31日に行われたハイセイコー像の除幕式の記念レースを制した。一時は100頭を超える種付けを集め、地方競馬の活躍馬も多数。4代母フォアシーアはカーリアンの母。晩年の産駒はダート馬が中心で、牡馬はダ1700から2000、牝馬はダ1200から1400が得意。

距離	短中	馬場	ダ	性格	堅	成長力	早

*ゴスホークケン

2005年生、18年死亡／米●ストームキャット系

```
┌ Bernstein ──────┬ Grand Slam
└ Allthewaybaby ──┴ Lustily
```

15戦2勝／朝日杯FS。
代表産駒／マルターズアポジー（福島記念）。

数少ない産駒の1頭マルターズアポジーがローカル重賞を大逃げで制覇。ゴスホークケン自身も07年朝日杯FSで1枠1番から逃げを打ち、前半58秒3のハイラップを踏んで1分33秒5の快時計で優勝した。しかし、使うほどに折り合いの難しい暴走特急となり、以降、馬券絡みはなし。父はアメリカとアルゼンチンで成功したストームキャット産駒。

距離	短中	馬場	万	性格	狂	成長力	早

その他の種牡馬

コパノリチャード

2010年生、21年引退●サンデーサイレンス系

```
┬ダイワメジャー ─────┬トニービン
└ヒガシリンクス       └ビッグラブリー
```

22戦6勝／高松宮記念、スワンS、アーリントンC、阪急杯。
代表産駒／コパノキャリー（盛岡ビギナーズC）。

ダイワメジャー産駒らしい速さを持ち、4戦3勝でアーリントンCを勝利。スワンS、阪急杯とタイトルを増やし、初の芝1200出走となった14年高松宮記念をM・デムーロの手綱で2番手から快勝した。不良馬場が向いた幸運もあり、馬主のDr.コパ氏の"運を呼び込む力"を知らしめた。半姉コパノオーシャンズ（朱鷺S）。産駒も2歳から走るマイラー。

距離	短マ	馬場	万	性格	普	成長力	早

＊サウンドボルケーノ

2008年生、21年引退／米●ストームバード系

```
┬＊ヘニーヒューズ ─────┬Halo
└Cosmic Wing          └Ziggy's Act
```

19戦3勝。
代表産駒／ヤサカリベルテ。

競走成績は平凡。ダート1400を3勝、中京ダ1400の鈴鹿特別で1分23秒4のレコードを記録した。父ヘニーヒューズの代用種牡馬のような評価だったが、種付け数は3頭→6頭→13頭に増加。フローレンスが笠松のダート800Mの新馬を楽勝するなどして、中央入りの産駒も増えている。2歳戦や、ダート短距離向きのスピード型。近親キーンランドスワン。

距離	短マ	馬場	ダ	性格	普	成長力	早

サクラオリオン

2002年生●ミスタープロスペクター系

```
┬＊エルコンドルパサー ──┬Danzig
└＊サクラセクレテーム   └Secrettame
```

41戦6勝／中京記念、函館記念。
代表産駒／カイザーメランジェ（函館スプリントS）。

7歳で重の中京記念を単勝5680円の大穴勝利。中京の名手・秋山真一郎のロスのない騎乗が光った。同年、札幌開催の函館記念では大外枠から内にもぐりこんで1着。札幌記念も3着。時計の遅いローカルに強かった。母サクラセクレテームの半兄に種牡馬ゴーンウエスト、ライオンキャヴァーン。祖母の半兄にノウンファクト。父エルコンの貴重な後継。

距離	短中	馬場	万	性格	普	成長力	晩

ザサンデーフサイチ

2004年生、21年引退●サンデーサイレンス系

```
┬ダンスインザダーク ──┬トニービン
└エアグルーヴ         └ダイナカール
```

41戦3勝。

当歳のセレクトセールで5億1450万円（税込）の値がついたエアグルーヴの5番仔。半姉アドマイヤグルーヴ、全弟フォゲッタブル、半弟ルーラーシップ。現役時代は芝1800と芝2000で3勝。ジューンSの3着がある。産駒は少ないが、クラブ法人ライオンRHの所属馬として中央デビューする馬が多い。ダンス産駒なので持久力はあり、芝の中距離向き。

距離	中長	馬場	芝	性格	普	成長力	晩

サムライハート

2002年生、22年死亡●サンデーサイレンス系

```
┬＊サンデーサイレンス ─┬＊トニービン
└エアグルーヴ         └ダイナカール
```

5戦3勝／ドンカスターC。
代表産駒／プレミアムブルー（シンザン記念3着）、ライトフェアリー（鞍馬S2着）。

母エアグルーヴ、父サンデー。しかも母にとって初の牡駒。生まれ落ちた時から注目を浴び、サンデーRでの募集価格は2億2000万円。しかし骨折に泣き、5戦のキャリアに終わった。全姉アドマイヤグルーヴ（エリザベス女王杯）、半弟ルーラーシップ。産駒は晩成型で、夏のローカルを境に上昇するパターンあり。ジリ脚っぽく、小回り、ダートの重で穴。

距離	中	馬場	芝	性格	普	成長力	晩

サンカルロ

2006年生、20年引退●ロベルト系

```
┬＊シンボリクリスエス ─┬Crafty Prospector
└ディーバ             └ミスセクレト
```

49戦6勝／ニュージーランドT、阪神C（2回）、阪急杯。

「阪神芝1400のスペシャリスト」と呼ばれ、後方一気の脚質で同コースの重賞を3勝。ほかに高松宮記念でキンシャサノキセキの2着と、カレンチャンの2着がある。母ディーバは短距離3勝、祖母ミスセレクトはイタリアの2歳牝馬チャンピオン。母父はミスプロ系の快速型。産駒は地方競馬のダートでそこそこ勝っているが、中央の芝では不振の傾向。

距離	マ中	馬場	ダダ	性格	普	成長力	普

シビルウォー

2005年生、20年引退●ミスタープロスペクター系

```
┌*ウォーエンブレム ──────── Sadler's Wells
└*チケットゥダンス ──────── River Missy
```

51戦11勝／ブリーダーズゴールドC（2回）、名古屋グランプリ、白山大賞典、マーキュリーC。
代表産駒／フーズサイド。

ダート長距離を得意とし、6歳で交流重賞2勝。7歳のJBCクラシックはトランセンドに先着して2着。父ウォーエンブレムは種付け嫌いの特殊な性癖を持つアメリカ二冠馬。少ない産駒からブラックエンブレム（秋華賞）、ローブティサージュ（阪神JF）など、高確率で重賞ホースを輩出した。産駒はダ1800向きのズブい馬が中心。牝馬なら短距離でも。

距離	中	馬場	ダ ダ	性格	普	成長力	普

ジャングルポケット

1998年生、21年死亡●グレイソヴリン系

```
┌*トニービン ──────── Nureyev
└*ダンスチャーマー ──────── Skillful Joy
```

13戦5勝／日本ダービー、ジャパンC、共同通信杯、札幌3歳S。
代表産駒／オウケンブルースリ（菊花賞）、ジャガーメイル（天皇賞・春）、トーセンジョーダン（天皇賞・秋）、トールポピー（オークス）、アヴェンチュラ（秋華賞）。

皐月賞は出遅れてアグネスタキオンの3着、ダービーは得意の左回りの東京芝2400で完勝。ウイニングランでは勝利のいななきをあげた。鞍上は角田晃一。菊花賞4着の後、ジャパンCはテイエムオペラオーを負かした。産駒は長い直線、締まった流れ、左回りが得意。スローで不発→ハイペースで激走が穴パターン。内伸び馬場より外伸び馬場で買いたい。

距離	中長	馬場	芝	性格	普	成長力	晩

ショウナンカンプ

1998年生、20年死亡●プリンスリーギフト系

```
┌サクラバクシンオー ──────── ラッキーソブリン
└ショウナングレイス ──────── ヤセイコーソ
```

19戦8勝／高松宮記念、スワンS、阪急杯。
代表産駒／ショウナンアチーヴ（ニュージーランドT）、ラブカンプー（CBC賞）、ショウナンカザン（淀短距離S）。

ダート3勝の後、4歳で芝路線へ転じると、圧倒的なスピードを披露。逃げ切りの3連勝で02年高松宮記念を制覇した。オーシャンSのテン3ハロンは32秒0だった。新潟開催のスプリンターズSは、ビリーヴ、アドマイヤコジーンとの三つ巴になって3着。産駒は芝の短距離が主戦場で、新潟芝1000は回収率が高い。ダートも含めて距離短縮は穴になる。

距離	短	馬場	芝	性格	普	成長力	普

シルポート

2005年生●リファール系

```
┌*ホワイトマズル ──────── *サンデーサイレンス
└スペランツァ ──────── *フジャブ
```

54戦10勝／読売マイラーズC（2回）、京都金杯。
代表産駒／ハクサンフエロ、ハクサンライラック。

小気味の良い大逃げでレースを引き締め、時に波乱を巻き起こした逃亡者。4コーナー手前から後続を引き離し、ギリギリ残る競馬でファンをつかんだ。6歳で京都金杯とマイラーズCを逃げ切り、7歳でマイラーズC連覇。重賞3勝は小牧太の手綱。近親にカフェブリリアント（阪神牝馬S）。産駒は芝ダート兼用のマイラータイプ。単騎逃げを狙いたい。

距離	短中	馬場	万	性格	普	成長力	普

スウィフトカレント

2001年生、22年死亡●サンデーサイレンス系

```
┌*サンデーサイレンス ──────── Machiavellian
└*ホワイトウォーターアフェア ──────── Much Too Risky
```

42戦6勝／小倉記念。天皇賞・秋2着。
代表産駒／ユウチェンジ（UAEダービー3着）、サンダラス（野路菊S）。

半兄アサクサデンエン（安田記念）、半弟ヴィクトワールピサ（皐月賞、有馬記念）、近親ローブティサージュ（阪神JF）と、GIホースが並ぶ名牝系。4歳で充実して、5歳で日経新春杯2着、小倉記念1着。鋭い決め手を持ち、7番人気の天皇賞・秋でダイワメジャーの2着に食い込んだ。産駒は芝1800と2000の回収率が高く、芝1400と1600は不振。

距離	中	馬場	芝	性格	普	成長力	普

*スウェプトオーヴァーボード　Swept Overboard

1997年生、17年死亡／米●フォーティナイナー系

```
┌*エンドスウィープ ──────── Cutlass
└Sheer Ice ──────── Hey Dolly A.
```

20戦8勝／メトロポリタンH（GI・8F）など北米GI2勝、GIII2勝。
代表産駒／レッドファルクス（スプリンターズS2回）、オメガパフューム（東京大賞典4回）、リッジマン（ステイヤーズS）、パドトロワ（キーンランドS）、スウィープザボード（レパードS2着）、ワンスカイ。

6着以下1回の堅実派で、6Fと8FのGIを制した。父の産駒にアドマイヤムーン。多くが早熟なスプリンターながら、重賞&OPの勝ち鞍の大半が5歳以上に加え、規格外の産駒を出すところが「灰色の亡霊」ネイティヴダンサーの怖さ。芝、ダートの行き来や距離短縮など紆余曲折を経つつ、ストライクゾーンをみつけて激走するのが出世型。道悪ダは買い。

距離	短	馬場	万	性格	普	成長力	普

その他の種牡馬

その他の種牡馬

* スクワートルスクワート　Squirtle Squirt

1998年生／米●ミスタープロスペクター系

```
┌ Marquetry              ┌ Lost Code
└ Lost the Code          └ Smarter By the Day
```

16戦8勝／BCスプリント（GI・6F）、キングズビショップS（GI・7F）。
代表産駒／シャウトライン（バーデンバーデンC）、ジェイケイセラヴィ（アイビス
サマーダッシュ2着）、ヨカヨカ（北九州記念）。

馬名はポケモンのキャラクター、ゼニガメ（スクワートル）に因んだもの。デビューから短距離路線を歩み、BCスプリントは前年の勝ち馬コナゴールドやスウェプトオーヴァーボードを破っての優勝だった。父は芝、ダートのGI勝ち馬。軽いスピードと先行力を売りにし、芝、ダートとも1000〜1400が得意距離。芝→ダートなど目先を変えると好走する。

距離	短	馬場	ダ	性格	普	成長力	早

スズカコーズウェイ

2004年生●ストームバード系

```
┌ Giant's Causeway       ┌ *フレンチデビュティ
└ フレンチリヴィエラ      └ Actinella
```

44戦6勝／京王杯スプリングC。
代表産駒／スズカコーズライン（北海道スプリントC2着）、バンドオンザラン（大井・優駿スプリント）、ニュータウンガール（東海ダービー）。

父ジャイアンツコーズウェイは愛チャンピオンSなど欧州のGIを6勝の名馬。その仔を受胎した母が輸入されて産んだ持ち込み馬。5歳で京王杯スプリングCを穴の快勝。鞍上の後藤浩輝は「自転車より乗りやすい馬と聞いていた通り」。半弟にカデナ（弥生賞）。産駒の勝ち鞍はダート1400以下が中心。速いダート向きか、外枠向きかなどを見極めたい。

距離	短マ	馬場	ダダ	性格	普	成長力	早

スターリングローズ

1997年生、18年死亡●ミスタープロスペクター系

```
┌ *アフリート             ┌ Danzig
└ コマーズ                └ ミドルマーチ
```

40戦14勝／JBCスプリント、かしわ記念、プロキオンS、シリウスS。
代表産駒／アスカクリチャン（アルゼンチン共和国杯）。

5歳で中央のダート1400重賞を2連勝。盛岡のJBCを制して、砂の短距離馬の頂点に立った。7歳のフェブラリーSでアドマイヤドンの3着など、息長く力を示した。父アフリートは日本にミスプロ系を根付かせた名種牡馬。全姉ゴールデンジャックは94年オークス2着。産駒はアスカクリチャンを別にすれば、ダ1400以下が主戦場。得意はダ1000だ。

距離	短マ	馬場	ダ	性格	普	成長力	普

* ストーミングホーム　Storming Home

1998年生、20年引退●英●ミスタープロスペクター系

```
┌ Machiavellian          ┌ Shareef Dancer
└ Try to Catch Me        └ It's in the Air
```

24戦8勝／チャンピオンS（GI・10F）、チャールズウイッティンガム記念H（GI・10F）、クレメント・L・ハーシュ記念ターフH（GI・10F）など。
代表産駒／ティーハーフ（函館スプリントS）、マコトブリジャール（クイーンS）、サドンストーム（京洛S）、デザートストーム（ギャラクシーS）。

4歳時にチャンピオンSを制し、5歳時には米GI2勝。アーリントンミリオンは1位入線も進路妨害で4着降着。4歳時に出走したジャパンCは15着。父は種牡馬以上に日本ではヴィルシーナ、シュヴァルグラン姉弟やヴィクトワールピサの母の父として知られる。産駒は芝、ダート兼用の晩成型。逃げ、先行より中団からの差しや後方一気の追い込みが得意。

距離	短中	馬場	万	性格	普	成長力	晩

スピルバーグ

2009年生●サンデーサイレンス系

```
┌ ディープインパクト       ┌ Lycius
└ *プリンセスオリビア      └ Dance Image
```

18戦6勝／天皇賞・秋。
代表産駒／ウインドジャマー。

3歳時はプリンシパルS1着、ダービー14着。長期休養をはさんで復帰し、5歳秋に毎日王冠3着から、天皇賞・秋を快勝した。全兄にトーセンラー（マイルCS）。産駒は芝とダートの勝利数がちょうど半々。馬券率が高いのは中京ダ1800、東京ダ1600、阪神芝2000。鋭い決め手には欠けるため、芝は3着と4着がとても多い。人気馬を買うならダートがいい。

距離	マ中	馬場	万	性格	普	成長力	普

スマートファルコン

2005年生●サンデーサイレンス系

```
┌ ゴールドアリュール        ┌ *ミシシッピアン
└ ケイシュウハーブ         └ キョウエイシラユキ
```

34戦23勝／JBCクラシック（2回）、東京大賞典（2回）、帝王賞、川崎記念など。
代表産駒／オーヴェルニュ（東海S）、シャマル（東京スプリント）。

ダートGIを6勝、重賞19勝！ 武豊とのコンビで5歳11月のJBCクラシック（船橋ダ1800）から、7歳1月の川崎記念まで負け知らずの9連勝。自らハイペースに持ち込む暴力的な逃げで、フリオーソやトランセンドを寄せ付けなかった。産駒は重・不良のダートで能力アップ。牡馬は中距離、牝馬は短距離の勝ち鞍が多い。中京と阪神のダートは好成績。

距離	短中	馬場	ダダ	性格	堅	成長力	晩

ゼンノロブロイ

2000年生、22年死亡●サンデーサイレンス系

```
┌*サンデーサイレンス      ┌*マイニング
└*ローミンレイチェル ─── └One Smart Lady
```

20戦7勝／天皇賞・秋、ジャパンC、有馬記念、青葉賞、神戸新聞杯。
代表産駒／サンテミリオン（オークス）、マグニフィカ（ジャパンダートダービー）、ペルーサ（青葉賞）。

青葉賞1着からダービーへ向かう藤沢ローテで、ネオユニヴァースの2着。4歳秋にペリエ騎手で秋天、JC、有馬記念を3連勝。5歳で英国のインターナショナルS（GⅠ・芝2080M）へ遠征、エレクトロキューショニストとクビ差の2着だった。母は米国のダート7FのGⅠ馬。産駒は長距離GⅡの勝ち馬が多いが、近年はダートが主戦場。東京ダ1600得意。

距離	中長	馬場	万	性格	普	成長力	普

タイセイレジェンド

2007年生●キングマンボ系

```
┌キングカメハメハ       ┌メジロマックイーン
└シャープキック ─────  └ペッパーキャロル
```

42戦9勝／JBCスプリント、東京盃、クラスターC。

ダートで勝ち星を積み上げ、5歳以降は交流競走で花開く。12年のJBCスプリント（GⅠ・川崎ダ1400）はセイクリムズンやスーニを相手に逃げ切り。ドバイや韓国にも遠征するなど、ダート短距離で2歳から8歳まで長く活躍した。母シャープキックはメジロマックイーン代表産駒の1頭で、中央5勝。血統上はスタミナがあり、産駒は中距離も走れる。

距離	マ中	馬場	ダ	性格	堅	成長力	普

タイムパラドックス

1998年生、22年死亡●ロベルト系

```
┌*ブライアンズタイム    ┌Alzao
└*ジョリーザザ ──────  └Bold Lady
```

50戦16勝／ジャパンCダート、JBCクラシック（2回）、川崎記念、帝王賞、ブリーダーズGC、平安S、アンタレスS。
代表産駒／インサイドザパーク（東京ダービー）、ソルテ（さきたま杯）、トウケイタイガー（かきつばた記念）。

初重賞は6歳の平安S。交流重賞でも勝ち鞍を積み重ね、04年のJCダート（東京ダ2100M）でアドマイヤドンを差し切って天下取り。7歳、8歳とJBCクラシックを連覇した。半姉ローラローラの仔にサクラローレル（有馬記念）。産駒のベストはダート中長距離も、ダ1200や1400もよく走る。中山と中京ダは1着が多く、東京と京都ダは2、3着が多い。

距離	マ中	馬場	ダダ	性格	普	成長力	晩

タニノギムレット

1999年生、20年引退●ロベルト系

```
┌*ブライアンズタイム    ┌*クリスタルパレス
└タニノクリスタル ────  └*タニノシーバード
```

8戦5勝／日本ダービー、スプリングS、アーリントンC、シンザン記念。
代表産駒／ウオッカ（ダービー）、スマイルジャック（スプリングS）、オールザットジャズ（福島牝馬S）など。

5戦4勝で向かった02年皐月賞は、後方から大外を追い込むも、内を抜け出したノーリーズンの3着。松田国調教師は前年のクロフネと同じ変則二冠を狙うローテを表明。NHKマイルCは単勝1.5倍で進路を失い、3着に敗れたが、ダービーは余裕を持って勝利した。母はアネモネS（京都芝1400M）の勝ち馬。母の父クリスタルパレスは仏ダービー馬。

距離	マ中	馬場	芝	性格	堅	成長力	普

ダノンシャーク

2008年生、21年引退●サンデーサイレンス系

```
┌ディープインパクト     ┌Caerleon
└*カーラパワー ──────  └Jabali
```

39戦7勝／マイルCS、京都金杯、富士S。
代表産駒／テリーヌ。

ディープインパクトの初年度産駒で、古馬になってから充実した貴重なGⅠマイラー。5歳の京都金杯が初重賞勝ち、この年は安田記念3着、マイルCS3着。6歳のマイルCSを8番人気、岩田康誠の手綱で1分31秒5で快勝した。半妹レイカーラ（ターコイズS）、4代母Toute Cyの子孫にモンジュー（凱旋門賞）。産駒は決め手の甘いディープ中距離型。

距離	短中	馬場	万	性格	普	成長力	晩

ダノンシャンティ

2007年生、20年引退●サンデーサイレンス系

```
┌フジキセキ           ┌Mark of Esteem
└*シャンソネット ────  └Glorious Song
```

8戦3勝／NHKマイルC、毎日杯。
代表産駒／スマートオーディン（阪急杯）、サイタスリーレッド（オーバルスプリント）。

ダーレージャパンの生産で、母の兄はジャパンCを勝ったシングスピール。近親にデヴィルズバッグのバラード牝系。共同通信杯2着、毎日杯1着から、松田国英調教師の独特ローテで皐月賞をパスして、NHKマイルCを上がり33秒5で制した。産駒は芝もダートも、1400、1200、1800が好成績、マイルは不振。ダートの稍重と、少し時計のかかる芝がいい。

距離	短中	馬場	万	性格	堅	成長力	早

その他の種牡馬

ディープスカイ

2005年生、21年引退●サンデーサイレンス系

```
┌アグネスタキオン              ┌Chief's Crown
└*アビ                        └Carmelized
```

17戦5勝／日本ダービー、NHKマイルC、神戸新聞杯、毎日杯。JC2着、
安田記念2着。
代表産駒／クリンチャー（京都記念）、サウンドスカイ（全日本2歳優駿）、キョウエイギア（ジャパンダートダービー）。

栗毛の馬体と白い鼻面。未勝利脱出まで6戦を要しながら、NHKマイルCはイン突き、ダービーは外強襲で連прод した。主戦は四位洋文。3歳のJCでスクリーンヒーローの2着も光る。4代母ミスカーミーの一族に、タップダンスシチー、チーフズクラウンなど。パワーとスタミナを武器に、ダートの中距離で活躍。叩かれながら、3、4戦目に穴を開ける。

距離	中長	馬場	ダ	性格	堅	成長力	普

トウケイヘイロー

2009年生●サンデーサイレンス系

```
┌ゴールドヘイロー              ┌ミルジョージ
└ダンスクィーン                └ハイネスポート
```

27戦8勝／札幌記念、鳴尾記念、函館記念、ダービー卿CT。
代表産駒／トウケイミラ、トウケイタンホイザ。

当初は芝1400中心に走っていたが、中距離戦を速いペースで逃げる戦法に転じたところ、急上昇。4歳の1年間だけで重賞を4勝した。圧巻は重の札幌記念の6馬身差の逃げ切り。この年、香港Cの2着もある。産駒は芝ダート兼用タイプで1600から2000M向き。父ゴールドヘイローは地方競馬で活躍馬を多数輩出して、人気サイヤーになったサンデー産駒。

距離	マ中	馬場	万	性格	普	成長力	普

トゥザワールド

2011年生●キングマンボ系

```
┌キングカメハメハ              ┌*サンデーサイレンス
└トゥザヴィクトリー            └*フェアリードール
```

12戦4勝／弥生賞。皐月賞2着、有馬記念2着、ザBMW2着。
代表産駒／ゴールドチャリス（中京2歳S）。

名牝トゥザヴィクトリーの息子として注目され、キャロットクラブの募集価格は総額1億円。弥生賞を制し、皐月賞は1番人気でイスラボニータの2着だった。3歳の有馬記念は9番人気でジェンティルドンナの2着。豪州遠征して芝2400のGⅠも2着。産駒は芝ダート兼用で、どちらも1200mと1800mが得意。芝1600は道悪なら走る。ダートも重・不良はいい。

距離	短中	馬場	万	性格	普	成長力	普

トーセンジョーダン

2007年生●グレイソヴリン系

```
┌ジャングルポケット            ┌*ノーザンテースト
└エヴリウィスパー              └*クラフティワイフ
```

30戦9勝／天皇賞・秋、アルゼンチン共和国杯、AJCC、札幌記念。

ホープフルSを制するも裂蹄に悩まされ、三冠レースは回避。4歳夏から再始動すると、アル共和国杯1着、有馬記念5着、AJCC1着。5歳で札幌記念と秋天を連勝して頂点に立ち、JCもブエナビスタの2着した。父ジャングルポケットはダービーとJCに勝利。今や風前の灯となったトニービンの直系。産駒は芝だと詰めが甘く、ダート中距離が主戦場。

距離	中	馬場	万	性格	普	成長力	晩

トーセンファントム

2007年生、20年引退●サンデーサイレンス系

```
┌ネオユニヴァース              ┌*トニービン
└バースデイローズ              └エリザベスローズ
```

4戦2勝／いちょうS。東スポ杯2歳S2着。
代表産駒／ブレイブスマッシュ（サウジアラビアRC）、マシェリガール（クローバー賞）、トーセンラムセス。

当歳セレクトセールの価格は9450万円。東京芝1600いちょうS（当時はオープン特別）を勝ち、東スポ杯2歳Sでローズキングダムのクビ差2着。祖母の仔にフサイチゼノン（弥生賞）、アグネスゴールド（スプリングS。ブラジルで種牡馬）。産駒はほとんど島川オーナーの自家生産馬。芝ダートとも1600が得意で、芝なら上がり35秒台の決着が理想か。

距離	マ中	馬場	万	性格	普	成長力	普

トーセンブライト

2001年生、20年引退●ロベルト系

```
┌*ブライアンズタイム           ┌*ジェイドロバリー
└アサヒブライト                └コスモローマン
```

54戦11勝／兵庫ゴールドT、黒船賞。マーチS2着。
代表産駒／ハイランドピーク（エルムS）。

中央ではマリーンS、ペルセウスSなどダート1400〜1700のオープン特別勝ちにとどまったが、園田や高知の交流重賞を4勝。ブライアンズタイム産駒らしく、9歳暮れまでタフに戦歴を重ねて、2億5000万円を稼ぎ出した。祖母コスモローマンは函館記念3着。産駒はほぼすべてエスティファームの生産で、トーセンの自家種牡馬と言って差し支えない。

距離	中	馬場	ダ	性格	普	成長力	晩

トーセンホマレボシ

2009年生●サンデーサイレンス系

```
┌ ディープインパクト        ┌ *ノーザンテースト
└ エヴリウィスパー ─────── └ *クラフティワイフ
```

7戦3勝／京都新聞杯、ダービー3着。
代表産駒／ミッキースワロー（セントライト記念、日経賞）。

秋の天皇賞を勝ったトーセンジョーダンの半弟で、父はディープインパクト。セレクトセールの価格は1億6275万円。中京芝2200の大寒桜賞1着の後、京都新聞杯をレコード勝ち。ダービーは7番人気だったが、ウィリアムズの騎乗で2番手から早め先頭の見せ場を作り、ディープブリランテの3着に善戦した。産駒は多様にばらつき、騎手替わりで穴になる。

距離	マ中	馬場	万	性格	普	成長力	早

トーセンラー

2008年生●サンデーサイレンス系

```
┌ ディープインパクト        ┌ Lycius
└ *プリンセスオリビア ────── └ Dance Image
```

25戦4勝／マイルチャンピオンS、京都記念、きさらぎ賞。天皇賞・春2着、菊花賞3着。
代表産駒／ザダル（エプソムC）、アイラブテーラー（京阪杯2着）。

きさらぎ賞でオルフェーヴルを負かして1着。皐月賞7着、ダービー11着、菊花賞3着。武豊に替わった5歳、春天でフェノーメノの2着に追い込むと、秋はマイルCSを上がり33秒3の鬼脚で快勝した。全弟にスピルバーグ（天皇賞・秋）。母の父リシウスは英マイラー。産駒は鋭い末脚を持ち、東京芝などの長い直線が得意、福島や小倉の短い直線は割引き。

距離	マ中	馬場	芝	性格	普	成長力	普

トーセンレーヴ

2008年生●サンデーサイレンス系

```
┌ ディープインパクト        ┌ Caerleon
└ ビワハイジ ─────────── └ *アグサン
```

33戦8勝／エプソムC、プリンシパルS。
代表産駒／トーセンクレセント。

母ビワハイジは95年の2歳女王で、エアグルーヴを負かしたGIマイラー。半姉にブエナビスタ（桜花賞、オークス、ジャパンCなど）という超良血馬。青葉賞3着、ダービー9着の後、4歳でエプソムCを勝利した。7歳で有馬記念6着もある。トーセンの島川オーナーの自家種牡馬で、産駒はすべてエスティファーム生産。勝利1号は福島芝2000のやや重。

距離	中長	馬場	芝	性格	堅	成長力	晩

トーホウジャッカル

2011年生●サンデーサイレンス系

```
┌ スペシャルウィーク        ┌ Unbridled's Song
└ *トーホウガイア ────────── └ Agami
```

13戦3勝／菊花賞。
代表産駒／トーホウディアス。

未勝利を勝ち上がったのが3歳7月。神戸新聞杯3着で菊花賞の出走権利を得ると、14年菊花賞を3分1秒0のレコード勝ち。3ヶ月半で頂点に駆け上がった。鞍上は酒井学。半姉トーホウアマポーラ（CBC賞）、4代母の子孫にエーシンフォワード（マイルCS）、種牡馬クワイエットアメリカン。産駒は母父スピード型のトーホウの馬が健闘している。

距離	マ中	馬場	万	性格	普	成長力	普

*トビーズコーナー

Taby's Corner

2008年生／米●ダンジグ系

```
┌ Bellamy Road          ┌ Mister Frisky
└ Brandon's Ride ───────── └ Mrs.Bumble
```

12戦5勝／ウッドメモリアルS（GI・9F）。
代表産駒／ソリストサンダー（武蔵野S）、ソイカウボーイ（兵庫ジュニアGP3着）、サウンドマジック。

ケンタッキー・ダービーへ向け、東海岸の最終ステップ戦ウッドメモリアルSで2歳チャンピオン、アンクルモーらを破って勝利するも、脚部不安により、クラシックは棒に振った。父の産駒にバンケットスクエア。異系色が豊富な血統ながら、産駒は非力なスプリンター、マイラーばかり。東京ダ1300＆1400、福島ダ1700を得意としている。芝はローカル。

距離	短マ	馬場	万	性格	普	成長力	普

トランセンド

2006年生●ワイルドアゲイン系

```
┌ *ワイルドラッシュ         ┌ *トニービン
└ シネマスコープ ───────── └ ブルーハワイ
```

24戦10勝／JCダート2回、フェブラリーS、南部杯。ドバイワールドC2着。
代表産駒／トランセンデンス（JBC2歳優駿2着）、プロバーティオ（ヒヤシンスS2着）。

4歳のJCダート（阪神ダ1800）と、5歳のフェブラリーSを逃げ切り。2011年の大震災から2週後、ドバイワールドCでも藤田伸二を背に逃げて、ヴィクトワールピサと叩き合いの2着に粘った。高速ダートに強かった。父ワイルドラッシュは米国のダートGIマイラー。産駒はダ1800型とダ1200型に分かれ、前者は牡馬、後者は牝馬に多い。大井も得意。

距離	短中	馬場	ダダ	性格	普	成長力	普

その他の種牡馬

その他の種牡馬

ドリームバレンチノ

2007年生●デヴィルズバッグ系

- *ロージズインメイ
  - コスモヴァレンチ
- *マイネルラヴ
  - イブキローマン

芝の短距離で勝ち星を積み上げ、5歳で函館スプリントSを制したのが重賞初勝利。このときひとつ年下のロードカナロアを負かしている。6歳で高松宮記念2着の後、ダートの交流重賞も走るようになり、7歳で盛岡開催のJBCスプリントに優勝。10歳まで現役だった。母コスモヴァレンチは小倉2歳Sに勝利。産駒はダート馬が中心で、中距離も走れる。

55戦12勝／JBCスプリント、東京盃、函館スプリントS、シルクロードS。

| 距離 | 短中 | 馬場 | ダ | 性格 | 普 | 成長力 | 普 |

ナカヤマフェスタ

2006年生、23年引退●サンデーサイレンス系

- ステイゴールド
  - ディアウィンク
- *タイトスポット
  - セイレイ

東スポ杯2歳Sを勝ち、不良のダービーは大外から4着。セントライト記念1着、菊花賞12着を経て、4歳で10年宝塚記念に優勝。フランスに遠征し、フォワ賞2着をステップに挑んだ重の凱旋門賞、ワークフォースとの一騎打ちになり、頭差の2着だった。翌年もフォワ賞4着、凱旋門賞11着。産駒は洋芝や短い直線、道悪の持久戦向き。高速上がりは不向き。

15戦5勝／宝塚記念、セントライト記念、東スポ杯2歳S。凱旋門賞2着。
代表産駒／ガンコ（日経賞）、バビット（セントライト記念）。

| 距離 | 中長 | 馬場 | 芝 | 性格 | 普 | 成長力 | 晩 |

ニシケンモノノフ

2011年生●デヴィルズバッグ系

- メイショウボーラー
  - グリーンヒルコマチ
- *アフリート
  - ツネノコトブキ

タイキシャトル→メイショウボーラーと続く父系がつながるか、本馬に懸かっている。北海道公営でデビューして、中央入り。脚抜きのいい速いダートでスピードを活かし、6歳のJBCスプリント（大井ダ1200）は、コパノリッキーとの接戦を制して短距離王者に。産駒も軽快なスピードを持ち、2歳から活躍。ダ1600も走れるほか、芝1600の入着もある。

42戦12勝／JBCスプリント、兵庫ジュニアGP、北海道スプリントC、兵庫ゴールドT。

| 距離 | 短マ | 馬場 | ダ | 性格 | 普 | 成長力 | 早 |

*ノボジャック

1997年生、20年引退●米●デピュティミニスター系

- *フレンチデピュティ
  - *フライトオブエンジェルス
- *アフリート
  - Intently

京王杯3歳S2着など芝で活躍した後、ダートの交流重賞を転戦して大成功。01年の黒船賞からJBCスプリント（盛岡ダ1200）まで短距離重賞を6連勝した。その後も僚馬ノボトゥルーと共に全国行脚を続け、群馬記念連覇など重賞計8勝。ノボの印籠に地方馬がひれ伏した。産駒の勝ちはダートの短距離が中心も、時々出る芝のスプリンターに要注意。

43戦11勝／JBCスプリント、東京盃、黒船賞、群馬記念、北海道スプリントC。
代表産駒／ブラゾンドゥリス（黒船賞）、ラブバレット（北海道スプリントC2着）。

| 距離 | 短マ | 馬場 | ダ | 性格 | 堅 | 成長力 | 普 |

ハクサンムーン

2009年生●フォーティナイナー系

- アドマイヤムーン
  - チリエージェ
- サクラバクシンオー
  - メガミゲラン

レース前にぐるぐる回旋するクセで人気を集め、スタートダッシュの速さはピカイチ。セントウルSの逃げ切りなど、短距離重賞を3勝したほか、4歳のスプリンターズSは逃げてロードカナロアの2着、6歳の高松宮記念はエアロヴェロシティの2着。近親にウインブライトのゲラン一族。21年7月にゲノムが小倉芝1200を勝ち、JRAの勝ち上がり1号に。

29戦7勝／セントウルS、アイビスSD、京阪杯。スプリンターズS2着、高松宮記念2着。

| 距離 | 短 | 馬場 | 万 | 性格 | 普 | 成長力 | 早 |

パドトロワ

2007年生、22年死亡●ミスタープロスペクター系

- スウェプトオーヴァーボード
  - グランパドゥ
- フジキセキ
  - スターバレリーナ

4歳のスプリンターズSは安藤勝己の4角先頭でカレンチャンの2着に残り、馬連万馬券。5歳夏にアイビスSDで復活すると、キーンランドCはダッシャーゴーゴーとハナ差の1分7秒6の逃げ切りレコード。母グランパドゥは01年中日新聞杯1着、祖母スターバレリーナ（ローズS）、近親ロゴタイプ（皐月賞）。産駒は2歳夏から走るスピード武器。

35戦9勝／アイビスSD、キーンランドC、函館スプリントS。
代表産駒／ダンシングプリンス（JBCスプリント）、エムティアン。

| 距離 | 短マ | 馬場 | 万 | 性格 | 普 | 成長力 | 早 |

* バトルプラン   Battle Plan

2005年生、21年引退／米●アンブライドルド系

```
┌*エンパイアメーカー ──────┌ Seeking the Gold
└ Flanders ──────────────└ Starlet Storm
```

6戦4勝／ニューオリンズH（GII・9F）。
代表産駒／ライオンボス（アイビスサマーダッシュ）、ブレスジャーニー（東京スポーツ杯）、マイネルシュバリエ（札幌2歳S2着）、アッシェンプッテル（クイーン賞2着）、モジアナフレイバー（東京大賞典3着）。

骨に問題があり初出走が3歳11月と遅く、4歳時は関節を痛め1戦で終え、満足に使えたのは5歳時のみ。ニューオリンズHを制した。父ベルモントS馬、母はBCジュヴェナイルフィリーズなどGI3勝の良血。ダートの勝ち鞍が大半ながら、重賞、OP級は芝馬という変わり種。牡馬は中距離、牝馬は1400以下。父の産駒同様に高齢馬の大駆けには注意が必要。

距離	短中	馬場	万	性格	普	成長力	普

バンブーエール

2003年生●ミスタープロスペクター系

```
┌*アフリート ──────────┌ Rainbow Quest
└*レインボーウッド ──────└ Priceless Fame
```

国内24戦10勝、海外1戦0勝／JBCスプリント、東京盃、クラスターC。
代表産駒／ダンツゴウユウ、サニーダンサー。

09年ドバイゴールデンシャヒーン4着（ダ1200・GI）の健闘が光る。中央では昇竜S、北陸Sなどダートのオープン5勝にとどまったが、交流重賞で活躍。08年の園田開催のJBCスプリント（ダ1400）では、スマートファルコンやブルーコンコルドを負かして逃げ切り、ダート短距離界の頂点に立った。母の兄にサラトガシックス。パワー型マイラー。

距離	短マ	馬場	ダ	性格	普	成長力	普

ヒルノダムール

2007年生、19年引退●サンデーサイレンス系

```
┌ マンハッタンカフェ ──────┌*ラムタラ
└ シェアエレガンス ────────└*メアリーリノア
```

21戦4勝／天皇賞・春、産経大阪杯。皐月賞2着。
代表産駒／アドレ。

皐月賞は直線一気でヴィクトワールピサの2着。ダービー9着、菊花賞7着。古馬になると好位を取れるようになり、大阪杯と春の天皇賞を連覇。そして藤田伸二とともに欧州遠征。フォワ賞2着をステップに挑んだ11年凱旋門賞はデインドリームの10着だった。日高のレガシーである母父ラムタラの血は貴重。祖母メアリーリノアはフランスのGIマイラー。

距離	中長	馬場	万	性格	堅	成長力	晩

フェノーメノ

2009年生、21年引退●ステイゴールド系

```
┌ ステイゴールド ────────┌*デインヒル
└*ディラローシェ ────────└ Sea Port
```

18戦7勝／天皇賞・春（2回）、青葉賞、セントライト記念、日経賞。
代表産駒／キタノオクトパス（ジャパンDD3着）。

左記の勝ち鞍のほか、ダービーでディープブリランテのハナ差2着。蛯名正義がダービージョッキーに最も近づいた瞬間だった。5歳の天皇賞・春は、キズナやゴールドシップを相手に2連覇を飾った。母の半兄にインディジェナス（99年ジャパンC2着）。産駒はダートの中長距離が主戦場も、牝馬は芝1800や芝2000も走る。総じて決め手は甘く、複向き。

距離	中長	馬場	ダ	性格	普	成長力	普

フサイチセブン

2006年生●ミスタープロスペクター系

```
┌ Fusaichi Pegasus ──────┌ Vice Regent
└*ディボーステスティモニー ──└ Angelic Song
```

19戦6勝／ダイオライト記念、阿蘇S。
代表産駒／ナイスドゥ。

当歳セレクトセールのお値段1億円、フサイチ華やかし頃の高額馬。ダートの中長距離で活躍し、阿蘇Sやダイオライト記念（船橋ダ2400）に勝利。アンタレスSとシリウスSの3着もある。産駒は芝1200の新馬を勝ち上がるなど、芝でも走る。父フサイチペガサスは日本人馬主として初めて、ケンタッキー・ダービーに優勝。牝系は名種牡馬族のバラード系。

距離	短中	馬場	万	性格	普	成長力	早

フリオーソ

2004年生●ロベルト系

```
┌*ブライアンズタイム ──────┌ Mr. Prospector
└*ファーザ ──────────────└ Baya
```

39戦11勝／帝王賞2回、川崎記念、ジャパンダートダービー、全日本2歳優駿、かしわ記念など、交流GIを6勝。
代表産駒／タイキフェルヴール（師走S）、ヒカリオーソ（川崎記念2着）。

2007年、08年、10年、11年のNAR年度代表馬。船橋の名伯楽、故・川島正行調教師の代表馬で、ダーレーがJRAの馬主資格を取れなかった時代の名馬。中央では芝スタートにとまどったフェブラリーSの猛追2着がある。3代母の全姉トリプティク（GIを9勝）、近親トレヴ（凱旋門賞）。産駒はダ1800から2400で堅実。人気馬を軸にするのが効率良し。

距離	中長	馬場	ダダ	性格	堅	成長力	晩

その他の種牡馬

縦書き見出し: その他の種牡馬

* プリサイスエンド　Precise End

1997年生、21年死亡／米●フォーティナイナー系

┌ *エンドスウィープ ── ┌ Summing
│ Precisely ─────── └ Crisp'n Clear

9戦4勝／ベイショアS（GⅢ・7F）。
代表産駒／カフジテイク（根岸S）、グロリアスノア（根岸S）、メイショウウタゲ（アハルテケS）、トキノゲンジ（NST賞）、シェアースマイル（エーデルワイス賞）、オーバースペック（新潟2歳S2着）、ビゾンテノブファロ（ジュニアC3着）。

カナダでデビューし、アメリカには2、3歳時に遠征。クラシックの裏路線ベイショアSで重賞制覇を果たし、続くウィザーズSGⅢが2着。2歳5月デビューから1年に満たない現役生活だが、4着以下なしの堅実派だった。父の産駒にアドマイヤムーン。かつては2歳芝短距離路線を賑わしていたが、晩年の産駒はダート一辺倒。高齢になっても渋く走る。

距離	短	馬場	ダ	性格	普	成長力	普

プレティオラス

2009年生●ストームバード系

┌ *フィガロ ──────── ┌ ダンスインザダーク
│ ユーロペ ─────── └ レナセレナータ

38戦7勝／東京ダービー、東京記念（2回）、大井記念。

12年の東京ダービー（大井ダ2000）を最後方から差し切り。13年と15年の東京記念（大井ダ2400）も勝利。中央に移籍して芝の重賞に挑んだ時期もあった。サンシャイン牧場のオーナー・ブリーディングホースで、父フィガロは97年の朝日杯3歳S3着。1年目産駒6頭の中から、門別の2歳重賞の勝ち馬コルドウアンが登場。仕上がりの早いスピードを持つ。

距離	短中	馬場	ダ	性格	普	成長力	早

* ベーカバド　Behkabad

2007年生／仏●グリーンデザート系

┌ Cape Cross ─── ┌ Kris
│ Behkara ────── └ Behera

11戦6勝／パリ大賞（GI・2400M）、ニエル賞（GⅡ・2400M）など仏重賞4勝。
代表産駒／ダブルシャープ（札幌2歳S3着）、デアフルーグ（伏竜S）、タイセイアベニール（函館スプリントS3着）、シンボ（北海優駿2着）。

ニエル賞はヴィクトワールピサにアタマ差競り勝ち。凱旋門賞はワークフォースの4着。父の産駒にシーザスターズ（英二冠、凱旋門賞）。本格的欧州血統ながら日本ではありがちな、力任せに走れる短距離かスタミナを活かせる中距離以上で勝ち鞍を上げている。勝ち味に遅く、なおかつ晩成型とみられ、上級条件で積極的に狙えるのは古馬になってから。

距離	短中	馬場	万	性格	普	成長力	晩

* ヘニーハウンド

2008年生／米●ストームバード系

┌ *ヘニーヒューズ ──── ┌ Crusader Sword
│ Beautiful Moment ── └ Proud Minstrel

32戦4勝／ファルコンS、オパールS。
代表産駒／サンマルセレッソ。

父ヘニーヒューズが輸入される前の米国での初年度産駒。2戦目で阪神芝1200のファルコンSを勝ち、NHKマイルCは12着だった。6歳の京都芝1200のオパールSで1分6秒7のレコード勝ち。母の父クルセイダーソードはホープフルS（米2歳GI・ダ6.5F）、ダマスカスの父系。芝ダート兼用のスピード型。21年にアッミラーレらと同じ青森の牧場に。

距離	短マ	馬場	ダ	性格	狂	成長力	早

ペルーサ

2007年生、20年引退●サンデーサイレンス系

┌ ゼンノロブロイ ──── ┌ Candy Stripes
│ *アルゼンチンスター ── └ *ディフェレンテ

28戦5勝／青葉賞、若葉S。天皇賞・秋2着。
代表産駒／ラベルーズ（ヒヤシンスS）。

新馬から無傷の4連勝で2010年青葉賞1着。藤沢和雄調教師に悲願のダービーをと期待されたが、ダービーにエイシンフラッシュの6着。天皇賞・秋は3歳でブエナビスタの2着、4歳でトーセンジョーダンの3着。牝系はアルゼンチンの名門。1年目の産駒は2歳で6頭デビューし、3頭が勝ち上がり。ラベルーズがダートのオープンを勝ち、可能性を広げた。

距離	マ中	馬場	ダ	性格	普	成長力	晩

ベルシャザール

2008年生●キングマンボ系

┌ キングカメハメハ ──── ┌ *サンデーサイレンス
│ マルカキャンディ ──── └ *ジーナロマンティカ

18戦6勝／ジャパンカップダート、武蔵野S。日本ダービー3着。
代表産駒／シャイニーロック（リゲルS）。

オルフェーヴル世代で、不良馬場のダービーを3着。骨折休養後はダート路線に転じ、阪神ダ1800のJCダート制覇。2013年の最優秀ダートホース。母マルカキャンディは府中牝馬S1着。産駒はダートの1700と1800を中心に、堅実な走りを繰り返し、2、3、4着が多い。長距離もいい。仕上がりは遅めで、3歳春の未勝利クラスを勝ち上がる馬が中心。

距離	マ中	馬場	ダ	性格	堅	成長力	晩

ポアゾンブラック

2009年生●ミスタープロスペクター系

```
┌*マイネルラヴ              ┌*チーフベアハート
サンライトチーフ            └サンライトコール
```

33戦12勝／エニフS、マイルCh南部杯2着。
代表産駒／イチネンエーグミ。

園田の兵庫ダービー2着の後、中央入りして阪神ダ1400のエニフS1着、盛岡ダ1600のGI南部杯でベストウォーリアの2着。マイネルラヴ産駒らしく、中山芝1200のオープン特別勝ちもある。21年の新馬戦が門別で始まるや、勝ち馬が出て、中央でもダ1150の新馬勝ち。軽快なスピードと早熟性を発揮している。ダート馬中心も、短距離なら芝でも要注意。

距離	短マ	馬場	ダ	性格	普	成長力	早

* ホワイトマズル

White Muzzle

1990年生、17年死亡／英●リファール系

```
┌*ダンシングブレーヴ         ┌Ela-Mana-Mou
Fair of The Furze           └Autocratic
```

17戦6勝／伊ダービー（GI・2400M）、ドーヴィル大賞（GI・2500M）。
代表産駒／イングランディーレ（天皇賞・春）、アサクサキングス（菊花賞）、ニホンピロアワーズ（JCダート）、スマイルトゥモロー（オークス）。
母の父／スマートレイアー（京都大賞典）、カツジ（ニュージーランドT）。

伊ダービー後は英仏のGIに挑戦。"キングジョージ"、凱旋門賞でそれぞれ2着となった。4歳時の凱旋門賞では武豊を鞍上に迎えたが、その騎乗方法について物議を醸した。父の産駒に桜花賞テイエムオーシャン。母の父は"キングジョージ"の勝ち馬。逃げるにしても追い込むにしてもハイペースで持ち味を発揮した。高齢になっても衰えない。

距離	中長	馬場	万	性格	普	成長力	普

* マクマホン

Mac Mahon

2014年生／伊●トライマイベスト系

```
┌Ramonti                   ┌Celtic Swing
Miss Sultin               └Miss Caerleon
```

10戦5勝／伊ダービー（GII・2200M）、カタール・ダービー（GI・2000M）。
ローマ賞（GII・2000M）2着。
代表産駒／スタンレー（名古屋・中京ペガスターC）、トーセンアウローラ。

"トーセン"の島川隆哉氏が所有し、イタリアとカタールのダービーを制した。父はクイーンエリザベス2世S、香港CなどGI5勝。サトノクラウンと同父系。6月末現在、勝ち馬は中央1頭だが、地方では新潟2歳Sに挑戦したスタンレーら数頭を送り出している。小倉の未勝利を圧勝したトーセンアウローラのように、勝ち上がるには時計の助けが必要か。

距離	中	馬場	ダ	性格	普	成長力	普

* マスクゾロ

2011年生／米●ミスタープロスペクター系

```
┌Roman Ruler               ┌Giant's Causeway
Saravati                  └Our Dani
```

16戦7勝／シリウスS。

アメリカ生まれの外国産馬で、阪神ダ2000のシリウスSや、中京ダ1800のジュライCなど、ダート中距離を7勝。現役時代の馬体重は530キロ以上を誇った。父ローマンルーラーはハスケル招待H（米ダGI・9F）を勝ち、産駒は米国のベルモントSや、アルゼンチンのGIを勝利。その父フサイチペガサス（ケンタッキーダービー）からつながるダート父系。

距離	マ中	馬場	ダダ	性格	普	成長力	普

マンハッタンカフェ

1998年生、2015年死亡●サンデーサイレンス系

```
┌*サンデーサイレンス         ┌Law Society
└サトルチェンジ             └Santa Luciana
```

12戦6勝／菊花賞、有馬記念、天皇賞・春。
代表産駒／ヒルノダムール（天皇賞・春）、ジョーカプチーノ（NHKマイルC）、クイーンズリング（エリザベス女王杯）、グレープブランデー（フェブラリーS）。

3歳夏の札幌で芝2600を連勝すると、セントライト記念4着を経て、01年菊花賞を優勝。スローの内で折り合い、蛯名正義の手綱で鋭く差し切った。続く有馬記念も上がり33秒9で古馬を一蹴。天皇賞・春はジャングルポケットやナリタトップロードを抑えて優勝。秋は凱旋門賞に挑戦するが、体調不良で13着だった。半兄エアスマップ、近親ブエナビスタ。

距離	中長	馬場	芝	性格	堅	成長力	晩

ミュゼスルタン

2012年生●キングマンボ系

```
┌キングカメハメハ           ┌*フレンチデピュティ
└アスクデピュティ           └マルカコマチ
```

7戦3勝／新潟2歳S。
代表産駒／ユングヴィ（京王杯2歳S3着）。

新馬はソールインパクトを負かし、新潟2歳Sは後方一気で1分33秒4のレコード勝ち。故障で7ヶ月を棒に振ったが、それでも15年NHKマイルC3着、ダービー6着したのだから、潜在能力の高さが知れる。母アスクデピュティは07年の紫苑S3着。祖母マルカコマチは99年の京都牝馬特別1着。1年目は4頭だった種付けが、4年目の2020年は20頭に増加。

距離	マ中	馬場	芝	性格	普	成長力	普

その他の種牡馬

その他の種牡馬

* ヨハネスブルグ　　Johannesburg

1999年生／米●ストームキャット系

```
┌*ヘネシー          ┌*オジジアン
└Myth              └Yarn
```

10戦7勝／BCジュヴェナイル（GI・8.5F）、ミドルパークS（GI・6F）、フェニックスS（GI・6F）、モルニ賞（GI・1200M）。
代表産駒／スキャットダディ（種牡馬）、ネロ（京阪杯）、エイティーンガール（キーンランドC）、ナムラカメタロー（佐賀記念）。

2歳時は7戦7勝。英、愛、仏のGIを制し、アメリカへ遠征してのBCジュヴェナイルも勝利した。3歳時はケンタッキー・ダービーに出走するも8着だった。仕上がりの早さが"売り"ながら、晩年は高齢馬の一発も多し。得意重賞、コースなど十八番を持つ産駒には近走に関係なく注意。孝行息子スキャットダディが大成功。一大父系に発展している。

| 距離 | 短中 | 馬場 | ダ | 性格 | 普 | 成長力 | 普 |

ラブイズブーシェ

2009年生●サンデーサイレンス系

```
┌マンハッタンカフェ    ┌メジロマックイーン
└ローリエ            └ナカミシュンラン
```

32戦6勝。函館記念。

母父メジロマックイーンらしく、4歳で本格化した遅咲きの中距離馬。5歳で目黒記念2着、函館記念1着。一時は凱旋門賞遠征プランも持ち上がった。勢いに乗って秋の天皇賞でも、スピルバーグと0秒2差の4着に食い込んだ。種牡馬入り当初は熊本の本田牧場で繋養され、4年目から北海道へ。産駒は小倉の芝1200の2歳戦によく出てくるが合わない。

| 距離 | 中長 | 馬場 | 万 | 性格 | 普 | 成長力 | 晩 |

リヤンドファミュ

2010年生、21年引退●サンデーサイレンス系

```
┌ステイゴールド      ┌メジロマックイーン
└オリエンタルアート   └エレクトロアート
```

24戦4勝。若駒S。

全兄オルフェーヴル（三冠）、ドリームジャーニー（有馬記念、宝塚記念）。京都芝2000の若駒Sを差し切り、クラシックに乗りかけたが故障。復帰後は準オープンの芝2000と芝2400を勝利。種牡馬入りにあたってクラウドファンディングが行われ、約387万円を集めた。ドリジャ産駒のように長距離や重馬場での一変に期待。1年めは地方で3頭が勝ち上がり。

| 距離 | 短中 | 馬場 | 万 | 性格 | 普 | 成長力 | 普 |

---

* ルックスザットキル　　Looks That Kill

2012年生／米●ストームキャット系

```
┌Wildcat Heir      ┌Two Punch
└Carol's Amore     └Lady Bering
```

23戦9勝。アフター5スター賞。

南関東公営を中心に走り、ダート短距離で9勝。大井重賞のアフター5スター賞（ダ1200）を逃げ切るなど、スピードが武器だった。16年の東京スプリントでコーリンベリーの5着がある。父ワイルドキャットエアは米国のダート6FのGIホース。その父フォレストワイルドキャットの日本での代表産駒にエーシンフォワード（マイルCS）。2歳戦向き。

| 距離 | 短マ | 馬場 | ダ | 性格 | 普 | 成長力 | 早 |

レインボーライン

2013年生、22年引退●サンデーサイレンス系

```
┌ステイゴールド      ┌*フレンチデピュティ
└レーゲンボーゲン     └レインボーファスト
```

22戦5勝。天皇賞・春、阪神大賞典、アーリントンC。

3歳でアーリントンC1着、NHKマイルC3着したときはマイラーかと思われたが、菊花賞2着、4歳で不良の秋天3着。5歳で本格化して、岩田父を背に阪神大賞典と天皇賞・春を連勝したステイヤーだった。母系にアンバーシャダイの血を持つ。距離延長で浮上する重賞級の晩成タイプや、道悪の鬼が出るか。1年目産駒から、水沢のダ1600の重賞勝ち馬が出た。

| 距離 | マ中 | 馬場 | 万 | 性格 | 普 | 成長力 | 晩 |

レーヴミストラル

2012年生●キングマンボ系

```
┌キングカメハメハ    ┌Highest Honor
└*レーヴドスカー     └Numidie
```

17戦4勝／青葉賞、日経新春杯。

芝2400重賞を2勝、15年日本ダービーはドゥラメンテの9着。半姉レーヴディソール（阪神JF）、半兄アプレザンレーヴ（青葉賞）、半兄レーヴドリアン（きさらぎ賞2着）。母はフランスの芝2000GI・サンタラリ賞に優勝。母の父はグレイヴリン系。血統構成はルーラーシップやホッコータルマエを連想させるが、産駒は芝で勝ちきれず、ダートに活路。

| 距離 | マ中 | 馬場 | 万 | 性格 | 普 | 成長力 | 普 |

レッドスパーダ

2006年生、22年死亡●ヘイロー系

```
┌ タイキシャトル          ┌ Storm Cat
└ *バービキャット         └ Barbarika
```

27戦7勝／京王杯SC、東京新聞杯、関屋記念。NHKマイルC2着。
代表産駒／テイエムスパーダ（セントウルS）、クラヴィスオレア、ソウルトレイン。

父タイキシャトルと同じ藤沢和雄調教師に育てられ、3歳でNHKマイルC2着。4歳で東京新聞杯を制するも、以後は大型馬ゆえの脚元の不安との戦いが続く。7歳でパラダイスSと関屋記念を連勝。これが3年5ヶ月ぶりの勝ち星だった。近親カーリンは米国の07、08年の年度代表馬。産駒は芝1400～2000向き。ダートも走れるはずだが、現状は不振。

距離	マ中	馬場	芝	性格	普	成長力	早

ローエングリン

1999年生●サドラーズウェルズ系

```
┌ シングスピール         ┌ Garde Royale
└ *カーリング           └ Corraleja
```

48戦10勝／中山記念2回、マイラーズC2回。ムーランドロンシャン賞2着（仏GI・芝1600M）、宝塚記念3着。
代表産駒／ロゴタイプ（安田記念）、カラクレナイ（フィリーズレビュー）、トーセンスーリヤ（新潟大賞典）。

皐月賞もダービーも抽選で除外の後、3歳で出走した宝塚記念は逃げて3着。4歳で後藤浩輝を鞍上に、中山記念とマイラーズCを連勝。その後、伊藤正徳師と師弟の縁が切れかけた後藤だったが、8歳で再び中山記念に勝利したドラマあり。母カーリングは95年の仏オークス、ヴェルメイユ賞。産駒は洋芝と相性が良く、一時不振でも古馬になって復活がある。

距離	マ中	馬場	芝	性格	普	成長力	強

ローズキングダム

2005年生、18年引退●キングマンボ系

```
┌ キングカメハメハ        ┌ *サンデーサイレンス
└ ローズバド            └ ロゼカラー
```

25戦6勝／ジャパンC、朝日杯FS、神戸新聞杯、京都大賞典、東スポ杯2歳S。ダービー2着、菊花賞2着。
代表産駒／ロザムール（七夕賞2着）、アンブロジオ（クロッカスS2着）。

3連勝で09年の朝日杯FSを制し、皐月賞4着、ダービーはエイシンフラッシュの2着、菊花賞も2着。ジャパンCも2着入線だったが、ブエナビスタの斜行降着で1着に繰り上がった。母ローズバドはオークス2着、秋華賞2着など、近親スタニングローズの薔薇一族。自身も母も2着が多かったが、産駒も2着が多い。人気になりにくいタイプで、ヒモ穴向き。

距離	マ中	馬場	芝	性格	堅	成長力	普

ローレルゲレイロ

2004年生●リファール系

```
┌ キングヘイロー         ┌ *テンビー
└ ビッグテンビー        └ モガミヒメ
```

31戦5勝／高松宮記念、スプリンターズS、阪急杯、東京新聞杯。NHKマイルC2着、朝日杯FS2着。
代表産駒／アイライン（パラダイスS3着）。

飛ばして粘るも勝ち切れず、NHKマイルCを終えて早くも重賞2着が5回。4歳でマイル重賞を2つ、5歳で芝1200のGIを両方とも制して頂点に立った。他の騎手を威圧するような藤田伸二の逃げがハマった。父キングヘイローの代表産駒。5代母クリヒデは昭和37年の天皇賞馬。産駒も1200と1400でムラ駆けのダ芝兼用型。3着が多いので3連複向き。

距離	短マ	馬場	万	性格	狂	成長力	普

ロジユニヴァース

2006年生●サンデーサイレンス系

```
┌ ネオユニヴァース        ┌ Cape Cross
└ アコースティクス       └ ソニック
```

10戦5勝／ダービー、弥生賞、札幌2歳S、ラジオNIKKEI杯2歳S。
代表産駒／ロジティナ、ロジベルレスト。

新馬から弥生賞まで、ゆったりローテで4戦4勝。しかし皐月賞は単勝1.7倍で14着。ダービーは不良馬場の中、先に抜け出したリーチザクラウンをかわして優勝。横山典弘は悲願のダービージョッキーに。産駒の勝ち鞍の中心はダ1600から2100。芝は時計のかかる馬場に向き、3着の多さが特徴。近親ディアドラ、3代母ソニックレディは愛1000ギニー優勝。

距離	マ中	馬場	ダ	性格	普	成長力	普

*ワークフォース

Workforce

2007年生／英●キングマンボ系

```
┌ *キングズベスト        ┌ Sadler's Wells
└ Soviet Moon          └ Eva Luna
```

9戦4勝／英ダービー（GI・12F）、凱旋門賞（GI・2400M）。
代表産駒／ディバインフォース（ステイヤーズS）、メイショウケイメイ（紅梅S）、アドマイヤウイナー（青葉賞3着）、アトミックフォース（新潟記念2着）。

英ダービーはコースレコードで圧勝。凱旋門賞はナカヤマフェスタをアタマ差抑えて優勝。キングズベスト、サドラーズウェルズにリボー系アレッジドの本格的欧州血統。ゆえに日本の軽い馬場に対応出来ずに2017年に輸出。残された産駒は北の2600で糊口を凌ぐほかないか。ただし、母系に入って大一番での影響力を強める可能性はある。それを待つ。

距離	中長	馬場	万	性格	普	成長力	晩

アーネストリー 父／グラスワンダー
6歳時の宝塚記念でブエナビスタを封じてレコード勝ち。産駒はダート短距離の傾向が強く、父の母の父ダンジグの影響を感じる。

アイファーソング 父／ソングオブウインド
ダ1800の重賞アンタレスS2着。父はエルコンドルパサー産駒の菊花賞馬という貴重なサイアーライン。23年に産駒が初勝利。

アグニシャイン 父／ハービンジャー
父の後継の第1号。現役時はわずか1勝も、祖母レディブロンド、近親ディープインパクトの良血が買われてスタッドイン。

アスカクリチャン 父／スターリングローズ
ダート血統ながら5歳の七夕賞を14番人気、6歳のアルゼンチン共和国杯を7番人気で快勝。浦和記念勝ちのクリノドラゴンが出た。

アドマイヤコジーン 父／Cozzene
無敗で朝日杯3歳Sを勝つも、2度にわたる骨折で1年半の休養。復帰後、6歳で安田記念勝ち。17年死亡。後継にスノードラゴン。

アロマカフェ 父／マンハッタンカフェ
10年のラジオNIKKEI賞勝ち馬。柱母の半姉プロケード。カフェの冠の西川オーナーの持ち馬が中心で、ローカル向き。

エイシンサンディ 父／サンデーサイレンス
不出走で3歳から種牡馬入り。公営の活躍馬を多数出して名を上げ、売れっ子に。持久力あり。現在は母の父として活躍中。

エーシンシャラク 父／タイキシャトル
エイシンヒカリの半兄。近親にフェアリーS勝ちスマイルカナ。中央では芝・ダ1200mを中心に活躍した。ひまわり賞に期待。

エーシンフォワード 父／Forest Wildcat
3歳春からマイル重賞戦線で活躍し、5歳でマイルCSを勝ってGIウイナーの仲間入り。ロードエースが中央ダート短距離で4勝。

オウケンブルースリ 父／ジャングルポケット
貴重なトニービン直系のサイアーライン。3歳4月デビューで夏に躍進し、菊花賞を制する。3代母はミスタープロスペクターの半妹。

ガルボ 父／マンハッタンカフェ
2歳から7歳まで長く活躍して、重賞4勝。少ない産駒から中央3勝馬を複数出し、春天にも出走を果たす。高知では二冠馬も誕生。

ギンザグリングラス 父／メジロマックイーン
日本で唯一残るヘロド系の種牡馬。父系を守るべく、熱心なファンの手で種牡馬入りし、20、21年は5頭、22年は2頭に種付け。

クラウンレガーロ 父／グラスワンダー
12年のデイリー杯2歳S2着、13年の若葉S2着。近親にアリゼオ。実質、クラウンの自家種牡馬。23年夏時点で中央未勝利。

グランシルク 父／ステイゴールド
父の産駒には珍しくマイルを得意とし、15年NHKマイルC5着、17年京成AH1着。千葉県の牧場で種牡馬入り。

クリーンエコロジー 父／キングカメハメハ
中央芝で5勝をあげたあと、ホッカイドウ競馬へ転厩。11年のBCクラシックを勝ったドロッセルマイヤーと祖母が同じ。

コメート 父／ブラックタイド
15年ダービーを16番人気で粘り、ドゥラメンテの5着。ダービー初騎乗の嘉藤は検量室で男泣き。22年から産駒の中央出走なし。

サウンドスカイ 父／ディープスカイ
15年にデビューし、未勝利から全日本2歳優駿まで4連勝も、その後は鳴かず飛ばず。ダービー馬ディープスカイの貴重な後継。

サクラゼウス 父／サクラバクシンオー
中央4戦2勝、ファルコンS3着のあと、屈腱炎で3年近くブランクを余儀なくされるも、高知で復帰し12戦12勝。

サドンストーム 父／ストーミングホーム
京王杯2歳S2着、京都杯2着、高松宮記念4着などの実績を持つスプリンター。半兄ラッキーナインは香港の短距離王者。

シゲルカガ 父／パイロ
ダート1200の交流GⅢ北海道スプリントC1着。2、3歳時は芝1200でも快速の逃げを見せた。産駒はダート短距離向き。

ジュンツバサ 父／ステイゴールド
15年のセントライト記念で人気薄の3着。菊花賞はキタサンブラックの10着。母系はスピード型で、産駒もマイル前後を好走。

シングンオペラ 父／オペラハウス
生まれ故郷で種牡馬入りし、オーナーの馬に1頭ずつ種付け。その産駒が2年連続中央で勝ち上がり、種付けは最大8頭まで増えた。

スノードラゴン 父／アドマイヤコジーン
新潟開催のスプリンターズSを単勝46.5倍の勝利。ダ1200重賞でも活躍。カロの父系で、東海ダービー2着のツミキヒツジが出た。

セレスハント 父／コロナドズクエスト
北海道スプリントCなど交流重賞を4勝。父はフォーティナイナー直仔で、ダート短距離向き。産駒は主に地方で活躍中。

ダブルスター 父／シニスターミニスター
半姉ラブミーチャンはNAR年度代表馬。門別、川崎など地方での勝ち上がり率は高い。アストライオスがJRA認定カペラ賞3着。

ダンスディレクター 父／アルデバランⅡ
シルクロードSを連覇するなど、芝短距離の差し馬だった。祖母の全兄ウイニングチケット。23年夏時点で中央、地方とも未勝利。

テイエムジンソク 父／クロフネ
東海S、みやこSとダート中距離重賞2勝。17年チャンピオンズCでゴールドドリームの2着。主戦は古川。産駒は主に佐賀で活躍。

ナムラタイタン 父／サウスヴィグラス
武蔵野など中央9勝、地方12勝のダートマイラー。ダートの名種牡馬だった父の貴重な後継。ブンブンマルが名古屋重賞4勝。

ニホンピロアワーズ 父／ホワイトマズル
12年JCダート、14年東海Sなどダートのスタミナ自慢。数少ない中央所属産駒のなかからシゲルホサヤクがオープン入りした。

ハイアーゲーム 父／サンデーサイレンス
04年の青葉賞、07年の鳴尾記念を勝利。青葉賞後のダービーではキングカメハメハを負かしにいき3着。産駒はダートも走る。

ハギノハイブリッド 父／タニノギムレット
14年の京都新聞杯1着、15年函館記念2着。近親にレッドファルクス、スティンガー。ブライアンズタイムの父系を残せるか。

バンドワゴン 父／ホワイトマズル
新馬とエリカ賞を圧勝して、ダービー候補と呼ばれたが頓挫。半弟スワーヴリチャード。産駒はダート1800に合う。

メジロダイボサツ 父／ディープインパクト
母メジロドーベルはオークス、秋華賞などGIを5勝の夢配合。現役時は芝長距離を1勝。産駒の中央初勝利は障害レース。

ルースリンド 父／エルコンドルパサー
地方でデビューした産駒が高確率で勝ち上がり、なかでもストウディウム、ヤマショウブラックがそれぞれ重賞4勝をあげる。

レガーロ 父／Bernardini
父は米国GIを3勝のエーピーインディ系。2頭しかいない初年度産駒の1頭アウトレンジが中央ダートで2勝。

ロードアルティマ 父／Seeking the Gold
現役時は故障に悩まされつつも芝1400～1600mを中心に6勝をあげた。産駒は早熟の短距離型で上限は1700m。

ワイルドワンダー 父／ブライアンズタイム
アンタレスSなどダート重賞を3勝、08年フェブラリーS3着。産駒の中央での勝利はダート1000～2400mと幅広い。

ワンダーアキュート 父／カリズマティック
JBCクラシックに勝ち、帝王賞に勝ち、GIの2着と3着が計15回！ 父は米三冠達成寸前で故障。アキュートガールが園田重賞勝利。

血統表に名を残す名種牡馬

アグネスタキオン

1998年生、09年死亡●サンデーサイレンス系

- *サンデーサイレンス ── *ロイヤルスキー
- アグネスフローラ ── アグネスレディー

4戦4勝／皐月賞、弥生賞、ラジオたんぱ杯3歳S。
代表産駒：ディープスカイ（ダービー）、ダイワスカーレット（桜花賞）、キャプテントゥーレ（皐月賞）。
母の父：ノンコノユメ（フェブラリーS）、ワイドファラオ（ニュージーランドT）。

00年ラジオたんぱ杯は、伝説の2歳重賞と語り継がれる。2着に翌年のダービーとジャパンCを制するジャングルポケット、3着にNHKマイルCとJCダートを制するクロフネ。この両馬をデビュー2戦目で完封したのが、アグネスタキオンだ。無敗で皐月賞を完勝、ダービーを前に引退した。産駒は1600〜2000Mが得意。晩年の産駒はダート中距離型が多い。

距離	マ中	馬場	芝	性格	堅	成長力	早

* アフリート

Afleet

1984年生、14年死亡／加●ミスタープロスペクター系

- Mr. Prospector ── Venetian Jester
- Polite Lady ── Friendly Ways

15戦7勝／ジェロームH（GI・8F）など重賞5勝。
代表産駒：プリモディーネ（桜花賞）、スターリングローズ（JBCスプリント）、バンブーエール（JBCスプリント）、ドモナラズ（七夕賞）、サカラート（東海S）。
母の父：ニシケンモノフ（JBCスプリント）モルトベーネ（アンタレスS）。

3歳夏までカナダで走り、その後はアメリカを転戦した。近親にカナダの活躍馬多数。プリモディーネ、驚きのドモナラズなど芝の重賞勝ち馬を出したが、晩年はダートに集中。格上相手の番狂わせこそ少ないが、自分の能力を常に引き出す安定感は抜群。特に湿ったダ1400では四の五の言わずに買いだ。高齢になっても一線級で走る息の長さも自慢どころ。

距離	短マ	馬場	ダ	性格	普	成長力	普

* ウォーエンブレム

War Emblem

1999年生、20年死亡／米●ミスタープロスペクター系

- Our Emblem ── Lord at War
- Sweetest Lady ── Sweetest Roman

13戦7勝／ケンタッキー・ダービー（GI・10F）、プリークネスS（GI・9.5F）。
代表産駒／ブラックエンブレム（秋華賞）、ローブティサージュ（阪神JF）、オールブラッシュ（川崎記念）、シビルウォー（名古屋GP）、ウォータクティクス（アンタレスS）、ショウナンアルバ（共同通信杯）。

米二冠馬。三冠のかかったベルモントSは8着。父は名牝パーソナルエンサインの仔。母系近親に目立った活躍馬はいない。牝馬嫌いとあって、種付けに手こずり、それでも少ない産駒からGI勝ち馬を送り出したのは、ちがった意味でりっぱなものを持っていた。産駒はスピードを持続する能力に長け、芝の高速馬場に強かった。

距離	マ中	馬場	万	性格	普	成長力	普

* エルコンドルパサー

1995年生、02年死亡／米●キングマンボ系

- Kingmambo ── Sadler's Wells
- *サドラーズギャル ── Glenveagh

11戦8勝／ジャパンC、NHKマイルC、サンクルー大賞（仏GI・2400M）。
代表産駒／ヴァーミリアン（JCダート）、ソングオブウインド（菊花賞）。
母の父／マリアライト（エリザベス女王杯）、クリソベリル（チャンピオンズC）、リアファル（神戸新聞杯）、クリソライト（ジャパンダートダービー）。

新馬からNHKマイルCまで5連勝。毎日王冠はサイレンススズカの逃げ切りを許すも、ジャパンCを3歳で優勝。翌年は欧州GIも制し、凱旋門賞では果敢に逃げてモンジューと一騎打ちの2着。現地メディアに「王者が2頭いた」と讃えられた。近親のサドラーズウェルズやヌレイエフが複雑に絡み合う配合。わずか3世代の産駒から一流馬を輩出した。

距離	中長	馬場	万	性格	普	成長力	強

* エンドスウィープ

End Sweep

1991年生、02年死亡／米●フォーティナイナー系

- *フォーティナイナー ── Dance Spell
- Broom Dance ── Witching Hour

18戦6勝／ジャージーショアBCS（GIII・7F）。
代表産駒／アドマイヤムーン（ジャパンC）、スイープトウショウ（宝塚記念）。
母の父／トーセンスターダム（きさらぎ賞）、ナムラビクター（アンタレスS）、ゲシュタルト（京都新聞杯）。

自身は短距離路線の中堅級で、輸入前の産駒もスプリンターで占められていた。ところが日本での産駒は1600〜2400をこなすどころか、マイル、中距離の芝GIを勝つのだから、恐れ入った。アドマイヤムーンに代表されるように、ためが利いたときの差し脚は一級品。母の父としてもトーセンスターダム、ナムラビクターを出し、俄然注目を浴びている。

距離	短マ	馬場	万	性格	普	成長力	普

血統表に名を残す名種牡馬

* エンパイアメーカー

Empire Maker

2000年生、20年死亡／米●アンブライドルド系

- Unbridled
  - El Gran Senor
- Toussaud
  - Image of Reality

8戦4勝／ベルモントS（GI・12F）、などGI3勝。
代表産駒／フェデラリスト（中山記念）、エテルナミノル（愛知杯）。イジゲン（武蔵野S）、ヒストリーメイカー（プロキオンS2着）、スマートダンディー（北海道スプリントC2着）、シャンパンクーペ。

ベルモントSでは二冠馬ファニーサイドを撃破。種牡馬としては北米で10頭を超えるGI馬を出し、三冠馬アメリカンファラオの父の父としても名声を博した。芝重賞好走馬を出したものの、現状はダート。中距離を中心に力のいる馬場向きか、軽い馬場向きか見分けつつ、狙うのが正解。大敗後の大駆けがあり、常に警戒は必要。高齢といって侮るなかれ。

距離	中	馬場	ダ	性格	普	成長力	普

* オペラハウス

Opera House

1988年生、16年死亡／英●サドラーズウェルズ系

- Sadler's Wells
  - High Top
- Colorspin
  - Reprocolor

18戦8勝／"キングジョージ"（GI・12F）など重賞6勝。
代表産駒／テイエムオペラオー（ジャパンC）、メイショウサムソン（ダービー）、ミヤビランベリ（目黒記念）、アクティブバイオ（目黒記念）。
母の父／メジャーエンブレム（NHKマイルC）、リッカルド（エルムS）。

5歳時には"キングジョージ"などイギリス前半の主要中距離のGI3レースの完全制覇を果たしている。母は愛オークス馬。本格的欧州血統らしく、アベレージよりも常にホームラン狙い。強い産駒はとことん強い。一方で、目黒記念を勝つようないぶし銀も輩出。中山＆東京芝2500、ローカル芝2600は得意コース。高齢になってもタフに走り続けた。

距離	中長	馬場	芝	性格	普	成長力	強

キングヘイロー

1995年生、19年死亡●リファール系

- *ダンシングブレーヴ
  - Halo
- *グッバイヘイロー
  - Pound Foolish

27戦6勝／高松宮記念、中山記念、東京スポーツ杯3歳S、東京新聞杯。
代表産駒／カワカミプリンセス（オークス、秋華賞）、ローレルゲレイロ（高松宮記念、スプリンターズS）、ダイアナヘイロー（阪神C）。
母の父／イクイノックス（有馬記念）、ピクシーナイト（スプリンターズS）。

スペシャルウィーク、セイウンスカイと3強のクラシックは、皐月賞2着、ダービー14着、菊花賞5着。折り合いを欠いて逃げたダービーの福永の騎乗は批判の的に。柴田善に乗り替わり、紆余曲折の末に5歳の高松宮記念でタイトル奪取。父は凱旋門賞など80年代の欧州名馬。母は米GIを7勝。近年の産駒は牡馬がダート、牝馬が芝が主戦場。5歳で充実。

距離	マ長	馬場	芝	性格	普	成長力	強

* グラスワンダー

1995年生、20年引退／米●ロベルト系

- Silver Hawk
  - Danzig
- Ameriflora
  - Graceful Touch

15戦9勝／有馬記念2回、宝塚記念、朝日杯3歳S、毎日王冠、京王杯SC、京成杯3歳S。
代表産駒／スクリーンヒーロー（ジャパンC）、アーネストリー（宝塚記念）、セイウンワンダー（朝日杯FS）、ビッグロマンス（全日本2歳優駿）、サクラメガワンダー（金鯱賞）。

97年朝日杯3歳Sを1分33秒6のレコードで4戦4勝。的場均は「自分が巡り合った最高の馬」と称賛した。99年の宝塚記念でスペシャルウィークを3馬身突き離し、同年有馬記念もライバルにハナ差勝ちして2連覇。安田記念2着もある。父は愛ダービー2着。近年の産駒は芝2000、ダ1200、ダ1400で好成績。短距離馬は内枠、中距離馬は古馬の成長を狙え。

距離	マ中	馬場	芝	性格	普	成長力	普

* コマンダーインチーフ

Commander in Chief

1990年生、07年死亡／英●リファール系

- *ダンシングブレーヴ
  - Roberto
- Slightly Dangerous
  - Where You Lead

6戦5勝／英ダービー、愛ダービー。
代表産駒／レギュラーメンバー（川崎記念、JBCクラシック）、ハギノハイグレイド（東海S）、スエヒロコマンダー（鳴尾記念）、イブキガバメント（鳴尾記念）。
母の父／リトルアマポーラ（エリザベス女王杯）、ミツバ（川崎記念）。

デビューから英ダービー、愛ダービーまで5連勝。本命に推された"キングジョージ"はオペラハウスの3着に敗れ、これが現役最後の一戦になった。父は欧州の名馬。半兄にウォーニング、近親レインボークエスト。中央サイアーランクは99年の5位が最高。母の父としてリトルアマポーラ（エリザベス女王杯）や、ミツバ（川崎記念）を出している。

距離	中	馬場	万	性格	堅	成長力	普

サクラバクシンオー

1989年生、11年死亡●プリンスリーギフト系

- サクラユタカオー
  - *ノーザンテースト
- サクラハゴロモ
  - *クリアアンバー

21戦11勝／スプリンターズS2回、スワンS、ダービー卿CT、クリスタルC。
代表産駒／ショウナンカンプ（高松宮記念）、グランプリボス（NHKマイルC）、ビッグアーサー（高松宮記念）、ダッシャーゴーゴー（セントウルS）。
母の父／キタサンブラック（ジャパンC）、ハクサンムーン（セントウルS）。

1200Mで【7-0-0-1】。1400Mで【4-0-0-0】。1600M以上で【0-2-1-6】。引退戦の94年スプリンターズSは1分7秒1のレコードで、4馬身差の楽勝だった。父サクラユタカオーは天皇賞・秋をレコード勝ち、その父テスコボーイは70、80年代のトップ種牡馬。産駒は平坦向きか、坂コースOKか、高速馬場向きか、時計かかる馬場向きかを、見極めて取捨。

距離	短	馬場	芝	性格	堅	成長力	早

サッカーボーイ

1985年生、11年死亡●ファイントップ系

```
┌*ディクタス ─────────┌*ノーザンテスト
└ダイナサッシュ ────────└*ロイヤルサッシュ
```

11戦6勝／マイルCS、阪神3歳S、函館記念、中日スポーツ賞4歳S。
代表産駒／ヒシミラクル（菊花賞、天皇賞・春）、ナリタトップロード（菊花賞）、ティコティコタック（秋華賞）、アイポッパー（ステイヤーズS）。
母の父／マイネルキッツ（天皇賞・春）、クリールカイザー（AJCC）。

関西2歳王者決定戦・阪神3歳Sを8馬身差でレコード勝ち。栗毛の馬体でテンポイントの再来と騒がれ、末脚の切れ味は弾丸シュートと形容された。クラシックは不調も、古馬相手の函館記念とマイルCSを楽々と連勝。種牡馬としてはスタミナを伝え、大舞台に強いステイヤーを送り出した。父はフランスのGIマイラー。全妹はステイゴールドの母。

| 距離 | 中長 | 馬場 | 芝 | 性格 | 狂 | 成長力 | 晩 |

---

*サンデーサイレンス　Sunday Silence

1986年生、02年死亡／米●ヘイロー系

```
┌Halo ──────────────┌Understanding
└Wishing Well ─────────└Mountain Flower
```

14戦9勝／ケンタッキー・ダービー（GI・10F）、プリークネスS（GI・9.5F）、BCクラシック（GI・10F）。
代表産駒／ディープインパクト（三冠）、ステイゴールド（香港ヴァーズ）。
母の父／アーモンドアイ（牝馬三冠、ジャパンC）、ドゥラメンテ（ダービー）。

左記のGIは全てイージーゴーアを破ったもの。産駒はキレキレの脚を武器とし、特にスロー→上がりの勝負に強く、高速馬場も得意としていた。母の父としては、エンドスウィープ産駒に2400GIを、サクラバクシンオー産駒にマイルGIを勝たせるなど、キレと底力を注入するうえ、距離の守備範囲も広げている。東京の重賞に強いのは種牡馬時代と同じ。

| 距離 | 万 | 馬場 | 万 | 性格 | 堅 | 成長力 | 強 |

---

*シンボリクリスエス

1999年生、20年死亡／米●ロベルト系

```
┌Kris S. ───────────┌Gold Meridian
└Tee Kay ──────────└Tri Argo
```

15戦8勝／有馬記念2回、天皇賞・秋2回、神戸新聞杯、青葉賞。
代表産駒／エピファネイア（菊花賞）、ストロングリターン（安田記念）、アルフレード（朝日杯FS）、ルヴァンスレーヴ（チャンピオンズC）。
母の父／レイデオロ（ダービー）、ソングライン（安田記念2回）。

02、03年の年度代表馬。青葉賞1着、ダービー2着の後、秋は天皇賞で古馬を一蹴。JC3着を経て、有馬記念はタップダンスシチーを差し切った。4歳で秋天と有馬を連覇し、どちらもレコードだった。父クリスエスの代表産駒にクリスキン（英ダービー）。芝とダート両部門のチャンピオンが出て、父系もつながりそう。1600も2400も締まった流れに強い。

| 距離 | マ中 | 馬場 | 万 | 性格 | 普 | 成長力 | 強 |

ステイゴールド

1994年生、15年死亡●サンデーサイレンス系

```
┌*サンデーサイレンス ────┌マルゼンスキー
└キャンペンガール ──────└レデイーシラオキ
```

50戦7勝／香港ヴァーズ。ドバイシーマクラシック、目黒記念、日経新春杯
代表産駒／オルフェーヴル（三冠）、ゴールドシップ（有馬記念）、フェノーメノ（天皇賞・春）、インディチャンプ（安田記念）、ドリームジャーニー（宝塚記念）、ウインブライト（香港C）。

「最強の重賞未勝利馬」と呼ばれ、春天、宝塚記念、秋天など何度も人気薄でGIの2着に飛び込んで愛された。6歳の目黒記念で重賞初制覇すると、キャラ変。7歳の日経新春杯を勝って向かったドバイシーマクラシックはファンタスティックライトに襲いかかり、大接戦勝ち！50戦目の香港ヴァーズは猛獣のような瞬発力で勝利し、黄金旅程を締めくくった。

| 距離 | 中長 | 馬場 | 芝 | 性格 | 狂 | 成長力 | 強 |

スペシャルウィーク

1995年生、18年死亡●サンデーサイレンス系

```
┌*サンデーサイレンス ────┌マルゼンスキー
└キャンペンガール ──────└レデイーシラオキ
```

17戦10勝／ダービー、天皇賞・春、天皇賞・秋、ジャパンC、弥生賞、京都新聞杯、AJCC、阪神大賞典、きさらぎ賞。
代表産駒／ブエナビスタ（JC、天皇賞・秋）、シーザリオ（オークス）。
母の父／エピファネイア（ジャパンC）、サートゥルナーリア（皐月賞）。

皐月賞3着、ダービー1着、菊花賞2着。武豊にダービージョッキーの称号をもたらすも、二冠をセイウンスカイに奪われた。4歳で春秋の天皇賞＋JCを勝利。締めくくりの有馬記念はグラスワンダーにハナ差敗れた。4代母はシラオキ。近年の産駒はコーナー4つの中距離や、坂のあるダートに良績、特に小倉の芝がいい。芝1200専門の牝馬も穴になる。

| 距離 | マ中 | 馬場 | 万 | 性格 | 堅 | 成長力 | 普 |

---

*タイキシャトル

1994年生、22年死亡／米●デヴィルズバッグ系

```
┌Devil's Bag ────────┌Caerleon
└*ウェルシュマフィン ────└Muffitys
```

13戦11勝／ジャックルマロワ賞、安田記念、マイルCS2回など重賞8勝。
代表産駒／メイショウボーラー（フェブラリーS）、ウインクリューガー（NHKマイルC）、サマーウインド（JBCスプリント）、レッドスパーダ（京王杯SC）。
母の父／ストレイトガール（ヴィクトリアマイル）、ワンアンドオンリー（ダービー）。

全成績【11-1-1-0】の最強マイラー。3歳でマイルCSとスプリンターズS、4歳で不良の安田記念を完勝。1998年夏、フランスのマイルGIジャックルマロワ賞で、のちの大種牡馬ケープクロスなどを相手に優勝。鞍上は岡部幸雄。父デヴィルズバッグの父系の種牡馬は、ほかにロージズインメイ。17年の種付けを最後に引退。タテガミを切られる事件も。

| 距離 | 短マ | 馬場 | 万 | 性格 | 普 | 成長力 | 普 |

血統表に名を残す名種牡馬

＊ダンシングブレーヴ　Dancing Brave

1983年生、99年死亡／米●リファール系

┌ Lyphard ────────── ┌ Drone
└ Navajo Princess ──── └ Olmec

10戦8勝／凱旋門賞（GI・2400M）などGI4勝。
代表産駒／テイエムオーシャン（桜花賞．秋華賞）、キョウエイマーチ（桜花賞）、キングヘイロー（高松宮記念）。
母の父／メイショウサムソン（ダービー）、スイープトウショウ（宝塚記念）。

怒濤の末脚で制した凱旋門賞の他、英2000ギニー、"キングジョージ"などのGI優勝もある。父の産駒にモガミ。母系は全妹にジョリファ（仏オークスGI）。瞬発力勝負や緩急のある競馬を苦手とするが、淀みなく流れる展開になると距離、格に関係なく、先行しても追い込んでも無類の強さを発揮した。母の父としてもここ一番で凄みを見せる血統。

| 距離 | 万 | 馬場 | 芝 | 性格 | 普 | 成長力 | 強 |

ダンスインザダーク

1993年生、20年死亡●サンデーサイレンス系

┌ ＊サンデーサイレンス ── ┌ Nijinsky
└ ＊ダンシングキイ ─────── └ Key Partner

8戦5勝／菊花賞、京都新聞杯、弥生賞。ダービー2着。
代表産駒／ザッツザプレンティ（菊花賞）、デルタブルース（菊花賞）、スリーロールス（菊花賞）、ツルマルボーイ（安田記念）、ダークシャドウ（毎日王冠）。
母の父／ラブリーデイ（天皇賞・秋）。

皐月賞は回避。ダービーはフサイチコンコルドの2着。伝説の菊花賞、4角で瞬時に内から外へ進路を変えて上がり33秒8でロイヤルタッチを差し切った。全姉ダンスパートナー（オークス）、全妹ダンスインザムード（桜花賞）。産駒は持久力抜群で長い末脚を使える半面、一瞬の器用な脚はない。東京や新潟、京都外回りなど、長い直線替わりが狙い目。

| 距離 | 中長 | 馬場 | 芝芝 | 性格 | 普 | 成長力 | 晩 |

テイエムオペラオー

1996年生、18年死亡●サドラーズウェルズ系

┌ ＊オペラハウス ──────── ┌ Blushing Groom
└ ＊ワンスウェド ─────────── └ Noura

26戦14勝／皐月賞、天皇賞・春（2回）、宝塚記念、天皇賞・秋、ジャパンC、有馬記念。
代表産駒／ダイナミックグロウ（阿蘇S）．テイエムヒッタマゲ（昇竜S）、タカオセンチュリー（マリーンS2着）。

3歳時はアドマイヤベガ、ナリタトップロードと3強を形成し、皐月賞に優勝。しかしその後は1強となる。圧巻は4歳だった2000年。京都記念から有馬記念まで古馬の王道路線を8戦全勝。強すぎて馬券の売り上げが落ちたと言われたほど。GIを7勝は当時シンボリルドルフに並ぶ最多タイ、獲得賞金は18億円を超えた。産駒は芝もダートも小倉が得意。

| 距離 | 短中 | 馬場 | 芝 | 性格 | 普 | 成長力 | 晩 |

＊デインヒル　Danehill

1986年生、03年死亡／米●ダンジグ系

┌ Danzig ───────────── ┌ His Majesty
└ Razyana ──────────── └ Spring Adieu

9戦4勝／スプリントC（GI・6F）。
代表産駒／ファインモーション（エリザベス女王杯）、ロックオブジブラルタル。
母の父／フェノーメノ（天皇賞・春）、エイジアンウインズ（ヴィクトリアマイル）。

欧州、オセアニアでGI馬を多数輩出。多くの後継種牡馬を擁し、ノーザンダンサー系の主流父系として発展している。日本でも1年だけリース供用されたが、海外ほど成功しなかった。きっかけをつかむと上昇気流に乗り、一気に出世する。後継のダンシリ、リダウツチョイスらが各国・地域で首位サイアーとなり、母の父としてもフランケルを送り出した。

| 距離 | マ中 | 馬場 | 芝 | 性格 | 普 | 成長力 | 普 |

トウカイテイオー

1988年生、13年死亡●パーソロン系

┌ シンボリルドルフ ──────── ┌ ナイスダンサー
└ トウカイナチュラル ──────── └ トウカイミドリ

12戦9勝／皐月賞、ダービー、ジャパンC、有馬記念、大阪杯。
代表産駒／トウカイポイント（マイルCS）、ヤマニンシュクル（阪神JF）、トウカイパルサー（愛知杯）、タイキポーラ（マーメイドS）。
母の父／ヴィーヴァヴォドカ（フラワーC）、マイネルアウラート（リゲルS）。

希代のドラマティック・ホース。安田隆行を背に6戦6勝で父と同じ無敗のダービー馬に輝くも、骨折で菊花賞は棒に振る。二度目の骨折から復帰後、4歳のジャパンCを制し、府中の杜にテイオー・コールが響く。三度目の骨折から復帰戦の有馬記念でも常識をくつがえして優勝。田原成貴が涙を流して馬を讃えた。今は母系に入って、しぶとさを与える。

| 距離 | マ中 | 馬場 | 芝 | 性格 | 普 | 成長力 | 普 |

＊トニービン　Tony Bin

1983年生、00年死亡／愛●グレイソヴリン系

┌ ＊カンパラ ──────────── ┌ Hornbeam
└ Severn Bridge ────────── └ Priddy Fair

27戦15勝／凱旋門賞（GI・2400M）など重賞8勝。
代表産駒／ジャングルポケット（ダービー）、ウイニングチケット（ダービー）、エアグルーヴ（天皇賞・秋）、オフサイドトラップ（天皇賞・秋）。
母の父／ハーツクライ（有馬記念）、アーネストリー（宝塚記念）。

産駒のGI13勝のうち東京／11勝。重賞61勝のうち東京／20勝、京都外回り／11勝。母の父としては万能血統。リンカーンやドリームパスポートらが長距離好走、ダイヤモンドS2勝などスタミナを、トランセンドには競っての底力を伝え、アーネストリーには成長力を、といった具合。苦手とした有馬記念も母の父としては勝ち馬ハーツクライを出した。

| 距離 | 中 | 馬場 | 芝芝 | 性格 | 普 | 成長力 | 普 |

* ノーザンテースト　Northern Taste

1971年生、04年死亡／加●ノーザンダンサー系

```
┌ Northern Dancer        ┌ Victoria Park
└ Lady Victoria          └ Lady Angela
```

20戦5勝／ラフォレ賞（GI・1400M）。
代表産駒／ダイナガリバー（ダービー）、アンバーシャダイ（有馬記念）。
母の父／ダイワスカーレット（有馬記念）、ダイワメジャー（天皇賞・秋）、カンパニー（天皇賞・秋）、エアグルーヴ（天皇賞・秋）。

吉田照哉氏がアメリカのセリ市で購買。欧州で走り、英2000ギニー4着、英ダービーは5着だった。3歳秋にラフォレ賞を制した。サンデーサイレンス以前の大種牡馬。産駒は丈夫な体とミラクルな成長力を持っていた。母の父としてもダイワスカーレット、ダイワメジャー、エアグルーヴ、サッカーボーイなどを出し、種牡馬としての特徴を伝えている。

| 距離 | 万 | 馬場 | 万 | 性格 | 堅 | 成長力 | 強 |

* ファルブラヴ　Falbrav

1998年生、14年引退／愛●フェアリーキング系

```
┌ Fairy King             ┌ Slewpy
└ Gift of the Night      └ Little Nana
```

26戦13勝／ジャパンC、香港C（GI・2000M）などGI8勝。
代表産駒／エーシンヴァーゴウ（セントウルS）、トランスワープ（函館記念）、エポワス（キーンランドC）、フォーエバーマーク（キーンランドC）。
母の父／ハープスター（桜花賞）、ステルヴィオ（マイルCS）。

重賞勝ち鞍の全てがGI。その中にはサラファンと肉弾戦さながらのたたき合いの末、競り勝った第22回ジャパンCも含まれる。フェアリーキング×スルーピーの配合はエリシオ（本邦輸入種牡馬）と同じ。母の父としては種牡馬時代以上の成績を収めつつあり、ステルヴィオらのGI馬を始め、重賞好走馬を多数輩出。異系色が濃いのが母系に入っての強味。

| 距離 | 短中 | 馬場 | 万 | 性格 | 普 | 成長力 | 晩 |

* フォーティナイナー　Forty Niner

1985年生、20年死亡／米●ミスタープロスペクター系

```
┌ Mr. Prospector         ┌ Tom Rolfe
└ File                   └ Continue
```

19戦11勝／トラヴァーズS（GI・10F）、ハスケル招待H（GI・9F）。
代表産駒／マイネルセレクト（JBCスプリント）、シャドウスケイプ（根岸S）。
母の父／エポカドーロ（皐月賞）、トレイルブレイザー（京都記念）、マイスタイル（函館記念）、ダノンヨーヨー（富士S）、テイエムジンソク（東海S）。

クラシックはケンタッキー・ダービー2着、プリークネスSが7着に終わるも、夏にハスケル招待H、トラヴァーズSを連勝した。母系近親にスウェイル（ケンタッキー・ダービーGI）。強さと脆さが同居するヤンキー不良血統。先行ぶっち切りがある一方、もまれての惨敗も多かった。母の父としては、父としてほどダート一辺倒ではなく、多彩な産駒を出している。

| 距離 | 短中 | 馬場 | ダ | 性格 | 狂 | 成長力 | 普 |

フジキセキ

1992年生、15年死亡●サンデーサイレンス系

```
┌ *サンデーサイレンス      ┌ Le Fabuleux
└ *ミルレーサー           └ Marston's Mill
```

4戦4勝／朝日杯3歳S、弥生賞。
代表産駒／カネヒキリ（ジャパンCダート）、サダムパテック（マイルCS）、キンシャサノキセキ（高松宮記念2回）、ファインニグレイン（高松宮記念）、ダノンシャンティ（NHKマイルC）、コイウタ（ヴィクトリアマイル）。

サンデーサイレンスの初年度産駒。無敗のまま、皐月賞を前に引退。3歳で種牡馬入りすると、サンデー系の長男として大成功した。4代母ミランミルは名馬ミルリーフの母。母父ルファビュルーはセントサイモン系の仏ダービー馬。母の父としてもサウンドトゥルーやパドトロワなどを輩出し、仕上がりの早さを与えている。

| 距離 | マ中 | 馬場 | 万 | 性格 | 堅 | 成長力 | 強 |

* ブライアンズタイム　Brian's Time

1985年生、13年死亡／米●ロベルト系

```
┌ Roberto                ┌ Graustark
└ Kelley's Day           └ Golden Trail
```

21戦5勝／フロリダ・ダービー（GI・9F）、ペガサスH（GI・9F）。
代表産駒／ナリタブライアン（三冠）、サニーブライアン（二冠）、タニノギムレット（ダービー）、マヤノトップガン（有馬記念）。
母の父／ディーマジェスティ（皐月賞）、エスポワールシチー（ジャパンCダート）。

追い込み馬の宿命というか、大レースではプリークネスS2着など、惜敗続きだった。父の産駒にリアルシャダイ、クリスエス。母系近親に名種牡馬ダイナフォーマーで、同馬とは母の父系も共通し、ほぼ同じ血統構成。近年こそダート中距離を仕事場にしているが、かつては大レースで凄みをみせたものだ。替わって現在は母の父としてにらみを利かせている。

| 距離 | 中 | 馬場 | 万 | 性格 | 普 | 成長力 | 強 |

* ブレイヴェストローマン　Bravest Roman

1972年生、94年死亡／米●ネヴァーベンド系

```
┌ Never Bend             ┌ Roman
└ Roman Song             └ Quiz Song
```

25戦9勝／サラナクS。
代表産駒／マックスビューティ（オークス）、トウカイローマン（オークス）、ランドヒリュウ（高松宮杯）、フジノマッケンオー（セントウルS）。
母の父／キョウエイマーチ（桜花賞）、トーシンブリザード（JDD）。

1980年から94年まで日本供用され、マックスビューティ、トウカイローマン、オグリローマンの牝馬クラシック勝ち馬3頭のほか、多数のダート一流馬を送り出し、中央ダートのリーディングサイアー7度。母系に入っての影響力も強く、キョウエイマーチ（桜花賞）の母の父、エスポワールシチー（種牡馬）やスリーロールス（菊花賞）の祖母の父でもある。

| 距離 | マ中 | 馬場 | ダ | 性格 | 普 | 成長力 | 強 |

血統表に名を残す名種牡馬

血統表に名を残す名種牡馬

*フレンチデピュティ　French Deputy

1992年生、17年引退／米●デピュティミニスター系

- Deputy Minister
  - Mitterand
- Hold Your Peace
  - Laledo Lass

6戦4勝／ジェロームH（GII・8F）。
代表産駒／クロフネ（同馬の項参照）、アドマイヤジュピタ（天皇賞・春）、エイシンデピュティ（宝塚記念）、レジネッタ（桜花賞）、ノボジャック（JBCスプリント）。
母の父／ゴールドドリーム（フェブラリーS）、ショウナンパンドラ（ジャパンC）。

2歳11月のデビューから3歳秋のジェロームHまで4連勝したが、その後は2連敗。生涯最初で最後の大一番、BCクラシックGIは9着だった。ルールソヴァールが6歳で重賞初制覇、サウンドトゥルーが7歳でJBCクラシックを制し、産駒は老いてますます盛ん。近年はダート中心。母の父としてもマカヒキ、ゴールドドリームを出し、存在感がある。

距離	マ中	馬場	ダ	性格	普	成長力	晩

*マイネルラヴ

1995年生、12年死亡／米●ミスタープロスペクター系

- Seeking the Gold
  - Heart of Joy
- *リィフォー
  - Mythographer

23戦5勝／スプリンターズS、シルクロードS、セントウルS。朝日杯3歳S2着。
代表産駒／ゲットフルマークス（京王杯2歳S）、マイネルハーティー（ニュージーランドT）、ダブルウェッジ（アーリントンC）。

グラスワンダーと同期の外国産馬で、朝日杯は同馬の2着。3歳でセントウルSを勝ち、スワンS7着の後、人気急落のスプリンターズSを単勝3760円でタイキシャトルに快勝した。父シーキングザゴールドは米国の名種牡馬で子孫にドバウィら。母ハートオブジョイは英1000ギニーでサルサビルの2着。産駒は2歳戦、ローカルの短距離、軽ハンデの牝馬が穴。

距離	短	馬場	万	性格	普	成長力	早

マルゼンスキー

1974年生、97年死亡●ニジンスキー系

- Nijinsky
  - *シル
- Buckpasser
  - Quill

8戦8勝／朝日杯3歳S、日本短波賞。
代表産駒／サクラチヨノオー（ダービー）、ホリスキー（菊花賞）、レオダーバン（菊花賞）、スズカコバン（宝塚記念）、ニシノスキー（朝日杯3歳S）。
母の父／スペシャルウィーク（ダービー）、メジロブライト（天皇賞・春）。

圧勝続きだった無敗の黒船。中野渡騎手が「大外枠で賞金もいらないからダービーに出走させてくれ」と熱望したエピソードは有名。朝日杯で叩き出した1分34秒4のレコードは13年間破られなかった。父ニジンスキーは英三冠馬、祖母クイルは米最優秀2歳牝馬。母の父としてスペシャルウィークやメジロブライトを出し、大一番の爆発力を与える。

距離	万	馬場	万	性格	普	成長力	強

*ミルジョージ　Mill George

1975年生、07年死亡／米●ミルリーフ系

- Mill Reef
  - Miss Charisma
- Ragusa
  - *マタティナ

代表産駒／イナリワン（有馬記念）、エイシンサニー（オークス）。
母の父／セイウンスカイ（皐月賞）、カネツフルーヴ（帝王賞）、トウケイヘイロー（札幌記念）、ヤマカツリリー（フィリーズレビュー）。

大レースでのミルリーフの怖さを教えてくれた名種牡馬。スローペースより消耗戦に強く、前走が不振だったとしても展開が厳しくなると突っ込んできたものだ。成長力があり、高齢になって蘇る馬もいた。母の父としても消耗戦での強さを伝え、セイウンスカイ、ヤマカツリリーらも強気な競馬をしてこそ持ち味が活きた。母系に入っても大レース向き。

距離	中長	馬場	万	性格	普	成長力	強

メジロマックイーン

1987年生、06年死亡●パーソロン系

- メジロティターン
  - メジロオーロラ
- *リマンド
  - メジロアイリス

21戦12勝／菊花賞、天皇賞・春（2回）、宝塚記念、阪神大賞典（2回）。
代表産駒／ホクトスルタン（目黒記念）、ヤマニンメルベイユ（中山牝馬S）。
母の父／オルフェーヴル（三冠）、ドリームジャーニー（有馬記念）、ゴールドシップ（天皇賞・春）、ラブイズブーシェ（函館記念）、フーラブライド（中山牝馬S）。

90年の菊花賞を3角先頭で完勝し、半兄メジロデュレンに続く兄弟制覇。春の天皇賞も制して、祖父メジロアサマ、父メジロティターンに続く父子三代の大記録達成。長距離では磐石の強さを保持し春天を連覇。獲得賞金は史上初の10億円突破。ステイゴールド産駒の母父としてオルフェーヴル、ゴールドシップらの重賞勝ち馬を輩出。

距離	中長	馬場	芝芝	性格	堅	成長力	晩

*リアルシャダイ　Real Shadai

1979年生、04年死亡／米●ロベルト系

- Roberto
  - Desert Vixen
- In Reality
  - Desert Trial

8戦2勝／ドーヴィル大賞（GI・2700M）。
代表産駒／ライスシャワー（天皇賞・春2回）。
母の父／アドマイヤジュピタ（天皇賞・春）、イングランディーレ（天皇賞・春）、トウカイポイント（マイルCS）、サンライズバッカス（フェブラリーS）。

吉田善哉氏の所有馬としてフランスで走り、ドーヴィル大賞ではノーアテンションを破った。他に仏ダービー2着、凱旋門賞5着がある。初期にはマイラーや中距離馬も出したが、晩年はステイヤー種牡馬として存在感を示した。多少のジリっぽさがあるものの、消耗戦となれば一気に台頭した。母の父としてもスタミナや消耗戦での強さを伝えている。

距離	中長	馬場	芝	性格	普	成長力	晩

海外の種牡馬

海外馬券について

各レースで推奨のサンデーサイレンス系、キングカメハメハ系、ロベルト系は世界標準に達している。
これに対抗する存在はドバウィ系に加え、勢いを増すフランケル系か。父系の勢力争いは
馬券を離れても見どころいっぱい。その馬券だが、日本、海外勢ともども、過剰人気、不当評価に
どう折り合いをつけるかが肝要。海外馬券は血統観、博奕観が同時に試される。

ダービー

英／エプソム・芝12F（20年は7月実施）

2023	Auguste Rodin	父ディープインパクト（サンデーサイレンス系）
2022	Desert Crown	父Nathaniel（ガリレオ系）
2021	Adayar	父Franken（ガリレオ系）
2020	Serpentine	父Galileo（ガリレオ系）

ガリレオ系の6連覇を阻んだのはディープインパクトだった。ガリレオ系の最大の敵は極東にいたのだ。ガリレオの孫が英ダービーを制しているのと同様に、コントレイル産駒にも英ダービー制覇を期待。しかしながら英ダービーでのガリレオの影響力は多大で、オーギュストロダンの母の父はガリレオだ。世界のドバウィは奮わない。

エクリプスS

英／サンダウン・芝10F

2023	Paddington	父Siyouni（ヌレイエフ系）
2022	Vadeni	父Churchill（ガリレオ系）
2021	St Mark's Basilica	父Siyouni（ヌレイエフ系）
2020	Ghaiyyath	父Dubawi（ドバウィ系）

3歳と古馬の一流どころが激突するシーズン最初の中距離。プリンスオブウェールズSと違い、格を重視。3歳勢は古馬と約4.5キロの斤量差から互角の勝負を挑み、クラシック好走馬の軽視は禁物。21年、22年は仏ダービー馬、23年は愛2000ギニー馬が制した。ガリレオ系とドバウィ系の間を割ってヌレイエフ系が気を吐いている。

インターナショナルS

英／ヨーク・芝10.3F

2023	Mostahdaf	父Frankel（ガリレオ系）
2022	Baaeed	父Sea The Stars（父グリーンデザート系）
2021	Mishriff	父Make Believe（ドバウィ系）
2020	Ghaiyyath	父Dubawi（ドバウィ系）

中距離とあってドバウィ系とガリレオ系が互角の勝負。過去5年は両父系が2勝ずつとしている。先に行われた中距離GⅠとのダブル制覇があり、勝ち馬は重視。23年の勝ち馬モスタダフはプリンスオブウェールズSとのダブル。イギリスの競馬場にしては起伏が少なく、日本馬の勝機十分。凱旋門賞の重要ステップ戦でもある。

プリンスオブウェールズS

英／アスコット・芝10F

2023	Mostahdaf	父Frankel（ガリレオ系）
2022	State Of Rest	父Starspangledbanner（デインヒル系）
2021	Love	父Galileo（ガリレオ系）
2020	Lord North	父Dubawi（ドバウィ系）

ガリレオ系、ドバウィ系、デインヒル系と勝ち馬の父系は多種多様。すでに何戦か消化している馬とシーズン初戦の馬に12F路線からの参戦と、それぞれの力関係の見極めも重要となる。使って調子を上げてきている馬や格で劣っても上がり馬には注意。23年の勝ち馬モスタダフはドバイシーマクラシック4着からの参戦だった。

キングジョージ6世＆クインエリザベスS

英／アスコット・芝12F

2023	Hukum	父Sea The Stars（グリーンデザート系）
2022	Pyledriver	父Harbour Watch（トライマイベスト系）
2021	Adayar	父Frankel（ガリレオ系）
2020	Enable	父Nathaniel（ガリレオ系）

高低差が約20mあることから本格的欧州血統の出番。23年の勝ち馬フクムは選手権距離に強いシーザスターズの産駒。3歳クラシック馬が勢いそのままに制する一方、ダービーと同じコースで行われるコロネーションCで好走した古馬の上がり馬にも注意が必要。良、重の時計差が大きく、稍重、重では道悪の巧拙が勝負を分ける。

チャンピオンS

英／アスコット・芝10F

2022	Bay Bridge	父New Bay（ドバウィ系）
2021	Sealiway	父Galiway（ガリレオ系）
2020	Addeybb	父Pivotal（ヌレイエフ系）
2019	Magical	父Galileo（ガリレオ系）

欧州中距離GⅠ路線を締めくくるレース。凱旋門賞との間隔が詰まり、同レースからの参戦は少ない。例外は使える時には使う愛国オブライエン親子。同調教師の管理馬の軽視は禁物。よほどの短、マイル血統でない限り、中距離での実績重視。道悪になることが多く、重巧拙が勝敗を分ける。シーズン終盤とあって伏兵の一発あり。

愛チャンピオンS

愛／レパーズタウン・芝10F

2022	Luxembourg	父Camelot（モンジュー系）
2021	St Mark's Basilica	父Siyouni（ヌレイエフ系）
2020	Magical	父Galileo（ガリレオ系）
2019	Magical	父Galileo（ガリレオ系）

中距離GⅠ路線組と凱旋門賞を睨む馬が対戦。凱旋門賞回避馬は必勝態勢。ガリレオ系の他、マイルに強い種牡馬からも勝ち馬が出ている。ただ、中距離実績のないマイラーが勝てるほど甘くはない。エクリプスS、インターナショナルS敗退組の巻き返しがある。過去5年でR・ムーア騎手3勝。調教師はオブライエン親子が強い。

ムーランドロンシャン賞

仏／ロンシャン・芝1600M

2022	Dreamloper	父Lope de Vega（ジャイアンツコーズウェイ系）
2021	Baaeed	父Sea The Stars（グリーンデザート系）
2020	Persian King	父Kingman（グリーンデザート系）
2019	Circus Maximus	父Galileo（ガリレオ系）

ジャックルマロワ賞とは違い、起伏のあるロンシャン競馬場で行われるだけにスタミナが要求され、ガリレオ、シーザスターズにモンズンらの選手権距離種牡馬からも勝ち馬が輩出。ジャックルマロワ賞や中距離GⅠ敗退組の巻き返しや短距離GⅠを制した馬の勝利がある。重の巧拙は重要。賞金総額はジャックルマロワ賞の半分以下。

ケンタッキー・ダービー

米／チャーチルダウンズ・ダ10F（20年は9月実施）

2023	Mage	父Good Magic（スマートストライク系）
2022	Rich Strike	父Keen Ice（スマートストライク系）
2021	Mandaloun	父Into Mischief（ストームキャット系）
2020	Authentic	父Into Mischief（ストームキャット系）

19年、21年と1位入線馬の降着、失格により2着馬の繰り上げがあるも、過去5年でスマートストライク系が3勝。イントゥミスチーフの産駒2勝。父系が寡占化しているように見えるが、血統の懐の深さでは世界一の北米。選手権距離血統のエーピーインディ系やアンブライドルド系が黙っているわけがない。過去5年で4回が伏兵の勝利。

ベルモントS

米／ベルモント・ダ12F（2020年はダ9F）

2023	Arcangelo	父Arrogate（父アンブライドルド系）
2022	Mo Donegal	父Uncle Mo（インディアンチャーリー系）
2021	Essential Quality	父Tapit（エーピーインディ系）
2020	Tiz the Law	父Constitution（エーピーインディ系）

前二冠以上に臨戦過程が重要。K・ダービーからの直行組にプリークネスSから臨む組、別路線からの挑戦など。三冠すべてを使う馬はめっきり減った。日程変更の20年を除く過去4度はケンタッキー・ダービー組と別路線組が優勝。父系ではタピットを筆頭とするエーピーインディ系、23年の勝ち馬を送り出したアンブライドルド系。

ジャックルマロワ賞

仏／ドーヴィル・芝1600M

2023	Inspiral	父Frankel（ガリレオ系）
2022	Inspiral	父Frankel（ガリレオ系）
2021	Palace Pier	父Kingman（グリーンデザート系）
2020	Palace Pier	父Kingman（グリーンデザート系）

パレスピア、インスパイラルと続けて2連覇馬が出現。同時にL・デットーリ騎手、J・ゴスデン調教師のコンビが4連覇。インスパイラルの連覇で劣勢状態のガリレオ系は溜飲を下げた。2010年のマクフィ以降、勝ち馬を出していないドバウィ系だが、親子三代制覇の実績から無視できない。フランス供用種牡馬シユーニの産駒も。

凱旋門賞

仏／ロンシャン（16、17年シャンティイ）・芝2400M

2022	Alpinista	父Frankel（ガリレオ系）
2021	Torquator Tasso	父Adlerflug（インザウイングス系）
2020	Sottsass	父Siyouni（ヌレイエフ系）
2019	Waldgeist	父Galileo（ガリレオ系）

21年、22年と独GⅠ勝ち馬が勝利。特にバーデン大賞は重要な一戦。同時に忘れた頃の"ドイツ血統内包馬"も肝に銘じておくべし。22年はフランケルの産駒が初制覇。ドイツ血統ともどもガリレオ系取捨選択なくして的中はありえない。あとはサンデーサイレンス系とキングカメハメハ系。良馬場条件に日本馬制覇への機は熟した。

プリークネスS

米／ピムリコ・ダ9.5F（20年は10月実施）

2023	National Treasure	父Quality Road（ゴーンウエスト系）
2022	Early Voting	父Gun Runner（ファビアノ系）
2021	Rombauer	父Twirling Candy（ファビアノ系）
2020	Swiss Skydiver	父Daredevil（ヘイロー系）

コーナーがタイトとあって逃げ、先行勢が有利と同時に、先行争いが激化する。血統を無視することはできないが、展開、脚質を重視。好位から差せる馬に妙味あり。ケンタッキー・ダービー組と別路線組との力関係の見極めも肝要。3年連続で別路線組の勝利。日程変更20年の勝ち馬はケンタッキー・オークス2着から参戦の牝馬が優勝。

BCクラシック

米／持ち回り・ダ10F

2022	Flightline	父Tapit（エーピーインディ系）
2021	Knicks Go	父Paynter（デピュティミニスター系）
2020	Authentic	父Into Mischief（ストームキャット系）
2019	Vino Rosso	父Curlin（スマートストライク系）

北米の大レースのなかでは父系の偏りが少なく、22年はエーピーインディ系が初制覇を果たした。北米選手権距離の10Fに強いエーピーインディ系、アンブライドルド系、スマートストライク系に加え、圧倒的スピードを持つストームキャット系を重視しつつ、血統に関わらず、3歳、古馬を問わず、夏を境に急上昇した馬は要注意。

海外馬券について

BCターフ

米／持ち回り・芝12F

2022	Rebel's Romance	父Dubawi(ダバウィ系)
2021	Yibir	父Dubawi(ダバウィ系)
2020	Tarnawa	父Shamardal(ジャイアンツコーズウェイ系)
2019	Bricks and Mortar	父Giant's Causeway(ジャイアンツコーズウェイ系)

サドラーズウェルズ系の4連覇に続き、ジャイアンツコーズウェイ系、ダバウィ系が2連覇。欧州勢と北米勢の対決という構図ながら、芝の12Fになると前者に一日の長がある。これに日本勢が加われば互角の勝負に持ち込むのは必定。サンデーサイレンス系、キングカメハメハ系、ロベルト系から勝ち馬が出る日は近いとみた。

BCフィリー＆メアターフ

米／持ち回り・芝9～11F（開催競馬場で距離変更あり）

2022	Tuesday	父Galileo(ガリレオ系)
2021	ラヴズオンリーユー	父ディープインパクト(サンデーサイレンス系)
2020	Audarya	父Wootton Bassett(ゴーンウエスト系)
2019	Iridessa	父Ruler of the World(ガリレオ系)

北米勢と欧州勢が五分と五分の勝負しているところに、サンデーサイレンス系が割って入り、さらにキングカメハメハ系が加わる構図が今後の展開とみた。小回りだけにターフ以上に脚質と展開重視。実施する競馬場のコースが先行有利か追い込みが決まるのかの吟味は肝要。

ドバイシーマクラシック

UAE／メイダン・芝2410M（2020年は中止）

2023	イクイノックス	父キタサンブラック(サンデーサイレンス系)
2022	シャフリヤール	父ディープインパクト(サンデーサイレンス系)
2021	Mishriff	父Make Believe(ダバウィ系)
2019	Old Persian	父Dubawi(ダバウィ系)

近年、2400において質量とも世界を凌駕する日本勢。A級馬を送り込めば勝ち負けは必至だ。サンデーサイレンス系に加え、キングカメハメハ系、ロベルト系も侮れない。欧州勢は選手権距離に強いサドラーズウェルズ系にダバウィ系。休養明けも良いが、欧州勢はドバイの最終ステップ戦、ドバイシティオブゴールドの結果重視。

ドバイゴールデンシャヒーン

UAE／メイダン・ダ1200M（2020年は中止）

2023	Sibelius	父Not This Time(ジャイアンツコーズウェイ系)
2022	Switzerland	父Speightstown(ゴーンウエスト系)
2021	Zenden	父Fed Biz(ジャイアンツコーズウェイ系)
2019	X Y Jet	父Kantharos(ストームキャット系)

海外馬券発売が実施された21～23年とも荒れ模様。初期の頃のBCスプリントを彷彿する。ハイペース上等のストームキャット系にミスプロ系のスピード血統が強い。マインドユアビスケッツの親子制覇ありか。前哨戦の結果を鵜呑みにせず、本番を見据えて、軽くひと叩きの馬に妙味あり。BCスプリント勝利馬の過剰評価は禁物。

BCマイル

米／持ち回り・芝8F

2022	Modern Games	父Dubawi(ダバウィ系)
2021	Space Blues	父Dubawi(ダバウィ系)
2020	Order of Australia	父Australia(ガリレオ系)
2019	Uni	父More Than Ready(ヘイロー系)

21年、22年とダバウィの産駒が勝利。ターフと同様に世界のダバウィがさらに版図を拡大している。小回りに加え、スピードが要求され、ターフほどサドラーズウェルズ系に勢いはなく、むしろモアザンレディ系といったスピード血統が健闘している。欧州供用種牡馬ではキングマンに注目。日本はロードカナロア、ドゥラメンテ。

ドバイワールドC

UAE／メイダン・ダ2000M（2020年は中止）

2023	ウシュバテソーロ	父オルフェーヴル(サンデーサイレンス系)
2022	Country Grammer	父Tonalist(エーピーインディ系)
2021	Mystic Guide	父Ghostzapper(デピュティミニスター系)
2019	Thunder Snow	父Helmet(デインヒル系)

ダートへ回帰以降、北米勢とゴドルフィン勢に独占されていた勝ち馬の座を日本馬が奪取。マルシュロレーヌに続いてのオルフェーヴル産駒のダートGⅠ制覇だ。北米勢は選手権距離血統。同時に近走の勢いも重視。その年の馬場傾向によって展開が変わるので、先行有利なのか、差しが決まるかを、前哨戦を含めて要確認。サウジCも。

ドバイターフ

UAE／メイダン・芝1800M（2020年は中止）

2023	Lord North	父Dubawi(ダバウィ系)
2022	バンサラッサ	父ロードカナロア(キングカメハメハ系)
2022	Lord North	父Dubawi(ダバウィ系)
2021	Lord North	父Dubawi(ダバウィ系)
2019	アーモンドアイ	父ロードカナロア(キングカメハメハ系)

勢いを増す日本勢に、欧州勢とUAE勢が挑む構図。近年、中距離に重きを置いている欧州勢ながら、平坦、ワンターンのコースが戦いの場となれば、日本勢が強いのは自明の理。サンデーサイレンス系、キングカメハメハ系にロベルト系が加わるとより層の厚さが増す。欧州勢はダバウィ系。1800ならキングマンにも出番がありそう。

香港C

香港／シャティン・芝2000M

2022	Romantic Warrior	父Acclamation(トライマイベスト系)
2021	ラヴズオンリーユー	父ディープインパクト(サンデーサイレンス系)
2020	ノームコア	父ハービンジャー(デインヒル系)
2019	ウインブライト	父ステイゴールド(サンデーサイレンス系)

22年は地元の雄ロマンチックウォリアーが日本勢の4連覇を防いで優勝。過去10年では日本勢、香港勢とも5勝。香港勢の勝ち馬はすべて4歳馬。4歳限定戦の香港ダービーの上位馬がそのまま好走するのも要因のひとつ。また、前哨戦はあくまでも前哨戦と割りきったほうが賢明。日本勢はコーナー4つの重賞実績重視。ロベルト系に注目。

香港マイル

香港／シャティン・芝1600M

2022	California Spangle	父Starspangledbanner（デインヒル系）
2021	Golden Sixty	父Medaglia d'Oro（エルプラド系）
2020	Golden Sixty	父Medaglia d'Oro（エルプラド系）
2019	アドマイヤマーズ	父ダイワメジャー（サンデーサイレンス系）

17年、18年のビューティジェネレーション、20、21の年ゴールデンシックスティと香港は時として超A級マイラーが出現する。こういった馬に逆らわないか、それとも日本勢が勝負になるかは悩ましいところ。香港勢は香港Cと対照的に前哨戦ジョッキークラブマイルの好走馬は有力だが、その時の負担重量は確認すること。

香港ヴァーズ

香港／シャティン・芝2400M

2022	ウインマリリン	父スクリーンヒーロー（ロベルト系）
2021	グローリーヴェイズ	父ディープインパクト（サンデーサイレンス系）
2020	Mogul	父Galileo（ガリレオ系）
2019	グローリーヴェイズ	父ディープインパクト（サンデーサイレンス系）

日本勢対欧州勢というより、欧州勢は愛国オブライエン厩舎というのが近年の傾向。これに香港勢が割って入れるかだ。欧州、香港問わず、2400とあってはガリレオ系で、さらに近3頭の勝ち馬は三代内にデインヒルを保有。次はフランケルの産駒か。日本勢はサンデーサイレンス系にロベルト系。新たにドゥラメンテの産駒を加える。

チャンピオンズマイル

香港／シャティン・芝1600M

2023	Golden Sixty	父Medaglia d'Oro（エルプラド系）
2022	Golden Sixty	父Medaglia d'Oro（エルプラド系）
2021	Golden Sixty	父Medaglia d'Oro（エルプラド系）
2020	Southern Legend	父Not A Single Doubt（デインヒル系）

23年はゴールデンシックスティが香港マイルの鬱憤を晴らして3連覇達成。QEⅡC同様に香港GCから挑む馬は重視。日本馬はヴィクトリアマイル、安田記念が迫っていることもあって、16年モーリス以降参戦なし。今後はドバイからの転戦があるかだ。モーリス産駒の親仔制覇やロードカナロア、ドゥラメンテ産駒の勝利もあり。

クイーンエリザベスS

豪／ランドウィック・芝2000M

2023	Dubai Honour	父Pride of Dubai（マキアヴェリアン系）
2022	Think It Over	父So You Think（サドラーズウェルズ系）
2021	Addeybb	父Pivotal（ヌレイエフ系）
2020	Addeybb	父Pivotal（ヌレイエフ系）

19年のクルーガー、20年のダノンプレミアムがそれぞれ2着、3着のように、日本馬にも勝機はある。良と道悪での時計の違いが極端にあり、馬場状態の巧拙による取捨選択が重要。23年は17～19年3連覇のウインクスに続いてストリートクライを経たマキアヴェリアン系が優勝。英国W・ハガス調教師の管理馬は20、21年、23年と勝利。

香港スプリント

香港／シャティン・芝1200

2022	Wellington	父All Too Hard（デインヒル系）
2021	Sky Field	父Deep Field（フェアリーキング系）
2020	ダノンスマッシュ	父ロードカナロア（キングマンボ系）
2019	Beat the Clock	父Hinchinbrook（デインヒル系）

ロードカナロアの2連覇など計3勝の日本勢だが、地元の短距離戦では香港勢に一目も二目も置かざるを得ない。前哨戦ジョッキークラブスプリントは結果とともに各馬の負担重量の差に注意。実績馬の復活もある。オーストラリアのデインヒル系に、加えてダンジグ系の特に強いクロスを持つ馬は狙える。22年優勝馬はデインヒル3×4。

クイーンエリザベス2世C

香港／シャティン・芝2000M

2023	Romantic Warrior	父Acclamation（トライマイベスト系）
2022	Romantic Warrior	父Acclamation（トライマイベスト系）
2021	ラヴズオンリーユー	父ディープインパクト（サンデーサイレンス系）
2020	Exultant	父Teofilo（ガリレオ系）

欧州勢の参戦は少なく、近年は地元勢と日本勢の争いだが、22年はコロナ過により地元馬のみによる競走。21年は日本勢が4着まで独占した。香港馬に関しては同コース、同距離で行われる香港GC、香港ダービーの結果を重視。2連覇のロマンチックウォリアーは22年が香港ダービーからの連勝。23年が香港GC2着からの勝利。

チェアマンズスプリントプライズ

香港／シャティン・芝1200M

2023	Lucky Sweynesse	父Sweynesse（ザビール系）
2022	Wellington	父All Too Hard（デインヒル系）
2021	Wellington	父All Too Hard（デインヒル系）
2020	Mr Stunning	父Exceed and Excel（デインヒル系）

23年こそザビール系の勝利だったが、香港スプリント以上にデインヒル系が幅を利かせている。ウェリントンはデインヒルの4×3。直父系ではなくとも、18年優勝のアイヴィクトリー、16年に外国調教師として初制覇のシャトークアは母にデインヒルを持つ。臨戦過程としてはハンデ戦の連勝馬。過剰人気になり馬券的な妙味は薄いが。

コックスプレート

豪／ムーニーバレー・芝2040M

2022	Anamoe	父Street Boss（マキアヴェリアン系）
2021	State Of Rest	父Starspangledbanner（デインヒル系）
2020	Sir Dragonet	父Camelot（モンジュー系）
2019	リスグラシュー	父ハーツクライ（サンデーサイレンス系）

ウインクス4連覇に続き22年はストリートクライを経たマキアヴェリアン系が優勝。クイーンエリザベスS同様に同父系は重視。ウインクス以降の19～21年は日本馬、欧州移籍馬、欧州馬が順に優勝。調教国に優劣はない。マキアヴェリアン系以外では中距離だけにサドラーズウェルズ系、サンデーサイレンス系、キングカメハメハ系。

アドラーフルーク ADLERFLUG

トルカータッソの凱旋門賞優勝など
欧州選手権距離で無類の強さを発揮

2004年生　栗毛　ドイツ産　2021年死亡

インザウイングス In The Wings 鹿　1986	サドラーズウェルズ Sadler's Wells	Northern Dancer
		Fairy Bridge
	ハイホーク High Hawk	Shirley Heights
		Sunbittern　(9-e)
アイヤナ Aiyana 鹿　1993	*ラストタイクーン Last Tycoon	*トライマイベスト Mill Princess
		Mill Princess
	アルヤ Alya	Lombard
		Anatevka　(9-h)

Northern Dancer 3×4、Mill Reef 4×4

現役時代

　ドイツ、フランスで通算11戦4勝。主な勝ち鞍、独ダービー（GⅠ・2400M）、ドイツ賞（GⅠ・2400M）。

　独ダービーは直線で突き抜け、7馬身差の圧勝。古馬との対戦となったバーデン大賞はキハノのクビ差2着に惜敗。4歳時はGⅡ2戦敗退後のドイツ賞で2着キハノに7馬身差で逃げ切り、前年の雪辱を果たした。続くバーデン大賞は独ダービー馬カムジンの2着。5歳初戦の仏ガネー賞3着が現役最後の一戦となった。

血統背景

　父インザウイングスはBCターフなどGⅠ3勝。産駒のソルジャーホロウもドイツで成功。日本では産駒のシングスピールからローエングリン、ロゴタイプと父系を伸ばしている。

　母系は祖母アルヤがガリレオ、シーザスターズ兄弟の祖母アレグレッタの全妹。

種牡馬成績

　代表産駒／トルカータッソ（凱旋門賞GⅠ・2400M）、インスウープ（独ダービーGⅠ・2400M）、メンドシーノ（バーデン大賞GⅠ・2400M）、アレンカー（タタソールズゴールドCGⅠ・10.5F）。

産駒の特徴

　22年もドイツ首位種牡馬に就き、これで3年連続。その勢いはドイツだけに留まらず、トルカータッソの凱旋門賞制覇など欧州各国に及んでいる。2400Mのいわゆる欧州選手権距離では無類の強さを発揮し、重馬場での実績しかなくても、良馬場でいきなり一閃の末脚を繰り出すのがドイツ血統。2021年に死亡したが、2歳より3歳、3歳より4歳以降に強くなる晩成型。今後も要注意だ。トルカータッソはアルヤ＝アレグレッタの3×4。牝系クロスやドイツ血統のクロスを持つ馬は特注。5代血統表は要確認。

アロゲート ARROGATE

遅れてきた大器
日本実績の血統背景に大仕事の予感

2013年生　芦毛　アメリカ産　2020年死亡

アンブライドルズソング Unbridled's Song 芦　1993	アンブライドルド Unbridled	Fappiano
		Gana Facil
	トロリーソング Trolley Song	Caro
		Lucky Spell　(4-m)
バブラー Bubbler 黒鹿　2006	ディストーテッドユーモア Distorted Humor	*フォーティナイナー
		Danzig's Beauty
	グレッチェル Grechelle	Deputy Minister
		Meadow Star (16-g)

Mr. Prospector 4×4、In Reality 5×5、Northern Dancer 5×5(母方)

現役時代

　北米、UAEで通算11戦7勝。主な勝ち鞍、BCクラシック（GⅠ・10F）、ドバイワールドC（GⅠ・2000M）、ペガサスワールドC（GⅠ・9F）などGⅠ4勝。

　デビューが遅く三冠は不出走だが、夏を境に急上昇。トラヴァーズSで重賞初制覇。BCクラシックはカリフォルニアクロームを半馬身交わしての優勝。4歳時も現役を続け、ペガサスワールドCを快勝。続くドバイワールドCは後方追走からひとまくり。2着ガンランナーに2馬身1/4差をつけて優勝、GⅠ4連勝とした。勢いはここまでで北米帰国後は3戦未勝利に終わった。

血統背景

　父アンブライドルズソング。産駒にダンカーク。

　三代母メドウスターは北米GⅠ6勝。

種牡馬成績

　代表産駒／アルカンジェロ（ベルモントSGⅠ・12F）、シークレットオース（ケンタッキー・オークスGⅠ・9F）、シェイリーン、ジュタロウ、ジャスパーグレイト、ミスティックロア。

産駒の特徴

　初年度産駒のケンタッキー・オークスに続き2年目の産駒アルカンジェロがベルモントS制覇。早世が惜しまれる。最後の世代となる23年2歳がクラシック戦線を沸かせてくれるに違いない。日本では抜群の勝ち上がり率を誇り、23年6月末現在、12頭が出走、10頭が勝利。そのうち半数の5頭が2勝以上だ。大駒こそ出していないが、3歳夏以降に2勝、3勝クラス突破が増え、古馬になって大成する産駒が期待できる。ダート1800を最も得意とし、勝率は29％超え。湿ったダートは鬼。同父系アメリカンファラオ産駒同様に気性の悪さがあり、揉まれる内枠は危ない。芝はシェイリーンが路線変更後に連勝。こなす可能性はありそうだ。

アンクルモー

UNCLE MO

カロ系の大将格
仕上がり早を武器に新馬注目

2008年生 鹿毛 アメリカ産

インディアンチャーリー Indian Charlie 鹿 1995	インエクセス In Excess	Siberian Express
		Kantado
	ソヴィエトソジャーン Soviet Sojourn	Leo Castelli
		Political Parfait (21-a)
プラヤマヤ Playa Maya 黒鹿 2000	アーチ Arch	Kris S.
		Aurora
	ディキシースリッパーズ Dixie Slippers	Dixieland Band
		Cyane's Slippers (8-c)

Northern Dancer 5×5・4

現役時代

北米で通算8戦5勝。主な勝ち鞍、BCジュヴェナイル（GⅠ・8.5F）、シャンペンS（GⅠ・8F）。

2歳時はGⅠ2勝を含め3戦3勝。BCジュヴェナイルは2番手から2着馬に4馬身1/4差をつけての快勝だった。3歳時は初戦のリステッドで4連勝とするも、ウッドメモリアルSで3着に敗れて初黒星。その後の三冠は体調不良により棒に振った。復帰戦のキングズビショップSGⅠは2着。続くケルソHを制したが、BCクラシックは10着に終わり、引退となった。

血統背景

父インディアンチャーリー。産駒にインディンブラッシング（BCジュヴェナイルフィリーズGⅠ）、チャーリーブレイヴ（ヒヤシンスS）。

母系は近いところに目立った活躍馬はいない。

種牡馬成績

代表産駒／ナイキスト（同馬の項参照）、モードニゴール（ベルモントSGⅠ・12F）、ゴールデンパル（BCターフスプリントGⅠ・5F）、ハリーバローズ。

産駒の特徴

北米におけるグレイソヴリン→カロ系の大将格的な種牡馬。産駒は2歳からエンジン全開。クラシックの前哨戦に何頭も駒を進めるも、本番は結果を出せない連続だったが、ナイキストがケンタッキー・ダービー、モードニゴールがベルモントSを制し、勝負弱い種牡馬を脱却した。芝でもGⅠ馬を送り出している。

日本でも同様に仕上がり早く、2歳から3歳夏にかけて勝ち鞍を量産し、その後は3勝クラスの突破に苦労しているのが現状。北米での実績から油断は出来ないが。ダートの短、中距離血統とし、1400型と1800型に分かれ、1200以下、1600は冴えない。芝もこなすが、芝からダート替わり狙いに妙味あり。

ガリレオ

GALILEO

サドラーズウェルズ系の
保守本流

1998年 鹿毛 アイルランド産 2021年死亡

サドラーズウェルズ Sadler's Wells 鹿 1981	ノーザンダンサー Northern Dancer	Nearctic
		Natalma
	フェアリーブリッジ Fairy Bridge	Bold Reason
		Special (5-h)
アーバンシー Urban Sea 栗 1989	ミスワキ Miswaki	Mr. Prospector
		Hopespringseternal
	アレグレッタ Allegretta	Lombard
		Anatevka (9-h)

Native Dancer 4×5

現役時代

アイルランド、イギリス、北米で通算8戦6勝。主な勝ち鞍、英ダービー（GⅠ・12F）、愛ダービー（GⅠ・12F）、キングジョージ6世＆クインエリザベスS（GⅠ・12F）など重賞4勝。

英ダービーは3馬身半差、愛ダービーは4馬身差、"キングジョージ"は2馬身差と、すべて先行抜け出しでの優勝だった。しかし、勢いはここまで。"キングジョージ"の再戦となった愛チャンピオンSGⅠはアタマ差2着、BCクラシックGⅠは6着に終わった。

血統背景

父サドラーズウェルズ。

母アーバンシーは凱旋門賞GⅠなど重賞4勝。半弟にシーザスターズ（同馬の項参照）、近親にキングズベスト（同馬の項参照）。

種牡馬成績

代表産駒／フランケル（同馬の項参照）、ナサニエル（同馬の項参照）、オーストラリア（同馬の項参照）、ファウンド（凱旋門賞GⅠ・2400M）、ヴァルトガイスト（凱旋門賞GⅠ・2400M）。

母の父／オーギュストロダン（英ダービーGⅠ・12F）、ソットサス（凱旋門賞GⅠ・2400M）、スノーフォール（英オークスGⅠ・12F）。

産駒の特徴

英・愛種牡馬首位の座こそ、他の種牡馬に明け渡したものの欧州選手権距離での産駒の強さに変わりはない。加えて、ディープインパクト産駒のオーギュストロダンを筆頭に、母の父としての影響力も絶大で、母の父にガリレオの名があれば一割、二割どころか三割増しとして良い。ただし、日本では目黒記念のキングオブコージを出しているが、切れ味勝負での弱さが見受けられる。欧州でこそ本領発揮の血統といえる。

海外の種牡馬

231

ガンランナー

GUN RUNNER

GI5連勝の底力
成長力あるホームランバッター

2013年生　栗毛　アメリカ産

キャンディライド Candy Ride 鹿　1999	ライドザレイルズ Ride the Rails	Cryptoclearance
		Herbalesian
	キャンディガール Candy Girl	Candy Stripes
		City Girl　(13-c)
クワイエットジャイアント Quiet Giant 鹿　2007	ジャイアンツコーズウェイ Giant's Causeway	Storm Cat
		Mariah's Storm
	クワイエットダンス Quiet Dance	Quiet American
		Misty Dancer　(17-b)

Fappiano 4×4、Blushing Groom 4×5、Lyphard 5×4、
Northern Dancer 5×5（母方）

現役時代

　北米、UAEで通算19戦12勝。主な勝ち鞍、BCクラシック（GI・10F）、ペガサスワールドC（GI・9F）などGI6勝、GII3勝、GIII1勝。

　ルイジアナ地区のGIIステップ戦リズンスターSとルイジアナ・ダービーを連勝するもケンタッキー・ダービーはナイキストの3着だった。夏のトラヴァーズSがアロゲートの3着。BCダートマイル2着とGIでは好走するも勝ち切れなかったが、シーズン終盤のクラークHでGI初制覇すると、4歳になって完全本格化。ドバイワールドCこそアロゲートの引き立て役2着だったが、帰国後にGI5連勝。BCクラシックは後方で伸びを欠くアロゲートを尻目に逃げ切り勝ちを収めた。アロゲートは5着。翌年1月のペガサスワールドCを花道に現役を退いた。

血統背景

　父キャンディライドは同馬の項参照。

　母クワイエットジャイアントは北米GII勝ち馬。近親にセイントリアム（BCクラシックGI）。

種牡馬成績

　代表産駒／アーリーヴォーティング（プリークネスSGI・9.5F）、エコーズール（BCジェヴェナイルフィリーズGI・8.5F）、パルクリチュード。

産駒の特徴

　初年度からクラシック馬を輩出。産駒は2歳から活躍し、クラシックが近づくと一段と頭角を現してくる。北米選手権距離であるダート10Fでは無類の強さを秘め、海外馬券発売の際は積極買い。日本でもダート中距離が中心。芝馬が出ることは頭に入れつつ、信頼性が高いのはダート。一連の○竜Sを沸かせる産駒が出るに違いない。3歳ダート路線の競走体系が整備されるのも追い風。目指せ羽田盃、東京ダービー。

キトゥンズジョイ

KITTEN'S JOY

産駒が芝GIで大活躍
北米首位種牡馬となったサドラー系

2001年生　栗毛　アメリカ産　2022年死亡

エルプラド El Prado 芦　1989	サドラーズウェルズ Sadler's Wells	Northern Dancer
		Fairy Bridge
	レディーキャプレット Lady Capulet	Sir Ivor
		Cap and Bells　(1-l)
キトゥンズファースト Kitten's First 鹿　1991	リアファン Lear Fan	Roberto
		Wac
	ザッツマイホン That's My Hon	L'Enjoleur
		One Lane　(2-d)

Northern Dancer 3×5、Tom Fool 4×5、Hail to Reason 5×4、
Turn-to 5×5

現役時代

　北米で通算14戦9勝。主な勝ち鞍、ターフクラシック招待S（GI・12F）など重賞7勝。

　デビュー3戦目から芝路線に転向すると一気に素質開花。セクレタリアトS、ターフクラシック招待SのGIを連勝。他にBCターフGI、アーリントンミリオンGIの各2着などがある。芝は12戦9勝2着3回。堅い馬場も柔らかい馬場もこなした。

血統背景

　父エルプラド。産駒にメダーリアドロ。

　母系は半妹にプレシャスキトゥン（ゲイムリーSGI）、近親にドリーミングオブアンナ（BCジュヴェナイルフィリーズGI）。

種牡馬成績

　代表産駒／ロアリングライオン（エクリプスSGI・10F）、ホークビル（同馬の項参照）、カメコ（英2000ギニーGI・8F）、ジャンダルム（スプリンターズS）、オスカーパフォーマンス（同馬の項参照）、ダッシングブレイズ（エプソムC）。

産駒の特徴

　重賞勝ち馬の大半が芝という徹底ぶり。ダート中心の北米ながら種牡馬ランキング上位の常連。カメコによる産駒として初の欧州クラシック制覇やホークビルのドバイシーマクラシックなど、勢力図は北米以外にも広げている。ターフ、フィリー＆メアターフ、マイルのブリーダーズCはいうに及ばず、欧州やUAEの各レースと、海外馬券発売の際には検討に値する重要種牡馬だ。距離への柔軟性、スピード競馬への対応力等、欧州サドラーズウェルズ系とは違った面を見せ、日本競馬への適応性も高い。使われつつ成長し、本格化は3歳以降。高齢になっても力の衰えは少ない。22年7月、心臓発作により死亡。21歳だった。合掌。

キャメロット

CAMELOT

初年度から愛ダービー馬を出した
モンジューの後継

2009年生 鹿毛 イギリス産

モンジュー Montjeu 鹿 1996	サドラーズウェルズ Sadler's Wells	Northern Dancer
		Fairy Bridge
	フロリペーデ Floripedes	Top Ville
		Toute Cy (1-u)
ターファ Tarfah 鹿 2001	キングマンボ Kingmambo	Mr. Prospector
		Miesque
	フィクル Fickle	*デインヒル
		Fade (4-o)

Northern Dancer 3×5・5、Special 4×5、Native Dancer 5×5

現役時代

　アイルランド、イギリス、フランスで通算10戦6勝。主な勝ち鞍、英2000ギニー（GI・8F）、英ダービー（GI・12F）、愛ダービー（GI・12F）と、GIを3勝。英セントレジャー（GI・14.5F）2着。

　当初から三冠制覇を嘱望され、期待に違わず、英2000ギニー、英ダービーとも追い込み勝ちを決め、返す刀で愛ダービーも制覇。ニジンスキー以来の三冠が懸かったセントレジャーはスローペースに加え、後方の内で行き場を失う苦しい展開。そこから追い上げたものの3／4差の2着に敗れるとともに、初黒星を喫した。凱旋門賞GI7着。4歳時はGIII1勝に終わった。

血統背景

　父モンジュー。エルコンドルパサーを破った凱旋門賞などGI6勝。4頭の英ダービー馬を輩出した。

　母ターファは英GIII勝ち馬。母の父キングマンボの産駒にエルコンドルパサー、キングカメハメハ。

種牡馬成績

　代表産駒／ラトローブ（愛ダービーGI・12F）、サンマルコ（独ダービーGI・2400M）、イーヴンソー（愛オークスGI・12F）、サードラゴネット（コックスプレートGI・2040M）。

産駒の特徴

　2000Mから2400Mの大レースに強く、GI勝ち馬は欧州だけに留まらず、オーストラリアや北米でも輩出。ガリレオ系ほど派手ではないが、そこはモンジュー×キングマンボの男前配合。要所要所で存在感を主張し、モティヴェーターと共にモンジューの後継を担う。サンマルコ、サードラゴネットはサドラーズウェルズ、イーヴンソーはデインヒルと、大種牡馬のクロスを持つGI勝ち馬が多い。日本競馬より海外馬券発売時の種牡馬というのはフランケル以外のガリレオ系と同じ。

グッドマジック

GOOD MAGIC

未勝利で挑んだBCジュヴェナイル圧勝！
カーリン系らしいロングヒッター、現る

2015年生 栗毛 アメリカ産

カーリン Curlin 栗 2004	スマートストライク Smart Strike	Mr. Prospector
		Classy'n Smart
	シェリフズデピュティ Sherriff's Deputy	Deputy Minister
		Barbarika (19-c)
グリンダザグッド Glinda the Good 鹿 2009	*ハードスパン Hard Spun	Danzig
		Turkish Tryst
	マジカルフラッシュ Magical Flash	Miswaki
		Gils Magic (12-c)

Mr. Prospector 3×4、Northern Dancer 5×4・5

現役時代

　北米で通算9戦3勝。主な勝ち鞍、BCジュヴェナイル（GI・8.5F）、ハスケル招待S（GI・9F）、ブルーグラスS（GII・9F）。

　シャンペンS2着があるものの、未勝利の身でBCジェヴェナイルを制覇。3歳春はクラシック王道路線を歩み、ブルーグラスSを制して臨んだケンタッキー・ダービーは先に抜け出したジャスティファイの2着。続くプリークネスSはジャスティファイとの先行争いに持ち込むもゴール前で力尽き、同馬の4着に終わった。ベルモントSは回避し、休養を挟んでのハスケル招待Sを3馬身差の快勝。本命に推されたトラヴァーズSは中団から後退してよもやの9着敗退。この後に現役引退、翌年から種牡馬入りが発表された。

血統背景

　父は同馬の項参照。

　母系は近親に米GI2勝のマジカルメイデン。

種牡馬成績

　代表産駒／メイジ（ケンタッキー・ダービー・GI10F）、ブレージングセブンス（シャンペンSGI・8F）、ダビューネル（レムゼンSGII・9F）。

産駒の特徴

　前年版に「カーリン系らしく、単打を積み重ねるより、常に長打狙いだろう」と記したら、予想通り初年度からケンタッキー・ダービー馬を送り出した。とにかく大レースではカーリン系を舐めてかかると痛い目に遭う。かといって長打一発だけではなく、複数の2歳重賞勝ち馬を出し、今後も期待が持てる。日本でもダートの中距離血統とする。2歳からガンガン走るというよりも、頭角を現すのは3歳春以降。古馬になって大成する産駒もいるだろう。ケンタッキー・ダービーを制した今、次なる目標は東京ダービーか。

クラックスマン

CRACKSMAN

英仏でGI4勝
フランケルの最初の後継種牡馬

2014年生　鹿毛　イギリス産

フランケル Frankel 鹿　2008	ガリレオ Galileo	Sadler's Wells
		Urban Sea
	カインド Kind	*ディンヒル
		Rainbow Lake (1-k)
ラーデグンダ Rhadegunda 鹿　2005	ピヴォタル Pivotal	Polar Falcon
		Fearless Revival
	セントラデグンド St Radegund	Green Desert
		On the House (9-c)

Northern Dancer 4·5×5·5·5、Danzig 4×4、Special 5×5

現役時代

　イギリス、アイルランド、フランスで通算11戦8勝。主な勝ち鞍、チャンピオンS（GI・10F）2回、コロネーションC（GI・12F）などGI4勝、他GII2勝。

　英、愛ダービーとも僅差の3着、2着だったが、夏を境に本格化。GIIを2連勝し、続くチャンピオンSで2着ポエッツワードに7馬身差をつけて圧勝。4歳時はガネー賞、コロネーションCを連勝。プリンスオブウェールズS2着、"キングジョージ"は取り消し。プリンスオブウェールズS以来の出走となったチャンピオンSは6馬身差で圧勝、現役最後の一戦を同レースの2連覇で飾った。重賞6勝のうち4勝が重馬場。2着だったプリンスオブウェールズS、取り消した"キングジョージ"は良馬場だった。また、同期のエネイブルとの対戦は同厩舎とあってか、実現しなかった。

血統背景

　父フランケルは同馬の項参照。

　母系は三代母オンザハウスが英1000ギニー馬。同牝系にタイトルホルダー（天皇賞・春）。

種牡馬成績

　代表産駒／エースインパクト（仏ダービーGI・2100M）、アロア（ドルメロ賞GII・1600M）。

産駒の特徴

　産駒デビュー当初は英リステッド競走や伊GIIIの勝ち馬こそ出したものの物足りなかったが、産駒のエースインパクトが仏ダービー制覇。恐るべしフランケル系。今後も中距離GIやクラシック戦線での活躍が見込める。ちなみにエースインパクトは父系祖父ガリレオの祖母アグレッタの5×4のクロスを持つ。日本では23年6月末現在、2頭が出走して未勝利。しかし、そこはフランケル系。以降に走る産駒を含めて油断はできない。中距離を中心にマイルから2400Mが守備範囲。

サクソンウォリアー

SAXON WARRIOR

英2000ギニーなどGI2勝
欧州を沸かせたディープインパクト産駒

2015年生　鹿毛　日本産

ディープインパクト 鹿　2002	*サンデーサイレンス Sunday Silence	Halo
		Wishing Well
	*ウインドインハーヘア Wind in Her Hair	Alzao
		Burghclere (2-f)
*メイビー Maybe 鹿　2009	ガリレオ Galileo	Sadler's Wells
		Urban Sea
	スモラ Sumora	*ディンヒル
		Rain Flower (1-t)

Northern Dancer 5×4·5

現役時代

　アイルランド、イギリスで通算9戦4勝。主な勝ち鞍、英2000ギニー（GI・8F）、レーシングポストトロフィーS（GI・8F）、ベレスフォードS（GII・8F）。

　愛国クールモアが繁殖牝馬を送り、ディープインパクトと配合。誕生後に愛国へ渡り、A・オブライエン調教師の元で現役生活を送った。2歳8月のデビューから英2000ギニーまで4連勝、日本産馬初の英クラシック制覇を果たした。しかし英、愛ダービーは4着、3着。中距離に路線変更してのエクリプスS、インターナショナルS、愛チャンピオンSとも2歳時のレーシングポストTで負かしたロアリングライオンの2着、4着、2着に敗退。その後、屈腱炎を発症。引退が決まった。

血統背景

　父ディープインパクト。母の父ガリレオの配合馬に英ダービー馬オーギュストロダン。

　母メイビーは2歳GIを勝ち、英1000ギニー3着。近親に英オークス馬ダンシングレイン。

種牡馬成績

　代表産駒／ヴィクトリアロード（BCジュヴェナイルターフGI・8F）、グリーンランド（グレフュール賞GIII・2100M）、ルミエールロック（ブランドフォードSGII・10F）、アドマイヤイル。

産駒の特徴

　BCジュヴェナイルターフの勝ち馬などを送り出すなど上々の滑り出しだったが、23年春のクラシック戦線は不発に終わった。今後に期待しよう。セリでの人気は高く、日本には23年2歳を含め10頭を超える輸入、持ち込み馬がいる。ディープインパクトよりもガリレオのズブさが出ているのか、日本の競馬に手こずっているのが現状。スタミナを活かせる中長距離での変わり身を見せるかだ。当面は日本より海外馬券。

シーザスターズ SEA THE STARS

強烈な末脚で
8、10、12FのGIを制覇

2006年生　鹿毛　アイルランド産

ケープクロス Cape Cross 黒鹿　1994	グリーンデザート Green Desert	Danzig
		Foreign Courier
	パークアピール Park Appeal	Ahonoora
		Balidaress　(14-c)
アーバンシー Urban Sea 栗　1989	ミスワキ Miswaki	Mr. Prospector
		Hopespringseternal
	アレグレッタ Allegretta	Lombard
		Anatevka　(9-h)

現役時代

　アイルランド、イギリス、フランスで通算9戦8勝。主な勝ち鞍、英二冠、凱旋門賞（GI・2400M）。

　デビュー戦こそ4着に敗れたが、その後は引退まで無敗を誇った。距離不安視されたこともあって2番人気に甘んじた英ダービーは好位追走からゴール前で抜け出す完勝。その後、中距離GIを3連勝。凱旋門賞は最内中団追走から直線を向くと、馬群が開く一瞬を見逃さず、鋭く突き抜けて優勝した。レース後に解説者が語ったように、"アンビリーバブル"な末脚だった。英二冠馬の凱旋門賞制覇は初。

血統背景

　父ケープクロス。産駒にゴールデンホーン。

　母アーバンシーは凱旋門賞馬。半兄にガリレオ（同馬の項参照）、近親にキングズベスト（同馬の項参照）の母系は、名馬、名種牡馬の宝庫。

種牡馬成績

　代表産駒／ハーザンド（英ダービーGI・12F）、タグルーダ（"キングジョージ"GI・12F）、バーイード（クイーンエリザベス2世SGI・8F）、シーザムーン（同馬の項参照）。

産駒の特徴

　現役最後の一戦こそ敗退したが、マイル、中距離GIを含めデビューから10連勝のバーイードなど、GI勝ち馬を途切れることなく送り込んでいる。特に選手権距離には強く、英ダービー、"キングジョージ"、凱旋門賞では侮れない。ただし、ガリレオ同様に本格的欧州血統だけに、日本では重厚過ぎる。当初は大挙として輸入された産駒も、近頃は目にしなくなった。あくまでも海外馬券発売の際の信頼性の高い血統とする。長距離適性も高く、メルボルンCが海外馬券発売対象レースから外されたのは至極残念。

ジャスティファイ JUSTIFY

わずか5カ月の現役生活で
数々の歴史を塗り替えた米三冠馬

2015年生　栗毛　アメリカ産

スキャットダディ Scat Daddy 黒鹿　2004	*ヨハネスブルグ Johannesburg	*ヘネシー Hennessy
		Myth
	ラヴスタイル Love Style	Mr. Prospector
		Likeable Style (1-w)
ステージマジック Stage Magic 栗　2007	ゴーストザッパー Ghostzapper	Awesome Again
		Baby Zip
	マジカルイリュージョン Magical Illusion	Pulpit
		Voodoo Lily　(1-h)

Mr. Prospector 5・3×5、Nijinsky 4×5、Narrate 5×5

現役時代

　北米で通算6戦6勝。主な勝ち鞍、米三冠、サンタアニタ・ダービー（GI・9F）。

　3歳2月のデビューから無敗で三冠制覇。不良馬場でのケンタッキー・ダービーとプリークネスSは1、2番手併走から押し切り、良馬場のベルモントSはスタートから先手を取って逃げ切った。この後は脚部不安を発症。そのまま引退となった。3歳デビュー馬のケンタッキーダービー制覇は136年ぶり、キャリア4戦目での勝利は過去100年で2頭目。無敗の三冠馬はシアトルスルー以来、史上2頭目の快挙だった。

血統背景

　父スキャットダディ。産駒にミスターメロディ。

　母系は半兄に北米GIII勝ち馬ザルーテナント。

　本馬はヤーン、ピーチの全姉妹クロス4×4を持つ。

種牡馬成績

　代表産駒／アスペングローヴ（ベルモント・オークスGI・10F）、アラビアンライオン（ウッディスティーヴンスSGI・7F）、ユティタム（青竜S）。

産駒の特徴

　23年6月から7月にかけて産駒は大活躍。北米ではダート、芝のGIを制し、英、仏では2歳GII戦で産駒が勝利を収めている。仕上がりの早さに磨きがかかり、加えて中距離適性を示したことにより、大種牡馬としての一歩を踏み出したと言えそうだ。日本でも多数の産駒が走っている。23年6月末現在、18頭が出走、6頭が計9勝というのはこの父系にして勝ち上がり率が物足りないが、その中からユティタムが出たことで良しとする。当初の予想より、中距離適性があり、勝ち上がった6頭のうち4頭がダート1800。あとは成長力だが、3歳春までは問題なさそうだ。湿った馬場は滅法強い。デピュティミニスター系牝馬との配合は好相性。

海外の種牡馬

シユーニ

SIYOUNI

仏クラシック馬を続々と送り出す
ヌレイエフ系の雄

2007年生　鹿毛　フランス産

ピヴォタル Pivotal 栗 1993	ポーラーファルコン Polar Falcon	Nureyev
		Marie d'Argonne
	フィアレスリヴァイヴァル Fearless Revival	Cozzene
		Stufida (7)
シチラ Sichilla 鹿 2002	*デインヒル Danehill	Danzig
		Razyana
	スリップストリームクイーン Slipstream Queen	Conquistador Cielo
		Country Queen (12-b)

Northern Dancer 4×4、Nearctic 5×5·5、Natalma 5×5·5

現役時代

　フランスで通算12戦4勝。主な勝ち鞍、ジャンリュックラガルデール賞（GⅠ・1400M）。

　2歳時は6戦4勝。2歳チャンピオン決定戦のジャンリュックラガルデール賞を制し、クラシックの有力馬に浮上。しかし、本命に支持された仏2000ギニーGⅠは後方から伸びず、ロペデヴェガの9着。その後はジャンプラ賞GⅠ2着、ムーランドロンシャン賞GⅠ3着と健闘するものの、3歳時は未勝利に終わった。

血統背景

　父ピヴォタル。産駒に英オークス馬サリスカ。

　母系は半妹にシユーマ（サンチャリオットSなどGⅠ2勝）。その仔にブレステイキング（プリンシパルS2着）。近親にスリックリー（パリ大賞GⅠ）。

種牡馬成績

　代表産駒／ソットサス（凱旋門賞GⅠ・2400M）、セントマークスバシリカ（仏二冠）、ローレンス（仏オークスGⅠ・2100M）、パディントン（エクリプスSGⅠ・10F）、タヒーラ（愛1000ギニーGⅠ・8F）、ヴィズサクセス。

産駒の特徴

　毎シーズンのようにクラシック馬を出し、20年には産駒のソットサスが凱旋門賞制覇。23年は愛1000ギニー、同2000ギニーの勝ち馬を輩出している。マイルから選手権距離まで幅広く活躍馬を送り出し、産駒はギニーで勝負になる仕上がりの早さと古馬になっての成長力を備える。ガリレオ系やドバウィが幅を利かすなかで、仏供用種牡馬としてそれらに対抗できる存在だ。また、ヌレイエフ系の主流父系でもある。ヌレイエフ系なら日本の競馬にも対応出来そうだが、産駒はローカル短距離でお茶を濁している程度。すぐには飛びつかず、本格化を待ってから買いに出るのが正解だろう。

スタディオブマン

STUDY OF MAN

愛生まれのディープ産駒から、
日本向きの期待馬登場!

2015年生　鹿毛　アイルランド産

ディープインパクト 鹿 2002	*サンデーサイレンス Sunday Silence	Halo
		Wishing Well
	*ウインドインハーヘア Wind in Her Hair	Alzao
		Burghclere (2-f)
*セカンドハピネス Second Happiness 鹿 2002	ストームキャット Storm Cat	Storm Bird
		Terlingua
	ミエスク Miesque	Nureyev
		Pasadoble (20)

Northern Dancer 5×4·4

現役時代

　フランス、アイルランドで11戦3勝。主な勝ち鞍、仏ダービー（GⅠ・2100M）、グレフュール賞（GⅡ・2100M）。ガネー賞（GⅠ・2100M）2着。

　欧州競馬界の有力生産者、馬主のニアルカス家が繁殖牝馬を日本に送り、ディープインパクトを交配。アイルランドで生まれたのが本馬だ。フランスのP・バリー調教師が管理。ステップ戦のグレフュール賞で重賞初制覇を果たし、仏ダービーも直線で抜け出して快勝。この年は英2000ギニーをサクソンウォリアー、日本ダービーをワグネリアンと、英、日、仏の3カ国クラシックをディープインパクトの産駒が制する快挙。この後は4歳まで現役を続けたが、勝ち鞍から遠ざかり、サクソンウォリアーと対戦した愛チャンピオンSは5着。4歳時のガネー賞は2着だった。

血統背景

　父ディープインパクト、母の父ストームキャット、祖母が名牝ミエスクの配合は、リアルスティールと4分の3が同じ血統構成。本馬の半兄にマンボネフュー（2010年生、国枝厩舎）。

種牡馬成績

　23年新種牡馬。

産駒の特徴

　母の父がガリレオのサクソンウォリアー、オーギュストロダンの活躍をみると、ガリレオ系牝馬との配合から大駒を期待したくなる。

　一方、日本に目を転じると苦戦を強いられているサクソンウォリアーより、リアルスティールと同配合の観点から適性は高そう。中距離を中心にマイルや長距離を走る産駒も出そうで、距離適性は個々によって判断するのが賢明。速い脚が使えるのか、ジリなのか、じっくり見極めたい。

スパイツタウン
SPEIGHTSTOWN

日本での実績も十分
北米生まれのスピードスター

1998年生　栗毛　アメリカ産

ゴーンウエスト Gone West 鹿　1984	ミスタープロスペクター Mr. Prospector	Raise a Native
		Gold Digger
	セクレテーム Secrettame	Secretariat
		Tamerett　(2-f)
シルケンキャット Silken Cat 栗　1993	ストームキャット Storm Cat	Storm Bird
		Terlingua
	シルケンドール Silken Doll	Chieftain
		Insilca　(9-b)

Secretariat 3×4、Bold Ruler 4×5·4、Nasrullah 5·5×5、
Tom Fool 5×5

現役時代

北米で通算16戦10勝。主な勝ち鞍、BCスプリント（G
Ⅰ・6F）。他、GⅡ3勝。

4歳時に全休とあって重賞初制覇は6歳5月のチャー
チルダウンズHだが、続くトゥルーノースBCH、アル
フレッドGヴァンダービルトHとも早めに先頭に立っ
て押し切り、重賞3連勝とした。アルフレッドGヴァ
ンダービルトHは1分08秒04のレコード。しかもトッ
プハンデの120ポンドを背負っての勝利。本命に推さ
れたヴォスバーグSGⅠ3着もBCスプリントで復権。3
番手から残り300Mで先頭に立ち、本命馬ケラに1馬身
1/4差をつけて快勝、引退の花道を飾った。10勝、2着、
3着各2回。6着以下は2回だけだった。

血統背景

父ゴーンウエスト。産駒にケイムホーム。

母はカナダ2歳GⅠなど4戦3勝。半弟にアイラップ
（ブルーグラスSGⅡ）。

種牡馬成績

モズスーパーフレア（高松宮記念）、フルフラット（サ
ンバサウジダービーC）、マテラスカイ（プロキオンS）、
リエノテソーロ（全日本2歳優駿）。

産駒の特徴

北米での実績は元より、御用達種牡馬といえるぐら
い日本での人気も高い。持ち前のスピードを最大限に
活かし、ハイペース上等とばかりに短距離を一気に走
り抜け、勝ち鞍を積み重ねている。反面、揉まれ弱
く惨敗もあり、強さと危うさの両方を内に秘めている。
近走の着順を度外視して、展開、馬場、枠順を見極
めることが重要。条件さえ合えば、昇級戦でも即通用。
2歳から走り、なおかつ4歳、5歳になって急上昇する
産駒がいるので油断はできない。海外遠征は二割、三
割増し。交流重賞も狙える。牝馬は芝が中心。

ダークエンジェル
DARK ANGEL

産駒は短距離～マイルで活躍
英愛リーディング上位の常連種牡馬

2005年生　芦毛　アイルランド産

アクラメーション Acclamation 鹿　1999	ロイヤルアプローズ Royal Applause	*ワージブ Flying Melody
		Flying Melody
	プリンセスアテナ Princess Athena	Ahonoora
		Shopping Wise (19-c)
ミッドナイトエンジェル Midnight Angel 芦　1994	マキアヴェリアン Machiavellian	Mr. Prospector
		Coup de Folie
	ナイトアットシー Night At Sea	Night Shift
		Into Harbour (10-c)

Northern Dancer 5×4、Natalma 5·5（母方）

現役時代

イギリスで9戦4勝。主な勝ち鞍、ミドルパークS（G
Ⅰ・6F）、ミルリーフS（GⅡ・6F）。

2歳4月にデビューし、2戦目で勝ち上がり、7戦目
となるミルリーフSで重賞初制覇を果たした。続くミ
ドルパークSも先行策から勝利。次走は初の7F。クラ
シックへ直結するデューハーストSに挑むも、ニュー
アプローチの9着に大敗。2歳で引退が決まり、翌年か
ら種牡馬入りすることとなった。

血統背景

父アクラメーションは同馬の項参照。後継種牡馬に
アクレイム。本邦輸入種牡馬ワージブから同じく輸入
種牡馬トライマイベストに遡れる父系。

母系は近親に目立った活躍馬はいない。母の父マキ
アヴェリアンはヴィルシーナ、シュヴァルグラン、ヴ
ィブロス兄弟や22年新種牡馬タリスマニックの母の父。

種牡馬成績

代表産駒／マングスティーヌ（仏1000ギニーGⅠ・
1600M）、パースエイシヴ（クイーンエリザベス2世
SGⅠ・8F）、リーサルフォース（ジュライCGⅠ・6F）、
マッドクール（春雷S）、シュバルツカイザー（しらか
ばS）、ダークペイジ（紅梅S2着）。

産駒の特徴

ガリレオ、ドバウィ、シーザスターズらの大駒に伍
して、英愛種牡馬成績上位の常連。柔軟姓のあるトラ
イマイベスト系らしく、マイルでも勝負になるが、本
領を発揮するのは短距離。23年はロイヤルアスコット
開催の短距離GⅠクイーンエリザベス2世ジュビリーS
で産駒のカーデムが最低人気で勝利した。日本でも短
距離で勝ち鞍を積み重ねている。2歳からいきなりよ
り、3歳春、夏に未勝利を脱し、そこからジワッと強
くなる成長過程。重賞制覇が待たれる。芝でこそ。

タピット

TAPIT

毎年活躍馬を多数送り出す
14〜16年の北米首位種牡馬

2001年生　芦毛　アメリカ産

プルピット Pulpit 鹿 1994	エーピーインディ A.P. Indy	Seattle Slew
		Weekend Surprise
	プリーチ Preach	Mr. Prospector
		Narrate (2-f)
タップユアヒールズ Tap Your Heels 芦 1996	アンブライドルド Unbridled	Fappiano
		Gana Facil
	ルビースリッパーズ Ruby Slippers	Nijinsky
		Moon Glitter (3-o)

Mr. Prospector 3×4、Nijinsky 5×3、In Reality 5×4（母方）

現役時代

　北米で通算6戦3勝。主な勝ち鞍、ウッドメモリアルS（GI・9F）、他GIII1勝。

　2歳時にローレルフュチュリティGIIIを制し、3歳時はクラシック路線に向かい、フロリダ・ダービーGI6着も、ウッドメモリアルSを中団からの追い込みを決めて優勝。ケンタッキー・ダービーGIは先行有利な不良馬場とあって末脚不発。スマーティージョーンズの9着に終わった。残りの二冠は回避。復帰戦のペンシルヴァニア・ダービーGII9着後に引退。

血統背景

　父プルピット。産駒にパイロ（同馬の項参照）。

　母系は一族にサマーバード（ベルモントS）。母の父アンブライドルドの産駒にエンパイアメーカー（同馬の項参照）。エーピーインディ系とアンブライドルド系の配合から重賞勝ち馬多数。

種牡馬成績

　代表産駒／テスタマッタ（フェブラリーS）、ラニ（UAEダービーGII・1900M）、ラビットラン（ローズS）、ゴールデンバローズ（ヒヤシンスS）、アメリカンシード（平安S2着）、ヴァルキュリア。

産駒の特徴

　東京1600と中距離のダートで2歳後半から3歳春に勝ち鞍を量産。さらに3歳後半から4歳にかけて上のクラスで勝利する。難なく昇級初戦を突破して連勝する産駒がいる一方、エーピーインディ系特有の気性の難しい産駒もいるので、そこの見極めは肝要。

　本元の北米では久しく大駒の名を聞かなかったが、22年にBCクラシック圧勝のフライトラインが登場。ダート重賞体系が整備される来季、日本でも重賞勝ち馬の出現を待ちたいところだ。海外馬券発売の際、特にベルモントSに強いことを付け加えておく。

チャーチル

CHURCHILL

初年度産駒が仏ダービー制覇
ガリレオの新たな後継種牡馬

2014年生　鹿毛　アイルランド産

ガリレオ Galileo 鹿 1998	サドラーズウェルズ Sadler's Wells	Northern Dancer
		Fairy Bridge
	アーバンシー Urban Sea	Miswaki
		Allegretta (9-h)
ミャウ Meow 鹿 2008	ストームキャット Storm Cat	Storm Bird
		Terlingua
	エアウェーヴ Airwave	Air Express
		Kangra Valley (19-a)

Northern Dancer 3×4

現役時代

　アイルランド、イギリス、北米で通算13戦7勝。主な勝ち鞍、英2000ギニー（GI・8F）、愛2000ギニー（GI・8F）、デューハーストS（GI・7F）、ナショナルS（GI・7F）、他7Fの重賞2勝。

　6Fのデビュー戦こそ3着に敗れたが、その後は7連勝。愛ナショナルS、英デューハーストSを制し、クラシックの最有力候補に躍り出た。ぶっつけで臨んだ英2000ギニー、続く愛2000ギニーも勝利。しかし、勢いはここまで。セントジェームズパレスSは英2000ギニー2着バニーロイ、愛2000ギニー2着サンダースノーらに先着を許しての4着。中距離へ挑んでのインターナショナルS2着、愛チャンピオンSは7着。マイルへ戻ってのクイーンエリザベス2世S3着。現役最後の一戦、BCクラシックは7着に終わった。

血統背景

　父ガリレオ。

　全妹クレミー、祖母エアウェーヴとも2歳短距離GIチェヴァリーパークSの勝ち馬で、スピードに勝った母系。ガリレオ×ストームキャットにグレンイーグルス（同馬の項参照）。この配合は3歳春が旬なのか。

種牡馬成績

　代表産駒／ヴァデニ（仏ダービーGI・2100M）、ブルーローズセン（仏1000ギニー・1600M）、ザフォクシーズ（ダンテSGII・10.5F）。

産駒の特徴

　初年度産駒のヴァデニに続いて2年目の産駒ブルーローズセンが仏クラシック制覇。その他、欧州各国で短、中距離のGII、GIII勝ち馬を送り出している。グレンイーグルスと同配合だけに日本でも重賞級の産駒を待ちたい。2歳の早い時期から走った実績を日本での産駒が受け継げばより期待が持てる。

ドバウィ

DUBAWI

ドバイミレニアムの貴重な後継
世界中で産駒が大活躍

2002年生　鹿毛　アイルランド産

ドバイミレニアム Dubai Millennium 鹿 1996	シーキングザゴールド Seeking the Gold	Mr. Prospector
		Con Game
	コロラドダンサー Colorado Dancer	Shareef Dancer
		Fall Aspen　(4-m)
ゾマラダー Zomaradah 鹿 1995	ディプロイ Deploy	Shirley Heights
		Slightly Dangerous
	ジャワハー Jawaher	*ダンシングブレーヴ
		High Tern　(9-e)

Raise a Native 4×5、Northern Dancer 4×5

現役時代

　イギリス、アイルランド、フランスで通算8戦5勝。主な勝ち鞍、愛2000ギニー（GI・芝8F）、ジャックルマロワ賞（GI・芝1600M）などGI3勝。

　2歳時はナショナルSGIを含め3戦3勝。英2000ギニーこそ3歳初戦とあって5着に敗れたが、愛2000ギニーは好位から抜け出して優勝した。英ダービーGI3着。マイルに戻ってのジャックルマロワ賞を勝ち、クイーンエリザベス2世SGIは2着。

血統背景

　父ドバイミレニアムはドバイワールドCなどGI4勝。一世代の産駒を残しただけで急逝、本馬が唯一のGI勝ち馬。

　母ゾマラダーが伊オークスGI馬。近親にハイライズ（英ダービーGI。ジャパンC3着）。

種牡馬成績

　代表産駒／ポストポンド（"キングジョージ"GI・12F）、レベルスロマンス（BCターフGI・12F）、モダンゲームス（BCマイル・8F）。

産駒の特徴

　22年の英愛種牡馬では初の首位の座に就いた。これまでガリレオの牙城を崩せずにいたが、22年はガリレオの後継種牡馬フランケルの2連覇を抑えてのものだった。しかもプラチナジュビリーSに英セントレジャーと英国を代表する短、長距離のGIを産駒が制している。英愛以外でもBCマイル、ターフの勝ち馬を送り出し、世界全体を一括するとドバウィの右に出る種牡馬はいない。国、地域、距離、馬場に関係なくドバウィの産駒は要注意だ。唯一の不毛地帯が日本。海外と日本を走る産駒の質に大きな違いもあるだろうが、3勝クラス突破に四苦八苦という有様。それもあって近頃は産駒の輸入がめっきり減っている。

ナサニエル

NATHANIEL

ガリレオ王朝の新星
初年度産駒から超大物牝馬誕生

2008年生　鹿毛　アイルランド産

ガリレオ Galileo 鹿 1998	サドラーズウェルズ Sadler's Wells	Northern Dancer
		Fairy Bridge
	アーバンシー Urban Sea	Miswaki
		Allegretta　(9-h)
マグニフィセントスタイル Magnificient Style 黒鹿 1993	シルヴァーホーク Silver Hawk	Roberto
		Gris Vitesse
	ミアカリナ Mia Karina	Icecapade
		Basin　(9-f)

Nearctic 4×4、Hail to Reason 5×4、Nearco 5×5·5、Native Dancer 5×5

現役時代

　イギリス、アイルランドで通算11戦4勝。主な勝ち鞍、キングジョージ6世＆クインエリザベスS（GI・12F）、エクリプスS（GI・10F）、キングエドワード7世S（GⅡ・12F）。

　英ダービーを回避して臨んだキングエドワード7世Sで重賞初制覇を果たし、同レースと同じ舞台で行われた"キングジョージ"は2番手から抜け出し、ワークフォースに2馬身3/4差をつけて快勝した。4歳時にはエクリプスS勝ちがある。フランケルとは2歳デビュー戦、4歳時のチャンピオンSGIで対戦、それぞれ2着、3着に敗れている。

血統背景

　父ガリレオは同馬の項参照。

　母系は全妹にグレートヘヴンズ（愛オークスGI）、母の孫にレッドアンシェル（北九州記念）。母の父シルヴァーホークの産駒にグラスワンダー。

種牡馬成績

　代表産駒／エネイブル（凱旋門賞GI・2400M2回）、デザートクラウン（英ダービーGI・12F）、シャネル（仏オークスGI・2100M）。

産駒の特徴

　フランケルがガリレオの優等生後継種牡馬なら、ナサニエルは一点豪華主義後継種牡馬だ。毎年のようにGI馬を送り込んでいるわけではないが、突然のようにエネイブルやデザートクラウンを出すから油断できない。海外馬券発売の際、上昇気流に乗っている産駒を見つけたらしめたもの。実績で見劣りしても勝負するべし。ダンジグ系牝馬との交配から重賞勝ち馬が多数出ているのと、GI勝ち馬にはエネイブルのようにサドラーズウェルズのクロスを持つ産駒がいる。日本では時計のかかる中長距離でどこまでか。

海外の種牡馬

ノーネイネヴァー

NO NAY NEVER

2歳戦からエンジン全開
スキャットダディの欧州での後継種牡馬

2011年生　黒鹿毛　アメリカ産

スキャットダディ Scat Daddy 黒鹿　2004	*ヨハネスブルグ Johannesburg	*ヘネシー Myth
	ラヴスタイル Love Style	Mr. Prospector Likeable Style (1-w)
キャッツアイウィットネス Cat's Eye Witness 鹿　2003	イルーシヴクオリティ Elusive Quality	Gone West Touch of Greatness
	コミカルキャット Comical Cat	Exceller Six Months Long (3-l)

Mr. Prospector 5·3×4、Northern Dancer 5×5·4

現役時代

　北米、イギリス、フランスで通算6戦4勝。主な勝ち鞍、モルニ賞（GⅠ・1200M）、ノーフォークS（GⅡ・5F）、ウッドフォードS（GⅢ・5.5F）。

　オールウェザーでのデビュー戦を勝利すると、欧州へ遠征。英国ロイヤルアスコット開催のノーフォークSを2歳コースレコードで快勝、フランスへ渡ってのモルニ賞も勝利。3連勝でシーズンを終えた。米国へ戻っての3歳初戦、ダートのスウェイルSは2着。この後は再度ロイヤルアスコット開催の参戦予定も、故障で秋まで休養。復帰後はウッドフォードSを制し、BCターフスプリントへ向かった。レースは2、3番手併走から直線で先頭に立った刹那、ボビーズキトゥンに暴力的な末脚を喰らい、半馬身差2着に惜敗した。

血統背景

　父スキャットダディ。2015年死亡。
　母系は近親に複数の重賞勝ち馬がいる中堅級。母の父イルーシヴクオリティの産駒にレイヴンズパス。

種牡馬成績

　代表産駒／アルコールフリー（ジュライCGⅠ・6F）、テンソヴリンズ（ジュライCGⅠ・6F）、メディテイト（BCジュヴェナイルフィリーズターフGⅠ・8F）。

産駒の特徴

　父同様に2歳初っぱなからエンジン全開。それこそロイヤルアスコット開催の2歳重賞に何頭も勝利している。しかし、そこはスキャットダディ系。早熟な短距離血統で収まらず、ジュライCの勝ち馬やマイルをこなす産駒もいる。日本ではユニコーンライオンが代表産駒で、自身のペースで走らせると強いのがストームキャット系ながら、短、マイルでこそ持ち味が活きる。函館、小倉の両2歳Sや中央に戻っての2歳1400重賞は勝機十分とみる。あわよくばNHKマイルCか。新潟千直も面白そう。

メダーリアドロ

MEDAGLIA D'ORO

北米で開花した
サドラー系の二刀流

1999年生　黒鹿毛　アメリカ産

エルプラド El Prado 芦　1989	サドラーズウェルズ Sadler's Wells	Northern Dancer Fairy Bridge
	レディキャピュレット Lady Capulet	Sir Ivor Cap and Bells (1-l)
カプチノベイ Cappucino Bay 鹿　1989	ベイルジャンパー Bailjumper	Damascus Court Circuit
	デュベッドイン Dubbed In	Silent Screen Society Singer (9-b)

現役時代

　北米、UAEで通算17戦8勝。主な勝ち鞍、トラヴァーズS（GⅠ・10F）、ホイットニーH（GⅠ・9F）、ドンH（GⅠ・9F）、他GⅡ4勝。

　三冠はベルモントSGⅠの2着が最高だったが、トラヴァーズSを制覇。3歳時、4歳時のBCクラシックGⅠはともに本命に推されるも、最初がヴォルポニの2着、翌年がプレゼントリーパーフェクトの2着だった。5歳時も現役を続け、ドンHを制して臨んだドバイWCGⅠはここもプレゼントリーパーフェクトの2着。GⅠ中のGⅠはトラヴァーズS優勝のみだが、5歳引退までダート界の名大関として名を馳せた。

血統背景

　父エルプラド。産駒にキトゥンズジョイ。
　近親にトラヴェリングミュージック（サプリングSGⅠ）。母の父ベイルジャンパーはダマスカス系。

種牡馬成績

　代表産駒／レイチェルアレクサンドラ（プリークネスSGⅠ・9.5F）、タリスマニック（BCターフGⅠ・12F）、ゴールデンシックスティ（香港マイルGⅠ・1600M）、エーシンメンフィス（愛知杯）。

産駒の特徴

　レイチェルアレクサンドラにタリスマニックと北米のダート、芝の大駒だけに留まらず、香港ではマイル王ゴールデンシックスティが出現。欧州、オセアニアでもGⅠ馬を輩出。汎用性に優れ、環境適応力が高い。2歳から走りながら成長力があり、古馬になって急上昇する産駒もいる。日本でも、同父系のキトゥンズジョイの産駒が結果を出しているだけに期待したいところだが、エーシンメンフィス、フィドゥーシア以外は小粒な短距離馬ばかり。しかもダートは全くの不振。ローカル芝短距離向きなのが現状。

メンデルスゾーン　MENDELSSOHN

名種牡馬イントゥミスチーフと
鬼姫ビホルダーの半弟

2015年生　鹿毛　アメリカ産

スキャットダディ Scat Daddy 黒鹿 2004	*ヨハネスブルグ Johannesburg	*ヘネシー
		Myth
	ラヴスタイル Love Style	Mr. Prospector
		Likeable Style (1-w)
レスリーズレディ Leslie's Lady 鹿 1996	トリッキークリーク Tricky Creek	Clever Trick
		Battle Creek Girl
	クリスタルレディ Crystal Lady	Stop the Music
		One Last Bird (23-b)

Mr. Prospector 5・3（父方）、Nijinsky 4×5、Northern Dancer 5×5

現役時代

　アイルランド、イギリス、北米、UAEで通算13戦4勝。主な勝ち鞍、BCジュヴェナイルターフ（GⅠ・8F）、UAEダービー（GⅡ・1900M）。

　BCジュヴェナイルターフ勝利後に管理する愛国A・オブライエン調教師が「この後はドバイからケンタッキー・ダービーへ向かう」と語ったように、3歳時はドバイのUAEダービーに出走。ここを後続に18馬身半差の逃げ切り圧勝とし、ケンタッキー・ダービー挑戦となった。しかし、不良馬場に加え、スタート直後に挟まれるやら、レース中に押しくらまんじゅうを強いられるやらの不利が重なり最下位の20着に終わった。勝ったのはジャスティファイ。この後はそのまま米国へ留まったが、トラヴァーズS2着が最高だった。

血統背景

　父スキャットダディ。

　母系は半兄姉にイントゥミスチーフ（同馬の項参照）、ビホルダー（北米GⅠ11勝の鬼姫）。ビホルダーは祖父ヘネシーで、本馬と血統構成が似る。

種牡馬成績

　代表産駒／デライト（ジェサミンSGⅡ・8.5F）、ボールドゾーン、セラドナイト、ショウナンガロ。

産駒の特徴

　仕上がりの早さが売りのスキャットダディ系にしては出足は鈍く、主要競馬国での2歳重賞勝ち馬は芝GⅡの1勝に留まっている。ここは3歳馬や2年目の産駒の走りで見極めたいところだ。日本では重賞級が出そうな様相があり、23年函館開催終了時点で4頭が出走、3頭が勝ち上がり、内1頭が2勝馬。勝ち距離はすべてダートの1400＆1600＆1700＆1800。同父系の同期ジャスティファイに近く、同馬と日本でのスキャットダディ系の盟主を懸けた争いが見られるかも知れない。

ヨシダ　YOSHIDA

海外トップで揉まれたハーツクライ産駒
国内産駒同様、古馬になって覚醒か

2014年生　鹿毛　日本産

ハーツクライ 鹿 2001	*サンデーサイレンス Sunday Silence	Halo
		Wishing Well
	アイリッシュダンス	*トニービン
		*ビューパーダンス (6-a)
*ヒルダズパッション Hilda's Passion 鹿毛 2007	カナディアンフロンティア Canadian Frontier	Gone West
		Borodislew
	イグゼキュトリッカー Executricker	El Prado
		Trick Trick　(8-h)

Northern Dancer 5×5

現役時代

　北米、イギリス、UAEで通算18戦5勝。主な勝ち鞍、ターフクラシックS（GⅠ・9F）、ウッドワードS（GⅠ・9F）、ヒルプリンスS（GⅢ・9F）。

　3歳秋のヒルプリンセスSで重賞初制覇。4歳初戦のターフクラシックSではビーチパトロールに競り勝って重賞2連勝とした。英国へ遠征してのロイヤルアスコット開催クイーンアンSは5着に終わったものの、帰国後にウッドワードSを中団後方追走から直線で一気に突き抜けて優勝、芝、ダートのGⅠ制覇を果たした。この後はUAE遠征やホイットニーS2着、ウッドワードS3着などがあるものの未勝利のまま5歳時のBCクラシック8着を最後に現役を引退した。

血統背景

　父ハーツクライ。

　母ヒルダズパッションはバレリーナSGⅠなど北米重賞5勝。本馬の半妹にサンクテュエール（シンザン記念）。母の父カナディアンフロンティアはゴーンウエスト系。デュガ（バーデンバーデンC）の母の父。

種牡馬成績

　23年新種牡馬。

産駒の特徴

　果たしてハーツクライ産駒が海外で種牡馬として成功するのか、その産駒が日本で走ったらどうか等々、興味津々。日本の新種牡馬を含めてもヨシダの種牡馬としての動向の注目度は上位級。現役時はダートGⅠを制しているが、芝でこそだろう。2歳初っぱなより、頭角を現すのが早くても2歳後半。北米でいえばBCジュヴェナイルターフで一発があるかといったところ。ただし、多くの産駒が本格化するのは3歳以降。ハーツクライ同様に古馬になって覚醒する産駒が出現すれば大成功。日本でも同様とする。

アクラメーション ACCLAMATION

1999年生／英●トライマイベスト系

- Royal Applause ── Ahonoora
- Princess Athena ── Shopping Wise

16戦6勝／ダイアデムS（GⅡ・6F）。
代表産駒／ダークエンジェル（同馬の項参照）、エキスパートアイ（BCマイルGⅠ・8F）、ロマンチックウォリアー（クイーンエリザベス2世CGⅠ・2000M2回）、マーシャ（ナンソープSGⅠ・5F）、アクレイム（ラフォレ賞GⅠ・1400M）。

4歳時のダイアデムSが重賞初制覇。父はスプリントCなどGⅠ2勝。祖父ワージブの産駒にラジオたんぱ賞のブレストシンボリ。三代父トライマイベストの産駒にラストタイクーン。同父系にサトノクラウン。当初は仕上がり早い短距離馬を出していたが、種牡馬としての円熟期を迎えると、マイルや中距離のGⅠ勝ち馬を輩出。産駒は高齢になっても走る。

距離 ▶ 短マ	馬場 ▶ 芝	性格 ▶ 普	成長力 ▶ 普

アルマンゾル ALMANZOR

2013年生／仏●ゴーンウエスト系

- Wootton Bassett ── Maria's Mon
- Darkova ── Darkara

11戦8勝／仏ダービー（GⅠ・2100M）、愛チャンピオンS（GⅠ・10F）、チャンピオンS（GⅠ・10F）、ギヨームドルナノ賞（GⅡ・2000M）、他GⅢ1勝。
代表産駒／マンゾイス（ヴィクトリア・ダービーGⅠ・2500M）、クイーントレジー（サンタラリ賞GⅠ・2000M3着）。

仏ダービーを制し、秋の欧州中距離路線の重要レース、愛、英のチャンピオンSでは凱旋門賞馬ファウンドを破った。父の産駒にBCフィリー＆メアターフGⅠのアウダーリャ。母系は近親に仏1000ギニー馬ダルジナ。母の父の産駒にケンタッキー・ダービー馬モナーコス。欧州におけるゴーンウエスト系の主流父系で、産駒はマイルから中距離向きとする。

距離 ▶ マ中	馬場 ▶ 芝	性格 ▶ 普	成長力 ▶ 普

イクシードアンドエクセル EXCEED AND EXCEL

2000年生／豪●デインヒル系

- *デインヒル ── Lomond
- Patrona ── Gladiolus

12戦7勝／ニューマーケットH（GⅠ・1200M）、ドバイレーシングクラブC（GⅠ・1400M）、アップアンドカミングS（GⅡ・1200M）など重賞6勝。
代表産駒／ミスタースタニング（香港スプリントGⅠ・1200M）、エクセレブレーション（クイーンエリザベス2世SGⅠ・8F）、ロンドンテソーロ。

オーストラリアでデビューし、3歳9月に本格化。翌年にニューマーケットHを制した後に、英ジュライCに挑戦。日本のシーキングザダイヤと共に先行するも19着。オセアニア出身のデインヒル系らしくスピードを武器に、オセアニアのみならず、欧州、香港、UAEでGⅠ馬を輩出。仕上がりは早いが、香港競馬では使われながら成長する産駒もいる。

距離 ▶ 短マ	馬場 ▶ 芝	性格 ▶ 狂	成長力 ▶ 早

イフラージ IFFRAAJ

2001年生／英●ゴーンウエスト系

- Zafonic ── Nureyev
- Pastorale ── Park Appeal

13戦7勝／パークS（GⅡ・7F）などGⅢ3勝。
代表産駒／リブチェスター（クイーンアンSGⅠ・8F）、ジョンスノー（オーストラリアンダービーGⅠ・2400M）、ジャングルキャット（アルクオーツスプリントGⅠ・1200M）、ウートンバセット（ジャンリュックラガルデール賞GⅠ・1400M）。

他にジュライCGⅠ2着があるスプリンター。父の産駒にザール（本邦輸入種牡馬）。母系は母の半弟に名種牡馬ケープクロス。初年度産駒のデビュー年に2歳馬勝ち上がり頭数の欧州記録を更新。さすがに2歳からアクセル全開のザフォニック系。海外での産駒はともかく、京王杯2歳S向きとし、ニュージーランドTまでもてばもっけの幸いとする。

距離 ▶ 短マ	馬場 ▶ 万	性格 ▶ 普	成長力 ▶ 早

インヴィンシブルスピリット INVINCIBLE SPIRIT

1997年生／愛●グリーンデザート系

- Green Desert ── Kris
- Rafha ── Eljazzi

17戦6勝／スプリントC（GⅠ・6F）、ポーランドS（GⅢ・6F）など重賞3勝。
代表産駒／キングマン（同馬の項参照）、マグナグレーシア（英2000ギニーGⅠ・8F）、ローマン（仏ダービーGⅠ・2100M）、ダンヤー（アルクオーツスプリントGⅠ・1200M）、ヴェールオブヨーク（BCジュヴェナイルGⅠ・8.5F）。

4歳で重賞初制覇を果たし、5歳時にはスプリントCを制した。母は仏オークス馬。距離に融通性のあるダンジグ系、加えて母系近親にステイヤーがいるとあって、仏ダービー馬も出しているが、有り金勝負となると短距離、マイルだろう。仕上がりの早さとスプリント能力に優れ、産駒がごそっと輸入されたら1200＆1400の2歳Sは全部もっていかれそうだ。

距離 ▶ 短マ	馬場 ▶ 芝	性格 ▶ 普	成長力 ▶ 普

イングリッシュチャンネル ENGLISH CHANNEL

2002年生、2021年死亡／米●スマートストライク系

- Smart Strike ── Theatrical
- Belva ── Committed

23戦13勝／BCターフ（GⅠ・12F）など芝GⅠ6勝。
代表産駒／ザピッツァマン（アーリントンミリオンGⅠ・10F）、ヴィーイーデイ（トラヴァーズSGⅠ・10F）、チャンネルメーカー（マンノウォーSGⅠ・11F）、ハートトゥハート（メーカーズ46マイルSGⅠ・8F）。

芝の一線級として活躍。3度目の挑戦となった5歳時のBCターフは7馬身差の圧勝だった。父の産駒にカーリン（同馬の項参照）。母系は祖母が欧州短距離GⅠ3勝。母の父はBCターフの勝ち馬で、産駒にヒシアマゾン。ダートGⅠ馬を出しているものの、芝でこそ本領発揮。日本なら中山＆東京の2500が合う。海外馬券発売レースでも頼りになる種牡馬だ。

距離 ▶ 中長	馬場 ▶ 芝	性格 ▶ 普	成長力 ▶ 晩

ヴァイオレンス VIOLENCE

2010年生／米●エルプラド系

Medaglia d'Oro ─ Gone West
Violent Beauty ─ Storming Beauty

4勝3勝／キャッシュコールフューチュリティ（GI・8.5F）、ナシュアS（GII・8F）。
代表産駒／フォルテ（BCジュヴェナイルGI・8F）、ドクターシーヴェル（ビングクロスビーSGI・6F）、ノーパロール（ウッディーズスティーヴンスSGI・7F）、ジャスパープリンス（エニフS）、ジャスパーロイヤル。

2歳時は3戦全勝。キャッシュコールFは中団からの差し切り勝ち。3歳初戦のファウンテンオブユースSGIIはケンタッキー・ダービーを制するオーブの2着。これが現役最後の一戦。父は同馬の項参照。母系は三代母スカイビューティがGI9勝。北米、日本ともダート短距離戦での走りが目立つ。使われながら調子を上げてくる。芝からダート替わり注意。

距離	短マ	馬場	ダ	性格	普	成長力	普

* ウィルテイクチャージ WILL TAKE CHARGE

2010年生／米●アンブライドルド系

Unbridled's Song ─ *デヒア
Take Charge Lady ─ Felicita

21戦7勝／トラヴァーズS（GI・10F）、クラークH（GI・9F）、他GII3勝。
代表産駒／ゼアゴーズハーバード（ハリウッドGCGI・10F）、マニーワウ（フェニックスGII・6F）、アバーン（WLマックナイトSGII・12F）、ヘルシャフト（伏竜S）、フランスゴデイナ。2023年から日本で供用。

クラシックは3戦とも完敗したが、トラヴァーズSでケンタッキー・ダービー馬オーブ、ベルモントS馬パレスマリスらを一蹴。3歳時のBCクラシックはムーチョマッチョマンのハナ差2着だった。父の産駒にアロゲート（同馬の項参照）。母はGI3勝。出だしひと息の種牡馬成績だったが、徐々に産駒の活躍が目立ってきた。ダートのマイル、中距離向き。

距離	マ中	馬場	ダ	性格	普	成長力	普

ウォーフロント WAR FRONT

2002年生●米／ダンジグ系

Danzig ─ Rubiano
Starry Dreamer ─ Lara's Star

13戦4勝／アルフレッドG・ヴァンダーヴィルトBCH（GII・6F）。
代表産駒／デクラレーションオブウォー（同馬の項参照）、アメリカンペイトリオット（同馬の項参照）、ウォーオブウイル（プリークネスSGI・9.5F）、ユーエスネイヴィーフラッグ（ジュライCGI・6F）、フォッサマグナ、プロトポロス。

4歳時に重賞初制覇。父の産駒にグリーンデザート、デインヒル。北米、欧州、豪でマイル、中距離、香港で2400の各GI馬を輩出。産駒は一般的に仕上がりが早く2歳から活躍するが、成長力に多少の難点あり。日本でも同様に扱い、京王杯2歳S、ファンタジーSが適重賞といった感じだ。3歳、古馬はあわよくば関屋記念。ダートは中距離もこなしそう。

距離	マ中	馬場	万	性格	普	成長力	早

エアフォースブルー AIR FORCE BLUE

2013年生／米●ダンジグ系

War Front ─ Maria's Mon
Chatham ─ Circle of Gold

9戦4勝／フェニックスS（GI・6F）、ナショナルS（GI・7F）、デューハーストS（GI・7F）。
代表産駒／エアフォースレッド（ジョーヘルナンデスSGII・6.5F）、スラップショット、キトゥンズワルツ。22年から韓国で供用。

2歳時は5戦4勝。愛、英の最重要2歳戦をともに楽勝した。3歳時は初戦の英2000ギニー12着、続く愛2000ギニー7着と大敗。その後の短距離戦2戦も未勝利に終わった。父は同馬の項。母系は半弟にJRA3勝のソレイユドパリ。三代母はバトルプランの祖母でもある。父系からも現役時の成績からも仕上がり早のスプリンター。平坦のローカル短距離が適鞍。

距離	短マ	馬場	万	性格	普	成長力	早

オーストラリア AUSTRALIA

2011年生／英●ガリレオ系

Galileo ─ Cape Cross
Ouija Board ─ Selection Board

8戦5勝／英、愛ダービー（GI・12F）、インターナショナルS（GI・10.5F）。
代表産駒／ガリレオクローム（セントレジャーGI・14.5F）、オーダーオブオーストラリア（BCマイルGI・8F）、ブルーム（サンクルー大賞GI・2400M）、オーシャンロード（ゲイムリーSGI・9F）。

父が大種牡馬、母がGI7勝の名牝。産まれた時からクラシック制覇を義務づけられた良血で、その期待に応えた現役生活だった。2400ばかりでなく、中距離での適性も示した。産駒は2歳後半から頭角を現し、3歳になって急激に力をつけてくる成長曲線とみた。日本ではフランケル以外のガリレオ系の例に漏れず、中長距離の消耗戦になって出番か。

距離	中長	馬場	芝	性格	普	成長力	普

オーディブル AUDIBLE

2015年生／米●ストームキャット系

Into Mischief ─ Gilded Time
Blue Devil Bel ─ Fahamore

10戦5勝／フロリダ・ダービー（GI・9F）、ホーリーブルS（GII・8.5F）。ケンタッキー・ダービー（GI・10F）3着。
代表産駒／23年新種牡馬。

クラシックへ向け、フロリダ地区の重要ステップ戦を連勝して臨んだケンタッキー・ダービーはジャスティファイの3着。その後、秋まで休養を余儀なくされた。4歳時にはペガサスワールドC、ドバイワールドCの各5着がある。父は同馬の項参照。母系は近親にリエノテソーロ（全日本2歳優駿）。2歳、3歳のダート路線では要注意。ハイペース上等。

距離	マ中	馬場	ダ	性格	普	成長力	早

海外の種牡馬

オスカーパフォーマンス　OSCAR PERFORMANCE

2014年生／米●エルプラド系

┌ Kitten's Joy　　　　　┌ Theatrical
└ Devine Actress　　　 └ Devine Beauty

15戦8勝／BCジュヴェナイルターフ（GI・8F）、ベルモント・ダービー（GI・10F）、セクレタリアトS（GI・10F）、ウッドバインマイル（GI・8F）など。
代表産駒／アンドザウィナーズ（バーボンSGII・8.5F）、レッドカーペットレディ（エイトベルズSGII・7F）、マイネルビジョン。

北米芝戦線で活躍。2歳時にBCジュヴェナイルターフ、3歳時にベルモント・ダービーとセクレタリアトS、4歳時にはウッドバインマイルの他、マイルのコースレコード1分31秒23で制したポーカーSGIIIがある。BCは3歳時のターフが9着、4歳時のマイルが14着だった。父は同馬の項参照。母の父系も含めて芝向き血統。日本の軽い馬場にも対応可能。

| 距離 | マ中 | 馬場 | 芝 | 性格 | 普 | 成長力 | 普 |

オマハビーチ　OMAHA BEACH

2016年生／米●ダンジグ系

┌ War Front　　　　　　┌ Seeking the Gold
└ Charming　　　　　　 └ Take Charge Lady

10戦5勝／アーカンソー・ダービー（GI・9F）、マリブS（GI・7F）、サンタアニタスプリント選手権（GI・6F）、レベルS（GII・8.5F）。
代表産駒／2023年新種牡馬。

デビュー5戦目の3歳2月に未勝利を脱すると、中南部地区の重賞2連勝。ケンタッキー・ダービーの有力候補となるも、喉疾患により直前に取り消し。復帰後は短距離路線を進み、GI2勝がある。父は同馬の参照。母系は半姉にテイクチャージブランディ（BCジュヴェナイルフィリーズ）など重賞勝ち馬多数。2歳、3歳のダート路線が活躍の場とみた。

| 距離 | マ中 | 馬場 | ダ | 性格 | 普 | 成長力 | 普 |

カーリン　CURLIN

2004年生／米●スマートストライク系

┌ Smart Strike　　　　　┌ Deputy Minister
└ Sheriff's Deputy　　　 └ Barbarika

16戦11勝／BCクラシック（GI・10F）、ドバイワールドC（GI・2000M）、プリークネスS（GI・9.5F）などGI7勝。
代表産駒／パレスマリス（同馬の項参照）、ヴィーノロッソ（BCクラシックGI・10F）、エグザジャレイター（プリークネスSGI・9.5F）、ビヨンドザファザー。

連覇を狙った4歳時のBCクラシックはオールウェザーに手こずったのか4着。父の産駒にイングリッシュチャンネル。母系近親に京王杯SCのレッドスパーダ。大レースほど凄みを発揮し、米三冠やBCクラシックでは要注意の種牡馬だ。決め手勝負より、淀みなく流れる中距離が合い、ユニコーンSよりジャパンダートダービー、武蔵野SよりチャンピオンズC。

| 距離 | 中 | 馬場 | ダ | 性格 | 普 | 成長力 | 普 |

＊カラヴァッジオ　CARAVAGGIO

2014年生／米●ストームキャット系

┌ Scat Daddy　　　　　┌ Holy Bull
└ Mekko Hokte　　　　 └ Aerosilver

10戦7勝／コモンウェルスC（GI・6F）、フェニックスS（GI・6F）、コヴェントリーS（GII・6F）、フライングファイヴS（GII・5F）、ラッカンS（GIII・6F）。
代表産駒／テネブリズム（ジャンプラ賞GI・1400M）、アガルタ（デビュータントSGII・7F）、アグリ（阪急杯）。2023年から日本で供用。

2歳時はフェニックスSなど4戦4勝。3歳時はコモンウェルスCを制した。父の産駒にジャスティファイ（米三冠）。母の父がヒムヤー系など母系は異系色が濃く、配合牝馬によって特徴こそ違っても、そこはスキャットダディ系。産駒は満遍なく走るだろうし、期待に違わず初年度からGI勝ち馬を出している。まずは2歳から3歳春の短距離、マイル狙い。

| 距離 | 短マ | 馬場 | 万 | 性格 | 普 | 成長力 | 早 |

キーンアイス　KEEN ICE

2012年生／米●スマートストライク系

┌ Curlin　　　　　　　　┌ Awesome Again
└ Medomak　　　　　　 └ Wiscasset

24戦3勝／トラヴァーズS（GI・10F）、サバーバンS（GII・10F）。
代表産駒／リッチストライク（ケンタッキー・ダービーGI・10F）。

ケンタッキー・ダービー、ベルモントS、ハスケル招待Sともアメリカンファラオの7着、3着、2着だったが、トラヴァーズSでは同馬を破る大金星。父は同馬の項参照。初年度産駒からケンタッキー・ダービー馬を出し、注目を集めただろうが、その後は鳴かず飛ばず。しかし、そこは大レースに強いカーリン系。油断は出来ない。日本でもダート中距離。

| 距離 | 中 | 馬場 | ダ | 性格 | 普 | 成長力 | 普 |

キャンディライド　CANDY RIDE

1999年生／亜●ファピアノ系

┌ Ride the Rails　　　　┌ Candy Stripes
└ Candy Girl　　　　　 └ City Girl

6戦6勝／サンイシドロ大賞（GI・1600M）など亜GI2勝の他、北米でパシフィッククラシック（GI・10F）など重賞2勝。
代表産駒／ガンランナー（同馬の項参照）、ゲームウイナー（BCジュヴェナイルGI・8.5F）、シェアドビリーフ（サンタアニタHGI・10F）。

アルゼンチン、北米で走り6戦6勝。パシフィッククラシックをレコードで制した他、芝のGII勝ちもある万能型だった。父系はクリプトクリアランスを経たファピアノ系。母の父は天皇賞馬バブルガムフェローの半兄。産駒にBCクラシックのインヴァソール。底力のあるリボー、エルバジェを内包する血統。ガンランナーの例を出すまでもなく、大レース向き。

| 距離 | 中 | 馬場 | ダ | 性格 | 普 | 成長力 | 強 |

クオリティロード QUALITY ROAD

2006年生／米●ゴーンウエスト系

┌ Elusive Quality ── ┌ Strawberry Road
└ Kobla ── └ Winglet

13戦8勝／フロリダ・ダービー（GI・9F）のGI4勝を含め重賞7勝。
代表産駒／エンブレムロード（サウジCGI・1800M）、ナショナルトレジャー（プリークネスSGI・9.5F）、シティオブライト（BCダートマイルGI・8F）、コーニッシュ（BCジュヴェナイルGI・8.5F）。

トラック・レコードを3回も叩き出した快速馬で、勝つ時は他馬を圧倒。現役最後の一戦となった4歳時のBCクラシックは12着。初の4着以下の敗戦だった。父の産駒にレイヴンズパス。母系は近親にアジナ（BCディスタフGI）。母の父はジャパンC7着。ダート、芝のそれぞれでGI馬を輩出。日本でもダート、芝兼用のマイル、中距離血統とする。

距離	▶ マ中	馬場	▶ 万	性格	▶ 普	成長力	▶ 普

クラシックエンパイア CLASSIC EMPIRE

2014年生／米●アンブライドルド系

┌ Pioneerof the Nile ── ┌ Cat Thief
└ Sambuca Classica ── └ In Her Glory

9戦5勝／BCジュヴェナイル（GI・8.5F）、ブリーダーズフューチュリティ（GI・8.5F）、アーカンソー・ダービー（GI・9F）、バシュフォードマナーS（GIII・6F）。
代表産駒／エンジェルオブエンパイア（アーカンソー・ダービーGI・9F）、インターステイトデードリーム（ブラックアイドスーザンSGII・9F）。

2歳時は5戦4勝。一度の敗戦はホープフルSの落馬競走中止。3歳時は前哨戦のアーカンソー・ダービーを制するもケンタッキー・ダービー4着、プリークネスS2着。ベルモントSは蹄の腫瘍により直前に回避。そのまま引退となった。父は同馬の項参照。母父ストームキャット系で、アメリカンファラオと同配合。本国はともかく日本で大化けの可能性あり。

距離	▶ マ中	馬場	▶ ダ	性格	▶ 普	成長力	▶ 普

グレンイーグルス GLENEAGLES

2012年生／愛●ガリレオ系

┌ Galileo ── ┌ Storm Cat
└ You'resothrilling ── └ Mariah's Storm

11戦7勝／英2000ギニー（GI・8F）、愛2000ギニー（GI・8F）、セントジェームズパレス（GI・8F）、ナショナルS（GI・7F）他、重賞2勝。
代表産駒／ハイランドチーフ（マンノウォーSGI・11F）、ラヴィングドリーム（ロワイヤリュー賞GI・2800M）、ショックアクション（新潟2歳S）。

英、愛の2000ギニー、セントジェームズパレスSの3歳マイルGIトリプルを達成。その後は馬場悪化を理由に回避の連続。クインエリザベス2世Sで復帰するも6着。現役最後の一戦、BCクラシックは8着。父は同馬の項参照。全姉に愛1000ギニー馬マーヴェラス。母の全兄にジャイアンツコーズウェイ。芝のマイル、中距離向きとする。2歳より3歳以降。

距離	▶ マ中	馬場	▶ 芝	性格	▶ 普	成長力	▶ 普

クロスオブスターズ CLOTH OF STARS

2013年生／愛●グリーンデザート系

┌ Sea The Stars ── ┌ Kingmambo
└ Strawberry Fledge ── └ *ランジェリー

20戦7勝／ガネー賞（GI・2100M）、グレフュール賞（GII・2000M）、アルクール賞（GII・2000M）など重賞6勝。凱旋門賞（GI・2400M）2着。
代表産駒／22年6月末、主要競馬国では重賞未勝利。

2歳から5歳にわたって主に仏中距離路線で活躍。4歳時のガネー賞でGI初制覇を果たし、その年の凱旋門賞でエネイブルの2着。翌5歳時の凱旋門賞でもエネイブルの3着に入った。父は同馬の項参照。母系近親に英オークス馬ライトシフト、愛中距離GIを勝った日本産シーヴァ。父、母の父の他、ミルリーフも持つ底力溢れる血統。海外馬券では無視できない。

距離	▶ 中	馬場	▶ 芝	性格	▶ 普	成長力	▶ 普

ゴーストザッパー GHOSTZAPPER

2000年生／米●デピュティミニスター系

┌ Awesome Again ── ┌ Relaunch
└ Baby Zip ── └ Thirty Zip

11戦9勝／BCクラシック（GI・10F）などGI4勝を含む重賞6勝。
代表産駒／ミスティックガイド（ドバイワールドCGI・2000M）、ジュディザビューティ（BCフィリー＆メアスプリントGI・7F）、シャーマンゴースト（サンタニタHGI・10F）、ワイルドフラッパー（エンプレス杯）。

当初は短距離路線を歩んでいたが、4歳夏からマイル、中距離路線に転向。BCクラシックではロージズインメイを相手に逃げ切った。父もBCクラシックの勝ち馬。母系は近親にリルイーティ（ケンタッキー・ダービーGI）。母の父はマンノウォー系。日本では骨量豊かなダート中距離馬がよく走る。仕上がりは遅く、なだらかな曲線を描きながら成長する。

距離	▶ 中	馬場	▶ ダ	性格	▶ 普	成長力	▶ 普

ゴールデンホーン GOLDEN HORN

2012年生／英●グリーンデザート系

┌ Cape Cross ── ┌ Dubai Destination
└ Fleche d'Or ── └ Nuryana

9戦7勝／英ダービー（GI・12F）、凱旋門賞（GI・2400M）、エクリプスS（GI・10F）、英チャンピオンS（GI・10F）。
代表産駒／ボタニク（ドーヴィル大賞GII・2500M）、グレゴリー（クイーンズヴァーズGII・14F）、ゴールデナス（伊ダービーGII・2200M）、ターキッシュパレス。

同父系シーザスターズを踏襲する現役時代。足りないのはマイルGI勝ちがない。母系近親にレベッカシャープ（コロネーションSGI）。母の父はキングマンボ系で、ポストボンド（"キングジョージ"GI）の母の父。期待されたほどの種牡馬成績ではないが、徐々に中長距離血統としての本領を垣間見せている。近年は障害にも有力馬を送り出している。

距離	▶ 中長	馬場	▶ 万	性格	▶ 普	成長力	▶ 晩

海外の種牡馬

コンスティチューション CONSTITUTION

2011年生／米●エーピーインディ系

- Tapit
  - Baffled
- Distorted Humor
  - Surf Club

8戦4勝／フロリダ・ダービー（GI・9F）、ドンH（GI・9F）。
代表産駒／ティズザロー（ベルモントSGI・9F）、ローラズライト（サンクレメンテSGII・8F）、アマルフィサンライズ（ソレントSGII・6F）、サンライズラボール。他、チリでGIの勝ち馬多数。

3歳1月のデビューからフロリダ・ダービーまで3連勝としたが、故障でクラシックは不参戦。4歳時にドンHを制した。父は同馬の項参照。日程変更、距離短縮のベルモントSを初年度産駒が制し、父の後継種牡馬として名乗りを上げた。北米だけではなく、日本でも実勢抜群の父系とあれば期待大。東京ダート1400＆1600で買いの一手。目指せヒヤシンスS。

| 距離 | マ中 | 馬場 | ダ | 性格 | 狂 | 成長力 | 普 |

シーザムーン SEA THE MOON

2011年生／独●ケープクロス系

- Sea The Stars
  - Sanwa
- Monsun
  - Sacarina

5戦4勝／独ダービー（GI・2400M）、ウニオンレネン（GII・2200M）、他、GIII1勝。
代表産駒／ファンタスティックムーン（独ダービーGI・2400M）、ダーストン（コーフィールドCGI・2400M）、アルパインスター（コロネーションSGI・8F）、ワンダフルムーン（ウニオンレネンGII・2200M）。

ステップ戦2連勝で臨んだ独ダービーは、最終コーナーで大きくふくれながらの圧勝。凱旋門賞へ向けてのバーデン大賞GI2着後に故障が判明、引退となった。父は同馬の項参照。母系は母の全兄にサム、スキャパレリの独ダービー馬。22年にコーフィールドCの勝ち馬、23年には独ダービー馬を輩出。遅ればせながら独血統の凄みを発揮し始めた。

| 距離 | 中長 | 馬場 | 芝 | 性格 | 普 | 成長力 | 強 |

シティオブライト CITY OF LIGHT

2014年生／米●ゴーンウエスト系

- Quality Road
  - Paris Notion
- *デヒア
  - Fabulous Notion

11戦6勝／BCダートマイル（GI・8F）、ペガサスワールドC（GI・9F）、マリブS（GI・7F）、トリプルベンドS（GI・7F）。
代表産駒／ミミカクシ（UAEオークスGIII・1900M）。

デビューは3歳7月とあってクラシックこそ不出走だが、3歳12月のマリブSから4歳春にかけて重賞3連勝。夏の2戦は3着、2着に敗れるもBCダートマイルを楽勝。翌年のペガサスワールドCも圧勝して現役を退いた。父は同馬の項参照。母系は祖母がGI勝ち馬。3代母の仔に輸入種牡馬カコイーシーズ。中距離を中心に幅広い距離をこなすダート向き血統。

| 距離 | 中 | 馬場 | ダ | 性格 | 普 | 成長力 | 普 |

シャマーダル SHAMARDAL

2002年生、20年死亡／米●ストームキャット系

- Giant's Causeway
  - Helsinki
- Machiavellian
  - Helen Street

7戦6勝／仏二冠などGI4勝。
代表産駒／タルナワ（BCターフGI・12F）、ロペデヴェガ（仏ダービーGI・2100M）、パキスタンスター（クイーンエリザベス2世CGI・2000M）、ライトオンキュー（京阪杯）、トリプルエース（小倉2歳S2着）。

仏ダービー制覇からマイルに戻ってのセントジェームズパレスS優勝もある。父の産駒にブリックスアンドモルタル。母はドバイワールドCのストリートクライの全妹。祖母は愛オークス馬。パキスタンスターなど香港ではおなじみの種牡馬。父以上に広範囲にわたってGI馬を輩出。距離適性も幅広く、産駒個々に判断するのが賢明。海外馬券でも注意。

| 距離 | 万 | 馬場 | 芝 | 性格 | 普 | 成長力 | 普 |

ショーケーシング SHOWCASING

2007年生／英●グリーンデザート系

- Oasis Dream
  - Arabesque
- Zafonic
  - Prophecy

7戦2勝／ジムクラックS（GII・6F）。
代表産駒／モハーザー（サセックスSGI・8F）、アドヴァータイズ（コモンウェルスCGI・6F）、クワイエットリフレクション（スプリントCGI・6F）、ベースセッティング（シンザン記念2着）。

デビューから6F路線を歩み、2歳時にジムクラックSを制した。父は短距離GI3勝。産駒にミッドディ（BCフィリー＆メアターフGI）。母系は半兄に英GIII2着のカマチョ。母の父の産駒にイフラージ。ゴーンウエスト系。グリーンデザート系のスピードを素直に受け継ぎ、短距離のGI勝ち馬を輩出。素質の高い馬はマイルもこなす。2歳から狙える。

| 距離 | 短 | 馬場 | 芝 | 性格 | 普 | 成長力 | 早 |

ズースター ZOUSTAR

2010年生／豪●フェアリーキング系

- Northern Meteor
  - Zouzou
- Redoute's Choice
  - Meteor Mist

9戦6勝／クールモアスタッドS（GI・1200M）、ゴールデンローズS（GI・1400M）、ロマンコンサルS（GII・1200M）、他、GII1勝。
代表産駒／サンライト（ニューマーケットHGI・1200M）、ズートリー（ニューマーケットHGI・1200M）、スリーアイランド。

豪短距離路線で活躍し、GI2勝含め、重賞制覇はすべて3歳時のもの。4歳時は1戦未勝利に終わった。父もクールモアスタッドの勝ち馬で、種牡馬としては短距離、マイルのGI勝ち馬を出している。半弟に欧州で走ったコンドウイサミ（日本でいう条件馬）。日本でも短距離血統として間違いないだろう。スピードに任せてそのまま押し切る競馬が合いそう。

| 距離 | 短 | 馬場 | 芝 | 性格 | 普 | 成長力 | 早 |

スタースパングルドバナー STARSPANGLEDBANNER

2006年生／豪●デインヒル系

```
┌ Choisir          ┌ Made of Gold
└ Gold Anthem      └ National Song
```

23戦7勝／コーフィールドギニー（GⅠ・1600M）、ゴールデンジュビリーS（GⅠ・6F）、ジュライC（GⅠ・6F）など豪、英GⅠ4勝。
代表産駒／ステートオブレスト（プリンスオブウェールズSGⅠ・10F）、カリフォルニアスパングル（香港マイルGⅠ・1600M）。

オーストラリアでマイル、短距離GⅠ制覇後、アイルランドのA・オブライエン厩舎へ移籍。英国のゴールデンジュビリーSとジュライCを連勝した。父も豪短距離GⅠと英国ゴールデンジュビリーSを制覇。短、マイル中心ながら、代を経ると距離をこなすデインヒル系。産駒個々によって判断。仕上がり早く2歳から狙っていけ、なおかつ成長力もある。

距離	短マ	馬場	芝	性格・	普	成長力	普

＊ストリートセンス STREET SENSE

2004年生／米●マキアヴェリアン系

```
┌ Street Cry       ┌ Dixieland Band
└ Bedazzle         └ Majestic Legend
```

13戦6勝／ケンタッキー・ダービー（GⅠ・10F）、BCジュヴェナイル（GⅠ・8.5F）、トラヴァーズS（GⅠ・10F）。
代表産駒／マッキンジー（ホイットニーSGⅠ・9F）、マックスフィールド（クラークSGⅠ・9F）、ファッショニスタ（JBCレディスクラシック）。

BCジュヴェナイルとケンタッキー・ダービーの両レース制覇は史上初の快挙。プリークネスS、BCクラシックはカーリンの2着、4着。父の産駒にウインクス、ゼニヤッタの豪、米の女傑。日本では13年に1シーズン供用。帰国後にGⅠ勝ち馬を出している。輸入馬として日本で走る産駒がいるだろうが、日本産同様にダートの1400型と中距離型とする。

距離	短中	馬場	ダ	性格	普	成長力	普

スワイネス SWEYNESS

2011年生／豪●サートリストラム系

```
┌ Lonhro          ┌ Singspiel
└ Swansea         └ River Swan
```

13戦4勝／スプリングS（GⅢ・1600M）、グローミングS（GⅢ・1800M）。ランドウィックギニー（GⅠ・1600M）2着。
代表産駒／ラッキースワイネス（チェアマンズスプリントプライズGⅠ・1200M）。

3歳時にGⅢ2勝の他、GⅠランドウィックギニーの2着がある。父、祖父ともオセアニアの超弩弓名馬。産駒から香港短距離界の新星ラッキースワイネスが登場。香港国際競走の馬券発売の際には無視できない種牡馬となった。父系の実績、母のシングスピール×ナシュワンの配合から底力いっぱいの血統。強い馬はとことん強くなりそう。マイルも守備範囲。

距離	短マ	馬場	芝	性格	普	成長力	強

セントパトリックスデー ST PATRICK'S DAY

2015年生／米●アンブライドルド系

```
┌ Pioneerof the Nile    ┌ Yankee Gentleman
└ Littleprincessemma    └ Exclusive Rosette
```

10戦1勝／ルネサンスS（GⅢ・6F）2着。
代表産駒／23年新種牡馬

米B・バファート厩舎からデビュー。2戦目で未勝利を脱し、3歳時に愛A・オブライエン厩舎に移籍。秋にはルネサンスSでの2着がある。アメリカンファラオの全弟という金看板を売りに種牡馬入り。産駒は日本にも輸入されており、見る機会はありそうだ。兄同様に振り幅の大きい、気の難しい産駒を出すのか。こぢんまりとした産駒なのか。楽しみだ。

距離	マ中	馬場	ダ	性格	普	成長力	普

ソーユーシンク SO YOU THINK

2006年生／新●サドラーズウェルズ系

```
┌ High Chaparral   ┌ Tights
└ Triassic         └ Astral Row
```

23戦14勝／コックスプレート（GⅠ・2040M）2回、愛チャンピオンS（GⅠ・10F）、エクリプスS（GⅠ・10F）など豪、英、愛でGⅠ10勝。
代表産駒／シンクイットオーバー（クイーンエリザベスSGⅠ・2000M）、クイックシンカー（オーストラリアン・ダービーGⅠ・2400M）。

オーストラリアで中距離GⅠ5勝の後に愛国へ移籍。欧州でも中距離での強さを発揮した。他にメルボルンC3着、凱旋門賞4着がある。父は欧州、北米、オセアニアでGⅠ馬を輩出。デインヒル系が幅を利かすオセアニアだが、中長距離ではサドラーズウェルズ系も黙っていない。産駒は中距離から2400を得意とする。香港の中距離を走らせたら面白そう。

距離	中	馬場	芝	性格	普	成長力	普

ディストーテッドユーモア DISTORTED HUMOR

1993年生、2021年引退／米●フォーティナイナー系

```
┌＊フォーティナイナー    ┌ Danzig
└ Danzig's Beauty       └ Sweetest Chant
```

23戦8勝／コモンウェルスBCS（GⅡ・7F）など重賞4勝。
代表産駒／ファニーサイド（ケンタッキー・ダービーGⅠ・10F）、ドロッセルマイヤー（BCクラシックGⅠ・10F）、フラワーアリー（トラヴァーズSGⅠ・10F）、エニギヴンサタデー（ハスケル招待HGⅠ・9F）、メイショウヒューマ。

本格化は遅く、4歳で重賞初制覇を果たし、5歳時に重賞3勝。チャーチルダウンズH（7F）でのレコード勝ちもある快速馬だった。母は米GⅡ勝ち馬。父、母の父ともかっ飛び血統だが、海外の産駒は距離に融通性があり、オーストラリアではオークス勝ち馬がいる。日本では短、マイルを基本とする。芝もこなすだろうが、信頼性が高いのはダート。

距離	短マ	馬場	ダ	性格	狂	成長力	普

海外の種牡馬

テオフィロ

TEOFILO

2004年生／愛●ガリレオ系

```
┌ Galileo              ┌ *デインヒル
└ Speirbhean ──────────┴ Saviour
```

5戦5勝／ナショナルS（GI・7F）、デューハーストS（GI・7F）など。
代表産駒／トレーディングレザー（愛ダービーGI・12F）、カーマディック（ドンカスターマイルHGI・1600M）、エグザルタント（香港ヴァーズGI・2400M）、トワイライトペイメント（メルボルンCGI・3200M）、テリトーリアル（小倉大賞典）。

2歳時は5戦全勝も、膝を痛めたことにより3歳時は未出走のまま引退した。ガリレオ×デインヒルの配合からはフランケルをはじめGI馬多数。欧州の他、オーストラリア、香港でGI馬を送り出し、海外馬券的中には無視できない種牡馬。日本でもようやく重賞勝ち馬を送り出した。重馬場や厳しい流れの中距離以上で台頭する。北の2600でも狙って損はない。

距離	▶ 中長	馬場	▶ 芝	性格	▶ 普	成長力	▶ 晩

トーナリスト

TONALIST

2011年生／米●エーピーインディ系

```
┌ Tapit                ┌ Pleasant Colony
└ Settling Mist ───────┴ Toll Fee
```

16戦7勝／ベルモントS（GI・12F）、ジョッキークラブGC（GI・10F）2回、シガーマイル（GI・8F）、他GII、GIII各1勝。
代表産駒／カントリーグラマー（ドバイワールドCGI・2000M）、トーナリスツシェイプ（ダヴォナデイルSGII・8F）。

上がり馬として臨んだベルモントSは二冠馬カリフォルニアクロームらを破って優勝。BCクラシックは精彩を欠き、3歳時、4歳時ともステップ戦を勝ちながら両年とも5着に敗れた。父は同馬の項参照。母系はエーピーインディと同牝系。母の父はリボー系。産駒が22年ドバイWC制覇。リボーを持つ種牡馬は怖い。日本でダート中距離での大仕事に注意。

距離	▶ 中	馬場	▶ ダ	性格	▶ 普	成長力	▶ 普

ナイキスト

NYQUIST

2013年生／米●インディアンチャーリー系

```
┌ Uncle Mo             ┌ Forestry
└ Seeking Gabrielle ───┴ Seeking Regina
```

11戦8勝／ケンタッキー・ダービー（GI・10F）、BCジュヴェナイル（GI・8.5F）、フロリダ・ダービー（GI・9F）などGI3勝。
代表産駒／ヴィクイスト（BCジュヴェナイルフィリーズGI・8.5F）、グレツキーザグレート（サマーSGI・8F）、スローダウンアンディ（デルマー・ダービーGII・9F）。

2歳6月のデビューから、日本馬ラニが出走したケンタッキー・ダービーまで8連勝。プリークネスS3着が初黒星だった。以降は勝ち鞍がないまま引退。父は同馬の項参照。母の父の産駒にディスクリートキャット。初年度から2歳GI馬2頭輩出も、その後の産駒はGII止まり。日本ではダート3勝のアリエノール級なら何頭でも出るはず。先行馬に一発あり。

距離	▶ 短中	馬場	▶ ダ	性格	▶ 普	成長力	▶ 早

ナイトオブサンダー

NIGHT OF THUNDER

2011年生／愛●ドバウィ系

```
┌ Dubawi               ┌ Galileo
└ Forest Storm ────────┴ Quiet Storm
```

11戦4勝／英2000ギニー（GI・8F）、ロッキンジS（GI・8F）。クイーンエリザベス2世S（GI・8F）2着、セントジェームズパレスS（GI・8F）2着。
代表産駒／サンダリングナイツ（プリティポリーSGI・10F）、ハイフィールドプリンセス（モーリスドゲスト賞GI・1300M）。

英2000ギニーでキングマンを破って重賞初制覇を果たし、続くセントジェームズパレスSは同馬の2着。4歳時にはロッキンジSを制し、重賞2勝はマイルGIだった。父は同馬の項参照。近親に目立った活躍馬はいない。欧州の他、オーストラリアでもGI馬を輩出し、世界に版図を広げるドバウィ系らしさが窺える。マイル中距離を中心に距離適性は幅広い。

距離	▶ マ中	馬場	▶ 芝	性格	▶ 普	成長力	▶ 普

ニューアプローチ

NEW APPROACH

2005年生／愛●ガリレオ系

```
┌ Galileo              ┌ Ahonoora
└ Park Express ────────┴ Matcher
```

11戦8勝／英ダービー（GI・12F）、チャンピオンS（GI・10F）などGI5勝。
代表産駒／マサー（英ダービーGI・12F）、ドーンアプローチ（英2000ギニーGI・8F）、タレント（英オークスGI・12F）、マックスウィニー（愛2000ギニーGI・8F）、ダーリントンホール（共同通信杯）。

2歳時は5戦5勝。英、愛2000ギニーは2着敗退も中1週で臨んだ英ダービーで復権を果たした。秋には愛、英の両チャンピオンSを制している。半兄に高松宮記念のシンコウフォレスト。産駒のマサーが英ダービーを制し、父ガリレオから続く三代にわたっての同レース制覇となった。日本では重馬場の日経賞や目黒記念という血統。バスラットレオンの母の父。

距離	▶ 中長	馬場	▶ 芝	性格	▶ 普	成長力	▶ 晩

ニューベイ

NEW BAY

2012年生／英●ドバウィ系

```
┌ Dubawi               ┌ Zamindar
└ Cinnamon Bay ────────┴ Trellis Bay
```

11戦5勝／仏ダービー（GI・2100M）、ギヨームドルナノ賞（GII・2000M）、ニエル賞（GII・2400M）、ゴントビロン賞（GIII・2000M）。
代表産駒／ベイブリッジ（チャンピオンSGI・10F）、ベイサイドボーイ（クイーンエリザベス2世SGI・8F）、サフロンビーチ（サンチャリオットSGI・8F）。

仏2000ギニーでメイクビリーヴの2着に敗れたが、仏ダービーはハイランドリールに1馬身半差をつけて快勝。凱旋門賞はゴールデンホーンの3着だった。4歳時はGIII1勝。父は同馬の項参照。母系一族にオアシスドリーム、キングマン。期待に違わず初年度から重賞勝ち馬にクラシック2着馬を輩出。万能のドバウィ系らしく、多種多様な産駒を出すだろう。

距離	▶ マ中	馬場	▶ 芝	性格	▶ 普	成長力	▶ 普

＊ハードスパン　HARD SPUN

2004年生／米●ダンジグ系

┌ Danzig ┄┄┄┄┄┄┄┬ Turkoman
└ Turkish Tryst ┄┄┄┴ Darbyvail

13戦7勝／キングズビショップS（GI・7F）、レーンズエンドS（GII・9F）など。
代表産駒／アロハウエスト（BCスプリントGI・6F）、スパントゥラン（BCダートマイルGI・8F）、ハーディストコア（アーリントンミリオンGI・10F）、メイケイダイハード（中京記念）、ハードワイヤード。

堅実には走りながら、三冠は2着、3着、4着、BCクラシックが2着と、大レースにおける善戦マンだった。父の産駒にデインヒル、ウォーフロント。14年1シーズンを日本で供用。北米帰国後にBCダートマイルなど複数のGI馬を輩出。今後は外国産馬として日本で走る産駒が対象となり、日本産同様にダート1400＆中距離向きとする。湿ったダートは鬼。

距離	中	馬場	ダ	性格	普	成長力	普

パイオニアオブザナイル　PIONEEROF THE NILE

2006年生、19年死亡／米●アンブライドルド系

┌ ＊エンパイアメーカー ┄┬ Lord At War
└ Star of Goshen ┄┄┄┴ Castle Eight

10戦5勝／サンタアニタ・ダービー（GI・9F）などGII2勝、GII2勝。
代表産駒／アメリカンファラオ（同馬の項参照）、クラシックエンパイア（同馬の項参照）、ミッドナイトストーム（シューメーカーマイルSGI・8F）、マタレヤ（エイコーンSGI・8F）、レヴァンテライオン（函館2歳S）。

2歳末のキャッシュコールフューチュリティからサンタアニタ・ダービーまでオールウェザーの重賞4連勝。ダート初挑戦だったケンタッキー・ダービーは2着。プリークネスS11着後に脚部不安を発症。そのまま引退となった。アメリカンファラオを送り出し、時の種牡馬となったが、19年3月急死。芝GI馬を出しているが、本領発揮はダートのマイル、中距離。

距離	マ中	馬場	ダ	性格	普	成長力	普

ハヴァナグレイ　HAVANA GREY

2015年生／英●ガリレオ系

┌ Havana Gold ┄┄┄┬ Dark Angel
└ Blanc de Chine ┄┄┴ Nullarbor

16戦6勝／フライングファイヴS（GI・5F）、サファイアS（GII・5F）、モルコムS（GIII・5F）。
代表産駒／エディーズボーイ（エクリプス賞GIII・1200M）、マンマスガール（ネルグウィンSGIII・7F）、ヤクシマ（クロッカスS）。

2歳4月にデビューし、2歳時は8戦4勝。GIII勝ちの他、GI モルニ賞2着がある。3歳秋のフライングファイヴSでは古馬を一蹴、GI制覇も果たしている。父、母の父とも同馬の項参照。ガリレオ系ながら父同様に母系のスピード血統を全面に、欧州での産駒の勝ち上がり率は高く、仕上り早の短距離馬やマイラーを出している。日本でも平坦2歳Sでは要注意。

距離	短マ	馬場	芝	性格	普	成長力	早

ハヴァナゴールド　HAVANA GOLD

2010年生、23年死亡／愛●ガリレオ系

┌ Teofilo ┄┄┄┄┄┄┬ Desert Style
└ Jessica's Dream ┄┄┴ Ziffany

11戦5勝／ジャンプラ賞（GI・1600M）、サマーヴィルタタソールS（GIII・7F）。
代表産駒／ハヴァナグレイ（同馬の項参照）、エルカバージョ（サンディレーンSGII・6F）、タブデイード（ハックウッドSGIII・6F）、トレジャリング（カラSGIII・5F）、ゴールデンシロップ。

仏2000ギニー、愛2000ギニーともそれぞれ5着、4着だったが、仏3歳マイル路線を締めくくるジャンプラ賞を制した。父は同馬の項参照。母は伊、愛で短距離GIII2勝。母の父の産駒に輸入種牡馬バチアー。母の血統が強くでたのか、ガリレオ系らしからぬ競走成績に種牡馬成績。日本でもスプリンターを出すとしてだが、力任せに走る産駒だろう。

距離	短マ	馬場	芝	性格	普	成長力	普

ハットトリック　HAT TRICK

2001年生、20年死亡／日●サンデーサイレンス系

┌ ＊サンデーサイレンス ┄┬ Lost Code
└ ＊トリッキーコード ┄┄┴ Dam Clever

21戦8勝／マイルCS、香港マイル（GI・1600M）、京都金杯、東京新聞杯。
代表産駒／ダビルシム（ジャンリュックラガルデール賞GI・1400M）、キングデイヴィッド（ジャマイカHGI・9F）、ブライトソート（サンルイレイSGII・12F）、エアファンディタ（洛陽S）。

4歳時に京都金杯、東京新聞杯を連勝。秋にはO・ペリエを鞍上に、マイルチャンピオンシップと香港マイルを紫電一閃の末脚で制した。母の父はペリエと同じく高額賞金レースに強いリボー系。産駒のブライトソートは13年のサンルイレイSで12Fの世界レコードを更新した。南米でも複数のGI馬を輩出。産駒のダブルシムが後継種牡馬として成功している。

距離	マ中	馬場	芝	性格	普	成長力	普

パレスマリス　PALACE MALICE

2010年生／米●スマートストライク系

┌ Curlin ┄┄┄┄┄┄┬ Royal Anthem
└ ＊パレスルーマー ┄┄┴ Whisperifyoudare

19戦7勝／ベルモントS（GI・12F）、メトロポリタンH（GI・8F）、ジムダンディS（GII・9F）、ニューオーリンズH（GII・9F）など重賞6勝。
代表産駒／ストラクター（BCジュヴェナイルターフGI・8F）、ミスターモノモイ（リズンスターSGII・9F）、ライクザキング（ジェフルビーSGIII・9F）。

ベルモントSはケンタッキー・ダービー馬オーブ、プリークネスS馬オクスボウ撃破。母の父がシアトリカル系で、イングリッシュチャンネルとは父系、母の父系とも同じ。母系は半弟に菊花賞馬ジャスティンパレス。常時活躍馬を出すより、カーリン系だけに大レースでこそ怖い種牡馬。海外馬券では侮るなかれ。芝、ダートとも中距離。2400も守備範囲。

距離	中	馬場	万	性格	普	成長力	普

海外の種牡馬

ファストネットロック　FASTNET ROCK

2001年生／豪●デインヒル系

┌ *デインヒル　　　　　　　┌ *ロイヤルアカデミーⅡ
└ Piccadilly Circus　　　　　└ Gatana

19戦6勝／ライトニングS（GI・1000M）などGI2勝。
代表産駒／クオリファイ（英オークスGI・12F）、ファッシネイティングロック（チャンピオンSGI・10F）、メラグラーナ（オーシャンS）、フィアーノロマーノ（京阪杯）、ブラヴィッシモ（阪急杯3着）。

オセアニアにおけるデインヒル系の代表的な種牡馬ながら、欧州の選手権距離でも勝ち馬を輩出し、オセアニア向きの軽いスピードと、欧州向きの重厚さの両方を備えている。日本で走っている産駒はオセアニア型で、スピードを活かして短距離で勝ち鞍を積み重ねている。といってマイルで全く無視するのは危険だ。距離適性は個々に判断すること。

距離	短マ	馬場	芝	性格	普	成長力	普

プラクティカルジョーク　PRACTICAL JOKE

2014年生／米●ストームキャット系

┌ Into Mischief　　　　　　┌ Distorted Humor
└ Halo Humor　　　　　　　└ Gilded Halo

12戦5勝／ホープフルS（GI・7F）、シャンペンS（GI・8F）、HアレンジャーケンズS（GI・7F）、ドワイヤーS（GⅢ・8F）。
代表産駒／プラティカルムーヴ（サンタアニタ・ダービーGI・9F）、チョコレートジェラート（フリゼットSGI・8F）、デュガ、クロデメニル。

デビューから3連勝で臨んだBCジュヴェナイルは3着。3歳春はクラシックの王道路線を歩み、ケンタッキー・ダービーは5着だった。6着以下なしと堅実に走るも、大一番には縁がなかった。ストームキャット系×フォーティナイナー系の危険度いっぱいの配合。産駒もおしなべて知るべし。大敗後の大駆け、またその逆。穴血統として注意は怠らないこと。

距離	短マ	馬場	万	性格	狂	成長力	早

フロステッド　FROSTED

2012年生／米●エービーインディ系

┌ Tapit　　　　　　　　　　┌ Deputy Minister
└ Fast Cookie　　　　　　　└ Fleet Lady

19戦6勝／ウッドメモリアルS（GI・9F）、ホイットニーS（GI・9F）、メトロポリタンH（GI・8F）、マクトゥームチャレンジR2（GⅡ・1900M）。
代表産駒／トラヴェルコラム（フェアグランズ・オークスGⅡ・8.5F）、アイスダンシング（サンタイネスSGⅢ・7F）、ジャスパークローネ（CBC賞）。

クラシックの重要ステップ戦、ウッドメモリアルSで重賞制覇を果たし、三冠はケンタッキー・ダービー、ベルモントSともアメリカンファラオのそれぞれ4着、2着。4歳時にはGI2勝がある。父は同馬の項参照。母は北米GⅡ勝ち馬。近親にBCジュヴェナイルのミッドシップマン。芝馬が出ることも抑えつつ、中心はダートの短、マイルとする。

距離	短マ	馬場	ダ	性格	普	成長力	普

ポイントオブエントリー　POINT OF ENTRY

2008年生／米●ロベルト系

┌ Dynaformer　　　　　　　┌ Seeking the Gold
└ Matlacha pass　　　　　　└ Our Country Place

18戦9勝／マンノウォーS（GI・11F）、ソードダンサー招待S（GI・12F）、ターフクラシック招待S（GI・12F）、マンハッタンH（GI・10F）など芝GI5勝。
代表産駒／ポイントミーバイ（ブルースDSGI・8F）、ロータスランド（京都牝馬S）、エアサージュ、エアアネモイ。

芝の強豪だが、2度のBCターフは2着、4着だった。父の産駒にケンタッキー・ダービー馬バーバロ、メルボルンCの勝ち馬アメリケン。母系は半妹にアラバマSGIのパインアイランド。カナダ供用の中堅種牡馬という立ち位置ながら、父系の勝負強さ、自身の持つリボー系3×4のクロス。大一番で一発かます産駒を出せる血統背景は十分。日本でもしかり。

距離	中	馬場	芝	性格	普	成長力	晩

ポエッツワード　POET'S WORD

2013年生／愛●ドバウィ系

┌ Poet's Voice　　　　　　　┌ Nashwan
└ Whirly Bird　　　　　　　└ Inchyre

17戦7勝／キングジョージ6世＆クインエリザベスS（GI・12F）、プリンスオブウェールズS（GI・10F）、ブリガディアジェラードS（GⅢ・10F）、グロリアスS（GⅢ・12F）。
代表産駒／2023年6月現在、重賞未勝利。

ドバウィ産駒の黄金配合ミルリーフ系のクロスを持ち、3歳時はハンデ戦常連馬だったが、4歳夏にグロリアスSを制すると一気に素質開花。5歳時にはプリンスオブウェールズS、"キングジョージ"を連勝した。父はクイーンエリザベス2世S制覇。18年に早世。父の初年度産駒で、初年度から大駒を出すのがドバウィ系だが。現役時代同様に気長に待つ。

距離	中	馬場	芝	性格	普	成長力	普

ボルトドーロ　BOLT D'ORO

2015年生／米●エルプラド系

┌ Medaglia d'Oro　　　　　┌ A.P.Indy
└ Globe Trot　　　　　　　└ Trip

8戦4勝／デルマーフューチュリティ（GI・7F）、フロントランナーS（GI・8.5F）、サンフェリペS（GⅡ・8.5F）。BCジュヴェナイル3着。
代表産駒／メジャーデュード（ペンマイルSGⅡ・8F）、インスタントコーヒー（ケンタッキージョッキークラブSGⅡ・8.5F）、フロムダスク（京王杯2歳S2着）。

デビューからGI2勝を踏めて3連勝も、BCジュヴェナイルは3着。ケンタッキー・ダービーはジャスティファイの12着。ベルモントSを回避してのメトロポリタンH11着が最後のレースとなった。父は同馬の項参照。母系は半弟にウッドワードSGIのグローバルキャンペン。適性は個々によって異なりそうだ。古馬になって成長する産駒も出るだろう。

距離	中	馬場	万	性格	普	成長力	普

マクリーンズミュージック　MACLEAN'S MUSIC

2008年生／米●フォーティナイナー系

```
┌ Distorted Humor        ┌ Unbridled's Song
└ Forest Music           └ Defer West
```

1戦1勝／未勝利戦（6F）
代表産駒／クラウドコンピューティング（プリークネスSGI・9.5F）、コンプレクシティ（シャンペンSGI・8F）、ジャッキーズウォリアー（チャーチルダウンズSGI・7F）、ウェイワードアクト（青竜S3着）、ルヴェルジュ。

現役時は3歳の未勝利戦のみ。父は同馬の項参照。母はGⅡ勝ち馬。近親に北米の重賞勝ち馬がいる。初年度産駒がプリークネスS制覇。その他、パナマでチャンピオン級の産駒を出している。アイルハヴアナザーと同父系に、母の父がアンブライドルド系とくればダート中距離。東京ダ1600もこなすだろう。2歳からいきなりよりも使われながら良くなる。

| 距離 | 中 | 馬場 | ダ | 性格 | 普 | 成長力 | 普 |

マリブムーン　MALIBU MOON

1997年生、21年死亡／米●エービーインディ系

```
┌ A.P.Indy               ┌ Mr.Prospector
└ Macoumba               └ Maximova
```

2戦1勝／未勝利戦（5F）
代表産駒／オーブ（ケンタッキー・ダービーGI・10F）、オーブルチェフ（全日本2歳優駿）、パラダイバトルマリン（関東オークス）、マドラスチェック（TCK女王盃）、オーロラテソーロ（クラスターC）。

2歳2戦1勝で引退。同父系プルピットやマインシャフトとは母の父も同じ。三代母はノノアルコ（種牡馬）の半妹。重賞級の多くが牝駒だったが、13年にケンタッキー・ダービー馬を出し、エービーインディ系を代表する種牡馬となった。マイルから中距離を守備範囲とし、2歳後半から3歳にかけて頭角を現わす。地方の交流重賞でも頼りになる種牡馬だ。

| 距離 | マ中 | 馬場 | ダ | 性格 | 普 | 成長力 | 普 |

メイクビリーヴ　MAKE BELIEVE

2012年生／英●ドバウィ系

```
┌ *マクフィ               ┌ Suave Dancer
└ Rosie's Posy           └ My Branch
```

7戦4勝／仏2000ギニー（GI・1600M）、ラフォレ賞（GI・1400M）。
代表産駒／ミシュリフ（ドバイシーマクラシックGI・2410M）、ビリーヴインラヴ（ベルドゥニュ賞GⅢ・2800M）、ローズオブルギデア（ミュージドラSGⅢ・10.5F）、オーシャンファンタジー（ヴィンターケーニギン賞GⅢ・1600M）。

仏2000ギニーは同父系のニューベイに3馬身差をつけての逃げ切り勝ち。父は本邦輸入種牡馬。母系は半姉の仔にフィリーズレビューのリバティハイツ、芙蓉Sのランドオブリバティ。母の父は凱旋門賞馬。祖父、父、自身とも初年度の産駒がクラシック制覇。幅広い距離で重賞勝ち馬を出すのもドバウィ系の真骨頂。ただし、日本での実績はいまひとつ。

| 距離 | 万 | 馬場 | 芝 | 性格 | 普 | 成長力 | 普 |

モアザンレディ　MORE THAN READY

1997年生、22年死亡／米●ヘイロー系

```
┌ *サザンヘイロー          ┌ Woodman
└ Woodman's Girl         └ Becky Be Good
```

17戦7勝／キングズビショップS（GI・7F）など短距離重賞4勝。
代表産駒／ロイエイチ（BCスプリントGI・6F2回）、セプリング（ゴールデンスリッパーSGI・1200M）、モアジョイアス（ドンカスターGI・1600M）、ヴェラザーノ（ウッドメモリアルSGI・9F）、ジャングロ（ニュージーランドT）。

圧倒的スピードを持って短距離戦で活躍し、トラヴァーズSの短距離版キングズビショップSでは豪快に差し切りを決めた。父はアルゼンチンのサンデーサイレンス的大種牡馬。オーストラリア、北米で大成功し、中距離馬も出しているが、本領を発揮するのはスピードの活きる短、マイル。芝は平坦、ダートは脚抜きの良い馬場ならなお良し。カフェファラオの母の父。

| 距離 | 短マ | 馬場 | 万 | 性格 | 普 | 成長力 | 普 |

モティヴェーター　MOTIVATOR

2002年生／英●モンジュー系

```
┌ Montjeu                ┌ Gone West
└ Out West               └ Chellingoua
```

7戦4勝／英ダービー（GI・12F）、レーシングポストトロフィー（GI・8F）。
代表産駒／トレヴ（凱旋門賞GI・2400M2回）、リダシーナ（オペラ賞GI・2000M）、パラセイター（ドンカスターCGII・18F）。
母の父／タイトルホルダー（天皇賞・春）、ソールオリエンス（皐月賞）。

英ダービー快勝もその後は未勝利。父の産駒に英ダービー馬キャメロット、プールモア。凱旋門賞馬トレヴ以降、いまひとつの種牡馬成績ながら油断はできない。メルボルンCでも怖い。日本では決め手勝負で苦労するが、時計の掛かる馬場や消耗戦になると台頭する。母の父としてはタイトルホルダー、ソールオリエンスの大駒を輩出。底力は侮れない。

| 距離 | 中長 | 馬場 | 芝 | 性格 | 普 | 成長力 | 晩 |

ユーエスネイヴィーフラッグ　U S Navy Flag

2015年生／米●ダンジグ系

```
┌ War Front              ┌ Galileo
└ Misty For Me          └ Butterfly Cove
```

19戦5勝／ジュライC（GI・6F）、デューハーストS（GI・7F）、ミドルパークS（GI・6F）、ラウンドタワーS（GⅢ・6F）。愛2000ギニー（GI・8F）2着。
代表産駒／23年6月末現在、重賞未勝利。

2歳秋に英GⅠを連勝し、米国へ遠征してのBCジュヴェナイルは10着。欧州に戻って3歳初夏にジュライCでGⅠ3勝目。その後オーストラリアに遠征するも3戦着外に終わった。3歳時の8戦はともかく、2歳時は11戦。使える時には使うのが愛国A・オブライエン調教師。母は愛1000ギニー馬。仕上がり早いマイラー血統。日本でも急上昇中のウォーフロント系。注目。

| 距離 | 短マ | 馬場 | 芝 | 性格 | 普 | 成長力 | 早 |

海外の種牡馬

ユニオンラグス UNION RAGS

2009年生／米●ディキシーランドバンド系

- Dixie Union
  - Gone West
- Tempo
  - Terpsichorist

8戦5勝／ベルモントS（GI・12F）、シャンペンS（GI・8F）。
代表産駒：エクスプレストレイン（サンタアニタHGI・10F）、パラダイスウッズ（サンタアニタ・オークスGI・8.5F）、フリードロップビリー（ブリーダーズフューチュリティGI・8.5F）、アナンシエーション。

ケンタッキー・ダービーはアイルハヴアナザーの7着に終わったが、プリークネスSを回避して臨んだベルモントSに優勝。父にとっては本馬が初のクラシック馬。母の孫にデクラレーションオブウォー（同馬の項参照）。北米では複数の2歳GI勝ち馬を出しており、案外と仕上がりが早い。日本ではパワーとスタミナ溢れるダート中距離血統とする。

| 距離 | 中 | 馬場 | ダ | 性格 | 普 | 成長力 | 普 |

リー LEA

2009年生／米●ジャイアンツコーズウェイ系

- First Samurai
  - Galileo
- Greenery
  - High Savannah

19戦7勝／ドンH（GI・9F）、ハルズホープS（GⅢ・8F）2回、コモンウェルスターフS（GⅢ・8.5F）。BCダートマイル（GI・8F）2着。
代表産駒：ナギロック（フューチュリティSGⅢ・6F）、ポピーフラワー（インターコンチネンタルSGⅢ・6F）、テーオーグランビル。

3歳、4歳時は芝を中心に走り、GⅢ勝ちがある。5歳になってダート重賞路線に矛先を向けると本格化。ドンHをトラックレコードで制した他、ハルズホープS2連覇。6歳時にはドバイワールドC3着、BCダートマイル2着もある。父の産駒にシヴァージ（シルクロードS）。種牡馬としてもダート、芝で重賞勝ち馬を出している。日本でも同様とする。

| 距離 | 短マ | 馬場 | 万 | 性格 | 普 | 成長力 | 普 |

ルッキンアットラッキー LOOKIN AT LUCKY

2007年生／米●スマートストライク系

- Smart Strike
  - Belong to Me
- Private Feeling
  - Regal Feeling

13戦9勝／プリークネスS（GI・9.5F）、ハスケル招待S（GI・9F）などGI5勝。
代表産駒：カントリーハウス（ケンタッキー・ダービーGI・10F）、アクセラレイト（BCクラシックGI・10F）、フルオブラック（エル・ダービーGI・2400M）、ラカニータ（ラス・オークスGI・2000M）。

本命に推されたBCジュヴェナイル、ケンタッキー・ダービーはそれぞれ2着、6着だったが、鞍上を替えて臨んだプリークネスSを制した。父の産駒にカーリン、イングリッシュチャンネル（以上、同馬の項参照）。北米二大レースの勝ち馬を出しているものの、近年はチリでの活躍産駒が目立つ。それでも大レースでは侮れないのがスマートストライク系だ。

| 距離 | 中 | 馬場 | ダ | 性格 | 普 | 成長力 | 普 |

レイヴンズパス RAVEN'S PASS

2005年生／米●ゴーンウエスト系

- Elusive Quality
  - Lord At War
- Ascutney
  - Right Word

12戦6勝／BCクラシック（GI・10F）、クイーンエリザベス2世S（GI・8F）など。
代表産駒：タワーオブロンドン（スプリンターズS）、マッターホルン（アルマクトゥームチャレンジR3GI・2000M）、ロイヤルマリン（ジャンリュックラガルデール賞GI・1600M）、ロマンティックプロポーザル（フライングファイヴSGI・5F）。

3歳秋に欧州マイル路線を締めくくるGIクイーンエリザベス2世Sと米国へ遠征してのBCクラシックを制覇。父の産駒に米二冠馬スマーティジョーンズ。母の父はウォーエンブレムの母の父でもある。ミスタープロスペクター系ながら、自身の5代までにクロスを持たず、なおかつ異系色が濃く、配合によって産駒の個性は多様。成長曲線はじっくり型とする。

| 距離 | 中 | 馬場 | 万 | 性格 | 普 | 成長力 | 普 |

レモンドロップキッド LEMON DROP KID

1996年生、21年引退／米●キングマンボ系

- Kingmambo
  - Seattle Slew
- Charming Lassie
  - Lassie Dear

24戦10勝／ベルモントS（GI・12F）、トラヴァーズS（GI・10F）などGI5勝。
代表産駒：ビーチパトロール（同馬の項参照）、アポロキングダム（同馬の項参照）、カノックチェイス（カナダ国際SGI・12F）、リチャーズキッド（パシフィッククラシックGI・10F2回）、レモンポップ（フェブラリーS）。

ベルモントSでは単勝30倍ながら二冠馬カリズマティックらを一蹴。夏にはトラヴァーズSも制した。4歳時はウッドワードSなどGI2勝。父の産駒にエルコンドルパサー。母系近親にサマースコール、エーピーインディ兄弟がいる。芝、ダート兼用の中距離血統。1800&2200は得意とするところだろう。使われながら力をつけ、2歳よりも3歳、古馬になってから。

| 距離 | 中 | 馬場 | 万 | 性格 | 普 | 成長力 | 普 |

ロペデヴェガ LOPE DE VEGA

2007年生／愛●ジャイアンツコーズウェイ系

- Shamardal
  - Vettori
- Lady Vettori
  - Lady Golconda

9戦4勝／仏2000ギニー（GI・1600M）、仏ダービー（GI・2100M）。
代表産駒：ベラード（ロッキンジSGI・8F）、フェニックスオブスペイン（愛2000ギニーGI・8F）、ザライトマン（アルクオーツスプリントGI・1200M）、ドリームローパー（ムーランドロンシャン賞GI・1600M）、ホールネス。

仏2000ギニーは追い込み勝ちを決め、仏ダービーでは早めに抜け出して勝利。父に続いての仏二冠制覇を果たした。母系は半妹にGⅢ勝ち馬レディフランケル。父の母の父、母の父の父ともマキアヴェリアン。よって本馬は同馬の3×3のクロスを持つ。欧州、UAEの他にオセアニアでGI馬を輩出。父同様に芝向きのマイル、中距離血統とし、香港でも注意。

| 距離 | マ中 | 馬場 | 芝 | 性格 | 普 | 成長力 | 普 |

海外の種牡馬

252

欧米リーディング・サイアー 2022

種牡馬名のあとのカッコ内はその父です。

	英 愛		仏		北 米
1	Dubawi (Dubai Millennium)	1	Frankel (Galileo)	1	Into Mischief (Harlan's Holiday)
2	Frankel (Galileo)	2	Siyouni (Pivotal)	2	Quality Road (Elusive Quality)
3	Sea The Stars (Cape Cross)	3	Lope De Vega (Shamardal)	3	Curlin (Smart Strike)
4	Galileo (Sadler's Wells)	4	Churchil (Galileo)	4	Tonalist (Tapit)
5	Dark Angel (Acclamation)	5	Dubawi (Dubai Millennium)	5	Gun Runner (Candy Ride)
6	New Bay (Dubawi)	6	Dabirsim (ハットトリック)	6	Uncle Mo (Indian Charlie)
7	Kodiac (*ディンヒル)	7	Kendargent (Kendor)	7	Tapit (Pulpit)
8	Kingman (Invincible Spirit)	8	Anodin (Anabaa)	8	Munnings (Speightstown)
9	Lope De Vega (Shamardal)	9	Le Havre (Noverre)	9	Speightstown (Gone West)
10	No Nay Never (Scat Daddy)	10	Dark Angel (Acclamation)	10	Not This Time (Giant's Causeway)
11	Camelot (Montjeu)	11	Shalaa (Invincible Spirit)	11	American Pharoah (Pioneerof the Niel)
12	Invincible Spirit (Green Desert)	12	Zarak (Dubawi)	12	Constitution (Tapit)
13	Night of Thunder (Dubawi)	13	Intello (Galileo)	13	Pioneerof the Nile (*エンパイアメーカー)
14	Nathaniel (Galileo)	14	Wootton Bassett (Iffraaj)	14	Violence (Medaglia d'Oro)
15	Zoffany (Dansili)	15	Charm Spirit (Invincible Spirit)	15	*ストリートセンス (Street Cry)
16	Starspanglegbanner (Choisir)	16	Sea The Stars (Cape Cross)	16	Twirling Candy (Candy Ride)
17	Dandy Man (Mozart)	17	Pedro the Great (Henrythenavigator)	17	*ハードスパン (Danzig)
18	Showcasing (Oasis Dream)	18	Kodiac (*ディンヒル)	18	Cairo Prince (Pioneerof the Nile)
19	Mehmas (Acclamation)	19	Toronado (High Chaparral)	19	Ghostzapper (Awesome Again)
20	Exceed And Excel (*ディンヒル)	20	Olympic Glory (Choisir)	20	Maclean's Music (Distorted Humor)
21	Mastercraftsman (Danehill Dancer)	21	Adlerflug (In the Wings)	21	Kitten's Joy (El Prado)
22	Oasis Dream (Green Desert)	22	Kingman (Invincible Spirit)	22	Malibu Moon (A.P. Indy)
23	Churchil (Galileo)	23	Elusive City (Elusive Quality)	23	Goldencents (Into Mischief)
24	Muhaarar (Oasis Dream)	24	Almanzor (Wootton Bassett)	24	More Than Ready (*サザンヘイロー)
25	Teofilo (Galileo)	25	Goken (Kendargent)	25	Union Rags (Dixie Union)
26	Camacho (*ディンヒル)	26	Myboycharlie (Danetime)	26	Midshipman (Unbridled's Song)
27	Iffraaj (Zafonic)	27	Dream Ahead (*ディクタット)	27	Kantharos (Lion Heart)
28	Golden Horn (Cape Cross)	28	Al Wukair (Dream Ahead)	28	Nyquist (Uncle Mo)
29	Mayson (Invincible Spirit)	29	Rajsaman (Linamix)	29	Candy Ride (Ride the Rails)
30	Siyouni (Pivotal)	30	Recorder (Galileo)	30	Medaglia d'Oro (El Prado)
31	Havana Gold (Teofilo)	31	Manduro (Monsun)	31	Dialed In (Mineshaft)
32	Acclamation (Royal Applause)	32	Camelot (Montjeu)	32	Tapiture (Tapit)
33	Australia (Galileo)	33	Galileo (Sadler's Wells)	33	English Channel (Smart Strike)
34	Gleneagles (Galileo)	34	Oasis Dream (Green Desert)	34	Practical Joke (Into Mischief)
35	Harbour Watch (Acclamation)	35	Reliable Man (Dalakhani)	35	Arrogate (Unbridled'd Song)
36	Shamardal (Giant's Causeway)	36	Sea the Moon (Sea the Stars)	36	Oxbow (Awesome Again)
37	Make Believe (*マクフィ)	37	Galiway (Galileo)	37	Flatter (A.P.Indy)
38	Fast Company (Danehill Dancer)	38	Birchwood (Dark Angel)	38	Liam's Map (Unbridled's Song)
39	Havana Grey (Havana Gold)	39	Showcasing (Oasis Dream)	39	Distorted Humor (*フォーティナイナー)
40	Bated Breath (Dansili)	40	Hunter's Light (Dubawi)	40	*ザファクター (War Front)
41	Holy Roman Emperor (*ディンヒル)	41	The Grey Gatsby (Mastercraftsman)	41	Speightster (Speightstown)
42	Lethal Force (Dark Angel)	42	Australia (Galileo)	42	Temple City (Dynaformer)
43	Cotai Glory (Exceed and Excel)	43	Penny's Picnic (Kheleyf)	43	Frosted (Tapit)
44	Caravaggio (Scat Daddy)	44	Fast Company (Danehill Danccer)	44	War Front (Danzig)
45	Footstepsinthesand (Giant's Causeway)	45	Iffraaj (Zafonic)	45	*ウィルテイクチャージ (Unbridled's Song)
46	Territories (Invincible Spirit)	46	Hehmas (Acclamation)	46	Upstart (Flatter)
47	Ulysses (Galileo)	47	Motivator (Montjeu)	47	Jimmy Creed (Distorted Humor)
48	Cable Bay (Invincible Spirit)	48	No Nay Neer (Scat Daddy)	48	Keen Ice (Curin)
49	Gutaifan (Dark Angel)	49	Muhaarar (Oasis Dream)	49	Creatieve Cause (Giant's Causeway)
50	Aclaim (Acclamation)	50	Rio De La Plata (Rahy)	50	Honor Code (A.P.Indy)

『RACING POST』Web 版より　　　　『France Galop』Web 版より　　　　『The Blood-Horse』Web 版より

2022年度　中央平地競走サイアー・ランキング

22／21	種牡馬名	父馬名	出走回数／出走頭数	勝利回数／勝利頭数	アーニングIDX	2023年種付け料（万円）
1／1	ディープインパクト	*サンデーサイレンス	1444／331	148／115	1.98	
2／2	ロードカナロア	キングカメハメハ	1859／454	177／136	1.32	1200／受・FR
3／11	ドゥラメンテ	キングカメハメハ	1164／289	126／100	1.59	
4／4	ハーツクライ	*サンデーサイレンス	1272／306	117／96	1.50	
5／3	キズナ	ディープインパクト	1267／277	127／95	1.65	1200／受・FR
6／6	キングカメハメハ	Kingmambo	776／168	88／60	2.32	
7／12	モーリス	スクリーンヒーロー	1027／284	110／83	1.19	800／受・FR
8／7	ルーラーシップ	キングカメハメハ	1375／331	85／66	0.96	350／受・FR
9／5	エピファネイア	*シンボリクリスエス	1172／296	98／74	1.05	1800／受・FR
10／8	オルフェーヴル	ステイゴールド	816／183	67／50	1.58	350／受・FR
11／10	ダイワメジャー	*サンデーサイレンス	930／213	84／69	1.32	PRIVATE
12／9	*ヘニーヒューズ	*ヘネシー	963／217	83／64	1.18	500／受・FR
13／82	キタサンブラック	ブラックタイド	470／124	57／38	1.93	1000／受・FR
14／13	スクリーンヒーロー	*グラスワンダー	638／140	43／32	1.65	PRIVATE
15／15	*ハービンジャー	Dansili	909／236	65／54	0.93	350／受・FR
16／40	*ドレフォン	Gio Ponti	774／191	78／56	1.02	700／受・FR
17／14	*キンシャサノキセキ	フジキセキ	809／186	51／42	0.88	
18／26	ミッキーアイル	ディープインパクト	512／132	39／32	1.23	250／受・FR
19／20	リオンディーズ	キングカメハメハ	640／163	51／34	0.96	400／受・FR
20／16	ジャスタウェイ	ハーツクライ	766／210	57／48	0.72	250／受・FR、350／生
21／17	*シニスターミニスター	Old Trieste	575／135	65／50	1.12	500万円／受
22／23	エイシンフラッシュ	*キングズベスト	504／103	24／17	1.45	80／受・FR
23／18	ゴールドシップ	ステイゴールド	671／148	47／37	0.97	200／受・FR
24／19	*パイロ	Pulpit	459／109	37／32	1.06	400／生
25／27	*マジェスティックウォリアー	A.P. Indy	532／122	41／33	0.94	180／受・FR
26／35	ホッコータルマエ	キングカメハメハ	539／130	45／32	0.84	300／受・FR
27／58	シルバーステート	ディープインパクト	528／135	41／33	0.80	600／受・FR
28／34	*ディスクリートキャット	Forestry	456／115	33／27	0.83	150／生
29／75	イスラボニータ	フジキセキ	500／139	43／29	0.68	150／受・FR
30／32	*マクフィ	Dubawi	458／110	32／27	0.81	200／不受返・不生返
31／104	ビッグアーサー	サクラバクシンオー	375／105	31／19	0.83	150／受・FR
32／24	*アイルハヴアナザー	Flower Alley	283／54	18／15	1.55	
33／25	ヴィクトワールピサ	ネオユニヴァース	447／111	25／20	0.73	
34／21	*クロフネ	*フレンチデピュティ	248／64	11／9	1.22	
35／22	ブラックタイド	*サンデーサイレンス	502／116	24／20	0.67	150／生
36／29	ゴールドアリュール	*サンデーサイレンス	201／44	8／7	1.74	
37／100	*アメリカンペイトリオット	War Front	364／97	33／25	0.77	150／生
38／42	*アジアエクスプレス	*ヘニーヒューズ	397／109	28／21	0.63	150／受・FR
39／45	エスポワールシチー	ゴールドアリュール	285／64	25／19	1.07	180／受・FR
40／99	*ザファクター	War Front	385／81	33／26	0.81	
41／36	*ノヴェリスト	Monsun	273／73	15／11	0.85	50／受・FR
42／28	*サウスヴィグラス	*エンドスウィープ	212／42	10／8	1.38	
43／49	ワールドエース	ディープインパクト	379／84	14／13	0.68	30／生
44／112	サトノアラジン	ディープインパクト	366／92	25／14	0.61	100／受・FR
45／71	ラブリーデイ	キングカメハメハ	316／80	23／17	0.70	80／受・FR、120／生
46／33	カレンブラックヒル	ダイワメジャー	373／82	20／16	0.67	70／受・FR
47／37	リアルインパクト	ディープインパクト	298／65	16／15	0.84	50／受・FR
48／30	ディープブリランテ	ディープインパクト	332／78	12／10	0.65	50／受・FR、80／生
49／50	*ダンカーク	Unbridled's Song	315／88	20／17	0.57	50／受・FR、80／生
50／51	トウザグローリー	キングカメハメハ	216／44	10／7	1.14	

※2023年度種付け料の後の記号は、FR／不受胎、流産、死産の場合、翌年も種付けできる権利付き、受／受胎確認後支払い、生／産駒誕生後支払い、不受返／不受胎時返還、牝半返／牝馬が生まれた場合、半額を返金、不生返／死産、流産等の場合返還、です。なお、種付け料にはいくつかのバリエーションがあるケースも多いのでご注意ください。

22／21	種牡馬名	父馬名	出走回数／出走頭数	勝利回数／勝利頭数	アーニングIDX	2023年種付け料(万円)
51／125	コパノリッキー	ゴールドアリュール	386／106	29／25	0.47	100／受・FR、150／生
52／64	*ダンレジェンド	Macho Uno	269／70	17／15	0.68	80／受・FR、120／生
53／60	*タートルボウル	Dyhim Diamond	129／26	9／6	1.83	
54／74	American Pharoah	Pioneerof the Nile	98／32	13／9	1.48	
55／68	エイシンヒカリ	ディープインパクト	273／65	18／12	0.70	120／受・FR
56／41	アドマイヤムーン	*エンドスウィープ	415／106	9／8	0.39	50／生
57／67	ドリームジャーニー	*サンデーサイレンス	89／25	2／2	1.63	
58／149	*デクラレーションオブウォー	War Front	124／45	14／12	0.90	250／不受返・不生返
59／65	ジョーカプチーノ	マンハッタンカフェ	280／53	12／9	0.73	30／受・不生返
60／39	ストロングリターン	*シンボリクリスエス	427／101	12／10	0.38	50／受・FR、80／生
61／47	マツリダゴッホ	*サンデーサイレンス	261／51	10／7	0.74	50／受・FR
62／129	Kitten's Joy	El Prado	22／5	4／3	7.48	
63／48	メイショウボーラー	*タイキシャトル	337／78	8／7	0.47	
64／57	メイショウサムソン	*オペラハウス	155／35	9／7	1.03	
65／89	*モンテロッソ	Dubawi	188／45	10／9	0.79	
66／111	ダノンバラード	ディープインパクト	187／48	11／8	0.72	200／受・FR
67／92	トーセンラー	ディープインパクト	226／59	14／9	0.58	50／受・FR、80／生
68／－	*マインドユアビスケッツ	Posse	159／60	19／18	0.56	400／受・FR
69／83	リーチザクラウン	スペシャルウィーク	191／45	12／9	0.73	50／受・FR
70／46	Frankel	Galileo	78／25	5／5	1.29	
71／31	*バゴ	Nashwan	210／58	15／11	0.56	100／受・不生返
72／－	リアルスティール	ディープインパクト	156／60	16／15	0.53	300／受・FR
73／78	*ベーカバド	Cape Cross	152／33	7／5	0.94	20／受・FR、30／生
74／88	フリオーソ	*ブライアンズタイム	190／42	9／7	0.70	100／生
75／38	ステイゴールド	サンデーサイレンス	59／16	4／3	1.84	
76／141	ディーマジェスティ	ディープインパクト	202／53	12／11	0.55	80／受・FR
77／79	ヴァンセンヌ	ディープインパクト	165／32	9／8	0.91	30／受・FR、50／生
78／62	トゥザワールド	キングカメハメハ	174／47	9／8	0.60	30／受・FR
79／77	ベルシャザール	キングカメハメハ	165／35	7／5	0.77	PRIVATE
80／124	Dark Angel	Acclamation	55／8	11／5	3.33	
81／171	*ラニ	Tapit	145／41	9／6	0.65	50／受・FR
82／95	*エスケンデレヤ	Giant's Causeway	163／42	12／10	0.63	20／生
83／－	サトノダイヤモンド	ディープインパクト	115／56	11／10	0.46	250／受・FR
84／160	*シャンハイボビー	Harlan's Holiday	125／43	12／12	0.59	250／受・FR
85／44	スマートファルコン	ゴールドアリュール	156／31	3／3	0.80	50／受・FR、80／生
86／81	グランプリボス	サクラバクシンオー	134／30	6／6	0.78	50／受・FR
87／－	サトノクラウン	Marju	145／63	13／13	0.36	150／受・FR
88／56	ジャングルポケット	*トニービン	166／32	5／3	0.70	
89／63	Speightstown	Gone West	81／18	7／5	1.23	
90／73	フェノーメノ	ステイゴールド	169／38	6／5	0.56	
91／80	ダノンシャンティ	フジキセキ	118／28	5／5	0.74	
92／97	*シンボリクリスエス	Kris S.	82／18	5／4	1.15	
93／119	レッドスパーダ	*タイキシャトル	54／13	4／2	1.54	
94／66	*エンパイアメーカー	Unbridled	43／11	4／3	1.81	
95／76	*スウェプトオーヴァーボード	*エンドスウィープ	118／29	4／4	0.69	
96／85	*プリサイスエンド	*エンドスウィープ	109／23	4／4	0.86	
97／72	スピルバーグ	ディープインパクト	155／36	6／5	0.53	PRIVATE
98／43	Kingman	Invincible Spirit	23／8	3／3	2.35	
99／105	Into Mischief	Harlan's Holiday	55／13	6／6	1.44	
100／54	*キングズベスト	Kingmambo	60／13	5／4	1.41	

2022年度　地方競馬サイアー・ランキング

全体

順位	種牡馬	着別度数	勝率	連対率	複勝率	重賞勝	収得賞金
1	エスポワールシチー	231-204-192-1136／1763	13.0%	25.0%	34.0%	23	92068.5万円
2	パイロ	245-192-176-1457／2070	12.0%	21.0%	29.0%	11	84791.4万円
3	シニスターミニスター	253-181-161-1138／1733	15.0%	25.0%	34.0%	12	80219.5万円
4	オルフェーヴル	178-179-152-1083／1592	11.0%	22.0%	31.0%	9	62944.9万円
5	サウスヴィグラス	255-201-192-1256／1904	13.0%	24.0%	33.0%	9	62740.1万円
6	スマートファルコン	178-145-112- 845／1280	14.0%	25.0%	33.0%	5	53278.1万円
7	ヘニーヒューズ	216-155-145- 913／1429	15.0%	26.0%	35.0%	8	52953.4万円
8	フリオーソ	235-231-252-1656／2374	10.0%	20.0%	29.0%	2	49956.7万円
9	ホッコータルマエ	173-140-120- 757／1190	15.0%	26.0%	35.0%	8	47281.5万円
10	キンシャサノキセキ	207-234-212-1230／1883	11.0%	23.0%	34.0%	6	46287.1万円
11	ロードカナロア	271-205-189-1150／1815	15.0%	26.0%	36.0%	5	45199.0万円
12	クロフネ	152-139-147- 970／1408	11.0%	21.0%	30.0%	2	40771.8万円
13	ゴールドアリュール	90-106- 84- 629／909	10.0%	22.0%	30.0%	7	37243.7万円
14	マジェスティックウォリアー	175-152-103- 788／1218	14.0%	27.0%	34.0%	6	36409.5万円
15	ハーツクライ	137-129-120- 839／1225	11.0%	22.0%	30.0%	3	34374.4万円
16	アジアエクスプレス	160-161-130- 737／1188	13.0%	27.0%	37.0%	2	33960.4万円
17	ロージズインメイ	150-160-195-1203／1708	9.0%	18.0%	28.0%	1	33903.6万円
18	アイルハヴアナザー	173-161-155-1025／1514	11.0%	22.0%	31.0%	2	32197.9万円
19	ベルシャザール	143-146-166-1277／1732	8.0%	17.0%	25.0%	2	29855.9万円
20	キングカメハメハ	98- 98- 93- 495／784	13.0%	25.0%	36.0%	2	29341.3万円

大井1700～2000m

順位	種牡馬	着別度数	勝率	連対率	複勝率	重賞勝	収得賞金
1	パイロ	8 - 4 - 4 - 20／36	22.0%	33.0%	44.0%	3	19556.5万円
2	ハーツクライ	2 - 4 - 2 - 19／27	7.0%	22.0%	30.0%	2	11818.0万円
3	オルフェーヴル	1 - 2 - 1 - 10／14	7.0%	21.0%	29.0%	1	11606.5万円
4	トーセンブライト	3 - 2 - 0 - 11／16	19.0%	31.0%	31.0%	1	6694.0万円
5	エスポワールシチー	2 - 3 - 3 - 22／30	7.0%	17.0%	27.0%	1	5592.0万円
6	ヘニーヒューズ	7 - 1 - 3 - 11／22	32.0%	36.0%	50.0%	2	5283.0万円
7	マジェスティックウォリアー	1 - 3 - 1 - 21／26	4.0%	15.0%	19.0%	1	4778.0万円
8	キングカメハメハ	3 - 2 - 3 - 12／20	15.0%	25.0%	40.0%	0	4694.0万円
9	ロージズインメイ	1 - 3 - 0 - 21／25	4.0%	16.0%	16.0%	0	3890.5万円
10	フリオーソ	4 - 6 - 5 - 33／48	8.0%	21.0%	31.0%	0	3170.0万円

船橋1600～1800m

順位	種牡馬	着別度数	勝率	連対率	複勝率	重賞勝	収得賞金
1	オルフェーヴル	4 - 1 - 1 - 9／15	27.0%	33.0%	40.0%	2	11975.5万円
2	エスポワールシチー	7 - 2 - 2 - 12／23	30.0%	39.0%	48.0%	1	6523.5万円
3	カジノドライヴ	7 - 7 - 1 - 32／47	15.0%	30.0%	32.0%	0	5441.1万円
4	ストリートセンス	1 - 1 - 0 - 4／6	17.0%	33.0%	33.0%	1	3690.0万円
5	キズナ	3 - 3 - 2 - 13／21	14.0%	29.0%	38.0%	1	3566.5万円
6	ゴールドアリュール	2 - 5 - 5 - 15／27	7.0%	26.0%	44.0%	0	3479.5万円
7	クロフネ	5 - 5 - 2 - 11／23	22.0%	43.0%	52.0%	0	3187.5万円
8	フェノーメノ	4 - 5 - 1 - 5／15	27.0%	60.0%	67.0%	0	3003.5万円
9	トビーズコーナー	0 - 1 - 0 - 1／2	0.0%	50.0%	50.0%	0	2800.0万円
10	キングヘイロー	2 - 0 - 1 - 8／11	18.0%	18.0%	27.0%	1	2622.0万円

川崎1600～2100m

順位	種牡馬	着別度数	勝率	連対率	複勝率	重賞勝	収得賞金
1	シニスターミニスター	7 - 3 - 1 - 23 / 34	21.0%	29.0%	32.0%	1	7600.0 万円
2	タイセイレジェンド	2 - 2 - 2 - 3 / 9	22.0%	44.0%	67.0%	2	7205.0 万円
3	キングカメハメハ	3 - 4 - 1 - 19 / 27	11.0%	26.0%	26.0%	1	7000.0 万円
4	オルフェーヴル	5 - 1 - 0 - 21 / 27	19.0%	22.0%	22.0%	2	6527.5 万円
5	マインドユアビスケッツ	1 - 0 - 0 - 4 / 5	20.0%	20.0%	20.0%	1	4530.0 万円
6	パイロ	4 - 5 - 1 - 45 / 55	7.0%	16.0%	18.0%	0	4449.0 万円
7	エスポワールシチー	4 - 3 - 3 - 20 / 30	13.0%	23.0%	30.0%	1	4404.0 万円
8	クロフネ	0 - 4 - 2 - 14 / 20	0.0%	20.0%	30.0%	0	4128.0 万円
9	ホッコータルマエ	4 - 7 - 5 - 37 / 53	8.0%	21.0%	28.0%	0	4033.0 万円
10	スマートファルコン	5 - 5 - 3 - 16 / 29	17.0%	34.0%	45.0%	1	3796.5 万円

浦和1400m

順位	種牡馬	着別度数	勝率	連対率	複勝率	重賞勝	収得賞金
1	スマートファルコン	8 - 7 - 7 - 38 / 60	13.0%	25.0%	35.0%	2	9115.0 万円
2	エスポワールシチー	14 - 3 - 10 - 54 / 81	17.0%	21.0%	33.0%	1	7736.5 万円
3	ゴールドアリュール	7 - 1 - 5 - 21 / 34	21.0%	24.0%	38.0%	1	5605.4 万円
4	パイロ	9 - 8 - 5 - 65 / 87	10.0%	20.0%	25.0%	0	3840.0 万円
5	サウスヴィグラス	8 - 1 - 4 - 48 / 61	13.0%	15.0%	21.0%	1	3342.0 万円
6	フリオーソ	9 - 12 - 9 - 73 / 103	9.0%	20.0%	27.0%	0	3060.5 万円
7	キンシャサノキセキ	11 - 7 - 3 - 24 / 45	24.0%	40.0%	47.0%	0	2272.0 万円
8	シニスターミニスター	9 - 5 - 11 - 43 / 68	13.0%	21.0%	37.0%	0	2266.0 万円
9	マジェスティックウォリアー	4 - 6 - 1 - 18 / 29	14.0%	34.0%	38.0%	1	2255.5 万円
10	ベルシャザール	8 - 10 - 5 - 50 / 73	11.0%	25.0%	32.0%	0	2170.0 万円

兵庫（園田＆姫路）1400m

順位	種牡馬	着別度数	勝率	連対率	複勝率	重賞勝	収得賞金
1	エスポワールシチー	20 - 12 - 17 - 63 / 112	18.0%	29.0%	41.0%	2	6184.0 万円
2	シニスターミニスター	35 - 31 - 23 - 155 / 244	14.0%	27.0%	35.0%	0	4988.0 万円
3	メイショウボーラー	35 - 23 - 25 - 194 / 277	13.0%	21.0%	30.0%	0	4836.0 万円
4	スマートファルコン	31 - 19 - 16 - 73 / 139	22.0%	36.0%	46.0%	0	4599.5 万円
5	ホッコータルマエ	21 - 23 - 11 - 89 / 144	15.0%	31.0%	38.0%	1	4432.5 万円
6	サウスヴィグラス	24 - 9 - 8 - 116 / 157	15.0%	21.0%	26.0%	0	3904.5 万円
7	ディープブリランテ	8 - 6 - 13 - 94 / 121	7.0%	12.0%	22.0%	1	3858.5 万円
8	キンシャサノキセキ	19 - 21 - 24 - 134 / 198	10.0%	20.0%	32.0%	0	3843.5 万円
9	ストロングリターン	18 - 22 - 20 - 100 / 160	11.0%	25.0%	36.0%	1	3729.0 万円
10	ブラックタイド	23 - 29 - 20 - 111 / 183	13.0%	28.0%	39.0%	0	3714.5 万円

盛岡1600m

順位	種牡馬	着別度数	勝率	連対率	複勝率	重賞勝	収得賞金
1	American Pharoah	1 - 0 - 0 - 0 / 1	100%	100%	100%	1	6000.0 万円
2	オルフェーヴル	1 - 4 - 1 - 10 / 16	6.0%	31.0%	38.0%	0	2200.8 万円
3	キンシャサノキセキ	2 - 1 - 0 - 7 / 10	20.0%	30.0%	30.0%	1	2082.6 万円
4	スマートファルコン	2 - 4 - 6 - 17 / 29	7.0%	21.0%	41.0%	0	1519.0 万円
5	シャンハイボビー	0 - 2 - 0 - 0 / 2	0.0%	100%	100%	0	910.0 万円
6	シニスターミニスター	6 - 3 - 4 - 16 / 29	21.0%	31.0%	41.0%	0	794.7 万円
7	ベルシャザール	6 - 3 - 1 - 20 / 30	20.0%	30.0%	33.0%	0	766.3 万円
8	エイシンヒカリ	1 - 1 - 1 - 5 / 8	13.0%	25.0%	38.0%	1	742.0 万円
9	グランプリボス	8 - 4 - 0 - 13 / 25	32.0%	48.0%	48.0%	0	737.8 万円
10	タートルボウル	3 - 0 - 3 - 6 / 12	25.0%	25.0%	42.0%	1	737.5 万円

必見DATA 条件別・マルチ種牡馬ランキング

主要4場種牡馬ランク・ベスト10／芝

東京 芝~1600

順位	種牡馬	着別度数	勝率	連対率	複勝率	重賞勝
1	ディープインパクト	74 - 51 - 51 -359／535	13.8%	23.4%	32.9%	13
2	ロードカナロア	63 - 62 - 46 -371／542	11.6%	23.1%	31.5%	6
3	ハーツクライ	30 - 34 - 41 -197／302	9.9%	21.2%	34.8%	5
4	ダイワメジャー	29 - 25 - 32 -257／343	8.5%	15.7%	25.1%	3
5	ルーラーシップ	26 - 18 - 13 -198／255	10.2%	17.3%	22.4%	2
6	エピファネイア	25 - 27 - 20 -174／246	10.2%	21.1%	29.3%	1
7	キングカメハメハ	23 - 15 - 18 -126／182	12.6%	20.9%	30.8%	0
8	スクリーンヒーロー	21 - 25 - 22 -173／241	8.7%	19.1%	28.2%	1
9	ドゥラメンテ	17 - 18 - 13 -113／161	10.6%	21.7%	29.8%	1
10	モーリス	16 - 18 - 14 -126／174	9.2%	19.5%	27.6%	0

MEMO▶ロードカナロアは1400で36勝。勝率14.8%、単勝回収率115%。エピファネイア25勝中、牝馬が20勝。

中山 芝~1600

順位	種牡馬	着別度数	勝率	連対率	複勝率	重賞勝
1	ディープインパクト	42 - 26 - 25 -230／323	13.0%	21.1%	28.8%	10
2	ロードカナロア	40 - 43 - 24 -267／374	10.7%	22.2%	28.6%	4
3	ダイワメジャー	31 - 37 - 36 -260／364	8.5%	18.7%	28.6%	1
4	ルーラーシップ	17 - 13 - 13 -103／146	11.6%	20.5%	29.5%	0
5	ハーツクライ	15 - 14 - 16 -165／210	7.1%	13.8%	21.4%	1
6	スクリーンヒーロー	13 - 15 - 13 -128／169	7.7%	16.6%	24.3%	0
7	ハービンジャー	13 - 9 - 14 -116／152	8.6%	14.5%	23.7%	2
8	キングカメハメハ	13 - 7 - 12 -84 ／116	11.2%	17.2%	27.6%	1
9	シルバーステート	13 - 3 - 7 -41 ／64	20.3%	25.0%	35.9%	1
10	オルフェーヴル	11 - 11 - 13 -100／135	8.1%	16.3%	25.9%	1

MEMO▶ロードカナロアは牡牝ともに20勝ずつ。ランクインしたシルバーステートの成績が優秀。

阪神 芝~1600

順位	種牡馬	着別度数	勝率	連対率	複勝率	重賞勝
1	ロードカナロア	74 - 58 - 56 -480／668	11.1%	19.8%	28.1%	9
2	ディープインパクト	63 - 66 - 69 -430／628	10.0%	20.5%	31.5%	13
3	ダイワメジャー	39 - 46 - 37 -309／431	9.0%	19.7%	28.3%	6
4	ハーツクライ	26 - 17 - 27 -225／295	8.8%	14.6%	23.7%	4
5	ルーラーシップ	24 - 22 - 21 -216／283	8.5%	16.3%	23.7%	2
6	エピファネイア	22 - 24 - 22 -188／256	8.6%	18.0%	26.6%	2
7	キズナ	21 - 30 - 23 -210／284	7.4%	18.0%	26.1%	1
8	モーリス	21 - 13 - 22 -162／218	9.6%	15.6%	25.7%	1
9	ハービンジャー	20 - 15 - 13 -172／220	9.1%	15.9%	21.8%	1
10	キングカメハメハ	19 - 16 - 15 -107／157	12.1%	22.3%	31.8%	2

MEMO▶ついにディープインパクトの牙城崩れる。ロードカナロアの1、2番人気は勝率25%オーバーで信頼度高し。

京都 芝~1600

順位	種牡馬	着別度数	勝率	連対率	複勝率	重賞勝
1	ディープインパクト	53 - 43 - 39 -231／366	14.5%	26.2%	36.9%	8
2	ロードカナロア	39 - 31 - 24 -234／328	11.9%	21.3%	28.7%	6
3	ダイワメジャー	26 - 26 - 24 -216／292	8.9%	17.8%	26.0%	3
4	キングカメハメハ	14 - 17 - 6 -78 ／115	12.2%	27.0%	32.2%	0
5	キズナ	13 - 7 - 12 -82 ／114	11.4%	17.5%	28.1%	1
6	キンシャサノキセキ	11 - 8 - 15 -118／152	7.2%	12.5%	22.4%	0
7	ルーラーシップ	9 - 13 - 11 -114／147	6.1%	15.0%	22.4%	1
8	ハーツクライ	8 - 14 - 16 -120／158	5.1%	13.9%	24.1%	0
9	ヴィクトワールピサ	8 - 9 - 11 -77 ／105	7.6%	16.2%	26.7%	0
10	ディープブリランテ	8 - 7 - 10 -83 ／108	7.4%	13.9%	23.1%	0

MEMO▶ディープインパクトの単勝回収率132%。ディープベタ買いでプラスになる珍しいカテゴリー。

集計期間：2018年1月1日〜2023年6月30日

東京 芝1700〜

順位	種牡馬	着別度数	勝率	連対率	複勝率	重賞勝
1	ディープインパクト	134-119-110-678／1041	12.9%	24.3%	34.9%	13
2	ハーツクライ	67 - 69 - 62 -453／651	10.3%	20.9%	30.4%	8
3	キングカメハメハ	43 - 33 - 20 -208／304	14.1%	25.0%	31.6%	7
4	ルーラーシップ	37 - 34 - 39 -289／399	9.3%	17.8%	27.6%	4
5	ハービンジャー	31 - 37 - 31 -316／415	7.5%	16.4%	23.9%	3
6	ロードカナロア	30 - 34 - 31 -185／280	10.7%	22.9%	33.9%	6
7	ドゥラメンテ	30 - 22 - 20 -136／208	14.4%	25.0%	34.6%	2
8	モーリス	27 - 16 - 13 - 76 ／132	20.5%	32.6%	42.4%	1
9	エピファネイア	26 - 24 - 24 -178／252	10.3%	19.8%	29.4%	5
10	オルフェーヴル	23 - 23 - 26 -192／264	8.7%	17.4%	27.3%	4

MEMO▶モーリスは2000mの勝率23.4%、複勝率48.9%と高率。5番人気以内に絞れば単勝回収率も122%に上昇。

中山 芝1700〜

順位	種牡馬	着別度数	勝率	連対率	複勝率	重賞勝
1	ディープインパクト	86 - 79 - 64 -403／632	13.6%	26.1%	36.2%	14
2	ハーツクライ	45 - 48 - 42 -375／510	8.8%	18.2%	26.5%	6
3	ルーラーシップ	35 - 43 - 42 -309／429	8.2%	18.2%	28.0%	5
4	ハービンジャー	32 - 25 - 43 -308／408	7.8%	14.0%	24.5%	4
5	エピファネイア	29 - 19 - 23 -171／242	12.0%	19.8%	29.3%	3
6	ロードカナロア	28 - 22 - 14 -153／217	12.9%	23.0%	29.5%	7
7	ステイゴールド	24 - 20 - 14 -157／215	11.2%	20.5%	27.0%	4
8	ドゥラメンテ	24 - 18 - 21 -131／194	12.4%	21.6%	32.5%	4
9	オルフェーヴル	19 - 25 - 23 -235／302	6.3%	14.6%	22.2%	4
10	キングカメハメハ	19 - 21 - 22 -164／226	8.4%	17.7%	27.4%	3

MEMO▶ディープ好調の原動力は2、3歳馬。勝ち切れない点に注意も、ルーラーシップの台頭に注目。

阪神 芝1700〜

順位	種牡馬	着別度数	勝率	連対率	複勝率	重賞勝
1	ディープインパクト	135-106- 97 -547／885	15.3%	27.2%	38.2%	16
2	ハーツクライ	56 - 51 - 51 -444／602	9.3%	17.8%	26.2%	3
3	キズナ	39 - 32 - 26 -203／300	13.0%	23.7%	32.3%	4
4	ルーラーシップ	37 - 40 - 44 -323／444	8.3%	17.3%	27.3%	3
5	キングカメハメハ	34 - 38 - 28 -208／308	11.0%	23.4%	32.5%	5
6	オルフェーヴル	30 - 23 - 25 -223／301	10.0%	17.6%	25.9%	5
7	ハービンジャー	28 - 28 - 55 -313／424	6.6%	13.2%	26.2%	2
8	ドゥラメンテ	26 - 30 - 24 -119／199	13.1%	28.1%	40.2%	4
9	ロードカナロア	22 - 22 - 13 -178／235	9.4%	18.7%	24.3%	1
10	エピファネイア	20 - 33 - 25 -188／266	7.5%	19.9%	29.3%	0

MEMO▶ディープインパクトが驚異的な数字を残す。1800mでは無類の強さで、勝率18.3%。

京都 芝1700〜

順位	種牡馬	着別度数	勝率	連対率	複勝率	重賞勝
1	ディープインパクト	83 - 74 - 68 -301／526	15.8%	29.8%	42.8%	10
2	ハーツクライ	33 - 25 - 20 -232／310	10.6%	18.7%	25.2%	2
3	ハービンジャー	25 - 28 - 25 -197／275	9.1%	19.3%	28.4%	1
4	キングカメハメハ	25 - 15 - 23 -120／183	13.7%	21.9%	34.4%	2
5	オルフェーヴル	21 - 18 - 21 -144／204	10.3%	19.1%	29.4%	1
6	ステイゴールド	18 - 19 - 15 -106／158	11.4%	23.4%	32.9%	3
7	キズナ	18 - 11 - 7 - 65 ／101	17.8%	28.7%	35.6%	1
8	ルーラーシップ	17 - 21 - 25 -164／227	7.5%	16.7%	27.8%	1
9	ロードカナロア	12 - 13 - 8 -101／134	9.0%	18.7%	24.6%	1
10	ジャスタウェイ	12 - 5 - 12 - 68 ／97	12.4%	17.5%	29.9%	0

MEMO▶京都もディープインパクトが圧倒。1800、2400で勝率17%超えをマーク。キズナも良績。

必見DATA 条件別・マルチ種牡馬ランキング

主要4場種牡馬ランク・ベスト10／ダート

東京 ダ〜1600

順位	種牡馬	着別度数	勝率	連対率	複勝率	重賞勝
1	ヘニーヒューズ	99－86－83－566／834	11.9%	22.2%	32.1%	2
2	ロードカナロア	51－33－36－329／449	11.4%	18.7%	26.7%	1
3	シニスターミニスター	36－30－38－305／409	8.8%	16.1%	25.4%	0
4	ゴールドアリュール	34－29－34－325／422	8.1%	14.9%	23.0%	2
5	キンシャサノキセキ	32－42－34－341／449	7.1%	16.5%	24.1%	0
6	パイロ	31－35－38－354／458	6.8%	14.4%	22.7%	0
7	サウスヴィグラス	26－35－28－270／359	7.2%	17.0%	24.8%	1
8	ドゥラメンテ	25－20－10－127／182	13.7%	24.7%	30.2%	0
9	キングカメハメハ	24－34－29－227／314	7.6%	18.5%	27.7%	0
10	ルーラーシップ	23－20－25－227／295	7.8%	14.6%	23.1%	0

MEMO▶11位にドレフォンが急上昇。勝率12.8%、複勝率27.8%と高率で、今後の注目株。

中山 ダ〜1600

順位	種牡馬	着別度数	勝率	連対率	複勝率	重賞勝
1	ヘニーヒューズ	56－24－30－274／384	14.6%	20.8%	28.6%	0
2	キンシャサノキセキ	37－29－37－274／377	9.8%	17.5%	27.3%	0
3	サウスヴィグラス	26－34－35－312／407	6.4%	14.7%	23.3%	0
4	ロードカナロア	22－14－16－161／213	10.3%	16.9%	24.4%	0
5	ゴールドアリュール	21－15－16－133／185	11.4%	19.5%	28.1%	0
6	アジアエクスプレス	17－20－13－117／167	10.2%	22.2%	29.9%	0
7	アイルハヴアナザー	17－6－4－98／125	13.6%	18.4%	21.6%	0
8	ヨハネスブルグ	16－16－10－118／160	10.0%	20.0%	26.3%	0
9	スウェプトオーヴァーボード	14－13－10－192／229	6.1%	11.8%	16.2%	0
10	パイロ	14－11－15－187／227	6.2%	11.0%	17.6%	0

MEMO▶ヘニーヒューズは2歳戦に限定すると、勝率19.0%、複勝率41.3%、単勝回収率184%、複勝回収率107%。

阪神 ダ〜1600

順位	種牡馬	着別度数	勝率	連対率	複勝率	重賞勝
1	ヘニーヒューズ	59－53－48－430／590	10.0%	19.0%	27.1%	0
2	ロードカナロア	31－34－36－329／430	7.2%	15.1%	23.5%	0
3	パイロ	29－25－30－215／299	9.7%	18.1%	28.1%	0
4	サウスヴィグラス	29－23－21－275／348	8.3%	14.9%	21.0%	0
5	キンシャサノキセキ	28－36－42－290／396	7.1%	16.2%	26.8%	0
6	ダイワメジャー	27－29－23－280／359	7.5%	15.6%	22.0%	0
7	シニスターミニスター	25－20－30－200／275	9.1%	16.4%	27.3%	0
8	キズナ	23－12－13－133／181	12.7%	19.3%	26.5%	0
9	ゴールドアリュール	21－16－23－281／341	6.2%	10.9%	17.6%	1
10	ドレフォン	18－8－13－103／142	12.7%	18.3%	27.5%	0

MEMO▶エーピーインディ系の伸び急。シニミニは4番人気以下で2位、パイロは1〜3番人気で2位に上昇。

京都 ダ〜1600

順位	種牡馬	着別度数	勝率	連対率	複勝率	重賞勝
1	ヘニーヒューズ	35－30－23－191／279	12.5%	23.3%	31.5%	0
2	サウスヴィグラス	26－18－25－193／262	9.9%	16.8%	26.3%	0
3	キンシャサノキセキ	21－15－21－181／238	8.8%	15.1%	23.9%	0
4	ロードカナロア	17－24－16－103／160	10.6%	25.6%	35.6%	0
5	ゴールドアリュール	15－24－17－201／257	5.8%	15.2%	21.8%	1
6	クロフネ	15－15－10－139／179	8.4%	16.8%	22.3%	0
7	オルフェーヴル	13－10－5－49／77	16.9%	29.9%	36.4%	0
8	メイショウボーラー	12－15－13－167／207	5.8%	13.0%	19.3%	0
9	シニスターミニスター	12－9－8－116／145	8.3%	14.5%	20.0%	0
10	パイロ	11－16－17－116／160	6.9%	16.9%	27.5%	0

MEMO▶オルフェーヴルの勝率抜群。1〜5番人気で13勝、勝率28.9%、複勝率57.8%。

集計期間：2018年1月1日〜2023年6月30日

東京 ダ1700〜

順位	種牡馬	着別度数	勝率	連対率	複勝率	重賞勝
1	キングカメハメハ	19－11－15－104／149	12.8%	20.1%	30.2%	－
2	ディープインパクト	9－11－7－59／86	10.5%	23.3%	31.4%	－
3	クロフネ	8－4－3－43／58	13.8%	20.7%	25.9%	－
4	ゴールドアリュール	7－6－10－58／81	8.6%	16.0%	28.4%	－
5	キズナ	7－5－8－45／65	10.8%	18.5%	30.8%	－
6	ルーラーシップ	7－1－12－89／109	6.4%	7.3%	18.3%	－
7	オルフェーヴル	6－10－6－58／80	7.5%	20.0%	27.5%	－
8	シニスターミニスター	6－6－0－28／40	15.0%	30.0%	30.0%	－
9	アイルハヴアナザー	5－3－3－62／73	6.8%	11.0%	15.1%	－
10	スクリーンヒーロー	5－1－3－25／34	14.7%	17.6%	26.5%	－

MEMO▶キングカメハメハがダブルスコアで圧勝。6勝をすべて別馬で挙げたシニミニの高適性に期待。

中山 ダ1700〜

順位	種牡馬	着別度数	勝率	連対率	複勝率	重賞勝
1	キングカメハメハ	32－33－17－188／270	11.9%	24.1%	30.4%	1
2	クロフネ	28－21－25－187／261	10.7%	18.8%	28.4%	0
3	ハーツクライ	26－23－19－194／262	9.9%	18.7%	26.0%	1
4	ゴールドアリュール	26－16－18－172／232	11.2%	18.1%	25.9%	1
5	ヘニーヒューズ	23－28－24－164／239	9.6%	21.3%	31.4%	1
6	シニスターミニスター	22－28－16－149／215	10.2%	23.3%	30.7%	0
7	キズナ	19－7－12－101／139	13.7%	18.7%	27.3%	0
8	パイロ	18－22－14－132／186	9.7%	21.5%	29.0%	1
9	ホッコータルマエ	18－9－13－114／154	11.7%	17.5%	26.0%	0
10	アイルハヴアナザー	17－29－21－235／302	5.6%	15.2%	22.2%	0

MEMO▶キズナの1番人気【8-1-2/13】、勝率61.5%、複勝率84.6%、単勝回収率153%。

阪神 ダ1700〜

順位	種牡馬	着別度数	勝率	連対率	複勝率	重賞勝
1	ルーラーシップ	41－35－39－325／440	9.3%	17.3%	26.1%	0
2	キズナ	32－41－31－176／280	11.4%	26.1%	37.1%	0
3	キングカメハメハ	32－32－23－210／297	10.8%	21.5%	29.3%	1
4	オルフェーヴル	31－36－20－191／278	11.2%	24.1%	31.3%	0
5	シニスターミニスター	27－21－11－121／180	15.0%	26.7%	32.8%	1
6	ハーツクライ	22－25－25－239／311	7.1%	15.1%	23.2%	1
7	ジャスタウェイ	22－14－13－153／202	10.9%	17.8%	24.3%	0
8	マジェスティックウォリアー	20－19－11－131／181	11.0%	21.5%	27.6%	2
9	ホッコータルマエ	20－12－9－141／182	11.0%	17.6%	22.5%	0
10	ディープインパクト	19－13－12－154／198	9.6%	16.2%	22.2%	0

MEMO▶マジェスティックウォリアーの20勝中、19勝は4〜8枠。シニミニは稍重以下で成績上昇。

京都 ダ1700〜

順位	種牡馬	着別度数	勝率	連対率	複勝率	重賞勝
1	キングカメハメハ	24－13－18－126／181	13.3%	20.4%	30.4%	2
2	エンパイアメーカー	21－18－16－105／160	13.1%	24.4%	34.4%	0
3	ハーツクライ	20－16－7－123／166	12.0%	21.7%	25.9%	0
4	ゴールドアリュール	19－15－16－173／223	8.5%	15.2%	22.4%	0
5	ブラックタイド	15－10－12－84／121	12.4%	20.7%	30.6%	0
6	ルーラーシップ	12－4－13－120／149	8.1%	10.7%	19.5%	0
7	ヘニーヒューズ	11－6－14－71／102	10.8%	16.7%	30.4%	0
8	ロードカナロア	11－6－6－62／85	12.9%	20.0%	27.1%	0
9	クロフネ	10－17－17－135／179	5.6%	15.1%	24.6%	0
10	カネヒキリ	10－9－8－66／93	10.8%	20.4%	29.0%	0

MEMO▶馬場改修後（〜23年6月30日）はドレフォン、シニミニ、ジャスタウェイ、カナロアが3勝ずつでトップ。

261

必見DATA 条件別・マルチ種牡馬ランキング

短距離マイル率ランキング

順	馬名	全	短マ	率
1	ビッグアーサー	53	52	98.1%
2	サウスヴィグラス	206	192	93.2%
3	ディスクリートキャット	91	75	82.4%
4	キンシャサノキセキ	315	257	81.6%
5	ミッキーアイル	116	93	80.2%
6	イスラボニータ	82	64	78.0%
7	アジアエクスプレス	82	63	76.8%
8	ヘニーヒューズ	461	344	74.6%
9	カレンブラックヒル	94	70	74.5%
10	ダイワメジャー	469	344	73.3%
11	ロードカナロア	866	630	72.7%
12	ザファクター	55	40	72.7%
13	マクフィ	97	67	69.1%
14	リアルインパクト	88	58	65.9%
15	リオンディーズ	153	97	63.4%
16	パイロ	215	128	59.5%
17	ディープブリランテ	147	87	59.2%
18	トゥザグローリー	54	30	55.6%
19	ドレフォン	161	88	54.7%
20	ラブリーデイ	48	26	54.2%

●短距離マイル率＝(1600m以下の勝利数)÷全体の勝利数。対象は2022年度中央平地種牡馬ランキングベスト50位内の種牡馬。

芝率ランキング

順	馬名	全	芝	率
1	ハービンジャー	356	322	90.4%
2	ディープインパクト	1172	1054	89.9%
3	シルバーステート	84	71	84.5%
4	エピファネイア	325	273	84.0%
5	ゴールドシップ	153	128	83.7%
6	ノヴェリスト	157	118	75.2%
7	モーリス	287	210	73.2%
8	ハーツクライ	693	486	70.1%
9	ワールドエース	60	42	70.0%
10	ヴィクトワールピサ	233	163	70.0%
11	ビッグアーサー	53	37	69.8%
12	キタサンブラック	114	78	68.4%
13	ロードカナロア	866	582	67.2%
14	ダイワメジャー	469	312	66.5%
15	エイシンフラッシュ	195	128	65.6%
16	ドゥラメンテ	315	203	64.4%
17	ルーラーシップ	575	370	64.3%
18	ディープブリランテ	147	94	63.9%
19	スクリーンヒーロー	259	163	62.9%
20	ジャスタウェイ	270	163	60.4%

●芝率＝(芝の勝利数)÷全体の勝利数。対象は2022年度中央平地種牡馬ランキングベスト50位内の種牡馬。

穴率ランキング

順	馬名	全	穴	率
1	エイシンフラッシュ	195	71	36.4%
2	アメリカンペイトリオット	54	19	35.2%
2	トゥザグローリー	54	19	35.2%
4	サトノアラジン	44	15	34.1%
5	ラブリーデイ	48	16	33.3%
6	マクフィ	97	32	33.0%
7	ノヴェリスト	157	51	32.5%
8	アイルハヴアナザー	179	58	32.4%
9	リアルインパクト	88	28	31.8%
10	ディープブリランテ	147	46	31.3%
11	シニスターミニスター	250	78	31.2%
12	カレンブラックヒル	94	29	30.9%
13	ヴィクトワールピサ	233	69	29.6%
14	ワールドエース	60	17	28.3%
15	ホッコータルマエ	111	31	27.9%
16	スクリーンヒーロー	259	72	27.8%
17	エスポワールシチー	118	32	27.1%
18	キンシャサノキセキ	315	82	26.0%
19	ゴールドシップ	153	39	25.5%
20	ダンカーク	114	29	25.4%

●穴率＝(5番人気以下の勝利数)÷全体の勝利数。対象は2022年度中央平地種牡馬ランキングベスト50位内の種牡馬。

晩成率ランキング

順	馬名	全	晩成	率
1	キングカメハメハ	521	301	57.8%
2	アイルハヴアナザー	179	103	57.5%
3	ゴールドアリュール	267	153	57.3%
4	ディープインパクト	1172	630	53.8%
5	クロフネ	225	119	52.9%
6	ハーツクライ	693	353	50.9%
7	ダイワメジャー	469	235	50.1%
8	オルフェーヴル	457	220	48.1%
9	ヴィクトワールピサ	233	111	47.6%
10	ロードカナロア	866	406	46.9%
11	キンシャサノキセキ	315	146	46.3%
12	トゥザグローリー	54	25	46.3%
13	パイロ	215	96	44.7%
14	ルーラーシップ	575	252	43.8%
15	スクリーンヒーロー	259	109	42.1%
16	シニスターミニスター	250	104	41.6%
17	サウスヴィグラス	206	84	40.8%
18	ハービンジャー	356	144	40.4%
19	ブラックタイド	216	86	39.8%
20	エスポワールシチー	118	45	38.1%

●晩成率＝(3歳9月以降の勝利数)÷全体の勝利数。対象は2022年度中央平地種牡馬ランキングベスト50位内の種牡馬。

262

芝道悪率ランキング

順	馬名	芝全	芝道悪	率
1	ラブリーデイ	25	10	40.0%
1	ダンカーク	25	10	40.0%
3	トゥザグローリー	23	9	39.1%
4	マクフィ	32	12	37.5%
5	キタサンブラック	78	28	35.9%
6	ビッグアーサー	37	13	35.1%
7	ゴールドシップ	128	43	33.6%
8	ヘニーヒューズ	15	5	33.3%
8	カレンブラックヒル	24	8	33.3%
10	アイルハヴアナザー	41	13	31.7%
11	マジェスティックウオリアー	16	5	31.3%
11	エイシンフラッシュ	128	40	31.3%
13	ワールドエース	42	13	31.0%
14	ザファクター	17	5	29.4%
14	ハービンジャー	322	94	29.2%
16	ディスクリートキャット	21	6	28.6%
17	ブラックタイド	96	27	28.1%
18	スクリーンヒーロー	163	45	27.6%
19	キズナ	269	71	26.4%
20	ルーラーシップ	370	95	25.7%

●芝道悪率＝（芝稍重・重・不良での勝利数）÷芝の勝利数。対象は2022年度中央平地種牡馬ランキングベスト50位内の主な種牡馬（芝全勝利数10以上限定）。

ダート道悪率ランキング

順	馬名	ダ全	ダ道悪	率
1	ビッグアーサー	16	12	75.0%
2	ダンカーク	89	47	52.8%
3	ラブリーデイ	23	12	52.2%
4	アメリカンペイトリオット	29	14	48.3%
5	モーリス	77	36	46.8%
6	ノヴェリスト	39	18	46.2%
7	ミッキーアイル	63	29	46.0%
8	マジェスティックウオリアー	124	56	45.2%
8	トゥザグローリー	31	14	45.2%
10	オルフェーヴル	198	89	44.9%
11	キングカメハメハ	236	106	44.9%
12	ザファクター	38	17	44.7%
13	キタサンブラック	36	16	44.4%
14	サウスヴィグラス	205	91	44.4%
15	アイルハヴアナザー	138	61	44.2%
16	パイロ	206	89	43.2%
17	ディスクリートキャット	70	30	42.9%
18	シニスターミニスター	249	106	42.6%
19	ホッコータルマエ	110	46	41.8%
20	ハーツクライ	207	86	41.5%

●ダート道悪率＝（ダート稍重・重・不良での勝利数）÷ダートの勝利数。対象は2022年度中央平地種牡馬ランキングベスト50位内の種牡馬。

平坦芝率ランキング

順	馬名	芝全	平坦	率
1	ゴールドアリュール	14	9	64.3%
2	ダンカーク	25	16	64.0%
3	ビッグアーサー	37	23	62.2%
4	ヘニーヒューズ	15	9	60.0%
5	アイルハヴアナザー	41	24	58.5%
6	ブラックタイド	96	55	57.3%
7	キンシャサノキセキ	90	50	55.6%
8	ディープブリランテ	94	51	54.3%
9	ゴールドシップ	128	69	53.9%
10	ザファクター	17	9	52.9%
10	サトノアラジン	17	9	52.9%
12	クロフネ	55	29	52.7%
13	ジャスタウェイ	163	82	50.3%
14	マクフィ	32	16	50.0%
14	カレンブラックヒル	24	12	50.0%
16	ダイワメジャー	312	154	49.4%
17	アメリカンペイトリオット	25	12	48.0%
18	オルフェーヴル	259	124	47.9%
18	トゥザグローリー	23	11	47.8%
20	ハービンジャー	322	153	47.5%

●平坦芝率＝（中京を除くローカル ＋ 京都の芝勝利数）÷芝の勝利数。対象は2022年度中央平地種牡馬ランキングベスト50位内の種牡馬（芝全勝利数10以上限定）。

芝広いコース率ランキング

順	馬名	芝全	芝広い	率
1	ディスクリートキャット	21	15	71.4%
2	マジェスティックウオリアー	16	10	62.5%
3	イスラボニータ	49	29	59.2%
4	ディープインパクト	1054	606	57.5%
5	キタサンブラック	78	43	55.1%
6	エピファネイア	273	147	53.8%
7	キングカメハメハ	285	151	53.0%
8	トゥザグローリー	23	12	52.2%
9	ハーツクライ	486	253	52.1%
10	ノヴェリスト	118	61	51.7%
11	モーリス	210	105	50.0%
11	ゴールドアリュール	14	7	50.0%
13	リアルインパクト	43	21	48.8%
14	ドゥラメンテ	203	97	47.8%
15	ワールドエース	42	20	47.6%
16	クロフネ	55	26	47.3%
17	キズナ	269	127	47.2%
18	ロードカナロア	582	266	45.7%
19	リオンディーズ	84	38	45.2%
20	ドレフォン	31	14	45.2%

●芝広いコース率＝（京都・阪神・新潟外回り+東京+中京の芝勝利数）÷芝の勝利数。対象は2022年度中央平地種牡馬ランキングベスト50位内の種牡馬（芝全勝利数10以上限定）。

田端 到 （たばた・いたる）

1962年、新潟生まれ。週刊誌記者を経てフリーのライターに。競馬をはじめ、野球関連の著作も多い。競馬では血統の解釈とアプローチに斬新な手法を導入。独自の視点による産駒のデータ収集とその実践的な活用、また、辛辣ながらも軽妙な文章には定評があり、馬券初心者からベテランまで、多くのファンを持つ。

近著に『王様・田端到の賭ける競馬・読む競馬』（秀和システム）、『金満血統王国』シリーズ（KADOKAWA）ほか多数。『日刊スポーツ』紙上の「GIコラム」は連載28年を超え、好評を博している。

加藤 栄 （かとう・さかえ）

1956年、東京生まれ。馬券は窓口で買うことを常としていたが、コロナ禍によりそれもままならず、自宅で打つことを余儀なくされている。競馬だけでは飽き足らず、二台のパソコンとスマホを駆使して、モーニング競艇からミッドナイト競輪にまで手を出す博奕三昧の生活の日々。1980、90年代には頻繁に海外競馬を訪れ、幾多の大レースを、名馬を実際に観戦していた海外競馬のオーソリティにして、地方競馬、競輪、競艇、株、投資など、あらゆるオッズに賭けるギャンブラーでもある。

編集後記

▶2020年春から約3年のあいだ、世界中の人々が制限のある生活を余儀なくされてきたコロナ禍ですが、23年秋現在、完全ではないものの一応の収束をみたと言ってもいいでしょう。

　その間、日本の中央競馬においても無観客、あるいは入場規制などさまざまな制約を受けての施行となりました。しかしながら、ただの一度も開催中止に至らなかったのは、騎手、厩舎、牧場、JRA職員ら関係者が一丸となって蔓延防止に努めたからこそ。本当に頭が下がる思いです。

　ただ、制限の多いコロナ禍にあってさえ、日本馬の海外での活躍には目を見張るものがありました。21年にはダートの本場アメリカで行われたBCディスタフにおいてマルシュロレーヌが歴史的勝利を収めると、23年のドバイワールドCをウシュバテソーロが快勝。さらにパンサラッサが世界最高となる1着賞金1000万ドル（当時のレートで約13億6000万円）のサウジCを逃げ切り勝ち。そのほかにもラヴズオンリーユー（21年QEII、BCフィリー＆メアターフ、香港C）、イクイノックス（23年ドバイシーマクラシック）などなど、20～23年8月のあいだに日本調教馬が海外重賞を実に27勝（うちGI13勝）を挙げる活躍を見せています。

　また、"馬"に限らず、日本の"血"も海外へと活躍の場を広げています。オーストラリアとのシャトル時代に生まれたモーリス産駒ヒトツがGIを3勝し現地で種牡馬入り、さらに日本の至宝ディープインパクトのラストクロップ、英・愛ダービー馬オーギュストロダンが、本稿執筆中のまさにいま、愛チャンピオンSを制覇したとの報が入り、これでGI4勝目。同馬は今シーズン限りでの引退、種牡馬入りが決まっており、ディープの血がまた世界中に広がっていくことでしょう。

　日本の血統はいま着実に、そして確実に世界の血統地図を塗り替えようとしています。日本の血統を知ること、すなわち世界の競馬を理解すること。本書がその一助になれば幸いです。（松岡亮太）

※取材にご協力をいただいたスタリオン関係者のみなさまに、心より御礼を申し上げます。ありがとうございました。

Cover Picture
小畠直子

Photo by
上田美貴子
P12,14,20,26,34,38,42,46,50,54,58,62,66,70,74,82,90,94,98,102,139,144,146,167,176,180,183,185

©Darley
P18,27,122,138,147,166,191,196

株式会社ジェイエス
P16,114,153,177,181,182,184,197

©Pineyrua／Juddmonte Farms
p164,178,186,187

Special Thanks to
アイワード、アロースタッド、イーストスタッド、サラブレッドインフォメーションシステム、サラブレッド血統センター、サラブレッド・ブリーダーズ・クラブ、(株)ジェイエス、社台スタリオンステーション、ダーレー・ジャパン、ビッグレッドファーム、(有)ホースバンク、優駿スタリオンステーション、レックススタッド
&
日本軽種馬協会
JRA 日本中央競馬会

田端到・加藤栄の
種牡馬事典 2023-2024
2023年10月30日初版第一刷発行

著　　者	田端到、加藤栄
発行者	柿原正紀
デザイン	oo-parts design
編　　集	松岡亮太
発行所	オーパーツ・パブリッシング 〒235-0036 神奈川県横浜市磯子区中原2-21-22 グレイス杉田303号 電話：045-513-5891
発売元	サンクチュアリ出版 〒113-0023　東京都文京区向丘2-14-9 電話：03-5834-2507 FAX：03-5834-2508
印刷・製本	中央精版印刷株式会社

本書の内容の一部あるいは全部を無断で複写・複製することは、法律で認められた場合を除き、著作者および出版社の権利の侵害となりますので、その場合は予め発行元に許諾を求めて下さい。
©Itaru Tabata ©Sakae Kato　2023 Printed in Japan
ISBN978-4-8014-9074-1